www.lightweight-design.org

中德汽车轻量化技术中心

引领发展　共创未来

发起单位：
德国宇航中心车辆概念研究所
德国德赢轻量化技术有限公司
大连理工大学汽车工程学院
大连德赢科技发展有限公司

www.lightweight-tech.com

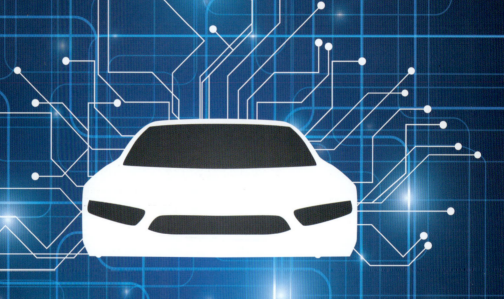

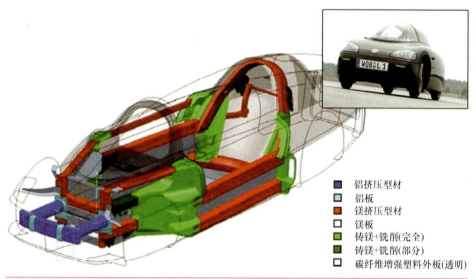

	铝挤压型材
	铝板
	镁挤压型材
	镁板
	铸镁+铣削(完全)
	铸镁+铣削(部分)
	碳纤维增强塑料外板(透明)

图 1.12　大众 1L 汽车的镁空间框架结构　图片来源于文献 [17]

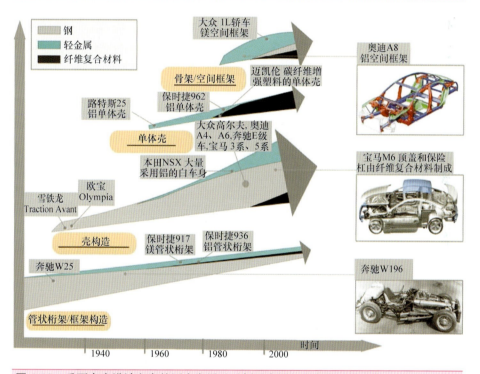

图 1.15　重要车身设计方案的历史发展（示例示意图）和主要材料类别的特征
　　　图示：德国宇航中心　图片：戴姆勒公司，宝马公司，奥迪公司

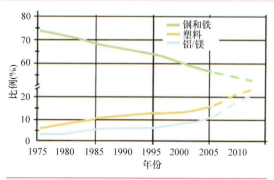

图 1.17　汽车行业的材料趋势[22]

图 1.18 奥迪 TT 的混合结构白车身 图片：奥迪公司

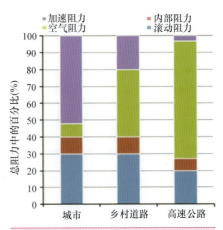

图 2.3 不同行驶情况下行驶阻力的百分比

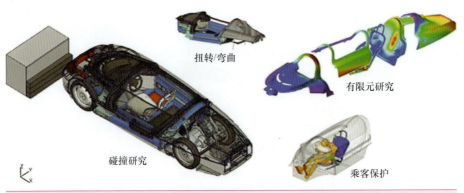

图 3.7 大众 1L – 车的仿真模拟示例

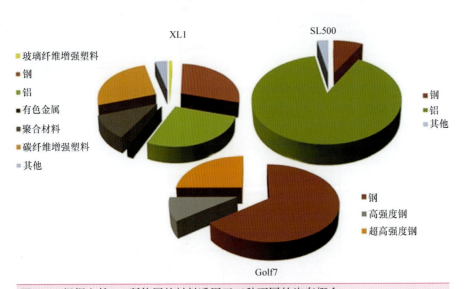

图 3.8 根据文献 [1] 所使用的材料适用于三种不同的汽车概念

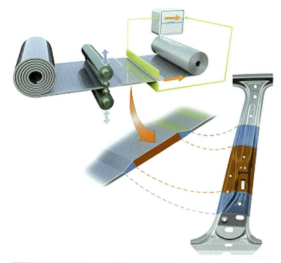

图 3.17 拼焊板生产图示[5]

图 3.19 激光焊应用区域[5]

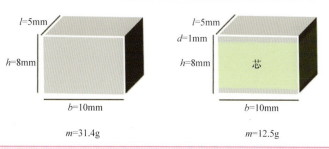

图 3.25 在面积惯性矩相同的情况下，实心材料和夹层结构材料的重量对比

图 3.29 以轻型跑车的车身为例的概念轻量化

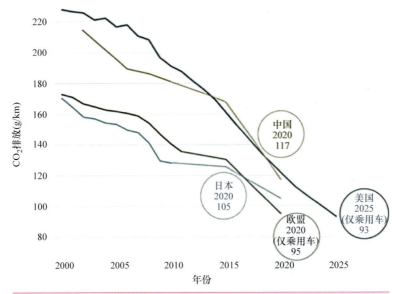

图 3.33　几个主要市场的接近曲线和二氧化碳排放目标[9]

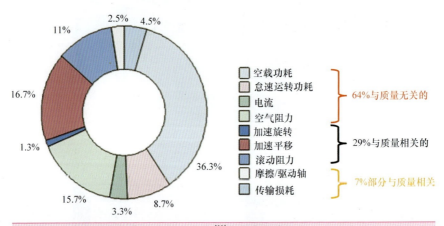

图 3.35　大众高尔夫系列（Ⅵ）1.4TSI[11] 的油耗比例

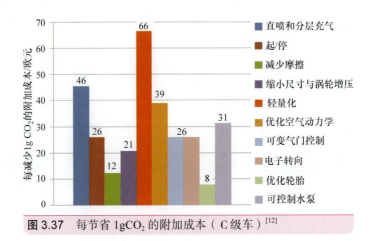

图 3.37　每节省 1gCO_2 的附加成本（C级车）[12]

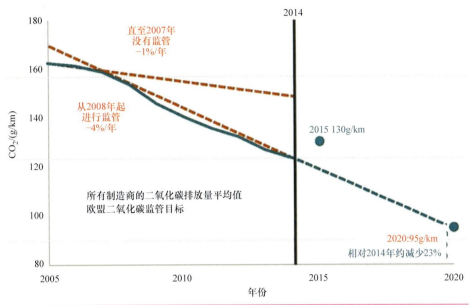

图 3.39 欧盟新车的二氧化碳排放值以及所设定的 2015 年和 2020 年的目标值[15]

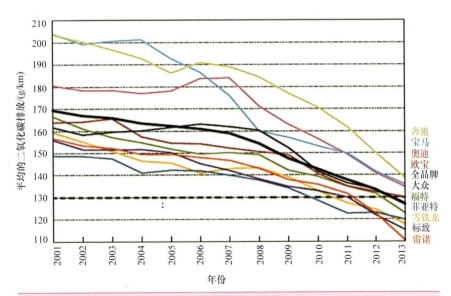

图 3.41 欧洲汽车主机厂全车系排放值的发展趋势 [34]

图 3.46 导致重量螺旋的因素：客户愿望与立法者要求导致的额外重量[19]

图 3.54 特定细分市场的轻量化预算的影响[10]

轴载分布：
- 影响横向敏捷度，尤其是侧滑
- 影响牵引力，尤其是对山地和低摩擦系数的影响
- 最佳值还取决于车辆的使用和负载：

50% : 50%　　52% : 48%　　60% : 40%　　40% : 60%
前置发动机 后轮驱动　前置发动机 后轮驱动　前置发动机 前轮驱动　后置发动机 后轮驱动
　　　　　　　　旅行车，高的后部载荷

重心：
- 重心越高，越差(静态稳定性因素、横摆等)

转动惯量：
- 旋转构件的重量越重，越差
- 重量越靠外，越差(转动惯量)

图 3.57 根据车身概念优化轴载分布[19]

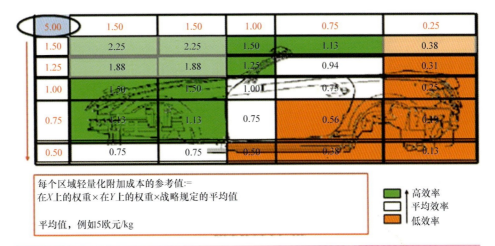

每个区域轻量化附加成本的参考值:=
在X上的权重×在Y上的权重×战略规定的平均值

平均值,例如5欧元/kg

■ 高效率
□ 平均效率
■ 低效率

图 3.58　轻量化措施资金指数,以前置发动机后驱汽车为例[24]

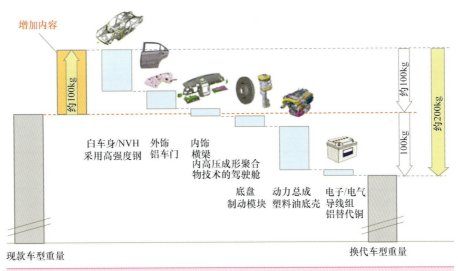

图 3.59　将轻量化目标分配到功能区域

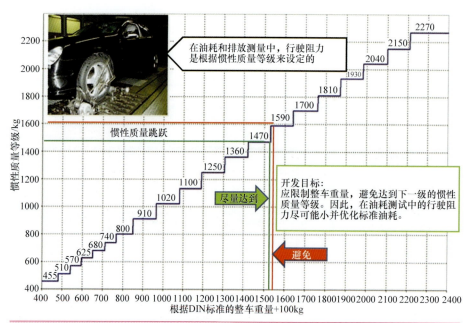

图 3.64　以惯性质量等级为导向的轻量化[19]

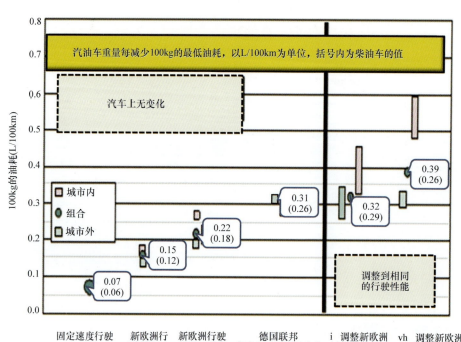

图 3.67　通过减轻重量来实现汽车最低油耗[28]

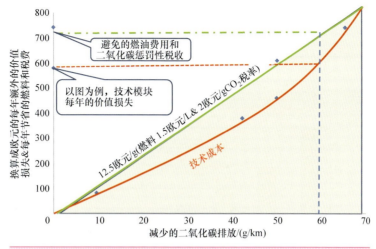

图 3.70 油耗技术的边际效用低于绿线

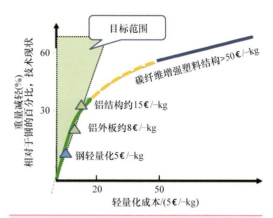

图 3.75 车身轻量化潜力及其额外费用[10]

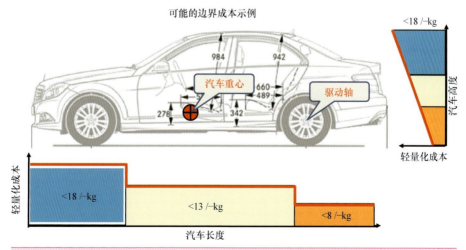

图 3.77 可能的边界成本取决于车辆级别和车辆特性[19]

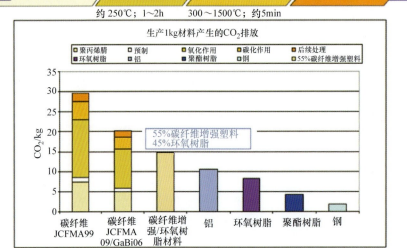

图 3.79 生产 1kg 材料所产生的二氧化碳排放 [25]

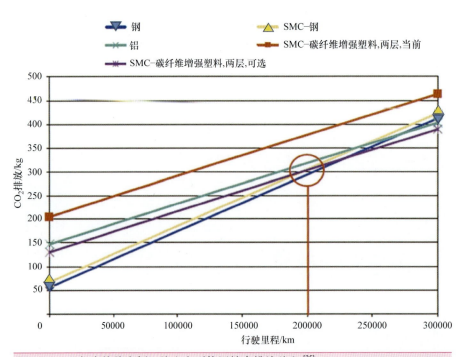

图 3.81 以行李舱盖为例,从生产到使用结束排放总和 [25]

图 4.1　耐久强度载荷情形

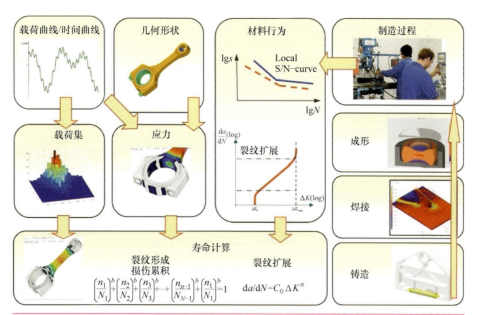

图 4.4　制造过程对寿命计算的影响

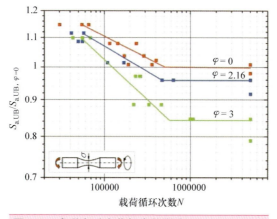

图 4.8　成形度对疲劳行为的影响

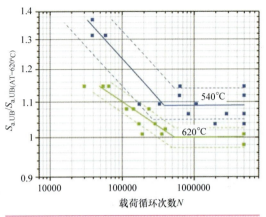

图 4.9 回火温度对疲劳性能的影响

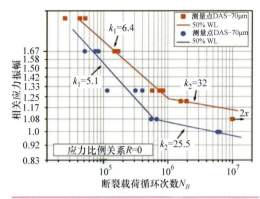

图 4.10 AlSi 合金样件沃勒线中不同的 DAS[5]

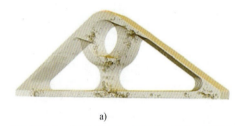

图 4.12 真实构件中气孔的分布
a）计算机断层扫描图像　b）计算的气孔分布

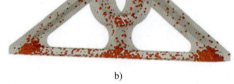

图 4.13 构件中安全分布与周期性失效的对照（a）和不同铸造压力下安全的静态分布（b）

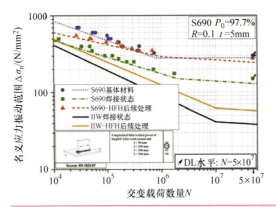

图 4.14　高强度钢 S690 纵向刚度的名义应力沃勒曲线

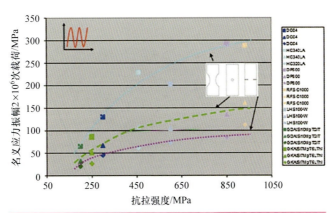

图 4.18　缺口应力集中敏感度：对于三种确定的缺口因子，位于车身用钢长期强度下部区域的名义应力振幅随着抗拉强度的增加而变化

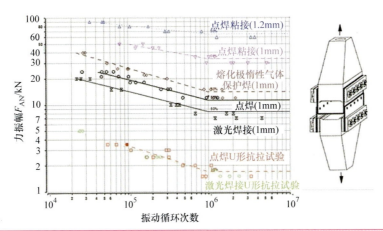

图 4.19　连接处的疲劳强度：采用 PM800 钢制作的 H 试样的沃勒曲线（U 形抗拉试验与剪拉载荷试验）
　　　注：连接方法分别为：点焊、激光焊接、熔化极惰性气体保护焊、点焊粘接

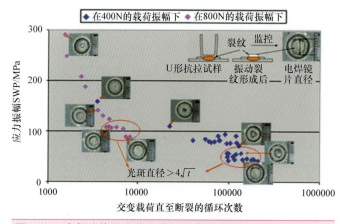

图 4.20　点焊连接的疲劳强度与点直径的关系

注：承受 U 形抗拉载荷，载荷比 $R=0.2$。

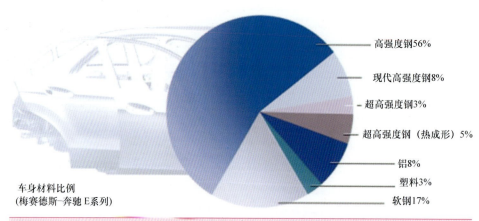

图 4.37　一款大批量（量产车型）生产的汽车白车身制造中采用的多材料

图 4.38　正面碰撞下的载荷路径

图 4.39　侧面碰撞的载荷路径

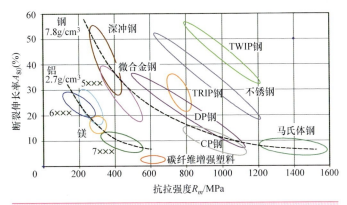

图 4.43　不同材料的抗拉强度与断裂伸长率的对比

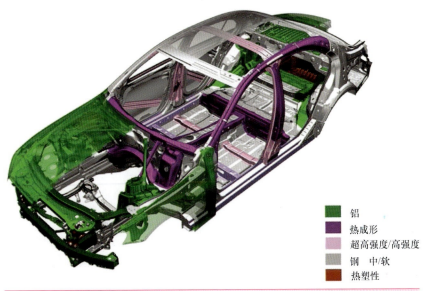

图 4.47　E 级车白车身材料一览（W213）

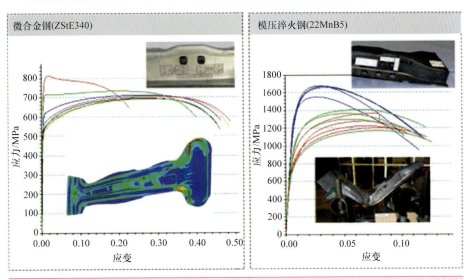

图 4.49　拉伸试验中力学性能的区域性分布

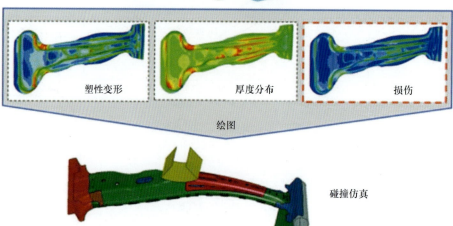

图 4.50 考虑在碰撞仿真中拉深过程的力学特征值

图 4.54 塑料金属混合前端模块

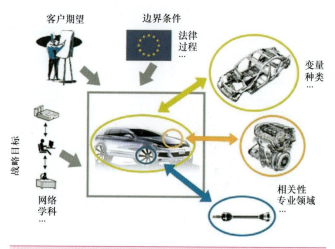

图 5.1 汽车开发要求管理中的输入变量一览

	状态		方案1	方案2	方案3
车身内饰	绿	必须	55/58 95%	55/58 91%	57/58 98%
		非常期望	14/17 82%	15/17 88%	16/17 94%
		期望	16/24 67%	18/24 75%	17/24 71%
电子	黄	必须	34/43 79%	40/43 93%	43/43 100%
		非常期望	21/24 88%	17/24 71%	18/24 75%
		期望	18/25 72%	17/25 58%	16/25 64%
底盘系统	绿	必须	61/67 91%	62/67 93%	64/67 96%
		非常期望	11/12 92%	10/12 83%	9/12 75%
		期望	14/31 77%	25/31 81%	23/31 74%

	达到要求		方案 1		方案 2		方案 3	
		和	57	✔189	49	✘162	55	✔183
1	电池容量	期望	1	7	0	0	0	0
2	电池充电模式	必须	1	✔ 0	1	✔ 0	1	✔ 0
3	电池充电深度(DOP)	必须	1	✔ 0	0	✘ 0	1	✔ 0
4	电池寿命(km)	必须	1	✔ 0	1	✔ 0	1	✔ 0
5	电池性能(能量密度)	非常期望	1	10	0	0	1	10
6	电池充电循环	期望	1	7	1	7	0	0

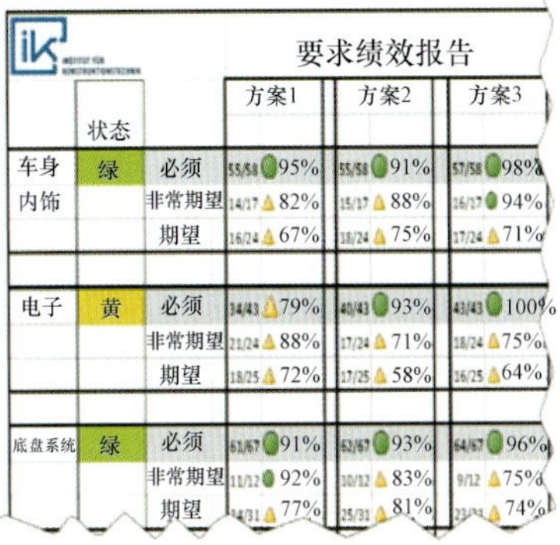

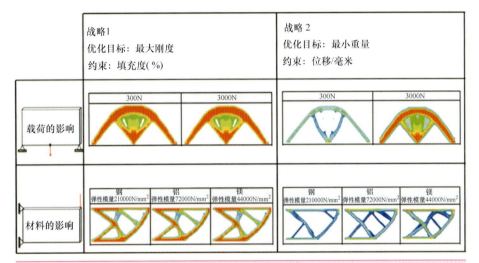

图 5.6　要求满足（左）和方案对比（右）

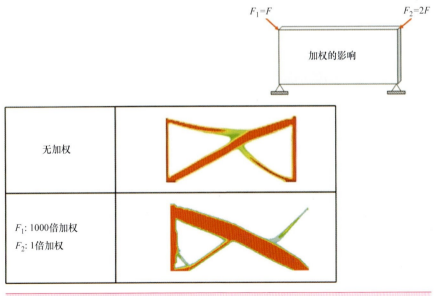

图 5.8　优化目标、优化条件的选择和条件及其组合 [17]

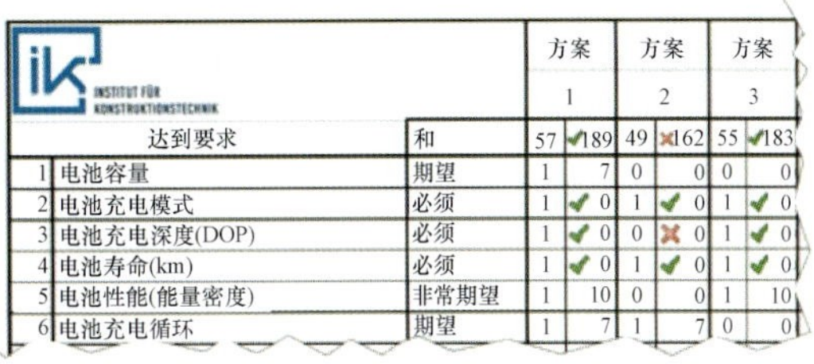

图 5.9　加权的影响

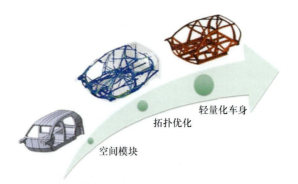

图 5.10 借助拓扑优化进行车身开发的基本思路

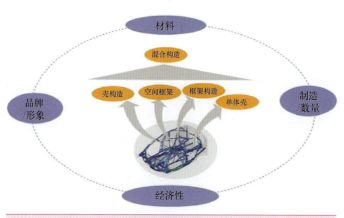

图 5.11 基于优化结果的设计选项

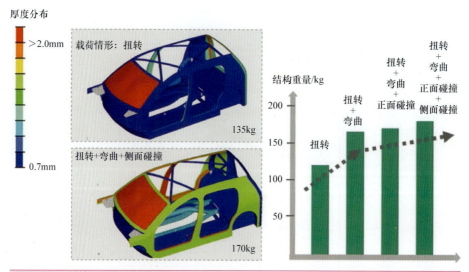

图 5.13 板材厚度分布优化[17]

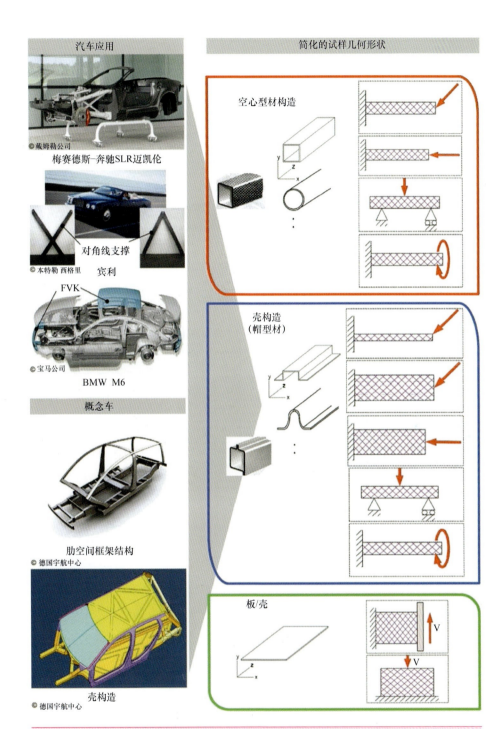

图 5.14 简化试样几何形状研究

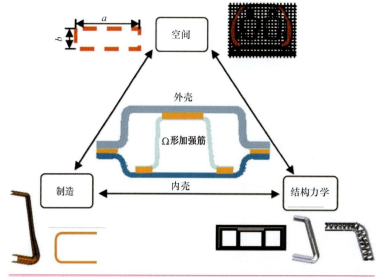

图 5.18　开发过程：相关性和边界条件[20]

图 5.19　有限元分析及其试验验证

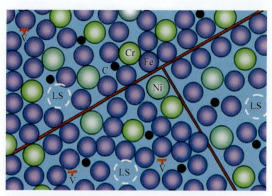

图 6.7　实际的晶格构造中的外来原子、空位（LS）、错位（V）和晶界等缺陷

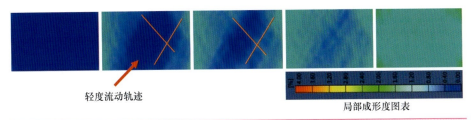

轻度流动轨迹

局部成形度图表

图 6.15 老化作用下的薄板,由于局部成形度变化而形成程度较轻的滑移线,导致总体变形增加

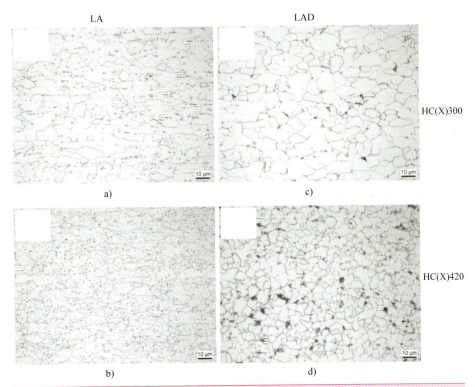

图 6.16 1mm 厚度薄钢板在冷轧、罩式退火(LA)以及热镀锌(LAD)处理后的显微组织

a)含有 0.05% 碳、0.45% 锰和 0.02% 铌的 HC300LA
b)含有 0.06% 碳、1.32% 锰、0.06% 铌和 0.04% 钛的 HC420LA
c)含有 0.04% 碳、0.43% 锰和 0.02% 铌的 HX300LAD
d)含有 0.05% 碳、1.30% 锰和 0.05% 铌的 HX420LAD

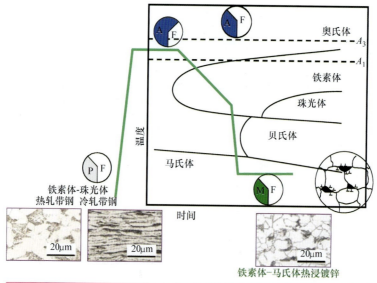

图 6.19　双相钢 HCT780XD 的时间－温度变化过程示意图[5]

图 6.20　多相钢的显微组织

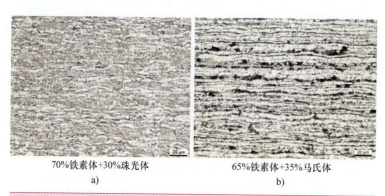

图 6.27　材料为 22MnB5 的冷轧带钢，在 a）罩式退火、无涂层和 b）有 AS 涂层两种状态下的微观结构

图 6.28 22MnB5 在模压淬火状态下的显微结构

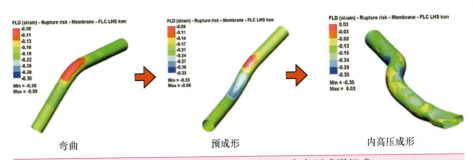

图 6.30 S 形纵梁的成形工艺步骤由弯曲、预成形和内高压成形组成

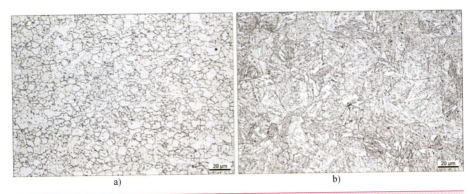

图 6.31 材质为 RobuSal® 800 的冷轧带钢在 a) 交付状态和 b) 空气冷却退火状态下的微观结构

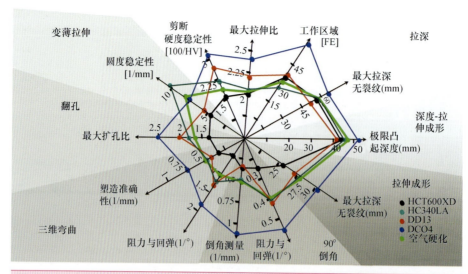

图 6.32 与其他钢材对比空气硬化钢 RobuSal® 800 的成形技术和分离技术评估

图 6.33 材质为 RobuSal® 800 的奔驰 E 级车整体支架 [63]

图 6.35 一种微合金化的 HSLA 钢（0.07% 碳，1.3% 锰、钛、铌，均为质量分数）
a）铁素体晶粒大小平均为 $2.3\mu m$ 的超细晶粒退火（快速退火）状态
b）铁素体晶粒大小平均为 $4.9\mu m$ 的常规退火状态

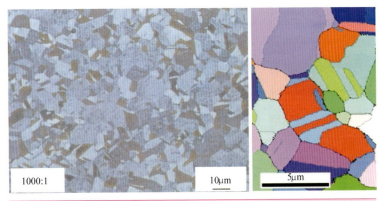

图6.41 室温下进行热处理后,未变形高锰冷轧带钢的研磨和电子背散射衍射成像图样,冷轧带钢显示出退火孪晶

图6.43 室温下,具有TRIP和TWIP效应、热处理过的可变形高锰冷轧带钢在光学显微镜及扫描电子显微镜下的金相组织照片

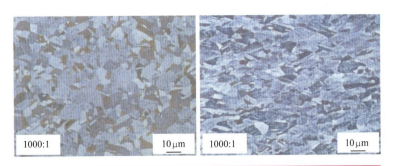

图6.44 一个不变形的冷轧带钢(左)和一个延伸率可达40%的HSD钢的单轴拉伸试验(右)在光学显微镜下的照片,放大1000倍

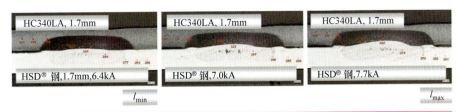

图6.48 横磨削焊点核心混合连接(HSD钢,HC340LA1.7mm)

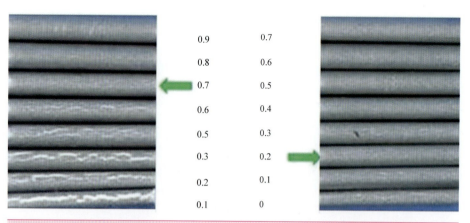

图 6.65 一个整体高强度合金型芯（左图）和一个有同样型芯及可延展盖板（右图）的复合板材在不同内半径尺寸下的弯曲试验

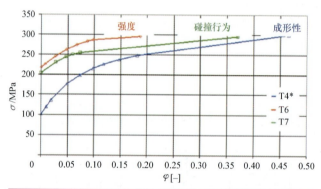

图 6.68 在不同热处理状态下，材料 EN AW – 6014 的真实流变曲线

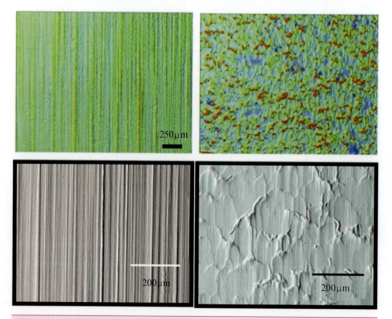

图 6.74 与普通的"磨光"表面（左）相比，EDT 表面（右）可改善铝板材的变形性能

图 6.76 自动激光切割设备上的铝模板坯的剪裁

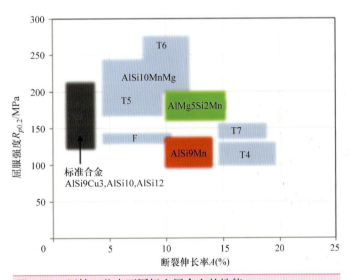

图 6.79 压铸工艺中不同轻金属合金的性能

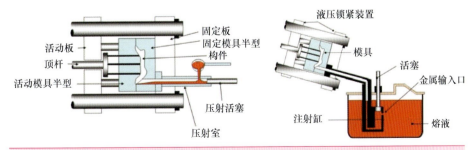

图 6.98 冷室压铸工艺（左）和热室压铸工艺（右）的图示

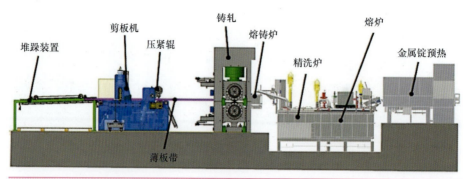

图 6.102　连接堆放设备的 Twin – Roll 铸机的图示

图 6.127　2000 年对首次在批量生产中所使用的陶瓷制动盘和传统的灰铸铁制动盘进行比较

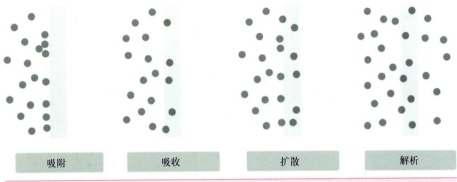

图 6.140　渗透性的排列顺序

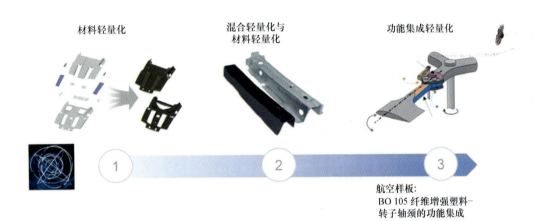

图 6.143　渐进式智能轻量化 [265]

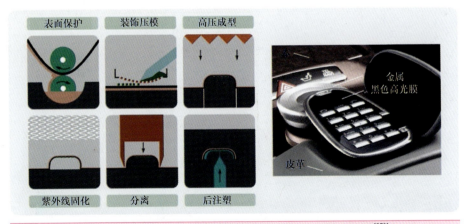

图 6.144　2011 款戴姆勒奔驰 S 级车型的 FIM 构件的制造工艺和示例 [273]

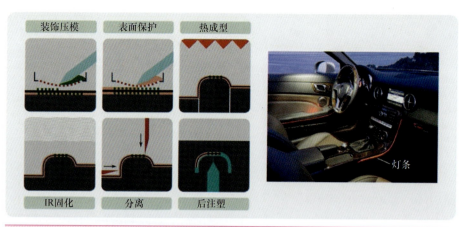

图 6.145 梅赛德斯奔驰 SLK 车型环境照明件的生产工艺和实例 [275]

图 6.148 欧宝 Insignia 驾驶员座椅,泡沫塑料和填充塑料的组合,可实现最佳的碰撞性能 [280]

图 6.151 奥迪 A8 混合材料前端 [282]

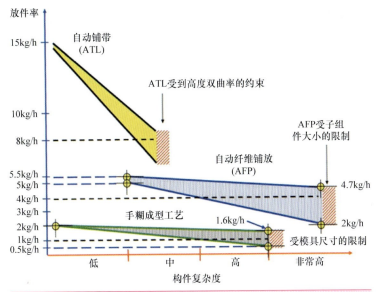

图 6.161　不同自动放件工艺的放件率[292, 293]

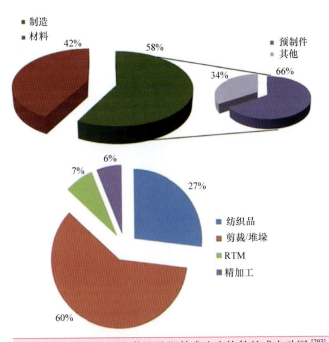

图 6.162　利用扁平织物和注塑技术生产构件的成本动因[293]

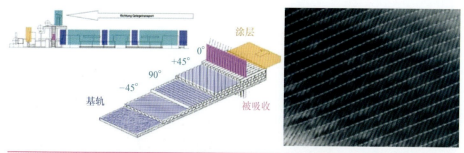

图 6.165　无纺织物的缝纫设备与多轴构造 [294]

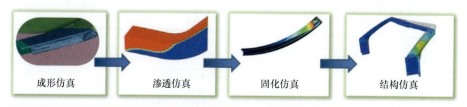

图 6.183　工艺仿真链的顺序示例 [307]

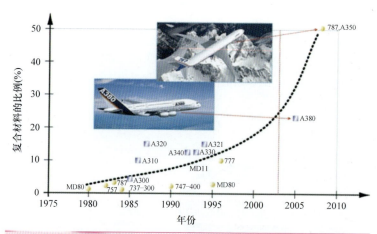

图 6.184　商用飞机制造中纤维复合材料比例的发展 [292]

图 6.189　碳纤维增强塑料构件制造中的成本分布 [313]

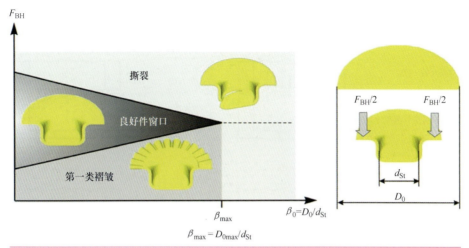

图7.5 采用拉深工艺的旋转对称板材成形件的良好件窗口图示[10]

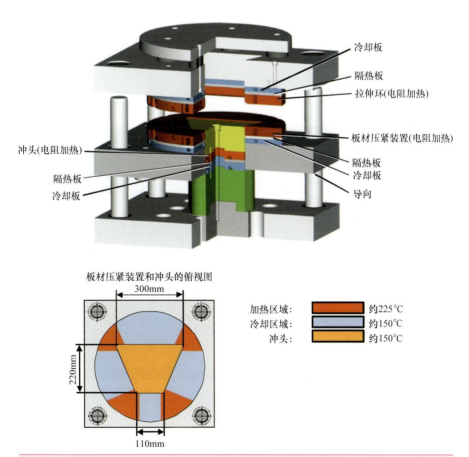

图7.9 用于镁板成形的可部分加热的拉深模具的基本结构[18]

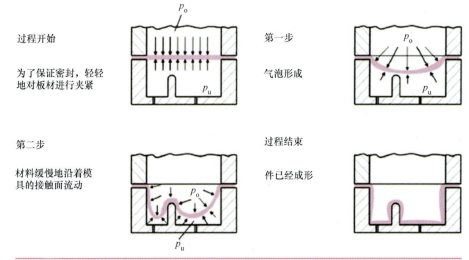

图 7.23 凹模超塑性变形的工艺流程（凹模工艺）

图 7.47 右侧是清洁干净的硬模，左侧硬模用红色底漆（黏结剂），顶部有白色绝缘涂层[70]

材料和工艺

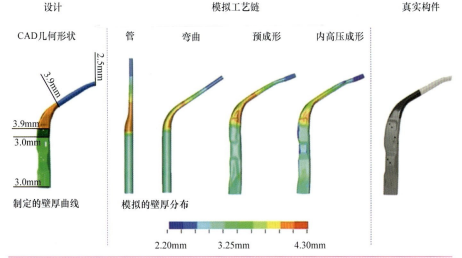

图 7.65　利用柔性轧制管生产一体式 A 柱的不同阶段

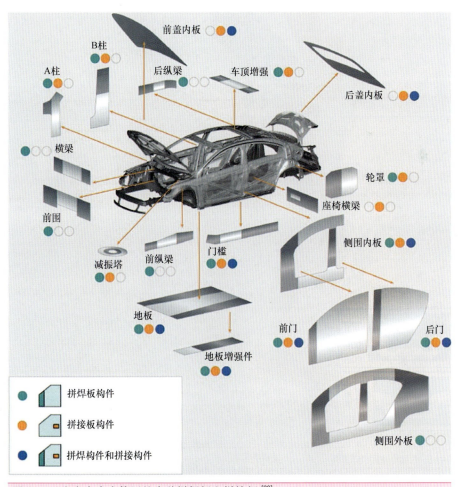

图 7.77　在白车身中使用的多种拼焊板和拼接板[90]

图 7.82　在成形前对 B 柱进行局部加热 [大众汽车公司]

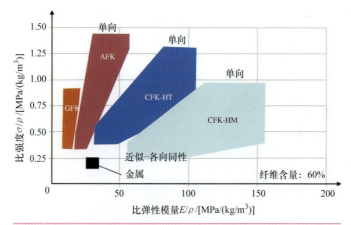

图 7.89　不同可能的覆盖层材料比性能节选（根据文献 [110，114 – 116]）

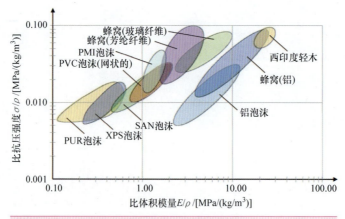

图 7.91　几个典型型芯结构的比抗压性能对比

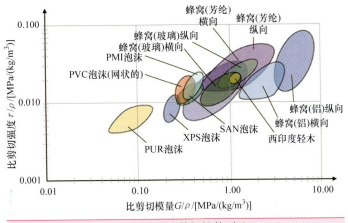

图 7.92　几个典型型芯结构的比剪切性能对比

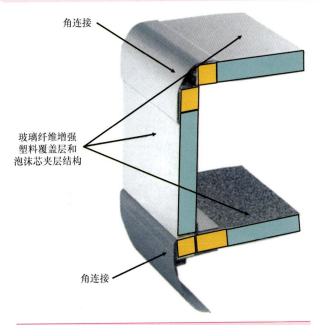

图 7.102　房车段的横截面（根据文献 [128]）

图 7.105　车身中的材料

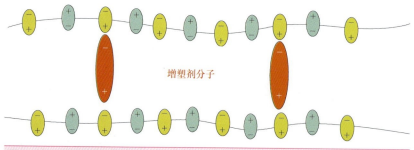

图 7.111　增塑剂的作用

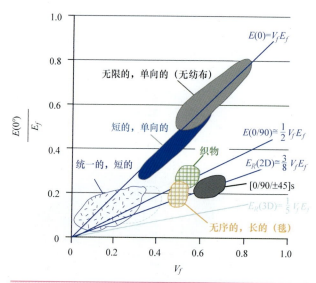

图 7.139　增强类型的影响

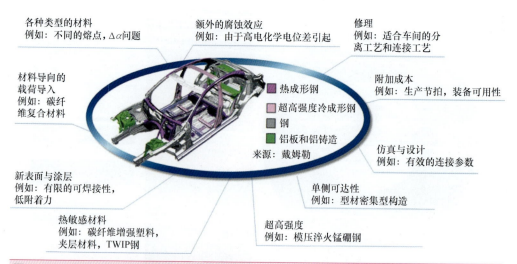

图 7.159　多材料构造对连接技术的挑战 [153]

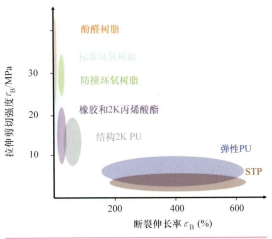

图 7.161 按照拉伸剪切强度和断裂伸长率划分现代黏结剂

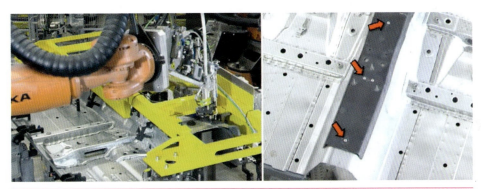

图 7.165 在丁戈尔芬工厂宝马 7 系（G11 型号）生产中，碳纤维增强塑料中通道加固区域的机器人引导盲铆[169]

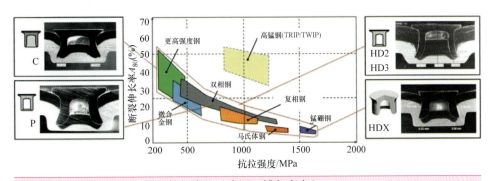

图 7.168 适用于不同材料的铆钉类型（来源：博尔豪夫）

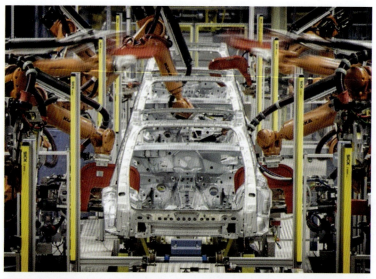

图 7.170　奥迪 Q7（4M）车身生产中机器人引导的半空心冲铆接（来源：奥迪新闻存档）

图 7.180　（左）在梅赛德斯 – 奔驰 SL（R231 系列）的铝后端结构制造中使用的高速螺钉紧固连接工艺[184]和（右）铝板与铝压铸件的螺钉紧固粘接工艺（来源：博尔豪夫）

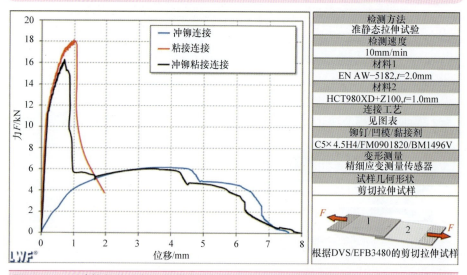

图 7.182　以冲铆粘接为例，通过混合连接可以提高机械连接性能（强度、能量吸收能力）

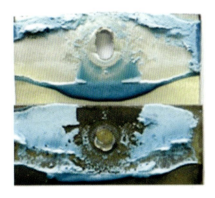
传统混合连接工艺剪切拉伸试样断面

优化的混合连接工艺剪切拉伸试样断面

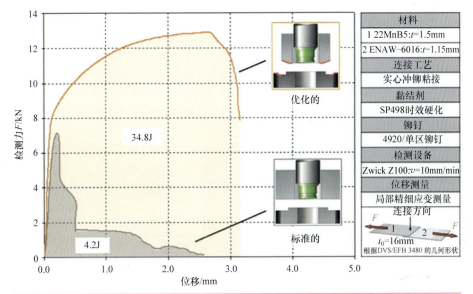

图 7.185 对凹模和压紧装置轮廓的优化改善了粘接层的形成,并通过实心冲铆粘接改善了由 22MnB5 钢和铝制成的混合结构连接件的力学性能[186]

图 7.188 在梅赛德斯 SLS 车型中,同类铝的冷金属过渡焊缝(上)和用于乘用车构件的钢铝混合板(下)来源:Fronius, voestahpine, 戴姆勒[189, 190]

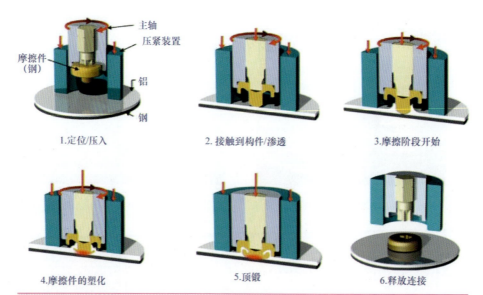

图 7.194　无预制孔摩擦元件焊接工艺流程[153]

图 7.196　奥迪 Q7 中压铸铝和 22MnB5+AS150 之间的摩擦元件焊接接头（EJOWELD®）[202, 204]

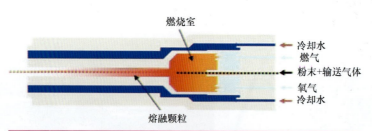

图 7.200　用于热喷涂的 HVOF 喷嘴的结构示意图

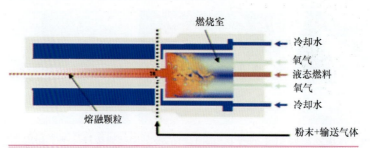

图 7.201　用于热喷涂的 HVOLF- 喷嘴的构造示意图

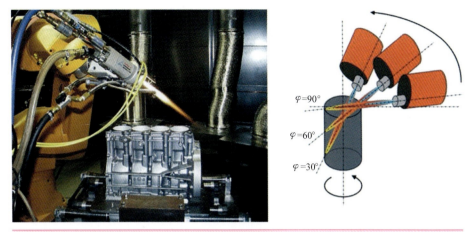

图 7.210 4 缸直列式发动机的 HVOF 气缸内涂层工艺（左）和具有可变入射角的 HVOF 内涂层工艺流程示意图（右）

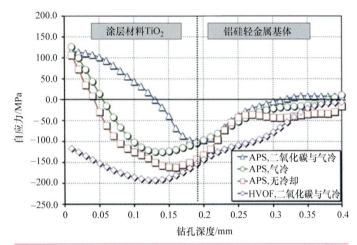

图 7.218 使用不同涂层工艺和工艺冷却时二氧化钛（TiO_2）涂层复合材料中的自应力深度分布

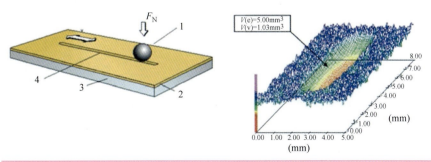

图 7.220 在 Fe／MoAPS 层上的振荡试验装置以及接触测量的磨损形貌的示意图
1—摩擦球　2—涂层材料　3—底基材料　4—摩擦轨道

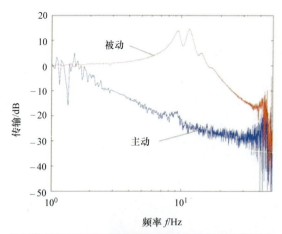

图 7.225　被动隔振系统和主动隔振系统中传输振幅响应的测量结果

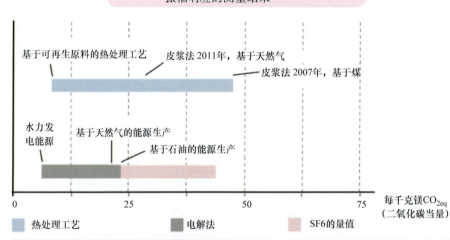

图 8-2　各种镁生产途径的温室气体排放比较[8]

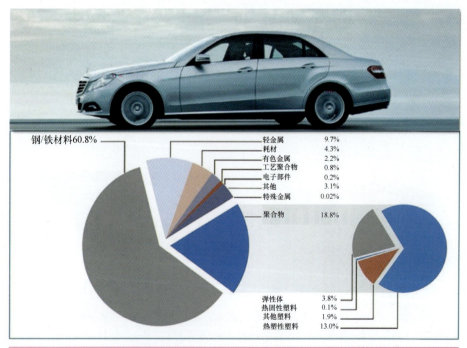

图 8-7　奔驰 E 级车的材料构成（图：戴姆勒股份公司）

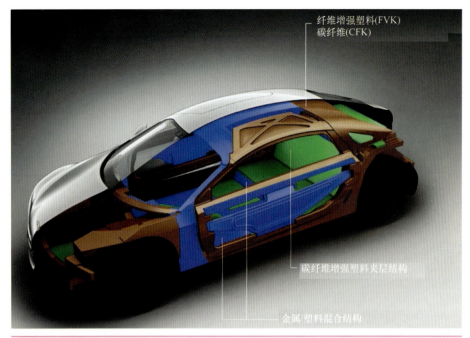

图 8-10 梅赛德斯-奔驰 F125 结合不同的轻量化材料（图：戴姆勒股份公司）

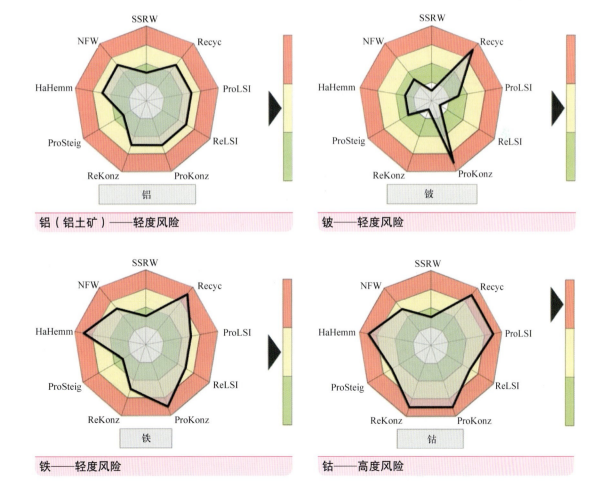

铝（铝土矿）——轻度风险

铍——轻度风险

铁——轻度风险

钴——高度风险

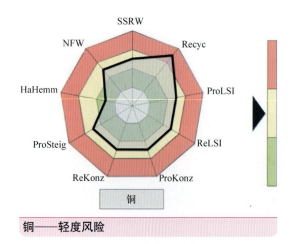

铜——轻度风险

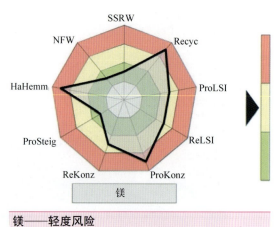

镁——轻度风险

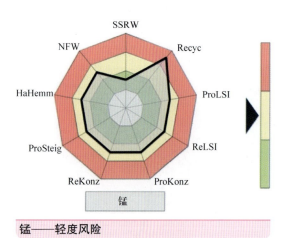

锰——轻度风险

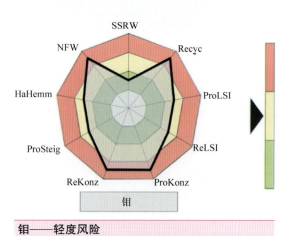

钼——轻度风险

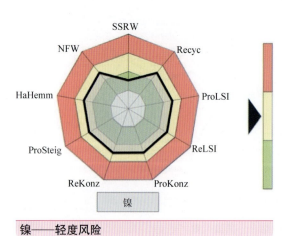

镍——轻度风险

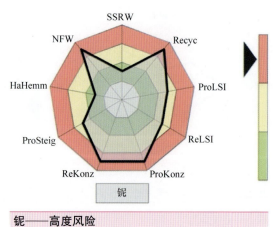

铌——高度风险

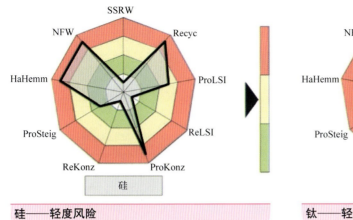

硅——轻度风险

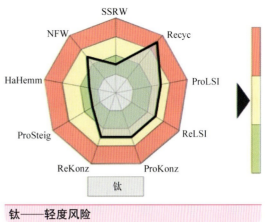

钛——轻度风险

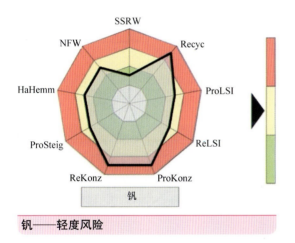

钒——轻度风险

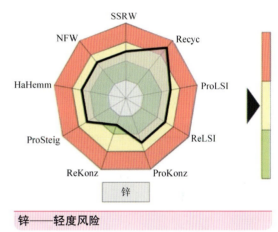

锌——轻度风险

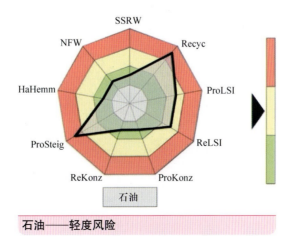

石油——轻度风险

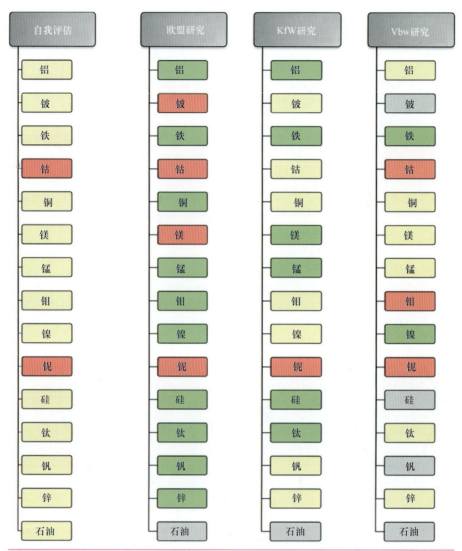

图 8-11 与参考研究相比的风险性评估

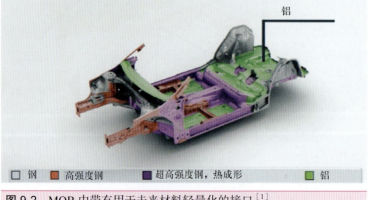

图 9-2 MQB 中带有用于未来材料轻量化的接口[1]

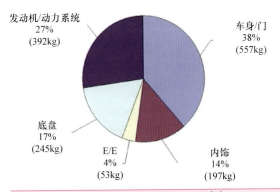

图 9-4 单个机构的重量比例（C 级）[3]

图 9-8 具有结构集成的氢复合材料存储的燃料电池驱动系统的目的架构[9]

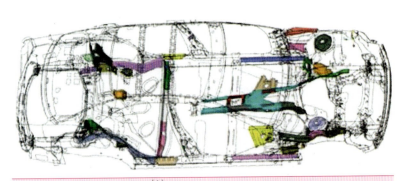

图 9-12 调整后的白车身[3]

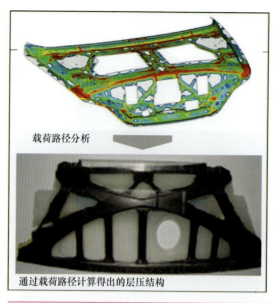

图 9.16　由镁铸件制成的高度集成的前端车身[16]

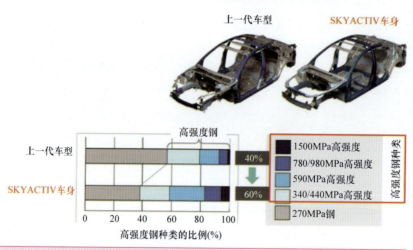

图 9-17　增加高强度和超高强度钢的使用[14]

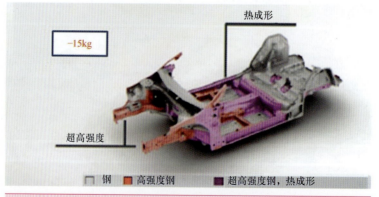

图 9-18　大众汽车公司 MQB 的地板组在碰撞承载区域使用了高强度和超高强度钢[1]

图 9-20 一辆 D 级车 2011 年车型的多材料方案[18]

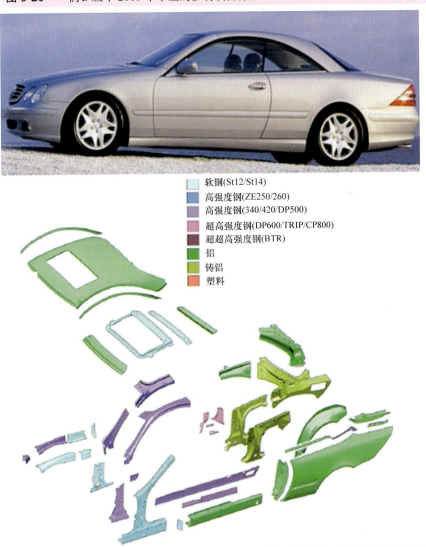

图 9-21 以 1999 年奔驰 S 级经典 Coupe 为例的钢密集型多材料轻量化[19]

图9-22 保时捷2011款911的混合车身（蓝色=铝，绿色=钢）[20]

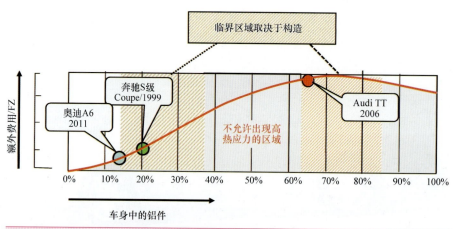

图9-23 在汽车单元中热应力限制了混合材料的极限[21]

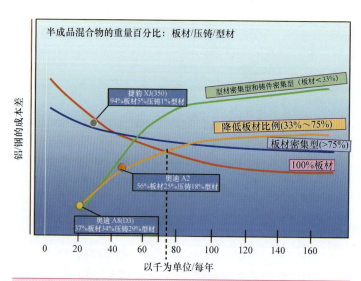

图9-24 与钢（定性）相比，不同铝结构的额外成本作为年产量的函数[19]

梅赛德斯奔驰SL系列　　　　　　　　梅赛德斯奔驰AMG SLS

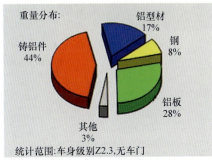
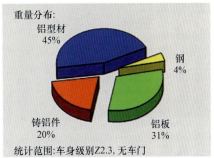

规划产能≥10 000 单位/每年　　　　规划产能约3 000 单位/每年

图 9-27　梅赛德斯奔驰 SL（左）和梅赛德斯奔驰 AMG SLS 的构造比较[19]

奥迪 R8
奥迪空间框架的ASF材料

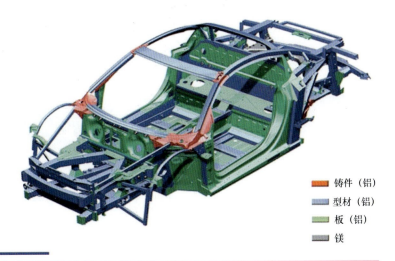

■ 铸件（铝）
■ 型材（铝）
■ 板（铝）
■ 镁

图 9-28　针对小批量的铝密集型白车身[22]

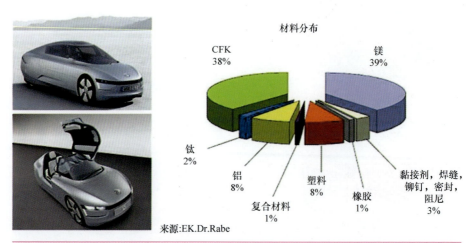

图 9.29　以大众 1L 车为例的极端多材料方案[23]

图 9-30　奥迪 R8 GT[24]

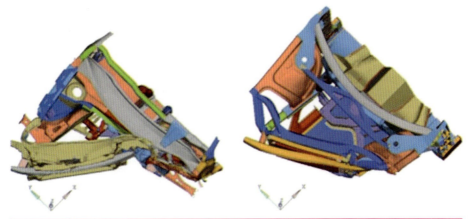

图9-34 在30°倾斜的刚性障碍物上模拟正面碰撞,新开发的前端结构(右)与中低档车辆的参考结构进行比较(左)

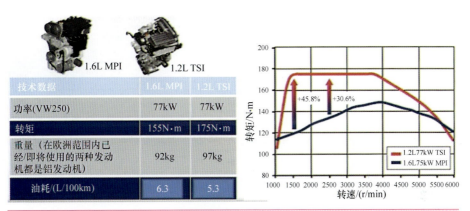

图9-39 质量增加,排量更小,气缸间距恒定[1]

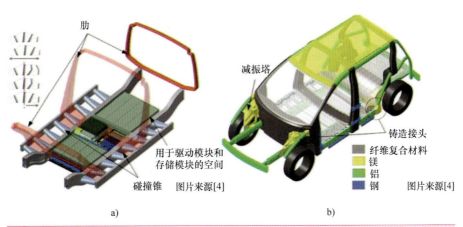

图9-45 肋空间框架构造[35]

图9-49 紧凑型轿车无动力四连杆后桥的设计理念（采埃孚公司）[44]

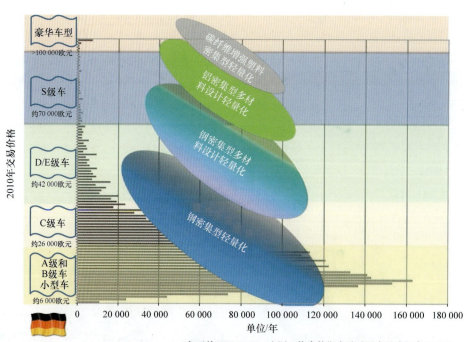

图9-58 对202X年车身轻量化概念的预测[47]

汽车先进技术译丛　汽车技术经典手册

汽车轻量化技术手册

原书第2版

[德] 霍斯特·E. 弗里德里希（Horst E.Friedrich）　主编

陈力禾　译

机械工业出版社

本书是德国汽车轻量化权威、德国宇航中心霍斯特·E. 弗里德里希教授组织德国轻量化行业内知名专家共同编写的一本描述德国汽车轻量化技术的手册类图书。本书系统地阐述了汽车轻量化战略——从材料轻量化到概念轻量化、形状轻量化，直至条件轻量化。所有这些发展方向都基于对汽车轻量化的要求。本书始终围绕两大主题：经典和创新轻量化材料的处理，以及由此而来的材料与坯材的加工技术，涉及金属、塑料、陶瓷等材料的表面处理、复合及连接技术等最重要的工艺方法。本书还介绍了非常重要的原材料供应、回收和生命周期评估等方面的内容，并且对现今和未来的汽车轻量化方案与趋势进行了介绍。

本书适合汽车技术领域的工程师、技术员以及教师、研究人员和学生系统阅读学习，也适合所有对汽车轻量化技术感兴趣的读者阅读参考。

Translation from the German language edition:
Leichtbau in der Fahrzeugtechnik (2. Aufl.)
Edited by Horst E. Friedrich
Copyright © Springer Fachmedien Wiesbaden GmbH 2017
This Springer imprint is published by Springer Nature
The registered company is Springer Fachmedien Wiesbaden GmbH
All Rights Reserved

版权所有，侵权必究。

This title is published in China by China Machine Press with license from Springer. This edition is authorized for sale in China only, excluding Hong Kong SAR, Macao SAR and Taiwan. Unauthorized export of this edition is a violation of the Copyright Act. Violation of this Law is subject to Civil and Criminal Penalties.

本书中文简体版由 Springer 授权机械工业出版社在中国境内（不包括香港、澳门特别行政区及台湾地区）出版与发行。未经许可之出口，视为违反著作权法，将受法律之制裁。

北京市版权局著作权合同登记　图字：01-2018-1870。

图书在版编目（CIP）数据

汽车轻量化技术手册/（德）霍斯特·E. 弗里德里希（Horst E. Friedrich）主编；陈力禾译. —北京：机械工业出版社，2020.8
（汽车先进技术译丛. 汽车技术经典手册）
ISBN 978-7-111-65827-6

I. ①汽… II. ①霍… ②陈… III. ①汽车轻量化-手册 IV. ①U462.2-62

中国版本图书馆 CIP 数据核字（2020）第 099103 号

机械工业出版社（北京市百万庄大街22号　邮政编码100037）
策划编辑：孙　鹏　　　　责任编辑：孙　鹏
责任校对：樊钟英　张　薇　封面设计：鞠　杨
责任印制：张　博
北京铭成印刷有限公司印刷
2020年9月第1版第1次印刷
184mm×260mm・37.75 印张・32 插页・981 千字
标准书号：ISBN 978-7-111-65827-6
定价：299.00 元

电话服务　　　　　　　　　网络服务
客服电话：010-88361066　　机　工　官　网：www.cmpbook.com
　　　　　010-88379833　　机　工　官　博：weibo.com/cmp1952
　　　　　010-68326294　　金　书　网：www.golden-book.com
封底无防伪标均为盗版　　　机工教育服务网：www.cmpedu.com

译者的话

"没有一个冬天不可逾越,没有一个春天不会来临。"

2020年这场波及全球的新冠疫情,让人类在大自然的力量面前显得如此渺小,让更多的人对人与自然之间的关系有了更深刻的认识,也让译者对所从事的轻量化事业有了更深刻的领悟。

轻量化的本质是什么?按照译者的理解,轻量化就是"遵循自然的法则,以最少的消耗,取得最大的功效"。毋庸置疑,在实现人与自然的和谐发展中,轻量化的原则将起到日益重要的作用。

译者与本书主编弗里德里希教授结识于20年前。彼时,译者作为国家科技部"十五"镁合金重大科技专项专家组中最年轻的成员刚刚进入德国汽车轻量化行业,对轻量化技术所知甚浅。而弗里德里希博士已经担任德国大众汽车集团研发中心汽车材料与概念部主任多年,在汽车行业内享有盛名。大众著名的每百公里耗油一升概念车的第一代白车身就是弗里德里希教授在德国大众集团工作期间主持研发的杰作。在德国大众集团研发中心工作8年之后,弗里德里希教授于2004年接受德国国家顶级研发机构德国宇航中心的邀请,从大众总部沃尔夫斯堡南下,来到德国汽车重镇斯图加特市(保时捷与奔驰总部所在地),成立了德国宇航中心车辆概念研究所并担任首任所长。至2020年弗里德里希教授行将退休之际,德国宇航中心车辆概念研究所已成为德国乃至世界上最有影响力的研究机构之一,在可替代能源交通、未来出行概念与轻量化技术等领域声名显赫。德国宇航中心车辆概念研究所每年2月在德国斯图加特举办的德国汽车材料年会也成为最有行业影响力的专业会议之一。

2013年,德国斯普林格集团出版发行了由弗里德里希教授主编的《汽车轻量化技术》(德文第1版)。参与该书各章节撰写的作者都是来自德国知名主机厂、供应商以及高校和研究机构的权威专家学者,也因此,该书一经出版发行,便受到德语区国家汽车轻量化行业从业者的极大关注。该书的深度与广度是迄今为止其他已出版的同类书籍所不能比拟的,它充分体现了德国汽车工业在汽车材料与汽车轻量化技术领域的行业地位与先进水平。

本书是基于弗里德里希教授2017年修订出版的《汽车轻量化技术》(德文第2版)翻译而来的。虽然由于原著体系庞大、内容浩繁,翻译工作耗时甚久,但是直至中文译本出版发行时为止,本书内容的先进性与体系的完整性始终是毋庸置疑的。与此同时,德国汽车轻量化技术一直处于持续的快速发展之中,其典型代表是位于德国斯图加特大学的ARENA2036研究中心。ARENA2036由德国奔驰汽车公司、博世公司、弗劳恩霍夫学会、斯图加特大学等位于德国巴登符腾堡州的知名企业、研究机构与高校共同发起,得到了德国联邦科技教育部与巴登符腾堡州政府的大力资助,其主要研发目标为后工业 4.0 时代面向未来的汽车制造技术与汽车轻量化技术。本书中部分章节的内容即来自 ARENA2036 项目的前期研发成果。

轻量化与人工智能并列为德国联邦经济部"德国 2030"工业战略中的核心技术,贯穿德国十大优势产业。德国联邦政府经济部在 2019 年汉诺威工业博览会上举办了首届轻量化论坛,联邦经济部部长艾特迈尔先生亲自出席论坛并发表了开幕讲话。

在轻量化领域的持续创新和巨额投入对于德国汽车工业保持核心竞争力与领先地位至关重要。而技术创新的核心始终在"人",尤其是在于掌握了系统轻量化知识理念并在工作中积累了丰富实践经验的专家学者、技术人员和工程师。本书集德国汽车轻量化领域权威专家群体的经验知识之大成,对于我国从事汽车轻量化乃至交通工具轻量化的读者来说也是极其宝贵的知识财富分享。

就译者本人而言,在繁忙的工作之余,从《轻量化设计——计算基础与构件结构》(中文第 1 版 2010、中文第 2 版 2016)到《轻量化——原理、材料选择与制造方法》(2011),再到本书历时十余年的翻译过程,也是经年累月系统地学习轻量化技术知识的过程。这既是一个不断挑战的过程,也是一个自我提升的过程。相信对于所有涉及轻量化技术领域的人来说皆如此。如果读者能在阅读本书中体验到获取知识的快乐,译者将会倍感欣慰!

作为全球化最典型的代表,世界汽车工业在新冠疫情冲击下将会何去何从?这个结果甚至会影响到人类命运共同体的未来走向和发展。在人类进化的历史进程中,知识财富的分享始终是推动人类社会共同进步与追求美好生活最重要的力量之一。因此,译者在此谨向本书各章节原作者与德国宇航中心车辆概念研究所的同仁对本书翻译工作的热心支持和帮助致以诚挚的谢意,同时,也对机械工业出版社汽车分社长期以来对汽车轻量化领域著作的翻译工作的鼎力支持表示由衷的感谢!

"各美其美,美人之美,美美与共,天下大同"。让我们以轻量化之名,相信未来,共创未来!

谨以此与读者诸君共勉。

陈力禾

2020 年 3 月,德国阿伦

前言 PREFACE

材料的生产和加工技术是汽车制造的核心技术，因为一辆汽车上所有的构件，都需要通过材料来实现。对于汽车技术中的轻量化技术来说亦是如此，汽车轻量化技术可以被视为汽车技术的"最高学科"。

在一本书里涉及汽车轻量化的所有重要领域是一个比较大胆的尝试。在本书中，作者试图系统地阐述相关的轻量化战略——从材料轻量化到概念轻量化直至条件轻量化（第3章）。从历史背景介绍中导出了汽车轻量化的技术动机，即更快的速度与更好的驾驶动力学所带来的成就感推动了汽车轻量化的发展。如今的汽车轻量化则是受到了节能减排（二氧化碳）强大压力的推动，出于对新能源汽车市场份额的未来预期，当下的汽车轻量化更是得到了加强。所有这些发展方向都是基于对汽车轻量化的要求（第4章）。

本书虽然内容广泛，但是始终围绕两大主题：经典和创新轻量化材料的处理（第6章），以及由此而来的材料的生产和加工技术（第7章），涉及金属、塑料、陶瓷等材料的表面处理、复合及连接技术等最重要的工艺方法。接下来也是非常重要的，还要考虑到原材料供应、回收和生命周期评估等方面的内容（第8章）。最后一章（第9章）则是试图对轻量化系统在未来的发展进程进行描述。

本书适合汽车技术领域的工程师、技术员以及教师、研究人员和学生系统学习使用，也适合所有对汽车轻量化技术感兴趣的读者阅读。在本书中，展示了轻量化车身、轻量化底盘、发动机以及轻量化汽车的更好解决方案。按照亨利·莱斯爵士所述："在每一件事上都力求完美，抓住现有的最佳状态，让它变得更好。如果它不存在，请创造它。"

如今，汽车轻量化系统的高性能所带来的复杂性，是单个人无法在整体上涉及所有方面和彼此关联的重要原因。因此，我要对本书所有作者的工作与合作表示特别的感谢！除了出版者，作者团队由汽车研究和开发人员及其同事组成。值得一提的是，学术界和高校与用户和工业界之间的对话持续深入，提出了许多对彼此都非常有价值的建议。

我还要对斯普林格出版社和负责校对的爱德华·施密特表示感谢，感谢他们的支持与有远见的合作。最后，我还要对萨尔茨吉特公司再一次表示感谢，感谢对本书出版在专业和材料上给予的支持。没有萨尔茨吉特公司的支持和帮助，本书的出版是不可能实现的。

工学博士霍斯特·E. 弗里德里希教授

德国斯图加特，2017

目录 Contents

译者的话

前言

第1章 轻量化驱动创新

1.1 通过轻量化获得成功 …………………………………………………………………… 1
1.2 轻量化路线图 …………………………………………………………………………… 11
    1.2.1 车身构造 ………………………………………………………………………… 11
    1.2.2 动力总成中的构造 ……………………………………………………………… 14
    1.2.3 底盘中的构造 …………………………………………………………………… 17
参考文献 ……………………………………………………………………………………… 21

第2章 技术动因

2.1 行驶阻力 ………………………………………………………………………………… 23
2.2 减重对行驶动力的影响 ………………………………………………………………… 29
2.3 重量螺旋 ………………………………………………………………………………… 30
参考文献 ……………………………………………………………………………………… 31

第3章 轻量化战略

3.1 轻量化战略与方法的分类 ……………………………………………………………… 32
3.2 材料轻量化 ……………………………………………………………………………… 39
    3.2.1 材料的转换 ……………………………………………………………………… 39
    3.2.2 同类型材料 ……………………………………………………………………… 42
    3.2.3 制造轻量化 ……………………………………………………………………… 43
    3.2.4 轻量化指数 ……………………………………………………………………… 44
3.3 形状轻量化 ……………………………………………………………………………… 51
3.4 概念轻量化 ……………………………………………………………………………… 53
    3.4.1 差分构造和整体构造 …………………………………………………………… 53
    3.4.2 具有功能集成的组合 …………………………………………………………… 54
3.5 条件轻量化 ……………………………………………………………………………… 56
3.6 汽车制造者在产品开发过程中的轻量化 ……………………………………………… 57
    3.6.1 轻量化成为社会因素 …………………………………………………………… 57
    3.6.2 汽车制造商在产品开发中的战略轻量化（目标发现过程） ………………… 60
    3.6.3 战术轻量化（规划过程与匹配过程） ………………………………………… 72

3.6.4　操作轻量化（开发过程） 74
3.7　选择轻量化解决方案的前提和标准 77
3.7.1　比较标准——轻量化指数 78
3.7.2　经济性 79
3.7.3　组织前提与功能标准 87
3.7.4　关于总能量平衡与可回收性的考虑 88
参考文献 91

第4章　汽车轻量化的要求

4.1　汽车制造中对耐久强度和使用寿命的要求 93
4.1.1　耐久强度载荷情形 93
4.1.2　耐久强度的理论基础 94
4.1.3　新材料作为特殊挑战 94
4.2　制造参数和生产参数对耐久性能的影响 95
4.2.1　承受动态载荷构件的耐久性能 95
4.2.2　制造过程对耐久性能的影响 98
4.2.3　轻量化潜力小结 104
4.3　汽车的耐久尺度 104
4.3.1　载荷集与损伤累积 104
4.3.2　各种钢基材料的静态抗拉强度和疲劳强度 105
4.3.3　连接工艺对原理试样疲劳强度的影响 106
4.3.4　变薄拉伸DC04减振支柱（板材厚度变化）示例 108
4.4　对轻量化材料的要求与耐久强度工程 108
4.4.1　纤维复合材料 108
4.4.2　热塑性塑料 109
4.4.3　铝 109
4.4.4　耐久强度仿真工程 110
4.4.5　示例：豪华敞篷跑车车身的耐久设计 114
4.5　被动安全与碰撞性能 115
4.5.1　汽车制造中的被动安全要求 115
4.5.2　汽车结构的现代造型 119
4.5.3　被动安全对材料的要求 121
4.5.4　轻量化材料仿真的挑战 126
参考文献 132

第5章　在多材料设计道路上用于轻量化构造的要求管理与工具

5.1　基于模型的要求管理 134
5.1.1　动机 134
5.1.2　建模方法 135
5.1.3　概念建模与评估 139
5.2　用于汽车结构推导的计算方法 140

5.2.1	概念开发阶段的拓扑优化方法	141
5.2.2	概念开发——以纤维增强材料为例	144
5.3	应用示例——纤维复合材料密集的肋空间框架构造	146
5.3.1	关键构件环状肋的功能原理	146
5.3.2	开发与设计	147

参考文献 ································ 148

第6章 用于汽车制造的轻量化材料 ································ 150

6.1	钢	150
6.1.1	钢材料基础	150
6.1.2	钢种类与交付形式	156
6.1.3	无间隙原子钢和烘烤硬化钢	161
6.1.4	用于冷成形的微合金钢	165
6.1.5	多相钢（DP, CP, BS, 残余奥氏体, MS）	168
6.1.6	调质钢	171
6.1.7	超细晶粒钢和纳米颗粒钢	178
6.1.8	具有TRIP/TWIP效应的高锰钢	182
6.1.9	高铝钢	190
6.2	轻金属	196
6.2.1	铝合金	196
6.2.2	镁合金与镁基复合材料	227
6.2.3	钛、钛合金与钛铝化物	242
6.3	固体陶瓷与陶瓷基复合材料	250
6.3.1	在汽车制造中的应用	250
6.3.2	制造方法	256
6.3.3	典型结果与性能	257
6.3.4	小结	259
6.4	塑料	259
6.4.1	外部塑料和内部塑料	259
6.4.2	汽车结构中的纤维增强塑料	284

参考文献 ································ 306

第7章 轻量化材料生产和加工技术 ································ 319

7.1	成型技术与成形技术	319
7.1.1	方法分类	319
7.1.2	扁平件的制造方法	320
7.1.3	基于有效介质的成形工艺	329
7.1.4	型材与管材的制造方法	337
7.1.5	板材、型材与管材的弯曲	341
7.1.6	铸造工艺	344
7.2	金属拼焊产品（MTP）	361

7.2.1	概览	361
7.2.2	连续加工拼焊产品	361
7.2.3	非连续加工拼焊产品	366
7.2.4	金属材料复合——包覆带材与复合型材	370
7.2.5	发展趋势	373
7.3	复合与夹层解决方案	374
7.3.1	分类	374
7.3.2	夹层解决方案的结构和承载性能	376
7.3.3	型芯材料和覆盖层材料	377
7.3.4	弯曲理论及夹层理论	380
7.3.5	失效类型和不稳定性	381
7.3.6	制造工艺与连接技术	383
7.3.7	选择方法、应用示例与功能集成	385
7.4	塑料材料技术	388
7.4.1	热塑性塑料的材料技术	391
7.4.2	热塑性半成品的生产与加工	409
7.4.3	热固性塑料的材料技术	422
7.4.4	弹性体	444
7.4.5	热塑基塑料、热固性塑料与弹性体的回收工艺	446
7.5	混合轻量化结构连接技术	447
7.5.1	引言	447
7.5.2	新轻量化构造对连接技术的挑战	449
7.5.3	多材料结构连接工艺	450
7.5.4	展望	476
7.6	表面技术和层压复合材料	476
7.6.1	用于内燃机的现代材料复合方案	483
7.6.2	热喷涂气缸内涂层的生产	487
7.6.3	材料选择和材料特征	490
7.6.4	涂层特征	491
7.6.5	轻型动力总成的目标领域和应用	499
7.7	改进轻量化解决方案的自适应技术	499
7.7.1	智能结构	500
7.7.2	隔振（接收体干扰抑制）	500
7.7.3	半被动阻尼	502
7.7.4	半主动阻尼方案	503
7.7.5	主动振动控制	506
7.7.6	主动噪声控制和主动结构声学控制	508
参考文献		510

第8章 回收、生命周期评估和原材料可用性

8.1	生命周期评估作为轻量化的决策辅助	528
8.1.1	生命周期评估的方法论基础	528

8.1.2　轻量化材料的生态评估 530
　8.2　在报废概念中的轻量化 534
　　8.2.1　法律框架 534
　　8.2.2　报废车辆处理 534
　　8.2.3　轻量化构件的报废 535
　　8.2.4　评估回收流的方法程序 537
　8.3　汽车轻量化原材料的可用性 539
　　8.3.1　导言 539
　　8.3.2　用于汽车轻量化的原材料 540
　　8.3.3　可用性的相关标准 542
　　8.3.4　评估：有风险或无风险 544
　　8.3.5　对风险原材料的最新研究结果进行比较 551
　　8.3.6　结论 552
　参考文献 553

第9章　现今和未来的轻量化方案

　9.1　概述 555
　9.2　在整车层面通过系统轻量化提升潜力 557
　　9.2.1　整车中的二次效应 558
　　9.2.2　车辆结构与车辆尺寸 558
　　9.2.3　载荷级概念 561
　　9.2.4　跨子系统优化与模块化 562
　9.3　车身子系统的潜力 563
　　9.3.1　拓扑优化和整体结构 563
　　9.3.2　材料轻量化和制造轻量化 564
　　9.3.3　新方案和构造 573
　9.4　发动机/动力系统子系统的潜力 578
　　9.4.1　概念轻量化 578
　　9.4.2　材料轻量化与通过模块化实现轻量化 579
　　9.4.3　驱动与车辆总布置的合成 582
　9.5　底盘组件的潜力 584
　　9.5.1　概念轻量化 584
　　9.5.2　形状轻量化 586
　　9.5.3　通过材料和构造实现轻量化 586
　9.6　内饰组件的潜力 588
　　9.6.1　系统轻量化/模块化 588
　　9.6.2　材料轻量化和制造轻量化 588
　9.7　电气/电子子系统的潜力 589
　　9.7.1　系统轻量化 589
　　9.7.2　材料轻量化 589
　9.8　趋势——材料和构造混合 590
　参考文献 592

第 1 章
轻量化驱动创新

霍斯特·弗里德里希，席瓦库玛拉·克里斯纳莫斯

1.1 通过轻量化获得成功

出行是人类的基本需求。自从人类出现以来就是如此，并随着人类文明在世界各地的传播持续地向前发展。

如今在世界范围内，人类的发展面临着挑战。成功地应对这些挑战是保障人类未来福祉的先决条件。不断增长的人口和日益繁荣的社会意味着更多的出行以及对新出行模式的需求。目前，石化能源依然在人类运输服务能源消耗中占据了相当大的一部分，但在可预见的未来，石化能源将会耗尽，这迫使人类在车辆概念、驱动系统和能源载体方面提出新的解决方案。此外，如今人们普遍认为，由于人类活动导致的温室气体，特别是燃料在燃烧过程中产生的二氧化碳，是可观测到的地球大气层气候变化的重要原因之一。

因此，车辆概念的未来将主要取决于可再生能源的利用与能源使用效率的改进！这就确定了驱动技术和驱动阻力方面需要解决的问题。在行驶阻力方程式中，四个术语中的三个是基于重量的。因此，减重和轻量化策略是必不可少的。对于安全、可持续和成本适宜的移动性而言，轻量化的重要性日益增加。

（1）在青铜器时期开始出行？

在人类社会的早期，人类非常重视出行。作为欧洲青铜器时期的重要补充，特伦霍尔姆太阳战车就是一个典型的例子，它作为神话般太阳之旅的象征而存在。如今，可以在丹麦哥本哈根国家博物馆看到的这座60cm高的雕塑具有标志性的轻量化意义（图1.1）。

图 1.1 特伦霍尔姆太阳战车[1]

特伦霍尔姆太阳战车雕塑的设计和构造都非常精致与轻盈。如今的雕塑只能看到车轮与轮辐的构造。太阳车有 6 个轮子，业已证明车轮是可以围绕车轴转动的。令人感兴趣的是太阳战车的整体构造：轮胎与轮辐是用青铜整体铸造出来的，符合现代设计原则。车的雕塑是采用失蜡法制造，这是大约在公元前 1400 年青铜器时期中期的精密铸造方法。

由此可以得出结论，3500 年前的早期"工程师"就已经对概念轻量化有了全面的理解。他们在以下三者之间运用了几乎是辩证的关系：

1）材料（材料的性能和可加工性；在合适的温度下将青铜熔化，薄壁铸造）。

2）制造技术（铸造方法可以加工出可锻铸的、集成构造的物体）。

3）设计原则（就太阳战车来说，极具审美价值）。

这一"三边对话"考虑到了材料、制造技术和设计，即使是在今天，这也是日益强烈的轻量化创新的驱动力。在本书中，除了设计，也经常提到构造。构造的概念最初来源于航空和飞机制造业，采用这一概念可以从工程科学上准确地描述出创造性轻量化解决方案（图 1.2）。

图 1.2　轻量化创新的整体考量

在过去的大约 120 年里，交通技术轻量化战略逐渐从单纯的材料轻量化（或者替代轻量化）转变为形状轻量化和制造轻量化，再到概念轻量化或者是系统轻量化。概念轻量化集成了诸多轻量化战略，甚至是所有的轻量化战略，如今已经成为轻量化的主流，在汽车轻量化中亦是如此。本书的一个重点就是由此而来。本书首先应尝试对历史片段进行回顾：通过轻量化取得胜利。

（2）沉醉于速度

汽车制造早期一个非常重要的动机是通过速度取得胜利。那个时候，有生命危险的赛车和飞行表演属于新技术时代的先驱，人们积极参与这些活动，并为此欢呼。在 20 世纪之交，赛车运动驱使那个时期的企业家和工程师不断造出最高功率和轻量化的赛车，因为低重量可以使赛车的速度变快！

卡米勒·耶拿茨是比利时赛车运动的先驱，早在 1899 年的春天，他就以 105.8km/h 的速度突破了 100km/h[2]。在几个星期之内，耶拿茨就设计出了赛车。赛车采用电驱动，外形酷似鱼雷。耶拿茨给这辆赛车起名为"永不满足"（Ja Jamais Contente）（图 1.3）。对于他这样的轻量化先驱来说，这正是一个明智而永恒的座右铭。

图 1.3　在胜利大游行活动中，卡米勒·耶拿茨和他的夫人坐在电动车里，该电动车"永不满足"在赛事中创造了速度纪录[4]

为了减重,耶拿茨采用了一种轻型铝合金,即帕蒂昂门合金(按照这个合金的发明人 G.H. 帕蒂名字命名,合金是在巴黎的帕蒂昂门合金工厂生产的)[3]。含铜的铝合金的准确化学成分是变化的,用于自行车和汽车件的铝合金中的钨和镁的含量是不同的。

在 20 世纪之交的汽车技术引起了人们极大的兴趣,这是因为在汽车的驱动系统中出现了多种能源载体——电、汽油,偶尔也有蒸汽(值得一提的是,这与如今的时代很类似,过了 100 年后,又可以看到多种能源载体并行的汽车概念)。而在那个世纪之交的时候,电动车也可以赢得比赛!例如在 1902 年艾克塞堡拉力赛中,费迪南·波尔舍操控他设计的"米柯斯特"(Mixte)车参加比赛。这辆车采用了混合动力汽车概念。三年后,他在这辆车基础上开发了功率强大的版本,采用了 70hp(1hp≈0.74kW)的汽油发动机,发动机通过发电机为安装在轮子上的 4 个电动机供电。

(3)轻量化成为概念标志

对于本书而言,费迪南·波尔舍更适合作为轻量化的先驱。在开始设计大众汽车很久之前,波尔舍在奥斯托·戴姆勒公司作为主管,从事小型、轻型车的概念开发。20 世纪 20 年代初期,一部电影描述了这样一个事件:萨沙·格拉夫·柯洛茨、利伯曼和驾驶员热衷于速度。电影中的样车具有 50hp 的功率,最高速度达到了 140km/h。这辆为了纪念伯爵命名为"萨沙"的车(图 1.4)重量只有 598kg,轻量化铝合金车身对此起到了至关重要的作用[2]。在这个时期,波尔舍将两项来自飞机的技术进行了调整用于汽车:更高压缩比的小容量发动机与现代化轻量化原则的应用。

"萨沙"车的竞技历史开始于 1922 年意大利西西里岛的弗洛里奥顿公路耐力赛车比赛。之后更是参加了欧洲范围内的多项赛车比赛。最初的想法是制造出更多数量的公路版本汽车,但是最终却没有实现。在德语区,汽车消费主要还是集中在高档车领域,直至 20 世纪 30 年代诞生了大众汽车,这种现象才得以改变。这一次又是波尔舍,将轻量化用于大众级别的车型:曲轴箱体和变速器壳体采用了镁合金!从设计上来说,在"甲壳虫"车里采用的气冷水平对置发动机减小了汽车尾部的载荷。

图 1.4　亚历山大·格拉夫·柯洛茨 - 克拉克维斯基与"萨沙"车,车右边站立着设计师费迪南·波尔舍[5]

(4)持续不断的发展——直至 20 世纪 30 年代

戴姆勒也是通过轻量化取得了第一次赛车的胜利。埃米尔·耶利内克,一个来自萨克森的成功商人,用他钟爱的第一个女儿的名字"梅赛德斯"命名了一辆来自康斯塔特的 23hp 的"凤凰"车参加在尼斯的比赛。20 世纪初,耶利内克采用了性能得到进一步提升的戴姆勒汽车,以期在与法国车的比赛中取得胜利,从而达到更好的销售业绩。山地赛事的结果表明，短、高与重的车在高速行驶情况下不能很好地得到掌控。基于此，戴姆勒的天才设计师威尔海姆·迈巴赫提出了新的技术路线，以制造出更长、更低与更轻的车[6]。耶利内克购买了更多的"梅赛德斯"车，在诸多比赛中取得胜利，并创造了纪录。

当时，许多欧洲汽车公司采用木材作为车身的材料。只有例外的情况下才采用铝板材，例如1907年的劳斯莱斯汽车。亨利·莱斯爵士的名言是："尽力而为，并使它更好。如果它不存在，请创造它。"稍晚时候（1912年），NSU公司的8/24车型采用了全铝车身（图1.5）。早在大众汽车之前，在美国的福特公司就基于美国福特式的生产方法实现了单一车型的批量生产。从1908年开始，福特T车型的车身采用钢板制作，成本低廉、生产快捷。材料的特殊之处是钒合金钢，其强度明显高于传统钢，这是对轻量化的一个重大贡献。冲压钢框和板簧刚性轴车架一直生产到1927年。在此之前的10年里，T车型的价格从最早的850美元下降到了360美元。

在第二次世界大战之前，很多来自欧洲的工程师和企业家去了美国。在美国，他们了解到了汽车的型号、结构和制造方法，并且受益于这一技术转移。虽然对生产可以优化，但是那个时候德国客户的购买力还是很低[7]。

1935年起，欧宝公司在德国推出了"奥林匹亚"（Olympia）量产车型，采用了承载式全钢车身。由钢板构成的两门四座单元不需要安装架了，同时也可以用于安装底盘和发动机支架。欧宝公司在稍后生产的"卡德特"（Kadett）和"上尉"车型中沿用了这个构造。大约在同一时间，雪铁龙推向市场的"牵引前卫"（Tranction Avant）量产车型也采用了承载式车身（图1.6）。在此之前，蓝旗亚则在"拉姆达"（Lambda）车型中展示了革命性的开放式单体型承载式车身，但是这个技术没有得到更进一步的应用。

图1.5 NSU 8/24车型中的全铝车身
（奥迪汽车公司）
注：NSU轿车，鸡蛋形状，采用全铝车身

图1.6 雪铁龙"牵引前卫"车
注：批量生产，承载式车身构造[8]

从历史角度来看汽车的成功和轻量化的先驱者，就不得不提到埃托雷·布加迪和杰恩·布加迪。在第二次世界大战前的20年，他们将技术和设计的协作推到了汽车行业的顶峰。"57 SC 亚特兰帝克"（Atlantic）是最独特的，当然也是最昂贵的汽车之一。这款车的原型是一款名为布加迪·伊利可创"埃若利特"（Aerolithe）的车型，为了实现轻量化，使用了"伊利可创"：一种为IG颜色的镁合金。虽然镁合金的密度非常低（与已经很轻的铝合金相比，镁合金仅约 1.8kg/cm³，铝合金的密度约为 2.7kg/cm³），但很难对镁合金进行焊接。可能是出于这个原因，"埃若利特"车的驾驶舱和挡泥板采用了铆接连接技术，这使得在汽车中使用的最高达 50mm 的铆钉暴露得非常明显（图 1.7）。1935 年在巴黎车展上首次亮相的伊利可创"埃若利特"原型车是汽车行业中的一个轰动性事件，

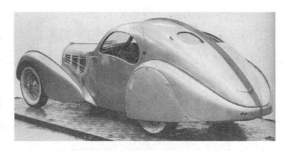

图 1.7　布加迪"埃若利特"车[9]

这款车只生产了 3 辆样车。车身选择了更容易处理的铝材料，同时也保留了炫酷的视觉效果，轻量化车身的重量为 953kg。

（5）在毁灭之前的速度纪录

在第二次世界大战爆发之前，战争的阴影给欣欣向荣的汽车行业拉开了不祥的序幕。即使如此，也应当铭记住汽车行业中一项伟大的胜利：梅赛德斯和汽车联盟推出的银箭车。1934 年，在纽博格林赛道上，曼弗雷德·冯·布劳希奇取得了梅赛德斯的首场胜利（图 1.8a）。无论故事是真实的还是营造出来的，为了实现轻量化目标，这段有名的赛车突变成银箭的历史故事都非常生动：751kg 重的"W25"车（8 缸发动机拥有 354hp 功率，3.4L 排量）的重量超出了比赛规定重量 1kg（根据大奖赛规则，从 1934 年起，车辆在干燥、没有轮子和轮胎的情况下，重量不得超过 750kg）。阿尔弗雷德·纽鲍尔的团队在一夜之间对赛车的漆进行了打磨，从而满足了比赛的重量规定。这样一来，银色成了冠军的颜色！

直到 1939 年，汽车联盟的 P 赛车（这一缩写代表了设计师费迪南·波尔舍）都在国际赛事中起到了决定性的作用：汽车联盟车手贝恩德·罗泽迈尔与梅赛德斯车手鲁道夫·卡拉乔拉的决赛是 20 世纪 30 年代赛车比赛的巅峰。汉斯·斯塔克、埃恩斯特·冯·戴留斯和塔吉奥·诺瓦拉里在众多国际汽车大奖赛中都使用了来自茨维考的中置发动机赛车赢得了冠军。

a)　　　　　　　　　　　b)

图 1.8　1934 年，曼弗雷德·冯·布劳希奇在梅赛德斯奔驰 W25（重约 750kg）车中（a），图片来源，戴姆勒公司；汽车联盟"C"车型，采用了中置发动机结构（b），图片来源，奥迪公司

梅赛德斯公司在符腾堡采用汉斯·尼贝尔的汽车设计开发了一款赛车，重量为750kg，但采用了与位于萨克森的汽车联盟公司完全不同的设计方案。萨克森汽车联盟公司于1932年，由奥迪、DKW霍希和漫游者汽车共同出资成立。在汽车联盟的方案中，发动机放置在后轴前方（图1.8b）。这两种车身都使用了可时效硬化的铝合金作为轻量化材料。汽车联盟"C"车型的整个铝车身（16缸发动机在膨胀阶段以6L排量实现520hp功率）重量仅为45kg。此外，这两家公司的赛车活动都得到了德国交通部的补贴，共计数十万德国马克。1937年，在法兰克福附近的高速公路上，汽车联盟带有银色箭头的"C"型车赢得了多项世界级别的赛事冠军。罗泽迈尔首次在汽车道路上实现了400km/h的速度行驶。1938年1月28日，卡拉乔拉驾驶着梅赛德斯"W125"在法兰克福到达姆施塔特的一段高速公路上，时速达到了432km/h。此后不久，罗泽迈尔不幸被暴风袭击身亡。纳粹统治者则利用罗泽迈尔的影响力为自己进行夸大的宣传。

(6) 经济奇迹

在第二次世界大战结束后的岁月里，全球范围内的汽车技术发展呈现出不同的趋势。北美继续扩大乘用车的批量生产，更多地关注成本效益和合理化大规模生产的需求。由于油价低和交通区域极其广阔，美国汽车方案以大尺寸和舒适度著称，但缺乏对多元化、节能性小型车的创新。

日本和欧洲则完全不同，第二次世界大战所造成的经济负担催化了专业知识和趋势的发展。小型紧凑型轿车如雨后春笋般涌现，在降低了购买成本的同时，实现了低成本运营，从而使汽车从一个较低水平的市场变成了快速再生的市场。典型的代表是法国雪铁龙2CV或意大利菲亚特600，代表联邦德国的车型则是配备了10hp二冲程发动机的劳沃德（Lloyd）300（木制车身采用了人造皮革）车。而德意志民主共和国则是从1957年开始，在茨维考车上使用了行星齿轮[6]。在茨维考的车型中还用到了棉花，实际上是棉花废料和生产废料与酚醛树脂混合物作为车身板材的替代品。

从概念上看，小型化、简单且坚固的车身结构意味着轻量化。当时，"1000mL排量等级"的汽车重量仅为600~800kg。

不过，必须要指出，直至20世纪60年代，对于汽车的安全要求比现在要低很多。20世纪60年代以后，通过消费者的运动，首先从美国开始，然后是在欧洲、日本和其他国家，逐渐地引入相应的法律法规，并展开针对汽车安全的测试。

采用前驱的中小型车大获成功有利于重量的平衡。与标准构造相比，紧凑性设计和减少驱动器中的组件可实现减重，最多可减重5%。

(7) 银箭的回归

早在1952年，梅赛德斯再次生产了赛车。梅赛德斯300 SL赛车（W 194）在"卡雷拉·帕纳梅莉卡那"（Carrera Panamericana）（译者注：墨西哥开阔道路上的边境—边境轿车和跑车赛事）或勒芒的"24小时耐力赛"中取得了惊人的胜利[10]。具有极高抗扭刚度的车身设计方案出自鲁道夫·乌伦豪特。在那个时候，他是梅赛德斯公司试验主管。乌伦豪特认为："框架应当不吸收弹簧力"，只有弹簧会吸收弹簧力[11]。由此出现了一个由薄钢管制

图1.9　1954年参赛的梅赛德斯奔驰F1赛车W196 R采用了流线型设计（左），并取得了胜利；驾驶与胜利：1954年在AVUS赛事中，3辆SL车在急弯中名列前茅，其中，范吉奥驶出了最快的弯道速度（右），图片来自戴姆勒公司

成的三维管架，重量仅约为50kg。除了两个横梁外，高强度管不承受弯曲应力。只有拉力和压力作用在桁架中。整车重量为1310kg。

由于设计上的原因，此车采用了高侧裙板，以得到足够的刚度，否则就会太软。由于采用了细长的管状框架结构，需要从上方打开盖进入汽车，这造就了后来的300 SL翼形车门的经典特征。

按照1954—1955年度的一级方程式赛车规则，梅赛德斯开发了"W 196"赛车。"W 196"的车轮不是暴露式的，而是采用了在第二次世界大战前在AVUS创纪录行驶中常见的全封闭式车身加以封闭。车身板材由镁和铝制成，最初采用手工的方式在木质模具中成型，后来使用金属模具制造。流线型设计的"W 196"车约重800kg（图1.9），单座赛车重约为650kg。

梅赛德斯推出了一款敞篷的双座跑车300 SLR，用于参加世界赛车锦标赛。其管状桁架基本符合一级方程式赛车的水平。在1955年，300 SLR推出了8缸的四冲程直列式发动机，功率为288kW（390hp），净重为860kg。气缸体和气缸盖采用AlSi11-合金（铝硅合金）铸造而成。在车身中使用了镁。管状桁架部分管的壁厚仅为1mm（图1.10），重量仅为60kg。梅赛德斯300 SLR的第一个胜利是斯特林·莫斯于1955年在米勒·米西利亚（Mille Miglia）开放公路耐力赛（译者注：是一项开放式的赛车耐力赛，从1927年到1957年在意大利举行了24次）中获得的。同年，在纽博格林的赛事中，吉安·曼努埃尔·范吉奥则战胜了莫斯。

从某种意义上说，是轻量化直接驱动了从梅赛德斯300 SLR过渡到超级跑车梅赛德斯SLR迈凯伦。SLR迈凯伦于2004—2009年在英国进行生产。增压V8发动机以5.4L排量输出460kW（626hp）的功率，整备质量为1768kg。迈凯伦的车身采用了F1赛车的结构，由碳纤维增强塑料制造而成。由于承受高温载荷，车身前部以及发动机支架采用铝材料制成。正面碰撞盒则采用了碳纤维增强塑料材料，部分使用了编织塑料复合材料构件。在碰撞结构中，碳纤维增强塑料的优势在于其所具有的高重量比的能量吸收能力，与金属构件相比有明显的重量优势，在事故中的能量吸收和失效性能也非常均匀（图1.11）。

图1.10 梅赛德斯 300 SLR（W196 S）的车架 图片来源：戴姆勒公司

（8）在量产中的成功

如果只考虑在赛车比赛中的成功，就是目光短浅了。即使是在最困难的比赛条件下，轻量化结构也业已得到了验证。随后，则将赛车中获得的轻量化技术逐渐转移到量产车型中。特别是在过去的二三十年，为了实现汽车排放量持续降低（尤其是二氧化碳的排放）的目标，持续减重已

图1.11 梅赛德斯迈凯伦结构[12]

成为汽车工程师开发成本更低廉和更省油的汽车的关键任务之一。

梅赛德斯公司从20世纪70年代开始，就在当时的SL系列车中部分采用铝板材。对于奥迪公司来说，采用铝作为轻量化结构材料，为奥迪树立技术品牌形象做出了战略性的贡献。早在1985年汉诺威工业博览会上，奥迪公司就展示了一款铝制车身的奥迪100车型，不过采用了壳体结构。即使是现在，在大批量生产中，壳构造依然在钢车身中占据主导地位。1993年，奥迪公司首先开发出了适合批量生产的铝车身空间框架结构，这种结构在奥迪被称为ASF（奥迪空间框架，Audi Space Frame）结构。在奥迪空间框架设计方案中，承载式铝车身需在连接处使用铝挤压型材和铝压铸件。铝板材多用在车的底部和外部蒙皮中，并且在此背景下定义的概念也以非正向或承载方式集成。奥迪A8是第一款采用铝材实现个性化设计的量产车。与纯钢结构相比，全铝车身结构减轻了约40%的重量。第一代A8车身结构重约245kg。采用了奥迪空间框架方案的奥迪A2（1.2 TDI）车重量约为115kg，成功地实现了3L/100km油耗的目标[13]。

在第三代的奥迪A8的车身结构中，应用了25个铸造件，其中部分铸造件尺寸大，结

构复杂。铸造件主要用在对形状要求较高的部位，在个别情况下，根据仿生学原理对铸造件进行拓扑优化。

在三种不同的半成品类型（即铸件、型材和板材）中，会使用到十多种不同的铝材料。铸件和板材的重量比例各为35%，型材比例为22%。剩下的8%则为硬化成型钢材。在轻量化结构，硬化钢多用于安全性较高的B柱中。

即使是大量采用铝的结构，也从技术和经济层面展示了混合结构的趋势。奥迪TT Coupé和Roadster车型采用了钢铝混合结构，将铝制空间框架的概念与壳体结构件相结合。这两款跑车的车身重量分别为206kg和251kg，主要采用铝材料。在车身后部的底板、门和行李舱盖中，则采用全镀锌钢件，这对优化轴载荷分布和驾驶动态方面是有积极意义的，见文献[13]。

大众汽车开发的"1L汽车"获得了巨大的关注（图1.12，见彩插）。费迪南·皮耶希于2002年4月驾驶"1L汽车"，从沃尔夫斯堡开到了汉堡。皮耶希后来在他的传记中写道："290kg的整车重量，对于满足碰撞测试标准的车辆来说，意味着极其优异的轻量化成果。对我来说，这实现了一个闭环。这个循环始于我在学习中首选的特殊学科，并在保时捷实现了第一次实际应用，即1966年的Bergspyder"[16]。这辆双座概念车为很多后续批量生产的车型提供了众多富有预见性的材料技术和轻量化技术解决方案。在这辆双座概念车中，除了将镁合金用于承载结构之外，还在车身外部结构中主要使用了碳纤维增强塑料材料。轻金属占汽车19%的重量。空间框架结构（无盖）则采用了镁和碳纤维增强塑料，重量约为76kg。与铝材料结构相比，采用镁材料和碳纤维增强塑料材料的结构减轻了13kg的重量。复合材料占据了概念车车身重量的45%[14,15]。

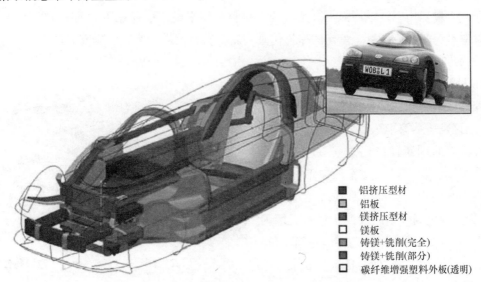

图1.12 大众1L汽车的镁空间框架结构 图片来源于文献[17]

"在传动装置、悬架和装饰中采用了轻量化材料。含弹簧减振单元在内的整个前桥结构重量仅为8kg，其中包括由镁和铝制成的横向控制臂，由钛制成的轮毂和在车轮轴承中的陶瓷球体"[16]，作者回忆道，如他以前的研究领域，托马斯·甘斯克博士的项目团队力求减轻每1g的重量，同时也不会忽视整体设计方案，并且严格按照时间进度推进项目！

2011年，大众汽车在卡塔尔推出了一款新的更加适合批量生产的1L汽车："XL1"是原型车的第三代，乘客不再是前后坐，而是彼此相邻坐着。即使在使用石化燃料的情况下，现代化的插电式混合动力也可以为车上的锂离子蓄电池充电。"XL1"的重量为795kg，车身重为230kg。车身重量中钢占比为23%，碳纤维复合材料的占比为21%，轻金属的占比也约为21%。

在装有重的电池的汽车设计方案以及电力驱动的方案中，采用碳纤维增强复合塑料的轻量化技术可以发挥关键作用。作为未来量产电动车的启动，宝马公司在IAA 2011上发布了两个研发成果：作为纯电动汽车的"i3概念车"（图1.13）和作为插电式混合动力的"i8概念车"。这两款车都没有采用承载式车身，而是采用了两个模块的概念：一个模块是包括底盘、驱动和储能（驱动模块）的驾驶舱，另一个模块是由碳纤维增强复合塑料材料（生命模块）组成的乘客舱。

图1.13 宝马i3[19]

这种双模块概念是一种令人感兴趣的轻量化解决方案，但是需要通过相应的制造或装配物流技术来实现。这两个车型都采用了碳纤维增强复合塑料车身，整车重量分别为1250kg和1480kg。对于采用了碳纤维增强复合塑料的单体壳概念或大量采用碳纤维增强复合塑料的多材料结构来说，还存在更大的减重潜力。为此，需要针对材料的性能特点、结构的碰撞仿真与新材料开发进行大量的研究工作，以最终实现合适的与可重复的制造工艺[18]。

在IAA2011展会上，戴姆勒公司展示了研究性概念车梅赛德斯-奔驰F125（图1.14）。这是一款豪华车型，采用了氢能驱动、零排放的创新轻量化方案。这款车的车身采用了多材料设计方案，包括纤维增强塑料（其中很大一部分是碳纤维增强塑料）、轻金属、高强钢以及混合材料。德国宇航中心（DLR）共同参与了这款车的轻量化结构设计："戴姆勒的轻量化专家与位

图1.14 研究性概念车F125 图片：戴姆勒公司

于斯图加特的德国宇航中心汽车概念研究所共同实现了将F125的白车身重量减少到250kg左右"，戴姆勒公司在新闻通报中这样报道[20]。

然而，使用碳纤维增强复合塑料，在材料成本和生产成本方面仍然面临着巨大的挑战。此外，高性能复合材料是各向异性的，即材料的性能是与方向相关的。材料的使用取决于对

纤维、纱线或预制件的工艺性能进行描述与仿真，同样地，也需要对热塑性基体和热固性基体以及整个复合材料进行描述与仿真。之后，则必须针对构件建立适合批量化生产的自动生产线，可以处理集成件，实现质量保证与检查措施，并采用合适的回收解决方案。

在赛车和飞机制造中，碳纤维复合材料轻量化技术已经得到了充分证明。如果能实现从高端车应用到大批量生产中使用，则碳纤维复合材料将会成为汽车轻量化的重大新成就。

1.2 轻量化路线图

1.2.1 车身构造

汽车车身占汽车总重量份额约为40%，是汽车重量比例最大的部分。因此，车身的减重在汽车轻量化中起到重要的作用。此外，在底盘、变速器或制动器中采用轻量化结构，会实现额外的减重。图1.15（见彩插）对历史上重要的车身设计方案进行了总结。箭头展示了四个最重要的设计原理：①框架或管状桁架结构；②壳体结构；③空间框架结构；④单体壳结构。在箭头体中显示了所用材料的比例，箭头的宽度则显示了在不同时期相应结构的定性意义。

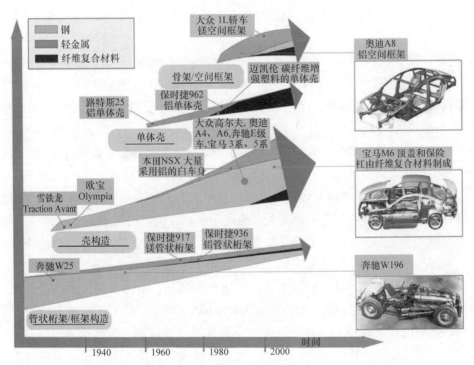

图1.15 重要车身设计方案的历史发展（示例示意图）和主要材料类别的特征
图示：德国宇航中心　图片：戴姆勒公司，宝马公司，奥迪公司

在20世纪上半叶，除了熟悉的车厢木框架结构外，车身中的钢框架也是一项很重要的

设计原则。采用钢的轻盈、精细和抗扭曲的框架和管状桁架结构使赛车取得了巨大的成功。管型材是管状桁架结构的重要特性，主要承受压力和拉力载荷，具有承载功能。通常来说，型材之间是互相焊接的。外板由无承载功能的覆盖板构成。在20世纪的上半叶，主要通过使用由铝制轻金属外板来实现减重。在20世纪60年代到80年代的一些赛车中，使用铝（如保时捷936）和镁（如保时捷917）管状桁架来代替钢管状桁架，从而进一步实现减重。

自20世纪50年代以来，在车身制造中主要采用了钢壳构造，这也是当前在批量生产中最常使用的构造，并且随着加工工艺的改善不断发展。钢壳构造设计原理主要针对板材：板空心体、板型材、增强板和覆盖板。采用钢板空心体，从而以尽可能大的阻力矩来获得所需的结构刚度。板材典型的连接方式为焊接、铆接或粘接。受到拉力、压力或弯曲应力的构件不会产生功能分离。壳吸收全部应力，并且是承载式结构。近几十年来，不断提高的舒适性和安全性要求对车辆的重量也产生了影响。为了尽量减少车辆重量的增加，汽车工业在壳构造中越来越多地使用高强钢和多相钢（图1.16）。此外，在广义的板材结构中也越来越多地使用了轻金属和纤维复合塑料。早在20世纪80年代，奥迪公司就在奥迪80和奥迪100车型的车门上使用了铝板。在1990年，本田公司为本田讴歌NSX生产了一种大量采用铝板的车身。最新的例子是宝马M6在壳密集构造中使用了纤维增强塑料，车的顶盖和前后保险杠都采用了纤维增强塑料。

单体壳一词最初来自航空技术。这里所指的构造是外壳可承受所有或大部分预期的结构应力载荷。在汽车制造中，单体壳构造始于20世纪30年代，也被称为钢板结构。图1.15中的单体壳构造展示了这种结构在F1赛车中的发展情况。在图1.15中的单体壳构造是承载式单体壳，重量轻且刚度大，包括了一体式的驾驶舱和相邻组件的连接点。20世纪60年代，赛车设计师兼赛车品牌路特斯汽车的创始人柯林·查普曼在F1赛车中引入了这种设计。路特斯25车型是第一辆采用铝制单体壳构造并彻底改变赛车的一级方程式赛车。在1981年，迈凯伦才利用碳纤维增强塑料单体壳制造了一辆赛车。从那以后，碳纤维增强复合塑料一直是赛车中最重要的轻量化材料。迈凯伦还在市场上推出了首款碳纤维增强塑料构造的迈凯伦F1公路汽车。碳纤维增强复合塑料结构发展路线的进一步规划，还将取决于碳纤维增强复合材料后继的发展，尤其是大规模生产的适用性。在这条道路上，宝马公司于2011年推出的双模块概念令人感兴趣：i3的行驶舱模块是以碳纤维增强复合塑料单体壳构造为基础的。

英文术语"空间框架"是一种桁架状的结实轻型结构，由多个杆元件设计而成。结构中出现的弯曲应力载荷或扭转应力载荷转化为杆中的压力和拉力。因此，管状桁架结构也定义为空间框架结构。图1.15中提到的骨架或空间框架设计以坚固的结构为特征，由轻且价格较低的轻金属半成品（挤压型材）组成，型材通常通过铸造接头连接。使用铸造接头有如下优点：可以最佳的方式调节力流（形状轻量化设计），并且还可以进行功能集成。最终，采用薄板覆盖骨架框架。根据设计方案，薄板不承载或部分承载。正如在1.1节中已经提到的那样，1994年生产的奥迪A8是铝制空间框架设计的第一批量产车。

2005年，宝马展示了材料的总体分布以及在过去10年中轻金属和塑料在汽车行业中的比例和增长,并对未来的趋势进行了预测(图1.17,见彩插)。

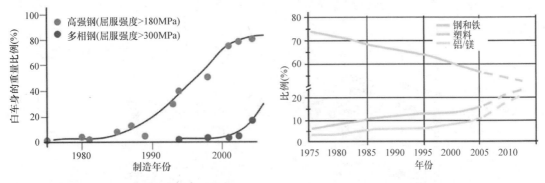

图1.16 高强钢和多相钢的重量比例 图来自文献[21]

图1.17 汽车行业的材料趋势[22]

发展趋势——材料与结构的融合

即使是奥迪的铝密集型空间框架设计,也在起到安全作用的B柱中采用了硬化成型钢。这证明了在多材料设计(Multi Material Design,MMD)中,空间框架结构的发展趋势。钢密集壳构造也呈现出了多材料设计的趋势。

另一个重要趋势是尽量早地使用现代的优化工具来实现整体车身概念。在"未来钢铁车辆"(Future Steel Vehicle,FSV)项目中,使用了不同的结构优化方法,并有针对性地使用了20多种现代多相钢。结果令人惊讶:一款紧凑型和中级车的白车身重量约为201kg,小型车的白车身约为175kg[23]。这两款白车身都是针对混合动力汽车设计的。该项目由世界汽车用钢联盟(WorldAutoSteel)发起,世界汽车用钢联盟是由世界钢铁协会的17个国际钢铁生产商组成的联盟。

不仅材料,构造也可以跟多材料设计方法相结合。例如,在1.1节中已经提到过的汽车,第二代(图1.18,见彩插)奥迪TT Coupé,宝马i3和i8。在第一个例子中,混合空间框架和壳构造中使用了铝和钢材,第二个例子则采用了双模块构造,由碳纤维增强塑料的单体壳模块和铝框架模块构成。图1.19介绍了未来结构变革的发展可能性。在马丁·高德博

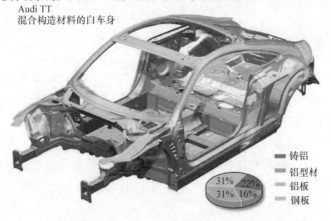

图1.18 奥迪TT的混合结构白车身 图片:奥迪公司

士[24]描绘的路线图（图1.20）中，定性地尝试将材料取向与汽车的产量大小相结合。此外，考虑到在电动车中使用碳纤维增强塑料方法和多材料设计方法，路线图反映了很高的轻量化潜力。

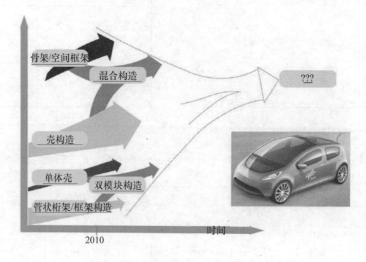

图1.19　未来结构变革的发展可能性

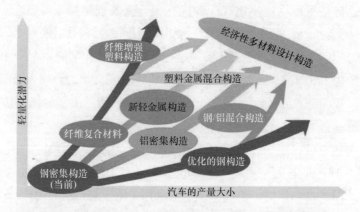

图1.20　针对电动车未来轻量化方案的多材料设计（MMD）[24]

1.2.2　动力总成中的构造

多材料设计也可应用到汽车最重要的系统中，如动力总成。轻量化要求的定义和不同组件的特殊功能可实现材料选择的多样性，有助于达到以下材料选择的目标：

- 通过使用多种高性能材料实现可靠性。
- 通过限制消耗和成本实现经济性。

针对上述目标，对于材料和轻量化构造来说，发展趋势是通过确定的设计方案，实现发动机越来越高的性能比。对于燃烧方法，则是开发混合燃烧方式，并且最终演变为电动辅助、混合动力或全电动的动力总成系统。

对于当今发动机中大多数构件材料来说，满足在快速循环交变载荷下的耐久强度是首要目标。然而，由于需要很多不同的附加性能，实际上要使用到几乎所有的金属及其合金材料。

回顾材料的历史，金属材料是最合适的发动机材料。由于金属材料是有序的晶体构造，除了具有良好的基本性能之外，还有很多方法可对材料性能产生影响。在汽车驱动技术的发展历史中，有些轻量化解决方案非常引人注目（图1.21）。早在1900年的"梅赛德斯35hp"车型中，首次推出了由铝制成的曲轴箱和由镁合金制成的主轴承支架，铝合金中含有质量分数为5%的镁[25]。该车型的另一个特点是使用了由黄铜制成的蜂窝状散热器，从而显著提高了冷却效果[26]。1906年，阿尔弗雷德·威尔姆开发出一种可时效硬化的含铜和镁的铝合金，后来被称为硬铝（杜拉铝）。硬铝具有与当时钢材相当的强度，可进行冷轧/热轧、锻造和拉制，主要应用于航空和飞机制造业。由于铝所具备的优良性能，促进了铝在动力总成系统中的使用。在20世纪二三十年代，汽车联盟已经在活塞中使用了铝硅合金，在曲轴箱与气缸盖中使用了铝铸件。另一项有趣的创新是将镁铸件用于大众甲壳虫的曲轴箱和变速器壳体中，主要是为了抵消车身后部的载荷。

1962年，保时捷工程师在一级方程式赛车中安装了钛连杆。在此之前，连杆最常使用的材料是优质钢，通过锻造方法加工成连杆。与钢连杆相比，钛连杆最具吸引力的地方在于钛合金较低的密度，从而降低了连杆的摆动质量。在一级方程式赛车的极高转速下，这一性能起到了重要的作用。另一方面，与铝相比，虽然钛的密度更大，但钛连杆有更高的耐久强度。

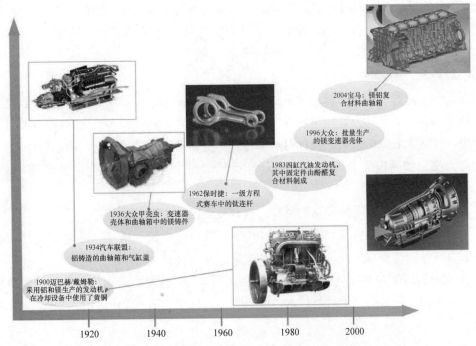

图1.21　在汽车驱动系统发展历史中的轻量化方案：德国宇航中心
图片来源：戴姆勒公司、大众公司、宝马公司

在驱动系统中采用塑料的一个创新案例是先锋发动机研究公司（Polimotor Research Inc.）。该公司在20世纪80年代与福特汽车公司合作开发了一款"塑料发动机"。发动机的固定部分，例如发动机缸体，由酚醛复合材料制成。

大众公司在甲壳虫中使用镁合金约60年后，又重新在量产的变速器中使用了镁合金。2003年，戴姆勒公司则在乘用车中首次推出了采用镁合金壳体的七速自动变速器。

除了上面提到的著名案例之外，多年以来，灰铸铁曲轴箱、钢板罩盖、铝气缸盖都是标准技术产品。作为材料种类的补充，塑料和复合材料则用于载荷较低的区域，例如进气管、罩盖、通风和密封件，而陶瓷则用于废气催化转化器中的支撑结构材料。

在混合曲轴箱的发展史中，2004款宝马6缸发动机的铝/镁复合曲轴箱有着特殊的意义。该发动机是在2000年之后不久针对多种车型推出的，与全铝曲轴箱设计相比，重量减轻了24%[27]。

虽然镁的密度比铝低30%，但是采用单纯的材料替代方式是不可行的。此外，镁也不适合用于有摩擦面或有冷却液的构件。因此，可以选用复合设计，充分利用镁和铝这两种材料的优点，例如气缸摩擦面，冷却液引导装置，带有螺钉连接的曲轴主轴承和气缸盖螺钉集成到独立的过共晶铝合金插件中。然后在压铸工艺中，将该插件用镁合金进行围铸。铝插件决定了曲轴箱的刚度和强度，而镁围铸则减轻了曲轴箱的重量。

由复合构件组成并压铸成型的底板，明显提高了刚性。为了吸收主轴承力，采用了钢制内插入件，其余结构还是采用了镁合金材料。

在150℃的温度范围以内，标准镁合金不具备足够的蠕变强度。因此，在上面介绍的气缸曲轴箱中，采用了基于镁、铝、锶的三系合金，这种合金平衡了力学性能（特别是蠕变强度）与疲劳强度、铸造性之间的冲突性要求。

材料趋势及方案变革

为了进一步改善汽车发动机的重量功率比，在气缸曲轴箱、罩盖和油底壳等构件中，又一次采用了镁合金。在动力总成材料的发展中，尽管陶瓷材料的许多性能都优于钢，但出于成本考虑，对绝大多数的发动机构件材料来说，陶瓷材料无法替代钢材。除了如今常用的单个结构陶瓷件，如高应力载荷水泵滑移环和挺杆滚轮之外，可能还会在活塞环中采用陶瓷层。

考虑到发动机和变速器的轻量化目标，材料发展的三个重点如下：

- 用于热力学高应力载荷构件的材料开发，其中包括阀、活塞、活塞顶或气缸盖板。具有吸引力的新型材料有陶瓷、钛铝合金和金属基复合材料（MMC）。
- 开发材料方案与可降低摩擦和磨损并提高耐久使用性能的表面涂层，如气缸摩擦面/活塞环，轴颈和气门机构。从材料技术方面来看，可使用PDV/CVD涂层，等离子涂层或高硅轴套。
- 开发可减重的材料方案和构件方案，同时保留高的静态强度和动态强度要求。这里包括固定件，如气缸体和气缸盖，以及移动件，如曲轴或连杆。

动力总成的材料趋势就在上述三个开发方向中。在图1.22中列出了具体的构件示例和潜在的材料趋势。在发动机轻量化的开发过程中，混合结构的占比越来越高。在经济生产方面，完善并深入研究开发方法和技术有着重要的意义，例如在混合铸造技术中，对表面涂层进行重熔和合金化，对金属间材料和/或碳材料采用激光合金化、离子束技术进行处理。

如果不在道路交通中大幅增加电动汽车的数量，汽车工业就无法实现运输部门所设定的气候和能源政策目标。尤其是动力总成的电动化，既可以与内燃机（混合动力、增程发动机等）连接，也可作为纯电动车辆使用。

电动汽车最重要的组成部分是可重复充电的蓄电池。蓄电池决定了动力总成的性能，也可定义为所储存能量和能量载体重量比例关系函数。从当前的角度来看，由于电池存储模块的重量相对较重，纯电动驱动与混合驱动相比，重量性能比较差。趋势图1.23展示了未来继续推动电动动力总成的发展可能性。适合用于电动汽车的材料有轻金属和纤维增强塑料，特别是碳纤维增强塑料。对于电动机而言，除了材料（例如稀土或替代材料）之外，回收技术和可使用性同样重要。

通过在电机中集成相对简单的变速器单元，以线控技术（X-by-Wire）为基础的结构和功能集成的电池壳，可以改善当前电机的重量性能比。要大幅提高电机性能，则需要更先进的电池技术，即具有更高的能量密度和功率密度的电池。同样具有发展前景的是新的集成方案，将电驱动和底盘系统地结合在一起，例如用于轻型、紧凑型的城市车辆中[33]。材料开发也是其中一项关键技术。

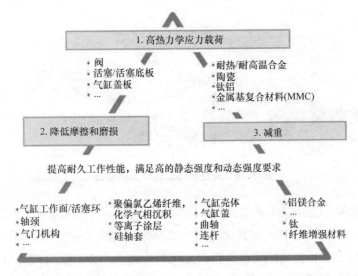

图1.22 动力总成中的材料开发的三个重点方向，包括构件示例和潜在的材料趋势

1.2.3 底盘中的构造

在底盘中的构造革新越来越指向以需求为导向的车桥设计。与此同时，针对构件进行材料选择也变得越来越重要。尽管以往主要采用单一的材料方案，但伴随着轻量化的趋势，在底盘设计中正越来越多地使用到多材料设计（图1.24）。

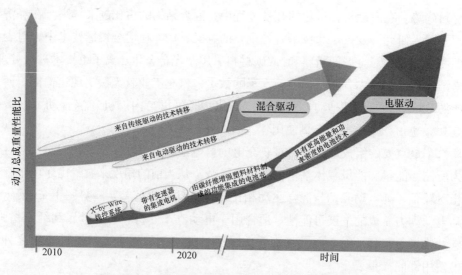

图1.23 电驱动总成的创新推动，包含技术示例

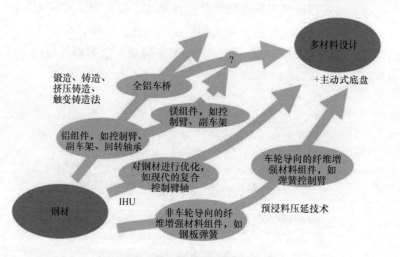

图1.24 底盘组件的材料发展趋势

底盘件的主要要求是定义的系统刚度和足够高的承受载荷能力水平，这需要通过结构设计（例如壁厚或横截面形状）与材料选择（主要是弹性模量和强度）来加以满足。一方面，必须确保各个构件在整个使用期间，不会因为汽车正常使用所产生的应力载荷而引发故障，并保证其功能（耐久强度设计）；另一方面，在汽车使用不当或发生事故的情况下，各个构件必须满足功能，以尽量降低对事故相关人员所造成的危害[28]。

底盘件应当轻，在故障性能良好的情况下出现过载时，通常会产生塑性变形。根据所要求的变形功，构件通过永久变形不仅可以耗散能量，而且还可以对在载荷方向上的载荷峰值加以限制，从而对载荷方向上的组件加以保护。已知的例子是，障碍物以低速行进并从单侧撞入，在这种情况下，转向机构保持完整，而横向控制臂出现塑性变形。车辆虽然可以继续行驶，但由于这种变形导致行驶性能的改变以及车轮的倾斜，会让驾驶员明显感觉到汽车出现了损坏。

为了确保车轮导向功能或足够的耐蚀性,在发生过载时,大多数底盘件都要具有良好的失效行为,而结构上的影响通常比较有限。如今,为了满足这些要求,需选择适合的材料,也意味着可充分利用那些具有材料特点的性能,如冲击强度或延展性等。

在某些情况下,例如越过障碍物或在制动情况下静摩擦系数较大时,除了较重要的瞬时强度之外,一般需注意持久性能,如在确定构件尺寸时的耐久强度。首先,对不同的载荷进行定性和定量地分析,由此计算出构件的应力载荷,然后与相应的强度进行比较。

如同在汽车中的许多区域一样,从轻量化角度考虑,借助质量需求参数,可以对底盘件进行尺寸预估。为此,对各个构件的几何形状进行简化,并且降低单个载荷情况下的力学要求,从而可实现用简单的方法进行分析。因此,车桥设计的发展路线图是,在钢车桥后是钢和铝构件的混合结构车桥;最后则是采用了完整的铝车桥。在轻量化底盘方案中,控制臂多采用铝铸件或铝锻造件,轮毂也采用铝材料,由于镁合金的强度很低,耐蚀性差,很少在底盘件中采用镁材料。同样地,在底盘轻量化中,只有在个别情况下才会使用纤维增强塑料,例如玻璃纤维增强塑料的片簧(2005年的通用雪佛兰C6)或者适合进行批量生产的塑料轮毂(在2011国际汽车展上的Smart Forvision)。

从轻量化角度看,著名的四连杆前桥理论展示了车桥设计演变,例如,在20世纪90年代末问世的奥迪A4就采用了四连杆前桥[29]。与前代车型相比,前桥构件的重量减少约8.5kg。尤其是重量感应的非簧载质量,例如铝锻件回转轴承,包含重量优化外关节的单体传动轴,其中下弹簧座圈由铝制成,稳定杆由高强内喷射管材制成,还有钢制的轻量化轮毂。

回转轴承的研发重点是铝锻造设计。采用形状轻量化设计策略,不仅成功实现了紧凑型设计,同时也对重量进行了优化。因此,回转轴承有助于减小非簧载质量。与之前的球墨铸铁回转轴承相比,通过使用铝作为构件材料,并利用有限元计算方法,可以实现减重40%[29]。

在20世纪90年代,使用现代化材料和加工技术的另一个例子是保时捷911卡雷拉的底盘[30]:预装单元由带有控制臂的减振前桥、前桥横梁、稳定管和转向机构组成。前桥的一体化构件是一件式铝横梁,包含了控制臂和车轮导向装置。在发生碰撞时,构件可以作为下载荷层的组成部分。

这些高性能构件采用可调质压铸合金$AlSi_{10}MgWA$,通过真空压铸方法进行加工。由于材料的性能非常好,即在高屈服值下具有很高的强度,因此,加工方法既保证了构件高安全性的要求,也实现了构件的薄壁横截面。在金属型铸造工艺中,由金属型铸造合金$AlSi_{10}MgWA$制成的回转轴承,形状符合刚度要求,并且包含了制动盘。

后桥的支撑结构包括两个侧围件、横梁以及包括横向支撑和斜杆的下载荷组件。中空铸造的铝合金后轴侧件是在真空压铸过程中制造而成的。所有轻量化结构设计的控制臂降低了拉力和压力下构件的应力载荷,从材料选择和构件形状上实现了减重。

采用触变铸造工艺生产的构件,已经接近变形合金的材料性能。

从轻量化方面看，2012 年的保时捷 Boxter 后桥（保时捷 981）是非常有意义的。在带有多个控制臂的现代减振桥中，使用了铝锻件（纵向控制臂）和铝压铸件（横向控制臂）。在横梁板中，使用了拉深铝板。在 V 形支撑中，使用了挤压型材。支撑的侧围件也采用了压铸铝，横拉杆则使用了锻造铝的半成品。在适当的情况下也可使用钢材，例如斜杆中的焊接横梁或拉深钢板。总的来说，10 个主要构件（比较图 1.25）的重量仅约为 27kg，其中约 19kg 是铝材料[31]。

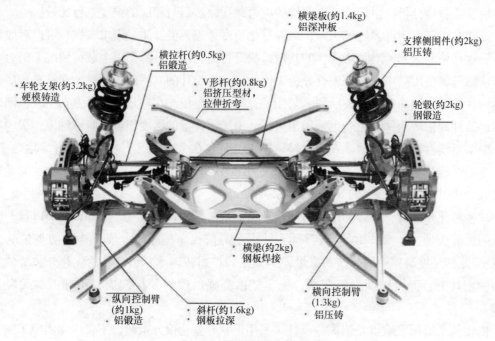

图 1.25 保时捷 911 前桥

注：包含材料和构件数据的主要构件，根据文献 [30] 给出。

在底盘设计中，制动器和制动盘对材料有相当高的要求。随着对性能的要求越来越高，例如，由于动力或车辆重量的增加，汽车更倾向于使用制动盘，因为鼓式制动器的散热受到其封闭设计的限制。20 世纪 50 年代，在量产豪华轿车中，捷豹首先采用了制动盘。

属于非簧载质量的制动盘在设计时要尽可能地轻，必须首先能够耐高温并且保证力学性能，例如耐热性或耐热裂性。此外，摩擦系数或磨损性能应尽可能保持不变，也就是不受温度变化的影响。

以往，在满足所有要求的情况下，灰铸铁合金可作为制动盘的材料使用。许多汽车制造商在样车中使用片状灰铸铁。灰铸铁的缺点是密度高。由于要兼顾到力学要求和相关的质量需求，直接导致制动盘的重量较重。重量超过 10kg 的灰铸铁制动盘并不罕见。

因为铝基体的熔点较低，采用 SiC 短纤维增强或颗粒增强铝（Metal Metrix Composite，MMC 金属基复合材料，密度为 $2.8 \sim 3.0 \text{g/cm}^3$）制成的轻量化制动器比灰铸铁的制动器更早地达到其性能极限（使用极限约为 400℃）。到目前为止，这些制动器仅用于个别的轻量化汽车中，主要在后桥。轻量化制动器发展史中的一个例子是大众 3L 路波车型的后桥。赛车中使用的 C/C 或碳纤维复合材料制动盘属于非常轻的制动器，由石墨化的碳构成，通过对碳纤维增强塑料热解可获得。然而，C/C 制动盘有两个缺点：磨损率过高，摩擦系数与温度的关联性过高。这两个缺点妨碍了 C/C 制动盘在大批量生产中的使用。

将 C/C 制动盘进一步加工成 C/C SiC 制动盘可将以上两个缺点最小化，并降低纯陶瓷制动片的脆断性。为此，将液态硅渗透到以残余疏松为特征的 C/C 制动盘中。实际效果来自碳和硅转化成的 SiC（即碳化硅）。该相不仅有更高的耐蚀性，由于 SiC 的硬度高，也降低了制动盘的磨损。鉴于轻量化制动盘（C/C - SiC 盘的密度约为 $2g/cm^3$）所具有的磨损性能，在汽车使用寿命内，无须再对制动盘进行更换（图 1.26）。此外，C/C - SiC 盘还明显降低了温度相关的摩擦系数波动。与同类型的灰铸铁制动盘相比，C/C - SiC 制动盘样品具有较高的轻量化潜力。在具体示例中，可实现从 11kg 的铸造制动盘，减轻到约 6kg 的 C/C - SiC 制动盘。

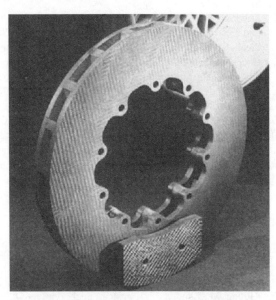

图 1.26　整体构造的 C/C - SiC 制动盘[32]

保时捷在 Boxter 的底盘设计中使用了 PCCB 制动盘[31]。C/C - SiC 制动盘的成本较高，包括原材料、能源、模具、辅助工具以及人工的费用[32]。其最大的优点是，可达 30 万 km 的行驶稳定性，还提高了制动性能（缩短制动距离）和高温稳定性。

因此，轻量化是所有汽车领域的关键技术！

参 考 文 献

1. Sonnenwagen von Trundholm, Dänisches Nationalmuseum Kopenhagen, s.a. http://commons.wikimedia.org/wiki/File:Trundholm.jpg
2. Osteroth, R.: Ferdinand Porsche, Der Pionier und seine Welt. Rowohlt, Reinbek. (2004)
3. Bourgarit, D., Plateau, J.: Quand l'aluminium valait de l'or : peut-on reconnaître un aluminium chimique d'un aluminium électrolytique? Archéo Sci 29. (2005)
4. http://www.forum-auto.com. Zugegriffen: 05. Okt 2011
5. http://de.wikipedia.org. Bild aus der Familienarchiv Gatter. Zugegriffen: 05. Okt 2011
6. Roediger, W.: Hundert Jahre Automobil. Urania, Leipzig. (1988)
7. Sievers, I.: Das Fachgebiet Kraftfahrzeuge der TU Berlin im Wandel der Zeit. In: Forschung für das Auto von Morgen. Springer, Berlin. (2008)
8. http://en.wikipedia.org. gescanntes Bild aus dem Buch: Autocar Handbook (1935). Zugegriffen: 04. Okt 2011
9. http://f3.webmart.de. Zugegriffen: 06. Okt 2011
10. http://www.wikipedia.org/silberpfeil (2011)

11. Wirth, T.: Mercedes Supersportwagen von 1901 bis Heute. HEEL, Königswinter (2010)
12. http://www.daimler.com/Projects/.... Zugegriffen: 17. Feb 2011
13. Timm, H.: Leichtbau als Kernkompetenz. Automobil-Industrie. Vogel, Würzburg. (2010)
14. Friedrich, H.E., Schumann, S.: Automotive Applications in Europe, in Magnesium Technology. Springer. (2006)
15. Friedrich, H.E., et al.: Bauweisen für neue Fahrzeugkonzepte in Spannungsfeld von Leichtbau und Kostenattraktivität. Tag der Karosserie, Aachen. (2003)
16. Piech, F.: Auto. Biografie. Hoffmann und Campe, Hamburg (2002)
17. Goede, M., Ferkel, H., Stieg, J., Dröder, K.: Mischbauweisen Karosseriekonzepte – Innovationen durch bezahlbaren Leichtbau. 14. Aachener Kolloquium Fahrzeug- und Motorentechnik. (2005)
18. Friedrich, H.E.: Alternative Fahrzeug- und Leichtbaukonzepte. CCeV Automotive Forum, Ingolstadt. (2011)
19. http://www.bmw-i.de/de_de/bmw-i3. Zugegriffen: 12. Okt 2011
20. Mitteilung von Daimler AG zu: DLR Kurzinfo zu F125, 28. Sept 2011
21. Stauber, R.: Metalle im Automobilbau – Innovationen und Trends. In: 9. Handelsblatt Jahrestagung Vision Automobil – Innovationen als Schlüssel zum Erfolg (2005)
22. Stauber, R., Cecco, C.: Moderne Werkstoffe im Automobilbau. ATZ/MTZ extra: Werkstoffe im Automobilbau, S. 8–14, November 2005
23. http://futuresteelvehicle.org. Zugegriffen: 13. Oct 2011
24. Goede, M., et al.: Demands of electromobility on future car body lightweight design. In: Materials in Car Body Engineering. Bad Nauheim (2011)
25. http://media.daimler.com/.... Das erste moderne Automobil: Mercedes 35 PS. Zugegriffen: 15. Feb 2012
26. Die Geburt des Automobils. http://www.daimler.com. Zugegriffen: 31. Okt 2011
27. Klüting, M., Landerl, C.: Der neue Sechszylinder-Ottomotor von BMW. Teil I: Konzept und konstruktiver Aufbau. Motortech. Z. **65**, 868–880 (2004)
28. Friedrich, H.E., Henkelmann, H.: Beiträge zur Vorlesung Werkstoffe und Bauweisen in der Fahrzeugtechnik. TU Berlin (2002)
29. ATZ/MTZ Sonderheft: Der neue Audi A4 (2000)
30. ATZ/MTZ-Sonderheft: Der neue Porsche 911 Carrera (1997)
31. Mitteilung von. Porsche AG (2012)
32. Krenkel, W., Heidenreich, B., Renz, R.: C/C-SiC Composites for advanced friction systems. Adv Eng Mater **4**(7). (2002)
33. Höfer, A., Zeitvogel, D., Friedrich, H.E., Wiedemann, J.: Ganzheitliche Betrachtung von Fahrwerk, Antrieb und Fahrdynamikregelung. ATZ **4**. (2015)

第 2 章 技术动因

托马斯·甘希克，马丁·高德，尤利安·山迪阿诺

汽车的重量以及重量在汽车内的分布是影响汽车行驶性能和使用的重要因素。这些因素会影响到汽车的灵敏性，尤其会影响到汽车的安全性、载重量和总能量平衡。在本章节中，首先了解行驶阻力，再探讨减重对行驶阻力有哪些影响。此外，还要介绍各种汽车行驶模式以及客户对车辆的实际使用。接下来，将阐述轻量化汽车与行驶动力学相关的正反面性能。最后，以介绍重量趋势图和重量趋势逆转来结束本章。

2.1 行驶阻力

行驶的车辆必须克服各种阻力以达到或保持一定的速度。这些阻力包括空气阻力、滚动阻力、爬坡阻力和加速阻力。单个阻力的定义如下（图 2.1）

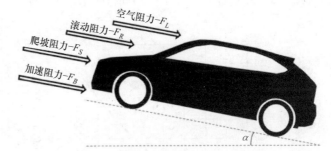

图 2.1 阻力因素图示

空气阻力：$F_L = \dfrac{\rho}{2} v^2 c_w A$

滚动阻力：$F_R = f_r mg\cos(\alpha)$

爬坡阻力：$F_S = mg\sin(\alpha)$

加速阻力：$F_B = \lambda ma$

根据以上定义，可计算出总阻力：

$$F_{ges} = F_L + F_R + F_S + F_B$$

所需的功率取决于行驶速度：

$$P_{ges} = (F_L + F_R + F_S + F_B)v$$

利用这些外部阻力和传动效率来计算车辆所需的功率。在进行详细分析时，还需要对汽车的内部阻力和用于辅助设备的能量进行研究。

车载设备的能量需求以及为了满足这些能量需求工作的发电机增加了能量消耗，其他的

机械消耗还包括空调、动力转向等。由于轴承摩擦而产生的内部阻力也是不可忽视的。汽车重量不会对车载设备中耗能更高的能量转换以及为了满足这些能量需求工作的发电机产生影响。水泵和油泵的消耗与汽车重量无关。可以利用效率来描述内燃机或电机的内部阻力。不过，汽车重量对动力转向的能量消耗会产生影响。

从总阻力的简化视图可以清楚地看出，汽车重量具有很大的影响。汽车重量会影响到4个阻力项中的3个：

$$F_{ges} = \frac{\rho}{2}v^2 c_w A + f_r mg\cos(\alpha) + mg\sin(\alpha) + \lambda ma$$

相应地，必要的功率和重量之间的关系为

$$P_{ges} = \frac{\rho}{2}v^3 c_w A + f_r mg\cos(\alpha)v + mg\sin(\alpha)v + \lambda mav$$

因此，车速和重量是上述计算式中最重要的影响因素。图2.2显示了轻量化车型中，会对车速造成影响的空气阻力和滚动阻力。

从图2.2中可以清楚地看出，就车型（大众XL1）而言，速度超过77km/h，空气阻力起到主要作用。在高速公路或乡村道路上行驶时，空气阻力对能源消耗有很大的影响。在城市内的行驶状况下，汽车重量起到了决定性的作用，根据等能速度V^*的定义，在水平平面（$\cos(\alpha)=1$）上行驶，没有加速度：

$$V^* = \sqrt{\frac{2f_r mg}{c_w A\rho}}$$

图2.3（见彩插）展示了在不同行驶情况下，单一行驶阻力组成的百分比。

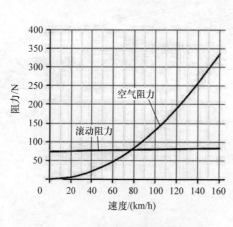

图2.2 大众XL1车型的空气阻力和滚动阻力图示

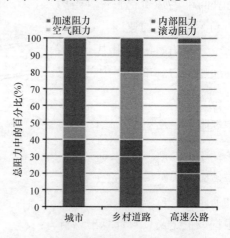

图2.3 不同行驶情况下行驶阻力的百分比

如果将与重量相关的行驶阻力相加，那么针对不同情景的比例为：城市行驶中约92%的阻力是由重量决定的，乡村公路行驶时重量决定的阻力比例约为55%，而高速公路行驶时重量决定的阻力比例约为30%。

不论是对于传统驱动的车辆，还是对于可替代能源驱动的车辆，重量和阻力的内在关系类似。以图 2.4 中的电动高尔夫车为例，显示了阻力和功率需求对行驶里程的不同影响。

为了对燃料消耗和废气成分（例如：二氧化碳和氮氧化物的排放）进行研究，可以使用不同的行驶模式来对车辆进行测试，例如欧洲的 MNEFZ（修正后的新欧洲行驶循环），美国的 FTP75 行驶循环和日本的 JC08 行驶循环（注：行驶循环 – 汽车运行工况）。

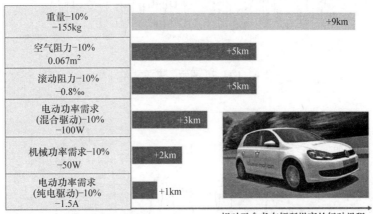

图 2.4 在降低阻力和功率需求的前提下提高行驶里程

MNEFZ 是有固定测点的组合形式行驶循环，由城市内区域和城市外区域组成，循环长度为 11km，最高时速 120km/h，平均时速为 33.6km/h（图 2.5）。

FTP 75 代表了洛杉矶高峰期的典型速度走向。行驶循环的构成包括 3 个阶段（发动机冷机，发动机稳定和发动机暖机）和一个间歇。周期长度为 17.87km，平均时速为 34.1km/h，最高时速为 91.2km/h（图 2.6）。

日本行驶循环 JP 10 – 15（图 2.7）是一个组合循环，类似于 NEFZ（新欧洲运行工况），包括不同的阶段。首先是 3 个市内的循环（JP 10），然后是城外阶段（JP 15）。该试验的循环长度为 4.16km，最大速度为 70km/h，平均速度是 30.73km/h。

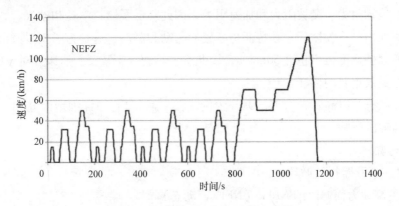

图 2.5 NEFZ 图示。来源文献 [1]

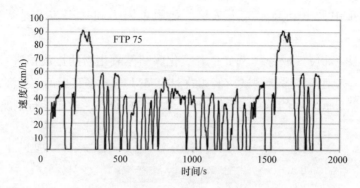

图 2.6　FTP 75 图示。来源文献［1］

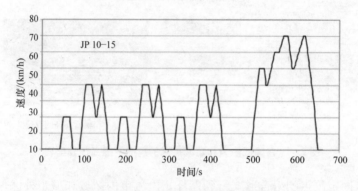

图 2.7　JP 10 - 15 图示。来源文献［1］

另一个行驶循环是 ARTEMIS（Assessment and Reliability of Transport Emission Models and Inventory Systems，运输排放模式和储存系统的评估和可靠性）。这个循环有 3 种不同的形式：城市驾驶、长途驾驶和高速公路驾驶，代表了欧洲地区的实际驾驶情况。ARTEMIS 周期产生于一个欧盟项目，目前并没有约束力。根据要研究的驾驶情况，可以使用三种行驶中的一种（图 2.8，上图：城市循环；中图：乡村循环；下图：高速公路循环）。

这些行驶不仅可以对消耗和排放进行评估，还可以对轻量化的影响进行评估。较轻的车辆具有较小的滚动阻力、爬坡阻力和加速阻力，因此降低了燃料消耗和排放。

示例中所列出的行驶循环，其特征是频繁的起动和制动，这是为了模拟城市里的驾驶特点。城市内的驾驶速度很少超过 50km/h，因此空气阻力并不重要。所以，对于所有的循环，车身重量仍然是最重要的标准。

针对驾驶状态，以高尔夫 1.4L 90km 为例，在文献［2］中详细地研究和分析了驾驶模式和重量对消耗的影响：

- 稳定行驶
- NEFZ（新欧盟行驶循环）
- 针对更高动力而修改的 NEFZ（NEFZ，动态）
- 德国联邦高速公路，极端形式（BAB，动态）
- NEFZ 具有适合的传动比（i 适合的 NEFZ）

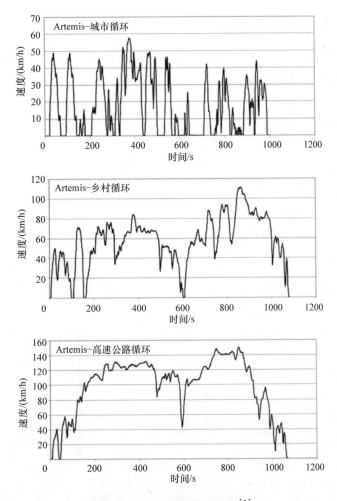

图 2.8 ARTEMIS 行驶周期[1]

- NEFZ 具有适合的排量（V_h 适合的 NEFZ）

因此，对于汽油发动机，100kg 左右的重量差别，以 L/100km 为单位的燃油消耗量在恒定行驶的情况下差值为 0.07，动态的高速公路行驶情况下差值最多达到 0.3L（图 2.9）。根据整车方案对设备进行调整是很重要的。在行驶里程相同的情况下，通过调节传动比或排量来利用二次燃油消耗效果，可节省更多的油耗。在上文的示例中，采用合适的变速器，燃油消耗量的差值可增加到 0.32，排量调整后，燃油消耗量的差值可增加到 0.39。对于类似的柴油发动机，燃油消耗量的差值分别为 0.29L/100km 和 0.26L/100km（图 2.9）。

汽车轻量化的核心参数是差分消耗因子，英文名称为燃油降低值（FRV，Fuel Reduction Value）。该值表示当车辆重量减少 100kg 时，汽车的耗油量降低了多少。在 NEFZ 中，汽油发动机的这个值约为 0.15L/(100km·100kg)，柴油车约为 0.12L/(100km·100kg)。对动力总成（减少排量和/或在行驶里程不变的情况下，增长传动机构）进行更改后，节能效果显著增加到 0.35L/(100km·100kg) 和 0.28L/(100km·100kg)[3]。对轻量化构件和标准件进行比较，轻量化构件具有相同的功能但重量较轻，并在重量减轻的同时，节约了燃油消耗。

$$C_{\text{comp},i} = 0.01(m_{\text{comp},i} - m_{\text{comp,ref}})V_{100\text{kg,NEFC}}$$

式中　$C_{\text{comp},i}$——第 i 个构件变体中，由重量所决定的燃油节约量，L/100km；

$m_{\text{comp},i}$——第 i 个构件变体的重量，kg；

$m_{\text{comp,ref}}$——参考构件的重量，kg；

$V_{100\text{kg,NEFC}}$——燃油降低值，L/(100km·100kg)。

$$C_{\text{veh},j} = C_{\text{veh,ref}} + \sum_{i=1}^{n} C_{\text{comp},i}$$

式中　$C_{\text{veh},j}$——车辆方案 j 中的燃油消耗，L/100km；

$C_{\text{veh,ref}}$——参考车辆中的燃油消耗，L/100km；

n——车辆方案 j 中的所有轻量化措施的数量。

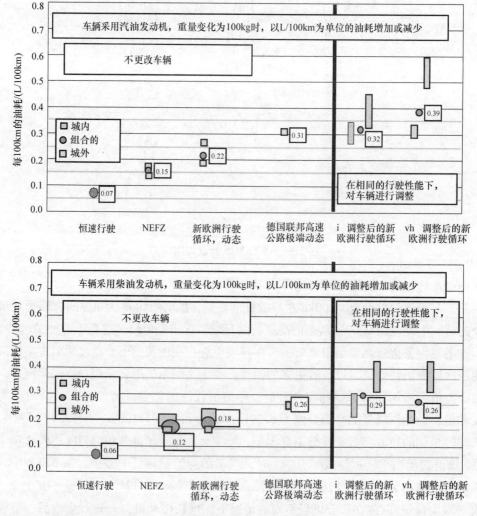

图 2.9　车辆采用汽油发动机（上）和柴油发动机（下）重量变化为 **100kg** 的差分消耗因子[2]

未来，排放标准对新注册的车辆会提出更高的要求，因此考虑轻量化的影响非常重要。车身的轻量化设计还会产生二次效应影响，例如更小、更轻的发动机，功耗较低的动力转向，或匹配后的底盘组件。

较轻的重量可以减少二氧化碳的排放。在使用、生产和回收方面节约了能源。通过减少材料的使用，可以在生产过程中和报废时排放更少的二氧化碳，但也不应忽视轻量化的制造方法。通常来说，这也需要较高的能量消耗。

为了得出可重复的测量结果，对于行驶进行了良好的匹配，但这并不能反映客户真实的驾驶模式。驾驶员的驾驶模式受外部因素的影响很大，例如：天气、视野、交通状况、路况、心情状态等。另一个重要的影响因素是车辆的使用地和使用情况，在大城市（如：东京或上海）的行驶性能与在美国的高速公路上是完全不同的。

驾驶员的个人驾驶习惯也对车辆的油耗有着重要的影响。提前换高速档以及有预见性地驾驶可以使油耗最小化。通过增加整体的重量导致车辆载荷的增加，也会增加车辆消耗的燃油量。

为了保证外部的边缘条件可以实现较低的燃油消耗，必须对相应使用情况下的车辆进行优化，例如：在城内行驶的车辆中使用轻量化车身。

2.2 减重对行驶动力的影响

减重会对整个车辆产生影响，不仅影响行驶阻力和油耗，也会影响行驶性能。车辆的重量及其分布在加速、转弯和制动等方面起着重要的作用。然而，减重并不总产生积极的影响。

轻量化措施应在必要的及合理的地方加以使用，因为重心位置对行驶性能有直接的影响。车辆重心的设计要尽可能的低。较低的力传递路径和较高的刚度可以降低车辆的重心，并在车辆结构内形成更好的力变化曲线。

减重对行驶性能有着积极的影响，例如：车辆的敏捷性更高。较轻的车辆具有较小的惯性，转弯性能更好。利用单轨模型可以更好地展示这一点（图2.10）。

重量越重，将车辆拉到转向曲线外侧的合力越大。在底盘几何形状相同的情况下，重量较重的车辆更容易发生转向不足，而重量较轻的车辆则相对较好一些。

出于同样的原因，较轻车辆的摆动性能优于较重车辆的摆动性能。重量较轻的车辆具有更好的加速度和较低的滚动性能。为了诠释这种性能，可以使用弹簧重量减振系统来展示。大重量代表了车辆，弹簧减振系统代表了车轮和悬架。质量块位于弹簧减振系统上方，并通过惯性产生了呈曲线状的离心力，其作用于 x 轴上，形成力矩，结果导致了车辆出现晃动。较低的晃动确保了车轮接触点的均匀附着力，对行驶性能稳定起到了决定性的作用（图2.11）。

减重的积极效果对安全也产生影响，例如：车辆的制动性能和更好的可控性。如果车辆的惯性较小，则制动距离也较短。通过较低的横摆力矩、滚转力矩和俯仰力矩让重量较轻的车辆更易于控制。

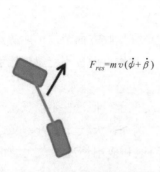 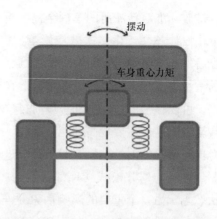

图 2.10　简化的单轨模型　　　　图 2.11　简化的单轨模型，重心和摆动

然而，较轻的车辆重量在侧风性能、表面压力和牵引力方面则有着不好的影响。从保护行人的角度而言，在车身前部和发动机舱罩的区域中使用轻量化材料或薄壁件，可能也是有问题的。由碳纤维增强塑料或玻璃纤维增强塑料制成的发动机舱罩和挡泥板不能实现理想的变形性能或失效性能。在遇到行人时，如果这些轻量化构件对行人的止动不够，会在某些情况下，使行人撞到发动机舱罩下面的构件上。

考虑到车辆运动学因素，轻量化优先用于车顶区域、前部和尾部区域。

2.3　重量螺旋

在车辆开发过程中会提出大量的要求，这些要求可能会导致车辆重量的增加。尤其是安全和舒适的要求会导致重量增加很多。从运动性和灵敏性角度出发，通常又希望车辆不要过重。

在精准的问题区域使用不同的轻量化方案，有助于减轻车辆的重量，但并不能解决所有的问题。

利用重量螺旋图，可以更好地解释问题。重量螺旋图的原理指出，从舒适性和安全性角度考虑，必须首先在底盘加强设计，从而增加了车身的重量。由于车身和底盘的重量增加，发动机也需进行相应的调整。因此，需要功率更高的发动机来实现相同的行驶性能。更大的发动机则需要更大的油箱。这导致车身重量进一步增加。这些较重的构件必须由车身承载，因此需要再次对车身进行调整，导致重量螺旋又再次升级（图2.12a）。

为了打破螺旋图继续上升的趋势，首先需挖掘车身的轻量化潜力。当车身的重量降低了，则底盘、整个车身和发动机也将随之变轻变小。较小的发动机可以使用较小的油箱，实现相同的行驶里程。通过这种方式，可以反转重量螺旋图，并且可以对新车辆进行重量优化（图2.12b）。

因此，必须从车身轻量化开始，所有其他模块也遵循这一趋势。通常，在组件、底盘和驱动中所采用的轻量化设计称为二次效应。而向下的重量螺旋则实现了更多的减重效果，例

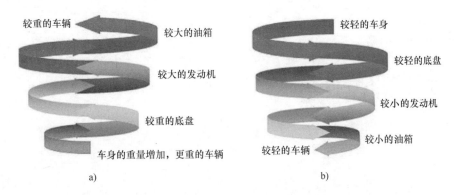

图 2.12 车辆开发过程中的重量螺旋图
a) 重量上升 b) 通过轻量化措施重量下降

如：支架、支柱和力传导路径都可采用更轻的设计，小型发动机也只需要更小的辅助设备。

从轻量化技术的角度来看，生产和回收既有巨大的潜力，同时也存在着问题。如果采用相同的生产工艺和更少的材料实现轻量化，则可以节省能源并减少二氧化碳的排放。碳纤维增强塑料或类似的轻量化材料虽然可大幅度减轻重量，但多采用更耗费能源的工艺过程（压热器等）来生产加工，可能需要比使用期间的低消耗所节省的能量更多的能源。在这种情况下，需要从成本和二氧化碳排放的角度，进行详细的生命循环周期分析（见第8章）。

回收的情况类似。通常的材料或者单一材料（例如：钢和铝），在二次材料流中可再次利用。当使用许多不同的材料时，材料的分离则会变得更加复杂或根本不奏效。

在整体评估中显现了积极的能量平衡：如果生产车辆需要的能量比前代产品要多，但在后续使用过程中消耗较少，尽管在生产和回收（信用）时的能量消耗更高，但从总体平衡的角度看，仍然是成功的（参见第8.1节）。

参 考 文 献

1. Barlow, T.J., Latham, S., McCrae, I.S., Boulter P.G.: A reference book of driving cycles for use in the measurement of road vehicle emissions. Version 3. 06/2009. IHS, Berkshire
2. Rohde-Brandenburger, K., Obernolte, J.: CO_2-Potenzial durch Leichtbau beim PKW. MP Materials Testing. Wolfsburg, 01-02/2009
3. Krinke, S., Koffler, C., Deinzer, G., Heil, U.: Automobiler Leichtbau unter Einbezug des gesamten Lebenszyklus. Automobiltech. Z. 6/2010

第 3 章
轻量化战略

昆特·艾伦里德，托马斯·甘希克，尤利安·山迪阿诺，
马丁·高德，汉斯·乔治·赫曼

3.1 轻量化战略与方法的分类

如今乘用车的正常开发过程通常需要 36~48 个月。在此期间，企业开发出的车型要在技术上满足所有新的开发要求，包括新的法律要求、更高的安全要求以及客户的要求（例如舒适性改进）。通常在满足所有这些要求的同时，新开发项目车型的重量也会增加。在这种情况下，众所周知的已经成功使用的减重方案，通常并不能完全达到任务书中所规定的重量目标。

图 3.1 以梅赛德斯奔驰 SL500 和大众途锐为例，展示了在批量生产的开发过程中，车身重量的变化过程。首先，根据法律规定和不断增长的客户需求，车身重量增加了。在开发过程中达到最大重量后，通过采取轻量化措施又可实现车身重量的降低。

现在，需要采取战略行动，下文中介绍的轻量化方法有助于实现所设定的重量目标。

在技术文献中，经常会介绍不同的轻量化的使用方法。这些方法通常非常广泛，尽管名称不同，但通常彼此相似。这也导致了轻量化方法的分散定义。确切了解各个方法的结构和内在关联，对于整体评估现有的问题是很重要的。如果做不到这一点，则可能无法实现所设定的重量目标。

在各种专业书籍中最常出现的术语有轻量化战略、轻量化原则和轻量化构造。基本上，这些术语是不言自明的，例如，轻量化战略是推动轻量化的方法。各个方法的结构和关系以及方法的划分都没有明确解释。

轻量化的基本关系可以通过图 3.2 来说明。

轻量化战略、轻量化原则、轻量化构造实质上针对同一主题，但是采用不同的方法。主要以结构来区分这些方法。轻量化经济则对这三种方法都有重大影响。

轻量化战略可以分为材料轻量化、形状轻量化、条件轻量化、概念轻量化与制造轻量化。图 3.3 以柱形图的方式对轻量化战略进行了展示：必须要对这 5 个轻量化战略给以全面综合考虑，以便于充分发挥轻量化的潜力。这 5 个轻量化战略是互相补充的。

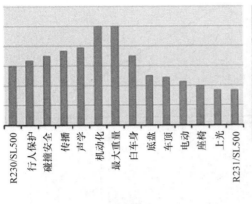

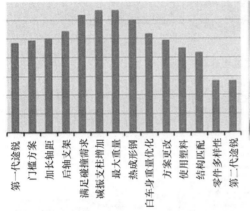

图 3.1　梅赛德斯奔驰 SL 500 和大众途锐车身重量发展[1,2]

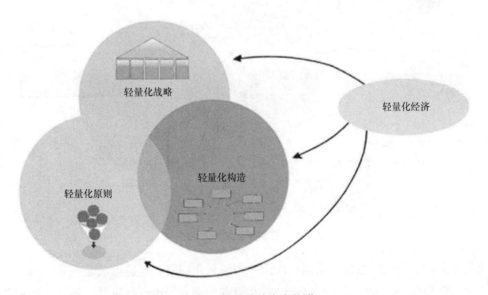

图 3.2　轻量化的内在关联

图 3.3　轻量化战略的构造

另一方面,轻量化构造有各种途径,可以解决同一个轻量化问题。轻量化构造可以分为差分构造、集成构造、整体构造,另外还有混合构造、模块构造和复合构造、实壁体构造与壳体构造,如图 3.4 所示。

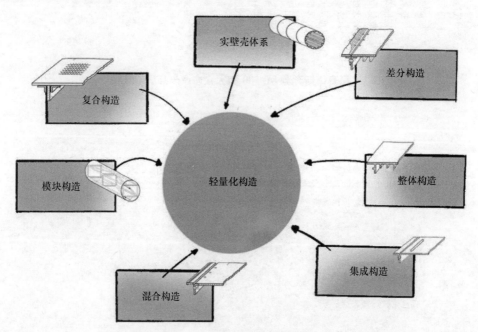

图 3.4　轻量化构造的内在关联

采用不同的轻量化构造方法可以解决同一个轻量化问题,这些方法是不言自明的,必须区别使用。轻量化构造和轻量化战略虽然存在根本差别,但也存在重叠。根据应用场合和视角的不同,整体构造和差分构造也可以归类于概念轻量化。

第三个轻量化方法是轻量化原则。该方法和其他方法的区别在于目标设定。轻量化原则不仅需要考虑到减重，也需要考虑到构件或者组件的动态安全。在轻量化原则中通常不对参数做出准确的定义，而是采用上层概念如形状、拓扑、尺寸和材料等来加以描述。构造也可归类到轻量化原则中（图3.5）。

从轻量化战略也可以导出拓扑、形状和材料等概念。所以，各个方法也是多重重叠的。

经过仔细研究后可以发现，到目前为止所介绍的这些方法并不一定包括经济因素。然而，经济方面非常重要，尤其是对于工业而言，并决定了是否有必要采取相应的措施。因此，这里需要引入"轻量化经济"的概念。

轻量化经济按照成本将减重分为四类：节约轻量化、经济轻量化、目标轻量化和超级轻量化。该分类与所使用的方法无关，并且仅基于考虑到节省的重量的成本。图3.6清楚地表明了轻量化经济的分类。

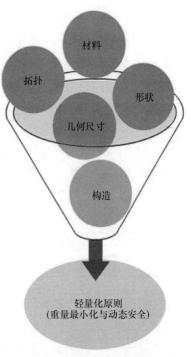

图3.5 轻量化原则图示

总的来说，减轻重量总是伴随着成本的增加。减轻的重量越多，轻量化的成本就越高。大多数情况下，这个曲线呈现出指数级。重量减轻的极限由物理边界条件所决定，即具有一定最小重量的设计无法实现，原因是没有所需密度的材料，或者在设计需要最小重量时没有限制功能。

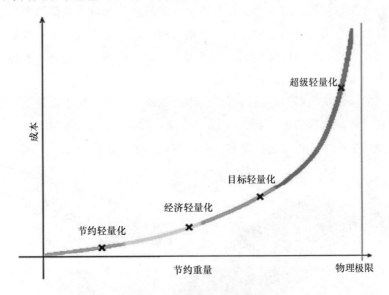

图3.6 轻量化经济的分类

节约轻量化意味着采用极少的成本取得相对比较小的减重效果。经济轻量化则是要在减重和成本之间取得平衡。目标轻量化是为了确定的减重目标付出较高的成本。超级轻量化则以减重为最终目标，完全不考虑成本。按照成本来划分重量减轻的目标，大大限制了设计人员对材料和制造选择的自由度。

另外一个轻量化经济标准是每减重1kg所增加的可接受额外成本。工业中有一揽子标准可以对潜在的改进进行评估。关于成本，指的是每1kg节省的可容忍的附加成本。这对汽车工业构成了重大挑战。每一个工业企业在其相应的产品行业中，都有自己内部可接受的附加成本（表3.1）。

表3.1 每减重1kg所增加的可接受的附加成本

范围	附加成本/(€/kg)
航天	5000
航空	500
汽车工业	5
轨道电车	1~3

通过引入所有的轻量化方法和轻量化经济，可以实现轻量化目标。除此之外，还需要采用不同的解决方案，而且有必要对设计方案进行比较。基本上，必须对不同的方案进行设计、计算和试验。必须对具有相同性能的构件和模块进行比较，例如在对不同车身方案进行比较时，车身的抗弯性能、扭转性能和碰撞性能必须相同。因此，纯粹的材料替代是不够的。对于带有外覆盖板空间框架的不同设计方案，必须针对每个设计来匹配材料，并且将最重要的结构特征值（如扭转刚度和弯曲刚度）调整到相同的水平。进行评估时，可使用物理测试如构件测试和计算机辅助方法（例如有限元分析）。

如果有多种方案可供选择时，可在开发的早期阶段根据计算机模拟结果来做出决策。在项目的进一步进行过程中，仍然还会有新的方案可选择，则需要通过整体测试进行评估。当然，相关联的成本也很高。以碰撞为例，就可以很清楚地看到：一个整体模拟过程虽然很复杂，但是远没有对多个方案进行碰撞试验那样复杂和昂贵。

在使用不同的轻量化战略时，还需考虑到生产批量的大小。在小批量生产中，通常采用理论测试和仿真。例如大众的1L汽车（图3.7，见彩插）。当产量仅为两辆时，只进行仿真模拟。而在大批量生产中，则需进行非常复杂的评估，虽然仿真模拟和测试的成本很高，但

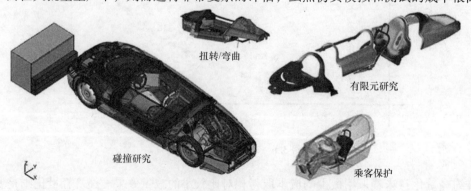

图3.7 大众1L-车的仿真模拟示例

是因为产量足够大，所以能够覆盖掉由此带来的成本（表3.2）。

表3.2 理论试验和物理测试的优点和缺点

理论试验		物理测试	
优点	缺点	优点	缺点
价格便宜	费时	真实行为	价格昂贵
容易更改	仿真行为	较好的可比性	更改可能性较低
	材料假定		干扰因素的影响

此外，大批量生产和小批量生产对于轻量化的要求和潜力以及与之相关的成本都是不尽相同的。这会对材料和制造过程产生影响（图3.8，见彩插）。

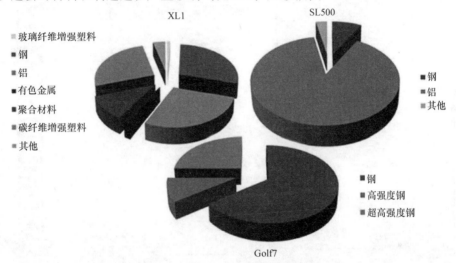

图3.8 根据文献［1］所使用的材料适用于三种不同的汽车概念

除了大批量生产和小批量生产的区分，整体系统和单个元件的考虑也存在差异。整体系统中在选择要更改的参数方面提供了更大的自由度，而单个组件则包含更多限制。因此，根据是对整体系统还是对单个元件单件进行评估，会使用不同的方法。例如，在整体系统中很难实现材料轻量化，因为整体组合中边界条件和功能更加复杂。与这种情况类似的是单个构件或模块，由于许多边界条件由相邻组件预先确定，要实现概念轻量化非常难。

这方面的一个例子是在一辆车里实现最轻的轴。最轻的轴需要在车身上有很多连接点，这反过来对在连接点之间的车身的刚度要求很高，以在载荷下将底盘几何形状的变化降到最低，这样一来，又会反过来导致车身重量增加。

在3.6节中会详细介绍战略轻量化、战术轻量化和操作轻量化的概念。战略轻量化用于目标锁定，战术轻量化用于阶段规划，操作轻量化用于具体实施。

在下文中会对轻量化战略进行详细介绍。以上列出的战略不是僵化的或者单独使用的，而是作为主导思想。根据这些战略计划来制定不同的解决方法。如下所示，为了更好地概括，有必要将解决方案归类到某一特定的战略，但也并不能总是清楚地归类，有些解决方法也可以在多个轻量化战略下给予考虑。

为了在所有方法中都能使用轻量化战略，制作一个全方位的应用战略是很有帮助的。该应用战略可作为解决问题的指南，并阐明关系和差异（图3.9）。

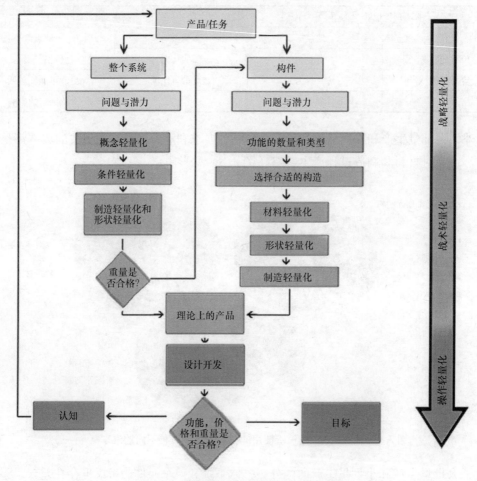

图3.9　全方位轻量化战略项目实施流程

根据任务的类型，无论是考虑整个系统，还是组件或构件，在确定问题和潜力后，解决方案有很多种。从概念轻量化、条件轻量化、制造轻量化和形状轻量化等角度对整个系统进行分析后，才可确定是否实现重量目标。在此之后，可以在构件层面上进行优化。在确定了所要求和预期的功能和构造选择后，则要对构件进行材料轻量化、形状轻量化和制造轻量化方面的考察并加以优化。

在考察所有轻量化方案时，都需要评估成本和方案最终转换成实际产品过程中所存在的风险。对于当时无法实施的方案和措施要记录在案，因为后续如果又出现重量问题，很可能会用到这些方案。

现在，根据单一构件、组件和整个系统，产生了理论上的产品。对这个产品持续进行设计和开发，直至可以在其上构建第一个原型。第一个产品原型应当尽早完成，以便于对产品的性能和功能进行检查，在开发过程中没有发现的问题这时候也会暴露出来。

如果以功能、价格和重量为目标，则必须对进一步开发中重量增加的可能风险进行估计。如果发生重量增加的风险或者出现意外的重量增加，可以使用之前评估和存档的潜在解决方案。例如，在车辆开发中，在第一辆车的测试中经常发生噪声隔离和阻尼的问题。为了最大限度地减少内部噪声，通常意味着需要采用绝缘材料或者赫姆霍兹共振器等技术措施，这些措施则会增加重量。现在可以使用先前存档的减重措施。在这种情况下，必须要避免由于采取隔音措施而增加的成本。

如果功能、价格和重量没有达到目标范围要求，则必须根据重量偏差大小，在产品、整体系统和构件层面开始新的流程循环。

重复这一循环流程，直至功能、价格和重量都可以接受为止。

3.2 材料轻量化

3.2.1 材料的转换

材料轻量化通常指在考虑到成本和制造方法的情况下，采用更轻的材料替代现有材料。通常，在考虑成本，潜力和风险的情况下会对多个方案进行评估，然后选择出最佳解决方案。

材料轻量化最重要的一点是可比性。正如前言中所述，不同材料的构件必须具有相同的性能。如图 3.10 所示，图中的杆在一定的力作用下发生弯曲，使用其他材料时，也必须具有相同的弯曲刚度。

具有方形横截面的 1000mm 长的杆下端固定，并且对杆的上端施加以 1kN 的横向力作用。可以计算出杆的边缘长度，从而求出杆的重量。这可以通过以下计算完成。

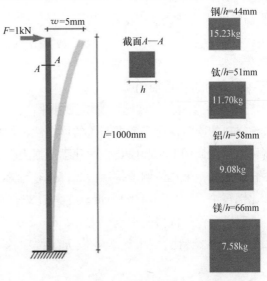

图 3.10 材料轻量化的计算示例

$$w = \frac{FL^3}{E\frac{h^4}{4}}$$

$$h = \frac{F^{1/4} \cdot L^{3/4} \cdot \sqrt{2}}{E^{1/4} \cdot w^{1/4}}$$

根据杆的边缘长度和单个材料的密度，可以计算出质量。

$$h^2 l \rho = m$$

从这个计算公式可以清楚地看出，通过使用低密度的材料，例如镁（1.74g/cm³）可以实现轻量化。然而，为了达到相同的边界条件，更换材料总是伴随着几何形状变化以满足相同的约束条件（图3.11）。

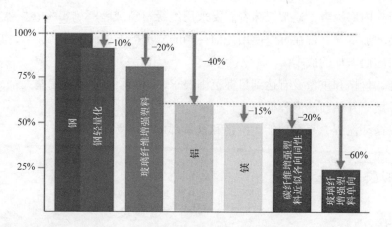

图3.11　通过更换材料来实现轻量化

原则上，任何材料替换都是可能的，例如：
- 更高强度或超高强度钢代替钢
- 铝代替钢
- 镁代替铝
- 纤维复合材料代替轻金属
- 碳纤维增强塑料代替玻璃纤维增强塑料

在考虑材料的同时，还需考虑制造的可能性、材料成本和生产成本。例如，当用镁代替铝时，则可以继续使用工具和模具，而几乎不损失轻量化潜力。

材料轻量化的一个具体例子是用钛螺钉代替钢螺钉。钛螺钉的形状与钢螺钉没有区别。但是，钛比钢轻43%（$\rho_{钛}=4.5\mathrm{g/cm^3}$，$\rho_{钢}=7.87\mathrm{g/cm^3}$）。以一个25mm长的M6螺钉为例，轻量化潜力明显，但是价格差别也很大。25mm M6钢螺钉重约6g，而相同形状的钛螺钉重量仅为2.5g。但钛螺钉的成本约为8欧元。按照这个价格可以买到250个相同尺寸的钢螺钉。

使用相同尺寸的钛螺钉替换300个钢螺钉（长25mm，M6），总重量可减轻1kg。但300个钢螺钉的成本约为10欧元，而钛螺钉则为2400欧元。节省1kg重量需要多花费2390欧元。在考虑了节约每1kg重量可接受的额外成本后，这种轻量化战略多应用在航天领域，但是，钛螺钉也应用于赛车以及概念车中，例如大众1L车和XL1车型。

在梅赛德斯-奔驰SL 500车型中，行李舱盖采用了带有钢内件加固的塑料外板。为了进一步减轻AMG车型的重量，采用轻微变化的碳纤维增强塑料（CFK）替代了行李舱盖的钢内件，通过这个措施减轻了4.5kg的重量。在图3.12中展示了碳纤维复合材料行李舱盖加固部分。

轮辋也具有很高的轻量化潜力。纤维增强塑料（FKV）在减轻轮辋重量的同时，也能保证更高的刚度和断裂伸长率。采用纤维增强塑料生产的轮辋具有与钢轮辋或铝轮辋相同的耐久强度。由纤维增强塑料制成的轮辋重约 3.5kg，而相同尺寸的钢轮辋重约 9kg，重量减轻了 5.5kg。即使是 7.5kg 重的铝制轮辋仍然比纤维增强塑料轮辋重 4kg。

材料的低密度以及与材料相容的设计造成了非常轻的可用轮辋（图 3.13）。

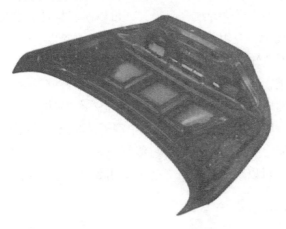
图 3.12　碳纤维增强塑料行李舱盖 SL500[1]

图 3.13　轻量化纤维增强塑料车轮[3]

纤维增强塑料的应用很广泛。但由于纤维增强塑料生产的周期很长，纤维增强塑料仅限于大规模生产。大众途锐后座椅托架是由纤维增强塑料制成的，重约 2040g。该组件并不轻，但是为一体件，减少了生产步骤（图 3.14）。

图 3.14　大众途锐纤维增强塑料座椅托架方案和钢结构座椅托架方案

3.2.2 同类型材料

通过改变设计原理（改变惯性力矩和阻力矩的形状变形），使用替代材料（密度，弹性模量和剪切模量，0.2%屈服强度和强度）以及将两者结合起来，都可以减轻构件的重量。除了需要了解组件的需求概况，例如耐久载荷和滥用载荷、刚度和/或强度要求以及安装空间的需求外，还需了解所用材料的广泛的专业知识。

在材料轻量化下的同类型材料，例如钢，可以理解为使用了特殊的钢品种和/或特殊的模制工艺。这些有利于构件的力学性能，例如强度或者刚度，从而总体上在保持功能不变或者功能改进的情况下，减少零件和材料的使用。采用这种方法的一个例子是高强钢的模淬硬化。通过改变金相组织，可以改善力学性能，使得这种强化钢与传统成形钢板相比，例如在帕萨特B6车型中受影响的构件范围内，可以节省约27%的重量，并减少了构件的数量（图3.15）。

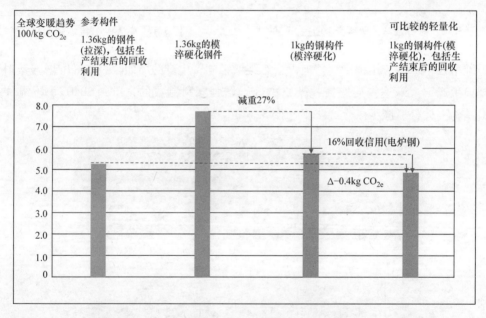

图3.15 以帕萨特B6为例模淬硬化钢件温室气体排放平衡表，根据文献[4]

在该示例中，尽管在加工过程中天然气的消耗量增加，但是由于构件重量减轻，对钢材需求的减少以及使用电炉钢中边角料，模淬硬化钢件的温室气体排放量低于传统拉深金属板件。在使用阶段，轻量化的效果可进一步减少排放，因此帕萨特B6车型可在整个生命周期内，每1kg的模淬硬化钢件可节省约6.1kg的二氧化碳。

在高尔夫7中，仅通过用高强度钢和超高强度钢代替普通钢材，就减轻了12kg的重量，因为通过高强度钢的使用，显著地降低了很多区域的壁厚。高尔夫7中超高强度钢的比例为28%，而前一代高尔夫6中的超高强度钢比例仅为6%（图3.16）。

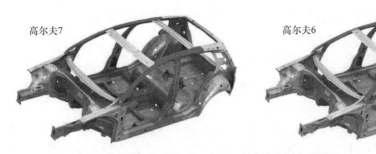

□ 钢　■ 最高强度钢　■ 超高强度钢，热成型

图 3.16　高尔夫 7（左）和高尔夫 6（右）的材料分布[5]

3.2.3　制造轻量化

材料轻量化如 3.2.1 小节和 3.2.2 小节中所述，除了要考虑到与材料相兼容的设计之外，还要考虑与制造工艺的匹配。

制造轻量化可以理解为所有影响到生产过程的减重措施。尤其是现有的生产设备，相近或者相同的制造工艺以改进的方式使用。这样一来就节省了新生产设备的成本。这里可以列举的制造工艺有拼焊板、拼接管、拼接技术和粘接板等工艺。这些工艺可在所需的位置优化壁厚，并达到构件的应力载荷要求。

拼焊板是一种在一张板上加工出不同厚度的生产技术。通过滚轮的上下移动，可以调节轧制板的强度。采用这种工艺，可在不改变整个构件形状的前提下，提高部分区域的载荷强度。这方面的一个例子是车身 B 柱的生产。在侧面碰撞的情况下，车身 B 柱承受高载荷，但是只允许很小的载荷传递到驾驶员区域。因此，该区域的设计更多是为了避免侵入，该技术如图 3.17（见彩插）所示。

塑料构件的制造轻量化包括了气体注入技术（GIT）和水注入技术（WIT）。利用这些技术可制造空心注塑构件，同时不会对现有装备造成重大改变。这里以汽车

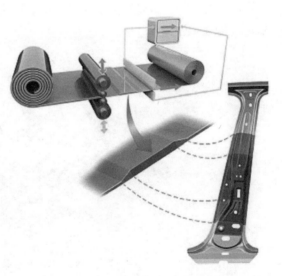

图 3.17　拼焊板生产图示[5]

的车顶把手为例。把手可由实心材料制成，但这会导致构件的重量较重。为了实现空心构造，构件可由两个单独制造的半部连接在一起。但是这会增加额外的加工步骤并导致更高的成本。在这里，使用气体注入技术或者水注入技术是合适的，将气体或水注入半填充模具中，以产生空腔。结果是使用单一模具在几个加工步骤内制成无缝中空构件。

可改善材料属性的成形（如热成形或超塑性成形）工艺都可以归类于制造轻量化。

制造轻量化在车轮领域也具有很大的潜力。通过使用流动成形工艺（压力辊）制造出的轮辋，可以节约最高达15%的重量。流动成形方法的原理是通过更高的温度和压力来增加材料的强度，从而可以实现更薄的壁厚[1]。

制造轻量化也包括连接技术。利用粘接、钎焊或激光焊来代替使用螺钉、铆钉或者点焊的装配技术，可节省很多与装配相关的材料。

使用激光钳可生产出摇摆焊缝，这样一来可以减小法兰的宽度和焊接接头的数量。例如，在高尔夫6中需要26个焊点用于连接B柱，而在高尔夫7中只用了9个焊点。这种连接技术首次应用于高尔夫7的批量生产中（图3.18）。

图3.18 激光钳和摇摆焊缝[5]

在高尔夫7中，激光焊接不仅用于连接B柱，还用在了车门的区域，以便于能够减小法兰宽度（图3.19，见彩插）。

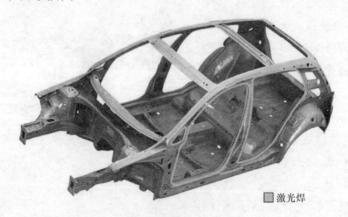

图3.19 激光焊应用区域[5]

3.2.4 轻量化指数

为了研究轻量化潜力并选择适合的材料，可以使用轻量化指数。轻量化指数是两种或更多种材料性能的比例关系，并对两种材料进行比较。利用该公式，有助于在设计的早期阶段选择正确的材料。

最常用的轻量化指数之一是轻量化品质因数。轻量化品质因数描述扭转刚度相关的质量和例如车身的占地面积之间的关系。因此，轻量化品质因数的定义如下：

$$L_T = \frac{m_{BW}}{c_T \cdot A}$$

式中 m_{BW}——白车身质量，kg；

c_T——扭转刚度，N·m/(°)；

A——车身从上部投影的面积，m²。

这里以大众高尔夫白车身为例，来阐述轻量化品质因数的结果。基本上，轻量化品质因数越低，材料利用率就越高。如果更加充分地利用材料，尽管可进一步地减轻重量，但往往会大幅提高成本。这一行为如图 3.20 所示。该图显示了整个大众高尔夫系列白车身的轻量化品质因数。从高尔夫 1 开始，轻量化品质因数约为 6.2，使用新的制造工艺和新材料导致轻量化品质因数的稳定下降，因此大众高尔夫 7 的轻量化品质因数仅为 2.3 左右。

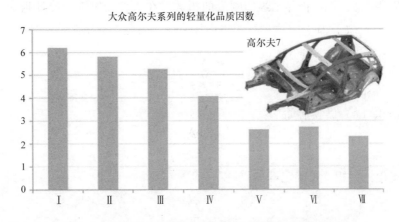

图 3.20 以高尔夫车身为例，展示了轻量化品质因数的发展

因此，轻量化品质因数是材料利用的度量。这不能给予任何组件的基础数据，而只能基于例如白车身或门的数据。

不过，确定该指数的研究方法是可以转移的。因此，轻量化指数基本上可以根据以下公式得出：

$$指数 = 性能1_{材料1} / 性能2_{材料2}$$

对于构件重量，密度（ρ）是最重要的材料性能。因此，密度总是被称为"性能1"。通过使用这种方法，考虑到载荷情况和各个载荷情况下的决定性性能，可以为任何一种载荷情况建立单独的指数。但这总是在恒定的边界条件进行，例如相同的作用力和相同的几何形状。

该方法可以用作导出其他指数的指南。通过考虑单独的材料性能，基于数据会出现单一指数的偏差。在本章中，通过示例进行考察，并导出以下情形：

- 静态强度 拉 – 压——K_{Ft}
- 纵向刚度 拉 – 压——K_{LSt}
- 剪切强度——K_{SFt}

- 屈曲刚度——K_{KSt}
- 弯曲刚度——K_{BSt}
- 弹性能量吸收能力——K_{EA}

（1）静态强度 拉 – 压——K_{Ft}

静态强度（拉 – 压）由抗拉强度描述。抗拉强度 R_m 是一种材料性能，指在拉伸试验中材料所能承受的最大拉应力。因此，静态强度的指数定义如下：

$$K_{Ft} = \frac{\rho}{R_m} \sim m$$

由此得到的指数与第二材料的对应物进行比较，以便观察是否仅仅通过材料替换发生了重量减轻。

（2）纵向刚度 拉 – 压——K_{LSt}

与静态强度类似，也可推导出纵向刚度的指数。在这种情况下，设计指的是应变刚度，由材料的弹性模量（E）描述。这种行为也由拉 – 压应力载荷导出。

- 应变（ε）可由下式得出：

$$\varepsilon = \frac{\Delta l}{l} = \frac{F}{EA}$$

- 按照面积（A）转换后如下：

$$A = \frac{Fl}{E\Delta l}$$

- 根据得出的面积，可确定杆的质量：

$$m = Al\rho$$

$$m = \frac{Fl}{E\Delta l}l\rho$$

$$m = \frac{Fl^2}{\Delta l}\frac{\rho}{E}$$

根据对恒定边界条件的要求，乘数 $\left(\frac{Fl^2}{\Delta l}\right)$ 可以忽略不计，只有被乘数，即 ρ/E 的比，描述了不同的材料行为。因此：

$$K_{LSt} = \frac{\rho}{E} \sim m$$

（3）剪切强度——K_{SFt}

剪切强度指数的计算也与之前的推导类似。剪切强度的计算基于剪切模量（G）或滑动模量。这表示了由剪切应力引起的构件内弹性变形的量度。类似于弹性模量，剪切模量是材料常数。因此，在剪切或者剪断上确定载荷的轻量化指标遵循以下定义：

$$K_{SFt} = \frac{\rho}{G} \sim m$$

（4）屈曲刚度——K_{KSt}

从弹性屈曲出发分析抗弯刚度时，选择使用欧拉公式。根据欧拉公式中屈曲载荷公式，可以推导出决定性的材料性能如下：

$$F_k = \pi^2 \frac{EI_{\min}}{l_k^2}$$

由此得出：

$$\sqrt{F_k} = \pi \sqrt{\frac{EI_{\min}}{l_k^2}}$$

按照在边界条件恒定不变的情况下，才能进行比较的原则，即，F_k、$I_{\min}$ 和 l_k 是常数。因此，只有 $\sqrt{E}$ 是重要的材料性能。最后得出屈曲轻量化指数如下：

$$K_{KSt} = \frac{\rho}{\sqrt{E}} \sim m$$

(5) 弯曲刚度——K_{BSt}

与先前的推导相比，还可以定义材料性能以用于弯曲刚度的描述。这里以横梁的挠曲为出发点。其原因是为了保证较小的变形，可能存在尺寸过大的风险。矩形横截面的挠曲（f）可用以下公式计算：

$$f = \frac{Fl^3}{48EI}$$

借助：

$$I = \frac{bh^3}{12}$$

对于这个横截面，可以采用这种的方式，宽度（b）保持不变，来计算构件的高度（h）：

$$h = \sqrt[3]{\frac{Fl^3}{4Ebf}}$$

类似于应变刚度，此公式现在可用于确定构件的质量并提取关键材料性能：

$$m = bhl\rho$$

$$m = b\sqrt[3]{\frac{Fl^3}{4Ebf}}l\rho$$

$$m = \sqrt[3]{\frac{Fl^6 b^2}{4f}} \frac{\rho}{\sqrt[3]{E}}$$

由于乘数 $\sqrt[3]{\frac{Fl^6 b^2}{4f}}$ 在这里是恒定的，因此有：

$$K_{BSt} = \frac{\rho}{\sqrt[3]{E}} \sim m$$

(6) 弹性能量吸收能力——K_{EA}

在设计时，还要考虑另一个重要因素是弹性能量吸收能力，原则上由弹性模量来描述。这种行为是由弹性极限（R_e）或屈服强度（$R_{p0.2}$）所决定的。屈服强度是指材料在没有出现塑性变形的情况下可以承受的应力。因此，屈服强度在材料的弹性变形范围内形成最大应力。

弹性能量吸收能力是指在弹性范围内的应变能。应变能可以通过应力-应变图与屈服强度的积分来确定。具体的应变能是基于体积的，定义如下：

$$w_f = \frac{1}{2}\varepsilon\sigma$$

这里有：

$$\sigma = R_{p0.2}$$

因此，弹性能量吸收能量的量度由应力-应变曲线与屈服强度的积分来描述，如图3.21所示。

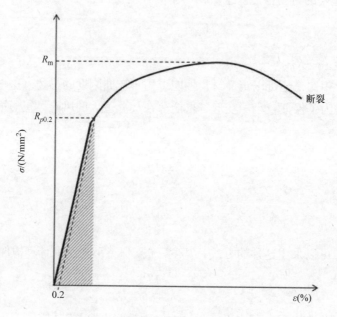

图 3.21　应力-应变图中比应变能图示

该积分近似为

$$w_f = \frac{1}{2}\varepsilon R_{p0.2}$$

借助：

$$\varepsilon = \frac{F}{EA}$$

得出：

$$w_f = \frac{1}{2}\frac{F}{EA}R_{p0.2}$$

力（F）除以考察点处的面积（A）得到屈服强度（$R_{p0.2}$）。由此得出：

$$w_f = \frac{1}{2}\frac{R_{p0.2}^2}{E}$$

与先前的推导类似，可得出弹性能量吸收能力（K_{EA}）指数的以下定义：

$$K_{EA} = \frac{R_{p0.2}^2}{E}$$

(7) 指数评估

通过这种方式，可以算出和比较各种载荷类型的指数。单个指数本身没有意义。通过对材料进行比较，获得的指数才有意义。例如按照以下方法：

$$\frac{性能1_{进行研究的材料}}{性能2_{进行研究的材料}} : \frac{性能1_{参考材料}}{性能2_{参考材料}}$$

为了说明起见，这里使用两种材料的纵向刚度作为示例，钢（S235JR）和铝合金（AlMgSi）。铝合金的密度为 2.7kg/dm³，钢的密度为 7.85kg/dm³。钢的弹性模量为 210 000N/mm²，明显高于铝合金的弹性模量 70 000N/mm²。如果利用已经确定的公式进行比较，则计算出的指数可以给出轻量化品质因数的信息：

$$\frac{K_{LStAl}}{K_{LStSt}} = \frac{\rho_{Al}}{E_{Al}} : \frac{\rho_{St}}{E_{St}}$$

$$\frac{2.7 \frac{kg}{dm^3}}{70\,000 \frac{N}{mm^2}} : \frac{7.85 \frac{kg}{dm^3}}{210\,000 \frac{N}{mm^2}} = 1.032$$

如果所得出的结果是1，则在这种载荷情况下，重量没有差异。如果结果大于1，则使用了所研究材料构件的设计会导致重量增加。当结果小于1，则重量会减轻。

在这一指数评估中的一个例外是弹性能量吸收能力（K_{EA}）。根据推导，指数与密度无关。因此可解释如下：如果该值大于1，所研究材料在弹性范围内的比应变能比参考材料的要高。

表3.3中列出了几种材料及其性能。通过该表，确定了各种载荷情形下的轻量化指数，并在进一步的过程中进行了比较（表3.4）。

表3.3 相关材料性能

	材料	密度 /($\frac{kg}{dm^3}$)	弹性模量 /($\frac{N}{mm^2}$)	剪切模量 /($\frac{N}{mm^2}$)	R_m /($\frac{N}{mm^2}$)	$R_{p0.2}$ /($\frac{N}{mm^2}$)
钢	S235JR	7.85	210 000	81 000	360	235
	C35E	7.85	210 000	81 000	630	430
	34CrNiMo6	7.85	210 000	81 000	1200	1000
不锈钢	X2CrMoTi18-2	7.7	210 000	81 000	500	300
	X3CrNiMo13-4	7.7	210 000	81 000	780	620
	AlMgSi	2.7	70 000	27 200	400	190
	MgAl8Zn	1.74	45 000	16 500	300	215

(续)

材料	密度 /($\frac{kg}{dm^3}$)	弹性模量 /($\frac{N}{mm^2}$)	剪切模量 /($\frac{N}{mm^2}$)	R_m /($\frac{N}{mm^2}$)	$R_{p0.2}$ /($\frac{N}{mm^2}$)
TiAl6V4/F89	4.42	114 000	40 000	895	830
GFK UD	1.95	45 000	6500	1200	—
GFK QI	1.95	25 000	9800	100	—
CFK UD	1.56	154 000	6000	3500	—
CFK QI	1.56	56 000	21 500	360	—
木材	0.38	12 000	750	100	—

表 3.4 轻量化指数

材料	$K'_{Ft}\left(\frac{\rho}{R_m}\right)$ 静态强度 拉-压	$K'_{LSt}\left(\frac{\rho}{E}\right)$ 纵向刚度 拉-压	$K'_{SFt}\left(\frac{\rho}{G}\right)$ 剪切强度	$K'_{KSt}\left(\frac{\rho}{\sqrt{E}}\right)$ 屈曲刚度	$K'_{BSt}\left(\frac{\rho}{\sqrt[3]{E}}\right)$ 弯曲刚度	$K'_{EA}\left(\frac{R_{p0.2}^2}{E}\right)$ 弹性能量吸收能力
S235JR	1.000	1.000	1.000	1.000	1.000	1.000
C35E	0.571	1.000	1.000	1.000	1.000	3.348
34CrNiMo6	0.300	1.000	1.000	1.000	1.000	18.108
X2CrMoTi18-2	0.706	0.981	0.981	0.981	0.981	1.661
X3CrNiMo13-4	0.453	0.981	0.981	0.981	0.981	7.096
AlMgSi	0.310	1.032	1.024	0.596	0.496	1.901
MgAl8Zn	0.266	1.034	1.088	0.479	0.370	3.776
TiAl6V4/F89	0.226	1.037	1.140	0.764	0.690	22.155
GFK UD	0.075	1.159	3.096	0.537	0.415	0.000
GFK QI	0.894	2.087	2.053	0.720	0.505	0.000
GFK UD	0.020	0.271	2.683	0.232	0.220	0.000
GFK QI	0.199	0.745	0.749	0.385	0.309	0.000
木材	0.174	0.847	5.228	0.203	0.126	0.000

为了进一步评估，选择钢（S235JR）作为参考材料，利用表 3.3 的数据，可得出相应的轻量化指数（K_x），这些记录在表 3.4 中。

数据敏感性是决定未来构件重量及其发展趋势的决定因素。即使材料性能有轻微偏差，也会导致结果发生显著变化。

在开发的早期阶段，使用轻量化指数，可以相对容易并更好地选择适合的材料。在应用材料轻量化战略时，多使用轻量化指数。因为在具有相同的几何形状和恒定的边界条件的情况下，材料轻量化仅考虑材料的替代。

3.3　形状轻量化

对于形状轻量化，可以理解为在构件中材料分布的优化。在设计中针对载荷引进特殊形状，例如预变形，或者凹槽，以及加强筋等。形状轻量化的基本原则是在需要的地方使用材料。因此，就制造工艺而言，在允许的情况下，对高载荷区域进行加强，而在较少承受载荷或者不承受载荷的区域减少材料的使用。开口型材要闭合，对尺寸形状加以优化。在中性纤维或梁的低载荷区域中引入孔，也是这种轻量化策略的一部分。

另一个例子是高尔夫 7 中模块横梁的优化，采用有限元方法进行了优化。根据仿真模拟得到的结果，实现了钢构件壁厚的最小化。通过采用压槽等方法增加刚度，最后以更薄的壁厚达到了与高尔夫 6 相应构件同样的刚度水平。通过采用形状轻量化，成功实现减重 1.4kg（图 3.22）。

图 3.22　高尔夫 7 来源大众汽车

在图 3.23 的示例计算中，清晰地展示了几何形状对重量所产生的重大影响。如在图 3.10 中所展示的材料轻量化示例，预先设定了载荷和挠曲。实心钢矩形型材重 15.23kg，钢矩形空心型材的重量则减轻了 74%，钢管的重量则减轻了 76%。

通过设计加强，降低了壁厚，因此也减轻了重量。这取决于构件的几何形状和相关的阻力矩。以下示例清楚地说明了这一点：

10mm 长、10mm 宽和 2mm 厚的钢板重为 1.5g，面积惯性矩为 6.6mm^4。通过安装加强筋，可增加面积惯性矩，从而减小壁

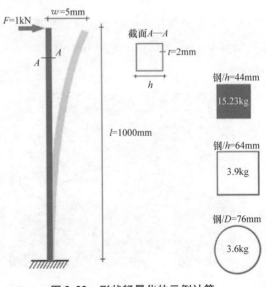

图 3.23　形状轻量化的示例计算

厚，最终重量也减轻了17%（图3.24）。

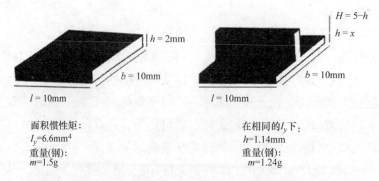

图3.24　在刚度相同的情况下，加筋钢板和普通钢板的重量对比

夹层结构的轻量化原理也类似。夹层结构由覆盖层（外层）和芯（内层）组成。覆盖层通常采用稳定且薄的设计，芯则由泡沫或蜂窝状结构组成。这些层连接在整个表面上。

通过以下简化的方式可看出夹层结构的优点：整个横截面上的面积惯性矩可以通过覆盖层与芯的整个表面连接来确定。这种结构具有与相同厚度的实心横截面相同的面积惯性矩，但由于芯的重量很轻，夹层结构的重量会降低很多（图3.25，见彩插）。

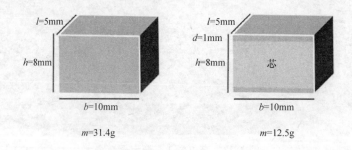

图3.25　在面积惯性矩相同的情况下，实心材料和夹层结构材料的重量对比

对于形状轻量化，可以借助计算机进行优化，即所谓的拓扑优化。梅赛德斯-奔驰的概念汽车Bionic-Car就是一个很好的例子。图3.26中展示了Bionic-Cars在不同阶段的支撑结构。

图3.26　Bionic-Car中使用的拓扑优化[7]

拓扑优化基于定义的导入力下的力的分布。首先定义了支撑所处的空间。接下来，对各种载荷情形进行模拟，根据载荷路径对载荷情形加以描述。通过对结构进行简化，可以制定出真实的车身。使用拓扑优化的问题是如何生成设计。

车轮螺栓也有助于减轻重量。每辆车都有 16~20 个车轮螺栓。利用形状轻量化也可以减轻重量，虽然每个螺栓只能节约几克的重量。在梅赛德斯 SL500 车型的实例中，通过车轮螺栓的轻量化措施可减轻重量约 0.33kg。

图 3.27 中右侧是 R230/SL 500 的车轮螺栓，左侧是 R231/SL 500（后继车型）的螺栓。通过改变螺钉头上的槽，每个螺钉可节省几克。总的来说，总体可减轻重量约 0.25kg。

图 3.27 右侧是前代车型的车轮螺栓，左侧是进行了形状优化的车轮螺栓[1]

3.4 概念轻量化

概念轻量化是从系统或者子系统的重量与功能之间的关系中选择最佳或者最合适的构造。

3.4.1 差分构造和整体构造

概念轻量化的重点在于采用整体构造或者差分构造。在整体构造中，一定数量的功能集成在一个构件中，因此需要的构件更少。另一方面，差分构造基于功能多样化，在极限情况下，甚至是每个功能有一个构件。选择哪种原则取决于功能的数量和类型。基本规则是：如果需要许多不同的功能，那么首选差分构造。另一方面，当需要考虑许多类似的功能时，选择整体结构。

此外，功能的完成度必须考虑其实际意义。如果只需要部分满足功能性，则可以使用整体构造方法。但是，如果必须完全满足功能，则最好选择差分设计。

图 3.28 展示了整体构造或差分构造的例子。这是一种汽车地板覆盖件。左边是差分构

图 3.28 以车身底板覆盖件为例的整体构造和差分构造的区别

造的原理，每个部分各有各的功能。在整体构造中，所有功能都集成在几个构件中（表3.5）。

表3.5 整体构造和差分构造的优缺点

差分构造		整体构造	
优点	缺点	优点	缺点
载荷取向	许多安装步骤	只有一个构件，安装简单	常会尺寸超标
容易修复	回收昂贵	回收简单	维修昂贵
按照功能性来选择材料	许多模具	只有一个模具	只有一种材料，只有功能类似才可以
可以很好地满足功能			在某些情况下功能满足有限

采用差分构造或者整体构造的其他决定性因素是成本和重量。通常，差分构造成本更高，这是因为使用了许多不同的材料，并且需要高的安装成本。但是，维修相对更容易，只需要更换有缺陷的构件。相比之下，基于整体构造的构件通常由一种或少数材料组成。如果损坏，则必须对整个构件进行更换。由于不需要安装器件，整体构造可减轻重量。但是，使用差分构造可使用不同的、非常轻的或不同壁厚的材料，这样一来也可以减轻重量。

3.4.2 具有功能集成的组合

通过差分构造和整体构造，可以实现不同的车身类型。除了零件集成之外，还结合了不同的功能。带有覆盖板的管状桁架是一种差分构造。管状桁架具有支撑功能，覆盖板有外板的功能。由于管状桁架能很好地调节力流，可最优化地实现"支撑"功能。目前批量生产的壳式结构采用了整体构造的方法，即在一个构件中结合了支撑功能和"成形外板"功能。但这会导致力流必须沿着车辆的外轮廓传递。这样一来，与管状桁架相比，这种车身的性能较差。

概念轻量化不仅可应用在内部舱室或塑料件中，在车身制造中应用概念轻量化也是非常有意义的。图3.29（见彩插）中展示了不同的车身构造结构。

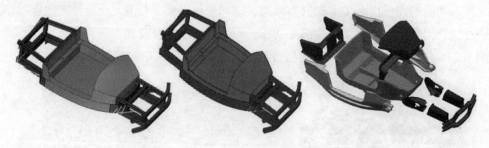

图3.29 以轻型跑车的车身为例的概念轻量化

左侧是一个带前后车厢的概念车型，固定在承重桶上。中间的图展示了放入承重桶的导向框架。右侧是碳纤维塑料增强的单体壳结构。出于成本原因，碳纤维塑料增强的单体壳结构现在只能在小批量生产中使用，但其在重量方面具有显著优势。

概念轻量化的另一个例子是选择合适的车轮概念。如果把最初四个车轮的车辆概念用于具有三个车轮的汽车载荷，则可开辟出巨大的轻量化潜力。这样的车取消了包括悬架和差速器在内的第四个车轮。此外，支撑结构必须具有较小的抗扭刚度。这也实现了重量螺旋的逆转。例如，作为四轮概念车的大众 Eco Racer 重 916kg，而作为三轮车概念的大众 GX3 仅重 570kg。这种重量差异并非完全因为概念变化，但却有着重要的影响（图 3.30）。

图 3.30　左　大众 GX3；右　大众 Eco Racer

驱动功能的选择也可以是概念轻量化战略的一部分。配备前置发动机和后轮驱动的汽车有万向轴，而在配备了前置发动机和前置驱动的高尔夫车中则省掉了万向轴。特别是对于电动汽车而言，电机和电池系统的安装位置对重量产生了决定性的影响（图 3.31）。

图 3.31　学生方程式比赛中的 Wob Racing 组赛车，重 220kg，轻量化潜力约 20%

超级轻量化也属于概念轻量化。在不考虑材料和制造成本的情况下，始终选择最轻的方案。超级轻量化多应用在航天航空、摩托车赛车或奥林匹克的其他运动以及医学领域中。

3.5 条件轻量化

条件轻量化是指通过对汽车产品的外在影响因素进行研究，并使用由此产生的知识来优化概念。

通过降低预期承载能力或缩短预期的使用寿命，可以减轻重量。这可通过载荷的确切认知，限制滥用情形或者对使用者进行相应的培训来实现。因此，可以更精确地设计飞机，因为受过训练的飞行员确切知道其飞机的载荷极限位于何处。

通过设计措施，如缩短杠杆臂或缩短载荷路径，也可以降低应力载荷。最好避免出现与材料或形状相关的应力载荷。因此压力应该由拉应力代替，弯曲由压力代替。这种原理也经常出现在自然界中，例如拱形的贝壳。

观察车身可以看出，并非所有的构件都具有相同的使用寿命，因为有些元件尺寸过大。这就存在着条件轻量化的进一步潜力。当所有构件的设计寿命相同时，那么构件可以做得更小，从而节省重量。

另一方面是产品在国际市场上的销售。尤其是在汽车工业中存在使用条件轻量化的机会。在设计车辆时，必须考虑到不同市场的不同要求。例如，针对非常糟糕的路况所设计的车型，尽管最终只有一小部分车辆在这个市场上出售。此外，安全方面的因素也起到了一定的作用，例如车辆的碰撞兼容性。市场协同、统一认证和使用条件可大大提高轻量化潜力。但是，这种措施很难在汽车工业的框架内实现。

以下面的例子进行具体说明：在柏油马路和崎岖地形上都具有良好驾驶性能的车辆比纯公路车辆要重。对比公路车辆大众 Polo Trendline 和公路越野混合车型的大众 Cross Polo 的重量，恰恰说明了这一事实。根据制造商的数据，大众 Cross Polo 的重量为1158kg，而大众 Polo Trendline 的重量仅为1067kg。如果车辆设计用于非常特定的外部条件，例如针对欧洲纯粹公路的车辆，那么与全能型车辆相比，这种车辆具有明显的重量优势（图3.32）。

图3.32 公路汽车和越野车的对比[8]

滥用测试在今天的车辆测试中发挥着重要作用。每个汽车制造商都对滥用测试有自己的经验和历史设计。对滥用测试进行修订则提供了使用条件轻量化的可能性。

然而，应该注意的是，由于不能精确地定义各种边界条件，如道路状况或驾驶者的不同驾驶风格，因此很难在汽车工业中实现条件轻量化。

3.6 汽车制造者在产品开发过程中的轻量化

3.6.1 轻量化成为社会因素

在过去十年中，汽车行业发生了模式转移。欧洲通过二氧化碳排放立法引入雄心勃勃的车辆油耗目标，以及美国及其他主要市场采取的类似政策，迫使制造商采取行动（图3.33，见彩插）。

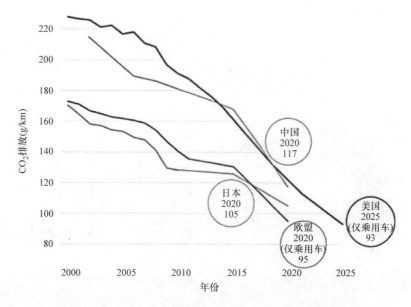

图3.33　几个主要市场的接近曲线和二氧化碳排放目标[9]

对欧盟和韩国而言，新车型（无须处罚的）二氧化碳限制是最严格的。从时间上看，也需要采取紧急措施。对于生产大型和重型车辆的制造商来说尤其如此，他们将被迫采取一切合理的措施来降低油耗。

此外，车辆制造过程中的资源消耗也成了社会关注的焦点。这不仅适用于直接材料消耗的评估，而且适用于所使用的能量，这是制造和加工成品的必要条件。同样重要的是"寿命结束"行为、回收率问题和重复使用的物质流。

总之，可以说，由于公众对资源消耗和排放的争论，轻量化越来越成为社会因素。

物理学内在关系

从物理学角度看，车辆重量对行驶阻力具有决定性的影响，因此也影响燃油消耗

（图 3.34）。

五种类型阻力中的四种都会对车身重量产生线性影响，因此，不能把轻量化作为主要的或唯一的降低油耗的方法（图 3.35）。

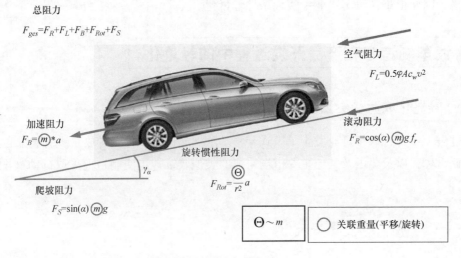

图 3.34　行驶阻力[10]

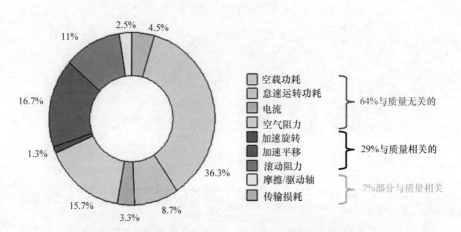

图 3.35　大众高尔夫系列（Ⅵ）1.4TSI[11] 的油耗比例

如图 3.35（见彩插）所示，新欧洲行驶循环（NEFZ）中 64% 的燃料消耗都与质量无关。就整个能源链而言，除了要使用的能源需求外，所有区域都必须考虑，从能量转换到目前所需的能源再到最终的能源回收。

按照层次对能源流区域进行排列，则减少油耗可从以下几个方面着手：

- 最大限度地减少完成驾驶任务所需的能源
- 优化能源转换效率
- 以需求为导向的能源管理
- 回收利用

这些区域的能源流会受到各种措施和技术的影响，因此与车辆的油耗性能密切相关

（图 3.36）。

对于与节约燃料相关的单个组件，列出各自的节约效果与相关的成本组成部分，就可以清晰地评估各自的潜力以及相对应措施的效率。效率的衡量标准是每节省 $1gCO_2$ 所多花的费用（欧元$/gCO_2$）（图 3.37，见彩插）。

在效率分析中证明了，在安装了内燃机汽车的大批量生产中，不会按照跑车或赛车的相同比例使用昂贵的轻量化方案。同理，尤其是在大功率和重型车辆中，轻量化潜力并不能对油耗产生决定性的影响。

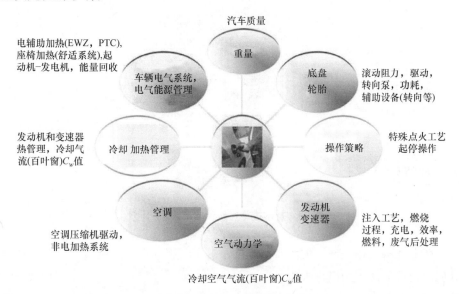

图 3.36　影响车辆总能源需求的技术措施[19]

由此可见，轻量化与许多其他的二氧化碳减排措施都处在成本竞争中。这些措施在很大程度上适用于内燃机以及混合动力车型。

对于电动车而言，轻量化措施处于更高的优先级。但是，必须考虑到对于未来电池成本的预测（见图 3.74）。

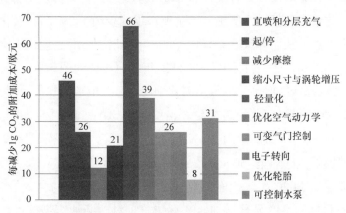

图 3.37　每节省 $1gCO_2$ 的附加成本（C 级车）[12]

在图 3.38 中列出了通过技术措施可减少油耗的潜力的数量级。

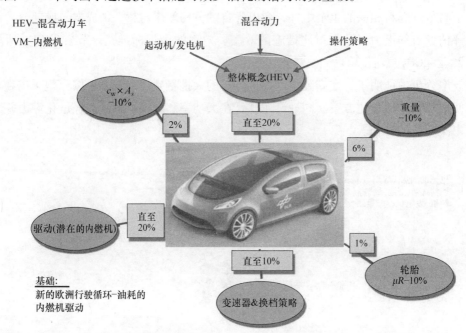

图 3.38　技术措施可实现的节油潜力[13]

尽管存在上述所有相关性，但减重对于未来的车辆将变得越来越重要，因为轻量化对降低材料和能源资源的使用做出重大贡献。

在接下来的章节中，将介绍在汽车开发过程中的轻量化以及选择轻量化解决方案的评估方法。

3.6.2　汽车制造商在产品开发中的战略轻量化（目标发现过程）

3.6.2.1　二氧化碳法规的挑战

自 20 世纪 90 年代中期以来一直生效的 ACEA 减少二氧化碳协议是自我实施的，以欧盟国家所有新车的平均值来衡量这个措施，可实现每年减少约 1.2% 的二氧化碳排放量。由于这一结果无法令人满意，从而导致欧盟 2007/2008 年推出了新的法规，规定所有车型的二氧化碳平均限制为 130g/km，这一目标必须在 2015 年之前实现（图 3.39，见彩插）。

自从 2007 年通过该法规以来，二氧化碳的排放量已经增加到每年下降 4%。

欧盟设定的 2015 年极限值基于最初更严格的 $120gCO_2$/km 目标。由于通过采用生物燃料添加剂和生态创新，例如轮胎技术的开发，低黏度油等，可以按照降低 $10gCO_2$/km 来计算，汽车制造商的极限值已降至 $130gCO_2$/km。

按照欧盟的要求，到 2020 年汽车制造商需要将所有车型的二氧化碳平均值降低到 95g/km，实现这一目标的难度显著增加。这意味着，对于柴油车型标准油耗平均为 3.6L/100km；对于汽油车的平均油耗为 4.0L/100km。

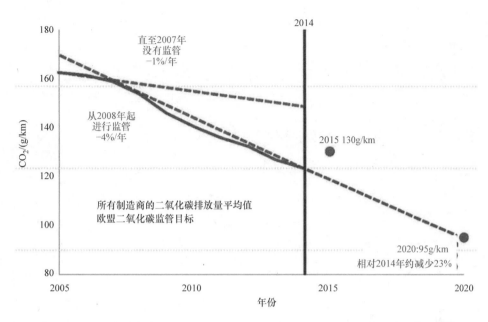

图 3.39 欧盟新车的二氧化碳排放值以及所设定的 2015 年和 2020 年的目标值[15]

基于制造商的全车系考察

上一节中描述的全车系极限值是根据欧盟国家新注册的所有车辆确定的。由于不能期望每个制造商都团结起来相互支持,因此每个想要在欧盟国家销售车辆的主机厂必须满足其各自全车系的极限值。由于生产商在产品组合上结构性差异很大,南欧公司如菲亚特、雷诺和标致雪铁龙主要生产中小型车辆,而德国豪华车型制造商如宝马和戴姆勒主要向市场提供大功率发动机车型。为了考虑到不同的车型比例,欧盟立法者已经就基于权重的补偿因子达成了一致意见。这一校正方法意味着全车系重量高于欧盟平均值的制造商将获得更高的极限值,并对车型重量较低的制造商将给予额外的补偿。图 3.40 中蓝线的斜率图显示了这种关系。具体而言,这意味着制造商的全车系平均重量比行业平均值高 100kg,允许的 CO_2 排放极限值为 134.6g/km,增加了 4.6g/km。相反地,在全车系平均重量较低的情况下,极限值也相应地降低。

按照规定,欧盟对于不能达到以上标准的车企将会采取惩罚措施。从 2018 年开始,对于超标的车辆,按照每辆车超过每克 CO_2 的排放量 95 欧元的标准给予处罚。在 2018 年之前,惩罚性税收将有一个过渡期,对超标的第 1g/km 处罚 5 欧元,第 2g/km 为 15 欧元,第 3g/km 为 25 欧元。

这些法规清楚地表明,非常需要采取行动来降低全车系的燃油消耗,特别是对于大型和大功率车型的制造商来说。

如图 3.41(见彩插)所示,所有欧洲制造商至少在一代全车系中实现了二氧化碳排放量的下降。这证明了,制造商正在以技术改进的形式来满足监管要求。新的油耗技术、车型更换和新汽车架构的长期导入时间都会造成曲线的不稳定过程。车型更换通常在 5~7 年之后,而油耗技术有时会伴随着新车型而出现,这些通常在生命周期的中期会随着改款并随之

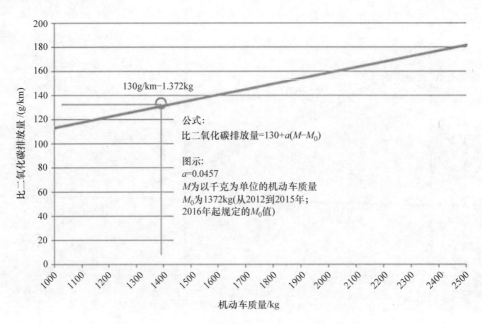

图 3.40 基于权重的欧盟二氧化碳排放目标[14]

进行的广告宣传导入。

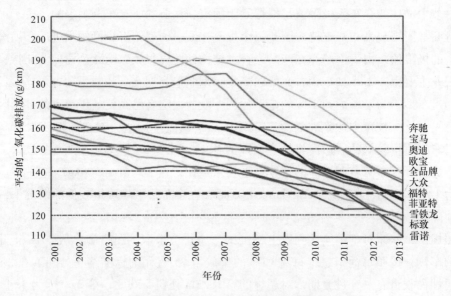

图 3.41 欧洲汽车主机厂全车系排放值的发展趋势[34]

除了还需不断改进的油耗技术措施以及可影响概念确定的轻量化之外,全车系组成(产品组合)也是重要的调节杠杆。

由于二氧化碳排放极限值关系到汽车企业生产的所有的新车型,因此有必要掌握和优化影响因素的复杂模型。这里的主要目标是能够以最佳的经济效益提供适应市场需求的有吸引力的产品组合。这尤其适用于油耗值较高的、大型大功率车型产品的制造商(图3.42)。

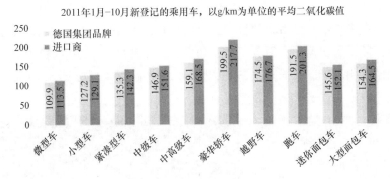

图 3.42 德国汽车细分市场的 CO_2 平均排放值[16]

由于全车系油耗值是根据平衡梁原则确定的,这就促使了生产商加大生产排放量较低的车型,以在一定程度上平衡油耗较高的跑车、越野车和豪华车。

所有的豪华车生产商都在增加生产排放量较低的车型。宝马公司在 Mini 上投入了很大的精力,戴姆勒公司则除了通过 Smart 品牌开辟微型车细分市场之外,还对 C 级车型加以扩展,并且引入了前驱平台。

面对欧盟的法规,德国的豪华车生产商努力地通过生产小型车,使用技术上的平衡杠杆,包括极端轻量化来降低排量。但是,仅仅依靠这些措施无法完全实现 2020 年 $95gCO_2/km$ 的排放标准。根据目前的认知,这些德国"全线"供应商要实现上述排放目标只能是通过在驱动方式和车身结构设计上有全新的突破。具体而言,这不仅意味着整个发动机系列、动力系统和平台的改造或重新设计,而且还包括汽车产品的广泛扩展以及"零排放"车型(包括电动车、插电式混合动力车和燃料电池车)的成功营销。根据全车系排放改善所取得的成功程度,这一部分的车辆在"传统"路线上的份额可能达到两位数的百分比范围(图 3.43)。

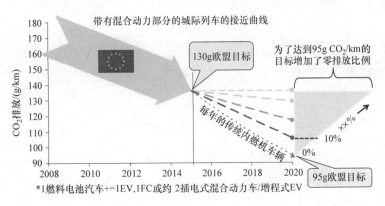

图 3.43 改变驱动组合实现 $95gCO_2/km$ 的排放目标[17]

3.6.2.2 轻量化应力场

在现代汽车工业中,通过极其快速和有效的流程和开发过程,能尽早且准确地确定未来产品的所有特征性能,这自然也包括最重要的一个参数,即车辆重量。对于一个全新的开发任务，需要在量产（Job 1）开始前的 48 个月提交方案文件。除了汽车的功能性和性能定位以及价格之外，汽车重量是最重要的目标，直接与其他主要目标相互作用，并最终影响所有与产品相关的领域，例如营销、财务、开发和生产。尤其是对于在市场经济的背景下所引入的平台战略和模块化战略以及未来全车系油耗排放限制，重量目标具有非凡的战略意义。因此，就目标重量达成一致是产品开发过程中面临的最大挑战之一。

由于这些目标的相互依赖性，重量目标不是可自由选择的参数，而是一个复杂过程的结果，其基础应来自公司特定的轻量化战略（图 3.44）。

重要的边界条件和轻量化的因果关系

直至不久之前，对于许多代汽车而言，汽车的整个系统一直处于重量不断增加的螺旋上升状态（参见图 3.45）。

图 3.44　应力场中的重量目标

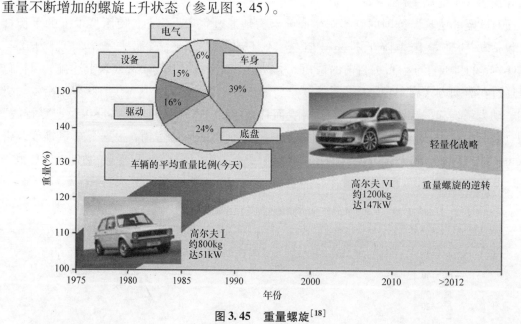

图 3.45　重量螺旋[18]

各种不同的原因导致了汽车重量的增加，最主要的是更严格的排放极限值和碰撞要求方面的立法。另一个重要的原因是，客户希望汽车具有更高的性能、更好的舒适性、全面的安全功能和优化的实用价值。

对排放和重量产生双重负面影响的例子包括广告中大力宣传的四轮驱动。在四轮驱动车型中，系统的附加重量不仅增加了油耗，而且额外的摩擦副和转动惯量也造成了更多的油耗。这里以路虎极光揽胜 2012 年车型的数据为例：四轮驱动会增加 75kg 的重量，油耗增加约为 1L/100km。

重量增加的另一个驱动因素是发动机转矩的增加，特别是由现代发动机的增压技术引发的。增加的转矩必须通过机械构件和车身中的多种加固措施来消化吸收。由此得出的数据是每提高 10N·m 的转矩可增加 0.5kg 的额外重量。综合考虑，所增加的重量不会对油耗产生大的影响（图 3.46，见彩插）。

图 3.46　导致重量螺旋的因素：客户愿望与立法者要求导致的额外重量[19]

以梅赛德斯 S 级轿车的前代车型和后继车型进行比较为例，由于客户愿望和法规要求导致白车身额外增加的重量为 71.9kg。为了保证品牌的市场地位，就无法避免这些额外增加的重量，因为市场的竞争压力会导致更高的客户期望，从而实现持续性的改进需求（图 3.47）。

如果现在需要或者甚至强制逆转这种重量螺旋，则在第二步中，必须通过适当的轻量化措施来补偿这些额外增加的重量。客户通常不会接受通过缩减配置来减轻重量的方法，因为客户处于竞争激烈的产品环境中，并且学会了实施其价值观愿景。

因此，尽管要求增加了额外的内容，但重要的是通过轻量化措施来保持车辆重量不变（图 3.48）。

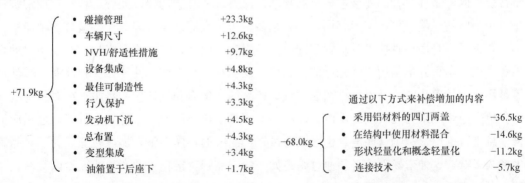

图 3.47　由客户愿望和法规要求所导致的后续车型白车身重量增加　　图 3.48　在白车身中采用轻量化措施来平衡图 3.47 中增加的重量

但是，如果通过减轻重量来降低燃油消耗，则必须采取额外的轻量化措施。

在实际操作过程中这意味着，以前代车型为基础，后继车型的重量目标至少降低两个惯性质量等级，即必须降低200kg重量（图3.49）。

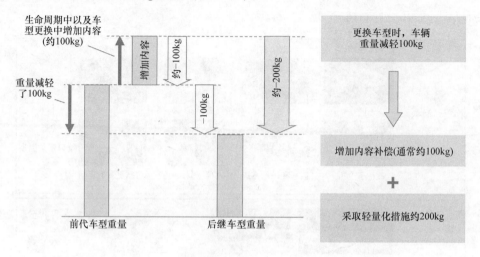

图3.49　扭转重量螺旋需要"双重"努力[10]

3.6.2.3　轻量化在企业战略与品牌战略中的地位

要实现产品成功减重，汽车企业制订符合自身条件的轻量化战略是必要的前提条件。

由于边界条件处于动态变化中，因此汽车的重量目标不会是结果或者分析可导出的参数，而是一个复杂权衡过程的结果。只有在具备了针对自身的轻量化战略基础上，企业才能成功地设计出针对重量目标的权衡过程。

因此，对于每个汽车制造商来说，制订和动态修订符合企业发展战略的轻量化战略是一个核心的任务。基于这样的战略，可以回答企业在可持续发展中不断出现的各种问题。在下文中，会从几个问题的某些方面着手，加以阐述。

营销作为轻量化动力，轻量化作为竞争因素

轻量化越来越被赋予"智能"的称号。这表明制造商的营销领域已经接受了这一主题。由于智能可以带来优势，因此该术语是品牌和产品升级的理想选择。此外，轻量化通常被认为是一个艰巨的挑战，可以与形容词高效、精益、可持续等结合，因此非常适合促销使用。

汽车重量不是用户直接可以感觉到的可受益因素，因此，除了跑车之外，对于用户的切身感受来说，车重并不是用户优先考虑的因素，反而是与车重相关性能如驾驶性能、燃油消耗等是用户比较关注的，这也直接构成了汽车产品的竞争力和差异化。然而，在对品牌的看法中，更多地使用来自元级别的术语，即所谓的差异化核心价值。这种核心价值通过相应的广告信息进行推广，但是这些信息也必须通过在产品中的具体实施来加以验证。为了对品牌产生持久影响，这种市场宣传必须通过始终如一的与品牌直接相关的产品特征给以支撑，才能实现可信度。

对于品牌战略支持的轻量化，下面以不同制造商为例进行简要说明：

奥迪：品牌定义的座右铭"突破科技"表达了在各种车辆技术领域声称技术领先地位的努力。这一点在轻量化技术领域非常清晰：奥迪 A8 是第一个采用"空间框架技术"铝轻量化车身的量产车型，到如今已经是第 3 代了。

这种有意识的品牌形象伴随着媒体宣传，旨在面对公众将"奥迪"公司定位为汽车轻量化未来的保障，并对此形象加以固化。

宝马：主题为"驾驶乐趣"，代表是驾驶动力/灵活性。在技术层面上，宝马公司通过汽车布局与轻量化方案（在 5 系的 E60/E61 车型中的铝悬架将前桥载荷降低了约 20kg），实现几乎理想的轴载荷分布，并在竞争中实现具有较低的整车重量的目标。运动性和动力学结合低油耗的"高效动力"概念则进一步发展和补充了这一价值定位，并再次明确建立了品牌与轻量化的联系（图 3.50）。

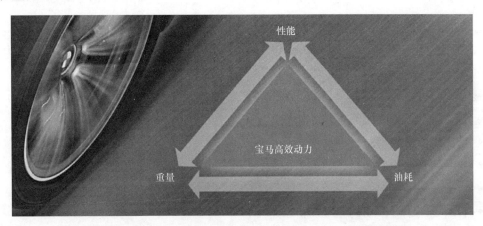

图 3.50　轻量化作为宝马"高效动力"品牌形象的组成元素[20]

在轻量化的背景下，该品牌通过针对 i 系列的精心制作的媒体宣传活动的支持，宣传突出了材料碳作为宝马未来的车身材料："碳纤维——减重 50%"。背后传递的信息是，这是汽车行业的一项重大突破，这意味着未来的汽车重量会只有目前的一半，而宝马公司作为技术领先者已经将竞争对手远远甩在身后了。

日本汽车制造商马自达则完全不同。2011 年推出的"SKYACTIVE"，在媒体的宣传中称通过整体降低重量的方法可以省去碳纤维或铝等昂贵的材料。该策略明确从客户角度出发，并表明轻量化并不总是昂贵的。2007 年推出的小型车"马自达 2"比前代产品轻了 100kg。马自达公司已宣布该战略将适用于所有未来的车型[21]。

以上的例子表明，轻量化作为一个品牌主导的技术领域，在竞争激烈的业务中，对产品特性有非常大的影响，而且这种影响会日益增强。然而，相关的重量目标要求不一定必须对制造商的所有车辆有效。重要的是，企业有必要在其产品组合中树立一些"灯塔产品"，这些产品可以令人信服地传达企业的战略信息。

3.6.2.4　在系列车型层面上的轻量化战略目标

汽车企业制定具体的重量目标时，不仅需要考虑到车型能耗目标，同时还要考虑到全车系的能耗目标平衡。这种平衡是在迭代优化过程中进行的，无论是在车型还是在全车系层面,该过程都需从成本效益和竞争力方面来采取高效的措施(图3.51)。

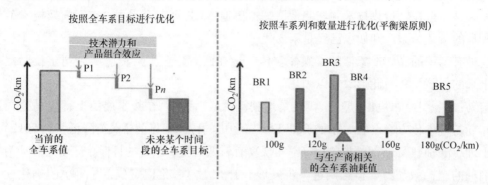

图3.51 单车型和系列车型相互作用的目标

这个过程是目标重量确定的关键,因为它涉及回答以下关键问题:
"单一系列在(消费税)最佳产品组合以及从竞争角度来看,需要多少轻量化潜力?"。
在这里,需要考虑的影响因素很多,例如:
- 所有与市场相关系列车型的数量预测;
- 现有的动力系统方案及其相对应的能耗值;
- 可用于降低能耗的现有技术及其使用水平;
- 该系列可能采取的措施的成本影响;
- 竞争形势和需要的差异化;
- 针对不同细分市场的合理的价格组合;
- 目标市场的法规状况。

上述所列的内容说明了此任务的复杂性。为了简化分析工作,可以采用多种规划分析软件工具(见图3.52)。根据分析的结果可推断出竞争中的技术潜力,以便于能够找到自身的

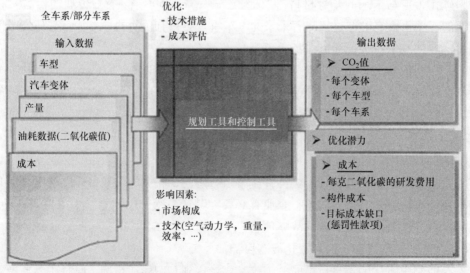

图3.52 基于软件的规划工具可实现全车系和部分车系优化[22]

定位。这可以作为企业自身生产数量预测的基础。

当然，由于通常基于规划假设的影响因素数量巨大，该原则适用于只有在输入数据具有最佳质量的情况下才能实现可靠结果。

该过程的结果可以用作增值模块与技术模块的预算确定，这个预算也涵盖了轻量化方面的内容。这个方法虽然昂贵，但是对于确保汽车项目后期的轻量化措施的资金是必要的。

在这个过程中，轻量化措施的资金是通过增值预算筹集到的，而增值预算通常还会分配给其他的功能领域（图3.53）。所有参与者对增值预算的可理解划分为所有相关人员所接受的目标创造了条件，这是项目工作成功的必要基础。

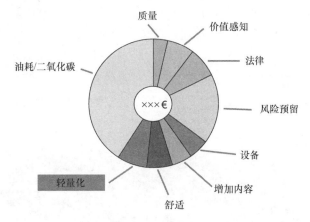

图3.53 轻量化预算与其他增值功能预算竞争[19]

图3.54（见彩插）清楚地显示了这个过程对梅赛德斯-奔驰轿车的影响。随着车型级别的提高，车身上采取的轻量化措施的范围也随之增加。可以假设通过上述的战略过程，为S级车提供了比E级车更高的轻量化预算，使得S级车使用了铝车门。相比之下，带有铝制发动机舱盖和挡泥板的C级轿车在外板中的轻金属比例最低，但也明确地说明了轻量化区域的应用原则（见第3.6.3.1小节）。

图3.54 特定细分市场的轻量化预算的影响[10]

上述这种增值方法可以应用于具有与前代车型类似设计和架构的后继车型。

在全新的车辆概念中，可能会进入全新的领域，并且在战略阶段具有仍然未知的成本结构,所以必须选择不同的方法。

不能假设,在功能、重量和成本的三轴目标系统中,通过简单地组合子系统和累加成本块,就能产生成功的产品。

这种自下而上的方法在这种情况下无效,但是需要一些企业自上而下的设置,但尽管存在一定程度的张力度,但这并不会导致会达到一个过度确定的、无法实现的目标。企业解决方案可以创造机会,但也适合释放风险。

采用这种方法一个知名的例子可能是奥迪 A2,在 C 级别上所具有的铝车身具有独特的销售亮点,但按照当时的价格无法提供资金支持。

现在新兴的电动汽车(BEV,部分还带有混合动力系统),其中就包括了宝马的 i – Line (见图 3.55),也许提供了一个机会,即通过一个完全独立的概念(目的设计)创造出一个新的细分市场。与此相关的全新范例可实现与规模和性能无关的价格水平。对于目标系列来说,这可能意味着特殊的可替代驱动概念和与此相关的独家性能特征,从而产生功能和情感以及税收上的优势,这使得采用极端材料概念带来的附加成本可以通过相应的更高的产品定位来提供资金加以补偿。

图 3.55 具有碳纤维复合材料车身和混合动力驱动的 BMW i8 跑车作为新车型的一个例子[23]

3.6.2.5 针对长期发展规划的技术选择

整个行业都在缩短车型系列项目的开发时间。在这个过程中,所有有风险的子流程都必须外包,并提前得到保护,这与类型无关。

当然,预保险的需求也同样适用于生产和服务公司,因为在这些领域,特别容易受到高投资风险和担保风险的威胁。

因此,对于整个工艺链来说,只有通过技术保证的充分进步,才能获得量产开发和大批量生产的许可。

只有明确长期的战略才能解决这一难题,并确保新技术的引入能够及时,而不是以牺牲质量为代价。主要目标是提前确保排除与新解决方案相关的风险。

图 3.56 展示了车身周围的关键路径。方案保证流程(包含了新技术领域)的起点通常远远超出实际的项目起点。奥迪首款铝合金 A8 量产豪华车近 10 年的交货时间是可以理解

的。尽管在此期间改进了仿真工具，但是过程保障期限与第一次大规模引入复合材料生产的相关性大致类似。

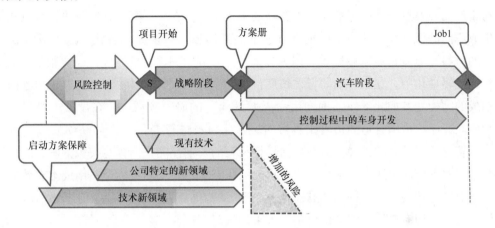

图 3.56　通过战略预控制进行充分的预运行

对于公司特定的新领域，必要的控制流程的复杂程度比全新领域要低，因为在前期的小批量生产中，企业已经具备了基本的技术知识，或者在必要时可通过购买的方式来实现知识的储备。例如，2012 年在市场上推出的全铝车身的梅赛德斯 – 奔驰 SL Roadster 采用了混合结构的 S 级轿跑车（C126）的开发、生产和服务成果以及全铝车身 AMG SLS 的研究结果。尽管如此，在项目实际开始之前，为了保证批量生产的稳定性，也采取了复杂的控制流程。

除了产品的可制造性，汽车企业还要考虑到在全球范围内轻量化材料的可获得性以及对必要工艺技术的安全掌握，这些都是全球制造网络成功的关键因素。

在制造战略上也需要给以同样的考虑，新产品开发所引入的轻量化技术及其相对应的制造方法是否可以或者在多大程度上可以利用现有的工厂结构（"棕色用地"），或者必须在新厂房内重新投资新的设备（"绿色用地"）。例如，碳纤维复合塑料白车身结构的耐热性较低，需要在针对传统的钢覆盖板件"表面线"上增加独立的喷漆（离线）。

由于全球化程度不断提高，还必须制定明确的"全球化生产足迹"战略，即使是在开发单位附近的试验工厂中采用"革命性的"轻量化技术，也要利用质量和生产数据的即时反馈来对技术加以确认。然后，在第二个步骤中，可以根据车辆销售和当地的规定来实现本地化生产。对于革命性的轻量化解决方案，则更容易实现本地化生产。除了技术的边界条件之外，原材料与合格人员的可用性、各自的法律限制（例如关税、安全法规、当地内容要求等）以及合适的供应商结构都对轻量化的实施产生一定的影响。

在评估轻量化解决方案的风险时，从成熟度保证到批量生产的相关时间和成本支出是一个决定性的标准。即使材料修改相对较小（例如新钢合金），从第一个实验室样品到通过量产材料质保再到进入批量生产通常需要 7 年的时间。全新的材料更是进一步加剧了这种情况，例如用于大规模批量生产的纤维增强塑料，有时在构件层级和生产期间需要全新的针对生命周期管理无损检测的概念。

此外，不能低估必要的专业能力。即使是在内部提供解决方案的情况下，也会需要打造出必要的人力资源。为了开发具有竞争力的差异化轻量化解决方案，这种可持续发展能力的打造是一个战略上重要的关键因素，也必须由公司方面的人力资源部门承担并给予支持。

对于产品开发过程，必须考虑后备选项的更改工作。在早期产品开发阶段，可以相对容易地生成不同的概念轻量化方案，而在开发的后期阶段，寻求新的替代解决方案（例如采用全新的材料）则变得越来越困难，因为如上所述，新材料本身的开发还需要很长的时间。

在现代轻量化中，在运行期间考虑长期行为和生命周期管理日益重要。对于由各向异性材料制成的结构尤其如此。在"面向生命周期设计"的研究领域中，在设计中要尽早加入测试和诊断程序。借助合适的仿真工具可对轻量化材料进行老化（例如高周疲劳）方面的预测。尽管取得了重大的进展，但在各向异性材料的长期性能方面存在模拟漏洞，因为当前的失效模式并不能涵盖所有的载荷情形。目前的研究课题和长期目标是采用成本有效的在线状态监测对结构相关的构件进行"状态监测"。"结构健康监测"的概念用于评估航空中关键构件结构的结构完整性，同样也可用于未来的汽车制造业。

在车辆的使用阶段，轻量化结构的可修复性起着非常重要的作用，特别是对于关键位置维修的损伤检测和评估。以奥迪A8（铝车身）为例，新的维修程序除了需要合适的车间基础设施，也需要足够数量的合格的服务员工。

生命周期中的最后一个风险是需要按照法律法规（例如，欧盟废旧汽车的规定）来实现产品的回收。各向异性的轻量化材料如连续纤维增强塑料，在有价值的纤维降级的背景下，材料回收至关重要。也可以采用其他更有价值的开发方案。

3.6.3 战术轻量化（规划过程与匹配过程）

一旦在战略阶段确定了减重目标并且宣布了轻量化措施的预算之后，该项目的这一阶段就是尽可能有效地利用这些资金。

3.6.3.1 轻量化区域

随着未来车辆概念的日益复杂，只有通过针对性地选择具有最佳成本效益比的轻量化措施，才能同时实现减重和成本效益。

轻量化区域的定义有助于做出决策，以满足对具有成本效益轻量化的需求，并在优化动态行驶性能的同时避免出现二次重量。

在下文中描述了确定轻量化区域的方法：重要的前提一方面是每减少1kg重量所增加的附加成本的规定，另一方面是期望的轴载分布的目标，轴载分布对行驶动力学和牵引行为有影响。为了将倾斜和滚动力矩保持在一个低的值，车辆重心的目标要达到尽可能低的位置（图3.57，见彩插）。

在此前提下，车辆可以根据几何形状划分为明显的轻量化区域，这些区域由效率因子根据其实现目标的有效性来证实（图3.58，见彩插）。

有了这些因子，现在可以按照区域有针对性地优先考虑轻量化措施。在上述的后驱跑车的示例中，如果平均减重成本为5欧元/kg，则在发动机舱罩盖区域每减1kg的效益为1.5倍。相反，在后部区域采取轻量化措施就没有那么有效（出于牵引原因），所以后部区域的

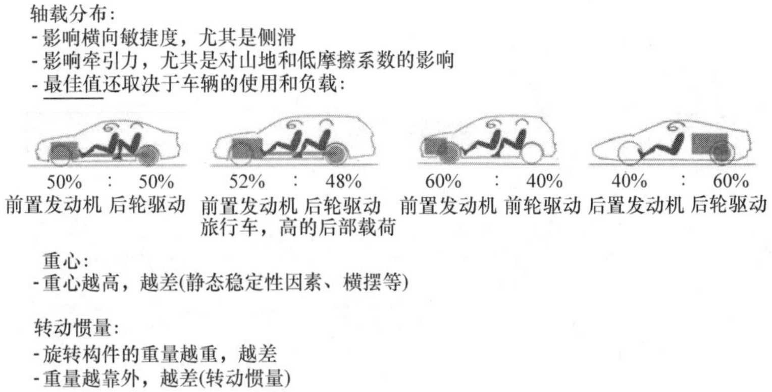
轴载分布:
-影响横向敏捷度，尤其是侧滑
-影响牵引力，尤其是对山地和低摩擦系数的影响
-最佳值还取决于车辆的使用和负载:
50% : 50%
前置发动机 后轮驱动
52% : 48%
前置发动机 后轮驱动
旅行车，高的后部载荷
60% : 40%
前置发动机 前轮驱动
40% : 60%
后置发动机 后轮驱动
重心:
-重心越高，越差(静态稳定性因素、横摆等)
转动惯量:
-旋转构件的重量越重，越差
-重量越靠外，越差(转动惯量)

图 3.57 根据车身概念优化轴载分布[19]

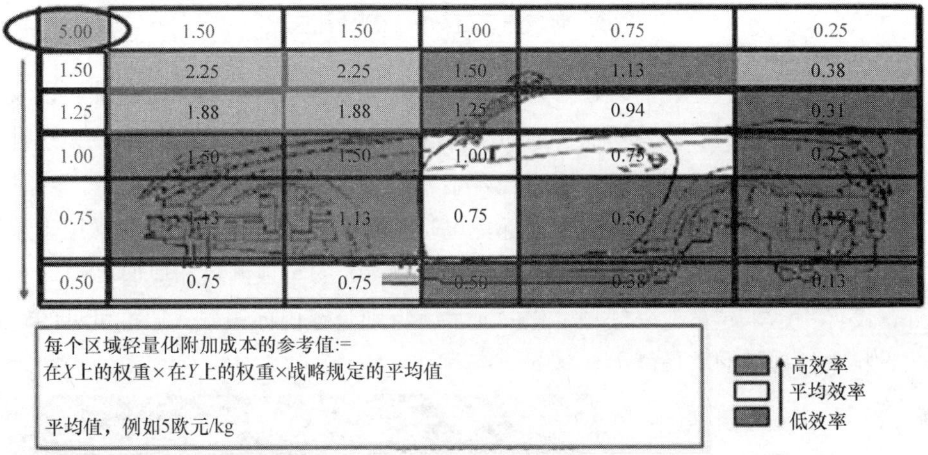

5.00	1.50	1.50	1.00	0.75	0.25
1.50	2.25	2.25	1.50	1.13	0.38
1.25	1.88	1.88	1.25	0.94	0.31
1.00	1.50	1.50	1.00	0.75	0.25
0.75	1.13	1.13	0.75	0.56	0.19
0.50	0.75	0.75	0.50	0.38	0.13

每个区域轻量化附加成本的参考值:=
在X上的权重×在Y上的权重×战略规定的平均值
平均值，例如5欧元/kg
高效率
平均效率
低效率

图 3.58 轻量化措施资金指数，以前置发动机后驱汽车为例[24]

效率因子的值要低。

该方法不能取代对最终概念和技术确定所必需的所有标准的综合评估。然而，由于该方法的功能逻辑非常有说服力，因此，在开发过程中，轻量化区域对轻量化措施评估和优先级排序提供了重要的决策辅助。

3.6.3.2 轻量化措施的功能分布

在确定了相应区域的轻量化边界成本之后，需要针对功能区域确定相对应构件的轻量化潜力。通过对系统、模块、零部件层面的竞争性比较（基准测试），可以生成必要的张力度。在对比轻量化成本进行考察后，就可以制定出一个排序列表，以确保以经济高效的方式实现所需的重量目标，并获得最佳的二次效益（图 3.59，见彩插）。

3.6.3.3 轻量化作为造型手段

轻量化除了具有物理优点之外，还有一个有益的方面，即轻量化可以作为造型或者风格的手段，轻合金轮毂是一个非常经典的例子。轮毂结合了物理使用和审美手段。质量优势不

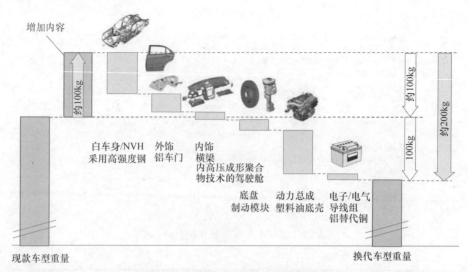

图 3.59　将轻量化目标分配到功能区域

仅体现在轮毂的绝对重量上，而且还可以通过减少非簧载质量提升驾驶舒适性，以及通过小的惯性力矩降低加速阻力。即使不需要通过轻量化轮毂的低重量达到惯性等级，这种轻量化措施也可以作为购买选项进行销售，因为轻合金轮毂通常具有视觉上的优势。

在汽车内饰和外饰中可见的碳纤维零部件也是很好的例子，这些组件通常用于差异化的特殊系列，可以为提供商带来额外的收入，例如宝马 M3 的车顶镶板和奥迪 R8 GT 的侧翼。

此外，设计中越来越多地采用轻量化的元素，特别是在内饰领域，通过可见的轻量化结构和透明材料来挖掘新的重量潜力（图 3.60）。

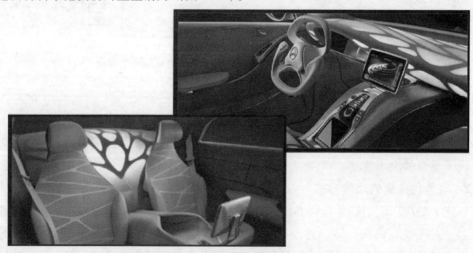

图 3.60　内饰中的可视轻量化[25]

3.6.4　操作轻量化（开发过程）

"精确着陆是实现目标的必要条件"。

在确定了所有的方案和目标成本之后，可以首先制订出一本方案手册，作为一个一致的目标框架。这时，可以利用数字化原型来对功能性进行验证。在项目实施过程中，实际情况总是会与理想的情况有偏差的，这就需要对项目过程进行修正。根据项目的成本和重量目标，需要对目标和现状进行对比，并进行适当的校正和重新调整。理想情况下，这些工作在所有相关领域里同时进行。目的是通过具体决策启动措施，从而实现目标。一般来说，是设计成本过程优先还是设计重量过程优先，这个问题不难回答，因为企业的经济成功主要取决于成本目标的实现。仅在一些特定的车型级别中，例如在高价位的跑车中，采取设计重量优先。然而，经验表明，基于方案细化的成本控制措施，往往对重量平衡也会有积极的影响（图3.61）。

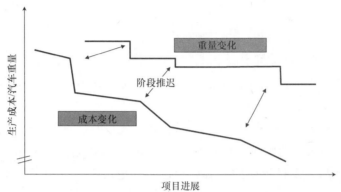

图3.61 目标达成的典型过程

以梅赛德斯奔驰2011年的B级车白车身为例，可以更详细地描述实现重量目标的过程。

在开发过程的数字化阶段，设计的第一步是要确保满足所有的功能。对于车身开发项目来说，意味着至少已经满足了刚度、碰撞性能、耐久强度、NVH性能和可操作性等要求了。

与前代产品相比，重量增加了约10%，因为产品规格中增加了很多导致重量增加的新内容，例如更多的被动安全要求、更高转矩的发动机、四轮驱动、更丰富的型号等，如图3.62所示。

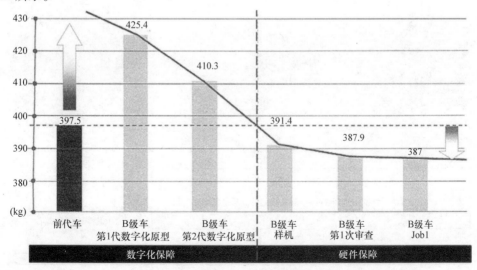

图3.62 在开发阶段的重量优化[26]

这些附加重量可以在数字化阶段得到补偿。这只能通过大量的设计和计算循环实现，并且需要对重量采取无数次的优化计算。

在这样的计算中，首先要确定与机械要求相关的尺寸不足或者尺寸过大的区域。现在的目标是对现有设计及其所有分立元件进行考察，以减轻重量。

采用轻量化设计，减少材料厚度，引入浮雕式设计，是一种经过验证的措施，与使用替代轻量化材料相比，不会增加成本。通过使用拼焊板，减少构件分离，也可以减轻重量并降低成本。对于应力载荷过高的区域，可以采取压槽设计等增加面积矩的方式来更好地利用现有的材料，并且不增加额外的重量。此外，使用激光焊可降低法兰宽度，也创造了新的减轻重量的潜力。

对于自承载结构的车身来说，由于所有构件同时又是功能件，彼此之间相互影响，因此，对于单一构件的所有改动都要研究其对整个结构的影响。以往，这种设计优化方法非常耗时，只有少数迭代循环是可能的，因此，很大一部分优化步骤必须在原型阶段进行。

由于构件的更改现在主要在基于标准化模板的参数化 CAD 方法中执行，因此相应的适配设计可以实现自动化。以这种方式，可以增加虚拟优化循环的次数，这样一来，即使第一硬件（原型）也可以很高的概率实现全功能，借此可以确认重量和成本目标是否得以实现。这一证据取决于产品开发过程中的关键路径，并且是投资密集型工具发布流程的核心里程碑。

在开发过程中，也存在重量问题解决方案优先于财务方面的情况。

以轴荷可能出现过载的情况为例。对于轮胎和车轴而言，允许的汽车总重量是决定性的设计参数（图3.63）。除有效载荷外，还必须考虑所有特殊设备，这应涵盖整个生产时间[19]。综合以上关系，梅赛德斯在 E 级车的后盖中使用了（昂贵的）镁内板，而并没有使用降低载荷的方法来解决，因为这样将失去该车型的重要的竞争差异化特征之一。

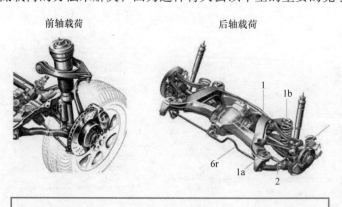

图 3.63 限制轮胎和轴承的额定载荷[19]

如上所述，目标重量应基于惯性质量等级。这意味着有效载荷为100kg的汽车重量将无法达到下一个惯性质量等级（图3.64，见彩插）。因此，在油耗测量的辊式试验台中要保持所需克服的阻力尽可能小。坚持这一目标对于新欧洲驾驶循环（NEFZ）油耗的审核和市场营销具有重要意义，并且可能导致在操作阶段使用昂贵的轻量化措施。

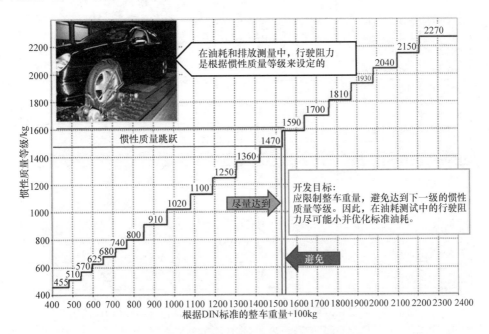

图3.64　以惯性质量等级为导向的轻量化[19]

3.7　选择轻量化解决方案的前提和标准

轻量化解决方案选择标准的相关性和顺序取决于产品和用户的要求。

以一级方程式赛车为例，主要是通过极轻的轻量化结构来降低规则规定的最小重量，重量分布的设计要实现尽可能低的重心。到最小重量的三角区域由可变的压载质量补偿，对每一个路线来说，压载质量的安装位置都会保证获得最佳的轴载分布。在这种情况下，制造成本、寿命或回收问题就不是重要标准了。

超级跑车主要关注的是实现最佳性能重量和最高刚度值。在这个领域中，相对于生产的跑车产品的数量，材料成本、生产过程的自动化程度以及无须模具的构件表面质量满意度不起决定性作用。通过定期的返修制造流程确保了对高质量的要求。

这两个例子表明，赛车和高性能跑车的轻量化必须基于一套有限的标准。因此，最重要的原则是大规模量产车辆的轻量化，因为这里必须考虑一套非常复杂的要求。在这套要求中，除了可行性要求之外，对于成本效益的要求是绝对的优先事项（图3.65，左）。

	大批量生产的汽车	赛车
适合进行批量生产，制造工艺和连接工艺	★	◐
经济性	★	◐
轻量化	★	★
强度，疲劳强度	★	★
刚度	★	★
总布置，整体方案影响	★	★
碰撞性能，可模拟性	★	★
回收，材料禁用	★	◐
便于进行维修和服务	★	◐
高品质的表面，颜色	★	◐
声音性能(NVH)	★	◐
最佳原料可获得性	★	◐

图 3.65 轻量化方案的要求目录：大批量生产的汽车与赛车的比较

3.7.1 比较标准——轻量化指数

在考虑到轻量化与性能的情况下，为了能对不同的车身方案进行有效评估，可以引入一个"轻量化指数 L"的概念（比较章节 3.2.4）。

简而言之，L 值越小，一个车身的"轻量化质量"就越好。

为了实现良好的轻量化指数或者小的 L 值，或者降低车身重量 m_{BW}，或者达到尽可能高的静态扭转刚度 c_T，和/或尽可能大的接触面积 A（图 3.66）。

在回顾汽车工业过去十年开发的车身刚度值时，可以清楚地看到，刚度值的数值是稳定上升的。原则上，汽车车身的开发目标是车身刚度要尽可能高，因为这是汽车实现良好的动态噪声行为和行驶性能的基础[27]。但是从另一方面来说，车身刚度经常会与车身轻量化的目标发生冲突，因此，这两个参数的商对考察轻量化质数起到了主要的影响。

车身的构造形状对车身的扭转刚度也有着决定性的影响。与两厢车和旅行车（$c_T > 15 \text{kN} \cdot \text{m}/(°)$）或者敞篷车相比，三厢车由于在后搁板下有强化的承载结构，因此具有更高的扭转刚度（$c_T > 24 \text{kN} \cdot \text{m}/(°)$）。

要实现高的轻量化指数，需要通过对所有车身元件的最佳设计和所有适当连接技术的完美应用来实现最佳材料使用。在这种情况下，在焊接法兰采取额外粘接方法，以及风窗玻璃和后窗的摩擦粘接是最有效的措施之一。

生产商	白车身重量/kg (不包括车门和前后盖)		扭转刚度 c_T/[kN·m/(°)]	轻量化指数 L	
	上一代车型	2012年车型	2012年车型	上一代车型	2012年车型
奥迪A6豪华版	348.0	318.0	26.2	3.1	2.6
捷豹XJ		246.0	20.4		2.4
奔驰S级	471.4	475.3		3.4	2.9
奔驰B级		300.3	25.7	1	2.8
福特 福克斯		280.0	16.4		4.1
宝马1系		267.0	20.7		3.1
大众高尔夫敞篷		344.0	13.5		6.4

图 3.66 白车身重量、静态扭转刚度和轻量化指数

因此，该参数提供关于所有与车身相关的轻量化战略的一致应用程度的信息，从而能够客观地评估所实现的技术进步。

3.7.2 经济性

经济性意味着费用和效益的比例关系，代表了向效益倾斜。

以 F1 赛车为例，轻量化的效益是更好的单圈时间。在跑车中，轻量化的效益是更好的动力重量比和由此产生的驾驶性能。在这两种情况下，客户利益清晰而直接。

在汽车大批量生产的情况下，这些比例关系有点复杂。感情、实际和经济的基本考量构成了一种复杂的关系模式，这种关系模式取决于实际要求、情感偏好和顾客的经济自由度。因此，可以假设，在所有车辆级别中，经济性考虑对购买决定有影响。在经济性考虑中，运营成本和折旧的考虑也发挥作用，只是权重不同。对于私人买家来说，采购成本是决定性因素。

然而，作为制造商的决策辅助，需要有关允许的附加成本的方向数据。为了确定经济效率，在对出行移动的成本进行核算时，一方面要看轻量化的成本，另一方面也要看轻量化带来的效益。移动成本来自燃料消耗、燃料价格和相应的车辆税。汽车生产企业可以将采取轻量化措施带来的附加成本计入生产成本。如果总的效益是正的，就可以将轻量化措施付诸实施。

3.7.2.1 效益分析：在传统动力中通过轻量化降低油耗的潜力

正如前一章所述，轻量化与部分技术措施存在着激烈的竞争。为了在此创建可比较的数值，需确定重量变化对消耗的影响。

如图 3.67（见彩插）所示，最低消耗严重依赖于行驶循环和驱动类型。为了最佳地利用质量效应，在相同的行驶功率下，满足传动比和气缸容积的匹配是最基本的。以此为前提，在新欧洲行驶循环工况下，汽油车每减少 100kg 重量，则消耗可降低 0.39L。柴油车的

值则更低（参见2.1节）。由于发动机通常要应用于多个系列中，并且汽油发动机和柴油发动机经常以混合形式安装在同一个系列车型中，所以通常不能以理想的方式调节气缸的容积，因此在实际中，确定每减轻100kg重量可节省0.3L油耗（图3.68）。

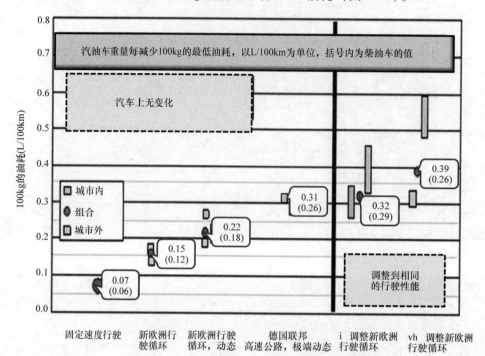

图3.67 通过减轻重量来实现汽车最低油耗[28]

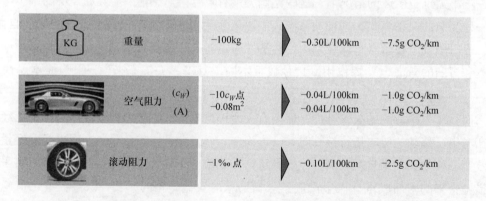

图3.68 轻量化油耗效果的比较（以NEFZ为基准，混合汽油/柴油车）[10]

系数"FRV"，也称为差分消耗因子，可用于计算出轻量化变量与参考件相比时，重量变化所导致的燃料节省[11]。

在对轻量化战略的经济性进行评估时，不仅要考虑到移动成本，还要考虑到二氧化碳排放法规所带来的惩罚性税收，因此有必要建立起二氧化碳排放和油耗之间的联系。

以燃料消耗过程中所产生的二氧化碳为基础，可以将油耗值L/100km换算成排放值g CO_2/km。

根据使用的燃料不同，换算的值如下：

汽油：1L 会产生 2.34kg 的二氧化碳，由此得出：10L/100km 对应 234gCO_2/km。

柴油：1L 会产生 2.61kg 的二氧化碳，由此得出：10L/100km 对应 261gCO_2/km。

在实际中，取经过圆整的平均值为 25.0gCO_2/km（1L/100km）汽油/柴油混合。

以 2005 年制造的 C 级车（采用传统的四冲程发动机）为例，如果采用今天的技术降低能耗，为了实现 130gCO_2/km 的排放目标，对于 OEM 来说，额外付出的成本约为 1800 欧元（图 3.69）。从中可以得出，减少 1gCO_2/km 所需的平均"Q"值约为 30 欧元，这个值在柴油驱动的车中也是类似。

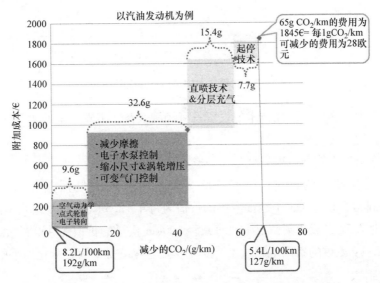

图 3.69 在 C 级车中为了实现 130gCO_2/km 的目标可能采取的措施和增加的成本[12]

如果想对轻量化措施进行比较评估，则 -7.5gCO_2/km 的 FRV 值为 2.25 欧元/千克（节省重量）。

采用以上的参数是否能导出经济性的判断，可以采用 TCO 方法（Total Cost of Ownership，总拥有成本）进行检验。这种方法将年度折旧与所节省的运行成本进行比较[29]。

在图 3.70（见彩插）中所示的值是以 2005 年制造的典型 C 级车为例的：

OEM 技术附加费用：1800 欧元

导致的客户的附加成本：+35%差价 +19%的营业税 =2900 欧元

其中 20% 为折旧费 =580 欧元

将以上的价值损失与减少的燃料成本和二氧化碳税进行比较。

按照燃油价格 1.5 欧元/L，平均消耗为 8.2L/100km，如果年里程数为 17000km，则每年的燃油费用为 2091 欧元。

利用"购买"的油耗技术可实现最低油耗为 60gCO_2/km =2.4L/100km，每年节省燃油费用 612 欧元，避免的二氧化碳税费为 70g×2 欧元 = 140 欧元，这样，每年可节省 752 欧元。因此，1g CO_2/km 的节省价值约为 12.5 欧元。

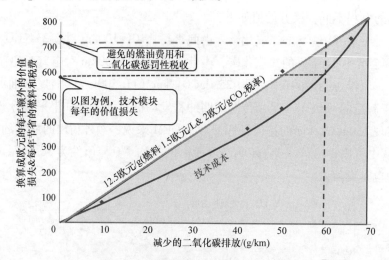

图 3.70 油耗技术的边际效用低于绿线

在这个例子中，客户对油耗技术的投资具有经济效益，节省下来的 752 欧元超过 580 欧元的价值损失。

如果想从这个数字例子中得到轻量化的成本，可见以下图片：

在新欧洲行驶循环测试中，减轻 100kg 重量可节省的最低油耗为 0.3L，即减少 7.5gCO_2/km 的排放。由于 1gCO_2/km 减排的价值为每年 12.5 欧元，因此五年折旧期为 62.5 欧元/g。在减少 7.5g 二氧化碳情况下，每减轻 100km 重量的价值为 469 欧元。从客户的角度来看，如果每 kg 减重的费用不超过 4.7 欧元，则非常值得采取轻量化的手段。

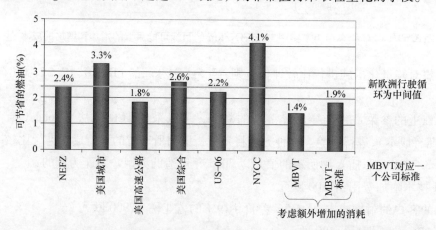

图 3.71 减少 100kg 最小重量对燃油消耗的影响[10]，MBVT 对应的是奔驰公司的标准

扣除营业税（19%）和差价（35%）后，制造商的成本考虑因素为 2.9 欧元/kg 重量。凭借这一分析所确定的值，对于大批量生产小中低端车型包括 C 级车的制造商，在经济上是安全的，因为可以预期，采取轻量化措施所造成的附加费用可通过节省下的燃料成本和二氧化碳税费来弥补。这一说法有一定的局限性，因为它采用了德国的修正二氧化碳税率，燃

料价格为 1.5 欧元/L，并采用了理论上的新欧洲行驶循环（NEFZ）测试值为基础。从 2017 年开始逐步实施 WLTP（全球统一轻型车轮测试程序）油耗测试标准，将通过减轻重量进一步降低可实现的油耗优势，其中必须考虑额外的辅助消耗装置、更快的速度和不利的温度窗口（类似于 MBVT，图 3.71）。

3.7.2.2 具有能量回收设施的汽车轻量化

对于电池驱动的车辆来说，必须给予单独考虑。这些车辆必须配备大功率的电机和电池。在制动的时候，电动机可以作为发电机运行，因此通过能量回收方法将最多达 85% 的制动能量加以回收（图 3.72）。但是，这个值很大程度上取决于相应的充电管理和使用的电力电子设备。由于制动能量取决于质量，因此能量回收的这种可能性导致车辆重量对能量需求的影响减小，影响的程度又取决于行驶。尽管如此，对于电动车来说也可以采取轻量化措施，因为可以通过减轻重量来降低行驶阻力，这与传统驱动方式的汽车是一样的。对能量需求的影响有限，但却是可评估的。其收益可以转换成在同样的电池水平下提高行驶里程，或者在同样的行驶里程下可以降低电池容量。仿真计算[31]表明，对于专注于城市交通的行驶循环（市区运行工况）下，如果重量减少 20%，中型车辆（重 1600kg）的能量需求可以减少 15% 以上。在新欧洲行驶循环测试中，在减重相同的情况下，能量消耗可减少约 7%。

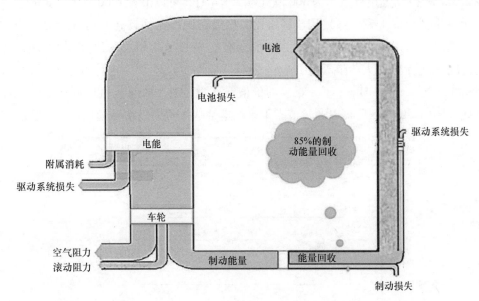

图 3.72　电动车能量流程图[30]

这一积极效果或者可以用于提高行驶里程，或者在同样的行驶里程下可以减少电池的使用。由于在实际驾驶中里程的增加设定为 2.5%/－100kg（每减少 100 千克）。因此，在电池成本非常高的情况下，通过轻量化降低电池容量，从而用节省下来的成本，在经济上资助轻量化措施，这样更有意义。

在图 3.73 中给出了计算的示例：

整备质量：1560kg，电池容量 35kW·h，在减重 300kg 的情况下，假设运行工况为 MB-

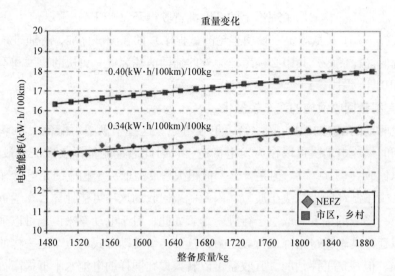

图 3.73 能耗取决于质量和行驶周期[30]

VT（MBVT = 梅赛德斯 – 奔驰消耗测试 城市/乡村），可节能 7.2%。这意味着电池容量可以减少 2.52kW·h。当电池成本为 500 欧元/kW·h 时，可以节省 1260 欧元，换句话说，可投资欧元/每减少 1kg（€/－kg）用于轻量化。如果在城市比例较高的运行工况（例如：阿尔卑斯弥斯城市）下，这一值也会增加。在德国宇航中心与此相关的研究[31]发现，在减重 20% 的情况下，最多可以节省高达 17% 的能源。如果主机厂采用这种电池容量设计标准，可实现 9.6 欧元/每减少 1kg（€/－kg）的价值。不过，对于未来，可以假设，电池成本将大幅降低（图 3.74），因此可以通过节省下来的电池成本资助极端轻量化。

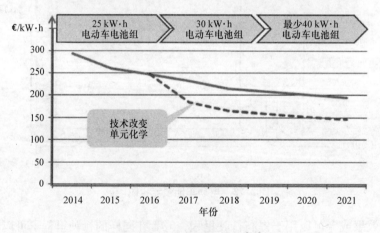

图 3.74 预估的电池成本[32]

3.7.2.3 制造成本分析

制造成本是评估轻量化解决方案成本效益最重要的标准之一。除了纯材料成本和生产成本之外，制造成本还包括分摊的开发成本以及设备和模具的必要投资。根据轻量化措施的不同，起决定性作用的成本也不同。对于碳纤维复合材料构件来说，材料的成本占据主要地位。

图 3.75（见彩插）展示了在车身中不同构造方式、材料与应用的额外成本。在这些表中，起点的定义非常关键：绝大多数情况下，可将钢白车身定义为起点。不过，由于高强度钢在白车身结构中得到了越来越多的应用，所以减重潜力的起点有必要向下修正。

3.7.2.4 成本/效益分析

与现有解决方案相比，为了清楚地描述轻量化解决方案的成本/效益比，可以建立制造成本与重量减轻的关系，参数值的单位

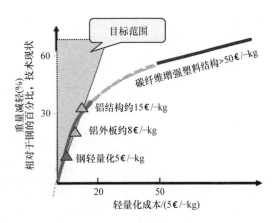

图 3.75 车身轻量化潜力及其额外费用[10]

为欧元/每减少一千克（€/-kg）。利用这一特征值，可以非常快地评估出轻量化解决方案是否能获得回报。

在跨行业分析中，可以清楚地看到，在航空航天领域中可以承受的轻量化成本比汽车或者商用车所能承受的成本高出两个数量级，见图 3.76。这一事实也表明，传统上来说，轻量化最初是在航空业得到了推动。对于新材料也是如此，如碳纤维复合材料首先在飞机制造中得到使用。随着在汽车制造中材料成本的显著下降，碳纤维复合材料也首先应用到汽车工业（利基车辆）中。

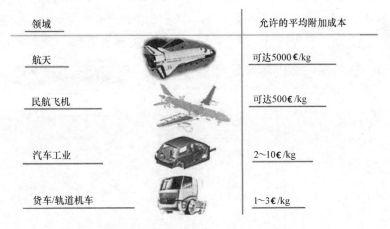

图 3.76 经济上合理的轻量化附加成本定向变量[24]

图 3.75 中绿色区域显示的目标范围值为 5~10 欧元/每减少一千克（€/-kg），这一参数值考虑了许多因素，尤其是公司战略（参见第 3.6 节）与在每个项目的战略阶段所设定的战略。

轻量化的制造成本也与汽车的定位密切相关。在豪华车领域中，运动款轿车承受的轻量化额外成本可超过 10 欧元/每减少一千克（€/-kg）。而在 B 级车中，紧凑型轿车可以承受

的附加成本只有约 2.0 欧元/每减少一千克（€/-kg）。这些数值应当视为整个汽车的平均值（图 3.77，见彩插），不过随着在汽车中不同位置的变化，这些值也会发生变化（参见 3.6.3.1 小节轻量化区域）。

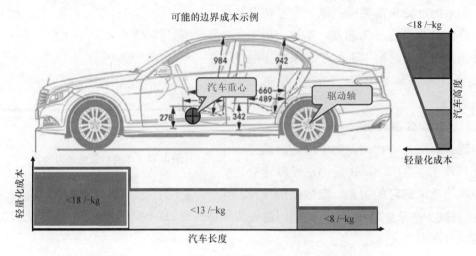

图 3.77　可能的边界成本取决于车辆级别和车辆特性[19]

通过效率图可以直接展示措施是否有效（图 3.78）。该图的来源是前代车型的数据。横坐标表示使用轻量化措施所节省的燃油或减少的二氧化碳排放，纵坐标表示附加成本模块的轴。

对于传统技术来说，为了实现全车系排放目标（120~130gCO_2/kg），换算的成本效率为 1gCO_2/km 约 40 欧元左右。对于图 3.77 所示的汽车，轻量化的额外成本为 2000~2500 欧元。相比之下，混合动力和零排放 + 驱动的轻量化成本要昂贵得多。

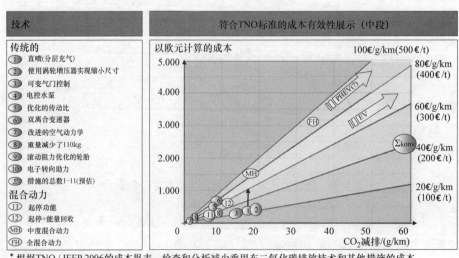

* 根据 TNO/IEEP 2006 的成本报表，检查和分析减少乘用车二氧化碳排放技术和其他措施的成本

图 3.78　油耗措施的效率图[29]

3.7.3 组织前提与功能标准

如果汽车企业针对大批量生产的车型考虑实施轻量化方案，首先要制订一份内容广泛的要求目录。汽车制造商的全面责任是要确保所有子过程的安全，消除整个价值链条上的相关风险。就是说，从材料可用性开始到所有开发和生产过程，直至维修和服务概念，最终到整个车辆的可回收。

由于标准众多以及有时主题的高度复杂性（通常意味着新领域的完整开发），整个过程的可行性验证需要大量的时间、预算和人力。

奥迪汽车公司的铝轻量化历史就是证明，需要足够多的时间来确保新的轻量化技术[34]：
- 1982年奥迪公司首次提出轻量化战略项目；
- 1993年奥迪公司首次展示ASF（奥迪A8）概念并完成生产方面的确认；
- 1994年首批全铝车身的A8投入生产。

奥迪汽车公司的例子清楚地表明，要将革命性、开创性的概念转化为实际的产品往往需要很长时间的准备工作，企业决策者必须有强烈的意愿和决心，企业的组织架构也必须能配合主动运作实施。

由于对于金属结构材料的可行性已经有充分的风险保障，在车身结构上大量采用碳纤维复合材料就非常引人关注。下面对评估标准加以简要描述。

3.7.3.1 虚拟保障为基础

数值方法和仿真过程组合是实现数字样机的基本前提。在现代汽车开发过程中，数字样机是项目工作的早期基础。如果将这个组合用到车身开发中，可以清楚地看到，面对新材料和新工艺方法，还有哪些方面的工作需要完成。

通常，要在合理的时间段内完成这样的工作，主机厂需要与供应商和研究机构一起形成一个强有力的合作伙伴网络。

对必要技能的早期分析表明，企业必须开发哪些能力，以及从外部的合作伙伴那里需要得到哪方面的专业技能帮助。

由于全新的技术通常需要在基础知识领域进行大量的研究工作，因此主机厂也需要和大学以及研究机构建立密切的合作网络。

纤维增强塑料在宝马电动车上的应用就是一个很好的例子，从材料建模、工艺和结构仿真，直至构件优化，对于整个虚拟过程链的全新构建，德国的高校和研究机构的深度参与起到了非常重要的作用，该过程链已经成为纤维增强材料应用所必需的工具。

为了确保安全，主机厂与所有必要子区域的供应商的密切合作也成了强制性要求。未来，工程服务供应商将在更大程度上对这项工作给予补充。

3.7.3.2 生产质量（包括表面质量）

新的构造在开发早期阶段是虚拟的，之后要在保障过程中通过适当的硬件进行验证和补充。这种方法更适用于生产过程。为了确保过程的可靠性，企业往往实施先导项目，通过小批量试制来积累经验。

德国三家豪华车生产商都有这方面的项目：

奔驰汽车公司通过 S 级轿跑车（C125）的前代车型积累了车身多材料方案和批量生产的经验。除了由钢板、铝铸造和铝覆盖件生产商组成的材料复合之外，还加上了片状模塑材料制作的行李舱盖的在线喷涂技术。这个项目的生产批量虽然相对比较小，但是却使奔驰公司积累了制造和服务方面的经验，有助于企业归纳风险，并且是后续汽车项目众多方案决策的先决条件。

宝马汽车公司的 Z8 项目也有类似的特点，宝马公司通过该项目积累了在铝密集型车身制造方面的宝贵经验，避免了在大批量生产时可能会面临的风险。碳纤维复合材料在车身中应用的项目也是这样，宝马公司最早在 M 系列车型上采用碳纤维复合材料的车顶，这也有助于在视觉上与量产车型区分开来。

奥迪汽车公司则是在 R8 GT 车型上采用可视的碳纤维复合材料件，奥迪公司也在 R8 GT 车型上用碳纤维复合材料替代大部分铝制件，以对下一个阶段的多材料轻量化方案进行尝试。

3.7.3.3 服务/维修方面

从根本上说，新的轻量化解决方案需要在全新的制造工艺、质量方法和维修服务理念以及适当的人力资源上进行投资。

铝材料在大批量生产车型上的成功经验表明，以上的要求是可以实现的。不过，以碳纤维复合材料在车身结构中的应用为例可以看出，与通常的金属应用相比，针对碳纤维这种全新的材料，必须为服务部门开发、测试及引入全新的方法和技术。

对于兰博基尼 Aventador 超级跑车，其具有最先进类型的碳纤维复合材料单体车身如果受损，必须在意大利的先进复合材料研究中心进行损伤分析[33]。经销商只负责拍摄并记录损坏情况，然后将其评估结果发送给位于意大利博洛尼亚省圣阿加塔 - 博洛涅塞镇的先进复合材料研究中心。在先进复合材料研究中心，专家对文件进行评估，并确定修复策略[33]。

对于大批量生产的车型来说，这样的方法就行不通了，而是必须要能在现场进行损伤分析并排除故障。因此对于大批量生产的碳纤维复合材料密集型车身结构来说，还有大量的工作需要完成。

3.7.4 关于总能量平衡与可回收性的考虑

在本节开头需要再次强调的是，世界各国关于减少二氧化碳排放的法规促进了轻量化工作的持续快速发展。制定减少二氧化碳排放的法规出于以下两个原因：一是资源保护；二是减缓二氧化碳排放对温室效应的影响。

这就意味着，不能仅考虑轻量化措施对汽车使用期间所节约能源的影响，还必须在比较计算中包括总能源消耗，以及汽车在生产和回收期间对环境造成的影响。为此，一些主机厂已经在工厂采用可再生能源来发电。因此，西格里和宝马公司共同投资的碳纤维生产工厂计划设在美国西北部，因为所需的电力主要来自水力发电。最重要的是，由于碳纤维原材料的生产非常耗能，所以需要采取任何可能的措施降低能源的消耗，特别是要充分利用可再生能源，见图 3.79（见彩插）。

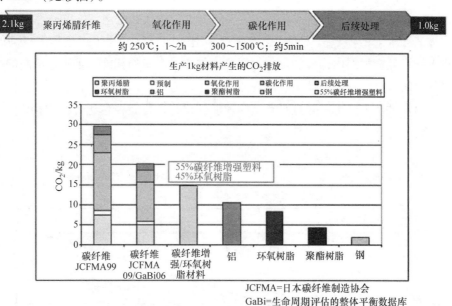

图 3.79　生产 1kg 材料所产生的二氧化碳排放[25]

如图 3.80 所示，总能量平衡取决于构件质量、材料、构造以及相关的制造工艺。这里所列举的例子给出的结果令人惊奇。

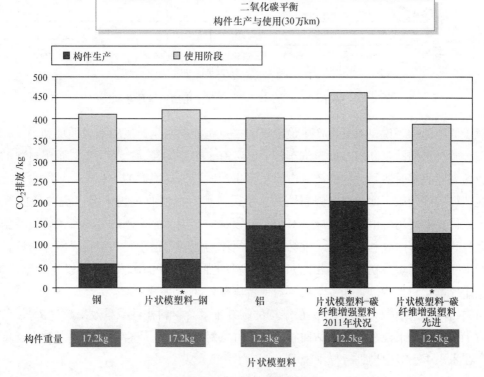

图 3.80　总能量平衡比较[25]

在原材料生产方面，与所有其他的车身材料相比，钢材能耗最低。但是在使用期间（30万km），由钢所导致的能源消耗则是最高的。铝构件虽然比钢构件重量轻30%，但是如果考察整体消耗水平，则与钢接近。由于碳纤维增强塑料构件在生产过程中极高的能源需求，采用碳纤维复合材料内饰件的片状模塑覆盖件在生产时的耗能水平则是最高的。

通过优化碳纤维增强塑料件生产过程的整个工艺链，可以将碳纤维复合材料构件的能源消耗降低到铝构件水平之下，并且只有这样才能创建符合智能轻量化标准的构件（图3.81，见彩插）。

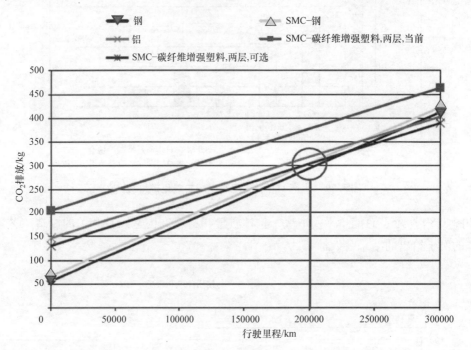

图3.81 以行李舱盖为例，从生产到使用结束排放总和[25]

对于资源保护来说，汽车生产中最重要的一点是能够对生产废料加以循环利用。

在金属材料的回收利用方面，汽车行业已经有了很好的经验，特别是对于铝材料的回收利用，因为回收铝时所消耗的能源只占原生铝生产时所消耗能源的5%。

在塑料构件领域，回收也是强制性的。不过，塑料在回收过程中会出现"递降"的现象，导致材料的使用价值发生衰减。对于车身领域中产生的昂贵碳成分的残留物，希望找到裁剪余料的高价值回收利用方法。宝马汽车公司成功地利用毯废料和织物废料作为原材料重新生产出纤维毯料。与初始材料相比，回收材料的强度略有下降，但是可以作为基体材料，用来制作轻量化扁平构件，如发动机罩盖或者座椅骨架，见图3.82。

与钢相比，采用图3.82中的夹层结构的碳纤维复合材料构件减重效果超过75%[20]。

对于汽车企业来说，用于评估回收流量的方法对于轻量化战略决策起到了越来越重要的作用。在8.2.4小节中会进行详细说明。

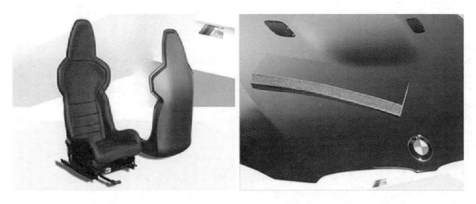

图 3.82 采用回收的碳纤维复合材料制作的座椅骨架和发动机罩盖[21]

参 考 文 献

1. ATZ Extra Mercedes-Benz SL
2. ATZ Extra VW Touareg
3. ATZ Mai 2012
4. Krinke, S., Koffler, C., Deinzer, G., Heil, U.: Automobiler Leichtbau unter Einbezug des gesamten Lebenszyklus. Automobiltech. Z. (2010)
5. VW
6. Klein, B.: Leichtbaukonstruktion – Berechnungsgrundlagen und Gestaltung. Vieweg, Wiesbaden (2009). Fachbücher der Technik
7. ATZ Juni 2005
8. http://www.volkswagen.de
9. http://img.welt.de/img/wirtschaft/DWO-PKWCo2 (aufgerufen 01.2016)
10. Mattheus, H.-W.: Daimler AG, Würzburger Automobilgipfel. (2010)
11. Friedrich, H.-E.: Vorlesungsmanuskript Fahrzeugkonzepte I Wintersemester 2011/12, Univ. Stuttgart
12. Ellenrieder, G.: Darstellung, Werte aus DLR Forschungsbericht 2010-26 Peter Mock
13. Ellenrieder, G.: Darstellung, Werte Daimler AG. (2005)
14. Amtsblatt der Europäischen Union 5. Juni 2009, L 140, S 1-15
15. Maser, J.: PWC, Fachkongress Innenraum. Automobil Produktion November 2011
16. VDA, Quelle KBA 11/2011
17. Ellenrieder, G.: Darstellung, nach Pfahl, S Daimler AG Darmstädter Energiekonferenz, 25 Februar 2010
18. Dröder, K., et al.: VW AG, Insight Automobilindustrie. Leichtbau in der Automobilindustrie. Vogel Verlag, Leichtbau in der Automobilindustrie (2010)
19. Schöpf, H.J.: Daimler AG, Vorlesungsskript Kriterien zukünftiger Kraftfahrzeuge. (2005)
20. BMW AG.: Innovation Day Efficient Dynamics, April 2011
21. Mazda Motors GmbH Presseclub 11.2011 zu SKYACTIVE-Body
22. Göschel, B.: ATZ Sonderheft, 125 Jahre Automobil. (2011)
23. http://www.bmw.de/dam/brandBM/common/newvehicles/i-series/i8/2014/introduction/visions-01.jpg.resource.1427211292658.jpg
24. Herrmann, H.G.: Daimler AG. (2005)
25. Kienzle, S.: Daimler AG. (2011)
26. Schnitzer, A.: Daimler AG. EuroCarBody, Bad Nauheim. (2011)
27. Braess/Seiffert Handbuch Kraftfahrzeugtechnik, 5. Aufl. Vieweg
28. Rohde-Brandenburger, et al.: VW AG MP Material Testing. Wolfsburg (2009)

29. Pfahl, S.: Daimler AG Skript für Vorlesung Technische und Wirtschaftswissenschaftliche Aspekte der CO_2-Strategie in der Automobilindustrie Hochschule Coburg (2011)
30. Bögershausen, Daimler AG 01.2009
31. Friedrich, H.E., et al.: E-Fahrzeuge und Leichtbau. Z. gesamte Wertschöpfungskette Automobilwirtsch. **4** (2010)
32. http://www.autobild.de/artikel/elektroautos-studie-zur-kostenentwicklung (aufgerufen 02.2016).
33. Lamborghini Presseworkshop Vorstellung Aventador (2011)
34. http://www.theicct.org/european-vehicle-market-statistics-2014 (aufgerufen 01.2016)

第 4 章
汽车轻量化的要求

威尔弗里德·艾希尔斯德，罗多尔弗·夐纳堡

4.1 汽车制造中对耐久强度和使用寿命的要求

从总体意义上讲，术语"耐久强度"可以理解为构件或者产品的性能，即构件或者产品在计划的使用寿命期限内，能承受所有出现的应力载荷而不发生损坏。在设计构件或者产品的几何形状与尺寸时，必须要考虑到构件所承受的外部应力载荷以及构件的载荷性能。

这里所说的应力载荷主要是指静态的长期事件、准静态或者动态发生的单个事件以及振动应力载荷。

载荷性能则需要根据情况加以区分，裂纹是否应被解释为损坏或失效，或者是否必要时使用断裂力学方法对裂纹扩展进行评估。实际中经常会出现这样的情况，关键安全构件需要避免出现技术裂纹（"安全-寿命"设计），而在其他情况下，即使出现了清晰的裂纹，只要构件是安全的，不出现临界裂纹扩展（"失效-安全"设计），就是可以接受的。

4.1.1 耐久强度载荷情形

汽车开发需要考虑所有复杂的载荷情况，从工厂的产品开发直到产品使用中最多样化的，有时甚至是不明智的使用情况，这些对于汽车开发来说是一个巨大的挑战。

以乘用车车身为例，首先需要对生产工艺过程出现的各种应力载荷进行评估，例如机器人处理中的机械力，在白车身熔炉中加热与冷却，以及在喷涂工艺后进行干燥产生的热应力等。

汽车产品生产出来之后，到交付给客户使用之前的运输过程（货车、铁路或船舶）也往往是不能忽略的。虽然由于距离相对较短，载荷对底盘的影响可以忽略，但是根据汽车固定在运输工具上的方式（如通过拖车装置固定）产生的应力载荷则需要给予考虑。

汽车到了客户手里开始使用后，会遇到各种各样的情况，例如在不同的路况上行使、车门与行李舱盖反复地开与关、拖拽挂车等，最后还要考虑特殊情况，如通过坑洞道路、雪地推入等，如图 4.1（见彩插）所示。

为了应对汽车轻量化的挑战，必须充分制定耐久强度的要求。虽然在某些情况下，对于

耐久性的要求可以依赖于客户的质量感知，并因此取决于市场上所需的产品定位，但是安全相关的问题通常以避免整个产品寿命期间出现工艺裂纹的方式确定。

图 4.1　耐久强度载荷情形

4.1.2　耐久强度的理论基础

一般来说，术语"耐久强度"是指在长期载荷和单一载荷临界作用下，由振动应力载荷导致的应力集中。在周期重复性应力载荷作用下，可以在构件上观察到应力水平上的失效裂纹，裂纹明显位于材料的弹性区域。而在实际情况中，构件在更长的时间范围内承受的则绝大多数是无规律的、随机的应力载荷，载荷的大小和方向都是变化的。基于这个原因，在准静态强度和耐久强度之间没有明确的内在关系。在逻辑上，要对结构进行重量优化。在对耐久强度进行计算的时候，如果只考虑到简化安全因子是不够的。原则上来说，要实现构件的耐久性要求，需要对构件所有与应力载荷相关的几何参数和力学参数进行局部考察，这样可以通过材料参数来描述载荷性能。目前对于描述在重复载荷下的材料行为特征还是有比较可靠的方法[1]。主要的方法是在周期性（通常是正弦波）载荷下进行沃勒试验，以及在变化的载荷振幅下进行寿命试验。

4.1.3　新材料作为特殊挑战

在汽车技术中引入新材料，在沃勒试验中测试获取材料的数据是用于批量生产的强制性要求。就钢和铝材料而言，对应的测试和文档记录方法都已经确定了[2]。

这里介绍的目的，一方面需为构件的数字计算确定输入参数，另一方面是在已知的材料范围内对新材料进行分类。为此，要进行沃勒试验，有关沃勒试验在许多出版物中都有介绍。为了进一步考虑，这里示意性地展示海巴赫（Haibach）试验方案[1]。

沃勒试验中简化描述了具有恒定振幅的振动载荷下的强度极限。负载幅度按递减的方式排序，从确定的振动循环直到损坏。在双对数表中，图 4.2 所示的过程反映了钢材料的特征。试验原理是在不同载荷范围内施加振动载荷，直到出现损坏，即可用于表征材料的振动特性，也可用于评估构件的耐久强度设计（图4.2）。

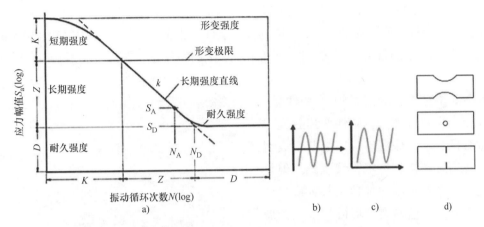

图 4.2　在相应的应力幅度下，应力循环的平均频率图（沃勒曲线）
a）沃勒曲线　b）单级振动载荷（正弦曲线）　c）不同应力比 R 的载荷变化　d）试样

4.2 制造参数和生产参数对耐久性能的影响

4.2.1 承受动态载荷构件的耐久性能

对新产品的开发通常会有很多要求，如产品要设计得更轻、可靠性要更高、要实现成本目标，同时，还要缩短产品开发的时间，以便于将新的产品更快地推向市场。目标是防止产品过早失效。造成产品构件失效的原因很多：

- 外力破损导致的断裂
- 疲劳
- 不允许产生的变形
- 不稳定（蠕变、凸起）
- 磨损
- 腐蚀

在工程应用中，很多构件受振幅恒定或振幅变化的周期载荷影响。虽然在周期载荷作用下，材料的强度比静态载荷下的材料强度低得多，但在实际应用中却更重要。构件由于周期载荷所造成的失效明显多于由静态载荷造成的失效。尽管如此，对承受周期载荷的构件强度的了解起步却很晚，对其系统的研究也只是从19世纪才开始。疲劳强度涉及在周期载荷下将构件尺寸确定到所需的最小使用寿命并具有适当可靠性的方法。对耐久强度设计的任务要求主要有：

- 使用新的和/或成本更低的材料
- 使用新的制造技术
- 几何尺寸的优化

- 重量最小化

因此,耐久强度方法是轻量化和构件优化的基本方法。为了实现所需使用寿命的尺寸,需要了解产品或构件的功能以及执行功能的操作条件。然而,由制造过程决定的周期条件下的材料行为也是决定性的。由加工过程所造成的影响的一部分内容,在下文中以示例的方式给出。

疲劳断裂的产生。当试样或者构件所承受的振动应力载荷超出临界载荷时,会在试样或者构件中产生塑性变形。塑性变形首先产生在微观区域,然后在宏观区域萌生成裂纹。这些裂纹最初是稳定持续生长,但是随着裂纹长度的增加而加速生长,最终会导致残余断面。这些裂纹形成和裂纹扩展阶段的特征在于材料中位错的形成和迁移。根据应力载荷大小、载荷类型与构件几何形状,在相应的裂纹扩展阶段会形成不同的断面:在周期疲劳区域为带有精细结构断面的分界线,残余断面绝大多数时候则显示出了粗糙的结构表面(图4.3)。

图4.3 疲劳断裂的断口
(裂纹、复原线、残余断面)

因此,疲劳过程包括裂纹萌生、稳定的裂纹扩展和不稳定的残余断面。在总寿命过程中,裂纹的萌生阶段和稳定的裂纹扩展的时间比例是不同的,这取决于载荷、几何形状和材料。这又提出了如何定义裂纹的问题:在大多数工程领域中,裂缝长度达到1mm即为裂纹。裂纹的寿命周期通过疲劳试验确定,随后产生的裂纹扩展则通过工程断裂力学理论来进行研究。

(1)耐久强度和寿命计算

振动载荷源自机械或热操作载荷,可由静态载荷叠加。如果观察一辆货车,则底盘会承受汽车自重的载荷。通过装载和卸载,载荷会产生准静态变化。在驾驶模式下,周期力作用于静态载荷上。周期力是由驾驶习惯(例如制动、加速和转弯)或环境条件(如道路颠簸和风力)产生的。诸如发动机和变速器,油箱或备用轮胎之类的共振振动也增加了额外的载荷。这些周期载荷导致材料疲劳,并在过载的情况下会出现裂纹,随后导致裂纹扩展,并最终导致构件失效。

耐久强度研究的目标是对构件的几何尺寸进行设计,既要在最低寿命期间内不发生失效,也要尽可能减少材料的使用以降低重量。考虑到寿命周期的构件几何尺寸设计方法基本上可分为以下两种:

1)通过试验方法进行耐久性设计

在这种方法中,对样机施加预期的载荷。样机可包含整个系统,例如完整的车辆,或只是其中的组件。如果没有达到要求的寿命,通过修改设计或利用其他材料对样机进行加强,然后再重复测试程序。这个过程可以一直重复,直到达到要求的寿命。采用这种方法,可以非常好地掌握一个结构的弱点。这种方法的缺点是,在超出尺寸的位置无法看到损伤,从而也无法识别损伤。这种方法的优点是与仿真方法相比,难以检测的边界条件在试验中考虑得比较全面。

2)通过仿真方法进行耐久性设计

在计算出的应力或者应变、材料行为知识和载荷集的基础上进行寿命计算。对于没有达到寿命要求的构件区域,通过改变几何形状或者材料来加强。对于承受应力载荷较小的区域,可通过减少材料来降低构件的重量。

仿真设计方法具有明显的优势,由于在构件开发的早期阶段就可以采用仿真方法,因此可节省大量的时间和费用。不过,仿真方法在寿命计算的精度方面要低于试验方法。在批量化产品的开发过程中,在开发的第一阶段采用计算仿真;而在开发快结束的阶段,则通过试验方法来确保产品安全。

(2)损伤累积

实际上动态载荷的振幅通常不是恒定的,而是变化的,并且频率不同,顺序也是随机的。在周期性应力载荷下的损伤是由无法量化的位错的形成和运动导致,因此有必要采用经验模型。研究人员在过去的几十年里提出了数量众多的假设。1924年和1945年由帕尔默格伦(Palmgren)和米内尔(Miner)提出的假设是最古老的,也是实际使用最多的假设之一。如同其他模型一样,该模型集中对以下两个现象进行描述:

1)通过数量为 n_i、振幅为 σ_i 的振动周期会产生附加的损伤 D_i,该损伤可由振幅自身以及在本次振动周期之前的载荷加以确定。

2)单一损伤的累积会导致总损伤 D。在达到临界损伤值 D_c 时,发生失效。

帕尔默格伦 – 米内尔(Palmgren – Miner)方法

在当今最常用的损伤累积假设中,完成了从单级应力载荷使用寿命到多级应力载荷使用寿命的计算。在一个单一振动周期内的损伤为

$$D_1 = \frac{1}{N_i} \tag{4.1}$$

式中,N_i 为在应力载荷水平 σ_{ai} 上沃勒线的断裂振动循环次数。

如果在应力载荷水平 σ_{ai} 上出现频率为 n_i 的交变载荷,则在该水平上的损伤 D_i 为

$$D_i = \frac{n_i}{N_i} \tag{4.2}$$

将在一个集内的所有振动周期导致的损伤相加,可以得出损伤总和:

$$D = \sum_{i=1} \frac{n_i}{N_i} \tag{4.3}$$

式中,i 为集的级;n_i 为第 i 级上的振动循环次数;σ_{ai} 为第 i 级上应力载荷幅值。根据定义,当损伤总和达到临界值1时,构件发生失效:

$$D = 1.0 \tag{4.4}$$

4.2.2 制造过程对耐久性能的影响

为了对具有复杂几何尺寸的构件寿命进行评估,需要基于局部应力或者应变的概念(图4.4,见彩插)。对于局部应力的计算则继续使用了有限元法。对于寿命计算,需要知道在构件和使用条件下,由沃勒曲线描述的材料的局部疲劳强度,这些强度的值和在试验条件下在理想试样上确定的强度值是不一致的。在理想情况下,通过试验得出构件的局部强度,可以用于确定构件的寿命。但是在设计阶段还没有构件时,则必须依赖沃勒曲线对构件寿命进行估算和模拟。

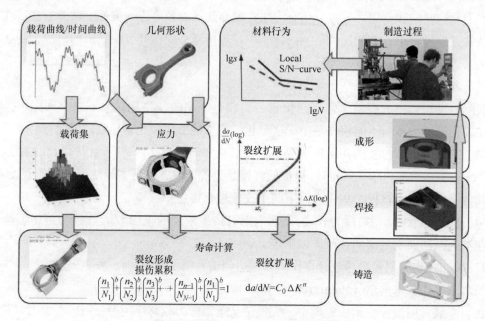

图4.4 制造过程对寿命计算的影响

不同的影响因素会提高或降低构件的强度。基于成本和时间的原因,通过试验来确定对局部强度的全部影响是不可能的,因此只能选择性地进行试验。构件在每个位置的疲劳强度性能都不同,因此整个构件的沃勒曲线都由局部沃勒线的包络线构成。任务是描述出在相关的影响因素下将试样的沃勒线转移到构件的沃勒线的可行性。在以下分析中,介绍了一些制造工艺对疲劳强度的影响,这里的疲劳强度与寿命计算相关。

4.2.2.1 缺口与载荷类型

缺口、承受弯曲应力载荷的区域或者承受不规则力流应力载荷构件的特征是应力水平变化曲线是不规则的。这种不规则性可以通过对应力求导来表示:应力梯度χ或者基于局部应力的相对应力梯度χ^*(图4.5):

$$\chi^* = \frac{1}{\sigma_{\max}}\left(\frac{\mathrm{d}\sigma}{\mathrm{d}x}\right) \tag{4.5}$$

由于从有限元结果可以很容易地计算出应力梯度,因此有必要将其用于应力评估,从而用来描述在拉/压载荷、弯曲载荷作用下与在缺口状态下对沃勒线性能的影响。

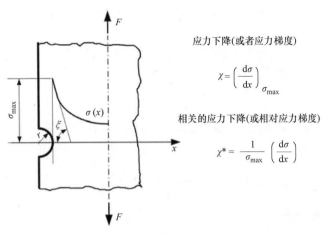

图 4.5 在缺口根部的应力下降

拉/压弯曲梯度方案

缺口的特点是在缺口根部的应力下降。同样地,弯曲载荷横梁的特点是在上下两侧中间的弯曲中线垂直方向上易定义的应力下降(图 4.6)。这两种情况中,在振动载荷作用下,与未受干扰的应力曲线相比,材料显示出更高的承载应力,这可归因于支撑效应。

为了说明应力梯度对任意构件长期强度的影响,以下模型基于两个疲劳强度值得出:
- 拉/压载荷下,相对应力梯度为 $\chi^*=0$ 的无缺口试样的疲劳强度 σ_{zdw}
- 厚度为 b 与相对应力梯度为 $\chi^*=2/b$ 的弯曲试样的疲劳强度 σ_{bw}

为了描述具有任意应力梯度的构件的疲劳强度,现在需要在这些值之间进行内插或外插。经验表明,疲劳强度与应力等级之间的关系不是线性比例,但是随着梯度的增加,疲劳强度的增加会出现平缓的趋势(图 4.7)。

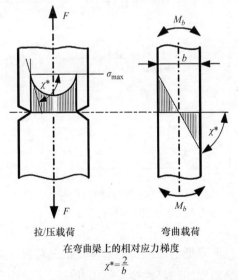

图 4.6 在缺口和弯曲样件中的应力梯度

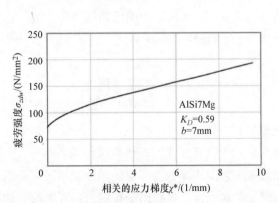

图 4.7 10^7 次交变载荷下的疲劳强度与应力梯度的相关性

为了描述其内在关联，选择了一种指数方法，其特征在于指数 K_D[3]：

$$\sigma_D = \sigma_{zdw}\left(1 + \left(\frac{\sigma_{bw}}{\sigma_{zdw}} - 1\right)\left(\frac{\chi^*}{2/b}\right)^{K_D}\right) \quad (4.6)$$

或者

$$\sigma_D = \sigma_{zdw} n_\chi \quad (4.7)$$

根据式（4.8）的沃勒线，要计算寿命，还需要另外两个参数：角载荷循环次数 N_D 和斜率 k。

$$\text{对于 } \sigma_a \geq \sigma_D \quad N = N_D\left(\frac{\sigma_a}{\sigma_D}\right)^{-k} \quad (4.8)$$

4.2.2.2 工艺对锻造件的影响

在锻压加工过程中，由于构件变形，材料的微观结构特性发生了变化，这也导致构件的力学性能发生变化，尤其是材料疲劳强度的变化。疲劳强度受到初始材料和制造参数的影响，影响因素有：

- 局部成形度。
- 局部成形速度。
- 锻压温度。
- 晶粒大小。
- 在微观结构中的夹砂。
- 局部偏析情形。

由于构件中列出的参数（取决于几何形状、制造过程等）不是在整个体积上均匀分布的，所以，构件的材料性能在局部也是不同的。出于轻量化的目的，现在需要确定局部性能并给予相应的考虑。这就需要了解上述参数的局部分辨率及其对疲劳强度的影响。采用模拟方法可以得出由成形过程产生的参数，例如局部成形度或者成形速度。要确定与制造过程主导参数相关联的疲劳强度，则需要通过试验方法进行。

图 4.8（见彩插）中的沃勒线展示了成形度对材料 16MnCr4 疲劳强度的影响。疲劳强度试验是在无缺口圆形试样的循环弯曲应力载荷下进行的，局部成形度为 $\varphi = 0$、$\varphi = 2.16$、$\varphi = 3$。可以看出疲劳强度与局部成型度存在明显的依赖关系[4]。角载荷循环次数几乎没有变化，而沃勒线中的斜率 k 随着疲劳强度的降低变得更陡峭。金相研究显示了强度降低的原因：锻造样件的晶粒尺寸具有更大的离散性。这归因于在锻造过程之前的加热阶段期间的晶粒生长。由此展示了，由于晶粒尺寸变化和晶粒离散，所选择的锻造温度对疲劳强度性能的影响。

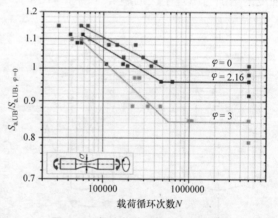

图 4.8 成形度对疲劳行为的影响

4.2.2.3 热处理对疲劳强度行为的影响

在热处理过程中,通过相应的温度变化形成微观组织,从而在构件中设置确定的性能。从工艺角度看,材料性能的设置与热处理工艺中温度的高低、温度变化和温度保持时间相关。构件内的参数不是恒定分布的,而是在很大程度上取决于在构件中的位置。如果在构件表面设置的温度变化不同于在构件内部的温度变化,则在构件不同的位置会出现不同的微观组织,从而导致相应位置处的强度性能也不同。如果构件在热处理之后还要进行后续加工,则加工后成品表面的微观组织和强度会完全不同于加工之前坯料表面的微观组织和强度。

图 4.9(见彩插)中的沃勒线以 42CrMo4 材料为例,显示了热处理对疲劳强度的影响。样件在软化退火条件下,在 860℃ 的硬化起始温度下在油浴中硬化,然后在不同温度下回火。随着回火温度的降低,断裂和屈服强度增加,断裂伸长率降低。当测试材料的回火温度分别为 620℃ 和 540℃ 时,疲劳强度增加 7%。随着回火温度的降低,离散范围显著增加。由于在热处理过程中,在构件不同位置和内部的温度与温度变化都不同,为了充分地利用材料,需要确定材料的局部强度。通过仿真,可以在冷却过程中计算出构件的温度分布,然后通过时间温度转换图可得出局部微观组成,从而得出局部强度[4]。

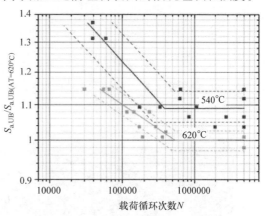

图 4.9 回火温度对疲劳性能的影响

4.2.2.4 工艺对铝铸造件的影响

由于在铸造过程中局部不同的析出和温度变化,铸件局部强度性能明显不同。另外,根据合金和铸造工艺的不同,在铸件内部会形成程度不同的气孔,这对铸件强度有很重要的影响。

对于铝合金来说,铸造工艺、微观结构变化、晶粒细化与精加工等对铝合金铸件的疏松和枝晶臂间距(DAS)有很大的影响,尤其是对构件的疲劳强度行为影响很大。枝晶臂间距和疏松还受到冷却速率的显著影响,而冷却速率又与铸造工艺相关。此外,氧化物夹砂和其他杂质也对疲劳强度有影响。在铝铸件中,工艺影响会导致极大的局部强度差异,这将在下文用两个实例说明。

(1) 硬模铸造

铸造金相组织的树枝状结构是铝硬模铸造的特征。图 4.10(见彩插)的沃勒线展示了在铝硅(AlSi)合金中,枝晶臂间距对疲劳强度的影响,这是通过对枝晶臂间距为 30μm 和

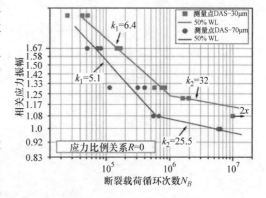

图 4.10 AlSi 合金样件沃勒线中不同的 DAS[5]

70μm 的试样进行试验获得的[5]。具有较大枝晶臂间距试样的疲劳强度低于具有精细微观结构的试样，同时持久强度线略微陡峭。角载荷循环次数也随着枝晶臂间距的增加而减少。两条持久强度线各自与相应枝晶臂间距的抗拉强度水平线形成交叉点。此外，应注意的是，疏松的大小和分布对铸造件中的局部疲劳强度也有显著影响。

（2）压铸

在铝合金硬模铸造中，枝晶臂间距对铸件的疲劳强度有着重要的影响。而在铝合金压铸中，气体疏松对铸件的疲劳强度影响更重要。由于在绝大多数情况下，压铸工艺导致的湍流的流体关系而无法完全避免。

在文献 [6] 中，采用计算机断层扫描对孔的形状和分布进行了仔细研究，如图 4.11 所示。计算机断层扫描分析的结果表明，压铸件内气孔的形状绝大多数明显偏离球形。

对气孔采用有限元方法进行仿真分析，可以看出局部应力过高（应力集中系数达 1.8 ~ 2.9），从而导致疲劳强度显著降低。

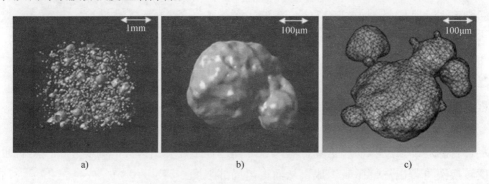

图 4.11　计算机断层扫描照相结果

a）完整的断层扫描立方体图　b）树枝状晶体挤压的气孔　c）气孔网络

（3）压铸件中气孔分布的计算

文献 [7] 推荐了一个统计疏松模型用于计算压铸件内的疏松分布。在这种情况下，针对特定的温度区域和施加的压力，采用该模型可以计算出这个区域疏松相对应的魏布尔分布。因此，计算的结果不是预测出铸件的某个气孔的准确位置，而是预测出在一个预定的区域中的疏松分布。

图 4.12（见彩插）显示了气孔分布计算结果与实际（计算机断层扫描）结果的对比。气孔仿真是基于随机函数的计算结果，每个计算步骤中得出的气孔分布都不一样，这与实际

图 4.12　真实构件中气孔的分布

a）计算机断层扫描图像　b）计算的气孔分布

情况是吻合的。因为即使是来自同一批次的不同压铸件，气孔也不在完全相同的位置。然而，气孔的密度及其尺寸分布在统计上是可比较的。

文献［7］中得出了疲劳强度和气孔大小之间的断裂力学内在关系。该模型与用于确定统计气孔分布的模型相结合，允许在有限元模拟结果的基础上，计算周期应力载荷作用下失效的安全性。图4.13（见彩插）中左图显示了构件中周期失效的安全性，右图显示了不同铸造压力下安全性的统计分布。

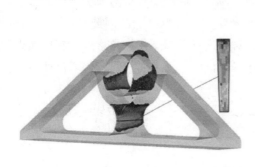
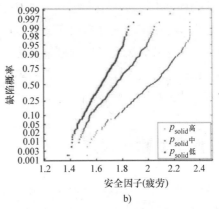

图 4.13 构件中安全分布与周期性失效的对照（a）和不同铸造压力下安全的静态分布（b）

4.2.2.5 焊接过程中的工艺影响

在焊接过程中，在有/无焊池保护，有/无焊接添加剂的情况下，材料通过热能和/或机械能连接在一起。在熔焊中，焊接金属以树枝晶状凝固成铸造结构。焊接时采用的焊接填料通常合金化程度更高，以确保机械工艺品质。在设计时，需要对焊接工艺给予整体考虑，包括基体材料、焊接填料、保护气体以及焊接过程的工艺参数。国际焊接协会（IIW）[8]提供了焊接结构设计指南。对焊接结构疲劳强度的评估提供了作为承载性能特征参数的应力振动范围，因为焊接工艺过程在热影响区域引入了非常高的拉伸自应力。

与未焊接的基体材料相比，高强度焊接钢在交变载荷超过一百万次的前提下，长期强度范围内的疲劳强度明显下降。除了自应力之外，原因还在于焊接工艺带来的缺口，在周期载荷作用下，随着钢的强度增加而产生了越来越不好的影响。在文献［9］中对提高高强度焊接钢连接的疲劳强度潜力进行了研究，为此改变了填充金属、保护气体和焊接工艺参数。为了提高疲劳强度，对接缝过渡形状进行了优化，从而减小了缺口效应。通过使用自压应力诱导后处理工艺已经实现了进一步的改进。与国际焊接协会建议的标准焊缝相比，长期强度范围内的应力振幅范围得到了显著改善[10]。图4.14（见彩插）展示了由高强度钢S690制成的纵向加强筋的振动

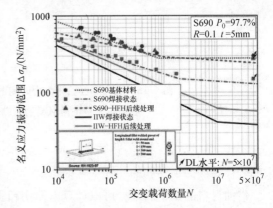

图 4.14 高强度钢S690纵向刚度的名义应力沃勒曲线

测试结果,板材厚度为5mm,采用优化的焊接工艺参数,使用和未使用高频锤击(HFH)作为后处理工艺。

4.2.3 轻量化潜力小结

为了充分发挥出材料的轻量化潜力,需要了解材料的局部强度性能。强度由基体材料决定,在很大程度上取决于生产过程。本节介绍了铸造、成形与焊接对疲劳强度的影响,当然影响疲劳强度的生产因素还有很多,可以根据需要扩展影响列表。因此,在尺寸确定阶段,除了应力分析之外,还要考虑到制造方法,并对其进行模拟。仅靠单一专业领域知识无法完成这些工作,而是需要跨学科的知识积累。在轻量化中,为了实现对材料的最佳使用,必须要考虑到制造过程的影响。

4.3 汽车的耐久尺度

本节中首先简要介绍一下损伤计算,在此基础上对汽车耐久尺度的主要影响参数加以说明。

4.3.1 载荷集与损伤累积

首先在构件层面对载荷集与材料沃勒线之间的应力载荷与载荷性能进行考察,建立材料载荷与损伤计算形式之间的逻辑关系,以便于最终描述出缺口与载荷类型对材料的影响(图4.15)。

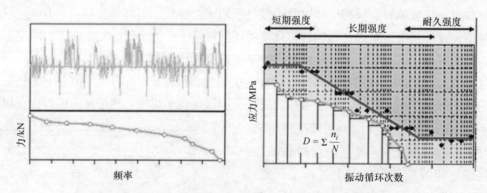

图4.15 恶劣路径集作为力时间曲线、类别形成与按照频率排序。
右侧图表:使用材料的沃勒曲线计算损伤和的示意图

图4.16显示了在恶劣路径上行驶一圈的载荷集(以力-时间-信号的方式表示出来),集的统计处理与损伤和的计算[11]。

借助材料的沃勒曲线,可以计算出损伤和。这样就可以对构件设计进行评估,同时也考虑到了所应用材料的交互作用。在寿命试验中,在考虑到组件耐久强度的情况下,可以对组件的材料、连接工艺与设计方案进行测试,并将测试结果与计算结果进行对比。因此,在前

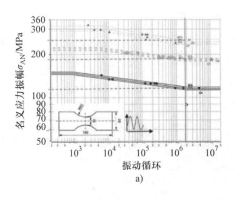
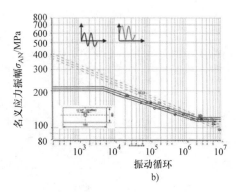

图 4.16 车身用钢的缺口集中应力敏感度：软拉深钢 DC04，微合金钢 HC320LA 和细晶粒结构钢 S500MC

a) 几乎无缺口 b) 中间缺口

期研究中，通过沃勒曲线确定材料的特征是前提条件。

4.3.2 各种钢基材料的静态抗拉强度和疲劳强度

沃勒曲线特征值以及缺口与应力比的影响是用于表征新材料的评估选项，并为工程师提供对在载荷临界位置的材料进行评估的提示。作为以下术语介绍的概述，文献 [12] 有举例说明：

- 沃勒线的位置与斜率。
- 缺口应力集中敏感度：随着缺口因子上升，疲劳强度下降。
- 平均应力敏感度：随着平均应力增加，疲劳强度下降。

下面以几种车身用钢参数值为例来加以说明。图 4.16 显示了几乎无缺口的试样与有缺口试样的缺口应力集中敏感度。图中垂直虚线标明了 2×10^6 次振动循环。沿着虚线可以读出材料状态和缺口状态下的名义应力振幅。

图 4.17 显示了一个中等缺口试样的平均应力敏感度。

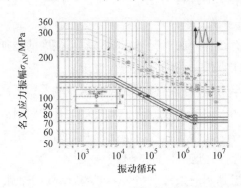
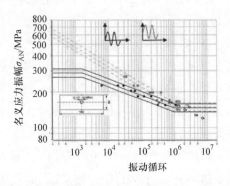

图 4.17 HC320LA 与 S500MC 的平均应力敏感度：中等缺口应力比例关系 $R = -1$，$R = 0.1$

图 4.18（见彩插）显示了多种车身用钢疲劳强度行为的分布。图表中的每一个点都是通过对应的沃勒试验得出的沃勒曲线求出来的，名义应力振幅为 2×10^6 次振动循环，在拉伸试验中施加超过强度的力。

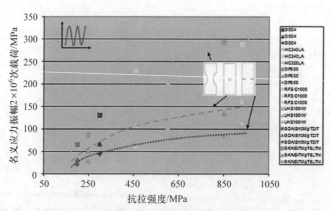

图4.18 缺口应力集中敏感度：对于三种确定的缺口因子，位于车身用钢长期强度下部区域的名义应力振幅随着抗拉强度的增加而变化

图4.18中也显示了无缺口试样与有缺口试样的基体材料的疲劳强度，表示了在长期强度下部区域的可持续疲劳强度。双相钢DP800与DP1000钢的例子表明，随着缺口因子的增加，其无缺口试样的疲劳强度增加程度明显降低。

4.3.3 连接工艺对原理试样疲劳强度的影响

在车身结构设计中，除了基体材料的振动性能之外，振动载荷作用下的连接强度也非常重要。同样，已经证明材料是按照其所能承受的疲劳强度进行分类的。为此，要进行应力控制的沃勒试验。不过，要测试的试样结构对评估会起到决定性的作用。在标准中和应用中，有各种试样形状。因此，只有采用同一样式的试样进行比较才是有意义的。

前面列举的DP800和DP1000钢也可以用于连接强度研究，在比较研究中，试样的样式符合检测和文件指南[13]。

研究结果表明，载荷情形是最大的影响因子（U形抗拉试验结果明显低于剪切拉伸试验结果）。对于疲劳强度影响第二重要的因素是采用的连接方法，材料的影响反而是最小的，如图4.19（见彩插）所示。

对于基体材料和连接试样的研究表明，只有在例外的情况下，材料静态强度的增加才会改善耐久强度。举例来说，对中等缺口构件采用点焊粘接的方式进行连接。

随着对汽车被动安全要求的日益增加，在车身抗冲击结构中，越来越多地采用了高强度钢和超高强度钢。相比之下，由于与耐久强度相关的振动幅值很小，通常没有针对耐久强度的构件尺寸参数。但是对于诸如轴、减振支柱等车身构件来说，情况则并非如此。由于高强度钢的缺口应力集中敏感度（图4.18），不适合作为这类构件的材料。

以上的研究表明，在工业应用中，必须考虑到制造条件对耐久强度的影响。下面将以点焊为例来做进一步的说明。直至今日，点焊依然是钢车身加工最重要的连接技术。

如图4.20（见彩插）所示，点焊连接中，焊点直径是确定的。在两个载荷标准下承受U形拉载荷，载荷分别在长期强度的上部区域与中间区域，试验测得的沃勒曲线结果如图4.20所示。

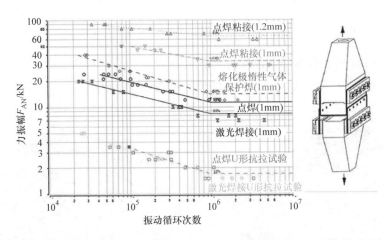

图 4.19　连接处的疲劳强度：采用 PM800 钢制作的 H 试样的沃勒曲线（U 形抗拉试验与剪拉载荷试验）
注：连接方法分别为：点焊、激光焊接、熔化极惰性气体保护焊、点焊粘接

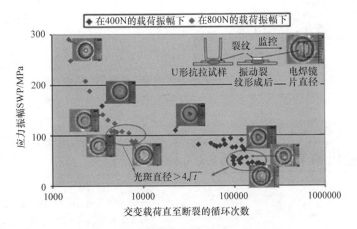

图 4.20　点焊连接的疲劳强度与点直径的关系
注：承受 U 形抗拉载荷，载荷比 $R=0.2$。

从图中可以清楚地看到，随着焊接指数下降，试样可承受的振动循环次数减少。这是由于焊点直径减小，导致焊点承载横截面中的应力增加。图中红线圈出的区域对应焊点，这些焊点满足 $>4\sqrt{t}$（$t=$板材厚度）的要求。

通过以上列举的例子，可以清楚地看出制造过程对焊点寿命的影响，并且因此表明，连接构件的使用寿命提高可以受到制造过程的显著影响。在这种情况下，目标是通过增加连接横截面来减小载荷区域中的应力。

迄今为止，根据在车身中采用新材料的经验表明，在满足设计规格、构件制造、与制造相关的公差等边界条件下，静态强度再好的材料可能也无法满足轻量化中的耐久强度要求。这是与用于具有优异碰撞设计构件材料不同的趋势。针对此类情形，中等强度材料与韧性材料是更好的选择。在满足耐久强度要求的情形下，可以通过采用适当的构件设计来实现轻量化，而不是通过提高材料强度来实现轻量化。

4.3.4 变薄拉伸 DC04 减振支柱（板材厚度变化）示例

在减振支柱中，最大载荷出现在载荷导入的头部支撑区域。通过变薄拉伸成形过程，在接近量产的概念样件中成功地减少了承载较少区域的板材厚度，从而在保证功能安全的同时也实现了轻量化，如图 4.21 所示。

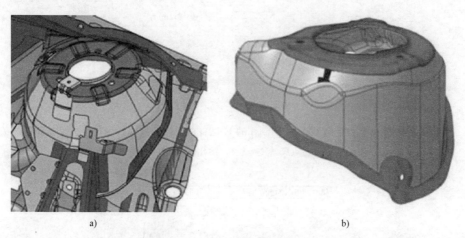

图 4.21 钢轻量化减振支柱示例
a）传统方法：在最大力导入区域给予加强 b）具有不同板厚的可制造概念，采用变薄拉伸成形工艺制造

4.4 对轻量化材料的要求与耐久强度工程

本节中将在考虑到耐久强度的情况下，对汽车制造业中最重要的轻量化材料的一些特殊性进行简要阐述。

4.4.1 纤维复合材料

由于具有高比强度和比刚度，纤维复合材料在车身抗冲击等区域（如乘客舱）得到了应用。这些区域对材料的刚度要求非常高。根据使用这种新材料获得的经验，还需要针对纤维复合材料在车身这类承受耐久载荷的构件中的应用进行基础知识研究。图 4.22 所示为纤维复合材料试样与金属试样在恒定载荷下的损伤变化过程比较。

图 4.22 中所示的复合材料和金属的递降曲线表明，在采用复合材料进行构件设计的时候，必须要考虑到新的情形。复合材料构件的损伤如纤维断裂等缺陷，通常只凭肉眼无法识别，所以在设计时必须提高安全因子，同时使用准静态设计值来设计疲劳强度。

对于纤维复合材料来说，由于构造形式多样性以及构件形状与材料的交互作用，有必要对构件而不仅是对平板试样进行基础研究，以便于对采用纤维复合材料的风险进行充分考察。在这方面的投入要明显高于在金属材料方面的投入。

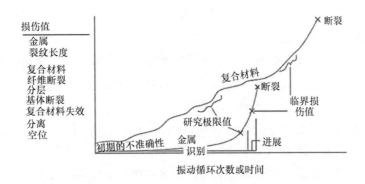

图 4.22 振动载荷下纤维复合材料试样与金属试样的损伤变化曲线

注：金属试样显示，在达到临界振动循环次数时快速形成损伤；复合材料则显示，随着载荷作用时间的增加，损伤出现早期的、长时间保持的递降现象

4.4.2 热塑性塑料

由于强度值和刚度值很低，热塑性塑料以及其他的可注射成型塑料目前在承受振动应力载荷的载荷传递构件中应用不多。在汽车制造中，这类材料主要用于集成照明单元和发动机舱罩盖锁/挂钩的前端模块。在这类模块中，由于行驶道路激励引起的耐久强度应力载荷主要受到其他要求的支配，也就是构件尺寸要求的支配。构件的特定载荷是指在行驶期间，发动机舱罩盖故障锁紧以及所伴随出现的挂钩接合情况下的强度。此外，在前照灯振荡时的刚度要求下，振动耐久强度则起着次要作用。

在承受振动载荷下，与静态强度一样，玻璃纤维增强热塑性塑料在纤维方向上比横向具有更高的强度。对于耐久强度，还需要考虑另外一个参数，即应力载荷频率。举例来说，纤维增强热塑性塑料 PPGF30 的疲劳强度随着应力载荷频率的增加而显著减小（图 4.23）。

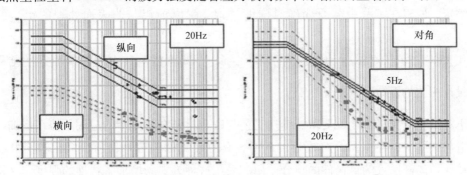

图 4.23 玻璃纤维增强热塑性塑料 PPGF30 的沃勒线

注：纤维取向的影响——横向与纵向；测试频率的影响也很重要，在加热时，疲劳强度降低。

4.4.3 铝

随着汽车轻量化要求的不断增加，铝板材、铝挤压型材以及铝铸件和铝锻件在汽车车身应用不断增加。虽然铝铸造材料的静态与动态强度的性能比较低，但铝铸造材料具有很好的铸件壁厚设计自由度,并且可以在设计中实现局部加强设计。铝板材则在大面积(外部)构件中可以实现很好的轻量化效果,而铝型材主要用于直线承载梁。

铝材料的耐久强度性能与钢材料的耐久强度性能有一个很重要的区别。在低振幅下,钢的沃勒线变化非常平缓。一般说来,振动循环次数对钢材的总损伤影响很小,在技术尺寸参数中可以忽略不计。因此,疲劳强度值得关注。

对于面心立方结构的金属(例如铝),则观察不到这样的材料行为。不过,即使在很小的振幅下,铝材料的沃勒线也会发生转折,如图4.24所示。对于构件设计来说,这涵盖了相应的损伤分量,所以在设计时必须给予考虑。如果现在出现集的束线,具有较大振幅的短截面就不再能保证具有小振幅的长截面的损伤等效映射了(见4.4.4小节"耐久强度仿真工程")。在实践中,通过延长长距离行驶路线的方式,对这种现象要求给予考虑。

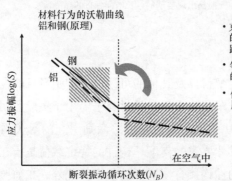

图4.24 钢和铝的耐久强度行为的沃勒曲线比较

在腐蚀性介质的影响下,铝材料还面临另外一个问题:具有自然被动涂层的铝材料,如铝表面的氧化铝,在腐蚀的环境下会倾向于选择性腐蚀。其后果是,在振动载荷下,材料的寿命会缩短,所以在实践中需要明确对构件(钢、耐腐蚀铝与非表面处理的铝)的各种要求。

图4.25总结了沃勒试验和戈斯内尔(Gassner)试验在空气中同时腐蚀下的结果[14]。与构件设计相关的寿命缩减 $\frac{2}{3} \sim \frac{5}{7}$。

出于对汽车车身轻量化的要求,铸造工艺与锻造材料在车身中的应用趋势在增加。其原因是铸造与锻造材料在保持高延展性的同时,具有较高的强度。目前一个比较明显的趋势是,铝铸件与局部插入的钢构件的组合使用。采用这种方式既增加了构件的强度,又构成了用于与车身钢构件连接的接头法兰。

4.4.4 耐久强度仿真工程

虽然可以通过刚度考察或准静态强度分析来考虑许多单一事件,但基于振动应力载荷的几何尺寸确定存在着特殊的挑战。原则上来说,一方面要控制应力载荷的统计分布,另一方面要掌握载荷性能,以确保实现足够低的故障率。从图4.26可以看出,在所有的构件中,

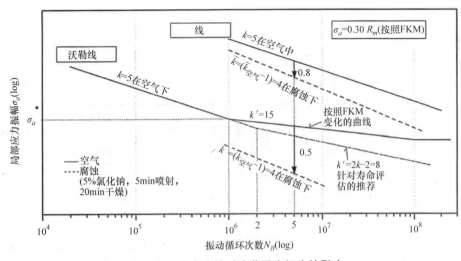

图 4.25　考虑腐蚀对疲劳强度行为的影响

注：在沃勒试验中，疲劳强度下降得比在戈斯内尔（Gassner）试验中更明显。

最多只有 0.1% 的构件的载荷性能低于 1% 的最苛刻用户的应力载荷要求。将这个结果转移到汽车制造中，由于道路不平导致的应力载荷可以限制为：在考虑到所有制造工艺过程因素影响、误差或者材料性能等情况下，允许所有汽车产品的 0.1% 可以在 1% 的最恶劣的使用条件下发生失效。

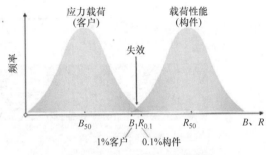

图 4.26　应力载荷与载荷性能

在现代汽车的开发过程中，并不允许实时考虑生命周期问题。汽车通常在几年内开发出来。在这段时间内，开发过程通常要经过多次循环以逐步接近最终的产品设计要求。即使假设，在高度数字化开发过程中只经过一次测试就对产品进行放行，也不可能在实际条件下进行耐久强度测试。

如何在较短的开发周期内完成汽车产品开发呢？汽车实际使用中承受的应力载荷被称为客户集。在客户集中，大部分道路分量是在良好的道路状态下得到的，客户集中承受的载荷很低。现在，客户集所有没有损伤或几乎很少损伤的分量都被排出。此外，剩余轮廓在整个谱系范围内的振幅增加，但尚未以塑性变形的形式出现过载。这相当于从沥青路面到恶劣路面的变化。利用这种设计集，汽车开发中的束线因子最高可达 150。然而，尽管可以缩短这么多，为期至少数周的实际测试依然是必不可少的，这对现代开发过程来说是一个挑战（图 4.27）。

对于具有弹簧上部构造的机动车辆，

图 4.27　束采集和耐久强度集

在整车开发的背景下还需要面临另外一个挑战:汽车上部构造的应力载荷不仅取决于测试路径以及设计集的规格,也包含了弹簧系统的应力载荷传递。汽车底盘与车身构成了复杂的振动多质量系统,包含了许多非线性的构件。弹簧刚度、阻尼器设置、碰撞制动器或其他弹性轴承的变化总是会导致车身应力载荷的变化。由于底盘调校是对产品特性产生重大影响的标准之一,所以在相关的耐久强度设计中需要充分考虑到设计的鲁棒性。

仿真已成为现代开发过程不可或缺的工具。如今,从战略产品的确定到产品导入市场,现代乘用车开发时间短于 5 年。对于基于现有车型而且仅略微区别的新产品有时只有不到 3 年的开发时间,例如在现有四门轿车基础上开发的双门跑车。

这里所指的开发时间是从第一个产品草图到最终制造出的产品。在早期阶段,只使用数字方法;随着开发的深入,更多地侧重对原型车进行测试,如图 4.28 所示。生产原型工具的高成本及其较短的使用寿命导致了早期车辆的高昂成本并且可用性差。因此在接下来的过程中形成了很大的压力,一方面需要在尽可能少的试验中进行功能设计,另一方面要通过具有最高开发成熟度的费时的数字化方法进行剩下的测试。

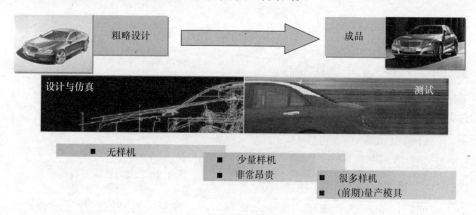

图 4.28 开发过程

对于汽车结构行为的仿真通常采用有限元方法进行。在这种情况下,在对整车模型的仿真中,通常要对数百万个单元进行计算。虽然相对的静态刚度模拟方法(例如车身翘曲)已经比较成熟了,但是对于更复杂的载荷情形,例如具有显著塑性变形或者要考虑到摩擦的情形,依然对当今的数字化开发提出了相当大的挑战。

直到几年前,对于寿命行为的评估还是借助于计算以及对替代情形的加权评估,包括恒定的弯道行驶、$1g$ 纵向延迟制动,或者在有坑的路面多次垂直加速行驶,测出车身承受的载荷,或者对汽车进行弹性运动学计算,最终得出载荷情形下的弹性应力,其结果基于经验值相互加权。原则上说,这种计算方法只能对耐久强度性能进行非常粗略的评估。如果在汽车设计中采用新的概念和材料,由于缺乏必要的经验,以上的计算方法缺点就很明显了(图 4.29)。

近年来,已经建立了准静态叠加的原理来对复杂整车结构寿命进行仿真。与之前的过程相比,设计集作为载荷时间序列,也意味着仿真包含了整个测试部分。图 4.30 中以一个汽

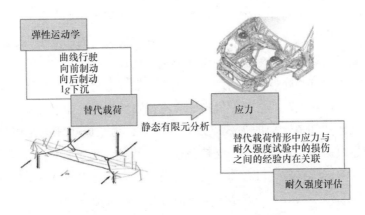

图 4.29 替代载荷情形（以弯道行驶为例）

车车身仿真为例，对基本步骤进行了说明。这种仿真方法可以转移到其他构件上，例如底盘组件。

以测量的轮胎力为基础，利用多体仿真可确定影响待评估出构件的内力，例如在车身的评估中，底盘中的截面力。此外，在所有力的施加点上，施加所有力方向和力矩的单位载荷，并确定构件相应的应力状态。利用截面载荷集对应力状态进行缩放或叠加，同时也给出了整个车身的应力 – 时间曲线。通过评估材料的沃勒曲线和损伤累积来计算得出车身的生命周期，例如根据相对帕尔默格伦 – 米内尔（Palmgren – Miner）定理。

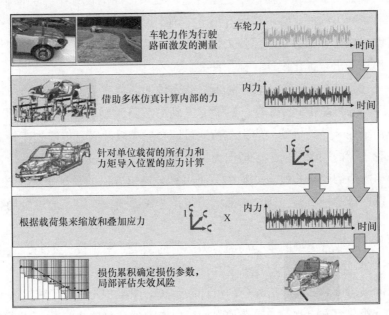

图 4.30 基于测量的车轮载荷集对耐久强度进行仿真

虽然大部分仿真过程是自动化的，但对失效进行评估时，需要工程师进行严格的局部考察，以考虑到在复杂的过程中出现的假设或离散化情况。

紧凑型开发过程中的一个重要挑战是，耐久强度的功能保障始于测量得出的设计集，即原型必须在开始时就可用于最佳的流程。由于在通常情况下无法保证这一点，因此必须参考类似的前代车辆的测量值。这不可避免地会导致实际预期载荷的高度模糊，这一点取决于底盘调整。在原型测量后期，才能对所用的设计集进行比较。

所有的模拟方法都有共同点，即物理行为应当在细节上是已知的，并且可以采用虚拟模型清晰地表达出来，这一点在耐久强度模拟中具有特别的意义。如果一个构件，由于其内在的材料性能而隐含地"知道"何时失效以及如何失效，为了成功地进行仿真，则必须首先通过原理试验积累数据，并且数据充分支持该模型。因此，为了获得良好的使用寿命预期，必须在测试中预先测试所有危险材料和紧固件的失效行为。这为传统的试验开辟了新的战略活动领域，而开发测试方法由于高成本和低灵活性越来越少地使用了。

4.4.5 示例：豪华敞篷跑车车身的耐久设计

"汽车车身耐久强度"的要求最初主要用于可靠地防止严重的长期损伤，这种损伤会导致汽车行驶稳定性的损失，例如在汽车底盘连接或者转向区域出现裂纹就属于这种情况。另外，还要考虑到避免二次效应，例如由于结构集成缺陷导致的碰撞性能下降。同样重要的还有，良好的耐久强度决定了客户对汽车的长期质量印象，由于焊点失效引起的裂纹噪声是可以避免的负面的老化现象。在客户感知中，同样至关重要的还有振动裂纹，这可能会导致产生声学方面的影响与可视的腐蚀。

由于损伤的种类繁多，在类似汽车白车身这类复杂产品的设计中，会面临巨大的挑战：整个车身大约有 300 个构件，必须在所有细节中确定尺寸，即：每件板材、每个型材和每个铸件以及所有的连接位置都必须满足耐久强度要求。实际中，这个目标往往与汽车的成本优化设计与材料使用的重量优化设计目标相冲突。

下面以新一代奔驰 SL 级乘用车为例给予简要说明。为了满足不断增加的轻量化要求，奔驰 SL 的白车身全部采用了铝材料。如果考虑到由道路激励引起的载荷情形，可以看出，车身的应力载荷集完全是随机的，应力载荷通过四个轮子以及底盘传递到车身。如果将应力载荷简化为在轮子上的四个纵向力、横向力以及垂直力，则在底盘和车身的螺栓连接处可以得出 128 个力与力矩的变化曲线。虽然在不使用复杂模拟方法的情况下无法控制这种情形，但是基本上可以区分两种机制：通过局部应力载荷造成的损伤，以及通过全局载荷形式造成的损伤。

减振支柱是一个非常典型的承受局部应力载荷的例子。根据设计不同，减振支柱要承受弹簧柱与减振柱传递的垂直力，但是不受其他载荷的影响。

这种问题可以通过局部的载荷导向的设计来解决。图 4.31a 显示了减振塔前端的潜在缺陷位置，通过沿着载荷方向的附加铸造加强筋可以有效地解决这个问题，如图 4.31b 所示。

全局载荷形式由不同的应力载荷通道叠加而成，会造成整个车身的变形。表面上看起来没有问题的区域，可能会由于耐久强度失效造成损伤。一个例子是汽车扭转。恶劣道路状况的特征在于，车轮的输入和回弹通常不是同时的或轴同步的。这会导致强度和方向变化的扭转应力长期作用于车身上。如图 4.32 所示，中通道区域的弱点并没有通过局部增强消除，而是间接地通过提高车身的整体扭转刚度来消除的。在本示例中，通过使用了多个对角支撑杆来解决这个问题，如图 4.32b 所示。

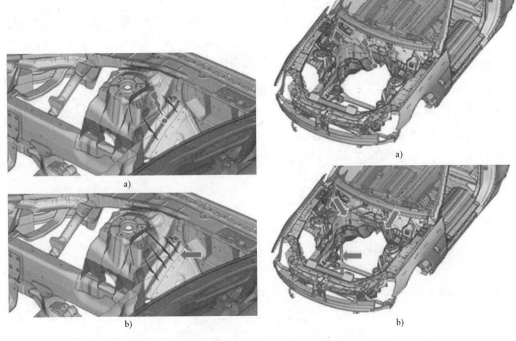

图 4.31　奔驰 SL 级乘用车减振塔上的局部应力载荷

图 4.32　奔驰 SL 级乘用车一个全局应力载荷示例

4.5　被动安全与碰撞性能

4.5.1　汽车制造中的被动安全要求

20 世纪 50 年代，随着汽车的普及，先是美国，然后是欧洲，交通事故的数量急剧增加。每年在交通事故中严重受伤和死亡的人数都在增加。

在此期间，人们的看法是在发生事故时，最重最坚固的车会提供最好的保护[15]。实际上看起来也是这样，当两辆车相撞的时候，相对小的车里的乘客受到的伤害更严重。

但是人们也发现，即使是大型车辆，在和固体障碍物发生碰撞的时候，也往往会导致车里的乘客受到严重伤害甚至死亡。这样看来，高稳定性与实心构造不是正确的保护概念（图 4.33）。

4.5.1.1　巴恩伊基本原则

人们认识到，对车内乘客的有效保护应当是设计出的车身可以提供一个刚度极高、高承载区域（乘客舱），乘客舱区域由前后溃缩缓冲区域包围。前后溃缩缓冲区域在发生事故时可以产生变形，从而吸收部分冲击力，并保护乘客免受冲击力的伤害。

这个想法是"被动车辆安全基本原理"的基础，由贝拉·巴恩伊研发，1951年戴姆勒-奔驰汽车集团为此申请了专利，并于1959年首次将这个技术应用于梅赛德斯-奔驰W 111系列车型中[16]。

当然，只靠在车身上所采取的措施是无法解决安全问题的。由于未系安全带的乘员在车辆碰撞中会移动并与汽车内部发生碰撞，因此在碰撞时，无法利用较低加速载荷的优点。当乘客与仪表板、转向盘或风窗玻璃产生碰撞时，会造成巨大的人身伤害。巴恩伊尝试利用柔性的转向杆、

图4.33 1955年真实的交通事故

转向盘和仪表板来解决这些问题。这些设计理念也首次应用在了奔驰W111车型中。如出一辙，以同样的出发点，瑞典的尼尔斯·波哈林发明了三点式安全带，以防止发生事故时，乘客与车内构件发生碰撞造成的伤害。而在此之前，只有腰部安全带才能防止乘客在事故中被抛出乘客舱（图4.34）。

图4.34 构造稳定的乘客舱，前后有防撞区

通过安全带回拉系统和驾驶舱目标减速的耦合称为骑乘效应（ride-down effect）[17]。尽可能地做到车辆减速和乘客载荷曲线最大程度上的重叠，从而降低事故率。因此，通过车身较长的变形时间（长变形路径）以及乘客与减速车身的快速耦合来减小载荷（图4.35）。

构造坚固的乘客舱、串联起来的变形区、下沉的乘客接触区域（如转向盘、仪表板），以及通过有效的保持系统将乘客快速耦合在乘客舱单元，直至今日这些依然是汽车被动安全的基本原则。

随着时代的发展，总是会有新的元素添加进来，这提高了安全标准。特别重要的是安全气囊，对安全气囊的研发开始于20世纪60年代，当时仅以试验的方式安装在部分美国汽车中。具有当前技术水平的安全气囊在20世纪80年代末使用在奔驰汽车的批量生产中，并延续至今[18]。

4.5.1.2 对当今汽车的基本要求

与主动安全或者一次安全不同，被动安全或者二次安全的目标是在事故发生的时候，尽量保护车内的人员不受到伤害。

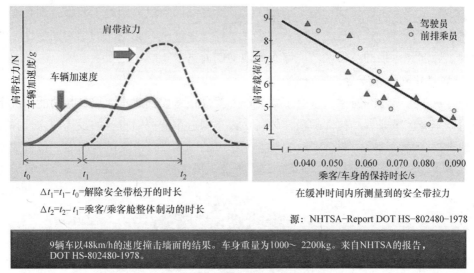

图 4.35 骑乘效应（ride—down effect，RDE）

被动安全的第一个基本要求是必须有一个保护壳能够将驾乘人员包围起来，这个壳即使在承受很高事故载荷下也能保持形状。这样一来，第二个基本要求也就顺理成章了，这个壳要能在整个事故期间能将驾乘人员保留在壳里面。

第三个基本要求是，对于驾乘人员来说，要在尽可能大的路径上对乘员加以制动，以便能够在尽可能低的力水平下减少其动能。对车内的驾乘人员来说，这些是汽车外轮廓的变形总量加上向车内位移的路径，这可以通过保持系统或通过内部装置来实现。如果两辆车发生碰撞，重要的是不要以牺牲另一方为代价来实现自身的制动。也就是说，碰撞对更小、更轻的一方也是能承受的，这就引出了汽车兼容性的概念[17,19]。

最后一个基本要求是对事故中的驾乘人员以及外部的相关人员受到的冲击应当尽可能以面的形式而不是点的形式，以避免由于集中力传递造成的伤害。安全气囊就是对应这一要求而开发出的典型的安全保持系统（图 4.36）。

图 4.36 被动安全的四个基本要求

上面所提到的兼容性概念和汽车重量、轻量化、汽车安全紧密交织在一起。从物理上讲，两车发生碰撞的时候，大车受到的伤害会比小车小。如果重的且通常也是大型的车辆与轻的且小型的车辆碰撞，大车速度变化较小，车辆减速度也较小。然而，大车所具有的这个优势在大车和刚性障碍物发生碰撞的时候就不存在了。在这种情况下，大车所具有的高重量反而成了一个缺点，会造成自身更大的变形。

原则上来说，轻量化与被动安全的要求是不矛盾的。如果能在大型和重型车辆以及小型车辆中实现轻量化，可以预期小型车辆和大型车辆之间的重量差距趋于缩小，则会实现更好的汽车兼容性。当然，这只适用于以下的边界条件：保证乘客舱空间的结构完整性，并保证车辆前部、后部和车顶的变形区域能够有效地抑制冲击。

4.5.1.3 轻量化对汽车安全性的挑战

在设计汽车白车身的时候，一个重要的任务就是在考虑到成本、重量与功能情况下选择出针对每个车身区域或者结构件的最佳材料。汽车制造企业按照自身的设计理念选择使用单一材料或者是多种材料。材料选择首先要遵循相应的车辆设计方案的目标——最低成本，最小重量，最大功能、规划数量等，如图4.37所示（见彩插）。

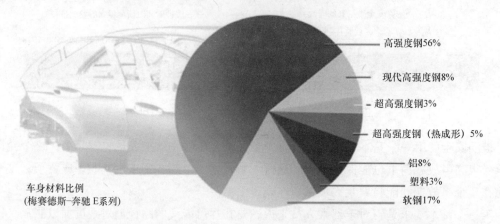

图4.37 一款大批量（量产车型）生产的汽车白车身制造中采用的多材料

材料运用得是否成功，在很大程度上取决于材料的使用是否充分发挥了材料的优点而同时将材料的缺点最小化，具体要求如下：
- 适合各种材料的车辆结构方案。
- 适合材料的构件形式。
- 适合材料的制造工艺与相关的连接技术。

如果车辆设计仅考虑运行载荷，则轻量化结构的范围将远大于过载情况的设计，这对于被动安全设计是必要的。如果将个别且定义明确的载荷工况作为设计标准，则轻量化会更容易实施。在实际发生的事故中，虽然有一些常见的载荷情况（正面载荷，侧向碰撞情况等），但必须考虑更多的事故状况和事故等级。结构或材料方案中也必须能够应对"不寻常"的载荷情况。

白车身设计的核心任务之一是即使在过载之后，即在永久变形之后也能保持结构连接。这一属性也称为补遗行为。一直以来，金属是车身制造中最常见的材料，特别是承载车身结构。考虑到碰撞性能，金属材料具有很大的优势。在过载的情况下，金属材料可以产生塑性变形、吸收能量，同时还能保持结构连接。考虑到乘客保护，这种结构完整性是非常重要，因为一旦乘客舱区域中侧面结构开裂或者梁柱撕开，都意味着极大的风险。

随着轻量化需求的增加，车身制造中采用了更多的高强度材料和铸造材料，这些材料的延展性较差。尽管由这些材料制成的结构有承载性或制造等方面的优点，但是在过载的情况下则会自发地失效。因此就会存在以下的风险，一旦发生严重的事故，结构会完全解体。考虑到这种情况，有必要在概念方案和设计手段方面采取相应的措施。很多情况下，为了确保结构的整体性，通常是在对补遗行为要求很高的位置混合使用刚性材料和延展性材料（混合结构）。

4.5.2 汽车结构的现代造型

通常，碰撞载荷是以点的方式和集中的方式导入一辆车中的，例如侧面栓碰撞或不对称的前后碰撞。碰撞设计的目标是将集中的力传递到尽可能多的承载结构并尽可能均匀地分布，这种载荷分配原理引导出了现代乘用车的载荷路径概念。

4.5.2.1 正面碰撞的载荷路径概念

在发生正面碰撞的情况下，碰撞力通过汽车前端尽可能高的抗弯横梁导入汽车前端结构的多个碰撞层面。通过碰撞层面导入车身前围区域，从而将碰撞力导入乘客舱，如图4.38（见彩插）所示。尤其是在不对称的正面碰撞中，碰撞侧的前车轮会在载荷分配中起到重要的作用。车轮会将很大一部分冲击力直接传递到侧面的纵梁中，从而减轻了前围的压力。当然，发

图4.38 正面碰撞下的载荷路径

动机模块也会成为一个重要的载荷路径。对于大而长的发动机组，根据不同的撞击位置，载荷路径也具有决定性的作用。

4.5.2.2 侧面碰撞的载荷路径概念

在侧面碰撞中，车身的变形区域相对小一些。因此，要想实现对驾乘人员最好的保护，就必须在最短距离内有效地降低碰撞能量，如图4.39（见彩插）所示。当侧面碰撞为集中应力载荷（如栓碰撞）时，问题更为严峻。在这种情况下，车门必须要起到重要的作用，要能够通过刚性门碰撞梁将力分配到周围的车身构件中去。侧面纵梁的作用也很重要，纵梁不允许发生局部失效，在发生碰撞的时候必须能够得到乘客舱区域地板横梁的支撑。

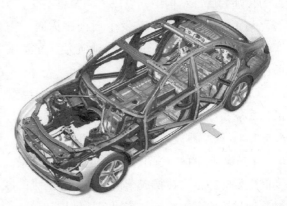

图4.39 侧面碰撞的载荷路径

侧面碰撞结构设计的最大的挑战集中在B柱上。如果设计合理，B柱可以提供有效的防护，减少对乘客舱的侵入。尤其在侧面碰撞时，碰撞物一旦穿过门槛件，则施加在

B柱上的力是巨大的。图4.40显示了高端车型的B柱设计方案。由于侧面保护要求增加，如果沿用上一代车型的设计，则重量会增加6kg。为了降低重量，在新一代车型的设计中采用了超高强度钢合金。

- 超高强度钢合金提高了安全性，同时减轻了重量
- 四层壳构造的B柱
- 如果不采用模压淬火钢，B柱的重量会增加6kg

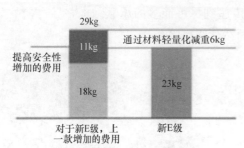
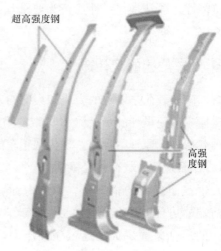

图4.40　奔驰E级W212车型的B柱设计

图4.41清楚地说明了在合适概念中超高强度钢所具有的巨大潜力。鞍式牵引车被放置在由高强度板材制成的C级车的B柱上，以展示其承载能力。

4.5.2.3　后面碰撞的载荷路径概念

虽然后面碰撞一般很少导致车内驾乘人员受伤或者死亡，但是合适的结构概念必须确保将碰撞力传递到后部结构中，以保护乘客舱不受影响。

与正面碰撞相似，在发生后面碰撞时，需要车身结构将不对称碰撞产生的碰撞力分配到乘客舱的承载区域。

即使在后面碰撞中，也要利用在侧面纵梁处的后车轮支撑效应来限制车辆的变形。

图4.41　超高强钢板材B柱承压展示

4.5.2.4　侧翻事故下的载荷路径概念

在车辆侧翻的情况下，最大的挑战在于最大化整个车顶结构的刚度，并且尽可能将翻车期间引发的冲击力转换成车辆旋转。最困难的载荷情形则是对车顶一角的单侧碰撞。碰撞力必须通过抗弯车顶关节和抗扭车顶框均匀导入最近的车辆支柱。特别是在设计A柱的时候，往往会产生目标冲突，既需要考虑到保持驾驶人良好的视线（A柱尽可能细长），还要有尽可能高的弯曲刚度。

4.5.3 被动安全对材料的要求

对于耐久强度，在弹性范围内主要考虑大量的中等载荷循环。与此相反，在典型的碰撞载荷下，会发生非常大的塑性变形。从车辆安全性的角度出发，如 4.5.1 小节中所描述的，必须确保结构完整性，同时具有高的能量吸收能力。

为了了解对材料在碰撞时的特定要求，需在典型的高速载荷情形下观察变形结构（图 4.42）。

对于这种载荷情形，在理想的情况下，纵梁结构在尽可能恒定的力水平下变形，以便有效地吸收动能，从而避免在车辆减速中出现不必要的峰值（参见 4.5.1 小节）。为了保持结构的完整性，并确保稳定的补遗行为，构件材料必须有足够的延展

图 4.42 奔驰 GLK 车型部分覆盖的正面碰撞
（Euro NCAP 障碍，64km/h）

性。只有这样，纵梁才能满足其作为主要载荷路径的功能，而不会出现破裂甚至完全断裂。由于被动安全有大量的载荷目录——从修理载荷工况到高速载荷工况，所以还必须确保所需的材料性能与载荷类型和载荷速度无关。这同样适用于车辆运行时的整个温度范围和湿度范围。后者并非总是如此，尤其是对于塑料来说。

4.5.3.1 轻量化钢

仅仅在 10 年前，在与碰撞相关的白车身结构中采用的材料还主要以软拉深钢以及具有更高强度和适中成形性的高强度微合金钢为主。近年来，白车身对减重的要求日益增加，导致高强度多相钢的使用日益增加。从图 4.43（见彩插）中可以看出，在开发高强度多相钢品种直至马氏体模压淬火钢时，与微合金钢相比，强度提高了 3 倍。不过，承载能力的这种极端增加是以延展性的下降为代价的。抗拉强度和延展性之间的这种直接关系，如图中虚线钢趋势曲线所示，随着相变诱导塑性钢（TRIP 钢）的开发首次被打破。

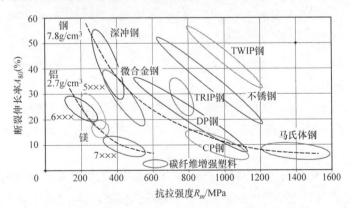

图 4.43 不同材料的抗拉强度与断裂伸长率的对比

与传统的高强度钢不同，相变诱导塑性钢由于具有特殊的晶粒组织，实现了最优化的强度与延展性的结合。在600~800MPa强度区域，与双相钢（DP钢）和复相钢（CP钢）相比，相变诱导塑性钢具有最高的断裂伸长率，因此也具有良好的成形性能和冲击性能。

不锈钢的特点是对化学侵蚀的水性介质具有特殊的耐受性。由于具有奥氏体晶粒组织，不锈钢具有强烈的冷强化趋势，所以只需要很小的变形，强度就会得到极大提高，同时断裂伸长率下降不多。碰撞开发工程师对于强度超过1000MPa同时延伸率达到40%的孪生诱发塑性钢（TWIP钢）的开发寄予非常大的期望。然而，迄今为止，孪生诱发塑性钢还没有满足批量生产所需要的质量要求，因为在评估拉深行为时，孪生诱发塑性钢会发生延迟的裂纹形成。

目前强度最高的就是马氏体钢了，可采用模压淬火方法加工的硼锰钢也是非常重要的材料。不过，与相变诱导塑性钢和孪生诱发塑性钢相比，模压淬火钢（PHS）的延展性一般，断裂伸长率只有6%。

在钢轻量化的背景下，由于具有极高的强度，越来越多地使用超高强度模压淬火钢。然而，在图4.43的右下象限中使用这些材料，意味着由于有时明显降低的失效应变，从而导致这些材料的轻量化结构潜力无法得到最佳的利用，因为在设计中必须考虑更高的安全性或必须使用更复杂的概念。可利用不同的定制回火工艺，按照碰撞时的功能性需求，有针对性地调整模压淬火构件的材料特性[20]。在这些工艺的进一步开发中，通过在构件制造过程中调整工艺参数从而对构件进行局部硬化，可设定构件局部的强度和延展性。

4.5.3.2 铝

在图4.43中所示材料的强度和断裂伸长率，其焦点在于材料是否符合抗冲击性能。在评估材料轻量化潜力的时候，还要考虑到材料的密度。在减重的时候采用轻金属材料会带来很多的优点，特别是铝合金材料。然而，正如图4.43中铝的趋势线所示，并不能用铝车身简单地替换典型的钢车身。铝的趋势线与钢的趋势线类似，但位于图4.43的左下部位置，也意味着处在较低强度和较低延伸性的区域中。与钢类似，铝合金的发展趋势也是开发强度越来越高的铝合金。目前正在考虑使用的高强度铝合金为7xxx合金系列，其强度达到了500MPa，已经进入了高强度钢的强度领域，但是断裂伸长率显著低至10%以下。因此，铝合金材料的轻量化潜力还是有限的，特别是对于对变形性能有一定要求的构件，例如前围区域中的铸造关节。

4.5.3.3 纤维增强塑料

由于具有非常低的密度，从长期来看，纤维增强塑料具有最大的轻量化潜力。基于成本因素和大规模生产的制造工艺开发状况等方面的原因，迄今为止，纤维增强塑料在汽车工业中的应用还是受到限制。

在本章节中，从被动安全的角度来关注对材料的要求。碳纤维增强塑料的密度为$1.3g/cm^3$，具有最高的强度，也因此具有最大的轻量化潜力。问题在于碳纤维增强塑料的延展性太低，断裂伸长率小于2%。其原因在于碳纤维只能发生弹性变形，特别脆，极易断裂。只有通过韧性的塑料基体材料才能承受非常温和的塑性变形并吸收能量。因此，从纯粹的功能性角度来看，碳纤维增强塑料结构处于图4.43中的下部边缘位置。与低延展性的模压淬火钢或最高强度的铝合金类似，从今天的角度看，碳纤维增强塑料结构的使用也是受到限制的，主要是有中等变形能力要求的组件，或是在非常特殊应用中，例如在发生碰撞时会出现目标性失效的场合。

但是，这样的评估只能作为简单描述。与钢材料进行客观比较时，还没有仔细观察纤维增强塑料的失效行为。由于不均匀的结构，必须区分纤维断裂、基体破裂、单层或组合层的分层。在这里，不是每个失效机理都必须导致承载能力的完全失效。最后，现在的趋势是热塑性基体材料可以再循环，从而可以减少对环境的污染。在发生事故时，热塑性基体纤维复合材料不会像热固性塑料一样脆弱地发生分层，因此可更好地吸收碰撞时产生的能量。从碰撞的角度来看，通常认为纤维复合材料在未来具有非常高的轻量化潜力。

4.5.3.4 连接技术对材料的要求

在材料的碰撞适应性方面，连接技术在车身制造中起着非常重要的作用。原则上来说，碰撞要求可以定义为：连接技术的强度要在基体材料强度的数量级内。如果不是这样，就会在白车身中的连接位置出现弱点，从而导致载荷路径中断，材料的潜能无法得到充分利用。这是经典拉深钢和微合金钢最具有优势的地方，与最常用的电阻点焊工艺结合，能非常好地满足这些要求。

图4.44所示为针对材料和连接技术的碰撞适应性进行的连接箱形纵梁的动态顶锻试验，图片中展示的试样材料为复相钢。从图中可以看出，采用混合点焊粘接的CP800和采用激光焊接的CP1000都取得了很好的试验结果，所施加的动能完全被箱形纵梁吸收，并将其转化为塑性变形。基体材料和连接技术都没有发生失效。

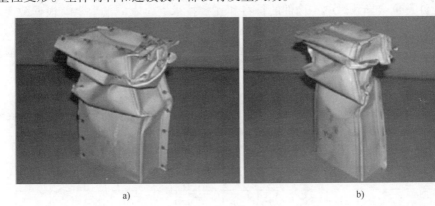

图4.44 箱形纵梁的顶锻试验

a) CP800 点焊粘接 b) CP1000 激光焊接

在对模压淬火钢进行点焊的时候，可能出现问题：一方面存在氢脆的危险，另一方面由于焊接工艺导致的局部温度上升会使材料奥氏体化，从而使得在热影响区域的材料弱化。从图4.45可以看出，由焊接点热影响区域开始，法兰的开裂最终会导致大规模的失效[21]。两个板之间的点焊连接虽然得以保持，但是由于热影响区域导致的局部材料弱化，最终导致了构件的失效。为了弥补这个缺陷,超高强度构件的法兰通常采用混合连接方法。这意味着,焊点采用结构粘接给予增强。此示例清楚地显示了材料行为和连接技术之间的相互作用。

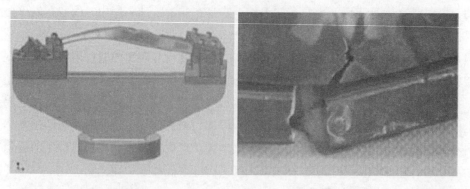

图 4.45　采用微合金钢和模压淬火钢组合制成的 B 柱实例及其热影响区域产生的裂纹

一般来说,在热连接工艺中,必须考虑到对材料力学行为的影响。比如,在采用熔化极惰性气体保护焊(MIG 焊接)方法焊接铝材料的时候,就要考虑到会形成热影响区域,从而导致局部抗拉强度明显下降。

近年来,与结构粘接相结合的机械连接工艺越来越重要,这样一来,在铝和钢的混合连接中就不需要再采用点焊的连接方法了[22]。

4.5.3.5　用于被动安全功能的材料轻量化

如果仅仅是考虑许多其他的功能性要求,例如 NVH、耐久强度、制造技术或腐蚀等,则对白车身的轻量化要求在某些构件中很难轻易实现。即使是考虑到被动安全功能中的各种载荷工况的设计,也会导致对单个构件的材料和连接技术完全不同的要求。根据载荷类型,对单个组件的轻量化评估标准也完全不同。在图 4.46 中列出了一些特征值,展示了不同机械载荷情况下不同结构材料的潜力。以 ZE340 的参数为基准,值越高,轻量化潜力越大。关于特征值的推导参见文献 [23]。

项目		ZE340	PM800	22MnB5	AW6016	AW7021	Mg3Al1Zn	Mg3Zn1Zr	TiAl6V	CFK	Noryl GTX
板的弯曲刚度	$\sqrt[3]{E}/\rho$	1.0	1.0	1.0	2.0	2.0	2.6	2.6	1.4	4.8	1.6
凸起刚度	$\sqrt{E}/\rho$	1.0	1.0	1.0	1.7	1.7	2.0	2.0	1.3	4.4	0.7
抗拉刚度/抗压刚度	E/ρ	1.0	1.0	0.9	1.0	1.0	0.9	0.9	1.0	3.2	0.1
抗扭刚度(封闭型材)	G/ρ	1.0	1.0	0.9	1.0	1.0	0.9	0.9	1.0		
抗扭刚度(截面非封闭型材)	$\sqrt[3]{G}/\rho$	1.0	1.0	1.0	2.0	2.0	2.6	2.6	1.4		
强度	R_p/ρ	1.0	1.8	2.9	0.7	3.0	2.3	3.1	4.5		
凸起强度	$\sqrt{R_p}/\rho$	1.0	1.3	1.7	1.4	2.9	3.2	3.7	2.8		
碰撞强度	R_m/ρ	1.0	1.7	3.3	1.3	2.6	2.5	3.0	4.3	7.8	0.8

图 4.46　不同材料的轻量化潜力

基本上,包含弹性模量的特征值定义了不同的刚度。顾名思义,这些主要与刚度的功能性有关。对于被动安全功能来说，由于主要发生的是塑性变形，因此与材料塑性变形能力相关的特征值就很重要。在这里，要根据载荷情形与所考察的构件来加以区分。考虑到例如大量变形结构组件的典型高速载荷工况，则由碰撞强度特征值表征的材料的承载行为就很重要。尽管纵梁也对修理载荷工况感兴趣，但现在需要评估的是承载梁是否能够承受载荷而不会产生局部变形。在这种情况下，材料的屈服强度 R_p 是相关的，因此是强度的特征值。然而，在图 4.46 的轻量化潜力的说明中并不包含材料的延展性。因此，仅基于这些轻量化参数，无法得出关于稳定补遗行为的任何说明。为了对材料轻量化潜力进行更全面的评估，除了图 4.46 中合适的特征值外，还必须考虑材料的延展性（见图 4.43）。

考虑到事故载荷下的材料行为，现代汽车概念的白车身设计方案基本上可以分为两个区域：

1）高变形区域（尽可能高的力水平下）。在该区域中，在保持结构整体性的情况下，将车辆的动能转化为变形能。典型的例子就是汽车的前端区域和后端区域（"溃缩区"）。

2）高强度和高刚度区域（尽可能高的延展性水平下）。该区域在发生碰撞事故（实验室碰撞与实际碰撞）中主要不用于吸收能量，而是最好保持不发生变形。即使是在严重事故的情况下，也需要高补遗行为与结构完整性。典型的例子为侧壁区域。

因此，在 1）中定义的区域中使用的材料应尽可能位于图 4.43 的右上部位置，即具有高强度和高延展性。然而，这里的重点是高延展性，因此，根据所需变形能力的程度，必须使用强度较低的材料。2）中定义的白车身区域的延展性要求降低，也允许使用图 4.43 中右下部位置的材料，这里的重点可以放在最佳的高强度上。

为了更好地说明，图 4.47（见彩插）中显示了奔驰全新 E 级车白车身材料的使用情况。车身由刚度极高的乘客舱（在发生事故时的生存空间）和前后变形区域组成。

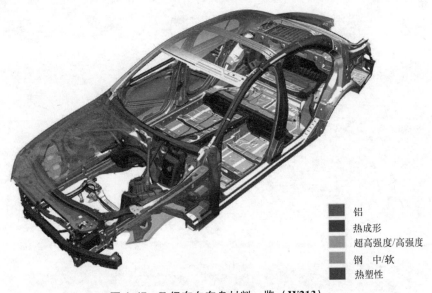

图 4.47　E 级车白车身材料一览（W213）

前部和后部变形区域使用了上文中定义的 1）范围的材料。这里，具有足够延展性的材料占据主动地位。相比之下，刚性乘客舱使用了上面定义的2）范围内的材料。侧壁方案主要由非常高的侧面碰撞性能所决定。这里的重点是B柱、侧车顶框架和纵梁（门槛）的设计。B柱是侧向碰撞载荷情况的极端应力构件。与其他载荷情况（例如车顶跌落测试）相结合，B柱与侧壁的现有白车身结构一起进行了优化设计。在汽车结构中适当使用了热成形的超高强度模压淬火钢，并针对所有的载荷工况对重量进行了优化。这种材料方案使得汽车结构能充分利用结构空间的碰撞功能和组件功能。

4.5.4 轻量化材料仿真的挑战

鉴于现代汽车车身的高度优化，只有在仿真和计算的支持下才能进行精确设计。采用CAE仿真方法预测材料行为对于虚拟开发过程至关重要。如果没有CAE仿真方法的支持，就无法降低成本（包括减少硬件回路）与提高效率。要做到这一点，前提条件是在早期开发阶段仿真预测质量非常高。在这种情况下，特别需要关注关键构件中的裂纹生成与失效的映射[24]。

4.5.4.1 以高强度钢为例考虑制造过程

构件的制造过程对碰撞载荷下的性能有极大的影响。在金属材料的拉深加工中，由于材料发生塑性冷强化，在局部强度提高的同时，残余延展性则会降低。铸造件则由于空腔会在铸造过程形成疏松，疏松则会在局部导致延展性急剧下降。短纤维增强塑料构件则是另外一个例子，其会在注塑过程中倾向于形成与方向相关的塑性流动行为和断裂行为。

下面介绍了一个高强度钢板拉深件的例子，以实例说明制造历史过程会如何对性能的局部变化产生影响，这些对于构件失效预测来说尤为重要。

图4.48描述了一个拉深件的每道工序步骤，并显示了相关的特征值。在德国联邦科技

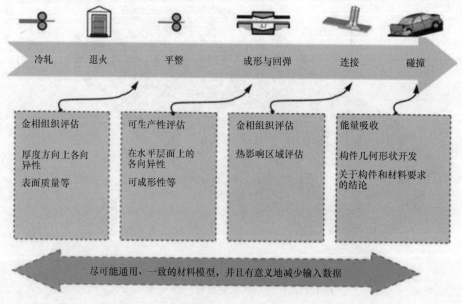

图4.48 制造工艺的过程链对力学特性影响

教育部一个研发项目[25]框架下，开发出了针对整个拉深加工链进行连续仿真的方法，以便在过程链中对局部参数进行计算和传递。

图4.49（见彩插）显示了在试验中确定的构件中局部材料性能波动的示例。左图是在微合金钢构件的不同点处取得的拉伸试样的应力-应变曲线。曲线显示了在拉伸试验中抗拉强度及断裂伸长率的重要区别，这些区别是由拉深过程中产生的塑性变形引起的。右图展示的是一个模压淬火钢构件的局部性能变化。图中观察到的差异源于不同的局部冷却速率，而不同的冷却速率则是由成形模具中不均匀的热传导而引起的。

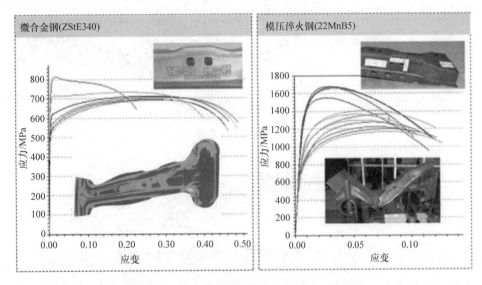

图4.49 拉伸试验中力学性能的区域性分布

显而易见，图4.49中所示的力学性能的局部差异对碰撞载荷情形下的构件性能产生显著影响。只有借助于仿真的方法，才能对这些差异进行考察。为此，必须为所考察构件的每个材料点确定由先前历史记录产生的局部变量，并将此数据作为碰撞仿真的输入数据。为此目的，有必要将成形技术和碰撞计算的仿真学科结合起来，而在此之前，这两个学科则是相互独立自主工作的。

对数据传输来说，需要确定以下3种参数的局部分布：
- 塑性预应变（比较成形度）。
- 厚度分布。
- 预损伤（无维度的）。

在成形仿真中，前两个参数本来就是结果，因此这里仅需确保将这些数据传输到碰撞仿真程序中即可。借助于特殊的"绘图工具"可以实现这一过程，这些工具可以传输具有相似几何形状但具有不同离散化的标量参数的构件模型。

由此得出预损伤的量化及其在碰撞仿真中的传递变得特别重要，因为只有这样才能考虑减少的残余延展性。必须采取新的方法从成形仿真中获取这些信息。为此，在德国联邦科技教育部的科研项目范畴内开发出了损伤模型"GISSO"，该模型可以模块化方式与成形仿真和碰撞仿真耦合[26]。

在图 4.50（见彩插）中以 B 柱构件为例，显示了如何将拉深仿真产生的结果值转移到碰撞仿真中。只有通过转移预损伤分布才能把降低了的材料延展性精确地反映出来。

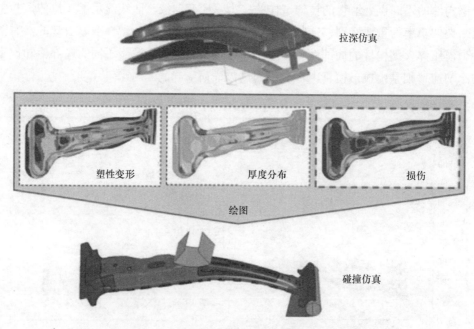

图 4.50　考虑在碰撞仿真中拉深过程的力学特征值

在实验室试验中，成形过程对受到三点弯曲载荷的 B 柱构件的性能的影响如图 4.51 所示。在不考虑成形过程的情况下，在仿真中，B 柱构件承受了载荷而没有形成大的裂纹（图 4.51a）。而在实际的拉深过程中材料的损坏导致延展性降低，从而导致了 B 柱内件的完全开裂。由此可以看出，在对失效行为进行准确分析时，不能忽视构件的制造过程。尤其是产生的预损伤的局部分布非常重要。通过成形仿真与碰撞仿真部门之间的跨学科的合作，可有效地提高预测质量。

图 4.51　B 柱的变形
a）在碰撞仿真之后（没有考虑到过程链）　b）考虑到过程链　c）在试验中

4.5.4.2　塑料力学性能的鲁棒性

随着数字样机重要性的日益增加以及随之而来的硬件测试减少，对碰撞功能中塑料行为的评估提出了巨大的挑战[27]。在发生碰撞的情况下，车内外塑料构件必须具备很好的变形能力，即使是在变形速度变化很大，并且塑料部分局部失效的情况下也必须保证这一点。此外，由于其分子构造，与原子结构的金属相比，塑料表现出非常不典型的行为[28]。与金属不同，对于塑料来说，载荷方向对确定强度意义重大；而且，塑料比金属受温度的影响更大，塑料可能会吸湿并且变脆。此外，老化影响也起着重要作用。

塑料的另一个特性如图4.52所示：虽然金属已经具有一定的应变率依赖性，但这对塑料来说更为明显。从图中可以看出，准静态的最大应力和试验中最大拉伸速度下的最大应力相差两倍。此外，图中还显示了另一个有趣的效应：随着变形速度增加，断裂伸长率显著下降，材料表现得更脆。

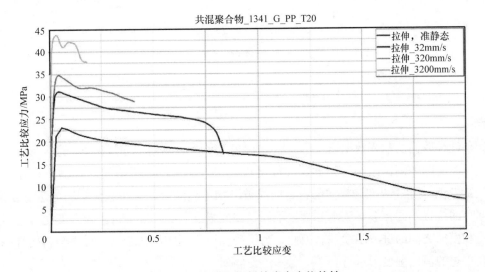

图4.52 未增强塑料的应变率依赖性

这种效应代表了仿真中最大的挑战之一，因为这种特征会导致失效塑料结构区域产生巨大的波动，这反过来又会对碰撞中的能量管理产生显著影响。这在中等速度下尤其明显，例如以15km/h的速度执行的保险分级碰撞。

到目前为止已经介绍了未增强塑料及其特定的特性。下面将扩展到对玻璃纤维增强材料的讨论。玻璃纤维的混合物实现了刚度和强度的增加，通过注塑成型工艺可生产复杂形状的构件。注射成型过程通常会导致构件的各向异性结构。通过生产过程，可以影响特定作用方向的性能，例如在碰撞时的行动方向。根据图4.53可见，含有30%（质量分数）玻璃纤维含量的聚酰胺的刚度和强度都有所增加。最大应力几乎相差两倍。

因此，要得到高的数字预测质量，对局部纤维分布的知识，特别是对构件中纤维取向的了解是基本的要求。在最好的情况下，构件制造商能够提供过程仿真（例如Moldflow）的结果。这些结果可用于评估铸造过程、充型时间和材料变形。虽然原则上同样可以从仿真中获得玻璃纤维取向，但是要实现与真实纤维取向的一致性依然是一个巨大的挑战。在此，OEM必须与供应商合作，进一步开发仿真方法，以便提高在过程仿真中确定纤维取向的可

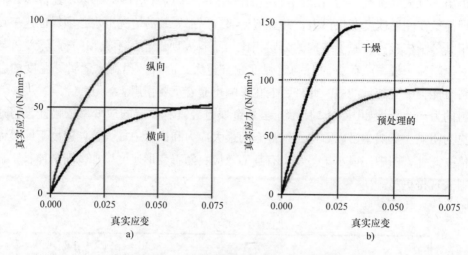

图 4.53 PA6 – GF30 的应力 – 应变曲线
a）经过预处理的 PA6 – GF30 在纤维方向（纵向）和90°（横向）的应力 – 应变曲线
b）经过预处理和干燥处理的 PA6 – GF30 的应力 – 应变曲线

预测性。

如果纤维取向的输入数据质量不足以进行集成仿真，则对应于图 4.53 的仿真结果可能相应地偏离实际的测试结果。因此，在数字预测中，经常使用所谓的"模糊"模型。在这个"模糊"模型中，纵向和横向的材料曲线被平均了。最后，应注意对塑料的进一步影响：由于储存的位置不同，会导致水分含量不同，因此强度和脆性都会发生很大变化，并可能导致试验和模拟之间的进一步偏差。因此，为了确保可重复的测试结果，对于塑料构件的处理需要在理想的恒定湿度下进行。

4.5.4.3 塑料金属混合物

出于减重和构件集成的需求，现代汽车产品中采用了越来越多的塑料金属混合构件。典型的产品代表是汽车的前端模块。该构件集成了上纵梁，并同时可以作为散热器、保险杠、前照灯以及碰撞箱系统的抗弯梁，如图 4.54（见彩插）所示。

这类结构构件设计的一个特殊挑战是在发生碰撞后的修复。根据美国 NCAP（新车评估程序）和 Euro NCAP 标准的碰撞测试，按照车身的重量，能量比例最高可达 400kJ。在保险分级测试中，由于速度较低，能量比例最高为 25kJ。根据不同的建模方法，含塑料比例较高的前端模块，能量吸收会发生显著变化。这会导致侵入的显著差异，最多可达到 20mm，这对概念设计具有决定性的影响。

除了指示玻璃纤维取向的工艺链和考虑到不同载荷的塑料材料模型之外，要实现足够精确的数字预测，还需要进行更深入的研究，这包括离散度的影响（网格细度、单元模型）、塑料构件的折弯和断裂映像以及塑料金属复合材料的失效等。图 4.54 中显示了变形的结构和未变形的结构。图中蓝色代表金属分量，橙色代表塑料分量（PP – GF 30）。红色标识的是仿真出的失效位置。

图 4.54　塑料金属混合前端模块

4.5.4.4　应用示例：碳纤维增强塑料乘员舱

基于可以实现的造型自由度，纤维增强塑料在汽车中应用范围很广，首先包括：

- 车身件。
- 覆盖件。
- 发动机舱罩盖。
- 行李舱盖。
- 内饰件。
- 驾驶舱。

结构件尤其是碰撞组件如防撞梁、门加强梁和柱还是优先采用高强度钢制成。因为在大批量生产中，使用超高强度钢（如模压淬火钢）可实现更好的强度和刚性等功能。为了实现纤维增强塑料在汽车中的大批量应用，还需要进行进一步的开发工作。

新的构件技术主要用于赛车运动或顶级车的小批量生产中。图 4.55 所示为梅赛德斯 - 奔驰 SLR 跑车的整个承载结构，除了发动机支架之外，全部是由纤维增强塑料制成的。

图 4.55　采用塑料车身的梅塞德斯 - 奔驰 SLR（2004—2009）

乘员舱完全由碳纤维增强塑料制成。发动机区域前面的碰撞区域由碰撞锥和前方的大型抗弯梁和载荷分配器组成。在正面碰撞中，碰撞锥可吸收动能。这也在测试过程中得到了证实。在不对称的前部应力载荷作用下，碰撞侧的结构可以从背离碰撞侧脱离。由于这种载荷情况可能发生在真实的事故中，因此必须开发出相应的解决方案。在这种情况下的补救措施是使用一个额外的金属板条，可确保结构的完整。梅赛德斯 - 奔驰 SLR 车的例子表明，全塑料车身是有意义的，也是可以实现的。

参 考 文 献

1. Haibach, E.: Betriebsfestigkeit, 3. Aufl. Springer, Berlin (2006). ISBN 9783540293637
2. STAHL-EISEN-Prüfblätter. Fügeeignung von Feinblechen aus Stahl. Teil1: Aluminium. Stahlinstitut VDEh, s.l. (2008)
3. Eichlseder, W.: Lebensdauervorhersage auf Basis von Finite Elemente Ergebnissen. Materialwiss Werkstoff, 843–849 (2003)
4. Fröschl, J.: Fatigue effects of forged components: Technological effects and multiaxial fatigue, Dissertation, Montanuniversität Leoben, 2006
5. Minichmayr, R., Eichlseder, W.: Lebensdauerberechnung von Gussbauteilen unter Berücksichtigung des lokalen Dendritenarmabstandes und der Porosität. Gießerei (5), (2003)
6. Powazka, D.: Einfluss der Porosität auf die Betriebsfestigkeit von Al-Druckgussbauteilen. Dissertation, Montanuniversität Leoben (2009)
7. Oberwinkler, C.: Virtuelle betriebsfeste Auslegung von Aluminium-Druckgussbauteilen. Dissertation, Montanuniversität Leoben (2009)
8. Hobbacher, A.: Recommendations for Fatigue Design of Welded Joints and Components. IIW-Document XIII-1823-07, updated Dezember 2008
9. Stoschka, M., Fössl, T., Leitner, M., Posch, G.: Effect of high-strength filler metals on fatigue. Welding in the World (2012)
10. Leitner, M., Stoschka, M., Schörghuber, M., Eichlseder, W.: Fatigue behavior of high-strength steels using an optimized weld process and high-frequency peening technology. Proceedings of the International Conference of the International Institute of Welding, Chennai., S. 729–736 (2011)
11. Miner, M.A.: Cumulative damage in fatigue. J Appl Mech **12**, 159–164 (1945)
12. Issler, L., Ruoß, H., Häfele, P.: Festigkeitslehre – Grundlagen. Springer, Berlin (1997). ISBN 9783540407058
13. STAHL-EISEN-Prüfblätter. Fügeeignung von Feinblechen aus Stahl. Teil2: Widerstandspunktschweißen. Stahlinstitut VDEh, s.l. (2008)
14. Sonsino, C., Berg-Pollack, A., Grubisic, V.: Betriebsfestigkeitsnachweis von Aluminium-Sicherheitsbauteilen. Materialprüfung **47**(7/8), 404–410 (2005)
15. Weishaupt, H.: Die Entwicklung der passiven Sicherheit im Automobilbau von den Anfängen bis 1980 unter besonderer Berücksichtigung der Daimler-Benz AG, 1. Aufl. Delius & Klasing, Bielefeld, S. 103 (1999). ISBN 3768811956
16. Niemann, H.: Béla Barényi – Sicherheitstechnik made by Mercedes-Benz. Motor Buch Verlag, Stuttgart (2002). ISBN 3613022745
17. Kramer, F.: Passive Sicherheit von Kraftfahrzeugen, 3. Aufl. Vieweg-Teubner und ATZ, Wiesbaden (2009). ISBN 9783834805362
18. Schöneburg, R., Baumann, K.-H., Tschäschke, U.: 25 Years of Airbag - Today's Limits and Future Potential of a Key Technology. airbag 2006 – Int. Symposium on Sophisticated Car Occupant Safety Systems, Karlsruhe. (2006)
19. Schöneburg, R., Pankalla, H., Winsor, C.: Implementation and assessment for compatible crash behavior using the aluminium vehicle as an example. 16th ESV-Conference, Paper #98-S3-O-07, Canada. (1998)
20. Feuser, P., Schweiker, T., Merklein, M.: Partially hot-formed parts from 22MnB5 – process window, material characteristics and component test results. Proceedings of 10th International Conference on Technology of Plasticity, Aachen. (2010)
21. Charakterisierung und Ersatzmodellierung des Bruchverhaltens von Punktschweißverbindungen aus ultrahochfesten Stählen für die Crashsimulation unter Berücksichtigung der Auswirkung der Verbindung auf das Bauteilverhalten. Abschlussbericht zu Forschungsvorhaben FOSTA/AVIF P806/A262 (2012), (im Druck)

22. Kraß, B., Jost, R., Ruther, M.: Das innovative Füge- und Qualitätskonzept der neuen S-Klasse. 13. Paderborner Symposium Fügetechnik Mechanisches Fügen und Kleben, Paderborn. (2006)
23. Braess, H.-H., Seiffert, U.: Handbuch Kraftfahrzeugtechnik, 5. Aufl. Vieweg + Teubner Verlag, Wiesbaden (2007). ISBN 9783834802224
24. Feucht, M., et al.: Kritische Einflussfaktoren für eine robuste Bauteilauslegung in der passiven Sicherheit. DYNAMORE GmbH, Filderstadt LSDYNA Update Forum (2011)
25. Bauteilbewertung auf der Basis integraler Werkstoffmodellierung entlang der Prozesskette. Abschlussbericht zu Forschungsvorhaben BMBF 03X0501 (2010)
26. Neukamm, F., Feucht, M., Bischoff, M.: On the application of continuum damage models to sheet metal forming simulations. International Conference on Computational Plasticity COMPLAS X, Barcelona. (2009)
27. Schöneburg, R., et al.: Integrale Sicherheit bei Mercedes-Benz: Kunststoffe – Erfahrungen und zukünftige Anforderungen. Kunststoffe im Automobilbau. VDI, Düsseldorf (2011)
28. Ehrenstein, G.W.: Polymeric Materials: Structure, Properties, Application. Carl Hanser (2002). ISBN 9783446214613

第 5 章

在多材料设计道路上用于轻量化构造的要求管理与工具

霍斯特·弗里德里希，席瓦库玛拉·克里斯纳莫斯，法兰克·纳惠斯，伽菲特·桑特斯·鲁尔拉斯，卡斯特恩·斯特赫尔特，托马斯·魏尔托

5.1 基于模型的要求管理

我们今天在道路上所见到的汽车是汽车工业经历上百年开发和生产的结果。汽车上的驾驶员和乘客对汽车产品的期望和要求通常是通过其他车辆在过去所有需求的总和来描述的。其结果是每一代新车都在逐步改进。通过改变重要的车辆构件，例如用电机替换传统的内燃机或引入新的材料，它们之间的要求和关系受到显著影响[1]。重新思考传统的汽车概念还需要重新评估过去增加的要求集。此外，在全球化的世界中，不同市场和政府的差异和不确定性必须在一个共同的模型中体现出来，以便于将影响因素（车辆开发经验、系统构件、要求、未来情景）变得可描述，并且开发人员可以获得一种方法和一种工具，用于明智的决策。

德国布伦瑞克工业大学设计技术研究所开发了一种工具，能够捕捉、记录和分析未来车辆的预期要求，例如，欧洲市场的电动车要求，或在亚洲和南美市场快速增长的特定改装车辆的市场。通过市场分析，对要求进行收集并分类，同时预估 2020 年之后可使用的技术和组件。大学研究团队与专家一起确定组件之间、要求之间以及组件和要求之间的关系，并在模型中体现出来。通过比较这些关系，可确认相互矛盾的要求及协同效应，特别是可以找到不同领域或者部门之间，从外部很难观察到的依附关系。通过在系统建模语言（SysML）中对所有关系加以建模来展开分析[2]，这是系统工程中的通用描述语言，这意味着这种方法可以在需要描述复杂系统的任何地方使用。为了对关系进行分析，最终通过 VBA 宏访问 SysML 模型。在这种情况下，SysML 模型作为数据库使用，在 VBA 宏中执行分析，结果以图形和清晰的方式显示，例如在电子表格程序中。使用这种方法可以创建一个图形用户界面，允许开发人员访问建模数据，并在设置框架内对其进行修改。但是，开发人员不一定要重新学习 SysML 和建模工具的操作。

5.1.1 动机

如今的汽车开发需考虑全球化市场。在所有的市场中，都需以更低的成本、在更短的开

发时间内满足质量、安全性、舒适性和生态学的不断增长的要求[3,4]。然而，不同市场的要求集也是不同的。通过使用针对特定市场定制的全球产品套件，可以满足这些要求。为了以符合成本效益和以客户为导向的方式考虑模块化系统中的各种条件，需要进行整体要求管理[5,6]。

图 5.1（见彩插）概述了所开发的方法。产品开发中的输入变量如下：

客户愿望：企业开发的产品需要满足客户特定的要求。根据市场不同，客户需求差别很大，比如印度市场需要大功率空调，而斯堪的纳维亚市场则需要大功率暖气。

边界条件：国与国之间的边界条件差别很大，例如安全和许可要求方面（例如，TÜV，VCA，FORS）。此外，某些国家/地区可获得的某些工艺和制造技术比其他国家的更好，例如激光焊接。

战略目标：参与企业的战略目标可能互不相同。有很多全球和本地供应商参与了汽车的开发，每个供应商都试图实现自己的战略业务目标。

根据这些输入数据，可以得出整辆汽车及其每个构件的要求。并非所有要求都与每个构件有关，或者并非所有衍生品都包含所有构件。因此，需要为每个构件开发特殊要求集，例如车身或传动轴。汽车方案越详细，对汽车要求的数量和细节就越多。很难保证所有要求的一致性，也无法避免目标相冲突，即整体背景下的冲突要求，甚至有时会在不同的部门开发出两次相同的解决方案。

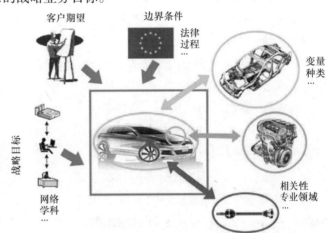

图 5.1 汽车开发要求管理中的输入变量一览

5.1.2 建模方法

为了将影响车辆的环境与车辆概念的技术性能联系起来，必须首先确定影响因素[7]。为此，需要系统地检查车辆环境，并在文献和自身研究的帮助下建立结构化的概念系统。重要的是，所描述的影响因素是明确的，没有冗余和矛盾，并且被尽可能完整地记录下来，参见文献[8]。在最顶层，影响因素的分类如下：

- 现有基础设施
- 现行法规
- 生态意识
- 现有资源
- 生产可能性
- 人口结构

- 拟人化分布
- 文化背景
- 经济效益

对影响因素的细分可以一直进行下去，直到最终归纳成为汽车的性能[9]。针对不同的目标可进行不同的细化和分类。实际上，并不总是可以正好对一个类别分配影响因素。例如，可以将区域可用的材料分配给两个类别"现有资源"和"生产选项"。这里需要区别哪种属性更重要，即通过建模去追踪哪个目标。例如，是否需要考虑原材料的采购和物流链，或者可用的制造技术和可用的专家的培训水平？

基于影响因素的系统收集，现在可以尽可能完整地从环境中收集必要的信息。此外，还可以表示影响因素对性能和参数的影响，并从中推导出具有区域特点的要求集。气候是一个易于理解的具有区域特点差异的例子。澳大利亚昆士兰州罗克汉普顿的日平均气温为16.2~26.7℃，这意味着温度在相对较窄的范围内变化。而在俄罗斯的维克霍扬斯基，同期的日平均气温则为-47.0~15.2℃[10]。这就对（例如）密封材料（极端温度）或热膨胀（温度范围）提出了特殊的要求。

除了气候等明显的影响因素之外，区域习俗和习惯等因素也会对车辆产生重大影响。因此按照技术要求，最终可以在不同区域形成不同的重点（例如"高性能"或"低油耗"）[3]。通过计算映射的模型中的关系，可以在可管理的工作量中对因素的影响进行分析[11]。此外，还可以把所描述的属性匹配到影响关系中，例如影响的强度或当前的发展方向。图5.2显示了可对车辆外部尺寸产生影响的因素。

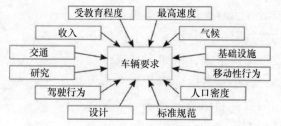

图5.2 汽车要求定义的影响因素一览

针对车辆外部尺寸选择，人口密度是一个非常重要的影响因素。在德国的大城市，例如柏林，人口密度约为3900人/km²，车辆占地面积起着次要作用。在人口密度高的城市地区，例如，人口密度为约28500人/km²的大都市孟买，大部分客户都会关注汽车的外部尺寸。在交通密集的地区机动和寻找停车位等方面，小型车辆更具有优势。

另一个影响是材料的可用性。例如，通过使用高强度钢，可以实现更轻和/或更安全的车身。但是同时，这种材料通常也会导致更高的成本，因此与汽车所追求的低的总成本目标相冲突。目标矛盾冲突有多强烈或最终必须满足哪些要求，取决于边界条件。事实证明，外部因素（市场挑战性，区域特殊性）对要求值有很大的影响[6]。通过确定构件，可以尽量去满足这些要求，例如电池的可实现容量在很大程度上取决于电池技术的选择。构件在形状和功能上彼此连接。这种相互作用形成了一个复杂的关系网络，在这个关系网络之中的要求相互之间会互相影响，甚至相互冲突。汽车开发人员需要得到支持，以便对构件做出明智的决策。有必要在早期阶段考虑不同的子模型（产品的不同视角和产品开发过程），并进行比较。在SysML中对要求进行建模，除了已知的物理知识外，还需要专家的相关知识，并将这种知识体现在模型中。根据粒度（同层，其他层）、可量化（定性，定量）、方向（单向的，不同方向的）、强度、支持特征（正面，负面，排他性）、连接特征（直接连接，间接连接）和关系类型（有条件的，局部的，时间的），可对水平的模型内关系进行更进一步的分析。通过分析这些系统收集的关系，可进一步识别相关的对象，从而实现模型的完整性。现在可以使用辅助分析工具正式检验这种关系模型的不一致性和冲突目标[5]。

图 5.3 所示为采用扩展的 SysML 表示法表述的一个车辆关系网络片段。图左上角显示了客户特定的目标系统（系统概念和系统目标），右边是产品生命周期中的对象（应用情形）。目标和应用情形与要求相关，即二者构成了创建要求的基础。此外，要求被进一步归纳到系统的组件中（图下面）。物理上可描述的关系可以通过"约束"来描述。只有定性可描述的关系可以模型化为"轨迹"，并通过其他（"标签定义"）进一步给予描述。

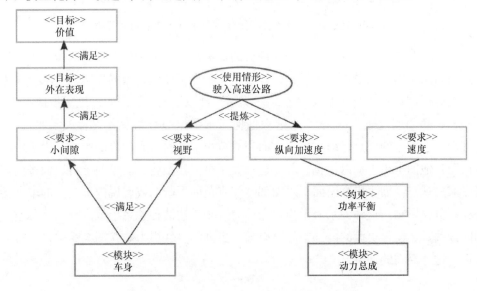

图 5.3　扩展 SysML 表示法中的关系网络片段

在图 5.3 所示的例子中，应用情形为"驶入高速公路"，要求是"加速度高"与"视野良好"，这两个要求可以通过"车身"组件来实现。轻量化的车身具有更小的加速阻力，在相同的功率下可以实现更快的加速。设计良好的车身构造，特别是 A 柱和 B 柱的位置和形状，可以确保驾驶员具有良好的全方位视野。小的装配间隙可以满足视觉外观要求，从而实现"价值性"的目标。

图 5.4 显示了一个典型的目标冲突的例子：由应用情形"自动化总装"可以得出在"车身"层面上的"入口宽度"要求。入口宽度应当尽可能大，以方便位于汽车外面的机器人系统来装配内部组件；当将该要求继续传递到子系统，则影响到了 A 柱的"上部固定点"的要求。因为上部固定点应当和下部固定点垂直设置，即 A 柱的倾斜角度应与 x 轴成 90°。另外，在更高的层面上，同时还要求车身具有更小的风阻，这就需要 A 柱有一定的倾斜角。对于这样的目标冲突，需要通过开发新的生产工具或者是车身的妥协造型设计来加以解决[12]。

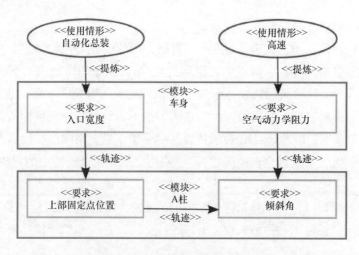

图 5.4 通过链接子系统级别的要求来实现冲突目标的示例

对于庞大复杂的系统来说，许多相互冲突的目标只有借助于分析工具的帮助才能得以发现，这是因为系统内的关系过于多样化，并且往往超出了专业领域的界限，这就意味着个人无法再对其进行调查。在 SysML 模型中，关系由"轨迹"表示，例如：进一步指定"支持"性能（正面，负面或排他性）。图 5.5 示意性地显示了作为对象及其支持关系的三个要求。按照空气动力学专家的观点，缩小横截面面积对减小空气阻力有积极的影响。由于空气阻力也可以借助其他手段来加以优化，所以这种关系可以模型化为弱单向支持。而按照汽车内部空间专家的观点，缩小横截面面积对内部空间有负面影响，或者说内部空间的增加会对横截面面积有负面影响。这种关系表示为双向冲突。知道这两种关系导致内部空间和空气阻力之间的间接关系，使得更大的内部空间可以导致更高的空气阻力。在图 5.5 中，通过附加的箭头标记了这一潜在的冲突。

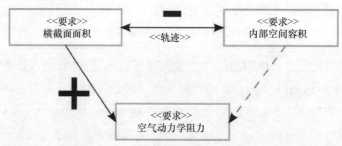

图 5.5 在扩展的 SysML 表示法中冲突与支持需求关系的图示[13]

对模型进行系统的计算机支持的评估，可以识别在早期难以检测的目标冲突。为此，所有正式存在的间接关系都是在现有直接关系的基础上显示的。以这种方式可确认已建模的关系，并提出全新的关系。现在，智慧的使用者必须判断所显示的关系是否存在，并且影响是否大到需要包含在模型中。为此，各专家之间展开讨论是必要的，尤其是在涉及跨学科的关系方面。

如果发现目标冲突，就必须制订解决方案的策略了。根据目标冲突的具体化程度，可以修改单个组件或更换技术。在很多情况下，解决方案是可以做出妥协的。如果无法实现令人满意的妥协,则必须对整体解决方案提出质疑。

5.1.3 概念建模与评估

在上面的 SysML 模型中,对影响因素、要求、技术和组件以及相互之间存在的关系进行建模。因此,开发工程师可以创建不同汽车方案的模型。该工具的目标就是为开发团队提供整体的系统视图,并理解汽车方案的复杂的相互关系,从而支持决策,特别是在方案定义阶段。

为了给汽车方案建模,整个车辆的所需组件被生成为块定义图中的块。组件选择的基础是前面定义的要求以及将要求分配给原则上能够有助于满足要求的构件组(例如,电池有助于满足行驶距离要求)。接下来,在图表中展示了系统组件以及子系统的组件。不同的使用者可以同时对该模型进行加工修改,并且通过不同部门(组件负责人)的合作使概念具体化。由于已经通过关系对每个组件的整个系统的分类进行了建模,因此可以跟踪来自其他系统的必要信息,并且可以快速地识别负责人。此外,组件负责人会收到对其组件的影响的概述,或者组件会对哪些相邻系统产生影响的信息。一旦定义了组件及其属性,专家就可以通过在模型中设置相应的关系来确认要求是否得到满足[13]。

现在,该模型由另一个分析工具进行评估。此时,生成两个报告:第一个(图 5.6,左图,见彩插)显示了方案已经满足的要求比例。此外,该报告还区分了在其责任范围内履行相应要求的部门。此外,根据优先级(固定要求,最低要求,期望)区分要求。通过分析,开发人员和项目管理人员可以快速了解当前的项目状态。

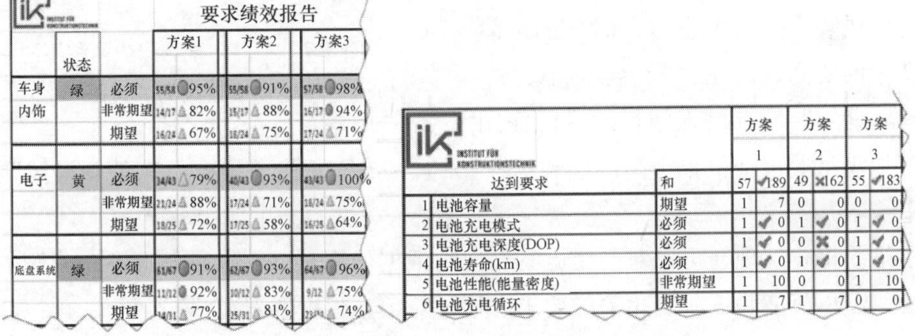

图 5.6 要求满足(左)和方案对比(右)

第二份报告(图 5.6 右图)是将不同的方案进行比较。首先,以列表形式生成汽车方案要满足的所有要求。对于每个方案,检查是否满足要求。如果尚未满足固定要求,则将该方案排除或进一步进行阐述。其余的要求用于方案的评估。不同的要求加权不同。权重是根据优先级(最低要求,期望)和关联强度计算的。可以假设,减少整个系统环境中高度互联的要求很难通过额外措施得到补偿。另一方面,满足关联度较低的要求,可能比较容易受到局部措施的影响。这样一来,该报告不仅显示了不同方案的顺序,而且还立即确定了弱点和针对弱点最有效的优化方法。由此生成的整体系统透明度,使得在开发过程中可实现更少和更有效的迭代循环。

未来汽车的目标和特征的确定具有很大的不确定性。未来的发展决定了汽车组件和要求。定义目标的先决条件是未来的预期情景，其中包括了诸如政府对电动车的激励措施或者能源成本的发展趋势等因素。此外，在方案阶段，只能对某些组件的属性进行估计，尤其是在新技术的情况下。例如，很难预测在2030年，锂空气电池是否可以作为适合批量生产的组件使用，或者纤维增强复合材料的价格和制造技术将如何发展，以及可以使用哪些连接技术[14]。根据所定义的未来使用场景，分析工具有助于透明地呈现以及系统地分析汽车方案的风险，并为新车型面对的风险技术和趋势提供了决策依据。为此，首先定义了四种极端情景。一个轴是市场可接受的绿色流动性。另一个轴是政府支持此类流动性的可能性。通过把未来技术定向分配到不同情景中，可进行风险评估，例如，针对未来的电动车和针对欧洲市场的必要架构的建议，参见文献[15]。

分析的结果是一个图表，其中提供了关于在考察的未来场景中，满足要求的程度及其风险的概念，见图5.7。图中，纵轴表示目标实现的风险。为此，假设对方案的影响乘以相应场景中出现的概率，横轴则表明了要求满足的程度。因此，理想的汽车方案应该位于图表的右下角。图5.7中彼此对比的图表还显示了选择另一种场景将如何影响汽车方案的风险。在传统时代（就是说，一切都没有改变），电动车方案的风险很高；而在"绿色"时代，电动车方案的风险则很低。如果将这两个方案相对于彼此进行比较，显然会有明显有不同的风险。方案1在传统时代的风险比方案2中的要高，而在"绿色"时代中则完全相反。此外，纤维增强塑料的广泛使用

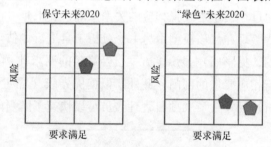

图5.7 不同未来场景中两种不同电动车方案的决策图

可以更好地满足要求（例如更高的续驶里程），但在传统时代会导致更高的开发风险（例如高的制造成本）。

通过这些报告，现在可以对一个方案做出有根据的决定。在这种情况下，对影响因素的系统考虑，需尽可能涵盖所有相关的要求。通过对关系建模并对其进行分析，可以在方案制作中识别并考虑可能出现的目标冲突。最后清楚地列出了要求满足及风险评估。现在，把所选择的方案导入后继的工具（例如Simulink，Catia）中，可使用现有信息，并将其反馈到SysML模型中，以便通过适当的接口进行后续的重新评估。

5.2 用于汽车结构推导的计算方法

今天的汽车结构是汽车工业百年来工程经验的结晶，随着材料的使用、设计原则、制造和生产过程的逐步改进而不断进步。从轻量化的角度来看，要在如今的结构基础上进行纯粹增量改进进一步减轻重量仍然是一个挑战。这需要在产品生成过程中采用合适的方法和工

具,而新方法和工具的使用又促进了新型车身结构的构件的出现。在产品开发的早期阶段,采用强大的 CAE 驱动的结构设计手段有助于在多材料设计道路上进行轻量化构造的开发。

5.2.1 概念开发阶段的拓扑优化方法

汽车结构的概念设计必须特别要考虑到舒适特性和驾驶特性(例如扭转刚度、NVH)、轻量化原则(例如材料、构造)和安全要求(不同的碰撞情形)。碰撞行为的拓扑优化是一个高度非线性的问题,具有各种优化变量,具有依赖于应变率的材料行为和非常大的变形。为了优化动态载荷下的结构,正在持续开发数值策略[16]。用于拓扑优化的商用有限元工具通常仅限于静态系统,而静态系统只能有条件地考虑非线性。

迄今为止,在构件设计方面的拓扑优化方法已经得到了很大的发展,但是在白车身开发中,这些方法还存在一些基本问题:

— 优化目标(刚度/频率最大化、质量最小化等)和优化条件(最大允许位移、最大允许应力等)的选择及其组合。

— 用于推导出各种碰撞情景的静态等效载荷与边界条件的方法。

— 单一载荷情形的加权(扭转、弯曲、碰撞等)以及与各种参数相关的解决方案的敏感度(元件单元密度、力、体积分数等)。

5.2.1.1 优化战略

考虑优化目标和条件选择及其组合的两种主要优化战略如图 5.8(见彩插)所示。战略一的目标是刚度最大,其考量是质量或者体积分量不会超出一个极限值。战略二的目标是重量最小,其条件是位移不会超过极限值。战略一的结果在定性上是准确的,但是载荷路径没有发生变化,这与载荷大小或者材料选择无关。在战略二中的载荷路径发生变化,变化强度与载荷大小或者材料选择有关。基于这些差异,可以对结构方案进行量化。

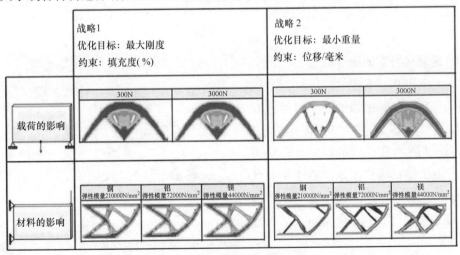

图 5.8 优化目标、优化条件的选择和条件及其组合[17]

如果通过选择的"设计空间"确保不会发生非常大的变形,那么就可以避免与碰撞过程相关联的高度动态的非线性失效机制。按照对汽车的安全要求，乘客舱在碰撞后尽可能保持"无侵入"状态，因此可以假设，汽车结构的很大一部分表现几乎是线弹性的，没有发生大的变形[17]。因此，通过线弹性优化工具确定最优化载荷路径是相关的而且是有意义的。静态等效载荷是线弹性分析中的载荷，在动态非线性分析中会产生几乎相同的结构行为。

在白车身结构的开发过程中，载荷大小的加权是另一个重要的因素。通常来说，动态载荷的值比静态载荷的值要高出一个数量级。因此，为了生成有意义的载荷路径方案，需要适当的加权因子。在图5.9（见彩插）中，利用简化的试样模型说明了加权因子的影响。虽然力参数 F_2 是 F_1 的两倍大，当力参数 F_1 的加权比 F_2 大1000倍时，由力参数 F_2 产生的载荷路径就会消失。

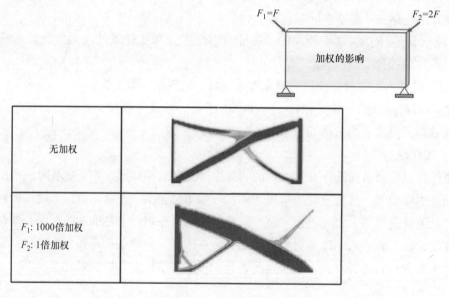

图5.9 加权的影响

5.2.1.2 轻量化方案的推导

拓扑优化可用于构件与组件的设计，同样也可用于白车身结构的开发。通过在产品开发过程中整体应用拓扑优化方法，可以开发出新颖的和改进的轻量化解决方案。图5.10（见彩插）展示了基于拓扑优化的车身开发基本思路。它需要一个考虑到更高级别要求的"设计空间"，如总布置。

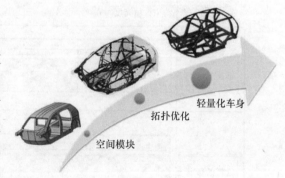

图5.10 借助拓扑优化进行车身开发的基本思路

在优化结果的基础上，可以推导出不同的汽车构造，如图5.11（见彩插）所示。构造的选择取决于各种因素，如数量、成本或者品牌。在这种情况下，基于模型的要求管理工具（参见5.1节）可以促进选择过程。

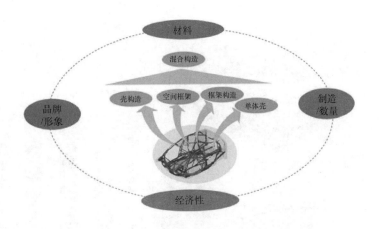

图5.11 基于优化结果的设计选项

5.2.1.3 壳构造——示例说明

在图5.12中显示了紧凑级简化的钢密集汽车构造，设计采用壳构造方式，用来说明与传统结构相比的重量优势。设计采用简化的承载板构件：U形型材、增强和蒙皮。采用的板材厚度为0.7~2.3mm，重量约为220kg（含风窗玻璃），扭转刚度约为55000N·m/(°)。

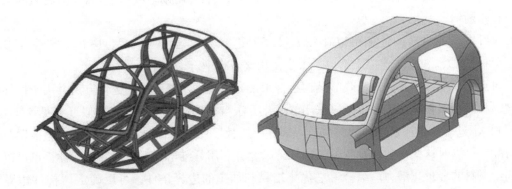

图5.12 由钢制成的壳构造方案示例

根据所应用的载荷情形，板材构件厚度分布可以针对特定重量进行优化，如图5.13（见彩插）所示。在纯扭转应力下，车身的重量约为135kg，可获得高于平均值的扭转刚度。如果考虑到扭转、弯曲和正面碰撞的应力载荷情况，则具有高于平均结构性能的结构的重量增加至175kg。

在车身制造中，整体使用拓扑优化方法可以提供非常高的轻量化潜力。将载荷路径实现为预先确定尺寸的概念架构，需要强大的技术规格和技术经济评估标准作为支撑。为了实现最佳满足要求的构造，需要全面系统地考虑到制造技术、材料、生产过程和连接工艺。为了提高开发效率，需要相应的系统管理工具。

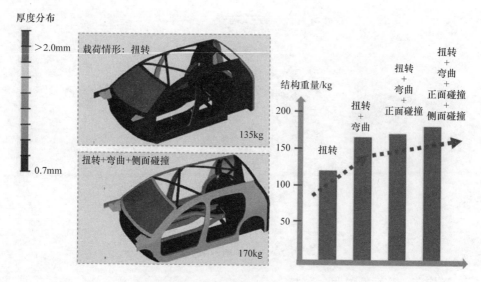

图 5.13　板材厚度分布优化[17]

5.2.2　概念开发——以纤维增强材料为例

由于纤维增强材料密度低、力学性能好,因此,在汽车制造中使用纤维增强材料的重要性正在不断增加。

对纤维增强材料的性能可以在几个尺度上进行数值建模:微观、中观、宏观(参见6.4.2.5 小节)。对于工业应用来说,大多使用宏观模型。

对于主要功能不是能量吸收的结构组件来说,可以采用静态结构优化方法,用于推导纤维增强材料密集型汽车方案。可以采用的优化方法与拓扑优化方法战略类似(参见5.2.1.1 小节),不过要特别注意特殊的参数,特别是层压板厚度、纤维取向和堆叠顺序。根据载荷的情况,可以对这些参数进行匹配,这样可以充分利用纤维增强材料的各向异性,也可以充分利用材料的轻量化潜力。综合考虑优化结果和加工的边界条件,可以确定"构件边界",这样就可以在产品开发的早期阶段确认所需纤维增强塑料构件的数量。

在发生碰撞的情况下,碳纤维增强塑料具有非常好的能量吸收能力。为了准确地对碰撞过程的失效物理学(纤维断裂、分层、热传导等)进行准确模拟,需要更好的计算模型。对于力-位移曲线和载荷分布的定性理解有助于结构方案和/或设计。为此,使用了特殊的材料模型[18]。通过与任务相对应的有限元模型进行适当标定,可以预测构件故障。德国宇航中心车辆概念所对简化的样件几何形状进行了各种研究(图5.14,见彩插)。样本上的动态载荷(v)表示了抽象的碰撞载荷情形。在这些研究的基础上,设计了实际使用的汽车碳纤维增强塑料构造构件,同时进行了数值计算和设计,最后进行了试验验证(见第5.3.2 小节)。

图 5.15 举例说明了在动态弯曲应力载荷作用下,对样件进行各种试验研究的数值仿真验证。

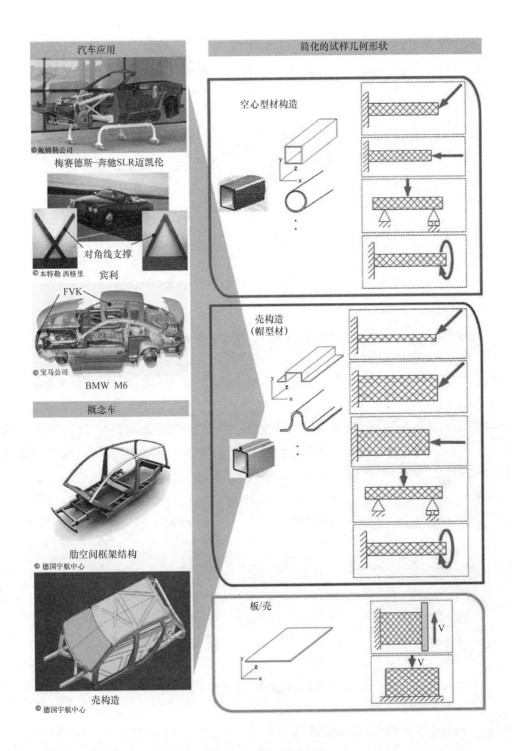

图 5.14 简化试样几何形状研究

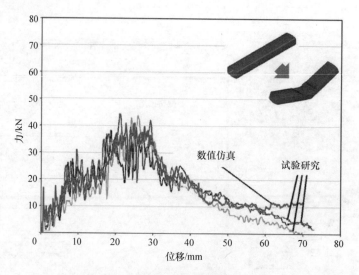

图 5.15　数值仿真与试验研究的比较

5.3　应用示例——纤维复合材料密集的肋空间框架构造

德国宇航中心车辆概念研究所开发的纤维复合材料密集肋框架和空间框架方案基于中高档车的要求，可以容易且安全地集成可替代能源的驱动方案。来自可替代驱动领域的地板结构的多种集成可能性更增加了整车方案的竞争力，并且说明在概念阶段就已经考虑到了这一主题。由于肋空间框架构造在可替代驱动和模块化构造的集成能力方面具有灵活性，因此与传统的碳纤维复合材料密集型车身构造相比，有一些优点（图 5.16）。

标准	单体壳构造	底盘-车身构造(双模块)	肋空间框架构造
重量	+++	++	++
刚度	+++	++	++
应用平台战略	+	+++	++
模块化可行性	++	+	+++
适合于大批量生产与个性化定制	+	+++	++
成本潜力	+	++	++

图 5.16　碳纤维复合材料密集型车身概念的构造对比

5.3.1　关键构件环状肋的功能原理

在这种新的构造方案中，环状肋作为"心脏"构件，在设计和尺寸方面增加了复杂性。具有代表性的是 B 肋，替代了传统汽车中的 B 柱。多材料设计结合了材料和构造，可以根据生产批量来选择经济的轻量化最优方案[19]。在德国宇航中心的概念中，肋采用纤维复合构造方式展示。B柱环状肋的造型和设计则必须考虑到对这一构件的安全要求，特别是在发生侧面碰撞时保证乘员舱的稳定，也就是说，按照IIHS标准，尽可能最少地侵入乘员舱，并且用于在侧面碰撞中保持加在乘客上的加速度极限值。

环状肋方案背后的创新功能原理基于整体稳定的B柱区域，在顶部翼梁区域将具有铰接头，在驾驶员/前排乘员座椅下方具有"高性能吸收"。这样，在碰撞单元吸收最大冲击能量的时候，肋的变形最小。图5.17展示了环状肋在汽车中的位置以及相应的力学等效转换图，其中在顶部区域有铰接头，在碰撞元件中具有非常刚性的B柱和弹簧减振系统。

图5.17　B柱环状肋（左图，汽车中部）与力学等效模型（右）

5.3.2　开发与设计

开发过程主要集中在可利用的空间、结构力学和制造等方面，如图5.18（见彩插）所示。整个过程包括了预设计、设计与确定尺寸、细节设计以及试验验证。在开发的早期阶段就采用了有限元计算的方法，以支持肋的几何形状与横截面的设计。肋采用两个碳纤维增强塑料壳，内部放置了碳纤维增强塑料Ω形加强筋。首先对壁厚进行了分析估算：

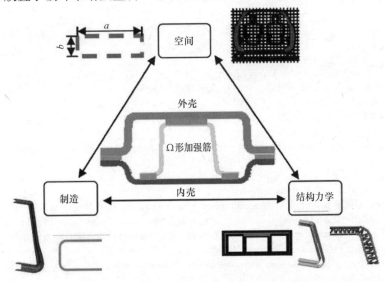

图5.18　开发过程：相关性和边界条件[20]

- 外壳：由于力导入以及为了保持凸起稳定性，壁厚要大一些。
- 内壳：在碰撞的时候只承受拉应力，因此，壁厚薄一些。
- U 形加强：壁厚的设计用于防止杆的局部凸起。

在对几何形状进行优化（拓扑优化）和分析后，可以对纤维方向进行进一步的迭代计算。下面给出的数值为在（0°/±45°/90°）方向上的纤维百分比。

- 外壳：（65/25/10），在 0°纤维取向上纤维比例很高，主要是作为抗弯梁承受压载荷，并吸收直接的冲击载荷。
- 内壳：（65/25/10），在 0°纤维取向上纤维比例很高，以吸收拉应力载荷。
- Ω 形加强筋：（50/40/10），在 0°和 ±45°纤维取向上纤维比例很高，这是因为承受弯曲应力载荷和剪切应力载荷的综合作用。

根据预设计的假设与得到的结果，现在可以采用有限元方法，针对最终的尺寸设计进行静态和动态计算，得到的结果是纤维取向、层数和壁厚的精确结果。图 5.19（见彩插）所示为有限元分析（左）与试验研究（右）结果的对比。

图 5.19　有限元分析及其试验验证

参 考 文 献

1. Lesemann, M., Funcke, M., Ickert, L., Eckstein, L., Malmek, E.-M., Wismans, J.: Integrated Architectures for Third Generation Electric Vehicles – First Results of the ELVA Project. European Electric Vehicle Congress – EEVC. (2011)
2. The Official OMG Systems Modelling Language (SysML) site: http://www.omgsysml.org/ (2012)
3. Braess, U., Seiffert, H.-H.: Vieweg Handbuch Kraftfahrzeugtechnik, 5. Aufl. Vieweg, Wiesbaden (2007)
4. Wallentowitz, H., Freialdenhoven, A., Olschewski, I.: Strategien in der Automobilindustrie – Technologietrends und Marktentwicklung. Vieweg, Wiesbaden (2009)
5. Stechert, C.: Modellierung komplexer Anforderunge. PhD-Thesis. Dr. Hut, München (2010)
6. Nehuis, F., Ibe, M., Stechert, C., Vietor, T., Rausch, A.: Clustering regional-specific requirements as a methodology to define the modules of a car concept. In: Proceedings of CIRP Design Conference – Sustainable Product Development, Bangalore, 28–30 March 2012
7. Roth, K.: Konstruieren mit Konstruktionskatalogen. Konstruktionslehre, Bd. 1. Springer, Berlin (2000)

8. Chahadi, Y., Birkhofer, H.: Begriffssystem zur Unterstützung der automatisierten Aufgabenklärung (Anforderungsermittlung). Proceedings of 19. Symposium Design for X, Neukirchen. (2008)
9. Weber, C.: CPM/PDD – An Extended Theoretical Approach to Modelling Products and Product Development Processes. Proceedings of the 2nd German – Israeli Symposium for Design and Manufacture, Berlin., S. 159–180 (2005)
10. Homepage des Deutschen Wetterdienst: http://www.dwd.de/ (2012)
11. Humpert, A.: Methodische Anforderungsverarbeitung auf Basis eines objektorientierten Anforderungsmodells. PhD-Thesis. HNI-Verlagsschriftenreihe, Paderborn (1995)
12. Schmitt, J., Inkermann, D., Stechert, C., Raatz, A., Vietor, T.: Requirement oriented reconfiguration of parallel robotic systems. In: Dutta, A. (Hrsg.) Robotic Systems – Applications, Control and Programming. InTech, (2012). ISBN 9789533079417
13. Ruelas, S.J.G., Schindler, W., Stechert, C., Vietor, T.: Requirements management and risk analysis for future vehicle architectures. FISITA World Automotive Congress, Beijing, China, 27.–30. November. (2012)
14. Prüß, H., Stechert, C., Vietor, T.: Methodik zur Auswahl von Fügetechnologien in Multimaterialsystemen. Design for X – Beiträge zum 21. DfX-Symposium. (2010). ISBN 9783941492233
15. SEVS: Safe Efficient Vehicle Solutions. SAFER/SHC, Gothenburg (2010)
16. Moon-Kyun, S., Ki-Jong, P., Gyung-Jin, P.: Optimization of structures with nonlinear behaviour using equivalent loads. Comput Methods Appl Mech Eng **196**, 1154–1167 (2007)
17. Krishnamoorthy, S.K., Beeh, E., Roland, S., Friedrich, H.E.: Methodik zur Karosserieentwicklung mittels Topologieoptimierung. Tagung Faszination Karosserie und Fahrzeugkonzepte, Wolfsburg, 13.–14. März 2012
18. Krishnamoorthy, S.K., Höptner, J., Kopp, G., Friedrich, H.E.: Prediction of structural response of FRP composites for conceptual design of vehicles under impact loading. In: 8th European LS-DYNA Conference, 23.–24. Mai 2011
19. Schöll, R., Friedrich, H.E., Kopp, G., Kopp, G.: Innovative Fahrzeugstruktur in Spant-und Space-Frame-Bauweise. Automobiltech. Z. **111**, 52–58 (2009)
20. Nickel, J., Wiedemann, M., Hühne, C., Schöll, R., Friedrich, H.E.: B-Säulen-Ringspant in CFK-intensiver Bauweise für ein Multimatieralauto. In: ATZ-Fachtagung Werkstoffe im Automobil, Stuttgart, 18.–19. Mai 2011

第 6 章
用于汽车制造的轻量化材料

哈优·迪因加，克劳斯·德勒斯勒，托马斯·埃维茨，沃尔克·弗拉斯加，彼得·弗瑞尔，莱内尔·盖多，扎卡里加斯·乔治欧，鲁道夫-赫曼·格罗内鲍姆，卡尔·乌尔里希·凯内尔，诺伯特·克维亚彤，克里斯蒂安·勒斯，克里斯多弗·莱因斯，安德里亚斯·穆勒，曼努尔·奥托，曼弗雷德·彼得斯，约翰姆·夐特勒，托马斯·舒尔茨，盖拉德·魏德戈尔，盖哈德·希格曼

6.1 钢

由于具有良好的强度和延展性、丰富的资源和相对低廉的制造成本，钢一直是汽车工业最重要的材料之一。近年来，对于汽车的轻量化、安全和环保要求不断提高，这对钢材的生产和使用也产生了影响。尤其是全球二氧化碳排放法规的实施，一方面造成能源成本上升，另一方面则迫使汽车燃料消耗不断下降。与此同时，对汽车使用材料的回收率要求也在不断提高。除此之外，客户对于汽车产品的安全性、舒适度和性能要求也在不断提升。只有通过轻量化技术解决方案，才能满足这些彼此联系甚至相互矛盾的要求。在实现汽车工业的经济性方面，高强度钢、超高强度钢起着核心的作用。

基于上述原因，从20世纪90年代中期以来，具有更高强度和更好成形性能的钢材（烘烤硬化钢、高强度无间隙原子钢、多相钢）被不断开发出来，并在汽车工业中得到了广泛的应用，新的钢材如HSD钢（见6.1.9小节）即将得到应用。

最新的钢材发展趋势是超细晶粒钢和纳米颗粒钢的开发。这两种材料目前还处于研发阶段，以"微结构工程"作为基础，其目标是有效地利用、使用和控制材料的强化机制发挥作用。

6.1.1 钢材料基础

6.1.1.1 钢合金的多样性

对于汽车技术的所有领域来说，钢都是最重要的材料。在刚开始有发动机的时候，钢就在汽车工业中占据着主导地位。在现代汽车产品中，采用的材料平均60%为钢材[1]。通过本章节的介绍，可以看出，为什么钢材会在汽车制造中占据着主导地位。从总量上看，由于所具有的性能、生产形式的多样性，钢是乘用车、货车与其他商用车的理想设计材料。

钢所具有的性能是基于化学元素铁以及其他金属和非金属化学元素无穷尽的组合而形成的。在这样的情形下，合金元素在钢材中所占的质量百分比可以从 10^{-6} 级到 30%，可以实现技术上和物理上有意义的混合比例，而且具有很好的经济效益。碳是钢最重要的合金成分，在钢中的质量百分比可以从 0.001% 到 2.06%，针对特殊应用甚至可以达到 2.3%[2]。表 6.1 显示了钢材中最重要的合金元素所占的质量分数，这些比例在技术上是可实现的。

表 6.1 合金元素在钢中所占的最大比例

合金元素	最大质量分数（%）	示例	来源
C	2.3	工具钢 LSS D7	[2]
N	0.25	XD15NWTM（种类 X45CrMoV15-2）	[3]
P	0.5	开发中的防腐蚀钢	[4]
Al	2.5	HSD® 钢	[5]
Cu	2.0	X5NiCrMoCuTi20 18	[6]
Mo	2.6	X2CrNiMo18 12	[6]
Ti	5.0	钛合金耐腐蚀低碳钢	[7]
V	2	X40CrMoV5 1	[6]
Nb	0.76	X8 CrNiNb16 13	[6]
Cr	26	X1CrMo26 1	[6]
Mn	22	XIP-1000	[8]
Ni	36	X12NiCrSi36 16	[6]
Si	6.5	JNEX-Core	[9]
B	0.6~1.4	高铬高速钢	[10]

6.1.1.2 金属物理构造与合金组织

钢的概念意味着铁碳合金，其中碳的含量低于 2.06%。铁最重要的两种变异形态是铁素体和奥氏体。在纯铁中，奥氏体在 911~1392℃ 下是稳定的，为面心立方体结构。当温度降到 911℃ 以下，奥氏体会转变成铁素体，从而变为体心立方体结构。图 6.1 所示为在体心立方体和面心立方体晶体结构中周期性出现的原子，也就是最小的单元。上面的二维图清楚地表示了晶格中的数量级比例，下面的三维图则给出了原子在晶格中的位置。

表 6.2 给出了合金元素与伴随元素的原子直径及其最大溶解度，这是形成均匀合金的前提。为了清楚地显示铁元素与合金元素之间的关系，图 6.2 显示了原子直径比例。

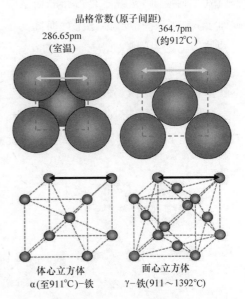

图 6.1 铁的铁素体与奥氏体的晶格构造
（无外界原子，没有受到破坏）

表 6.2 钢中最重要的合金元素与伴随元素在 α 铁与 γ 铁中的原子直径和溶解度

元素	原子直径/pm	最大溶解度，α-铁 质量分数（%）	最大溶解度，γ-铁 质量分数（%）
C	145	0.03	2.1
N	148	0.1	2.8
P	186	2.25 [12]	0.25 [13]
S	108	0.02	0.05
Al	286	29	0.6
Cu	256	2.1	12
Mo	280	31	1.7
Ti	294	8	0.7
V	270	100	1.3
Nb	294	1.2	1.6
Cr	258	100	12.5
Mn	274	3.5	100
Ni	250	6	100
Si	234	11	1.7
B	178	0.002	0.005
Ca	394	−0	−0
H	74	0.0003	0.0009
O	148	0.0008	0.0007
Fe	248	—	—

与溶质原子相对应，在铁晶格中，外来原子或者是将铁原子从晶格中挤出去并加以替代（如锰原子），或者是占据晶格空隙（如碳原子）。前一种情形称之为置换固溶体，后一种情形称之为间隙固溶体，如图 6.3 所示。

不论是哪种情况，都会导致铁晶格挠曲，也就是说，晶格常数发生变化。可以想象的是，只有氢原子由于尺寸很小，可以在晶格中无挠曲置换。图 6.4 所示为真实的合金钢中的固溶体组合。

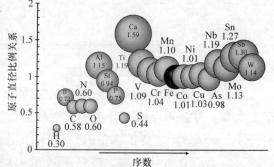

图 6.2 合金元素与伴随元素在原子直径上与铁的比例关系

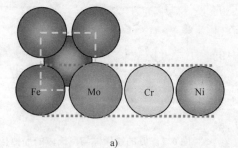
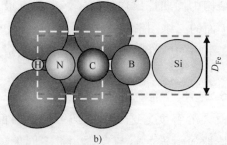

图 6.3 在 α 铁晶格中溶解的原子比较

a）置换固溶体　b）间隙固溶体

外来原子的大小和数量甚至会影响到铁的基本结构。当温度在910℃以下的时候，不会发生从面心立方体到体心立方体结构的变化。如图6.1所示，钢的晶格结构直至室温保持为"奥氏体"。

单一合金元素与伴随元素在合金中所占的比例对铁素体晶格和奥氏体晶格挠曲影响的程度如图6.5所示。

与未合金化铁的初始状态相比，晶格的挠曲都会提高钢的强度。强度提高的程度则取决于合金元素及其比例。图6.6所示为不同的合金元素对强度的影响。通过进一步的机制对金属晶格产生附加影响，合金元素对强度的影响会得到加强。下面对这些机制做简要的介绍。

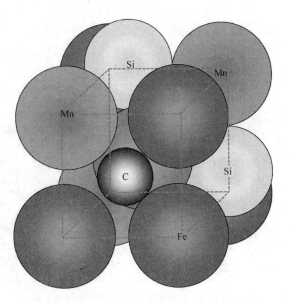

图6.4 受到锰、硅、碳影响的α铁晶格构造

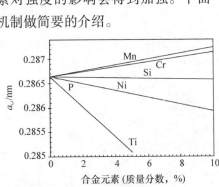

图6.5 室温下，合金元素对铁素体（图a）和奥氏体（图b）的晶格常数a的影响

要提高合金强度，不仅可以通过伴随元素溶解的方式，还可以通过其他的机制实现，如析出、偏析以及金属间化合物等。元素与化合物的溶解度与温度相关。在缓慢冷却的情况下，尤其是从γ相过渡到α相，会发生析出现象。一个典型的例子是渗碳体Fe_3C优先在晶界上析出。如果冷却速度加快，合金元素强迫溶解，则析出过程会随着时间的变化而发生变化。采取重新加热的方式，可以使析出加速。

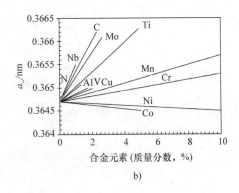

图6.6 室温下，合金元素对铁素体强度提高的影响

单一原子之间的化学反应也与温度和压力有关。在不同的温度下，会形成氮化物、碳化

物等。尤其是原子的大小、数量与分布会直接或者间接地影响到钢的性能，特别是微合金元素铌、钛或者钒等造成的析出（比较6.1.4小节）。

6.1.1.3 真实结构与性能的多样性

晶粒从来不会有无缺陷的晶格构造，外来原子、空位、错位（晶格面移动）、晶界和析出等都属于晶格缺陷。原子半径不同以及在凝固时的不规则性都会产生晶体复合物，晶体复合物在晶体（晶粒）内的形状、大小和方向各不相同。图6.7（见彩插）所示为带有典型缺陷的钢晶体实际结构。

合金元素对基体的影响不仅会导致晶粒变化，也会直接影响到钢的物理性能。下面以密度为例加以说明。考虑到合金元素对钢晶格参数的影响，因此不能忽略合金元素对钢的密度影响，尤其是对于高合金钢。一般来说，知道了原子质量、元素的晶胞体积与合金分量，就可以计算钢的密度了。在室温下，单一元素分量对（钢）双合金的影响如图6.8所示。密度的计算结果和测量结果的比较如图6.9所示。

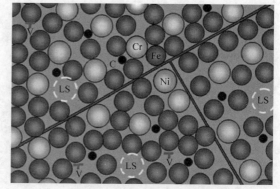

图 6.7 实际的晶格构造中的外来原子、空位（LS）、错位（V）和晶界等缺陷

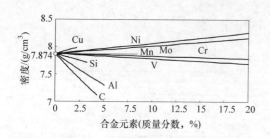

图 6.8 合金元素对钢密度 ρ 的影响

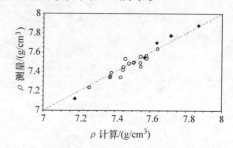

图 6.9 铁－锰－铝－硅合金密度的计算结果和测量结果的比较

如果只计算纯铁，则在室温下，α钢的理论密度为 7.7874g/cm³。实际中的试验测量的结果也非常接近计算结果，见表6.3。其他的物理性能主要受到铁原子体心立方晶格行为的影响。表6.3中给出了纯铁和钢的部分物理性能对比。

表 6.3 室温下纯铁和钢的部分物理性能的比较

物理性能	单位	纯铁 [18]		实际钢示例	文献
密度	g/cm³	7.86	7.35	X70 MnAlSi 15 2.5 2.5	[5]
弹性模量	GPa	207	180	X70MnAlSi 15 2.5 2.5	[5]
横向收缩系数		0.283	0.27	X2CrNiMo18 12	[6]

(续)

物理性能	单位	纯铁[18]		实际钢示例	文献
热导率	J/(m·K)	80	25	X10Cr13	[6]
导热性	m²/s	22.8×10⁻⁶	4×10⁻⁶	X15CrNiSi20 12	[6]
平均线胀系数	1/K	12×10⁻⁶	15×10⁻⁶	X10NiCrAlTi32 20	[6]
平均比热容	J/(kg·K)	449	450	X2CrNiMo18 12	[6]
声速	m/s	4919	5746	X18CrNiMo22 5 3	[19]
硬度	HVC	100[20]	830	AISI D7	[21]
抗拉强度	MPa	200[22]	2120	钢300M，油硬化与回火	[23]

很显然，通过合金化，钢的物理性能会在很大的范围内发生变化。这种变化也包括了本章节中没有提到的电子性能和磁性能。合金元素的影响程度大小不一，关于这方面的知识可以参阅相应的专业文献，如文献[24]。

对于钢的性能，还可以通过上面所描述的金属物理机制来加以控制。在钢的加工生产过程中，采用有针对性的热处理或者机械处理，可以得到相应的性能。通过这些方式，开发出了针对汽车工业需求的钢的品种，典型的有：

— 无间隙原子钢（IF钢，即Interstitial-Free钢，也就是说，钢没有植入的中间晶格原子）。

— 烘烤硬化钢（在加工中再次加热后，钢的屈服强度升高）。

— 微合金钢。

— 多相钢。

— 硬化（调质）钢。

在6.1.3小节，6.1.4小节，6.1.5小节，6.1.6小节中，对上述钢会给予详细的介绍。除此之外，目前开发的钢品种也即将进入市场。此外，还有超细晶粒钢和纳米强化钢，如TRIPLEX钢和TWIP钢（孪晶诱导塑性钢），6.1.7小节，6.1.8小节和6.1.9小节将对此给予介绍。

6.1.1.4 回收能力与普遍使用的重要原因

钢的物理性能很宽泛，同时又具有非常优异的工艺性能。无论是在加工、使用还是回收方面，都可以满足最高的要求。几乎所有的构件都可以采用符合性能要求、价格低廉的钢来设计，因此，在汽车工业中，特别是大批量生产的车型中，钢始终是主要的、物美价廉的材料。

钢是用氧化铁制造的，氧化铁的矿物储量十分丰富。另外，钢是完全可回收的，而且可以无限制次数地回收使用。目前世界范围内生产的钢材几乎一半是采用回收钢材生产的，钢材也是目前世界范围内回收最多的材料。钢的回收可以采用磁技术进行，简易环保经济，可以很方便地从其他工业废料以及家用垃圾废料中分离出来。即使是无限制地回收利用，钢的质量也不会降低。另外，对于表面处理过的钢或者不锈钢也可以高效地加以回收利用。

没有任何一种材料能像钢一样形成稳定、闭环与组织良好的循环过程。由于具有这些优点，钢铁工业可以节省能源，保护地球资源。

6.1.2 钢种类与交付形式

6.1.2.1 概述

德国钢铁联合会目前注册使用的欧盟钢材[25]种类有2650种（2015年9月24日数据）。如果将不同厂家实际生产使用的钢材包括在内，钢的种类大约在2500种[26]。其中，很大一部分以不同的形式和规格应用于汽车工业中，主要用来制造汽车的车身、底盘、驱动系统和车轮等[27]。同时也有部分用于排气系统、附件、装备等。只有当现有的钢种类资源得到充分的利用，才能充分发挥钢在汽车轻量化中高效经济的潜力。由于钢的种类和制品形式繁多，无论是对于汽车制造企业的研发部门还是采购部门来说，标准化都是不可回避的。识别系统的确定也是如此。不过，这里需要指出，标准需要定期更新，以符合技术知识发展现状。下面的数据都是基于最新的发布日期。

6.1.2.2 定义

德国"钢产品的定义"见 DIN EN 10079 标准[28]。表6.4对钢的概念进行了总结，主要是用于制造白车身以及附件（尾门、车门、翼板、防撞梁）。

DIN EN 10079 标准中不包括板厚和强度变化的钢材，这些属于拼焊板，也称为 Tailored Welded Blanks（TWB）[29]。与带有确定的规则变化厚度的冷钢卷板相对应的是自由辊轧卷板[30]。在7.2节中，对拼焊产品做了详细介绍。

表6.4 根据 DIN EN 10079 选择的钢产品定义（括号内标出了章节）

	平板产品 (3.3)		
	无	表面处理	(3.3.2)
	宽幅平板钢	板材	带材
热轧 (3.3.2.1)（浸蚀或退火）	(3.3.2.1.1)	(3.3.2.1.2)	(3.3.2.1.3)
冷轧 (3.3.2.2)		(3.3.2.2.1)	(3.3.2.2.2)
	热轧或者冷轧	带表面处理	(3.3.5)
带有金属涂层的板材和带材	来自熔池 (3.3.5.1.1)		电镀涂层 (3.3.5.1.2.2)
	b) 有锌		镀锌 (3.3.5.1.2.2)
	c) 有锌镁		锌镍 (3.3.5.1.2.3)
	d) 有铝		
	e) 有铝锌		
带有机涂层的板材和带材 (3.3.5.2)			

6.1.2.3 钢的标识

德国钢的标识遵循德国标准 DIN EN 10027-1[31] 中"钢的标识体系"。目前主要用于汽车制造的冷成形钢根据缩写来加以标识,见德国标准 DIN EN 10027-1 中类别1。根据类别1要求需要标识出的钢种类的应用和性能通常按照图6.10所示标识。

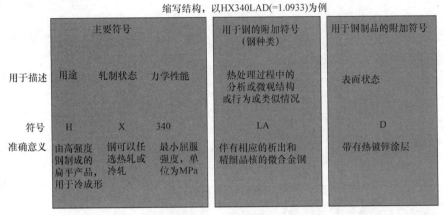

图6.10 采用缩写的钢的标识,按照 DIN EN 10027-1 中类别1

值得注意的是,紧接在轧制方法符号之后的数字与最小屈服强度相关,如图6.10所示。当轧制方法符号和数字之间插入了字母"T"时,数字包含了最低的抗拉强度(T是tensile)。引入这一标识形式是为了表征多相钢。与其他钢相比,多相钢具有非常高的抗拉强度。

对于未来引入汽车制造的用于调质的钢(见6.1.6小节),或者带有 TWIP 性能的钢和 TRIPLEX 构造的钢(见6.1.8小节和6.1.9小节),应采用类别2的缩写,以便于给出化学成分。为此,要满足 DIN EN 10027-1 的规则(质量分数):

a) 非合金钢,含有1%的锰,合金钢单一合金元素平均含量<5%。

b) 合金钢,单一合金元素的平均含量=5%。

原则上,除了缩写之外,在钢铁生产商和主机厂的交流中,在文献[31]部分2中确定了材料编号系统的相同标准,尤其是用于钢的注册。与缩写相比,这种标识方法的好处是数据加工过程具有更好的一致性。材料编号的结构如图6.11所示。

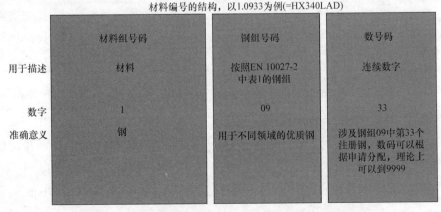

图6.11 采用材料编号的钢的标识,按照 DIN EN 10027-2

表 6.5 中给出了根据类别 1 和 2 命名的缩写名示例，并补充了相应的材料编号。

表 6.5 钢板制品的缩写与材料编号

DIN EN 10027-1		按照应用与合金含量（质量分数）的钢的特征	DIN EN 10027/1 材料号码	技术交付条件
缩写	类别			
DC06	1	冷成形软钢	1.0873	[32]
DC06+ZE	1	冷成形软钢，Elo 镀锌	1.0873	[33]
HC340LA	1	冷成形高强度钢，包括 Elo 镀锌	1.0480	[34]
HCT780X	1	热轧与冷轧多相钢，未喷漆	1.0943	[35]
HX340LAD	1	冷成形钢，热镀锌精炼	1.0933	[36]
C35	2	未合金化，Mn < 1%	1.0501	[37]
20MnB5	2	未合金化，Mn > 1%	1.5530	[38]
22MnB6	2	未合金化，Mn > 1%		未标准化
X2CrTi12	2	合金钢	1.4512	[39]
X70Mn15Al2.5Si2.5	2	合金钢		未标准化

6.1.2.4 技术交付条件和尺寸限制

设计人员在选择材料的时候，要考虑到制造过程（如：成形性、焊接性）、使用阶段（如：耐久性、腐蚀、碰撞）和汽车寿命结束之后（如：废料清除、回收）对构件的要求。由于成本会影响到材料选择，一个好的材料选择往往是相互妥协的结果。根据构件的不同，应用的钢种类区别非常大。钢种类归纳入技术交付条件，然后在室温下确定的最低应变极限（多相钢除外）基础上分类。下面，集中在作为平板制品供货的钢种类 95。这些钢种类可冷成形，而且在汽车领域中的应用比例最大（尤其适合作为车身与附件的材料）。技术交付条件目前归纳为 5 个品质标准，见表 6.6。对于涉及的品质标准的每个钢种类的性能细节都给予描述，例如：化学成分、微观结构特征与由拉伸试验确认的力学性能值。

表 6.6 适用于冷成形的扁钢产品的质量标准

标准	类别	钢种类数量	类型
[32]	用于冷成形的冷轧扁平软钢产品	6	技术交付条件
[33]	用于冷成形的电解镀锌冷轧钢板产品	6	技术交付条件
[34]	冷轧扁钢产品，具有高屈服强度，用于冷成形	19	技术交付条件
[35]	冷轧和热轧扁钢产品，不需要多相钢涂层，用于冷成形	17	技术交付条件
[36]	连续热浸涂层扁钢产品	50	技术交付条件

在技术交付条件中，按照所有钢生产商的技术现状和消费者的使用领域现状，确定了约定的标准数据。对技术交付条件需要定期进行审查，对数据的变化要在文档中记录。举例来说，对于这个以客户为导向的过程，钢信息中心[40]说明书 109 对于表面处理薄钢板的相应数据标准给予了说明。

对于使用的板材和带材的边界尺寸和形状误差，在独立的尺寸标准中固定下来，见表 6.7。

表 6.7 尺寸标准

标准	使用区域	类型
[41]	用于冷成形的，无涂层的，与带有电镀锌或者锌镍涂层的冷轧扁平软钢产品或者具有更高屈服强度的扁钢产品	边界尺寸和形状误差
[42]	连续热浸涂层钢板和钢带	边界尺寸和形状误差

每个标准还包括一个已得到大多数利益相关方批准的折中方案，这不可避免地导致不同深度的分级。随着深度的增加，对于不同地区，有必要针对特定的消费者要求，确定要求及其误差。

– 国际层面（ISO = 国际标准组织）
– 欧盟层面（EN = 欧盟标准）
– 国家层面（DE = 德国标准研究所，SEW = 钢铁材料说明书）

通常来说，这些标准足以满足绝大多数的构件需求。

部分要求很高的构件通常会对材料的性能和形状提出特殊的要求，这些要求会记录在文档的规格、材料标准和板材识别卡中。钢制造厂商会按照要求为用户提供特殊规格的产品，例如误差要求严格的产品。进一步的标准化还有：

– 消费者层面（客户规格，材料标准，板材识别卡）。
– 技术规格（TS）和技术报告（TR）。

随着国际化程度的日益增加，用户也会对规格做出更改。例如，VDA239[43]公布的08/2011，将用于冷成形的扁钢产品的技术要求在全球范围内加以统一了。

6.1.2.5 材料选择、关联订货指标与选择

在欧洲市场的一辆中级轿车的车身上，大约有230个构件，包括相应的附件。构件采用的钢种类有20多种，由此而形成的整体强度谱系构成了汽车轻量化的前提。采用的主要预制材料为表面镀锌的冷轧薄板，厚度为 0.60~1.75mm，宽度为 470~1840mm。

钢铁制造企业会给汽车开发商提供除了标准数据之外的进一步的一系列信息，供汽车开发人员用于构件设计和材料选择。这些信息（通常以数字化的形式）描述了在特定的应力载荷（如冷成形、碰撞或者交变载荷下）下钢的性能行为，部分也包括焊接状态的信息。相应的可能性在于（例如）与文献 [25] 的交流。数据库会持续更新，除了准确的信息之外，有些时候还包括正在开发的新钢材的信息，以便于汽车开发人员参考。

为了确保正确选择供货，除了钢材的种类之外，还需要提供下列信息：

- 订货数量。
- 制品形式。
- 基于相应的标准 [41] 或者标准 [42] 的公称尺寸/极限偏差/形状公差。
- 钢的缩写与材料编号（按照相关品质标准和交付技术条件）。
- 用于表面类型和表面处理的标记字母。
- 用于涂层重量的指数和用于金属喷涂表面材料的涂层规格标记字母。

除此之外，还必须考虑到，即使是同一种规格的钢材，由于供货厂家的设备不一样，制

造参数也是有偏差的。这也包括不同的最终处理。因此，每次新订货的时候，用户都需要和供货商联系，以确定细节。出货期间以及交付确认也都是如此。确认工作包括通过盖章确定材料标识、包装标识（二维码）以及适合运输和仓储的包装。

6.1.2.6 有关所用术语的更多信息

（1）订货数量

一般来说，钢铁制造企业生产的产品单位基数为 20~40t。小于这个数量则需要通过钢服务中心订货。

（2）制品形状

钢制造商主要提供的产品形式为宽幅卷材（宽幅带材）。板材与带材则在服务中心采用上面的卷材加工出来。

（3）公称尺寸/极限偏差/形状公差

薄钢板通过名义厚度、名义宽度、名义长度与几何形状加以描述。

标准的材料厚度为 0.20~6.50mm，常用的板材厚度为 0.50~3.00mm。标准和极限公差随着名义厚度上下变化。除此之外，还可以就特殊误差（如正负误差或者推移误差等）进行约定。

标准的材料宽度为 600~1800mm，在特殊情况下，最窄到 25mm，最宽到 2100mm。标准尺寸和极限尺寸在名义宽度之上变化，也就是说，不存在负误差。除此之外，还可以就特殊误差进行约定。原则上，还有"修边"材料应用，符合正常的标准。比较严格的误差可以通过附加的修边加工（也称为最终修边）来保证。

对于板材和带材还需要确定平面度、直线度和垂直度。

（4）表面类型

薄板的表面质量和涂层没有关系，而是与构件相关。原则上说，在不可视区域的内部构件的表面质量也在改进。这些内部构件采用字母组合 MB 标识来定义材料，包括热浸镀的[36]、冷轧的[32-35]和电镀锌的。如果是内部可视件以及外部覆盖件，就需要至少单面最好的表面质量，采用字母组合 MC（热镀锌[36]）与 B（冷轧与电镀锌[32-35]）来加以标识。通过后冷轧（辊轧）来满足表面结构要求。在这种情况下，相应的辊子在压力下将其表面的精细结构印在薄板上，这样就会在薄板上刻下粗糙度标识、平均粗糙度值与峰值。

（5）表面处理（表面保护）

在薄板出厂之前，通常要提供表面保护。一般是用油（字母 O）进行保护，板的每面涂层厚度为 $0.5 \sim 2.0 \mathrm{g/m^2}$。其他的选择还有密封（S）、磷化（P），或者化学被动保护（C）表面，或者是与油组合（PO，CO）。

（6）涂层类型与涂层重量

涂层用来保护钢不受腐蚀。常用的热浸镀涂层有锌（Z）、锌铁合金（ZF）、锌铝合金（ZA）、铝锌合金（AZ）、铝硅合金（AS）、锌镁（ZM）。锌镁（ZM）是一个新的涂层种类，具有更好的腐蚀防护性能和耐磨性能。电镀锌涂层（ZE）也是很好的保护方式，涂层可以非常薄，可以单面涂层。

在欧洲的汽车制造工业中，涂层 Z 和 ZE 用得最多。常用的镀层为 Z100、ZE50/50。对于 Z100，在三面试样（左、中、右带宽区域[45]）中，双面的热浸镀涂层的质量为 100g/m²。对于 ZE50/50 来说，这表明每面涂层的厚度为 5μm。如果是 ZE50，则意味着单面镀锌，涂层厚度为 5μm。

6.1.3 无间隙原子钢和烘烤硬化钢

6.1.3.1 材料设计

从材料技术的角度看，在汽车车身制造中使用的薄板需要经过以下的工艺步骤：
- 冷成形（在冲压车间）。
- 连接。
- （多层）喷漆。
- 每次涂清漆后涂漆干燥。

在制造工艺过程中，随着形状和表面发生变化，材料的性能也随之改变。首先，冷成形会使材料得到强化，即加工硬化（Work Hardening, WH）。根据成形构件的不同，加工硬化差别很大，这是因为形状规格不同，冷成形度也是不同的。在 140~200℃ 温度区间，喷漆烘干的效果取决于喷漆方法和喷漆类型。这种热处理被称为（喷漆）硬化。对某些种类的钢材来说，这种类似热处理的喷漆方法会使材料得到进一步的强化，可以称之为烘烤硬化（Bake Hardening, BH）。下面介绍两组钢，即无间隙原子钢（IF 钢）和烘烤硬化钢（Bake 钢）。这两组钢在经过烘烤硬化处理后，性能完全不同。虽然对于第一组钢总体上排除了烘烤硬化效应，但是已经为第二组钢开发了一种材料方案，利用了烘烤硬化效果。这两类钢材都是标准化的平板产品，见 DIN EN 10268[34]（冷轧和电镀锌）与 DIN EN 10346[36]（冷轧或者热轧与热浸镀）。

6.1.3.2 合金概念与强化机制

对于无间隙原子钢和烘烤硬化钢来说，碳和氮元素的原子都可以植入晶格间（间隙）（参见 6.1.1.2 小节和图 6.3 与图 6.4），这对于合金概念设计具有决定性的意义。对于无间隙原子钢来说，这些元素可以完全结合，钢原子间是无间隙的状态。

而对于烘烤硬化钢来说，则允许在晶格间有相当数量的原子自由移动。这些原子在烘烤硬化退火过程中扩散形成位错，从而限制原子的运动[46,47]。位错提高了材料的强度，使材料达到很高的屈服强度。另一方面，如果自由移动的原子数量过多，则材料（在冷成形之前）会提前老化。由于氮原子在室温下的扩散速率高，材料老化的危险尤其大。因此，对于绝大多数的合金设计方案来说，要实现原子完全结合，只利用碳用于形成烘烤硬化效应。

对于无间隙原子钢来说，可以采用微合金元素（如钛、铌、钒、硼等）来消除原子间隙形成原子结合。碳和氮也可以和这些微合金元素结合[48,49]。碳和氢连接这些微合金元素，主要是作为精细分布的碳化物和氮化物。式（6.1）给出了钛的数量，即只在应用钛的情况下，完全连接氢和碳所要求的化学计量上钛的数量：

$$[Ti] = 48/12[C] + 48/14[N] \quad (6.1)$$

当钛只用于碳硬化，铌用于碳时，则适用式（6.2）和式（6.3）。实际中，钛和铌的量明显要多出一些，以确保实现碳和氢的安全连接。

$$[Ti] = 48/14[N] \tag{6.2}$$

$$[Nb] = 93/12[C] \tag{6.3}$$

这里，数字对应于原子量：碳（12）、氢（14）、钛（48）、铌（93）。

按照标准（如：DIN EN 10346），钛含量可以达到0.12（质量分数），铌含量至0.09（质量分数）。不过，实际中没有用到这些值。这是因为随着钛含量的增加，形成氧化钛的风险也会增加，从而影响到材料的表面质量。

为了尽量降低微合金的含量（也是出于经济性考虑），合金中碳和氮的含量要尽可能低，这样就可以生产出各种组合的无间隙原子钢。无间隙原子钢中最常用的元素是纯钛或者钛/铌组合。

无间隙原子钢质地非常软，可以用于最复杂的成形件加工。根据钢的类别不同，无间隙原子钢的强度也不同，屈服强度的最低值分别为180MPa、220MPa、260MPa（对应于标准DIN EN 10268）。对于热浸涂层扁平产品来说，标准屈服强度为300MPa。采用固溶强化的方法，通过加入锰、硅、磷等合金元素，可以提高钢的强度。这被称为高强度无间隙原子钢。

烘烤硬化钢的生产方法有多种，需要根据现有的装备技术来确定。由于在烘烤硬化钢中，碳没有被完全结合，总的含碳量可以更高。这样，就有了含碳量（质量分数）为 30×10^{-6}（ULC, ultra low carbon, 超低碳）以及含碳量为 200×10^{-6}（LC, low carbon, 低碳）的烘烤硬化钢。在超低碳概念中，实现烘烤硬化效应所需的溶解碳量仅由钢的化学成分决定。超低碳钢通常可以提供更好的性能组合，但是由于需要在钢厂中采用真空处理方法，成本比较高。超低碳钢主要在低强度级别实现。除了纯钛，通常也采用铌/钛或者铌/硼。反过来，低碳概念要求某些工艺条件保持在非常窄的范围内，以便能够调节溶解的碳含量。不过会更容易实现更高的强度等级，而且可以省去微合金元素的使用。生产出的烘烤硬化钢强度等级（最低屈服强度）为180MPa、220MPa、260MPa、300MPa（DIN EN 10268），对于热浸涂层扁平产品可以达到强度等级340MPa（DIN EN 10346）。

6.1.3.3 金相组织

超低碳烘烤硬化钢和超低碳无间隙原子钢的显微组织几乎没有什么区别，相应的微观结构如图6.12a所示。超低碳钢的显微组织为纯铁素体，带有少量的氮化物和碳化物析出。低碳烘烤硬化钢（图6.12b）中碳化物析出明显增加，直至在显微组织中形成微量的珠光体。

6.1.3.4 力学性能比较

按照DIN EN 10325[50]进行烘烤硬化处理，对烘烤硬化钢和无间隙原子钢的作用结果如图6.13所示。试样首先在室温下拉伸到2%的塑性应变状态，最后在170℃下热处理持续20min。试验条件对应于汽车制造中的烤漆硬化工艺过程（BH2值，按照DIN EN 10325）。这样得到的BH2值作为用于钢烘烤硬化出来的近似值，在相应的品质标准（DIN EN 10268，DIN EN 10346）中，确定为至少35MPa。

在交付状态下，两种钢的屈服强度几乎相同，强化行为也很接近。只有在更高的变形度

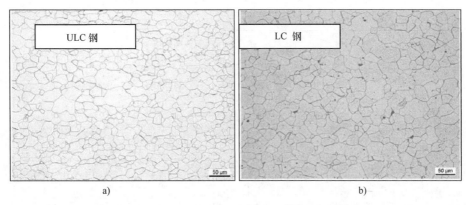

图 6.12 典型的超低碳（ULC）钢和低碳（LC）钢的显微组织图（分别经过硝酸浸蚀）

下，无间隙原子钢通过替代原子的固溶强化得到了进一步的强化。试验结果表明，无间隙原子钢具有更高的抗拉强度。无间隙原子钢计算出的 n 值（DIN ISO 10275）[51]也高于屈服强度相同的烘烤硬化钢。在覆盖件加工过程中，常规情况下带来的变形相对很小。无论是烘烤硬化钢还是无间隙原子钢，加工硬化都会造成屈服强度增加，如图 6.14 所示。

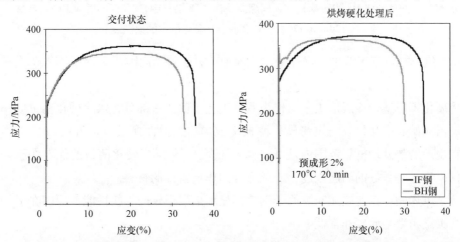

图 6.13 无间隙原子钢（IF 钢）和屈服强度相同的烘烤硬化钢（BH 钢）在交付状态和烘烤硬化处理后的应力应变曲线

在烘烤硬化钢中，溶解于体心立方 α 晶格间隙中原子的运动性在烘烤硬化之后的退火中得到了显著提高。溶解的原子位于之前成形导致的位错周围，阻止产生新的位错运动。这样一来，在这些钢中就实现了强度提升。交付状态下的烘烤硬化钢从弹性区域到塑性区域的连续过渡也会使得钢材具有非常高的屈服强度 R_{eh} 和 R_{el}。烘烤处理过程中强度的增加称为烘烤硬化。

与此相对应，在无间隙原子钢中，没有溶解的原子可用于阻碍成形过程中产生的位错，因此也就不会产生附加的屈服强度增加。与烘烤硬化钢相比，相同强度等级的无间隙原子钢的屈服强度在烘烤硬化后会更小。

6.1.3.5 成形性、焊接性能与应用性能

无间隙原子钢非常适合采用冷成形工艺进行加工，这是由于无间隙原子钢具有相对较大

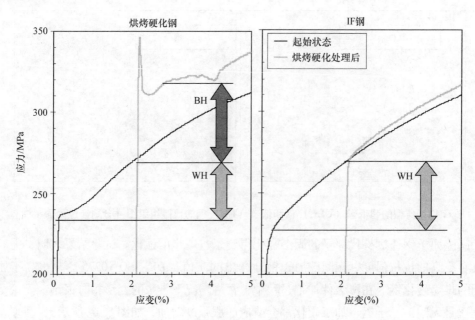

图6.14 烘烤硬化钢（BH钢）和无间隙原子钢（IF钢）中，2%变形后加工硬化与额外20min/170℃热处理后烘烤硬化所占的比例

的 r 值和 n 值。在汽车工业中，优先采用拉深加工方法将无间隙原子钢用于复杂汽车零部件的制造。

烘烤硬化钢也适合冷成形工艺。作为后续工艺步骤的一部分，烘烤硬化钢可以获得额外的强度。与初始状态相比较，烘烤硬化薄板冷成形后，弹性模量会损失约10%。不过，这些损失在规定的热处理框架范围内是可"修补"的[52]。烘烤硬化薄板的优点在于，对于大面积构件来说具有很好的凸起刚度，非常适合用作覆盖件的材料。

无论是烘烤硬化钢还是无间隙原子钢，都显示出了很好的焊接性能。原因在于，这两种钢材的含碳量与合金元素非常低。

6.1.3.6 老化

与无间隙原子钢相比，对于烘烤硬化钢来说，一方面有系统的烘烤硬化效果；另一方面，则是在室温下会出现老化的危险。老化会损害材料交付状态下的成形性能，这些性能与时间和温度有关。老化造成的一个最常见的后果就是形成滑移线。滑移线形成的主要原因是材料在辊轧过程中形成的屈服强度应变被在冷成形前的存放过程中形成的屈服强度所替代。对于视觉要求很高的应用来说，出现滑移线的板材就无法再使用了。图6.15（见彩插）显示了在成形时形成的滑移线。在图6.15中，规则滑移线（吕德斯带）在确定的成形区域是清晰可见的。对于屈服强度应变之上的成形，可视的滑移线被消除了，在更高的成形区域不再存在。一般来说，交付后的板材要求在3个月内不会出现滑移线。

对于无间隙原子钢来说，由于与辊轧度无关，库存的钢材不会出现老化现象。

6.1.3.7 烘烤硬化性能的利用

为了有效地利用烘烤硬化性能，需要对影响因素有准确的认识。除了烘烤硬化，对于加

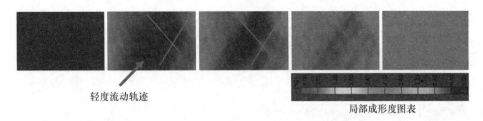

图 6.15 老化作用下的薄板，由于局部成形度变化而形成程度较轻的滑移线，导致总体变形增加

工硬化也要仔细地加以考察，因为加工硬化对于构件屈服强度的大小有着至关重要的影响。另外，预变形程度对烘烤硬化效应也有影响。烤漆硬化温度的影响也很大。不过，汽车工业中烤漆工艺的开发趋势是烘烤硬化温度越来越低。目前的烘烤硬化温度为 140℃，低于规定的热处理温度 170℃。热处理的时间长度影响很小。为了准确地确定实际工艺参数和规划的钢种类，建议最终要在真实的工作条件下进行构件试验。

对于烘烤硬化钢来说，烘烤硬化值是不能无限增加的。烘烤硬化最优值在 35～50MPa 之间，如果高出这个区间，则会出现明显的自然老化，从而出现如图 6.15 所示的后果，即形成滑移线。与此相对应的是，在烘烤硬化处理中部分会观察到断裂应变值下降，对于上述提到的优先应用情形来说，则是不相关的。

6.1.3.8 总结

市场上可以提供的无间隙原子钢和烘烤硬化钢有冷轧、电镀锌和热镀锌表面方式，具有极高的质量。这两种钢有多种表面喷涂方式，是现代汽车的标准用钢，尤其是用于车身。烘烤硬化钢的应用重点是外覆盖件。所以，厚度通常小于 0.8mm，板材宽度至 1850mm。在汽车车身（更高强度）中，无间隙原子钢优先用于轻量化拉深件。采用无间隙原子钢，可以生产出无缺陷但是具有更高强度的较复杂形状（形状轻量化）的构件。

6.1.4 用于冷成形的微合金钢

6.1.4.1 微合金元素的影响

微合金钢是基于冷成形的软钢进一步开发出来的。在微合金钢中，采用一种或者多种元素如铌、钛（偶尔也用钒）进行（微）合金化。氮的结合必须通过铝或者钛来加以保障。在无间隙原子钢中，微合金元素确保原子完全结合，含碳量非常低。在下面介绍的钢种类中，微合金元素用于设置不同大小的 $R_{p0.2}$ 屈服强度值。合金中碳的含量（质量分数）超过 0.02% 时，微合金元素形成的精细分布的铌碳化物和钛碳化物与增加的基体精细晶粒相结合，产生所需的高强度。作为微合金元素，铌能同样满足两个前提条件。

- 碳化物非常硬，硬度约为 HV2500～3000[53]。碳化物分布非常精细，在成形时，即使是基体的位错也不能对碳化物产生影响。碳化物的存在阻碍了位错的移动，并对材料的强化起着重要的作用。
- 由于大量晶界的存在，阻碍了位错的移动，从而使得强化效应得以增强。
- 另一方面，铁素体基体确保钢材满足冷成形性能的要求。

6.1.4.2 示例

借助光学显微镜对两种强度等级和两种加工方法钢材的显微组织进行分析,其结果如图 6.16(见彩插)所示。图 6.16a 和图 6.16b 的显微组织来自罩式退火(LA)冷轧带钢,按照 DIN EN 10268(LA 为附件缩写)标准化了。图 6.16c 和图 6.16d 是热浸涂层薄钢板的显微组织,按照 DIN EN 10346(LA 为附件缩写)。基准都是冷轧状态。

从照片中可以看出,随着铌含量从图 a 到图 b 再到图 c 的增加,铁素体晶粒变小,这是材料达到更高的屈服强度 $R_{p0.2}$(类别 b)和 d))的重要前提。显微组织中含有的大量碳化物提高了材料的屈服强度,但是由于其尺寸小于 $1\mu m$,在光学显微镜下已经无法识别了。罩式退火薄板的显微组织中则出现了点状的渗碳体析出,这是长时间退火的结果。

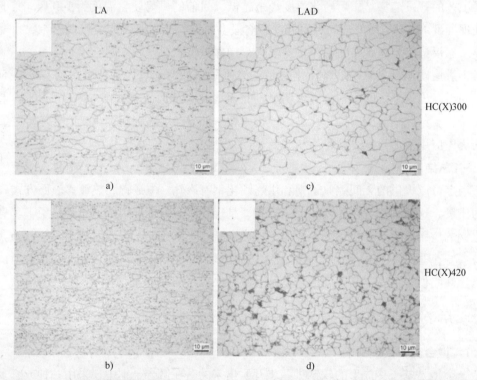

图 6.16 1mm 厚度薄钢板在冷轧、罩式退火(LA)以及热镀锌(LAD)处理后的显微组织

a) 含有 0.05% 碳、0.45% 锰和 0.02% 铌的 HC300LA   b) 含有 0.06% 碳、1.32% 锰、0.06% 铌和 0.04% 钛的 HC420LA
c) 含有 0.04% 碳、0.43% 锰和 0.02% 铌的 HX300LAD   d) 含有 0.05% 碳、1.30% 锰和 0.05% 铌的 HX420LAD

表 6.8 用于冷成形的微合金钢

缩写	材料编号	DIN EN	$R_{p0.2}$(横向)/MPa	R_m(横向)/MPa	最小 A_{80}(横向)(%)	R_p 最大/R_m 最小(%)	注释
HC260LA	1.0480	10268	260~330	350~430	26	94	批次退火或者连续退火,常带有 ZE 涂层
HX260LAD	1.0929	10346					热浸涂层热轧带钢或者冷轧带钢(KB)
HC300LA	1.0489	10268	300~380	380~480	23	100	批次退火或者连续退火,常带有 ZE 涂层

(续)

缩写	材料编号	DIN EN	$R_{p0.2}$(横向)/MPa	R_m(横向)/MPa	最小A_{80}(横向)(%)	R_p最大/R_m最小(%)	注释
HX300LAD	1.0932	10346					热浸涂层热轧带钢或者冷轧带钢（KB）
HC340LA	1.0548	10268	340~420	410~510	21	102	批次退火或者连续退火，常带有ZE涂层
HX340LAD	1.0933	10346					热浸涂层热轧带钢或者冷轧带钢（KB）
HC380LA	1.0550	10268	380~480	440~560	19	109	批次退火或者连续退火，常带有ZE涂层
HX380LAD	1.0934	10346					热浸涂层热轧带钢或者冷轧带钢（KB）
HC420LA	1.0556	10268	420~520	470~590	17	111	批次退火或者连续退火，常带有ZE涂层
HX420LAD	1.0935	10346					热浸涂层热轧带钢或者冷轧带钢（KB）
HC460LA	>>>>>>>	<<<<<<<	460~560	500~640	15	112	
HX460LAD	1.0990	10346					热浸涂层热轧带钢或者冷轧带钢（KB）
HC500LA	>>>>>>>	<<<<<<<	500~620	530~690	13	117	
HX500LAD	1.0991	10346					热浸涂层热轧带钢或者冷轧带钢（KB）

表6.8所示为用于冷成形的微合金钢板的相应标准。

值得注意的是，强度等级460MPa和500MPa只在热镀锌处理规格中才有。其原因在于，在连续退火过程中，可以实现再结晶。合适的退火条件（相对快的加热和冷却）可以在成功再结晶后限制晶粒的增长，这种限制还可以通过已有的碳化物得到支持。与此相对应的是，需要多个小时进行的罩式退火不能完全避免晶粒增长。这是因为，虽然大量使用了微合金（比较图6.16中示例给出的合金含量），也很难得到要求的晶粒精细度，从而导致强度受限。

从表6.8可以进一步清楚看出，由微合金铌和钛导致的强化机制会造成析出和晶粒细化，从而大大提高了屈服强度$R_{p0.2}$。抗拉强度的增加不太明显，这通过表中展示的最大$R_{p0.2}$值与最小R_m值的比例关系表示出来。微合金元素应用受到限制，从而也会控制生产成本，改善焊接性能。所有上述提到的特性与双相钢的特性有着明显的区别。双相钢具有较低的屈服强度比例特征，其原因在于在合金化和热处理时采用了特殊的技术（见6.1.5小节）。

为了在拉伸试验时得出屈服强度应变，采用冷轧（辊轧）加工微合金钢。对于汽车制造来说，市场上提供的微合金钢产品可以满足钢材表面涂层、表面类型（粗糙度）和表面保护层等方面的要求。

6.1.4.3 应用领域

由于微合金钢具有很高的强度，又适合焊接，在汽车制造中优先用于增强件的制造。微合金钢也可以加工成焊接管（例如随后采用内高压成形），用于车身或者底盘的高载荷区域，因此是非常好的轻量化材料。由于碳化物精细分布，即使是在连接加工的时候，材料的晶粒增长也会受到限制，这对于改善构件的疲劳强度是非常有利的。

6.1.5 多相钢（DP, CP, BS, 残余奥氏体, MS）

6.1.5.1 材料设计

钢的强度和韧性是通过强度增加机制累积来实现的（见6.1.1小节）。基于软的显微组织元素铁素体，通过微合金元素析出，或者进一步形成更硬的显微组织成分（如马氏体或者贝氏体），从而使得钢的强度增加，如图6.17所示。

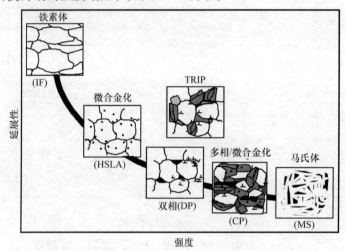

图6.17 高强度钢和超高强度钢显微组织设计[54]

在热辊轧或者连续退火处理后，可以通过冷却策略来对显微组织进行设置，如图6.18所示。如果在铁素体形成区域进行冷却，同时将热板材在高温下卷绕，就会生成铁素体显微组织。微合金元素可以提高钢的强度[55]。要形成复杂的显微组织，则需要采用多级冷却策略。对于双相钢来说，首先在铁素体形成区域冷却，直至铁素体晶核形成，然后缓慢冷却，直到形成预期数量的铁素体。要形成马氏体，则需要在马氏体完成温度（M_f）下进行退火，如图6.19（见彩插）所示。

含有最多至50%马氏体质量分数的双相钢显示出较低的屈服强度比例（<0.6），但是具有非常好的冷强化能力和烘烤硬化潜能（见6.1.3小节）。显微组织质量分数可以通过热处理来达到。

多相钢或双相钢或贝氏体钢的显微组织为贝氏体，带有微量的马氏体、珠光体和残余奥氏体，如图6.20（见彩插）所示。部分马氏体钢则由铁素体、强化铁素体或者在马氏体中植入贝氏体构成。相变诱导塑性钢在热成形或者热处理之后，材料中的铁素体、贝氏体、精

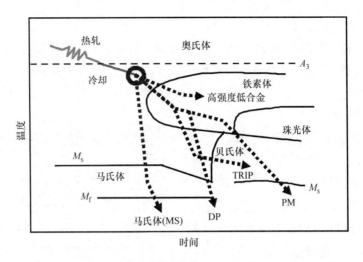

图 6.18 超高强度钢显微组织设置：时间温度变化示意图[56]

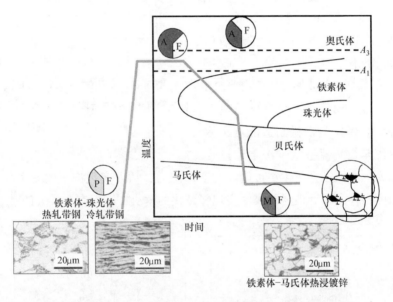

图 6.19 双相钢 HCT780XD 的时间-温度变化过程示意图[57]

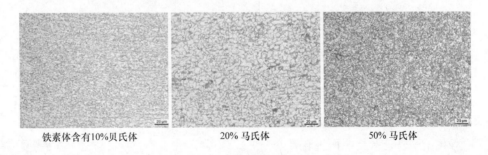

图 6.20 多相钢的显微组织

细弥散的残余奥氏体处于亚稳定状态。只有在成形后，马氏体中用于转换的激活能量才出现。这类钢材具有非常好的成形性，加工出的构件既有很高的强度，也有良好的塑性。马氏体钢需要快速冷却,这样可以最终生成马氏体。

马氏体钢的强度明显高于1200MPa,断裂延伸率约为5%。通过采取相应的措施,在抗拉强度损失很小的情况下,可以对断裂延伸率加以改善。

所有钢种类都经过热轧、部分冷轧或者表面精整。

6.1.5.2 多相钢性能

与双相钢相比,在强度相同的情况下,复相钢和粉末冶金钢的屈服强度值明显高出许多(图6.21)。在极小的成形作用下,多相钢就显示出了非常好的强化效果(图6.21中的SZBS800)。根据成形条件,在初始状态的屈服强度约为800MPa的构件可以增加约300MPa,抗拉强度的增加幅度很小。

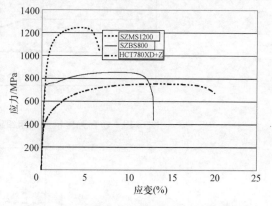

图6.21 马氏体(SZMS1200)、贝氏体(SZBS800)和铁素体-贝氏体(DP800)高强度钢的应力-应变曲线对比

对于所有高强度多相钢种类,都可以通过烘烤硬化效应将屈服强度提高120MPa以上,方法是在170℃、2%(BH_2)的预成形下进行烘烤硬化。对于热镀锌薄板HCT980CD+Z来说,屈服强度可增加131MPa,如图6.22所示。这类钢材的典型应用是增强件。采用这类钢材制造的汽车构件,一方面在汽车发生碰撞的情况下通过变形吸收能量,另一方面则会产生尽可能大的变形阻力,从而实现汽车的安全性。目前来看,通过采用高强度钢种类降低板材的厚度实现轻量化的解决方案具有非常大的潜力。

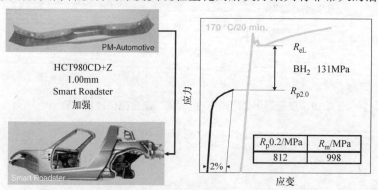

图6.22 双相钢的烘烤硬化特性

6.1.5.3 多相钢的新应用

(1)双相钢——连续变截面辊轧(车身)

双相钢在汽车工业中成功地用于承受冲击载荷构件的大批量生产,例如现代汽车车身的纵梁,或者如图6.22所示的构件。

如果对双相钢作为柔性辊轧坯材(TRB,见7.2节)进行进一步开发的话,会开辟出全新的应用领域。这样会产生可转换的钢种类,可以在冷辊轧后进行分区热处理,从而会扩展构件的强度区域。不过,这对材料的要求很高,同一构件上不同厚度区域($\Delta s_0 = 50\%$)的材料显微组织要保持稳定,并且带有典型的一定百分比的马氏体和铁素体。

奔驰汽车公司与慕贝尔公司合作,在新的奔驰 B 级车连接梁的生产中,在全世界范围内第一次大批量采用了柔性辊轧双相钢材料(板材厚度变化:0.8~1.45mm),如图 6.23 所示。

(2) SZBS800(底盘)

现代贝氏体热轧带钢和冷轧带钢不仅具有高的强度,也有良好的成形性能,特别是具有良好的扩孔能力。扩孔能力采用值 λ_{max}

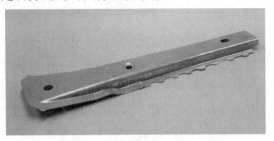

图 6.23 连接梁,戴姆勒公司,B 级车,HCT780X + ZE – TRB

表示(λ_{max} = 预开孔直径和最大扩孔直径的比例)。材料的 λ_{max} 值高,则在以下情形下具有优势:构件上的侧面元件需要高的悬臂,或者在后续的成形过程中需要截面倒角承受正切拉伸应力。车身的很多构件,特别是底盘件就是这种情况。

抗拉强度为 800MPa 的贝氏体热轧带钢 SZBS800 就是一个典型的代表,既有极好的成形性能,又有良好的扩孔能力。采用 SZBS800 作为量产材料生产的底盘件大批量用于汽车工业中,如图 6.24 所示。图 6.24 所示的前轴横拉杆特别适用于大的悬臂贯穿区域,以及在成形后与焊接槽的连接,以确保无裂纹截面角。对于后轴横拉杆的两个悬臂贯穿区域也是如此。

图 6.24 贝氏体热轧带钢构件实例,自 2012 年开始大批量使用

6.1.6 调质钢

6.1.6.1 钢的调质

调质钢是机械制造钢,基于化学成分有硬化倾向。在调质状态与给定的抗拉强度下,会显示出良好的韧性[58]。调质是二级热处理,先是硬化,然后是回火。通过硬化(在奥氏体温度下淬火,根据钢种类的不同,温度为 800~950℃),钢会形成马氏体和/或贝氏体,从而具有高的强度和硬度。淬火介质可以是水、油、盐池或者空气。硬化方法的一种特殊情形

是模压淬火。该方法是将奥氏体薄板坯成形后，马上置于特定夹具中固定，随之退火冷却（强化导热）进入马氏体相。该方法可以将成形与热处理结合在一个工艺步骤中，从而提高劳动生产率。由于在淬火过程中，成形的构件固定在模具中，因此形状波动要小于在自由状态下的冷却。

本质上，钢的马氏体硬化是将材料转换进入珠光体阶段。要做到这一点，需要高的冷却速度。在高速冷却下，碳不能从 γFe 中扩散出来。这样，在 γFe 反转时，碳保留在体心立方 α 胞中。这样一来，α 胞会被扭曲，通过马氏体生成四角形的、扭曲的、对碳过饱和的体心立方 α 固溶体。相对于含碳量较多、合金元素比例较高的钢，对于含碳量很少、合金含量很低的钢必须更快地进行冷却，这是因为附加的组成物阻碍了碳的弥散路径，从而需要更多的时间形成马氏体。

在接下来的回火处理中，通过位错密度减少而导致硬度轻微下降，但是材料的韧性明显得到了改善。根据钢种类和使用目的，回火温度为150~700℃。根据所要求的力学性能，构件在相应的温度下保持的时间长度不同，最后通常是在空气中冷却。在回火中会有一个扩散过程，扩散过程是与过饱和溶解碳的析出以及在微观金相中的碳化物弥散度的变化联系在一起的。对于合金钢，还会出现渗碳体合金化，形成混合（特殊）碳化物，其结果是屈服强度增加。

在调质处理中，温度－时间变化如图6.25所示。图的左边部分描述了材料奥氏体化过程，中间部分采用冷却曲线描述了淬火期间的转化过程以及材料的时间－温度转换图表，右边部分则显示了回火时的温度－时间结果。

钢的淬透性可以采用连续的时间温度转换图来加以描述，在图中，会显示出在不同温度下显微组织的变化状况。图6.26中采用时间温度转换图显示了不同合金元素对钢中马氏体形成的影响[59]。

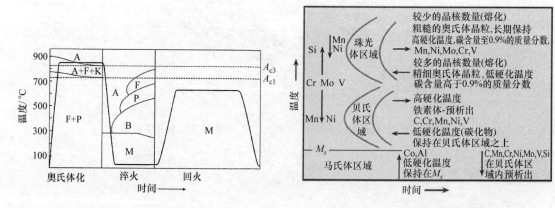

图6.25　一个调质处理时期内的温度－时间变化过程　　图6.26　合金元素对转变行为的影响

上述结果表明，实际中所有合金元素将转换推迟了更长的时间，因为合金元素阻碍了碳弥散。因此，与非合金调质钢相比，合金钢具有更低的临界冷却速度。需要加以区别的是下临界冷却速度标识了马氏体形成的开始，上临界速度则说明100%马氏体形成。对于合金钢来说，这样就比较容易生成最优化的晶粒成分。进一步还可以看到，绝大多数的合金元素降低了马氏体起始温度（M_S），对于调质钢来说，这些元素能否作为合金元素是需要考虑的。

对于钢（含碳量至 0.5%，合金成分锰至 1.7%，铬至 3.5%，镍至 5.0%，钼至 5.0%，均为质量分数）来说，马氏体起始温度可以通过下述公式近似计算[59]：

$$M_S = 561 - 474C - 33Mn - 21Mo - 17Ni$$

采用高强度钢和超高强度调质钢替代传统结构钢，在相同的承载能力下，可以显著地降低材料的厚度。即使在困难的载荷条件下，显著降低材料的厚度也是可能的。因此，调质钢是成功实现轻量化的关键材料。

6.1.6.2 传统调质钢

传统调质钢标准见 DIN EN 10083[38]。传统调质钢可以达到的硬度首先取决于含碳量。一般来说，传统调质钢的含碳量（质量分数）在最低 0.17% 到大约 0.65% 之间。

合金调质钢大多通过与铬（至 2.20%）、锰（至 1.70%）、钼（至 0.60%）、钒（至 0.25%）和/或镍（至 4.30%）的合金化改善钢的淬透性（数量按照 DIN EN 10083[38]）。尤其是钼，可以改善钢的淬入性能和淬透性能。锰虽然成本低些，但是有渗漏的倾向，因此在钢中的分布不均匀。钼也能够改善钢的淬透性。如果添加铬，效果会更好。不过，钢的其他性能也会受到合金化的影响，例如耐回火性，尤其是钼和/或钒的添加。除此之外，调质钢也可以采用硼作为合金元素，不过是在微观区域，因为只需添加少量的锰（0.0008% ~ 0.005%）就可以显著提高淬透性了。对于含碳量低和含碳量中等的钢，硼的作用尤其明显。

在车辆制造中，传统调质钢用于曲轴、轴、凸轮轴、连杆、螺栓、螺钉和其他结构构件之类的产品，这些产品对强度的要求非常高。传统调质钢的缺点是由于钢的含碳量高，焊接性能受到限制。对于采用薄冷轧板材并需要焊接的轻量化汽车零部件（如车身），传统钢无法满足要求。

对于汽车轻量化来说，更令人感兴趣的是含碳量低的可硬化钢材，主要可以分为模压淬火钢和空气调质钢。模压淬火（或者成形淬火）还可以分为直接模压淬火和间接模压淬火。相对于直接模压淬火，间接模压淬火用于冷预成形板材。这种方法结合了近似冷成形与直接模压淬火。用于间接模压淬火和空气硬化的钢常常被归纳入后成形热处理（Post - Forming Heat Treatable，PFHT）定义范围。也就是说，这类钢在成形后，会有一个后续的硬化[60]。下面会对用于汽车轻量化技术的模压淬火钢和空气调质钢加以详细的描述，并展示其在轻量化应用中的潜力。

6.1.6.3 模压淬火钢

在如今的每一代新车型中，模压淬火加工的构件（部分也标识为"形状硬化"或者"热成形"）大量增加[61]。其原因在于，采用这种方法的钢含碳量相对较低，而抗拉强度非常高，可以达到 1500MPa。采用其他的材料方案或技术，生产出的板材件都达不到这么高的强度值。7.1.2.3 小节中对模压淬火的工艺过程、各种方法以及最重要的应用领域给予了详细的描述。

（1）合金概念

模压淬火钢主要是锰硼钢，其临界冷却速度低，可以形成具有高强度的、完整的马氏体显微组织，适合模压淬火加工。这类钢在软交付状态下（如果是冷轧带钢，特别是拉深性）具有相对好的成形性，在热处理（硬化）后具有高的强度。除了碳、锰与铬之外，尤其是通过添加少量的硼，使得锰硼钢达到较好的强度性能。除了标准钢种类 20MnB5[38]，22MnB5 也得到了应用。

（2）金相组织与力学性能

基于 22MnB5 的模压淬火钢，在交付状态下的材料显微组织随着交付方式的不同而不同。在板材无涂层或者板材有非金属涂层的情况下，钢材显示出铁素体 – 珠光体显微组织，如图 6.27（见彩插）a 所示。这样一来，可以在预成形期间实现必要的冷成形阶段。在热浸涂层（如：AS，参见文献 [62]）过程中加热到高于相变温度的温度，随后快速冷却，由于钢的热温度影响，导致形成铁素体 – 马氏体双相显微组织（图 6.27b）。因此，AS 涂层的 22MnB5 板只能在没有预先冷加工的情况下直接加工。

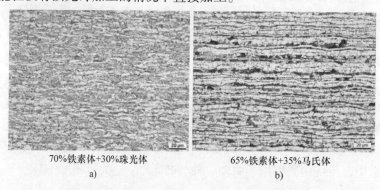

70%铁素体+30%珠光体
a)

65%铁素体+35%马氏体
b)

图 6.27 材料为 22MnB5 的冷轧带钢，在 a) 罩式退火、无涂层和 b) 有 AS 涂层两种状态下的微观结构

不同的微观结构导致了在交付状态下不同的力学性能值，见表 6.9。表中还包含在模压淬火状态下的典型力学性能值。

表 6.9 22MnB5 在不同状态下的力学性能值（横向试样）

	力学性能横向		
	$R_{p0.2}$/MPa	R_m/MPa	最低 A_{80}（%）
22MnB5	300~600	440~700	14
22MnB5 + AS	300~600	440~700	10
模压淬火	950~1250	1300~1650	4.5

在模压淬火状态下，钢显示出完全的马氏体显微组织，如图 6.28（见彩插）所示，具有非常高的强度。

6.1.6.4 用于冷成形与随后空气调质的钢

本节介绍可以避免模压淬火方法缺点的钢及其工艺化方法。模压淬火方法的缺点有需要防氧化皮保护、制造工艺复杂（需要在模具中确保实现符合要求的冷却率）、构件的残余应变低，参见 7.1.2.3 小节。

(1) 工艺流程与材料设计

图 6.29 描述了空气调质的制造环节，形式是钢的力学性能值沿着加工步骤变化。按照三个材料状态的顺序，可区分为①（软）交付状态；②冷成形；③空气调质。

RobuSal® 800 空气调质钢在交付状态下特别适用于高度复杂构件的冷成形。作为焊接管，甚至可以采用内高压成形，而不需要中间退火。图 6.30（见彩插）所示为对采用单一管加工成形的纵梁边界形变进行仿真分析，该管材采用的是空气调质钢。构件非常牢固，具有非常好的冲击性能，同时还满足轻量化要求。由于是冷成形，不需要防氧化皮的涂层，而这对于空气调质钢来说是必需的。

图 6.28　22MnB5 在模压淬火状态下的显微结构

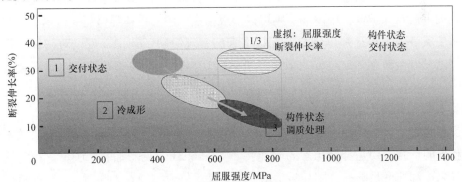

图 6.29　针对冷成形空气调质钢的制造环节

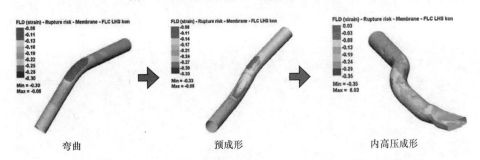

图 6.30　S 形纵梁的成形工艺步骤由弯曲、预成形和内高压成形组成

在接下来的制造工艺中，成形构件或者连接组件在熔炉内的保护气体下加热，之后采用空气冷却，或者在保护气体环境下硬化。最后对构件或者连接组件进行回火调质，可以通过改变工艺条件来设置力学性能值。在交付状态下和成品构件中不同的钢的力学性能，通过这些前后一致的分离和使用，可以明显地实现强度特征值和应变特征值的更好结合。这要明显优于其他高强度钢，因为在绝大多数情况下，使用其他高强度钢的方案都需要在高强度和有限成形性之间取得妥协。

下面介绍空气调制 LH® 钢的合金概念和性能,以 RobuSal® 800 和 RobuSal® 900 钢为例,在调质状态(空气硬化 + 可能的回火)下,最小抗拉强度分别为 800MPa 和 900MPa。

(2) 合金概念

与模压淬火钢相比,上述介绍的空气调质钢最突出的一个特点就是含碳量减少,从而具有非常好的冷成形性和焊接性。空气冷却的淬透性可以通过合金元素含量的目标组合来实现,见表 6.10,以 RobuSal® 800 和 RobuSal® 900 钢为例。

表 6.10 空气调质钢 RobuSal® 800 和 RobuSal® 900 的合金概念

单位:质量分数,%

	C	Si	Mn	Cr	Mo	V	Ti	B
RobuSal® 800	<0.15	<0.30	<2.10	<1.00	<0.40	<0.12	<0.05	<0.006
RobuSal® 900	<0.12	<0.30	<2.10	<1.00	<0.60	<0.20	<0.05	<0.006

其他用于空气调质钢的合金概念可以通过更高的碳含量和铬含量组合来标识[64,65]。

在精心设计的合金概念下,采用 LH® 钢加工的构件在加热后达到奥氏体化温度,接下来在静止的空气与保护气体中冷却,则可以形成高强度的马氏体显微组织。这样一来,钢无须放入水中或者油中淬火加以硬化。在接下来的常规涂层工艺中,可以对构件进行防腐处理。采用这种合金概念,通过淬火效应,可以实现构件良好的镀锌性,同时不会造成强度损失。

(3) 显微组织与力学性能

在交付状态下,RobuSal® 800 和 RobuSal® 900 空气调质钢显示出有析出的铁素体金相组织,析出的形式主要是合金元素的碳化物,如图 6.31(见彩插)a 所示。在空气硬化状态下,如果冷却速度足够高,则会显示出完整的马氏体,如图 6.31b 所示。在较低的冷却速率下,可能会出现马氏体和贝氏体的混合物。对于 RobuSal® 800 来说,临界冷却速度约为 9K/s。对于 RobuSal® 900 来说,临界冷却速度约为 3K/s(对应的温度区域在 800~300℃之间)。

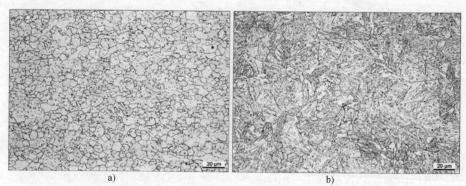

图 6.31 材质为 RobuSal® 800 的冷轧带钢在 a) 交付状态和 b) 空气冷却退火状态下的微观结构

在交付状态下和空气硬化状态下,以 RobuSal® 800 钢和 RobuSal® 900 钢为例,空气调质钢典型的力学性能见表 6.11。

表 6.11 不同状态下，RobuSal® 800 钢和 RobuSal® 900 空气调质钢的力学性能

		RobuSal® 800	RobuSal® 900
交付状态	$R_{p0.2}/R_{eL}$/MPa	290~420	310~430
	R_m/MPa	450~580	480~600
	A_g（%）	≥14	≥13
	A_{80}（%）	≥25	≥24
	n 值	≥0.14	≥0.13
空气硬化	$R_{p0.2}/R_{eL}$/MPa	600~750	750~800
	R_m/MPa	900~1000	950~1050
	A_5（%）	11~16	10~15

考虑到成形技术和分离技术的量产应用潜力，空气调质钢的优异加工性能已经在大范围的工业试验中得到了验证。图 6.32（见彩插）以 RobuSal® 800 钢为例，与其他的用于成形件的钢种类进行了比较[63]。从图中可以清楚地看到，空气调制钢在很多成形技术评估标准中都具有优势。

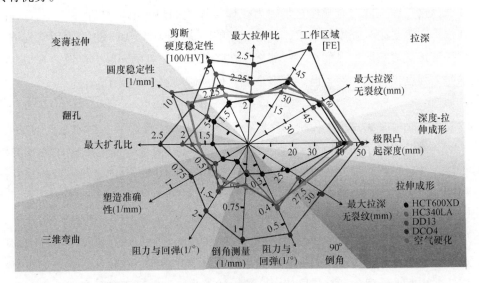

图 6.32 与其他钢材对比空气硬化钢 RobuSal® 800 的成形技术和分离技术评估

（4）应用潜力和应用示例

冷成形空气调质钢最大的技术优点是结合了冷成形性、焊接性和淬透性。因此，这类钢材特别适合用于生产承受高的静态载荷和动态载荷、与安全功能相关的焊接管和焊接件，例如轴梁、混合控制臂与横向控制臂、翻车保护杆，或者是车身中的通道与支柱。对于汽车工业来说，采用这些材料，在降低汽车重量的同时，还可以提高安全标准。

奔驰 E 级车中的整体支架就是空气调质钢一个很好的应用案例。该构件采用管焊接设计，材料为 RobuSal®800，采用了内高压成形管（单管激光焊接）、板成形件和小的实心成形件设计，如图 6.33（见彩插）所示。构件无涂层，总重量为 11.7kg，与上一代采用铝合

金制造的整体支架相比，重量减轻了大约4kg，而刚度和强度没有发生变化[66]。

上面这个例子表明，在碰撞情形中承受高的静态载荷与动态载荷下，高强度空气调质钢件如何最大限度地给乘客提供保护。由于空气调质钢所具有的优点，使其成为高强度钢和超高强度钢的现代替代材料。与铝和其他非铁合金相比，空气调制钢具有更高的强度，这样就可以显著降低板材厚度。这样一来，空气调质钢就结合了汽车材料的最新要求以及安全潜力和轻量化潜力。

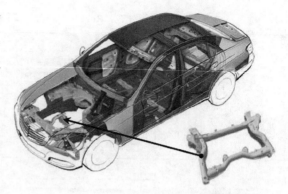

图 6.33 材质为 RobuSal®800 的奔驰 E 级车整体支架[63]

基于空气调质钢的化学成分以及与之相关的力学性能，当需要实现具有高耐久强度值的焊接底盘件时，空气调制钢在底盘中具有更多的应用潜力。在很多情况下，受周期载荷作用，焊接底盘件的减重能力有限，这是因为在焊接连接的热影响区域存在断口。这样一来，如果要在汽车中满足耐久强度的要求，就需要足够的板材厚度。如果通过采用空气调质钢能够提高焊接连接热影响区的强度水平，那么，在降低板材厚度的同时，可以达到与传统钢构件相同的耐久强度值。这一潜力已经在多个底盘件预研项目中得到了验证。

（5）展望

迄今为止，感应淬火是用于传统调质实心钢件（如：车轮支架、侧轴等）的主要方法。如今，采用空气调质钢，在薄壁板材焊接设计中，也可以实现局部受限构件区域的感应淬火。对于结构件，采用这种方法，在考虑强度性能和安全性能的同时，可以开发出新的构件设计造型[63]。

对于板材件，有两种制造技术：一种是单一构件通过连续淬火或冲击淬火进行局部硬化，然后焊接组装在一起；另一种是组装后，在需要局部硬化的区域借助冲击淬火加以感应硬化。通过参数设定，可达到淬火炉所能够达到的力学性能值。在硬化后，通过对单一构件或整个构件进行回火处理，可以使局部感应淬火的部分区域达到更高的延展性。在回火热处理时，由于具有高回火稳定性，没有硬化的软区域的强度不会降低。

6.1.7 超细晶粒钢和纳米颗粒钢

6.1.7.1 超细晶粒钢

（1）材料设计

为了提高材料的强度，可以使用各种金属物理学方法[67,68]。在实际工业生产中，主要采用目标合金化与热处理（带入二次相或者析出）方法。采用这些方法，在提高材料屈服强度和抗拉强度的同时，会降低延展性和韧性。这会导致碰撞相关构件的设计存在问题，尤其是当材料在低温下使用的时候。除了要适应一年四季不同温度的变化，配备了未来技术的电驱动车和构件都要经过局部低温的考验。随着传动装置状态的变化，汽车中存储的液态气体的温度变化可能会造成周围构件的急剧冷却。为了确保与安全有关的构件的韧性，往往从设计角度采取措施解决前面所说的问题。因为从材料的角度来看，传统钢材有其局限性。为了解决这个问题，从 20 世纪 90 年代开始开发强度更高、韧性更好的钢材。其机理是通过晶粒细化来提高强度，即霍尔-佩奇（Hall-Petch）法则。该法则是唯一可以同时提高强度和韧性的金属物理机制（图 6.34）。通过霍尔-佩奇法则得到的具有非常精细铁素体微观结构的钢被称作超细晶粒钢（ultra fine grained steels，UFG 钢）。

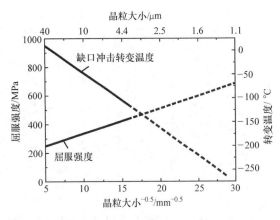

图 6.34 铁素体晶粒大小对屈服强度和缺口冲击临界温度的影响。当前的过程窗口在大于 4μm 的范围内可转化（实线），UFG 钢位于小于 4μm 的范围内（虚线）。钢质（质量分数）：0.15% 碳，0.25% 硅，1.1% 锰

（2）合金概念

超细晶粒钢是在超高强度微合金钢基础上进一步开发出来的。其典型的合金成分与从高强度低合金钢（HSLA，High Strength Low Alloy Steel）得到的成分类似[36]。通过采用创新的加工技术[69-74]形成极其精细的金相组织，从而得到相应的性能。材料中包含的微合金元素对于金相组织的稳定性非常重要，这些元素在对钢材进行热处理或者焊接的时候可以阻止金相变得粗大。

（3）金相组织

超细晶粒钢的金相组织表现为单相、近球状与铁素体金相组织。在文献 [75] 中，只要铁素体质量分数不超过 65%，也允许贝氏体金相组分出现。所有其他相的质量分数限制在 3%。特别要注意的是马氏体质量分数，必须将其最小化。马氏体对改善韧性有负面影响，甚至使韧性变差。合金中会包含碳化物、氮化物与碳氮化物析出，在光学显微镜下是不可见的。

与传统的铁素体钢（热轧带钢和冷轧带钢）（铁素体晶粒尺寸在 4~20μm 之间（ASTM G 8-12.5））相比，典型超细晶粒钢的铁素体晶粒平均尺寸小于 4μm（ASTM G > 12.5）（图 6.34）。图 6.35（见彩插）给出了传统钢和超细晶粒钢的代表性微观结构对比。

（4）材料性能、特殊性与挑战

材料强度增加是晶粒细化（霍尔-佩奇法则）的结果，仅仅是将铁素体的晶粒尺寸从 10μm 降到 5μm，就可以将屈服强度提高约 70MPa。如果将晶粒尺寸从 5μm 降到 2μm，则屈服强度甚至可以再提高 140MPa（图 6.34）。抗拉强度的变化趋势也类似。从应力应变图中，可以很明显地看到这一变化。针对图 6.35 中的两种材料状态可以看到，当将铁素体晶粒尺寸从 4.9μm 降到 2.3μm 时，抗拉强度增加了 160MPa，如图 6.36 所示。与此同时，延展性

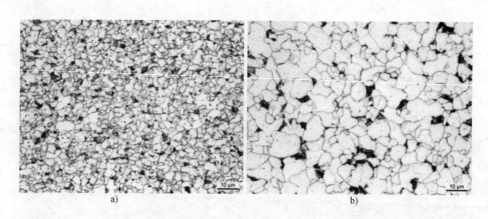

图6.35 一种微合金化的HSLA钢（0.07%碳，1.3%锰、钛、铌，均为质量分数）
a）铁素体晶粒大小平均为2.3μm的超细晶粒退火（快速退火）状态
b）铁素体晶粒大小平均为4.9μm的常规退火状态

则明显下降。延展性下降不是这类钢材的特殊情况，而是强度增加的金属物理结果（考虑标准），前提是主动强化机制以及材料的强化速率不发生变化。例外的情形是TRIP钢、DP钢和TRIPLEX钢，这些钢在变形过程中会激活另外的强化机制（例如通过相变、孪晶形成）（比较6.1.8小节和6.1.9小节）。

在辊轧状态下，超细晶粒钢具有与微合金化的高强度低合金钢（HSLA，High Strength Low Alloy Steel）类似的塑性行为，不过是在一个明显更高的强度水平上，如图6.36所示。对于未辊轧试样的研究表明，在铁素体晶粒尺寸小于1μm情况下，会遇到强化缺失的问题[76,77]。研究结果表明，

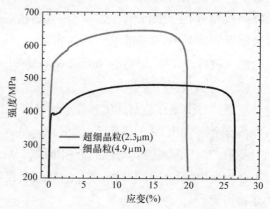

图6.36 一种微合金化的HSLA钢质（0.07%碳，1.3%锰、钛、铌，均为质量分数）在铁素体晶粒大小平均为2.3μm的超细晶粒退火（快速退火）状态和在铁素体晶粒大小平均为4.9μm的常规退火状态的变形特性对比，结论已通过试验室验证

随着晶粒尺寸减小，与抗拉强度相比，屈服强度明显增加，以至于屈服强度与抗拉强度重叠，从而无法达到同等尺度应变。此外，在未辊轧试样中，形成了膨胀的吕德斯区域，在材料中没有发生强化，而是产生了近似理想化的塑性变形[78]。这会导致一个结果，即在未辊轧状态中，可以设置更高的屈服强度比例（大于0.85）。为了避免这一缺失的强化，在实际应用中，超细晶粒钢的平均铁素体晶粒尺寸不能低于1.5μm，这样一来，就只能利用晶粒细化的积极性能。

除此之外，与多相钢相比，在相同的抗拉强度下，晶粒细化的单相金相组织具有以下优点：在扩孔试验中误差反馈更好，原因在于缺失的硬的相分量（例如在双相钢中的马氏体）。在多相钢中，这些分量会引起强烈的缺口效应，从而导致早期失效。

在超细晶粒钢中，强烈的晶粒细化除了明显提高强度之外，还显著地改善了材料的韧性，如图6.37所示。这样一来，与具有传统的晶粒尺寸的钢相比，超细晶粒钢的缺口冲击转变温度明显下降。文献［79］通过试验证明，在极端情形下，缺口冲击转变温度可以下降到液态氮温度（-196℃）。原因在于材料中晶界面的高密度可以提高解理断口应力，从而提高在缺口冲击试验中的能量吸收能力[80,81]。除此之外，与高强度多相钢相比，由于受到植入的硬的相的影响，超细晶粒钢明显存在更少的内在缺口点。

（5）应用潜力以及与其他材料的区别

研究证明，晶粒细化是唯一可以同时改善强度和韧性的金属物理强化机制，因此超细晶粒钢首先应用在对强度和韧性要求都高的地方（在低于室温的温度下）。超细晶粒钢的轻量化潜力类似贝氏体钢。超细晶粒钢的特点则是低温韧性要好得多。超细晶粒钢的强度虽然很高，但不是最高的，其强度位于贝氏体钢强度区域的下方（超细晶粒钢的抗拉强度小于800MPa）。除此之外，超细晶粒钢的单相、近球形微观结构还具有如下优点：没有多相钢中那样的硬的二次相，这有助于阻止扩孔和氢脆性。由于合金成分很低，因此有助于焊接和回收。

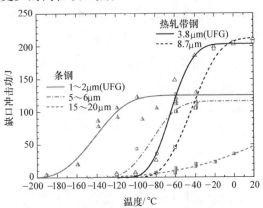

图6.37 铁素体晶粒大小对缺口冲击临界温度（韧性）的影响。超细晶粒的微观结构显示了不依赖于产品形状的最好的韧性特性。工业试验的结果。文献［73］：热轧带钢，12mm厚度，0.16%碳，0.2%硅，0.8%锰，相当于S355钢质。文献［74］：条钢，0.22%碳，0.5%硅，1.46%锰，相当于HRB355钢（20MnSi）

超细晶粒钢迄今为止还没有进入欧洲市场，但是在亚洲市场已经开始应用了。在中国，超细晶粒钢则已经应用于建筑和汽车行业[73,74,82]。在薄板领域，如冷轧带钢或热浸镀锌冷轧带钢材料，市场仍在推出。

超细晶粒钢方案的特殊之处在于，该方案不限于一种钢，而是可以用于所有的钢。降低一种钢的主要金相组成成分的晶粒尺寸（通常是铁素体相），会增加强度，同时改善韧性。从这个角度来讲，将这个概念转移到多相钢上用于优化性能是非常有意义的。此外，与纳米颗粒钢类似，超细晶粒钢在出现微合金元素时，会发生可持续的析出状态，不过这取决于所采用的制造工艺。这样就可以更有效地利用析出来增加强度。

6.1.7.2 纳米颗粒钢

与超细晶粒钢相比，含有纳米颗粒的钢除了具有高的强度（抗拉强度大于780MPa），还具有非常优异的成形性能，尤其适合高载荷应力以及扩孔情形下的应用[83]。在高强度钢（AHSS）中，如双相钢、相变诱导塑性钢，就没有这种高应变能力和良好的扩孔性能的组合，如图6.38所示。其原因在于金相组织中，相邻的二次相（马氏体）位于特别软的基体（铁素体）中，在承受很强的载荷应力的情形下（例如：在车身板材拉伸过程中事先给定几何尺寸的孔），很难适应在晶界上的二次相/基体，从而导致了裂纹生成。出于这个原因，纳米颗粒钢的材料设计基于软的铁素体/贝氏体基体（有植入的残余奥氏体分量）和最细的析出。析出由与合金相关的、温度稳定的（Ti，Mo）C相产生，通常小于10nm，极其精细地分布，同时有尽可能高的体积分数[84,85]。这种"超细"析出不仅提高了材料的屈服强度，也提高了材料的抗拉强度。铁素体基体则导致了良好的应变能力。由于弥散度高，硬相和软相之间的直接相界面在局部急剧减少。扩孔试验给出了非常好的结果。由于纳米钢具有非常优异的扩孔性能，特别适合用于复杂的成形件，如传动系统。目前，在欧洲和亚洲市场上，纳米颗粒钢以热轧带钢材料的方式提供，可以用于批量生产。产品和商标名称根据生产商而定，如 NANO HITEN™，强度等级为780MPa和980MPa。

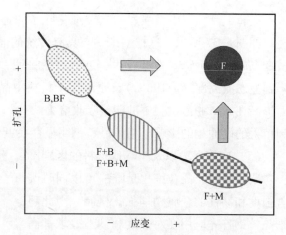

图6.38 现代多相钢中的微观结构成分对拉伸试验（应变）和扩孔试验（扩孔）中变形性的影响的图示

F—铁素体　B—贝氏体
M—马氏体　BF—贝氏体铁素体

6.1.8 具有TRIP/TWIP效应的高锰钢

出于轻量化和碰撞安全的要求，现代汽车工业对钢的强度要求也不断提高，这促进了高锰铝硅钢的发展[86,87]。

6.1.8.1 材料设计

（1）合金概念

为了实现材料的高强度和高延展性，近年来开发出了高合金的铁锰钢。该材料在室温下显示为亚稳奥氏体金相组织，除了强化之外，在发生变形的情况下，会引起错位，从而显示出更多的应变机制和强化机制。

通过添加锰、硅、铝、碳等合金元素，可以对材料的性能加以设置。合金成分会对晶格结构产生影响，从而影响到材料的层错能。材料的强化机制取决于层错能。因此，在材料成形时，会形成孪晶与马氏体组织。另外，合金成分会将铁碳图中的凝固区间、α区和γ区向后推移，从而可以在一定程度上对奥氏体稳定性进行设置。

强化机制的变化取决于层错能，因此在材料的成形中，会产生变形感应孪晶与马氏体。

此外，通过将合金成分，凝固区域、α区域、γ区域推入铁碳图，从而可以设置确定的奥氏体稳定性。

在这种情况下，通过合金元素锰和碳稳定了奥氏体。通过在铁－锰二元体系中添加锰，奥氏体区域得到放大，如图6.39所示，铁锰状态图中直至50%（质量分数）的锰[88]。图6.39中，在400℃温度下，用虚线标识的相界显示出亚稳定的状态。添加35%的锰之后，出现了纯奥氏体。

从图6.39中可以看到,在α相中的奥氏体转变导致了明显的浓度变化。随着锰含量的增加,这种转化被推迟到低温区域,最终在转化时阻止了弥散。在锰含量超过5%的情况下,奥氏体在常规冷却时不再通过浓度补偿转换为铁素体,而是无弥散地转换为马氏体。这个马氏体显示了与奥氏体相同的成分,是从奥氏体中生成的马氏体[88]。

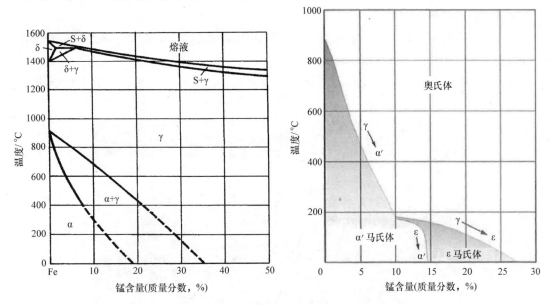

图6.39 铁-锰二元系统的非平衡示意图

合金元素铝和硅则有助于形成稳定的铁素体。在铁-硅或者铁-铝二元体系中,可以看出,铁素体的区域增大了,如图6.40所示。另外,通过添加铝可以降低熔点。

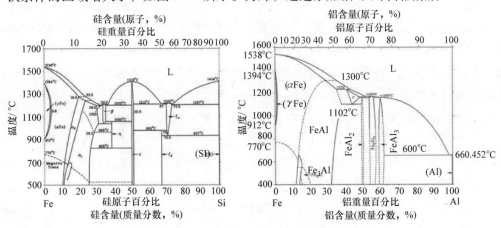

图6.40 铁-硅和铁-铝二元系统的平衡示意图

(2) 金相组织与强化机制

在锰质量分数从很小直至15%的情况下,二元奥氏体铁锰合金在冷却过程中形成了ε马氏体[90]。在锰质量分数高达约35%的情况下,在冷却时,形成β锰,会导致材料脆化,从而降低材料的成形性[91]。

在含碳量少的铁锰钢中，冷却时，最多质量分数至10%的锰会在体心立方相中出现部分转换为面心立方金相组织。将锰的质量分数提高到14.5%，会导致γ-ε转变，之后只会出现部分ε-α转变。随着锰含量的增加，参与的奥氏体分量也在增加。锰质量分数在14.5%~27%之间会导致ε-α转变中断，直到最后随着锰含量的进一步增加，出现纯奥氏体。最终，在成形过程中出现相变[92]。

与此相对应的是，根据化学成分的不同，铁锰钢显现出稳定的或者是亚稳定的面心立方晶格结构。

钢材在经过热轧与冷轧加工后，要进行退火处理。在未变形状态下，退火后会出现孪晶，如图6.41（见彩插）所示。

图6.41 室温下进行热处理后，未变形高锰冷轧带钢的研磨和电子背散射衍射成像图样，冷轧带钢显示出退火孪晶

在成形过程中，与前面所说的层错能有关的高合金材料中会出现马氏体组织（TRIP effect, Transformation Induced Plasticity, 相变诱导塑性效应）与孪晶组织（TWIP effect, Twinning Induced Plasticity, 孪晶诱导塑性效应），如图6.42与图6.43（见彩插）所示。相应地，在成形状态下，会形成ε马氏体（密排立方），或者α'马氏体（体心立方），或者在奥氏体中的变形孪晶[93]。

由于合金元素的变化，材料结构的变化也会导致物理性能和力学工艺性能发生极大变化。

在这种情况下，强化机制取决于材料的层错能。层错能与从奥氏体转变成ε马氏体的自由能$\Delta G^{\gamma \to \varepsilon}$成比例关系：

$$SFE = \Gamma = 2\rho \Delta G^{\gamma \to \varepsilon} + 2\sigma^{\gamma/\varepsilon} \tag{6.4}$$

公式中，通常假设界面密度和平面堆积密度为常数。

相应地，奥氏体稳定性及其强化机制也与层错能成比例。在层错能低（$\Gamma \leq 20\text{mJ/m}^2$）的情况下，奥氏体优先相变成ε马氏体或者α马氏体。在层错能高（$\Gamma > 20\text{mJ/m}^2$）的情况下，奥氏体保持稳定[94]。如果层错能在20~40mJ/m²区间，则在成形过程中会优先形成孪晶。

即将由德国萨尔茨蒂特钢铁公司生产的HSD®钢就是一个典型的高锰钢材料例子。与其

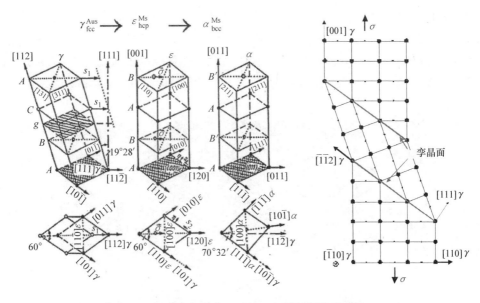

图 6.42 TRIP 效应和 TWIP 效应出现时的晶格展示图

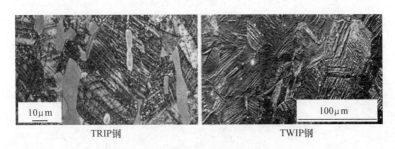

图 6.43 室温下，具有 TRIP 和 TWIP 效应、热处理过的可变形高锰冷轧带钢在光学显微镜及扫描电子显微镜下的金相组织照片

他的高锰 TRIP 钢或者高锰 TWIP 钢相比，HSD®钢除了含锰之外，还含硅和铝，从而明显地改善了材料的力学性能和成形性能，并可以将密度降低到 7.35g/cm³。HSD®钢是由萨尔茨蒂特钢铁公司和塔塔公司联合开发的。

此外，安赛乐米塔尔公司和蒂森钢铁公司合作开发了 X – IP 钢[8,95]。韩国浦项钢铁公司则致力于高锰 TWIP 钢[87,96,97]的开发应用。为了确保连铸性能，不使用铝和硅，或者只是限制使用。

HSD®钢是采用铸带技术生产的。这种生产方法是基于水平铸造方向和"随动金属型"，可以不使用铸造粉末，实现材料的无应力铸造，这样就可以提高铝和硅的含量。

萨尔茨蒂特钢铁公司生产的 HSD®钢还有质量分数分别为 15% 的锰、0.7% 的碳、2.5% 的铝、2.5% 的硅。目前开发的浸蚀处理的热轧带钢厚度区域为 2.50 ~ 5.00mm，冷轧带钢的厚度区域≤2.50mm。

6.1.8.2 材料性能、特殊性与挑战

高锰钢所具有的高强度和高延展性的性能组合是传统钢材所无法达到的[95,97]。另外，

HSD®钢中铝和硅的含量比较高，这样就具有优异的冶金性能，同时密度还降低了5%。

HSD®钢是铁-锰-铝-硅钢，具有单相、奥氏体金相组织结构（图6.44（见彩插）右）。在成形过程中，奥氏体金相组织保持稳定，不会转化成马氏体（图6.44左）。主导的强化机制是TWIP效应。典型的HSD®钢晶粒尺寸为10~11（按照ASTM）。

图6.44 一个不变形的冷轧带钢（左）和一个延伸率可达40%的HSD钢的单轴拉伸试验（右）在光学显微镜下的照片，放大1000倍

表6.12所示为不同钢制造商生产的高锰钢的力学性能。下面以HSD®钢 X70MnAlSi 15 2.5 2.5 为例，对高锰钢的其他性能给予介绍。

表6.12 高锰钢的力学性能

	HSD®钢 X70MnAlSi 15 2.5 2.5	X60MnAl18 1.5 [68]	XIP® 1000 [20]
$R_{p0.2}$/MPa	620	500	496
R_m/MPa	1000	995	1102
断裂伸长率（%）	50（A_{80}）	63（JIS）	52（A_{80}）
弹性模量/GPa	180	—	—
n值 [-]	0.36	—	0.42

6.1.8.3 轻量化应用潜力

由于高锰钢具有极其优异的力学工艺性能，因此是汽车轻量化优先选用的钢材。

图6.45是HSD®钢的屈服曲线，图中用于比较的有双相钢（HCT780XD），抗拉强度>780MPa；贝氏体热带钢（SZBS800），抗拉强度>800MPa；微合金钢（HC340LAD）。高强度钢展示出的最大成形度为0.07~0.12。如果需要加工复杂的构件，则采用软钢如微合金钢HC340LAD加工。由于微合金钢的强度较低，针对碰撞冲击相关的构件，则需要厚的板材厚度，以确保安全。

如果用HSD®钢替代传统的钢材，在强度相同的情况下，板材的厚度可以急剧降低。由于密度降低，可以实现减重；同时又由于板材厚度变薄，又可以显著减重。在6.1.8.4小节的例子中，构件减重潜力超过了20%。

更多的成形工艺特征值表明,具有最高强度的HSD®钢的成形性能可以与软的拉深钢进行比较,同时,高强度材料的诸如扩孔能力的性能更好。

很多情况下,高强度钢和超高强度钢的扩孔性能有限。举例来说,按照ISO 16630标准,双相钢HCT780XD的扩孔能力为30%。而按照ISO 16630标准,HSD®钢的扩孔能力为60%,水准远高于传统的钢材,如图6.46所示。其他已知的铁–锰钢扩孔能力为45%~50%[98]。

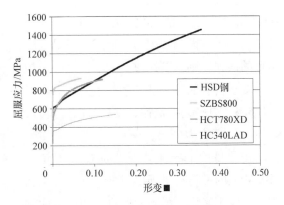

图6.45 不同板材的屈服曲线

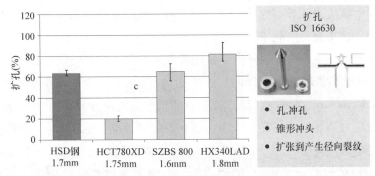

图6.46 依据ISO 16630的扩孔能力

在采用HSD®钢进行设计的时候,需要注意,HSD®钢的弹性模量为180GPa,要低于传统的钢材(约210GPa)。HSD®钢的优点在于,在成形过程中,弹性模量保持稳定,而传统的钢材[99]在成形过程中,弹性模量会发生变化。因为HSD®钢具有高延展性,由于材料弹性模量较低或者构件板材厚度变薄导致的刚度损失,可以借助于构件的几何形状设计弥补回来。这样,可以通过针对材料的设计,实现成形件刚度的提升。

临界拉伸比(初始板坯直径和冲头直径的比例)是板材材料拉深能力的一个指标。HSD®钢板厚度1.7mm,冲头直径50mm时的边界拉伸比为2.1。由于这个值高于现代多相钢的相应值,因此可以认为HSD®钢的拉深性能非常好。在文献[97]中,已知的铁锰钢临界拉伸比为2.0。

临界形变曲线(GFK)可以给出板材在失效之前达到的主形变和次形变。结合形变分析方法(对于实际构件或者数字化仿真),可以通过临界形变曲线预测成形过程的安全性。图6.47给出了HSD®钢的临界形变曲线与传统钢材的临界形变曲线的比较。主形变为0.38时,HSD®钢的最小临界形变曲线位于已知的铁锰钢的水平上[100]。与HSD®钢相比,强度相近的双相钢成形能力明显差很多,拉深钢则展示出类似的成形能力,但是强度就低很多。

由于强度高,特别是屈服强度高,加上弹性模量低,HSD®钢在成形时的回弹问题成为关注的焦点。不过,由于HSD®钢具有单相金相组织,与同等强度级别的传统钢相比,

HSD®钢屈服强度的变化很小。如果基于构件几何关系方面的原因，可以通过模具补偿出现的回弹，则在制造过程中，屈服强度极小的变动会对回弹波动产生积极的影响。

6.1.8.4 更多的特殊性、挑战与应用潜力

（1）氢应力诱导裂纹

按照目前的技术水平，抗拉强度超过1200MPa的钢材有氢脆的倾向[101]。对于已知的铁锰钢来说，氢脆问题要分两个方面来看。一方面，要对氢应力诱导裂纹给予关注。如果钢中存在氢，可能会由于氢脆的原因，在有效的无裂纹成形加工后，会出现裂纹。另一方面，必须对氢应力诱导裂纹给予仔细的研究，以确认在哪种确定的情况下，由于材料的哪种腐蚀过程，使得材料吸收了氢。

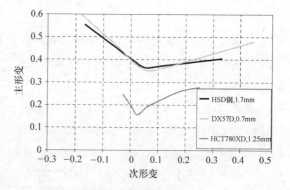

图6.47 临界形变曲线对比

以HSD®钢为例，对于铁锰铝硅钢，采用激光加工的板坯，成功地成形加工成一个钵体（板材厚度：1.7mm；冲头直径：50mm；拉伸比例：2.1（β_{max}）），钢材没有出现氢应力诱导裂纹（Delayed Fracture，延迟断裂），并具有高抗氢应力诱导裂纹腐蚀能力。

具有抵抗氢应力诱导裂纹与高抗氢应力诱导裂纹腐蚀能力的原因在于铝的含量高。合金中高的铝含量要求采用铸带技术（BCT[102]），这是因为，现阶段采用传统的连铸还无法达到这个数量级（质量分数≥2.5%）的铝含量。针对未来的开发（例如：密度继续降低的钢），铝的含量还可以提高。

到目前为止，还没有明确的用于验证抗氢应力诱导裂纹腐蚀能力的通用评估技术标准。针对这种现象，与已经成熟的高强度钢相比，可以突出强调HSD®钢的高抗氢应力诱导裂纹腐蚀能力。

（2）连接技术/电阻点焊

HSD®钢具有宽泛的焊接领域（>1.3kA）。连接加工与对连接性能的评估都是根据SEP1220-2标准进行的。焊接参数如下：50Hz交变电流；电极尺寸为F16x8；电极力为5.5kN；2脉冲320ms，保持时间为250ms。

虽然这些焊接参数的焊线中心与不均匀性相关，但是焊线的不均匀性对于静态和动态强度没有影响，如图6.48（见彩插）所示。

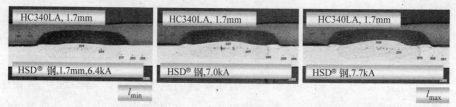

图6.48 横磨削焊点核心混合连接（HSD钢，HC340LA 1.7mm）

采用上述的焊接参数，板材厚度为 1.7mm，则 HSD® 钢上相同类型连接的剪拉强度的力水平为 23kN。同样地，无镀锌或者镀锌微合金钢板，或者无镀锌或者镀锌双相钢的混合连接的剪拉强度也在符合要求的水平。值得强调的是，虽然在焊接点存在不均匀性，连接不仅可以确保足够的静态连接强度，还具有良好的周期强度值，如图 6.49 所示。由于合金元素高达 20%，如同其他合金钢板材料一样，HSD® 钢的热焊接匹配是特别需要关注的。

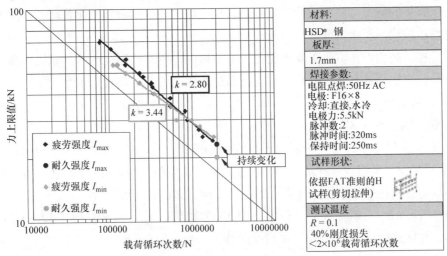

图 6.49 HSD 钢的剪拉试验的循环强度

（3）应用潜力

上文介绍的 HSD® 钢具有最高的强度，高的均匀延伸率，低密度。虽然目前在市场上还没有量产的产品，但是在过去的几年里，借助样品研究，这种铁锰铝硅钢在开发阶段的显著减重潜力已经得到了多次验证。

举例来说，对于汽车工业中涉及的碰撞相关构件，采用 HSD® 钢的减重潜力超过 20%。其前提是，所有外围连接尺寸直至量产件都不改变。在针对材料的构件设计或者与材料匹配的结构设计条件下，减重的潜力更大，甚至可以超过 30%，而且已经得到了验证。遗憾的是，截止到目前，还没有关于使用领域和结果的详细数据，这是因为 HSD® 钢还没有在汽车工业中批量应用。

在底盘领域，基于在保持相同强度下的成形能力，采用 HSD® 钢会使构件的几何尺寸出现新的可能性，从而在今后放弃例如在前轴横梁上的焊接设计。在底盘领域面临的主要挑战是，在错误使用的情况下，底盘件必须要有足够的变形能力，以避免发生断裂。使用 HSD® 钢，在减重的同时，还可以满足这一变形能力要求。而采用传统的钢材，构件的设计重量会比较重。

对于安全钢，如同 HSD® 钢所展示的那样，奥氏体钢会提供相应的性能组合，对屈服强度、抗拉强度和断裂伸长率等力学性能进一步扩展，以满足客户的要求，同时实现减重。举例来说，当电动汽车电池爆炸产生碎片，或者是飞机上爆炸的透平机产生碎片，材料要能够保护乘客不受伤害。在这种极端应力载荷情况下，需要 HSD® 钢和纤维增强塑料的混合材料，或者是有目的地设置在层压塑料中，而不是提供纯金属材料解决方案。

6.1.9 高铝钢

高铝含量的铁基合金很早就有了。在20世纪30年代就对这种合金进行了研究。到了20世纪80年代，美国橡树岭国家试验室和德国杜塞尔多夫的马克斯普朗克钢铁研究所对这种合金进行了大量的研究。当时的研发重点是，在飞机工业中作为轻量化替代材料用于高温环境，以及用于替代不锈钢的低成本材料。

目前正在对高铝钢在汽车工业和能源技术领域的应用进行研究。与钢相比，高铝钢的密度低，此外，高铝钢具有良好的抗腐蚀能力和抗氧化能力，还具有高耐磨强度[103]。

6.1.9.1 材料设计

（1）铁–铝（Fe–Al）系

在二元 Fe–Al 系中，重要的相为无序的 $A2(\alpha)$ 相、有序的 $D0_3(Fe_3Al)$ 相和 $B2(\alpha_2)$ 相，如图 6.50 所示。直至铝含量（原子,%）到 12%，无序的 $A2(\alpha)$ 相都是稳定的，并形成固溶体。原则上，这种晶体结构为体心立方晶格结构，如图 6.50b~d 所示。

质量分数在 18%~22% 区间，温度直至 500℃ 以下，有一个混合相（$A2 + D0_3$）。随着温度升高，在铁素体固溶体（A2）中发生转变。

当铝的含量（原子,%）超过 24%~34%，在 550℃ 以下，有序的 $D0_3$ 相大部分是稳定的。在此转变温度之上，在有序的 B2 相中会发生转变，最终在 A2 相中发生转变[105,106,107]。

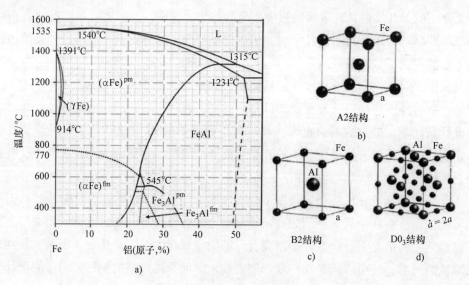

图 6.50 Fe–Al 系

a) 铝含量（原子,%）达到 60%[103] 以及重要的晶体结构 b) 无序的 A2 c) 有序的 B2 d) 有序的 $D0_3$[104]

在转变温度 550℃ 之上，在有序的 B2 相中会发生转变。在更高的温度下，在无序的 A2 相中发生转变[105,106,107]。

铝含量对于材料的屈服强度和断裂伸长率有影响,如图 6.51 所示。当铝含量(原子,%)增加到 24%的时候,屈服强度会增加。随着铝含量继续增加,屈服强度则会降低。铝含量(原子,%)最低为 24%的时候,断裂伸长率会下降。铝含量(原子,%)增加到 28%,断裂伸长率会增加 8%。铝含量(原子,%)超过 28%,材料就会变得越来越脆了。

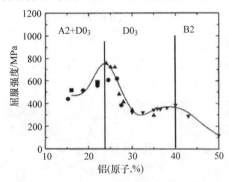 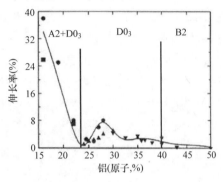

图 6.51 铝含量对屈服强度(左)和应变(右)的影响[107]

(2) 合金元素的影响

影响铁铝系力学性能最重要的元素是宏观合金元素铬(Cr)、锰(Mn)、硅(Si)、钛(Ti)、锆(Zr)、碳(C)和硼(B)。

通过提高简单滑移面的数量,会出现固溶强化,从而可以改善材料的延展性。镍、钴、钛、锰、锆和硅元素会与铁铝形成溶解体。铬含量超过质量分数 2%,会在表面形成一层被动层,阻碍变脆倾向,改善材料的延展性。随着锰的添加,位数、晶粒尺寸和反相域都会下降。在铁铝中会导致超级位错滑移和交叉,从而导致韧性增加。在高温下,硅可以改善力学性能,但是在室温下,延展性会显著降低[108, 109, 110]。

锆、铪、铌、钽与铼在铁铝中不完全溶解,这会导致析出。析出会阻碍晶界运动和位错,从而增加强度。这些元素与碳和硼一起,形成碳化物、硼化物或者碳硼化物,分布在基体中。这会对抗拉强度,尤其是持久强度产生积极影响。不过,析出对延展性有着不良影响,这是因为晶界滑移受到阻碍,这与温度无关[108, 111, 112]。

还有一些元素,如钼、钨和钒,没有必要的溶解性。举例来说,钼会与现有的碳化物和硼化物结合直至饱和,剩下的钼则转为固体溶解。钼可以稳定 $D0_3$ 相,与钨和钒一起可以改善蠕变强度和高温下的强度以及热稳定性。在钼、钨、钒中的少量锰会降低室温和高温延展性[108, 113, 114]。

碳的添加会形成碳化物。在铁铝合金中存在两种不同的碳化物结构。当碳含量较低,质量分数低于 1%,铁素体基体(体心立方)会形成碳化物(αFe(AlC))。当碳的质量分数大于 1%,会形成 $L1_2$(面心立方)有序晶体结构(Fe_3AlC_x, $x=0.5\sim1$)。两种碳化物在晶界分离开来。此外,还存在富铝 κ 碳化物,即使在高温下,也可以抵抗氧化和脱碳。在高温作用下更长的一段时间后,κ 碳化物相变大了[115]。

体积分数 50%为铁素体,50%为 κ 碳化物的精细金相组织,可以通过在 800~1000℃ 之间的超塑性行为实现延伸率超过 1000%[116]。

硼的作用是在原子连接中作为电子供体，增加晶界上的黏合强度。由于晶界有很强的分离趋势，硼的存在改善了晶界强度，抑制了晶界间的断裂。在室温下，硼对延展性没有什么影响。少量的硼（在10^{-6}区间）可以提高材料在室温和高温下的强度。现有的析出以及添加其他析出增强元素如铌、锆和钛，可以改善延展性和强度。原因在于，析出降低了层错能，阻碍了晶界的滑移和位错线的形成，析出增强物部分也会导致晶粒细化[108, 117, 118]。

（3）金相机制和强化机制

随着铝含量的增加，简单的铁铝合金的微观结构中出现大的晶粒。通过合金化和热力学处理的方法（如热轧、挤压和锻造）可以降低晶粒尺寸，如图6.52所示。

图6.52 铁–铝金相组织（Fe–28Al）和合金化的铁–铝金相组织（Fe–28Al–Cr–Zr–C）[117]

有序区域的大小、体积分量和形态可以通过合金化、退火时的温度和时间控制来加以设置。

铁铝化合物的变形行为取决于成分、温度和有序结构的存在与否。通过在$a_0<111>$方向（$a_0=$晶格参数）上的运动，含铝量很少的合金变形发生在有序区域之外，这一点与体心立方的铁类似。铝含量高的合金包含有序的DO_3相（B2相），也以同样的方式变形。

对于有序的DO_3结构，$\{110\}<111>$为主滑移系，因此在理论上是主要的变形机制，但是与B2结构结合，出现四重位错或位错偶。这些多次移位是必要的，以便于在有序的结构中得到完美的晶格传输[118]。

反相域是在过渡温度之下形成的有序区域。它们在之前无序结构的子晶格上生长。各个域在不同的子晶格位置上形成，一直生长到彼此相互侵入。这样就在界面上产生排列误差。这种排列误差被标识为反相界（AFG）。反相界的稳定性和形态取决于很多变量，包括组成成分与温度。通过在A2（无序）转换温度下淬火，不能抑制B2相反相界的形成。然而，通过在$B2-DO_3$转换温度下的冷却，DO_3域在B2域内生成更精细的域结构[119]。

在铁铝化合物中的反相域不优先在确定的晶格层上出现，而是显示出了一个波形的、各向同性的外观，如图6.53所示。

（4）铁–铝（Fe–Al）性能：密度、氧化、高温强度

随着铝含量的增加，铁铝合金的密度会降低。铝的含量每增加1%（质量分数），铁铝合金的密度就会降低约1%。其原因在于，铝原子比铁原子略微大一点，从而导致体心立方

铁相的晶格参数会变大（见6.1.1小节）。

随着铝含量的增加，铁铝合金具有优异的抗氧化性能。不过，直到铝含量超过3%，这个性能才会出现。之后会在合金表面形成一个三氧化二铝（Al_2O_3）氧化层，氧化层会在高温下保护合金不被进一步氧化。

铁－铝合金的力学性能取决于相的晶体结构、合金成分、热处理以及热力学加工方法。另外，铁铝化合物具有一个特殊的性能，即在高温下会得到强化。其原因在于，通过形成热空位，以及由此导致的空位硬化（空位强化）。图6.54表明，直至600℃，随着铝的含量增加，屈服强度也会增大。这与温度区域DO_3－B2过渡相对应。对于低合金的铁－铝合金（A2）来说，晶体结构是无序的。不过，这个效应观察不到。铁－铝合金目前用于高温区域，因为其结合了良好的氧化性能和低的密度。

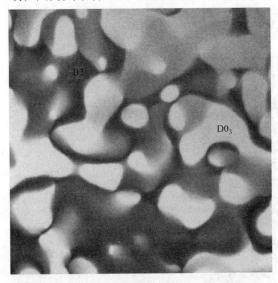
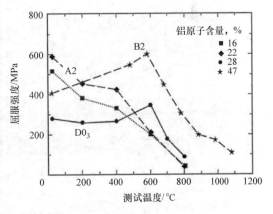

图6.53 Fe_3Al中的反相界TEM（透射电子显微镜）图像。图像是采用一个<111>超结构凸起矢量生成的。明亮的区域包含了DO_3结构，中间黑暗的区域表示了B2结构；放大100000倍

图6.54 不同温度下的不同铝含量的屈服强度[118]

6.1.9.2 铁铝锰碳（FeAlMnC）三相钢

由于含有铝，铁－铝合金的密度较低。但是，随着铝含量的增加，有序相分量上升，从而会限制合金的力学性能。通过添加锰，铁－铝合金的力学性能会得到改善，从而产生了锰－铝－碳（Mn－Al－C）钢。在铝含量低的铁－锰－铝（Fe－Mn－Al）系中，锰和碳的效应已经在6.1.9.1小节中描述过了。

(1) 合金概念

铁－铝合金进一步开发的结果就是三相钢，合金中含有更多的碳和锰。这类钢是三个相的混合体，即奥氏体（γ）、铁素体（α）与κ碳化物，所以称为"三相"。三相的成形取决于锰、铝和碳元素的结构。对于形成奥氏体的锰来说，质量分数在15%~30%的区域是决

定性的。锰的质量分数超过30%，会生成脆的、有序的β-锰（β-Mn）相。铝的质量分数界限是10%，之后就会形成有序的DO_3相了。碳参与形成了奥氏体相，对于碳化物的形成有重要的影响，所以碳的含量限制在质量分数1.2%。确定了这些元素含量，就可以控制相的百分比分布了，例如通过热处理手段进行控制。

（2）生产

含铝高的钢的生产比较麻烦，这是因为铝与空气接触的话，容易形成三氧化二铝（Al_2O_3）氧化物。传统的在空气中铸造冶炼方法行不通。生产这类钢材要采用BCT方法（Belt‑Casting‑Technology，带材铸造技术），在6.1.9.1小节中对该方法做了介绍。在生产过程中，要采用保护气体，同时控制铸带的冷却，从而最大限度地减少微观偏析。

图6.55左图为通过BCT方法生产出来的三相钢的铸造金相组织照片，显示出了典型的枝晶形态。图中明亮区域是由富铝铁素体结构形成的。在微观结构热轧之后，铁素体相沿着奥氏体晶界伸展开来了，如图6.55右图所示。

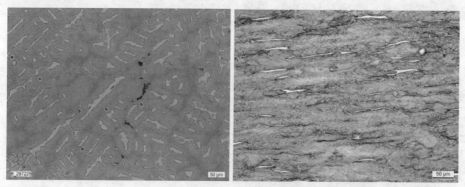

图6.55 在BCT（左）和热轧（右）之后的三相钢铸件金相组织照片，放大200倍

在退火的冷轧状态下（图6.56左图），微观结构表现出完全的再结晶，伴随着变形孪晶和回火孪晶的痕迹。纳米κ碳化物在光学区域很难识别，但是可以通过TEM（透射电子显微镜）检测出来。它们在奥氏体基体内变得可见（图6.56右图）。

图6.56 左图为冷轧及退火之后的三相钢金相组织照片（放大200倍）；右图为热轧之后的三相钢在碳化物分离后的深色区域的（TEM）透射电子显微镜照片（放大100000倍）[125]

6.1.9.3 性能

（1）力学性能：强度与韧性

图 6.57 展示了三相钢在不同的热处理方法下的明显不同的应力-应变曲线。

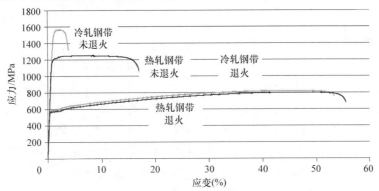

图 6.57　三相钢在不同状态（热轧带钢和冷轧带钢退火和未退火）下的应力-应变曲线

没有经过退火处理的热轧和冷轧状态下的三相钢，没有强化，具有非常高的屈服强度和抗拉强度。相应的值为

- 未退火热轧带钢：$R_{p0.2}=1180$MPa，$R_m=1250$MPa，$A_{50}=16.5\%$
- 未退火冷轧带钢：$R_{p0.2}=1531$MPa，$R_m=1564$MPa，$A_{50}=2.9\%$

在退火状态下，三相钢有高塑性变形能力。原因在于形成了 κ 碳化物，以及部分在 α 铁素体中的有序 DO_3 结构。

三相钢具有大塑性变形能力的原因不是通过形成马氏体（TRIP）或者孪晶（TWIP），而是在奥氏体基体中的{111}面上形成了非常密集和均匀排列的剪切带。这就是剪切带诱发塑性（Shear Band Induced Plasticity，SIP）[123,124]。

在退火状态下，对于热轧和冷轧材料有类似的应力-应变曲线（图 6.56）。相应的特征值为

- 退火热轧带钢：$R_{p0.2}=561$MPa，$R_m=800$MPa，$A_{50}=55.3\%$
- 退火冷轧带钢：$R_{p0.2}=581$MPa，$R_m=820$MPa，$A_{50}=52.8\%$

（2）氧化/腐蚀

当三相合金处于有氧的环境中时，合金中含量较高的铝会形成化学稳定的三氧化二铝（Al_2O_3）层。下面的顺序描述了三氧化二铝（Al_2O_3）的温度稳定性：

- <750℃：$\gamma - Al_2O_3$
- 750~900℃：$\delta - Al_2O_3$
- 900~1000℃：$\theta - Al_2O_3$
- >1000℃：$\alpha - Al_2O_3$

在更低的温度下，γ-、δ-和 θ-Al_2O_3 氧化物是扩散的。通常来说，这些氧化物是快速生长的、体积庞大的、疏松多孔的，为材料提供的保护很少。α 铝氧化物生长更慢一些，疏松更少，可以为材料提供更好的保护，但是只在温度超过 1000℃ 的时候出现。

6.1.9.4 应用潜力

三相钢主要用于强度与轻量化要求高的领域。由于三相钢具有良好的抗氧化能力，也可以用于高温区域，如排气系统中。

6.2 轻金属

6.2.1 铝合金

在过去的十多年里，汽车制造中减重的压力，导致了传统轻量化材料——铝应用的强劲增长[125]。选择铝的决定性因素有以下几点：各种铝合金所具有的极其优异的性能，铝坯材与成品的各种制造方法的应用，以及可以进一步加工成高价值的构件[126]。从生态的角度来看，还要提到铝资源的无限可获得性，成本和能源高效的可回收性。铝轻量化并不意味着全铝汽车。在常规情况下，更有意义的做法是采用铝实现目标轻量化，既可以使用单一的铝零部件，也可以采用整个铝模块。如今，需要优先考虑的是将铝材料集成到多材料设计方案中，并且将铝材料与其他的金属材料和非金属材料安全持久地连接起来。

如今，市场上可以获得的铝合金材料覆盖的性能范围非常广泛[127]。不过，现代的铝合金材料开发还是要寻找具有新的优异性能的铝材料，或者是针对特殊应用的量身定制的性能组合。目前在进行中的开发工作主要集中于合金成分和加工条件的目标性优化：

- 铝构件制造，采用尽可能少的材料和生产消耗满足应用要求，改进现有铝设计的成本效率。
- 生产出具有更好性能的铝材料，结合相应的制造技术，可以实现新的、创新轻量化解决方案。

在以上工作中，需要用到的一个重要的工具是数字仿真。经过多年高强度的研发工作，铝已经成为一种可以计算的材料。如今，在产品开发过程中的"并行工程"，不仅包括针对单一构件静态与动态行为的设计与分析，而且还针对碰撞情形进行设计和分析。针对单一制造方法（例如：成形行为和连接行为）的仿真也日益重要。特别重要的是深加工对构件的影响，这是因为深加工会导致局部材料性能的改变。从材料的角度出发，材料开发继续向"计算机辅助材料设计"方向发展，从而可以基于合金成分和金相组织变化，对材料的性能进行预测，以及对材料性能加以设置。这里，金相组织的变化是根据机械制造参数和热处理参数决定的。

6.2.1.1 铝变形合金

铝是一种与其他元素融合性较差的金属。在铝固溶体中，因为大部分元素的溶解性很低，所以合金元素对铝合金力学性能的影响很小。与其他材料工业相比，铝工业主要研究铝和其他元素如铁或者硅的结合，这些元素实际中也无法去除，也是形成不可溶解的金属间相的基础。

铝变形合金是由二元或者三元合金系构成的，例如铝与镁、铜、锌、锰和硅等元素，这些合金元素含量的质量分数一般不超过5%[128]。合金元素中也会加入少量（含量<0.5%）的其他元素，例如铬、钛、锆等。这些附加元素可以对晶粒（如晶粒大小或者金属间相的形状和大小）产生影响，从而达到控制和改善材料特性的目的。但是这些合金元素也可能会对某些合金体系产生不良的影响。在这种情况下，需要对这些元素以及其他杂质的含量加以控制。

通过冷/热成形工艺，例如轧制、挤压、拉伸、锻造等，可以将变形合金加工成半成品或者成品件[129]。可以将坯材、棒材和连铸连轧带材制成半成品，如板材、型材、拉杆与拉丝等，并且可以通过再次成形用于后续加工（见7.1节）。

在铝变形合金的生产链中，最初的材料状态为液态铝。液态铝一个重要的质量特征为熔液的纯度。熔液既包含了熔液中所溶解的金属杂质，也包含了无法溶解的非金属夹砂和气体（尤其是氢）。通过控制在母合金以及纯金属中不同合金元素的加入量，来最终确定熔液的成分。

在制作浇铸预制件过程中的凝固条件对后来得到的材料性能有重要的影响。对于变形材料而言，熔化工艺和浇铸工艺的精准控制和准确监控很重要。在采用冷轧、热轧和挤压（见7.1.4.3小节）加工半成品的过程中，若要得到所需的材料性能，热力学影响因素起到了决定性的作用。选择不同的热加工条件（成形温度、成形角度和成形速度）、热加工温度的冷却速度，以及后续冷压处理和热处理工艺的方式和强度，都可能对材料性能造成很大的改变。有针对性地选择加工参数和精确地控制加工条件是生产高质量铝半成品的必要前提。

变形铝合金系

变形材料除了纯铝之外，还有很多以不同合金系为基础的铝合金。为了过渡到欧洲标准DIN EN 573，在德语区也根据ISO和AA使用四位数字组合的系统（用附加字母表示国家），来标记不同的合金[130]。采用化学符号来标记合金的方式越来越少了。

按照DIN EN 515，可以对材料状态进行进一步的描述，例如通过字母，补充一个或多个数字。这些组合可以通过连字符来分隔，并在合金名称中体现。以下内容表示：

- O = 软化退火。
- T = 热处理（例子：T4 = 固溶退火、淬火或者冷时效硬化；T6 = 固溶退火、淬火或者热时效硬化）。
- H = 冷作硬化（例子：H111 = 微冷作硬化；H19 = 冷作硬化，非常硬）。

原则上可以把合金分为自然硬化合金和时效硬化合金。划分时要考虑到，铝的基本强度是通过固溶强化以及冷作硬化（对于自然硬化材料）得到的，或者对于时效硬化合金，是通过附加的热处理方法提高强度而得到的。

在铝固溶体中溶解的合金元素（如镁、锰、铜），可以提高材料强度。通过加入镁，提高强度的效果最好。除了纯铝之外，自然硬化材料还包含铝镁、铝锰、铝镁锰和铝铁硅等合金类型。热处理不能提高这些合金的强度，只能通过冷成形加工，可以进一步提升这些合金的强度。冷作硬化可以大幅度地提高强度。根据合金的种类和成形度，可以提高50%~100%的强度。随着成形度的提高，断裂伸长率与成形性能则会大幅下降。对于已经经过冷成形加工的材料，在热作用下会造成强度（与增加的延展性有关）的下降。只有重新进行冷成形加工，才可以对强度进行补偿。

对于时效硬化的铝变形合金，除了可以通过冷成形加工提高强度，还可以通过热处理方法来提高材料的强度。时效硬化材料包括铝铜、铝铜镁、铝镁硅、铝锌镁（铜）和铝锂等合金系。在时效硬化时，相关的合金元素首先在 450～600℃ 的温度范围内固溶退火，尽可能地在铝固溶体中溶解，随后在室温中进行急速冷却，保持溶解状态。然而，这种溶解状态并不稳定。在最初的几个小时至几天内，可以看到，强度会显著增加。根据合金元素的不同，强度增加的程度也不同。材料在固溶退火和淬火处理后，在室温下存放一段时间，强度增加的现象，可称为冷时效硬化。热时效硬化是强度增加的过程，即通常在 100～200℃ 下，对材料进行时效处理。冷成形可以进一步提高材料在时效状态下的强度。在后续的冷成形或者热处理加工后，若要回到一个最佳的时效状态，需要对构件进行完整的热处理，包括固溶退火和淬火，这些处理都可能会造成构件的变形。

6.2.1.2 用于车辆制造的轧制材料

如今，市场上可以提供上文中所提到的合金系的轧制铝半成品的厚度不一（从大于 15mm 的板材到小于 0.20mm 的铝箔）。对于汽车制造来说，最重要的板材材料为铝镁（AlMg）和铝镁硅（AlMgSi）系合金。其他合金等级的轧制成品主要的应用是利用特定铝材的物理性能和化学性能。

在汽车中，薄铝带和薄铝箔主要应用在不同的热交换器上（发动机冷却、空调设备、机油冷却设备……）。在这些产品领域里，主要使用纯铝（EN AW - 1xxx）、铝锰（AlMn）（EN AW - 3xxx）和铝锌（AlZn）（EN AW - 7xxx）合金系，以及低合金的铝锰（AlMn）合金（EN AW - 5xxx）。铝锌（AlZn）合金和其他含有锌成分的材料，可以防止热交换器腐蚀，因为锌在和其他铝合金有导电连接时，会先被腐蚀掉，从而防止铝结构被腐蚀。此外，还有铝硅（AlSi）（EN AW - 4xxx）覆盖层的包覆带，其中包覆在合适的芯材料上的铝硅（AlSi）材料用作钎焊材料，这样就可以通过钎焊（在真空中或在惰性气氛下）实现成本有效的热交换器生产。通过精准选择所使用的合金，既可以节省热交换器的加工费用，也保证了其较长的使用寿命。鉴于铝材料在重量以及价格方面的优势，在汽车制造行业，如今只使用铝热交换器（图 6.58）。

图 6.58　汽车制造中的铝热交换器

由于铝材料具有优异的热性能，汽车工业优先选择铝材料作为隔热板，或与合适的绝缘材料结合作为盖板，应用于汽车热绝缘件和和隔声件上。这种情况下，纯铝（EN AW 1 - xxx）的铝板/铝箔，或铝镁（AlMg）合金（EN AW 5 - xxx）是最佳的选择。

以这两个合金系为基础的轧制合金，通常以高纯度的铝为基础，应用于车身内外的装饰件。材料经过铝阳极氧化处理，精制、有光泽，并且无色。铝镁（AlMg）标准材料会经常用于车身的附属件，如壳或隔板。

如今，在车身件、悬架件和结构件方面，汽车工业几乎只选择铝镁（AlMg）（EN AW 5-xxx）和铝镁硅（AlMgSi）（EN AW 6-xxx）材料的板材[131]。从技术和经济的角度考虑，广泛地应用针对航天航空领域开发的合金铝铜（AlCu）（EN AW 1-xxx）和铝锌镁（铜）（AlZnMg（Cu））（EN AW 7-xxx）还不太成熟，铝锂（AlLi）合金也是如此。

铝镁硅（AlMgSi）合金主要用作覆盖件的材料，而内板、悬架件以及车身的结构件和底盘件则多采用铝镁（AlMg）合金。其原因在于，铝镁（AlMg）材料在成形过程中，板材表面会形成不均匀的形状，如大面积的火焰形状图案（流动图形，类型 A），或细条（流动图形，类型 B）。而铝镁硅（AlMgSi）板材就不会形成这样的表面效果。

（1）铝板材在覆盖件上的应用

由于在自然时效（T4）下，铝镁硅（AlMgSi）材料的强度相对较低，比较容易成形。在烘烤硬化（也就是在使用状态下），经过热时效硬化后，材料的强度会明显增加。如今在欧洲，首先选用的还是无铜的合金材料 EN AW-6016，该合金30年前首次应用在外覆盖件上。然而，随着时间的推移，材料的合成和生产工艺都有了很大的发展，先进的、经过优化的材料方案已经可以满足汽车工业最新的需求。

在北美地区，车身上（发动机舱盖）首先使用的是高强度但耐蚀性较差的铝镁铜（AlMgCu）材料。随着材料开发的不断进展，含少量铜的铝镁铜（AlMgCu）合金 EN AW-6111 应用得越来越多。

与 EN AW-6016 相比，新开发的合金中减少了硅的含量，增加了镁的含量（表6.13）。如今在所有合金类型中，优先使用的是稳定的 T4 状态的合金（诺贝丽斯标识为 PX），该类合金可以在喷涂煅烧阶段的温度范围内，快速进行时效硬化（图6.59）。

表6.13 符合 DIN 573.3 标准的铝变形材料

系列	合金类型	例子：数字化	例子：化学符号
EN AW-1xxx	纯铝和高纯铝	EN AW-1050A	EN AW-Al99.5
EN AW-2xxx	Al+Cu（Mg,Mn,Bi,…）	EN AW-2017A	EN AW-AlCu4MgSi（A）
EN AW-3xxx	Al+Mn（Mg,Co,Si,…）	EN AW-3003A	EN AW-AlMnCu
EN AW-4xxx	Al+Si（Mg,Mn,…）	EN AW-4007A	EN AW-AlSi1,5Mn
EN AW-5xxx	Al+Si（Mn,…）	EN AW-5182A	EN AW-AlMg4.5Mn0.4
EN AW-6xxx	Al+Mg+Si（Cu,Mn,…）	EN AW-6061A	EN AW-AlMg1SiCu
EN AW-7xxx	Al+Zn+（Mg）+（Cu）	EN AW-7020A	EN AW-AlZn4.5Mg1
EN AW-8xxx	铝和其他元素	EN AW-8006A	EN AW-AlFe1.5Mn

针对覆盖件板材的开发，一方面要改善板的成形能力，尤其是已预成形板的滚边性能；

另一方面要提高板的强度，以降低板的厚度。为了改善可视的缝隙图像，可使用 Anticorodal® - 170 (EN AW - 6014) 铝合金来实现弯曲内半径接近 0mm 的清晰的折边图形。Anticorodal® - 600 (EN AW - 6451) 铝合金（表 6.14）既有较高的强度，也有较好的成形性能和滚边性能。其他的铝板制造商也可以提供用于覆盖件板材制造的类似材料（表 6.15）。

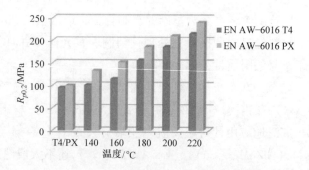

图 6.59 合金 EN AW - 6016 在不同温度下状态 T4 和稳定状态 PX 的时效硬化

表 6.14 部分覆盖件轧制材料的成分 单位：质量分数，%

合金	商标名称	Si	Fe 最大	Cu 最大	Mn	Mg
EN AW - 6016	Anticorodal® - 121	1.0 ~ 1.5	0.5	0.2	最大 0.2	0.25 ~ 0.6
EN AW - 6111	—	0.6 ~ 1.1	0.40	0.50 ~ 0.9	0.10 ~ 0.45	0.5 ~ 1.0
EN AW - 6014	Anticorodal® - 170	0.5 ~ 0.7	0.35	0.2	0.05 ~ 0.2	0.4 ~ 0.7
EN AW - 6451	Anticorodal® - 600	0.6 ~ 1.0	0.35	0.2	0.05 ~ 0.2	0.4 ~ 0.8

表 6.15 部分覆盖件轧制材料的力学性能

合金 + 状态	诺贝丽斯商标名称	$R_{p0.2}$ /MPa	R_m /MPa	A_{80} (%)	$R_{p0.2}$/MPa 2%冷成形后 + 20min 185℃	弯曲因子 f
EN AW - 6016 T4	Anticorodal® - 121	95	205	26	140	0.5
EN AW - 6016 PX	Anticorodal® - 121	100	210	26	215	0.6
EN AW - 6011 PX	—	125	245	25	255	0.65
EN AW - 6014 PX	Anticorodal® - 170	90	195	25	220	0.35
EN AW - 6451 PX	Anticorodal® - 600	125	245	24.5	260	0.45

铝镁硅（AlMgSi）合金的耐蚀性非常好。在该合金系中，与铝基体相比，出现的 Mg_2Si 相为中性。铜含量超过 0.3% ~ 0.5%，可能会出现晶间腐蚀的情况，并会导致在晶界上含铜析出的形成。经过多年的使用实践经验，铜含量较少的合金 EN AW - 6111 还未出现过相应的问题。

如今用于覆盖件的铝合金，还可以继续满足汽车工业中技术更高的要求。在生产铝悬架件方面，已经和处理钢板没有本质的区别，如图 6.60 所示。在冲压车间和白车身车间，铝合金材料产品的质量和生产率可与钢材产品的质量和生产率相比，最初所使用的额外工艺（如独立的热时效或者特殊的表面预处理等）可以节省掉了。利用新开发的铝合金，可以使用与相应的钢材质一样的设计轮廓和折边形状。从技术层面来说，铝材料可以广泛应用在覆盖件上，使用铝材料的主要顾虑来自技术之外的因素。随着轻量化压力的不断增加，基于成本采用铝材料的压力将日益降低。目前最重要的是要考虑现有的（不适合铝加工的）生产设备。基于这一原因，是否放弃熟悉的钢板，而去选择"新"的铝材料，是需要仔细斟酌的。

（2）铝板用于结构应用

用于汽车制造的、自然硬化的铝镁标准材料 EN AW – 5754（AlMg3）、EN AW – 5042（AlMg3.5Mn）和 EN AW – 5182（AlMg5Mn）有非常出色的成形能力。通过增加镁的含量，可以提高铝镁合金的强度和延展性。在强度方面，烘烤硬化铝镁板明显不如铝镁硅合金系。铝镁材

图 6.60　新款梅赛德斯－奔驰 S 级轿车的发动机舱盖、挡泥板、车门、后面板、行李舱盖和前后模块均采用铝制造（图：戴姆勒）

料首先可以使用在对成形要求较高的悬架件和结构件的内板上，这些内板在冲压过程中对成形有较高的要求（也就是说，复杂的构件形状伴有较大的成形度）或者在碰撞情形下，有较好的能量吸收能力。当由于结构原因必须使用较厚的板（≥2mm）时，可以优先考虑铝镁材料。

经过轧制的铝镁带材以软退火（O）的状态交付。一个重要的前提条件是，完成软退火后，会产生精细的晶粒结构。非常少的锰含量（0.2% ~ 0.5%，质量分数）可以实现这种状态。均匀分布的微少含量锰析出物可以在再结晶的过程中形成稳定的精细晶粒组织。

铝镁车身材料有很好的耐蚀性。合金中锰含量少于 3%，没有观察到晶间腐蚀的情况。相反，合金中锰含量较高，且在不利的环境中，如温度长时间在 65 ~ 150℃ 范围内，就会在晶界析出或多或少的 β（Mg_2Al_3）相微粒。由于 β 相没有铝固溶体纯正，在晶界区域内更容易被腐蚀（图 6.61）。

合金中锰含量 > 3%，通过稳定化退火，可以避免在温度超过 150° 时出现晶间腐蚀的情况。因为在这个温度范围，晶体为非精细状态，不会形成连贯的 β 相析出。由于热敏感度的原因，持续进行成形和连接操作，可

图 6.61　热敏化处理（120℃ 下 1000h）后，在软态 O 中合金 EN AW – 5182 的晶间腐蚀敏感结构

能会提高晶粒组织的敏感度。腐蚀行为不仅取决于成分，也取决于所使用的材料金相组织。使用锰含量 > 3% 的铝镁材料，就必须要考虑这方面。尤其是应用在汽车温度较高的位置（发动机区域、排气系统和制动系统附近），必须要进行详细的说明，并在实际温度和腐蚀条件下对构件进行有针对性的检测。

由于在使用时，热作用以及高强度不会对铝镁硅材料造成影响，在过去几年中，大大提高了汽车工业将铝镁硅材料应用在内部件和结构件上的兴趣，见表6.16。采用内外板整体合金概念，由于不需要对切边废料进行分离，使用这种铝合金材料的一个很大的优势是可以简单并经济地回收生产废料。合金 Anticorodal®-600（EN AW-6451）（表6.14和表6.15）就是一个很好的例子。其他铝板生产厂家可以提供用于覆盖件板的类似材料。

上文中所提到的覆盖件材料如 Anticorodal®-170（EN AW-6014）或 Anticorodal-®600（EN AW-6451）也可以作为悬架件的内板来使用。针对这个应用，专门开发出了合金 Ecodal®-608（EN AW-6181A）。与铝镁材料相比，合金 Ecodal®-608（EN AW-6181A）强度更高，板厚更薄，从而减轻了重量。使用铝镁硅合金也可以避免在部分可视位置出现的表面不规则问题，例如车身底板开门的踩踏位置，以及发动机舱盖和后盖的下侧。

为内部件专门开发的材料为 Anticorodal®-118（EN AW-6501）。该合金的成分和制造工艺已经过优化，可控制能量吸收。如果需要采取特殊措施，对行人进行保护，例如作为发动机舱盖内板或者车身前部的加强件，可以优先使用这种材料。

表6.16 针对结构应用的部分材料成分　　单位：质量分数,%

合金	诺贝丽斯商标名称	硅	铁最大	铜最大	锰	镁
EN AW-5754	-	最大0.4	0.4	0.1	最大0.5	2.6~3.6
EN AW-5182	-	最大0.2	0.35	0.15	0.2~0.5	4.0~5.0
EN AW-6181A	Ecodal®-170	0.7~1.1	0.5	0.25	最大0.4	0.6~1
EN AW-6501	Anticorodal®-118	0.5~0.7	0.35	0.2	0.05~0.2	0.4~0.7
EN AW-6014	Anticorodal®-300	0.3~0.6	0.35	0.25	最大0.20	0.4~0.8

Anticorodal®-300（EN AW-6014）是为结构应用专门开发的合金。除了所需的强度和必要的成形性能，该合金在撞击情况下，表现出极好的性能。除了具有高的强度，Anticorodal®-300 的能量吸收性能也很好。在延展折边过程中进行的能量吸收，不会造成裂纹和破裂（图6.62）。如果用于生产汽车结构中的板材成形件，优先使用T4状态。如对强度有很高的要求，则可以使用T61状态，但是在这种情况下，材料的成形性能会略差些。在表6.17中，列出了上面提到的合金的力学性能。

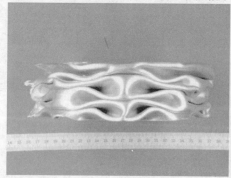 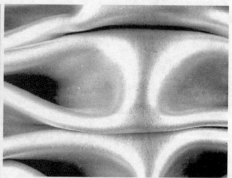

图6.62　合金 Anticorodal®-300（EN AW-6014）在预成形和硬化状态下，没有裂纹形成的无缺陷的折边处理

表 6.17　针对结构应用的部分材料的性能

合金+状态	诺贝丽斯商标名称	$R_{p0.2}$/MPa	R_m/MPa	A_{80}(%)	$R_{p0.2}$/MPa 2%冷成形后+20min 185℃	5%预成形时的弯曲因子
EN AW-5754 O	-	110	220	24	105	0.5
EN AW-5182 O	-	135	280	25	145	0.5
EN AW-6181A T4	Ecodal® -170	105	215	24	210	0.6
EN AW-6501A T4	Anticorodal® -118	70	135	26	140	0.3
EN AW-6014 T4	Anticorodal® -300	100	190	25	150	0.2
EN AW-6014 T61	Anticorodal® -300	200	255	19	245	0.4

如今，利用铝镁和铝镁硅合金系中的铝板材料，可以在高产量的情况下，实现传统的承载式车身结构。在不同的车型上成功测试后，铝车身承载式结构在 2003 年首次应用在捷豹 XJ（X350）车型的批量生产中（图 6.63）。X350 的车身 90% 为铝板件，其他部分为 6% 的铝挤压件和 4% 的铝铸件。覆盖件使用了合金 EN AW-6111，内部件的材料为 EN AW-5182 合金，EN AW-5754 合金则应用在结构件上。在白车身制造领域中，首次使用了铆接加粘接技术。在 2009 年推出的后续车型 X351 中，保留了设计方案和连接方案，对铝构件和铝合金进行了优化。这一改变提高了车身的刚度，同时明显地减轻了车身的重量。奥迪 TT 车型的案例表明，大量采用板材的车身结构也可以用铝钢混合结构来实现。

图 6.63　捷豹 XJ（X350）的铝承载式车身

（3）用于汽车制造的铝复合板

铝复合材料板由不同铝合金材料制成的芯材和两面盖板组成，突破了传统合金开发的限制。铝复合板是通过辊轧包层法制作出来的，这种方法很久以来就广为人知了。但是，直到诺贝丽斯 Fusion™ 技术（见 7.1.2.3 小节）出现后，铝复合板才被应用到白车身上。对轧坯进行浇注时，可以实现对板的复合。材料可以在轧钢厂和汽车生产商进行传统后续处理，并且在连接区域确保可重复生产的高品质（图 6.64）。冷轧材料再结晶时，越过界面增长的晶粒清楚地表

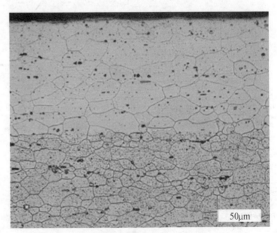

图 6.64　诺贝丽斯复合板材 AS 250 的型芯与盖板间的界面

明：在这个范围既不存在外部材料杂质，也没有其他的晶格缺陷。单个盖板的厚度通常为总板厚度的5%~10%。

利用诺贝丽斯复合（Fusion）技术可以生产高质量的板材。根据不同的合金组合，板材的型芯性能和盖板性能可以有很大不同[132]。之前很难或者无法实现的轧制品性能组合，如强度、成形性、耐蚀性或表面质量，如今都能通过诺贝丽斯复合（Fusion）技术得以实现。

不同合金的盖板可以对型芯材料加以腐蚀保护，这一方案已经在飞机制造业应用过。传统的辊轧包层法，使用的是高强度铝铜镁板材和铝锌镁铜板材。另一种方式是，采用高纯铝的铝合金盖板和价格低廉的低纯度芯材结合，来实现高品质装饰表面特性要求。

型芯和盖板之间的相互作用也是一大优势[135]。复合板的强度是由型芯和盖板的强度组成的，在成形工艺中，从发生应变开始到断裂为止，复合板的断裂伸长值比同类别的型芯要高出很多。在图 6.65（见彩插）中展示了高强度铝合金的弯曲样品和具有与型芯材料相同的高强度合金和 Anticorodal® – 170 合金（EN AW – 6014）作为覆盖材料的复合板的弯曲试样的示例，这里介绍的覆盖材料被开发用于特别锋利的折边。

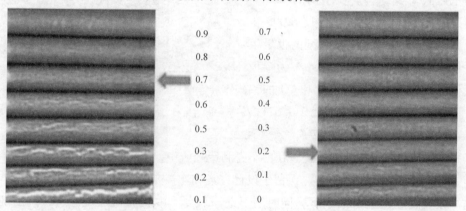

图 6.65　一个整体高强度合金型芯（左图）和一个有同样型芯及可延展盖板（右图）
的复合板材在不同内半径尺寸下的弯曲试验

以铝复合板技术为基础的材料开发现在还处于刚刚起步的阶段。迄今为止，已经有3种复合板实际应用到批量生产中：

➤ Fusion™ AS250 是应用到白车身结构中的复合板，有较高的强度，并在撞击情况下具有出色的能量吸收能力（图 6.66）。选择铜含量较少的 EN AW – 6111 合金作为型芯材料，用变形性能好的合金 Anticorodal® – 170（EN AW – 6014）作为盖板，确保材料具有优异的耐蚀性。

➤ Fusion™ AS300 用铜含量较高的 EN AW – 6111 合金作为型芯材料，Anticorodal® – 170（EN AW – 6014）用作盖板。这种复合材料应用在覆盖件上，通过增加强度来降低板厚。应用实例为现正在生产的捷豹 XJ 车型的挡泥板。

➤ Fusion™ AF350 结合了变形性能非常好的铝（Al） – 5%镁（Mg）变形合金，铝镁（AlMg）（EN AW – 5005）盖板，型芯材料可以防止晶间腐蚀，并改善粘接的附着力。这种复合材料有出色的成形性，但由于会出现吕德斯带，不适合在可视区域使用。但是采用这种材料可以实现用均质的铝合金材料无法完成的复杂板成形件。

上文最后提到的复合板材被应用在宝马 5 系和 7 系的门内板上，用双层承载式结构方式生产，大大地减轻了车身重量，并极大地节约了成本。

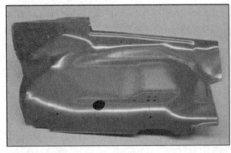

图 6.66 使用屈服强度为 250MPa 的 Fusion^{TM} AS250 复合板，可以将奥迪 A8 的底板结构重量减轻 25%

6.2.1.3 挤压材料

没有其他的材料像铝材料这样，可以通过挤压（见 7.1.4.3 小节）方法低成本地进行成形加工。同样独特的是，采用铝合金加工的型材可以形成复杂的横截面。原则上，所有的铝合金系统都可以采用挤压方法进行加工。

然而由于方法的限制，采用某些铝合金系制作冲压件，并不节约成本。在汽车制造行业，会优先使用挤压型材。除了其结构功能性之外，通过挤压生成的特殊型材横截面，不仅可以改善结构刚度，还尽可能地满足了其他功能，尤其是简化了与其他组件的装配过程（图 6.67）。不考虑经济因素，挤压型材横截面的结构极限主要取决于以下方面：

- 合金的选择
- 挤压设计和可使用的挤压力
- 模具技术

图 6.67 不同横截面形式下的铝挤压型材

与此相关的一个重要的合金工艺参数是挤压性。挤压成形度是由可达到的最大成形度、冲压温度下的流动阻力，以及所给出的横截面形状可达到的挤出速度等因素决定的。挤压性主要取决于合金元素的类型和数量。合金的选择对型材横截面、可达到的最小壁厚与生产成本有着重要的影响。在这种情况下，需要注意，室温下的合金，与挤压温度下的合金，在可比较的强度下，显示出的流动阻力有明显的区别。

基于以上原因，除了应用在热交换器上的小型材主要使用纯铝 EN AW - 1xxx 和铝锰 (AlMn)（EN AW - 3xxx）合金之外，在汽车结构上优先使用铝镁硅合金。在特殊情况下会使用铝镁合金，其中镁含量<3%；铝锌镁合金，其中镁含量≤1%（例如，制造保险杠横梁需要较高的强度）。含铜的高强度铝合金挤压型材只用于某些特殊应用中。在实际应用时，只生产出圆杆及平杆形状，用作锻造和切削的预制材料。

铜含量较低的铝镁硅合金在合适的金相组织中，抗拉强度可达450MPa。在这种情况下，采用少量的镁、铬来稳定非再结晶的纤维组织。由于成形力较大，从经济原因考虑，几乎不生产高强度薄壁型材（壁厚<3mm）。另一方面，在白车身领域，挤压型材的这种强度等级不是必需的。通常来说，从冲压技术和经济角度出发，会采用最薄壁厚、中等强度、成形性能较好的合金。此外，经常采用精细颗粒再结晶组织，便于简化后续的成形操作（弯曲、内高压成形等）和连接工艺（焊接，冲铆等）（表6.18）。

表 6.18　用于车身制造的部分合金型材的成分　　　　单位：质量分数，%

合金	硅	铁	铜	锰	镁	铬	钒
EN AW - 6060	0.3~0.6	0.10~0.30	0.1	0.10	0.35~0.6	0.05	—
EN AW - 6014	0.30~0.6	0.35	0.25	0.05~0.20	0.40~0.8	0.20	0.05~0.20
EN AW - 6008	0.50~0.9	0.35	0.30	0.30	0.4~0.7	0.30	0.05~0.20
EN AW - 6082	0.7~1.3	0.50	0.10	0.40~1.0	0.6~1.2	0.25	—

表6.19中列出了合金的性能。EN AW - 6060是铝镁硅0.5（AlMgSi0.5）系统中的标准合金，通常应用于薄壁型材。EN AW - 6008为中等强度、高延展性合金，是专门为汽车制造所需要的复杂空心型材开发的。EN AW - 6014与EN AW - 6008类似，但强度较低，用于经济型薄壁型材的生产。与前面的两种合金相反，EN AW - 6082合金会完全再结晶，有非常好的弯曲性能，通过添加铝镁和铝硅附加材料，会有很好的焊接性能。这样可以确保型材能够与在白车身上使用的铝板件和铸件顺利连接。

表 6.19　用于车身制造的典型型材的材料性能

	EN AW - 6060	EN AW - 6014	EN AW - 6008	EN AW - 6082
T6、T7状态中与型材厚度相关的最小屈服强度 $R_{p0.2}$ (MPa)	160 （最大3mm）	200 （最大5mm）	225 （最大5mm）	260 （5~25mm）
碰撞性能	非常好（T64）	极好（T7）	非常好（T7）	好（T66）
推荐状态：				
• 强度	T6	T6	T6	T6
• 碰撞性能	T64	T7	T7	T66
• 成形性	T4稳定	T4稳定	T4稳定	T4稳定
最小壁厚	≈1.5mm	≈1.5mm	≈2mm	≈2mm
可焊接性	好	非常好	非常好	好
典型应用范围	非结构件	车身结构	车身结构 翻车保护	保险杠 侧面防撞支架

除了合金的成分，铝镁硅型材的热处理也对最后的力学性能有着重要的意义。铝镁硅合金在挤压加工中所达到的温度要高于固溶退火的温度。只要型材在冲压后快速冷却到室温（根据型材横截面不同，采用风扇、喷雾或者水淬火的方式），型材会直接达到 T4 状态，无须额外的固溶退火，可以进行热时效硬化。

挤压型材优先在白车身结构和保险杠系统中使用。这样一来，型材所采用的铝合金材料对碰撞性能有着极其特殊的意义。在发生碰撞的情况下，材料的两个方面对于最优化的行为最有意义。材料所具有的高强度可以对汽车和车内的乘客进行保护，材料所具有的优异的能量吸收性能可减少碰撞产生的能量。在最大的热时效硬化状态 T6 下，强度最高，延展性最低，这对碰撞情形非常不利。因此为了优化碰撞性能，开发了新的热处理方法（表 6.19）。T6x 状态为不完全硬化，处理的温度和时间都低于 T6 处理的温度和时间。T7 为过硬化，与 T6 时效硬化相比，通过热处理，在较高温度和较短时间内完成。成形操作优先选择 T4 和 T4＊（稳定）。针对使用状态，设计人员可以根据特定的构件要求，按需选择最高强度（T6）或者最佳碰撞性能（T6x 以及 T7）（图 6.68（见彩插）和图 6.69）。

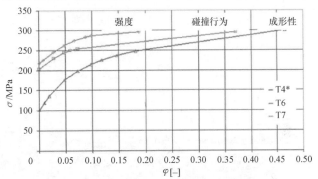

图 6.68　在不同热处理状态下，材料 EN AW-6014 的真实流变曲线

图 6.69　汽车制造中的铝挤压型材：保险杠系统（左图：肯联铝业）和地板结构（右图：法拉利）

合适的型材横截面形状设计，可以改善或控制在碰撞情况下的能量吸收能力。图 6.70 所示为已经对能量吸收性能进行优化后的合金型材的顶锻性能。通过微调边角的壁厚，可以明显地提高材料比重量的能量吸收性能。在实际应用中，这种型材可以用在保险杠系统的成形件上。

图 6.71 中给出了结构可优化的例子。侧面碰撞梁（左侧）主要承受三点弯曲载荷。用图中给出的型材横截面，可以大大地改善性能，或者相应地降低了构件的重量。相反，在能量吸收的开始阶段，通过变形，可以控制降低必要的撞击力。图中右侧展示出的型材横截面，可以用在前保险杠的横梁上，横向加固的轻微移动会导致局部的转动，从而降低最初的

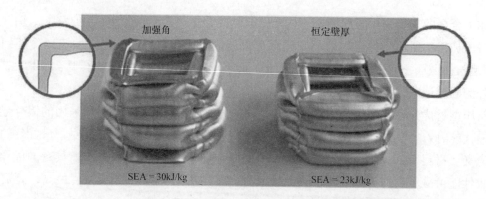

图 6.70 合金 EN AW-6014 型材的顶锻性能（SEA = 比重量的能量吸收能力）

撞击力，这对于行人保护方面尤其具有重要的意义。

图 6.71 用于碰撞管理系统的铝挤压型材横截面设计优化潜力

6.2.1.4 锻造材料

由于屈服应力低，铝成为生产锻造件的首选材料。采用铝作为锻造材料的优点是相对较低的成形力，成形模具承受的载荷应力较低，能实现较大的成形度以及复杂的构件形状。通过锻造工艺进行热成形，既可以使用铝变形合金，也可以使用铝铸造合金。但由于成本和技术原因，在实际生产中，只采用部分选定的材料用于锻造加工。

通常来说，在自动化的锻造生产线上加工用于汽车制造的锻造件，在这条线上也会集成后续的生产工艺（去毛刺、校正等）和热处理环节（固溶退火、淬火、冷热时效）。锻造的初始材料通常是挤出的挤出型材，在某些情况下，也可以对水平铸造的棒材或浇铸成形件进行加工。

在汽车制造领域，主要使用铝镁硅合金 EN AW-6082（在欧洲）和 EN AW-6061（在北美）。对于承载能力要求高的锻件，会使用高强度的铝锌镁（铜）合金，但是耐蚀性较差。无气孔和无缩孔的金相组织，以及在锻造中实现的连续金相组织变化，对形成完美的力学性能和高韧性的锻造件起到了重要作用（表 6.20）。

在汽车制造领域，主要使用铝锻造件作为底盘件（例如横向控制臂、纵向控制臂、导向杆或摆动轴承）、ABS 泵壳体、用于喷射系统的壳体和转向构件。在高效内燃机中使用锻造铝活塞。如今，锻造铝轮毂也得到了越来越多的应用（图 6.72 和图 6.73）。

表 6.20　T6 状态下用于汽车制造的典型锻造材料的性能，与纤维平行测量

	EN AW-6061	EN AW-6082	EN AW-7020	EN AW-7075
屈服强度/MPa	230	260	280	430
抗拉强度/MPa	280	310	350	510
（断裂）延伸率（%）	8	6	10	4

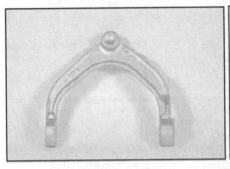
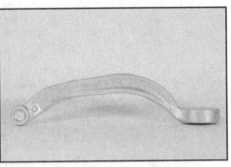

图 6.72　材料为 EN AW-6082 的锻造底盘件，状态 T6（图：肯联铝业）

图 6.73　与铸造铝轮毂相比，锻造铝轮毂可减少约 15% 的重量（图：欧福）

6.2.1.5　表面外观

除了合金成分与具体的制造条件之外，铝表面对铝变形合金产品的质量也有着重要的影响[131]。表面形状、氧化层的化学成分和晶体结构、任何表面杂质或者故意施加的表面涂层都是重要的影响因素。材料和表面系统决定了直到加工成为成品（成形和连接）的行为以及使用时的性能。通过进一步加工所得到的表面，会进一步开发出优化潜力。尤其是板材材料，在辊轧车间进行适合的表面预处理和表面涂层，可以实现技术和成本方面的优势。在带材预处理设备上进行轧带的连续预处理方法具有以下优点：

➢ 经济实惠（与构件预处理相比较）。

➢ 环保（封闭式设备）。

➢ 简单可控（恒定的高品质）。

由于汽车制造中普遍使用的钢材的预留变形量较低，因此，为铝材料成形创造有利的前提条件很重要。采用特殊结构的表面，可以对板材进行实质性的改善。精细的"润滑剂油囊"简化了成形过程，并保证了均匀的摩擦条件。在实际应用中，采用了 EDT 表面。其实质是通过火花侵蚀对最后一个冷轧孔进行轧制（图 6.74，见彩插）。后续工艺中，在带材表

面使用薄的干润滑膜。所使用的干润滑材料不仅可以在运输中起到保护作用，与传统的拉延油相比，更能提高成形性能。汽车制造商通常会列出可以使用的润滑材料，并根据使用的连接处理工艺和表面处理工艺进行调整。

图6.74　与普通的"磨光"表面（左）相比，EDT表面（右）可改善铝板材的变形性能

铝材料总是被一层自然形成的薄氧化层覆盖，氧化层的构造根据合金和之前状态会有所不同。氧化层是铝材料抗腐蚀的原因，也决定了在连接工艺和喷涂或者功能表面层形成时的铝产品的性能。在某些情况下，需要用薄的、定义好的与可能适当改性的涂层来代替先前由力学、化学和热影响所形成的不均匀氧化层。

为了加工出均匀、可控制的表面性能，可以使用化学以及电化学的表面处理方法，通常来说，分为以下几个步骤：
- 去除润滑剂残渣以及其他的表面杂质（去脂）。
- 用酸洗去除不同厚度、不均匀混合或者其他有问题的氧化层。
- 建立新的、薄的和均匀的表层。

在这种情况下，有以下不同方法可以使用：
- 纯酸洗（优先选择酸性溶液），立即形成新的氧化层，其厚度随着时间的增加而略微增加。
- 在进行腐蚀处理后，用预处理剂钛氧化物或者锆氧化物进行转化处理，可以稳定氧化层。
- 用碳酸盐合成剂进行处理。
- 薄层阳极。

纯酸洗处理主要用作铝构件的预处理，以便随后通过熔焊进行连接。这也适合用于折边粘接（不是结构粘接）件的预处理。连接要求较高时，通常会应用转换处理。与传统转换处理相比，薄层阳极可以保证稳固的粘接连接（图6.75）。

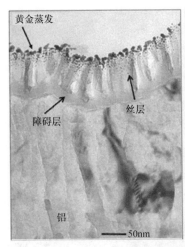 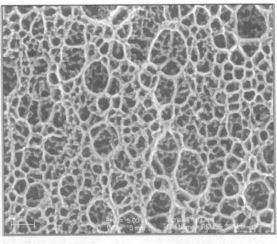

图 6.75　薄层阳极氧化：一个微观切片剖面的投射电子显微镜照片（左）和表面的扫描电子显微镜照片（右）

在非结晶涂层与基体金属之间形成稳定过渡的同时，微孔表面为结构粘接和喷涂提供了非常好的底漆附着力。表层厚度在纳米范围内。表层不会对铝板的成形性能产生负面作用，并能与车身生产的整体工艺相兼容。

在涂覆底漆或清漆之前，改性表面层也可用作中间层。中间层起到底漆的作用，有助于防止丝状腐蚀的发生。对带材喷涂底漆，可以提高耐蚀性，并省去了在汽车厂进行表面处理的环节。预涂装的功能范围可以从涂装第一个步骤阴极浸漆（阴极电泳涂装）的更换开始，到在底漆或面漆层面上的多层预涂装。

要得到质量好的材料加表面系统，就需要对整体系统加以考虑。铝车身方案需要用冲压铆接与结构粘接技术，具体选择如下：

- 所使用的铝合金（尤其对于复杂的成形件，选择时要考虑到成形性能和强度需求）。
- 合适的表面预处理可以保证粘接连接的持久性，也不会对所采用的连接技术产生干扰，例如 MIG 焊（熔化极惰性气体保护焊）或激光焊。
- 干燥润滑材料能在运输和抓取时对板材表面进行保护，起到好的润滑效果。挤压构件时，尽可能不添加额外的油脂。
- 可简单操作的粘接（例如冷泵单一成分粘接），能与润滑材料相兼容（这意味着，不需要提前对成形件进行清洁），并允许可靠的结构黏结。

一个额外要求为，所选择的润滑和黏结剂不会对接下来白车身的表面处理和涂装造成不均匀性或者干扰。在涂装线的第一个阶段会对白车身进行清洗，但是不排除会把润滑材料或者黏结剂的残渣带入涂装线的电泳槽（锌磷酸盐槽或电解式电泳涂漆）中。

整体性考虑不仅是出于质量方面的原因。通过选择最佳的表面处理工艺，可以简化或完全去除汽车生产商传统的生产步骤，并降低整体系统的费用。

6.2.1.6　深加工和使用中的行为

铝车身板材的处理以及把铝构件连接到白车身上，很大程度都沿用生产钢结构白车身的工艺过程[134]。在个别生产步骤中，需要按照铝材料的设计和处理规定来进行调整。在特殊情况下，考虑到质量和成本因素，会采用其他的生产辅助工具或工艺。在白车身加工领域，铝和钢最大的区别就是优先选择的连接技术。

与钢表面相比，铝材料表面通常会更软并容易产生划痕。尤其是铝材料覆盖件，在处理时必须小心，并进行防尘防污保护。

以往，铝板通常以矩形坯料的方式交付。如今，则越来越多按卷供货。模板（梯形或弧形切割，即V形）多用于发动机舱盖上。采用自动激光切割设备，可以按照所需的形状进行下料（图6.76，见彩插）。尤其在小批量生产中，省去在冲压车间进行的板冲压操作，大大节省了成本。另外一个优势是，工艺废料产生在冲压车间，可以对切割废料进行回收，并节省了运输成本。

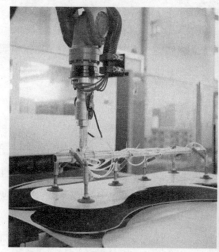 

图6.76 自动激光切割设备上的铝模板坯的剪裁

铝件基本上与钢件一样，采用相同的设备以及技术来加工（见7.1节）。但在模具设计和工艺规划中要考虑到铝材料的特殊性。例如，与钢件相比，设计铝成形件时，要尽可能选择更大的半径。由于铝的拉伸延展性较差，需要精确地控制拉力和下压力。

此外，对摩擦条件和成形工艺的整体优化也很重要。要选择精细的模具表面，从而很好地保护模具的涂层。采用这项措施，既可以有效地防止模具和构件材料表面的磨损，也能够避免对钢模具表面的铝材料造成腐蚀。在铝材料成形过程中，保持模具的清洁很重要。模具表面的破损和不洁净，会在相对较软的铝材料表面留下压痕，这会导致材料作废或者需要进行额外的打磨操作。

在中型和小型生产线上，基于有效介质的板材成形工艺，如流体力学成形，有着重要的意义。在这种成形工艺中，只需要一个半模。这种方法的另外一个优势是，可以达到更高的拉伸比、更好的成形精度与尺寸精度，以及更好的自应力状态。对于挤压铝管和挤压型材，内高压成形也是一种令人感兴趣的成形方法。此外，超塑性成形（见7.1.3.2小节）方法会用于出现晶界滑移机制的超细晶粒材料上。超塑性成形通常会使用铝镁合金 EN AW-5083 材料，也可以使用时效硬化合金系 EN AW-2xxx、5xxx 和 7xxx。

铝材料的机械加工不会引起特殊问题。在一般的加工工艺中，如剪切、冲压、切削和抛光等，需要对加工参数进行适当的调整。使用针对铝材料加工的优化工具和辅助材料也是有益的。需要注意的是，表面效应会导致耐蚀性降低。在铝表面上压入的金属杂质（铁、铜等）会导致部分电镀层腐蚀。尤其是在干打磨区域，有缺陷且薄的表层会对喷涂铝表面的耐浸润性带来不利的影响。若想保持长期的喷涂状态，要进行湿打磨，必要时进行轻微侵蚀的酸洗处理。

原则上，用于铝的连接技术与用于裸钢或涂层钢的方法没有区别或仅略有不同。出于质量和成本的原因，在实际应用中，最适合这两种材料的连接技术不一定一致。此外，需要根据铝材料的特殊性能对工艺参数进行调整。在必要的情况下，还需要对铝表面进行相应的预处理。在实际情况下，要针对需连接的材料组合、连接位置的要求、生产技术以及经济方面的边界条件选择最佳连接技术。

机械连接方法非常适合铝材料连接，如冲铆、铆接与和螺钉连接，这些连接方式有很多种方案（图6.77）。采用机械连接方式可以将带有涂层的材料与不同的材料组合进行连接，或者将功能件与铝构件进行连接。在钢制的白车身上使用最多的电阻点焊方法不适用于铝材料的连接。由于铝的导热率较高且电阻较低，因此，与钢材相比，焊接点的生产需要高达三倍的电流和约三倍的焊接

图6.77　冲压铆接的铝/钢/铝混合连接
（图：博尔豪夫）

时间。此外，与钢板的点焊相比，对铝板进行点焊时，焊枪压力更大，电极更容易污染。因此，为了避免造成表面破损，要更频繁地更换电极，并进行切削加工。由于过多的供电以及电流控制，在钢板上广泛使用的电阻点焊方法对铝材料的意义不大。为了更好地连接铝材料，在过去几年，发明了摩擦焊接的连接技术。这种技术既可以进行线性焊缝连接，也可以进行点状（摩擦点焊）连接。采用这种方法，铝材料还可以与其他金属进行混合连接，例如钢或镁。

在标准电弧焊接技术中，带填充焊丝的MIG焊接（熔化极惰性气体保护焊）最适合连接较厚的铝制构件（壁厚>2mm）。在车身结构中所使用的铝板，可以选择合适的焊接填料，与铝挤压型材和铝铸件进行焊接。需要注意的是，在焊接后会出现热影响区域。与基体材料和连接位置的性能相比，这个热影响区域的材料性能会差很多。

在焊接设计中，为了避免产生变形，并降低自应力，应当尽可能保持在焊接时的局部热能量较低。用高能量射线工艺进行熔化焊接是很好的选择。Nd-YAG激光或者二极管激光使用起来很灵活，非常适合铝材料的焊接。采用这些焊接方法，可以在壁厚较薄的铝板上以较高的速度进行局部焊接以及对焊缝进行焊接（最高为10m/min）。利用远程操作或者焊接机器人，工业中越来越多地使用激光焊技术进行铝板和铝板的连接，或者板与型材、铸件的连接。激光MIG焊工艺可以使用到混合技术中。此外，在保护气体的环境下进行的电子束焊接，可以再次提高焊接速度（图6.78）。

		适用性			边界条件					强度		成本	
		过程安全性	适合于大批量生产	可自动化性	可进入性	视点适合度	学习曲线	应力和变形	材料预处理	静态的	动态的	装备成本	运营成本
点状连接	压铆	o	++	++	−	+	++	++	−	o	−	+	++
	冲压铆接(冲铆)	+	++	++	−	o	+	++	++	+	o	+	o
	点焊	o	+	++	o	+	+	+	o	o	o	−	+
线性连接	粘接	o	+	++	o	+(+)	o	−	−	+	+	+	o
	折边	−	+	+	−	+(+)	−	+	+	/	/	−	o
	MIG焊接	+	+	+	+(+)	+	o	−	o	+	o	+	+
	激光焊接	+	+	++	+(+)	+	+	o	+	+	o	−	−
	冲压铆接/粘接	+	+	++	−	o	o	−	+(+)	+(+)	−	−

图6.78 适用于铝板材与铝板材间的连接方法的可能性（＋＋＝非常好，−＝不合适）

铝板材的连接如今越来越多地应用粘接方法。在选择胶的种类时，必须考虑粘接连接的要求以及制造技术。针对不同的应用（滚边粘接、密封粘接或结构粘接），厂家会提供不同的黏结剂。结构承载胶缝可以用粘接与机械连接（通常用铆接）或点焊的方式加工出来。

目前，针对全部为铝材料的车身和钢/铝材料混合结构的表面处理技术是采用喷涂法和浸入法来形成磷酸锌涂层。通过控制氟化物的加入量，可以确保在铝表面形成精细晶粒的、封闭的磷酸锌涂层，保证了之后喷涂的附着力，并提高了耐蚀性。同时，磷酸锌涂层的形成可以避免对钢材表面造成伤害。部分情况下可以不使用磷酸锌涂层。针对在独立生产线上进行的铝车身预处理，开发了预涂层方法，这种方法以复杂的钛连接和有机聚合物的组合作为基础。

接下来可以用类似钢或者镀锌钢的方式，来对铝材料进行喷涂。第一层漆（底漆）的喷涂通常会用电泳浸漆的方法。阳极电泳浸漆更适合铝材料。但是实际应用中多使用阴极电泳浸漆（阴极电泳涂装）。通过这种方法，包含电化学处理过的钢件的铝车身，能够有效地抵抗腐蚀。车身件在电泳槽中的运动以及干净的工艺控制是决定涂装质量的重要因素。在大约185℃下煅烧电泳涂层对于铝镁硅板有着极其重要的意义，因为在这一道工艺步骤中，可达到所要求的板材的耐久强度。

6.2.1.7 进一步发展

针对汽车制造应用的铝合金新材料的开发还在继续。基于传统应用的合金系，特别是铝镁硅材料，开发定制材料。这些材料在特定应用领域，或者特殊的成形以及连接技术中，有明显的优势。合金技术很有前景，可以在热成形方面进行优化。对于特殊的加工操作也可以使用优化复合板。另一方面，针对飞机制造而开发的高强度铝合金，也可以根据汽车制造的需求进行调整。通过采取合适的抗腐蚀措施（例如表面电镀），可以确保材料的耐蚀性要求，同时通过适当地调整加工工艺，可以实现构件加工成本效益。尤其令人感兴趣的是，明显增加铜含量的铝镁硅合金、合金成分较低的材料 EN AW－7xxx，以及超高强度铝镁硅铜合金和铝锂合金。

另一个挑战是越来越多地使用从报废车上回收的铝材料。至今为止，可回收的铝材料在实际应用中，完全用于铸造铝合金的生产。未来不仅会使用生产废料，还会使用旧废料用于铝变形合金的生产。所有现今使用的变形铝合金都是以原铝为基础开发出来的，这种铝合金含 0.2% 的铁和 0.1% 的硅（均为质量分数）。使用回收的铝材料，如混合的生产废料或者旧铝材，几乎不可能保持原有的合金纯度级别。但是这并不意味着，采用回收铝材不能制作出满足车身应用的变形铝合金。未来合金材料开发的一个挑战是，即使是包含更多的金属杂质如铁、铜或锌等，也要能够满足合金的材料要求。迄今为止的试验结果表明，这是一个完全可以达到的目标。

在辊轧车间加工的铝板表面涂层，还有进一步改善的潜能，用可清除（洗掉）的润滑剂来改善成形性能（润滑油、干燥润滑剂等），或者永久性附着在板上的涂层（例如通过可控的、薄阳极氧化层，可对粘接性能、导电或不导电的底漆以及涂层等进行优化）。开发的目标是，通过给后续加工提供已备好的板材，来达到节约整条生产线成本的目的（简化或者去除在冲压、焊装或涂装线上的工艺步骤）。

混合结构设计有着越来越重要的地位，并对材料开发提出了新的挑战，如：

- 针对连接技术，开发和优化材料方案，保证铝材料和其他轻量化材料（高强度钢，碳纤维增强的复合材料，镁……）的组合可以安全使用。
- 寻找各种方案，以简化不同的材料组合（避免电镀腐蚀，减少不同热膨胀系数的影响）。

最佳匹配的材料方案和制造方案可以实现创新的解决方案。只有通过所有参与者的共同努力，才能实现质的飞跃。

6.2.1.8 铝铸造合金

铸铝合金的生产要么通过对原铝进行合金化，要么以重融并合成次级铝的方式来完成。根据之后的应用，铸造合金可标记为砂型铸造合金（S）、压铸合金（D）、硬模铸造合金（K），以及精密铸造合金（L）。

表 6.21 中列出了根据欧洲标准（EN）的专业术语，划分为铸造合金 C 和变形合金 W，包含主要成分（A = Al，M = Mg）、其他的合金成分、铸造工艺以及材料状态的标记。

表 6.21 根据欧洲标准的合金命名

位 1	位 2	位 3	位 4	位 5	位 6
EN	AC –	Al	Si 12	D	T5
EN	AC – MC	Al 或 Mg 是主要的合金元素	其他合金组成部分的比例	铸造法	材料状态
	A：铝	Al：铝	合金 X%	S：砂铸	F：铸造状态
	M：镁		Mg：镁	D：压铸	O：软化退火
	C：铸造合金			K：硬模铸造	T1 ~ T6：热处理方法
	W：变形合金			L：精密铸造	

表 6.21 中的第二行"EN AC – AlSi12DT5"表示为,压铸合金,包含 12%(质量分数)的硅,并进行热时效硬化。根据合金应用的范围,可选择不同成分的合金:

- 最佳可铸造性(铝硅)。
- 高耐蚀性(铝镁)。
- 高强度(铝铜钛、铝锌)。
- 高温强度(铝硅铜)。

铸铝合金的主要合金成分为硅、镁、铜、锰、锌和钛,并产生以下效果(表 6.22)。

表 6.22 合金组成部分的影响

元素	改善	变坏
硅	可铸性,抗化学腐蚀性,硬度,抗拉强度	
镁	可时效硬化,耐碱性和耐海水腐蚀	
铜	耐热性,强度	耐蚀性
锌	可铸性,硬度	耐蚀性
钛	强度	耐蚀性

在轻量化应用中,断裂伸长率和屈服强度的系数有着越来越重要的意义。不同合金的应用范围与很多其他的参数,如所使用的热处理方法、试样厚度和试验装置有直接关系。在图 6.79(见彩插)中,合金生产商列出了针对轻量化合金的经验数据。

6.2.1.9 铸造合金概述

由于铸造合金以及其性能的概览来源众多,无论是来自生产商还是非生产商,本节中,根据压铸产品实例,来列举工业用合金的使用范围和性能[138-141]。

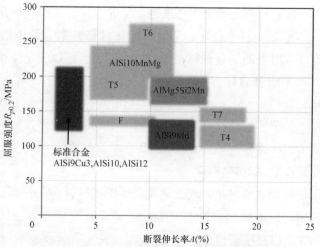

图 6.79 压铸工艺中不同轻金属合金的性能

6.2.1.10 压铸二次合金

由于具有良好的铸造性能、广泛的应用性以及优惠的采购价格,压铸二次合金是最常使用的合金。EN – AC – AlSi9Cu3(Fe)[Al – 226] 是应用非常广泛的万用合金,例如:

- 汽车制造中的发动机件和机械件。
- 壳体,如变速器壳体和曲轴箱壳体。
- 气缸盖。

EN – AC – AlSi9Cu3(Fe)[Al – 226] 合金的可铸性非常好,易加工,强度高,但是延伸性较差。合金的具体力学性能见表 6.23 ~ 表 6.25。

表 6.23 根据欧洲标准的合金概览（包括合金组成部分）

合金分类	VAR 描述	Al (%)	Mg (%)	Mn (%)	Si (%)	Zn (%)	Cu (%)	Ni (%)	Fe (%)	Cr (%)	Ti (%)	其他
再生合金												
压铸合金												
EN – AC – AlSi9Cu3（Fe）	226	其余	0.05~0.55	0.55	8.0~11.0	1.2	2.0~4.0	0.55	1.3	0.15	–	–
EN – AC – AlSi12（Fe）	230	其余	–	0.55	10.5~13.5	0.15	0.1	–	1.0	–	–	–
EN – AC – AlSi12Cu1（Fe）	231	其余	0.35	0.55	10.5~13.5	0.55	0.7~1.2	0.3	1.3	0.1	–	–
EN – AC – AlSi10Mg（Fe）	233	其余	0.2~0.5	0.55	9.0~11.0	0.15	0.1	0.15	1.0	–	–	–
硬模铸造合金												
EN – AC – AlSi8Cu3		其余	0.15~0.55	0.15~0.65	7.5~9.5	0~1.2	2.0~3.5	0.35	0~0.7	–	0~0.2	0.65
砂型铸造合金												
EN – AB – AlSi8Cu3		其余	0.15~0.55	0.15~0.65	7.5~9.5	1.2	2.0~3.5	0.35	0.7	–	0.2	0.25
EN – AB – AlSi10 Mg（Cu）		其余	0.25~0.45	0.55	9.0~11.0	0.35	0.3	0.15	0.55	–	0.15	0.15
原生合金												
压铸合金												
AlSi10MnMg		其余	0.1~0.5	0.5~0.8	9.5~11.5	0.1	0.03	–	0.15	–	0.15	Sr
AlMg5Si2Mn		其余	5.0~6.0	0.5~0.8	1.8~2.6	0.07	0.05	–	0.2	–	0.2	Be
AlSi9Mn		其余	最多0.06	0.35~0.6	8.5~10.5	最多0.07	最多0.05	–	最多0.15	–	最多0.02	Sr
硬模铸造合金												
EN – AC – AlSi7Mg0.3		其余	0.25~0.45	0.1	6.5~7.5	0.07	0.05	–	0.19	–	0.08~0.25	Sr
EN – AC – AlSi12CuNiMg		其余	0.9~1.5	0~0.35	10.5~13.5	0~0.35	0.8~1.5	0.7~1.3	0~0.6	–	0~0.2	0.15
砂型铸造合金												
EN – AB – AlSi7Mg0.3		其余	0.30~0.45	0.1	6.5~7.5	0.07	0.03	–	0.15	2013	0.18	0.1
EN – AB – AlSi10Mg		其余	0.25~0.45	0.45	9.0~11.0	0.1	0.03	0.05	0.4	–	0.15	0.15

表 6.24 根据欧洲标准的合金概览（包括主要参数）

合金		状态	抗拉强度 R_m/(N/mm²)	屈服强度 $R_{p0.2}$/(N/mm²)	伸长率 A(%)	布氏硬度/HB	密度 ρ/(g/cm³)	弹性模量/GPa	膨胀系数/(μm/m·K)
EN1706 – 再生合金									
压铸合金	EN – AC – AlSi9Cu3（Fe）	F	240	140	<1	80	2.56	71	—
	EN – AC – AlSi12（Fe）	F	240	130	1	60	2.65	约71	—
	EN – AC – AlSi12Cu1（Fe）	F	240	140	1	70	2.65	约71	
	EN – AC – AlSi10Mg（Fe）	F	240	140	1	70	2.65	约71	
硬模铸造合金	EN – AC – AlSi8Cu3	F	170	100	1	75	2.7	75	21
砂型铸造合金	EN – AB – AlSi8Cu3	F	150	90	1	60	2.68	75	21
		F	160	80	1	50	2.68	74	21
	EN – AB – AlSi10Mg（Cu）	T6	220	180	1	75	2.68	74	21
莱因菲尔德铝业公司 – 原生合金									
压铸合金	AlSi10MnMg	F	250~290	120~150	5~10	75~95	2.65	77~83	21
		T4	210~260	95~140	15~22	60~75			
		T5	275~340	155~245	4~9	90~110			
		T6	290~340	210~280	7~12	100~110			
		T7	200~240	120~170	15~20	60~75			
	AlMg5Si2Mn	$F/s=2\sim4$mm	310~340	160~220	12~18	80	2.63	70~80	24
		$F/s=4\sim6$mm	250~320	140~170	9~14	80	—	—	—
		$F/s=6\sim12$mm	220~260	120~145	8~12	70			
	AlSi9Mn	$F/s=2$mm	280	140	11	80	2.63	70~80	24
		$F/s=3$mm	260	120	12.5	80	—	—	—
		$F/s=4$mm	255	115	14	80			
		$F/s=6$mm	225	95	13.5	70			
硬模铸造合金	ENAC – AlSi7Mg0.3	T6	290~340 (250)	220~280 (200)	5~9 (3.5)	90~125 (90)	2.66	69~75	22
	ENAC – AlSi7Mg0.3	T64	250~270 (220)	180~270 (140)	8~12 (5)	80~85 (80)			
	ENAC – AlSi7Mg0.3	F	180~240 (180)	90~150 (90)	4~9 (2)	55~70 (50)			
	ENAC – AlSi12CuNiMg	F	200~270 (200)	200~270 (200)	1~2.5 (0.5)	90~105 (90)	2.68	77~83	21
伊姆科再生铝德国公司									
砂型铸造合金	ENAB – AlSi7Mg0.3	T6	230	190	2	75	2.66	73	22
	ENAB – AlSi10 Mg	F	150	80	2	50	2.68	74	21
		T6	220	180	1	75	2.68	74	21

表 6.25 根据欧洲标准的合金概览（包括特性）

合金	流动性	热裂稳定性	密封性	加工性能	耐蚀性	可焊接性	导热性/(W/m·K)	冷却间隔/℃
原生合金								
EN – AC – AlSi9Cu3（Fe）	A	B	A	A	D	C	110~130	600~490
EN – AC – AlSi12（Fe）	B	B	B	A	B	C	130~190	580~570
EN – AC – AlSi12Cu1（Fe）	A	B	B	A	C	C	130~190	580~530
EN – AC – AlSiMg（Fe）	B	B	B	A	B	C	130~190	600~550
EN – AC – AlSi8Cu3	A	B	B	B	B	B	110~130	500~500
EN AB – AlSi8Cu3	B	B	B	B	D	B	110~130	600~500
EN AB – AlSi10Mg（Cu）	A	A	B	B/C	C	A	130~170	600~550
再生合金								
AlSi10MnMg	B	B	B	B	B	B	140~170	590~550
AlMg5Si2Mn	C	C	C	B	B	B	105~130	616~580
AlSi9Mn	B	B	B	B	B	B	140~170	595~550
EN AC – Al – Si7Mg0.3	B	A	B	B	B	B	140~180	625~550
EN AC – AlSi12CuNiMg	B	B	B	B/C	C		117~155	600~545
EN AB – AlSi7Mg0.3	B	A	B	B	B	B	160~180	625~550
EN AB – AlSi10Mg	A	A	B	B/C	B	A	150~170	600~550

宝马汽车公司将该合金用于 6 缸发动机的凸轮轴轴承板上，是此种合金轻量化的一个应用实例。从 1987 年开始，宝马汽车公司就使用同类的轴承板方案，最开始轴承板的总重为 4.12kg。通过起毛和使用内滑阀技术，并持续研发可生产的壁厚，最终在 6 缸发动机（NG6）上可以实现轴承板的总重为 2.37kg（图 6.80 和图 6.81）。

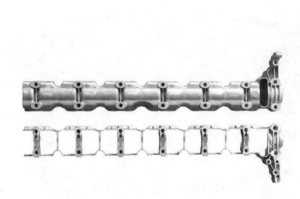

图 6.80 标准二次合金 EN – AC – AlSi9Cu3（Fe）[Al – 226] 轴承板[139]的实例应用

图 6.81 标准二次合金 EN – AC – AlSi9Cu3（Fe）[Al – 226] 变速器壳体的实例应用[139]

由于在 EN – AC – AlSi9Cu3（Fe）[Al – 230] 合金中，铜的含量比较低。因此，该合金

的耐蚀性比 EN – AC – AlSi9Cu3（Fe）[Al – 226] 的耐蚀性更好。EN – AC – AlSi9Cu3（Fe）[Al – 230] 合金非常适合进行机械加工，强度高，但延展性较低，为 1% ~ 3%。冷却间隔为 570 ~ 580℃。应用领域为：

- 承受撞击应力和交变应力的件。
- 发动机壳体、曲轴箱壳体和油泵壳体。
- 薄壁壳体等。

EN – AC – AlSi9Cu3（Fe）[Al – 230] 合金一个很好的应用案例为自动扶梯的阶梯和托盘，这些产品的耐蚀性非常好，同时还可以实现薄壁结构（图 6.82）。

EN – AC – AlSi12Cu1（Fe）[Al – 231] 是共晶合金，具有优异的充型能力、非常好的铸造性能，以及较高的热裂稳定性。作为二次合金，通常应用在薄壁件上，用来减轻产品重量，例如：

- 机械件。
- 承受交变应力和撞击应力的件，如车顶活动件。
- 气缸体和气缸盖，油泵壳体。
- 叶轮，薄壁壳体。
- 车窗框。

图 6.82　二次合金 EN – AC – AlSi9Cu3（Fe）[Al – 230] 的应用实例——自动扶梯阶梯[139]

由于铜含量较低（质量分数 < 1.2%），这种合金的耐蚀性很好。

后车窗玻璃框架的特点如下：对于 1085mm × 753mm 的尺寸而言，环绕的罩形轮廓非常脆弱，可使用的结构空间很小（15 ~ 25mm 高，40mm 宽），最薄壁厚为 2 ~ 3mm，采用压铸设计的刚度非常高。挑战在于，确保在铸造的时候变形很小（图 6.83）。

EN – AC – AlSi10Mg（Fe）[Al – 239] 是近共晶合金，有很好的铸造性能和加工性能。在时效硬化状态下，表现出很好的强度（镁质量分数 0.2% ~ 0.5%）以及 1% ~ 3% 的较低的延伸率。使用范围如下[139,141]（图 6.84）：

- 重的和承受高应力的机械件。
- 气缸盖和曲轴箱壳体。
- 制动蹄。
- 用在快速运行并振动的发动机和风扇上的件。
- 控制箱盖板和阀盖。

图 6.83　再生合金 EN – AC – AlSi12Cu1（Fe）[Al – 231] 后车窗框的应用实例[139]

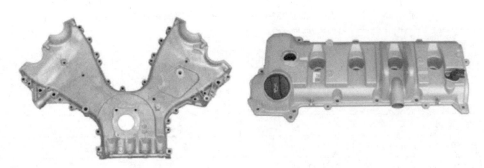

图6.84 二次合金 EN – AC – AlSi10Mg（Fe）[Al – 239] 在控制箱盖板和阀盖上的应用实例[139]

6.2.1.11 压铸初次合金

市场上有不同的原生合金可应用于汽车结构部分的轻量化。具体应用主要取决于不同的热处理工艺以及对相关力学性能的优化。

按照底盘的力学性能要求，EN – AC – AlSi10MnMg 是结构件的主要合金成分。应用在以下构件中：

- 油底壳。
- 车顶的运动件。
- 结构件，如减振塔、A柱、纵梁、整体梁、前桥梁。
- 支撑杆，车架件。

与标准压铸合金（在铸造状态下为5%~10%）相比，为了在中等强度值下得到最大的延伸率，开发了 EN – AC – AlSi10MnMg 压铸合金。可以通过额外的热处理，得到超过15%的延伸率值，或者达到260MPa的屈服强度。这种合金加工性能好，但是对压铸模具会造成很大的磨损，因此，与标准合金相比，模具费用会高很多。

除了以上这些特殊的力学性能，EN – AC – AlSi10MnMg 合金在压铸应用中还有以下特性：

- 出色的铸造性能。
- 压铸模上没有粘接。
- 非常好的耐蚀性。
- 耐用性高。
- 在铝型材铸造设计中，焊接性能好。
- 适合冲铆与压铆工艺。

利用不同的热处理工艺（表6.26[136]）可以对力学性能进行调整。

在下面提到的应用中，EN – AC – AlSi10MnMg 合金替代了最初由多个成形板材组成的复杂焊接结构。推动这种应用的先驱为德国奥迪汽车公司。奥迪汽车公司首次将这种铝合金铸件应用在奥迪A8车型上，在实现轻量化效果的同时，还在车身制造中引用了新的生产技术（图6.85）。

表 6.26 EN-AC-AlSi10MnMg 的热处理选项与可实现的特性[138]

状态	抗拉强度 R_m/(N/mm²)	屈服强度 $R_{p0.2}$/(N/mm²)	断裂伸长率 A(%)	冲击功 /J	布氏硬度 /HB	密度 ρ/(g/cm³)	弹性模量 /GPa	膨胀系数 /(μm/m·K)
莱因菲尔德铝业								
F	250~290	120~150	5~10		75~95	2.65	77~83	21
T4	210~260	95~140	15~22		60~75			
T5	275~340	155~245	4~9		90~110			
T6	290~340	210~280	7~12		100~110			
T7	200~240	120~170	15~20		60~75			
O（退火）	退火 320~380℃/30~60min							
T4（固溶退火）	固溶退火 490℃/3h，在水中淬火，6 天自然时效							
T5（热时效）	淬火，成形，热时效							
T6（固溶退火+热时效）	固溶退火 490℃/3h，在空气/水中淬火，在 170℃进行热时效							
T7（固溶退火+过时效）	固溶退火 490℃/3h，在空气/水中淬火，过时效（热时效 170℃ >6h）							

注：此外，还有终端客户规定的热处理工艺，最多可以有 4 级温度和时间段。

从那以后，铝合金减振塔使用在不同的高档车型中，如宝马、奔驰、保时捷等。预计在下代车型中，汽车生产商也会把铝合金减振塔应用到中级车型上（图 6.86）。

图 6.85 原生合金 EN-AC-AlSi10MnMg 的应用实例——纵梁[142]

图 6.86 原生合金 EN-AC-AlSi10MnMg 的应用实例——减振塔[136]

在铸造状态下，合金 EN-AC-AlMg5Si2Mn 具有非常高的延展性（含有质量分数为 5%~6% 的镁），延伸率好（最大可达 15%，与壁厚有关），有非常高的强度。但是，这种合金的铸造特性较差，加工性能低，对模具会造成较大磨损[138]。

不过，由于在撞击情况下的能量吸收能力很突出，这种合金在汽车行业的应用有着很重要的意义。与传统压铸合金相比，该合金的耐久强度更好。因此，多用于要求较高的安全件上，如：
- 安全带张紧器，转向盘骨架。
- 与安全相关的底盘件，如减振塔，冲击消声器，碰撞盒。
- 车门内板一体式或多个构件。
- 横梁，轴架。
- 摩托车轮辋以及其他。

上述提到的这些性能与壁厚相关。通过热处理，可以对性能进行补偿，从而确保铸件具有较高的强度或者较好的延展性。这里所涉及的专门开发的热处理工艺，其时效温度低于起泡温度。取消在水中淬火的过程，在空气中进行冷却，这样可以尽量减小变形。因为合金是在原生金属的基础上制造而成的，纯度较高，这保证了其出色的耐蚀性。

EN-AC-AlMg5Si2Mn合金知名的应用实例为，玛莎拉蒂总裁系列的门内框架和保时捷帕纳梅拉车型的门框。采用EN-AC-AlMg5Si2Mn合金可以省去热处理过程，因为通过镁的晶粒细化可以实现合金的时效硬化。合金的断裂伸长率为8%左右。与这种合金的拉深工艺相比，在铸造工艺中，可以实现的深度大于10cm，从而满足要求。即使前门的压铸内板框架的长度大于90cm，也能保证公差在0.1mm范围内。使用这种合金，通过压铸工艺可以实现壁厚2.2～3.5mm，内板框架的重量很轻，仅为3.7kg。然而对车门内板框架进行压铸加工，依然是一项巨大的挑战。尤其是对铸造的B柱进行延迟优化，需要对材料的收缩行为进行大量的分析和铸造试验。虽然铸造和加工成本较高，但可以造就出非常好的产品性能。

深加工对于保时捷帕纳梅拉车型的4个车门框架来说意义重大。进行Deltaspot®点焊时，在门槛区域需要连接一个加强板。在汽车行业中，保时捷的帕纳梅拉车门是首个批量使用铸件时应用点焊工艺的产品。另一个创新是使用激光切割工艺。利用这种工艺，第一次实现了车门框架的精准外部形状。严格按照壁厚流动长度比例的极限，车门框架的壁厚在2.0～3.5mm范围内。通过以上方法，可确保前门框架的重量为3.6kg。与钢板组件相比，重量减轻了30%左右。柔性壁厚和四门两盖一体化这样的极端轻量化设计，只能通过铝压铸工艺实现。铝合金板材达不到所要求的拉深特性，还会提高工艺成本。同样，保时捷帕纳梅拉系列车型的减振塔使用的也是EN-AC-AlMg5Si2Mn合金。通过铝压铸方法，可以实现这种构件的创新性轻量化。上文中描述的EN-AC-AlSi10MnMg压铸原生合金也应用于宝马5系/6系和奥迪A6/A7的减振塔（图6.87）。

与传统的铝硅合金相比，EN-AC-AlSi9Mn合金具有更好的力学性能。例如，在铸造状态下进行冲铆试验得出的结果很好。元素硅、锰和镁可以对合金力学性能产生影响。EN-AC-AlSi9Mn合金的组成成分使得在冶炼车间进行的操作非常简单。此外，合金还具有出色的铸造性能和焊接性能，例如硅在凝固状态下也会进行延伸。与其他合金系相比，有较低的收缩性和热裂性。锶可以改善共晶体硅，这对延展性来说非常重要。采用EN-AC-AlSi9Mn合金，可以设计生产出复杂的结构和形状，如图6.88所示[138]：

- 底盘结构件，如A柱和纵梁件。

- 顶盖运动件，如车顶杆和车顶加强件。
- 多个件组成的车门内板。

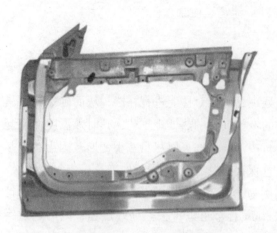

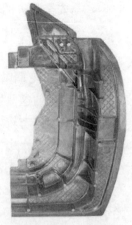

图 6.87　原生合金 EN – AC – AlMg5Si2Mn 的应用实例——车门框架[139]

图 6.88　原生合金 EN – AC – AlSi9Mn 的应用实例——捷豹车门内板[138]

6.2.1.12　硬模铸造二次合金

EN – AC – AlSi9Cu3（Fe）[Al – 226] 是一种经常应用于硬模铸造的铝合金。由于合金具有优异的耐热性，多应用于发动机制造。这种合金不适合装饰性的应用（抛光，阳性氧化）（图 6.89）。

6.2.1.13　硬模铸造原生合金

在铝硅合金组中，EN – AC – AlSi7 合金是最重要的高强度原生合金，与常用的铝铸造合金组不同。根据不同的伴生元素，铝硅合金组具有强度高、铸造性能和耐蚀性好等特点。

原生 AlSi7Mg 合金的纯净度带来很多优点。由于没有杂质（例如铜），保证了铸件的耐蚀性。合金所具有的较好的充型能力要归功于合金中所含有的硅。在铸造系统中，除了凝固可控外，补缩的性能也很好。

通过在相应的热处理中添加镁（质量分数为 0.3% ~ 0.6%），可以对合金的强度进行设置，得到所需的断裂伸长率。

图 6.89　二次硬模铸造合金 EN – AC – AlSi9Cu3（Fe）的应用实例[140]

在硬模铸造中，由于合金的补缩性能好，即使铸件的壁厚较厚，铸件也可以达到更高的强度。因此，这类合金很适合用于生产底盘件以及碰撞相关的功能件。通过采用合适的模具以及进行精细的工艺处理，也可以用这种合金制造复杂的、空心的薄壁安全件。这种构件可以实现在最大的刚度下最轻的重量。在底盘上采用这种方式，在尽可能减小重量的同时，可以达到最佳的舒适性（增加组件刚度时，减小非簧载质量）。合金的应用范围如下（图6.90）：

- 底盘件（也可以是空心铸造），如横向控制臂、轮架、旋转轴承。
- 底盘件，如前桥桥架、车架件和车轴件。

6.2.1.14　砂型铸造二次合金

EN – AC – AlSi8Cu3［Al – 226］是在砂型铸造中经常使用的合金。其应用范围如下（图6.91）：

- 发动机件。
- 气缸盖。
- 变速器壳体。
- 油底壳。

图6.90　原生硬模铸造合金 EN – AC – AlSi7Mg 的应用实例——横桥[140]

图6.91　二次合金 EN – AC – AlSi8Cu3 的应用实例——油底壳[139]

EN – AC – AlSi8Cu3［Al – 226］合金的硅含量较高，铸造性能很好，应用于有较高应力要求的构件。合金中包含的铜和镁可以提高合金耐热性。由于含有这两种元素，合金可以在一周内完成自然时效。热时效可以加速这一过程，但是很少使用。后续可以很方便地进行机械加工[134]。

铜含量的增加会造成合金的耐蚀性降低。

由于合金标准公差的范围较宽，合金的力学性能和铸造工艺性能会有很大的不同。但通常来说，铸造行为和凝固行为性能不会出现问题。合金的凝固类型为亚共晶。由于其糊状的特点，从液体过渡到固体状态的凝固周期较长。因此，要注意实现好的凝固控制以及补缩。合金不会出现热裂，或者有形成粗糙缩孔的倾向[134]。

合金 EN AB – AlSi10Mg（Cu）适用于以下领域：

- 排气管。

- 差速器壳体。
- 发动机支架。
- 油底壳。
- 机械装备和电子器材的壳体。

由于硅的含量较高，这种合金展现出极好的流动能力和热裂稳定性。由于含有铜，耐蚀性受到影响。材料的强度水平很好。由于含铁，断裂伸长率略微下降。

6.2.1.15 砂型铸造原生合金

合金 En AB – AlSi7Mg 是一种重要的砂型铸造合金，主要应用于以下方面（图 6.92）：

- 轮架，梯形控制臂。
- 副车架。
- 侧围件。
- 机械制造和食品工业中的组件。

当对铸件进行热时效时，使用这种合金非常有意义。通过对这种合金进行时效硬化，可以制造出高强度结构件。在这种情况下，铸造金相组织具有很好的韧性和延展性[134]。

通过调节镁的含量和对热处理参数进行设置，可以对材料的高强度和断裂伸长率加以平衡。

由于铜含量较低，材料的耐蚀性非常好。此外，材料具有优异的可焊接性和可加工性。

EN AB – AlSi10Mg 合金适合应用于以下方面（图 6.93）：

- 排气管。
- 电气件的罩和支撑。
- 差速器壳。
- 飞轮罩。

图 6.92 原生合金 En AB – AlSi7Mg 的应用实例——平衡器[139]

图 6.93 原生合金 En AB – AlSi10Mg 的应用实例——增压空气管[141]

由于硅含量较高,合金的流动性能非常好,可以实现构件薄的壁厚。

鉴于较低的铁含量,与二次合金相比,这种合金的断裂伸长率值明显会高很多。因为铜含量很低,耐蚀性非常出色。这种合金也可以进行焊接和再加工[135]。

6.2.2 镁合金与镁基复合材料

6.2.2.1 引言

镁合金和镁复合材料可以很好地满足先进的轻量化设计所提出的要求。由于密度低、性能好,镁合金是铝合金或高强度钢(表6.27)的完美替代品,具有与聚合复合材料相同的竞争力。

表6.27 镁、铝和钢的密度和性能比较

	密度 $\rho/(g/cm^3)$	比刚度 $/(GPa \cdot cm^3/g)$	比强度 $/(MPa \cdot cm^3/g)$	弯曲刚度 $/(MPa \cdot cm^3/g)$
镁	≈1.8	≈25	≈100~180	≈9.5
铝	≈2.7	≈26	≈30~250	≈9.4
钢	≈7.8	≈27	≈40~200	≈10.2

镁合金的另一个优点是具有良好的可加工性,如很好的铸造性能和加工性能。镁熔液的铸造性好,与钢无可溶性。与铝铸造相比,镁铸造的工具和模具的使用寿命可延长50%左右。当然,镁合金也有缺点,最突出的是较差的耐蚀性。在电化学腐蚀电位的作用下,镁跟其他金属接触会发生溶解。因此,通过合金化以及涂层工艺对镁的耐蚀性进行优化是镁合金的研究重点之一,见文献[145]。

由于镁的晶体结构是密排六方结构,变形性能有限。要对镁合金进行变形加工,需要在一定的温度下进行[146]。此外,由于镁的总量很少,尚未形成成熟的回收方案。

通过增加陶瓷颗粒、纤维或晶须,可以明显地改善镁基复合材料的力学性能。不过,这一领域主要还处在研发阶段,尚未投入工业应用中[147]。

在下列章节中,主要介绍镁合金概念的基础知识、镁合金的应用以及对未来开发的前瞻。

6.2.2.2 镁的历史

英国的化学家汉弗里·戴维爵士在1808年首次合成了镁。在接下来的几年里,为了制造纯镁,科学家们开发了多种不同的方法。1828年,为了提取镁,比西还原了带有钾的$MgCl_2$。1833年,法拉第电解了有杂质的$MgCl_2$。本生在1852年,通过电解高纯度的$MgCl_2$合成了镁[148]。经过改良的电解和热还原方法,也是当今提取镁所使用的工艺。

镁的首次工业生产是在19世纪末的比特费尔德。1900年,位于格里斯海姆的化学工厂伊利可创生产了大概10t左右的镁。当时,1kg镁的价格大概在160美元。在接下来的一段时间,镁的使用量持续增长。到了1943年,由于战争的需求,镁的用量达到了23万5千t。第二次世界大战结束后,对镁的需求急速下降。在20世纪60年代,需求量又缓慢回升。20

世纪70年代，大众汽车公司在甲壳虫车型每辆车上使用了大约22kg的镁，从而使得镁的应用又再次达到了新的高潮，大众汽车公司也成为当时镁的最大消费者。随着汽车工业的发展，由于曲轴箱承受了更高的温度和压力，汽车企业采用铝和灰铸铁来代替镁合金，这使得镁的总消耗量再次减少。在过去的20年，随着减重和优化环保性能成为关注的焦点，汽车中镁的用量再次增加。（根据统计数据）现在每年可以生产大概60万~80万t原镁[147]。

6.2.2.3 物理性能

镁的密度为 $1.74g/cm^3$，是最轻的金属结构材料。在密排六方中结晶，不受温度变化的影响。晶格常数为 $a=0.3203nm$，$c=0.5199nm$，可以形成理想的晶格常数比例 $c/a=1.624$。纯镁的熔点为650℃，沸点为1090℃。导电性能为 $22.6m/(\Omega \cdot mm^2)$，为铜的三分之一，铝的三分之二。导热性能为 $156W/m \cdot K$，比铝（$235W/m \cdot K$）低。镁有三个稳定的同位素。同位素 ^{24}Mg 最多，为79%，^{26}Mg 为11%，^{25}Mg 为10%。除了这三个稳定的同位素，还有其他12个放射性同位素[150]。

6.2.2.4 原镁生产

镁是地壳中最常见的8种元素之一，无纯镁状态，而是在矿石中以混合物的形式存在。此外，在海水中也溶解了镁盐。含镁最多的矿石为菱镁矿（$MgCO_3$），可以煅烧成氧化镁（MgO）。如今，原镁的生产主要集中在中国（超过90%）。其他的镁资源分布在俄罗斯、澳大利亚、加拿大和以色列。在欧洲没有原镁生产，原因在于较高的能源成本、严格的环保要求和高的工资水平。

生产镁的工艺有两种，分别为电解和热还原方法。第一种方法，把矿石转化为 $MgCl_2$，通过电解方法，得到原镁。第二种方法，主要是使用白云石或菱镁矿，在烧煤或烧气的蒸馏罐添加硅铁元素，经过煅烧，得到结晶原镁[151]。

（1）熔流电解

由于水首先会分解成氧气和氢气，从水中电解镁是不可行的。因此，通常会对不含水的镁盐 $MgCl_2$ 进行熔融电解。从三个不同的工艺中可以提取镁氯化物[152,153]。第一种方法，从镁氯水化合物中去水，可用挪威海德鲁工艺、国家铝业工艺和陶氏化学工艺。第二种方法是对光卤石（$KCL \cdot MgCl_2 \cdot 6H_2O$）进行加工，光卤石是提炼氯化钾的副产品，也是天然材料。可以直接对光卤石进行电解。但由于光卤石的量有限，尚未进行实际应用。最后一种方法是对氧化镁或碳酸镁进行氯化。把氧化镁跟氯化镁熔液和木炭进行混合，混合成小球形状，放到蒸馏罐中，从而得到 $MgCl_2$。

（2）热还原法

很长时间以来，工业界一直使用热还原法来合成镁。用于当代工业中的有三种方法[152,153]，分别为皮浆法、波尔查诺法和马内塞姆电热法，这三种工艺仅在细节方面有区别，而不是在连续的过程上有区别。这三种方法都是通过硅铁来还原氧化镁。对钙氧化物的分解物进行浓缩处理是很有意义的，这样可以提高镁的采集量。以强烈的放热反应方式，镁蒸发，通过缩合作用，离析出镁。这种方法在中国得到了广泛的推广，并应用在大部分的镁生产中。

6.2.2.5 合金标识

镁合金的命名使用的是美国 ASTM 标准 B275 - 05[154]。2005 年出的最新版本，见附件 05。不仅是镁合金，有色金属基本上都用这个标准命名。

每个合金元素都有一个相应的字母，见表 6.28。合金的命名以合金中含量最高的两种合金的字母开始，字母按照降序排列。这两个字母后边有两个数字，标记了合金元素的含量。也可以选择性地在命名中加入字母，标记合金的开发阶段。接下来可以用连接符连接，标记热处理或其他所使用的工艺。例如，AZ91D（9% 的铝，1% 的锌，第四开发阶段）或者 WE54（5% 的钇，4% 的稀土）。

表 6.28 合金元素及其相应的代表字母

A	铝	J	锶	S	硅		
B	铋	K	锆	T	锡		
C	铜	L	锂	V	钒		
D	镉	M	锰	W	钇		
E	稀土	N	镍	X	钙		
F	铁	P	铅	Y	锑		
G	镁	Q	银	Z	锌		
H	钍	R	铬				

6.2.2.6 铸造合金

超过 90% 的镁合金都采用压铸方法进行加工。在压铸合金中，AZ91 是最重要的一种。AZ91 有出色的室温属性以及很好的可铸造性。奥迪 A8 的副仪表板支架使用的就是 AZ91，如图 6.94 所示。AM50 和 AM60 也应用于在室温下生产的构件上。这两种合金的铸造性能略差，但延展性较高。图 6.95 所示为奔驰汽车的后盖。内板采用 AM50 合金压铸而成。这两种合金系都可以用于热室压铸方法和冷室压铸方法。当构件工作温度较高时，这两种合金的使用就会受到限制[155]。在图 6.96 中，展示了这两种合金系的相图。左侧是质量分数为 0.7% 锌、0.3% 锰的 AZ 合金系，符合 AZ 合金的实际集中度，右侧为锰含量为 0.7% 的截图。

图 6.94 奥迪 A8 的副仪表板支架，材料为采用压铸方法的 AZ91

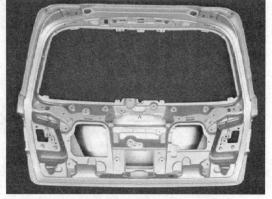

图 6.95 奔驰汽车的后盖，内板材料为 AM50

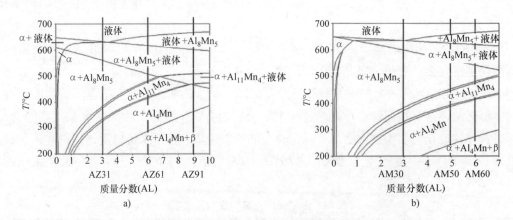

图 6.96 金相图（准二元截图）
a) AZ 系 b) AM 系

为了提高耐高温性能，可在 AZ 合金或 AM 合金中添加其他的元素。为此，添加了可以提高抗高温性和抗蠕变性的硅、锡、钙、稀土和锶[153]。虽然在合金研究方面取得了很多的成果，但迄今为止只有很少的合金能应用到工业生产中。在这些工业成功应用的合金中，有几种合金是由以色列铝业研究所（MRI）、大众汽车以及德国克劳斯塔尔工业大学联合开发的[152]。

挪威海德鲁公司对 AS 族合金进行了进一步的开发，并在 20 世纪 60 年代，应用于大众的甲壳虫上。高纯度的 AS 合金，可以进行压铸处理。合金略加改进后，用于在梅赛德斯奔驰汽车的自动变速器中（图 8.9），图 6.97 展示了大众不同的变速器壳体。

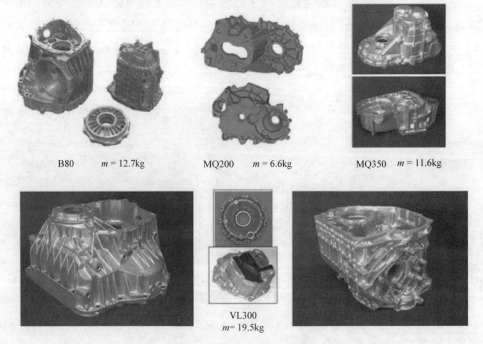

图 6.97 大众汽车不同种类的变速器壳体

AE 合金系应用环境的温度可超过 120℃。但是由于其较早形成析出，铸造性能较差。同时，鉴于其较高的加工温度，不适合采用热室压铸方法进行加工。AE42 和 AE44 合金是 AE 合金系中最出色的两种合金。除了铸造性能较差之外，AE 合金的缺点还有较难采购、稀土元素价格很高。

除了稀土，锶也是一种可以使用在高温环境下的合金元素。诺兰达公司开发了 AJ 合金系[158,159]。该系列合金应用于宝马镁铝复合曲轴箱上，内插件采用了 AlSi7Cu4Mg 合金，采用 AJ62 合金围铸。当在铝合金插件上凝固时，镁合金会发生收缩。

丰田开发了可加入钙的 AM 合金[156]，但这种 ACM 合金尚未投入使用。

位于澳大利亚"铸造金属制造的合作研究中心"（CAST）与"澳大利亚镁集团"（AMC）合作开发了砂型铸造合金 AMC SC1。这种合金以镁-稀土系为基础，可采用 T6 热处理工艺。合金的蠕变行为和松弛行为可以与铝合金 A319 相比[160]。在表 6.29 中，对最常用的铸造合金进行了总结。在表 6.30 中，则列出了几种传统合金与新型镁合金的力学性能。

适合应用于高温中的非铝合金为 WE 合金、ZE 合金和 QE 合金，这些合金只能采用砂型铸造和硬模铸造方法进行加工。铸件的使用温度最高可达 300℃。但是由于缺少铝元素，这种合金不能进行压铸加工。

表 6.29 合金家族的属性[161]

家族	合金元素	例子	特性
AZ	Al – Zn	AZ61	好的室温强度
		AZ81	差的高温特性
		AZ91	较低的延性
			非常好的铸造性能
AM	Al – Mn	AM20	较好的延性
		AM50	一般的室温强度
		AM60	好的铸造性能
AS	Al – Si	AS21	更好的室温强度
		AS31	更好的抗蠕动性
		AS41	一般的铸造性能
AE	Al – 稀土	AE41	更好的高温强度
		AE42	好的抗蠕动性
		AE44	一般的铸造性能
		AE53	
AJ	Al – Sr	AJ52	较好的高温强度
		AJ62	好的抗蠕动性
			好的铸造性能
MRI	Al – Mn – Ca – 稀土	MRI153	好的抗蠕动性
		MRI230	好的铸造性能

表 6.30　几种传统镁合金和新型镁合金的力学性能比较[158]

	AZ91	AE42	ACM522	MRI153 M	MRI230D	AJ62X
R_m/MPa	260	240	200	250	235	240
$R_{p0.2}$/MPa	160	135	158	170	180	143
延伸率（%）	6	12	4	6	5	7
R_m（150℃）（%）	160	160	175	190	205	166
$R_{p0.2}$（150℃）/MPa	105	100	138	135	150	116
延伸率（150℃）（%）	18	22	-	17	6	27
抗压强度 R_m/MPa	160	115	-	170	180	-
抗压强度 $R_{p0.2}$（150℃）/MPa	105	85	-	135	150	-
腐蚀率/（mg/cm²天）	0.11	0.12	-	0.09	0.10	0.11

（1）铸造加工

除了可以进行压铸加工之外，对于镁合金还可以采用砂型铸造和硬模铸造方法进行加工。除此之外，还可以采用半固态等特殊工艺加工镁合金手机壳或者其他壳体构件。

（2）压铸

对镁压铸件和铝压铸件进行比较，可以看出两种材料基于成本的优缺点。首先，对镁熔液进行浇铸时，需要合适的保护气体。目前多使用氮气或氩气，其六氟化硫的含量较低，同时还需添加其他示踪气体。由于全球变暖的影响，这种气体保护的组合今后不允许使用了。新开发的保护气体方案主要是使用 Novec 612 或氟代甲烷。与铝压铸相比，镁压铸的充型时间可缩短 30%，这主要与镁熔液较低的密度和较高的填充速度有关。镁几乎不会和钢产生溶解，所以镁合金压铸模具的使用寿命比铝压铸模具长约 50%。这是个巨大的优点，可以弥补在镁熔液环节所产生的高额成本。镁合金压铸可以达到的浇口速度为 100m/s，壁厚可以达到 0.8mm。镁合金压铸可以使用冷室压铸工艺方法或热室压铸工艺方法。在图 6.98（见彩插）中，给出了两种工艺方法的草图。

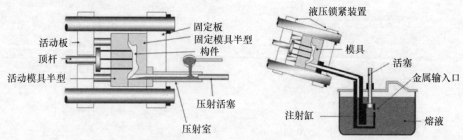

图 6.98　冷室压铸工艺（左）和热室压铸工艺（右）的图示

在冷室压铸工艺过程中，手动或者借助定量设备从熔炉中提取熔液到压射室中，活塞推进熔液填满模具型腔。在热室压铸工艺中，注射缸会浸入熔液中。这两种工艺下的液压锁紧装置是一样的，并至少由两部分模具组成。在冷室压铸工艺中，用 200bar（1bar = 0.1MPa）的浇铸压力对熔液进行压缩，并生产出致密的铸件[153]。在热室压铸工艺中，只能对在铸造时熔液温度不超过650℃的合金进行加工,由固定在溶池边上的定量装置来完成。AS合金或AE合金需要较高的温度,但压铸模具钢的耐久性会逐渐降低,因此只能用冷室压铸方法来加工这两种合金。

在表6.31中总结了不同压铸方法的优缺点。

表6.31 冷室压铸和热室压铸生产的镁压铸件可达到的性能

	热室压铸	冷室压铸
合金	AZ91,AZ81,AM60,AM50,AM20	AZ91,AZ81,AM60,AM50,AM20 AE42,AS41,AS21,AJ,MRI
铸造温度/℃	至650	至750
铸造重量/kg	至7	至40
锁模力/MN	至8	至50
最大的金属压力/MPa	40	50
循环时间/s	40	200
壁厚/mm	0.8~3	1.5~12

(3) 砂型铸造和硬模铸造

采用砂型铸造方法生产的镁合金构件,通常数量少,体积大。与其他金属的砂型铸造相比较,在镁合金砂型铸造中,尤其要考虑到镁熔液的化学反应。型砂必须要干燥,因为镁液与水反应后会形成氢气,容易产生危险。镁熔液与二氧化硅也会发生相应的反应,反应会形成 Mg_2Si,导致铸件和模具无法分离。镁熔液在流动过程中会很快形成氧化物,并将这些氧化物带到模具中。尽可能通过形成熔液层流的状态,来阻止这种状况发生。由于镁熔液密度相对较低,镁熔液重量所产生的压力很小。因此,需对较薄的区域进行排气,以确保熔液充满型腔。直升机的变速器壳体就是典型镁合金砂型铸造件,采用耐热不含铝的镁合金,如WE43或者WE54。

另一种生产镁合金铸件的经济工艺方法为低压铸造。通过给熔炉中的熔液表面施加比大气压更大的压力,熔液通过输送管上升,被压进位于炉子上方的模具内。由于充型速度较慢,低压铸造没有压铸的生产效率高,但是可以生产近净成形的铸件。用层流的方法进行充型的优点是不会在熔液前沿造成氧化,也就不会在铸件上形成氧化物。由于直接在模具内进行浇注,在浇注系统和浇口的材料损耗较低。

在砂型铸造和低压铸造这两种工艺中,熔液的凝固速度较慢,会形成大的晶粒。采用可形成细晶粒的添加物,可以弥补由此造成的力学性能上的缺陷。根据霍尔-佩奇公式,镁合金中的精细晶粒是形成更好力学性能的基础。此外,精细晶粒也可以降低热裂性,减弱纹理并形成各向同性的性能[165]。对于不含铝的镁合金来说,锆是非常好的晶粒细化材料。在凝固时,通过锆的析出,促成α镁核的晶核形成。无铝的合金包括ZE系、WE系、QE系和ZK系。

在含铝的压铸合金AZ、AM、AE、AS或者AJ合金系中,锆不作为细化晶体的材料。其他的方法如过度加热熔液或者Elfinal工艺,由于生产成本高,不适合工业使用。当前最有希望使用的方法是加入碳，来对含铝的镁合金进行晶粒细化。碳的形式为石墨、石蜡或者有机混合物，如六氯乙烷（C_2Cl_6）、六氯代苯（C_6Cl_6），不同的碳化物（Al_4C_3、SiC、CaC_2），或者用含碳的气体（CO、CO_2、CH_4）对熔液进行气体处理。经证明，碳化钙（CaC_2）和碳化硅（SiC）的晶粒细化效果很好，不会浪费能源，也不会对环境带来负面的影响[166]。加入碳进行晶粒细化时，会形成碳化铝（Al_4C_3），其晶体结构类似镁。

（4）半固态加工

除了压铸之外，还有几种新工艺可以用于镁合金加工。压铸虽然是一种节拍快、产量高的生产工艺，但同时也有缺点。由于充型速度较快，在熔液中会形成湍流，从而在压铸件中产生疏松。疏松约占压铸件总体积的5%，会给压铸件的力学性能带来不良影响。这是因为孔洞可以引起裂纹，而且铸件也不能进行焊接或热处理。如果进行焊接或热处理，表面小孔会裂开，导致严重的质量缺陷。

通过改进铸造工艺，可以避免这种力学性能的缺陷，如在凝固前进行层状注射成形。半固态铸造就是这样一种方法。半固态铸造方法是在液相和固相温度之间对熔液进行浇铸。该方法有很多优点，如铸造温度低、模具寿命高。由于铸造温度较低、收缩小，尺寸更精确。除此之外，还有触变铸造法和触变成形法，来自于UBE专利技术的新流变铸造工艺也是处理半固体的一种方法。在这种工艺中，挤压铸造设备会垂直地安装到机床上，按顺序进入加热工位和冷却工位，这样可对圆形颗粒预制材料进行加温处理。

6.2.2.7 镁变形合金

与铸造镁合金相比，变形镁合金的产量相当小。2000年，变形镁合金的产量大约为3400t[167]。随着对镁合金进行新的开发和工艺优化，今后变形镁合金的发展潜力会很大。除了以上提及的行业领域，变形镁合金还有希望进入新的应用领域，例如航空业将会更多地使用镁板材和镁型材这样的轻量化产品。当前研究最多的变形镁合金是AZ31，该合金既可以轧制，也可以进行挤压加工。

（1）挤压

采用挤压方法可加工出形状复杂的型材，这种方法在汽车行业、飞机制造和制造行业中起着举足轻重的作用。在加热的情况下，螺柱将坯材从有固定形状的挤压筒中挤出。根据设备的结构和压力载荷，挤压可分为直接挤压、间接挤压和流体静力挤压。不同的合金、变形度、温度以及所使用的工艺综合决定了镁型材的微观结构，如图6.99所示。

不同再结晶行为以及由于工艺导致的纹理形成的影响可以决定型材的力学性能，如图6.100所示。随着轻量化需求的增长，除了提高镁型材挤压速度和降低变形温度之外，对镁型材的可焊接性也提出了更高的要求。诸如ZE10、ZE21或者ZM21等合金展示出的性能，可以增加镁合金挤压型材的使用。

（2）轧制

采用轧制工艺可生产半成品，如板材。通过适当的热处理使锭料均匀化，然后进行多次轧制成板材。通常来说，板材的微观组织结构非常精细均匀，并且可完全再结晶。但在形成轧制纹理后，会给后续的拉深或拉伸工艺增加困难[169]。新的开发重点是改善毛坯的预变形

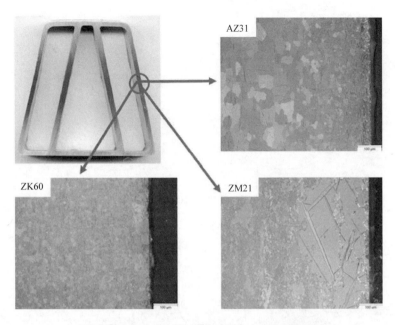

图 6.99 复杂型材挤压后不同合金的微观结构

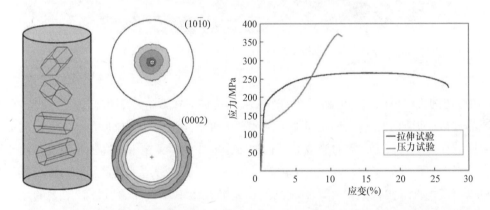

图 6.100 挤压镁型材中基面的排列与成形纹理（左）和镁型材的拉伸-压力不对称（右）

性能，同时保证板的强度。在保持力学性能各向同性的方向分布情况下，可找到针对镁材质应用的最佳板材。在含锌的变形合金中添加稀土元素，能减少已形成的轧制纹理，如图 6.101 所示。这可再次改善成形性能，或可在成形时，选择降低轧制工艺温度。

（3）连铸连轧

连铸连轧工艺科技含量高、更环保，是传统轧制工艺的替代方法之一。在这种工艺方法中，液态金属被带入生产薄板带的两个逆向运行的辊子之间。液体金属在辊子间渐渐凝固，所生产出的薄板带在热的状态下继续被轧制成板材，进行切割并堆垛。图 6.102（见彩插）中展示了如何在连铸连轧工艺过程中，减少加热或者后续再加热的步骤。这既节省时间，也节省能源。但是这种工艺的加工速度较慢，因为在板带离开辊子之前，液体金属必须先凝固[169]。

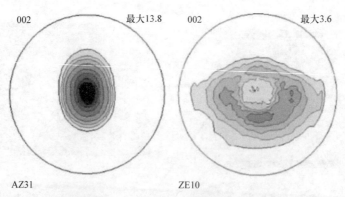

图 6.101　AZ31 板和 ZE10 板的纹理结构[168]

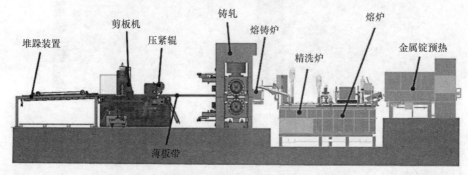

图 6.102　连接堆放设备的 Twin – Roll 铸机的图示

(4) 锻造

采用锻造的方法可以生产出高强度、净成形的构件。在锻造加工中，快速通过多个步骤对半成品进行成形加工。热成形是指加工温度高于再结晶温度，冷成形是指加工温度低于再结晶温度。在锻造工艺中，需对半成品进行加热，或在变形工艺中提高加工温度。由于镁合金在常温下的变形性能较差，因此需采用热成形的方法。在锻造工艺使用同一种模具的情况下，可以用镁构件来代替铝构件。半成品的初始晶粒组织对锻件的质量有很大的影响。图 6.103 中展示了同一种合金，两种不同的成形试样。左图是粗晶粒半成品，右图是细晶粒半成品。晶粒细化的方法和用于晶粒细化的添加剂已经在 6.2.2.6 小节硬模铸造和砂型铸造中进行了具体的描述。用于晶粒细化的添加剂明显改善了铸件的表面质量。

图 6.103　成形加工后的传统镁合金和精细晶粒镁合金

在图 6.104 中显示了以图 6.103 所示铸件为基础的两种变形工艺的流变曲线。结果显示，通过改善半成品的晶粒组织结构，可以减小成形工艺中的最大作用力。通过开发合适的合金，并优化锻造工艺，未来可以提升镁锻造产品的竞争力。

6.2.2.8 腐蚀

对镁合金通常有一种误解，就是镁合金的耐蚀性较差。镁合金在错误的构件设计、较差的表面保护或者无表面保护情况下，与其他金属直接接触时，产生的电解质涂层，会造成接触性腐蚀。合金质量不好也会对腐蚀产生影响，尤其当合金中掺杂镍、铁和铜等杂质时（图6.105）。熔盐夹砂也会对耐蚀性产生消极的影响。

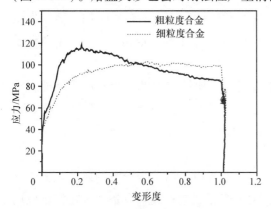

图6.104　图6.103中两种成形工艺的流变曲线（半成品温度为350℃，变形速度为10S$^{-1[173]}$）　　　图6.105　铜、镍、铁浓度与腐蚀率的关联性

现代的HP（高纯度）合金由于含杂质很少，耐蚀性要好于或者类似于钢和含铜的铝合金（2xxx）。通过适当的合金选择和涂层优化的表面保护，镁合金可以很好地应用于汽车工业和航天工业，如同镁合金在电子工业中的应用一样。酸性介质和大气环境所引起的腐蚀，相对来说比较容易控制。相反地，电镀腐蚀和应力裂纹腐蚀常会导致镁合金构件失效。晶间腐蚀对于镁合金来说并不重要，因为伴随析出的晶界通常比晶核内部更纯。下文中，会对镁合金的腐蚀形式进行简单介绍。

（1）一般腐蚀

镁是一种最不纯的结构金属，标准电极电势为U_{eq}^0（Mg/Mg++）≈ -2.4V，这种金属在自然界中只以复合物的形式出现。镁与其他非纯金属一样，必须在消耗能量的情况下进行还原，才能得到纯镁。镁在中性的氯化钠溶液中的自由腐蚀电位为-1.7V。

镁在表面会形成钝化层，可以防止在空气中分解以及与水发生反应。钝化层与不同环境介质作用，会形成腐蚀保护。在湿度较低的情况下，镁能起反应形成氧化镁（MgO），在表面形成一层薄的钝化膜。在空气湿度超过93%的情况下，会形成氢氧化层（Mg(OH)$_2$）。氢氧化层与二氧化碳（CO$_2$）作用，形成镁的碳酸盐（MgCO$_3$）。

在纯水和水溶液中，在镁表面会形成结晶的氢氧化层。对此，可以通过以下方程式加以描述（式中，s表示固态，l表示液态，g表示气态）：

$$Mg(s) + 2H_2O(l) \rightarrow Mg(OH)_2(s) + H_2(g)$$

镁溶液进行了阳极反应

$$Mg(s) \rightarrow Mg^{2+} + 2e^- \text{ 和/或}$$
$$Mg(s) + 2(OH)^- \rightarrow Mg(OH)_2(s) + 2e^-$$

氢气形成是阴极反应

$$2H^+ + 2e^- \rightarrow H_2(g)$$

在接下来的过程中，可形成氢氧离子（OH^-）

$$2H_2O + 2e^- \rightarrow H_2(g) + 2OH^-$$

当 pH≥11 时，氢氧化镁的钝化层就很稳定，在水溶液中可修复。pH<11 时，金属发生阳极溶解。基于热力学的原因，在电极电势为负值的情况下，不能造成腐蚀，除非电压低于 -2.5V。

由于 $Mg(OH)_2$ 的可溶性很低，镁在少量水的环境下，腐蚀率很低。当不注入额外水流时，很快能达到平衡浓度。在这种少量的饱和溶液中，pH 很快升到 10。如果持续注入水，永远也无法达到平衡浓度，会继续腐蚀。随着温度的升高，腐蚀的速度会加快。

（2）电偶腐蚀或接触腐蚀

由于镁元素是低电化学势，在与其他金属接触时，电解质会诱发镁溶解的风险。出于这种原因，使用镁合金作为牺牲阳极（阴极防腐），用于舰船制造和暖气设备中。在汽车应用中，必须通过涂层或相应的设计步骤来进行有效的防护。

镁与其他金属组合是否容易溶解，取决于电压，即阳极（E_K）和阴极（E_A）之间的电位差，电位差应当尽可能小。此外，极化电阻 R_K 要尽量大。5xxx 系和 6xxx 系铝合金与镁合金可很好地兼容，因为电位差很小。尽管存在很大的电位差，但 80Sn/20Zn 涂层完全兼容，因为极化电阻很高。钢、铜、镍和含铜的铝合金，如 A380[173]，不能与镁合金结合使用。镀锌和阴极电解沉积（例如阴极电泳涂装，15μm）[166] 的组合可以实现良好的腐蚀保护。除了与其他构件接触会产生接触腐蚀之外，镁还可形成微电偶腐蚀。合金的阳极和阴极间存在电位差。这些可以是含有铁、镍或者铜杂质的区域，也可以是沉淀物，其相对于固溶体具有不同的电化学势。在含有铝的镁合金中的 β 相的 $Mg_{17}Al_{12}$ 也会有这种现象[161]。由于较高的冷却速度，AZ91 合金压铸件的铸件表皮具有更精细的微观结构和更好的 β 相分布，因此该区域通常更耐腐蚀[174]。

（3）应力裂纹腐蚀或疲劳裂纹腐蚀

对于腐蚀敏感合金，蒸馏水足以作为应力裂纹腐蚀或疲劳开裂腐蚀的腐蚀介质[175]。与形成钝化层的其他合金一样，这种形式的腐蚀对于镁合金也是至关重要的，因为灾难性的失效可能发生在所谓的未损坏的表面情况下。除了外部的拉应力，材料中的自应力也可导致形成应力裂纹腐蚀。这种情况通常发生在铝和锌含量较高的合金中，并有穿晶的特性。沿着晶界的 β 相析出也会导致晶间应力裂纹腐蚀[176]。对构件或者零件进行设计时，一个位置的最大应力不超过屈服强度的 30%~50%。

6.2.2.9 镁合金的回收

近年来，镁合金在汽车制造和电子工业中的应用越来越多。由于越来越关注轻量化解决方案，这一趋势将在未来几年内增加。与钢和铝相比，镁的绝对用量依然可以忽略不计。但是由于新材料领域的可持续性争论，即使对于镁合金而言，回收利用方案也将很快生效[177]。如今，只能对"等级1"的废料进行回收。这些都是在铸造厂产生的（浇口、冒口）清洁的、未混合的合金。大约50%的压铸件是由这种材料组成的，因此，"内部"已经回收了相对多的镁。这可直接在压铸厂内完成，也可由回收公司在外部完成[178]。

目前，镁回收的研究重点主要集中在"等级1"的废料上[179-181]。至今为止，还没有"寿命结束"的回收方案。根据欧盟所确定的方向，废旧汽车的零件和材料要拆分并可回收[182]。但这一过程还有很多问题需要解决。需要开发技术以优化镁和铝合金的分离。还必须分离杂质，如铜和铁，以及其他区域的涂层。还必须开发合金，合金要采用已经使用的不同合金元素，采用这些元素的合金材料的力学性能谱系是安全可靠的。

德国亥姆霍兹联合会盖斯塔特镁创新中心开发了一种含有铜和镍的镁合金，其耐蚀性非常好。此外，耐热合金系的开发也正在进行中[181-183]。

6.2.2.10 镁基复合材料

上面已经介绍了，通过砂型铸造加工的不含铝的镁合金，在经过特定的热处理后，具有优异的热强度和蠕变性能。如果在保持低密度的同时，实现更高的工作温度，则必须使用镁基复合材料。镁基复合材料由基体、镁合金和增强体组成，增强体主要成分为陶瓷颗粒、晶须、短纤维或者长纤维。在合金基体中，加入的增强体含量、尺寸、方向与组合都不同。镁基复合材料领域的大多数研究都涉及大约 $1 \sim 100\mu m$ 的增强材料，长纤维则可以达到几毫米。在过去几年中，由于市场上的纳米颗粒价格便宜，种类也较多，因此也采用纳米颗粒作为增强体组件。与微颗粒相比，纳米颗粒是用于铸造工艺中晶粒细化和弥散强化的理想材料。有关纳米粒子增强镁合金的内容可以见文献［186］。通过化学反应形成能够传递应力的界面，是使用颗粒、晶须和纤维作为增强体的先决条件。金属基复合材料中的高强度纤维，只能通过界面来承受载荷。界面至少有抗剪强度，如同基体中的抗拉强度。与可时效硬化高强度铝合金相比，制造镁基复合材料成本很高，导致其使用范围有限。

（1）增强体的类型

在镁基复合材料中，最常使用陶瓷增强体或者碳纤维。由于耐蚀性差、密度高，因此不使用金属纤维作为增强体。根据增强体不同的类型（颗粒，晶须，短纤维或者长纤维）、形式、大小、浓度以及取向（晶须、短纤维和长纤维），可以对材料的力学性能进行设置，如强度、弹性模量或者抗蠕变性，以及物理性能，如热膨胀系数。在基体材料中添加两种或者更多增强体，可称为混合复合材料。每种增强体都可以给材料带来相应的优点。图6.106展示了增强体的类型。

（2）长纤维增强体

与颗粒增强体不同，可供使用的长纤维很少。在可供使用的长纤维材料中，重点是碳纤维。碳纤维既可以作为单丝，也可以作为多丝使用。后者由数百个或者数千个纤维束组成。碳纤维的厚度为 $5 \sim 25\mu m$。这种纤维的优点是高强度、高弹性模量、低密度，以及良好的导热性和导电性。其次，碳纤维的价格便宜，与镁熔液兼容。聚丙烯腈基碳纤维（PAN 纤

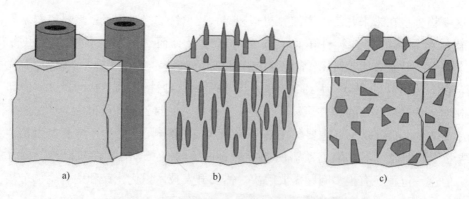

图 6.106　在一个金属基体中的不同类型的增强体
a）长纤维　b）短纤维或晶须　c）颗粒

维）和沥青基碳纤维的主要区别在制作过程。用聚丙烯腈（PAN，Polyacrylnitril）纺丝制作碳纤维，在约 800℃下进行碳化。基于沥青的碳纤维被纺丝并固定。在接下来的稳定退火过程中，将这两种材料调整到所需的性能形状。在 1600℃下退火，能制成高强度纤维，超过 1600℃能生产出高模量纤维。表 6.32 和表 6.33 列出了几个聚丙烯腈基碳纤维和沥青基碳纤维的性能。

表 6.32　部分 PAN 碳纤维的性能[187]

	标准纤维	航天航空应用	
		低模量的	高模量的
弹性模量/GPa	288	220~241	345~448
抗拉强度/MPa	380	3450~4830	3450~5520
应变（%）	1.6	1.5~2.2	0.7~1.0
电阻/$\mu\Omega\cdot cm$	1650	1650	900
热膨胀系数/（10^{-6}/K）	-0.4	-0.55	-0.75
制造商	Zoltec, SGL, Toray, Mitsubishi, Rayon	Hexeel, Toray, Mitsubishi Rayon, Tenax, Soficar	

表 6.33　部分 Teer 碳纤维的性能[185]

	低模量的	高模量的	超高模量的
弹性模量/GPa	170~241	380~620	690~965
抗拉强度/MPa	1380~3100	1900~2750	2410
延伸率（%）	0.9	0.5	0.27~0.4
电阻/$\mu\Omega\cdot cm$	1300	900	130~220
热膨胀系数/（10^{-6}/K）		-0.9	-1.6
制造商	BPAmoco, Mitsubishi, Casei	BPAmoco	

除了碳纤维，还会使用氧化长纤维作为镁的增强体。通常使用氧化铝纤维。它们具有以下优点：在镁熔液中使用这种纤维，形成的尖晶石层是一种很好的边界层，具有上述的优

点。氧化物纤维的力学性能可以通过其化学组成而变化。通常，二氧化硅（SiO_2）的加入量为 4%~30%，三氧化二硼（B_2O_3）的加入量为 3%~15%，以及少量的氧化钇（Y_2O_3）和二氧化锆（ZrO_2）。这些氧化纤维的商品名称为 Altex、Alcen、Nextel、Almax、Saphikon、Sumica 或 Saffil。根据组合的不同，密度为 2.7~4.1g/cm^3，强度为 1700~3500MPa，弹性模量为 150~460GPa[188]。

所使用的三种长纤维类型中最后一种为碳化硅（SiC）纤维。采用聚碳硅烷或聚钛碳硅烷作为原材料，在超过 1200℃温度并有保护气体的环境下，可制成碳化硅（SiC）纤维。在液态金属冶炼制成复合材料后，纤维外部薄的碳化硅（SiC）层与镁基体能形成很好的连接。碳化硅（SiC）纤维的密度为 2.5g/cm^3，弹性模量为 200GPa 左右，价格便宜且热性能稳定。

（3）短纤维增强体和晶须增强体

短纤维是轻合金的首选增强体。因为利用短纤维，材料可以生成准各向同性或者至少是平面各向同性的力学性能，从而明显优于基体合金的力学性能。长纤维增强体在纤维增强方向有出色的效果，但是在垂直于纤维方向上的性能，几乎没有得到改善。如果希望达到均衡的效果，必须在不同的方向上设置长纤维。对于短纤维来说，可以通过在纤维中搅拌来改善各向同性性能，从而导致在复合材料中纤维取向的统计分布。

短纤维通常被加工成预成形多孔模制品（预制品）。根据生产条件，预制品由定量的平面对齐的短纤维组成。通常采用硅酸盐的黏合剂来稳定纤维预制件。在这些预制件中，镁熔液通过施压铸造方法（挤压铸造）渗透，并且在压力的作用下凝固，从而形成无孔复合材料。熔化温度、预成形温度以及凝固持续时间对短纤维和基体之间界面的形成有一定的影响。所有的长纤维材料都可以用于短纤维，因为短纤维只是把长纤维切断。最经常使用的短纤维是氧化铝基短纤维，直径约为 3~15μm，弹性模量为 130~450GPa，抗拉强度为 1500~4000MPa。根据添加物的不同，纤维的热膨胀系数在 3.0~9.0 10^{-6}/K 之间变化。在蠕变研究中，在镁合金 AZ91[189]和 AE42[190]中添加了 20%的氧化铝纤维作为增强体，结果极大地改善了材料的蠕变性能。最低蠕变率改善程度为 1~2 个数量级。利用不同的短纤维来增强耐热合金 QE22，对热膨胀产生的影响在文献［185］中有说明。文献［185］中采用了 Maftech 纤维、Saffil 纤维和 Supertech 纤维作为增强体。测量是在垂直于纤维平面或者在纤维平面中进行的。结果表明，在纤维平面中的热膨胀明显降低，而在垂直于纤维平面的热膨胀几乎没有变化。

晶须为小针状单晶，长厚比为 10 或更大，直径约为 1μm。晶须由在基体上过饱和气相生长而形成，也可通过在水溶液中电解形成。由于晶须可在肺部通过，有很高的致癌风险，因此几乎不在实际中使用。

（4）颗粒增强体

在镁熔液中最常加入的就是微米大小的陶瓷颗粒。陶瓷颗粒与基体的连接方式类似于纤维，和颗粒与熔液接触的持续时间和温度有关。特别合适的是具有与基体熔液相似密度的颗粒，因为当复合材料凝固时，这些颗粒的分布会最均匀。颗粒的价格便宜，应用于抛光和金刚砂工业中。典型的颗粒材料为氮化物（BN、AlN、TiN、ZrN）、碳化物（B_4C、ZrC、SiC、TiC、W_2C、WC）、氧化物（ZrO_2、Al_2O_3、Cr_2O_3）和硼化物（TiB_2、ZrB_2、WB）。为了保证内外应力的最佳传递，需要形成一个反应层。根据合金的成分以及增强体的类型的不同，颗粒形状会影响反应层的形成。镁合金的陶瓷颗粒增强体的形状可为圆形、角形或板形。板形的颗粒与基体连接通常更稳定，因为它可直接与晶体层连接。边角比较尖锐的颗粒不适合作为增强体，因为这种颗粒的边角会成为裂纹的起点。表6.34 列举了部分适合作为镁合金的增强体商用颗粒的最重要特性。

表 6.34 部分颗粒的性能[192-194]

	SiC	Al_2O_3	B_4C	TiB_2	TiC	BN
晶体类型	hex.	hex.	rhomb.	hex.	kub.	hex.
$T_{溶液}$（融化温度）/℃	2300	2050	2450	2900	3140	3000
弹性模量/GPa	480	410	450	370	320	90
密度/(g/cm³)	3.21	3.9	2.52	4.5	4.93	2.25
热膨胀系数/(10^{-6}/K)	4.75	8.3	5.6	7.4	7.4	3.8

（5）纳米颗粒增强体和 CNT 增强体

最近几年刚开始使用的是纳米颗粒增强体或碳纳米管（Carbon Nanotubes，CNTs）增强体。鉴于价格大幅下降以及良好的可用性，这些材料特别适合用作金属复合材料的增强体，因为其大小很适合金属晶格。如果通过熔融冶金工艺借助纳米颗粒增强制备复合材料，则可能发生颗粒的晶粒细化。根据霍尔－佩奇公式，这种细化可以提高材料的强度。

对纳米颗粒增强镁合金的研究结果表明，不仅材料的屈服强度提高了，在某些情况下，材料的延展性也有所提高。迄今为止，已经公开结果的纳米颗粒增强的镁合金有纳米碳化硅（Nano－SiC）[195-197]、纳米氧化铝（Nano－Al_2O_3）[196-202]、纳米氧化钇（Nano－Y_2O_3）[203-205]、纳米二氧化硅（Nano－SiO_2）[206]和碳纳米管（CNTs）[207-209]。

6.2.2.11 展望

鉴于不断上涨的燃油费用和二氧化碳排放限制，汽车制造商和飞机制造商的成本压力越来越高。与铝合金和钢相比，鉴于其较低的密度，镁合金具有很强的竞争力。变形镁合金会继续拓展当前的应用领域，耐热铸造镁合金则是最有前景的。对于镁合金材料的加工工艺也需要进行优化，例如采用半固态加工工艺或连铸连轧工艺。总之，可以采用多种方法来拓展镁材料的应用。

对于以镁为基础的复合材料，当前的研究重点在纳米颗粒增强领域。为了降低采用旧方法所造成的高昂成本，必须确保颗粒在铸造合金与变形合金中持续地发挥作用。

继续优化镁材料的耐蚀性和涂层工艺是未来镁材料应用扩展的第三个重要支撑。

6.2.3 钛、钛合金与钛铝化物

欧盟制定的标准限制了车辆油耗和二氧化碳排放。要满足这些法律法规要求，轻量化至关重要。除了基于铝和镁的经典轻合金之外，钛及其合金也变得越来越重要。钛被认为是航空航天行业的经典材料。鉴于这种轻量化材料出色的性能，如高比强度与优异的耐蚀性，钛及钛合金越来越多地被应用到航空航天工业之外的其他领域，例如汽车制造领域[212-216]。

6.2.3.1 轻量化材料与钛合金

日渐减少的地球资源、日益增长的环保意识与日益严格的法律法规，都对汽车行业的未来发展提出了挑战。要克服这些挑战，轻量化起到决定性的作用，但是需要有建设性的整体解决方案。除了减轻重量，也要对功能进行优化，从而能最终节省成本。如今，随着电动汽车的引入和开发，对轻量化应用的需求更迫切了。

在实施新概念的过程中，轻量化材料起到了关键性的作用。从目前所使用的纤维增强塑料的重要性就可以看出这一点。但是金属依然有很大的开发潜力，尤其是轻金属。毫无疑问，在这一领域的先驱者是实现了全铝车身制造理念的奥迪公司。凭借空间框架结构，奥迪公司在 1994 年推出了承载式铝车身的奥迪 A8 量产车。不久之后，又推出了小型车奥迪 A2 的全铝车身结构。

除了经典轻金属铝，镁在汽车行业变得越来越重要。镁的密度只有 1.7g/cm³，仅为铝的一半（图 6.107），因此是工业上可用于结构应用的最轻金属。与铝相比，镁更容易被腐蚀，因此更倾向用于车辆外皮区域外的构件和附件，如座椅骨架、转向盘、发动机舱盖内板以及碰撞件上。

钛为排名第三的轻金属。一方面，密度为（4.51g/cm³）的纯钛比传统的轻金属铝（2.69g/cm³）重了约一倍，但另一方面，钛却比传统的铁（7.87g/cm³）或镍（8.91g/cm³）基材料轻了约一半。

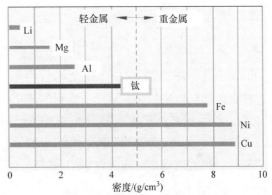

图 6.107 轻金属和重金属的分类[217]

图 6.108 中列出了常用金属材料与纯钛、钛合金和钛铝化合物相比较的典型力学性能。基于铝铜镁（AlCuMg）和铝锌镁铜（AlZnMgCu）的经典高强度铝合金，强度性能与纯钛的性能类似。最重要的钛合金，如 Ti-6Al-4V，其强度要高于传统钢材的强度，主要应用在车身的曲轴、轴颈或紧固件上。作为比较，选择铁素体调质钢（34CrMo4）和奥氏体的 CrNi 钢（X5CrNi18-10），也分别称为 V2A 和 Nirosta。最后还列出了 IN 718 和 Waspaloy 这两种典型的高温镍超级合金。这两种超级合金在室温下具有与耐热钛合金 Ti-6-2-4-2 以及 Timetal 834 相似的强度和应变行为（钛合金的分类后面会详细给出）。此外，显而易见的是，金属的弹性模量会随着密度的增加而增加，钛合金具有比铝合金更高的弹性模量，但刚度只为钢合金及镍合金的一半。钛铝化物是个例外，这将在稍后讨论。

从轻量化的角度来说，不同材料比强度的比较是很有意义的。这种与密度相关的强度也称为断裂长度，在图 6.109 中，对典型的设计材料在工作温度下的比强度进行了描述，清楚地说明了各种材料的潜在用途[218]。

材料	密度/(g/cm³)	弹性模量/GPa	屈服强度/MPa	抗拉强度/MPa	延伸率(%)
Al-2024-T3	2.8	74	290	420	10
Al-7075-T6	2.8	72	490	540	8
Ti Grade 1	4.5	110	200	300	30
Ti Grade 4	4.5	110	550	700	15
Ti-6Al-4V	4.4	110	950	1100	10
Ti-6-2-4-2	4.5	115	900	1020	20
Timetal 834	4.5	120	930	1040	12
TiAl合金	4.0	165	450	500	1~2
34CrMo4	7.7	210	700	950	15
X5CrNi18-10	7.9	200	230	650	45
IN 718	8.2	205	850	1200	30
Waspaloy	8.2	210	900	1300	25

图 6.108 经典金属材料的力学性能

可以看出，在室温下的所有金属材料中，钛合金的比强度最高。对于所有材料来说，纤维增强塑料（FVK）的比强度值最高。这解释了这些材料在轻量化中的重要性。当然，纤维增强塑料的值仅适用于纤维方向。

随着温度的升高，所有材料的比强度都会下降。首先，铝合金在 150~250℃ 之间达到其使用极限。耐热钛合金可在高达 600℃ 的温度下使用，之后是耐热钢和镍超

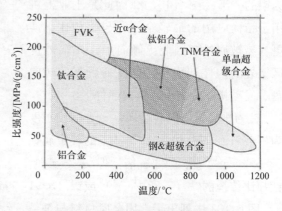

图 6.109 材料比强度的比较[218]

级合金。新型钛铝合金有着特殊的作用，考虑到比强度的钛基合金使用温度可以扩展到 750~850℃，在汽车制造领域的某些应用中，可以用来代替传统的钢材和镍基超级合金。

钛及其合金

钛是铝、铁、镁之后地壳中第四丰富的金属。在自然界中，它只以矿物质或氧化物的形式出现，例如钛铁矿、金红石或钙钛矿。

在 20 世纪 40 年代中开发的第一批钛合金材料催生了喷气式发动机的诞生。除了在航空航天领域之外，钛合金作为结构材料和功能材料用于越来越多的领域。由于其出色的性能（高比强度）（图 6.109）与优异的耐蚀性，钛合金更多地被应用到化学工业、建筑工业、医疗技术、海岸工程，以及能源领域和汽车制造领域，关于这些在下文中会有详细描述。钛的产品也早已应用于日常用品中，尤其是在运动和休闲领域增长很快（例如：高尔夫球杆，

自行车车架)。

钛及其合金的性能由两个主要相 α 和 β 的不同结构可持续地确定。在低温情况下,纯钛和大部分的钛合金呈现密排六方晶体结构,可称为 α 钛。在高温情况下,呈现体心立方晶体结构,称为 β 钛[217]。

使用纯钛时,较好的耐蚀性和变形性能位于首位,强度方面是次要的。钛出色的耐蚀性主要基于钛与氧的亲和力。在空气中存放,可以在纯钛表面形成稳定的、只有几个原子层厚的二氧化钛层,即使是在受到损坏的情况下,氧化层也可以快速再生,从而为材料提供长期的防腐蚀保护。不同的纯钛类型主要是通过氧含量加以区别,氧含量作为组织间隙的合金元素可以快速提高屈服强度,同时破坏延展性。从工艺角度来说,钛的种类可以分为 1~4 级,对应的抗拉强度区间为 300~700MPa,如图 6.108 所示。级别 1 为最软的一种纯钛,具有极好的冷成形性,可用于对耐蚀性要求较高、强度要求较低的构件。

通常把钛合金分为 α 合金、(α + β) 合金和 β 合金,并可以进一步细分为近 α 合金和亚稳 β 合金。纯钛以及包含 α 稳定 (Al, O, N, C) 和/或中性元素 (Sn, Zr) 的合金称为 α 合金。如果少量 β 稳定化元素 (Mo, V, Nb) 合金化,则称为近 α 合金。较高含量的 β 元素会形成 (α + β) 合金,最终形成 β 合金。在图 6.110 中,列出了这些合金类别中的典型代表。

在 (α + β) 合金中,迄今为止最常用的是合金 Ti – 6Al – 4V。超过一半的钛合金都是以这种合金进行冶炼的。这种合金于 20 世纪 50 年代早期在美国开发出来,并取得了很大的成功。其原因在于,一方面,在于合金性能的均衡;另一方面,该合金是迄今为止研究和试验次数最多的钛合金。

近 α 钛合金是经典的高温合金。这种合金结合了 α 合金良好的蠕变性能和 (α + β) 合金的高强度。添加 0.5% 的硅可显著改善蠕变行为,如图 6.110 所示。如果能够确保相组织的长期稳定性和抗氧化保护,则 Timetal 1100 和 834 等高温合金可以在 600℃ 的温度下使用。

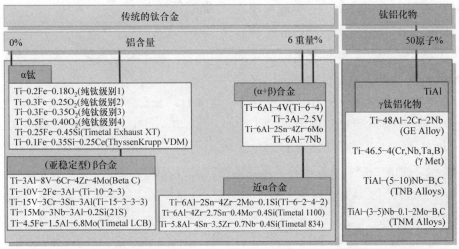

图 6.110　钛合金的分类,合金元素铝的影响

从图 6.110 中可以看到，在传统钛合金中，为了避免脆性，最重要的合金元素铝的含量控制在 6%（质量分数）以内。另一种完全不同的材料为钛铝化合物。钛铝化合物中一种重要的合金是 γTiAl，铝的含量为 45%～49%[218]。由于 γ 相不是固溶体而是有序结构，因此，这些合金具有与传统的钛合金完全不同的特性，特别是在强度、延展性、刚性（图 6.108）以及变形行为[218-220]方面。γTiAl 型钛铝化合物有可能将钛基合金的温度极限提高到 800℃以上。此外，γTiAl 合金更耐氧化，密度约为 4g/cm³，比传统的钛合金轻 10%。其缺点是，在室温下的延展性和韧性较差。在过去的 30 年，研究开发工作的重点集中在新型 γTiAl 合金（图 6.110）及其氧化保护上[219-221]。

6.2.3.2 汽车制造中的钛

在飞机制造中，钛的应用可按照"机舱"和"发动机"划分。在汽车制造中也采用类似的方法，可以划分为底盘区域与传动区域中的钛。下文中，以应用为例来说明底盘中的排气系统、弹簧，以及用于发动机中的连杆、气门和涡轮增压器轮。

（1）排气系统

由于排气系统对耐蚀性的要求较高，生产商会提供纯钛排气系统的终身保修。最初，钛排气系统是为摩托车赛车制造的。2001 年，在汽车行业中首次在量产车型中采用钛排气系统：在通用雪佛兰 Z06 车型中使用了纯钛（等级 2），实现减重约 10kg[222]。在德国对高尔夫 4motion 车型进行的一项调查中显示，在消声器部分使用了钛，重量减轻了约 50%（图 6.111）。与重 17kg 的钢件相比，由 TIKRUTAN RT 12 S 制作而成的构件，重量仅为 8.5kg。从 2005 年开始，在布加迪 16.4 威龙车型的排气系统中使用了纯钛（等级 1）和镀铝纯钛（等级 1）的材料，实现汽车重量减轻 17kg[215]。

在最新的合金开发中，为了改善高温性能，在纯钛中添加了少量的铁（Fe）、硅（Si）或铈（Ce）[223]。举例来说，这里提到了合金 Ti – 0.45Si – 0.25Fe（Timetal Exhaust XT）[222]和 Ti – 0.1Fe – 0.35Si – 0.25Ce（蒂森克虏伯 VDM）[224]（图 6.110）。从 2007 年开始，保时捷公司首次在一种得到道路许可的车型中批量生产了以钛为材料的尾部消声器和排气管[225]。在保时捷 911 GT2 中使用了 Timet 合金，与不锈钢相比，重量减轻了约 50%，同时需要的空间更小（图 6.112）。此

图 6.111 大众高尔夫 4motion 排气系统的研究演示，用钛代替钢[211]（蒂森克虏伯 VDM，埃森）

外，还减轻了后轴的重量，从而改善了车辆的行驶动力。如今，在保时捷卡宴二代 S V8 和 GT3 RS 4.0 中也使用了钛合金排气系统[226]。

（2）弹簧

β 钛合金的缺点是弹性模量较低，约为 115GPa。但是，这一特点在特定的应用中却是很有优势的。因此，低剪切弹性模量的 β 钛合金是理想的弹簧材料。钛弹簧的高度仅为钢弹

簧的75%，重量仅为钢弹簧的60%~70%。而且，采用钛可以减少弹簧环的数量，从而降低弹簧的自由高度，相应地进一步减轻重量，并减小空间。从Faust公式中得出，钛弹簧的重量还不到钢弹簧重量的一半，而制造成本与钢弹簧相当。

图6.112 保时捷GT2首次在尾部消声器和排气管上采用钛材料（保时捷公司，斯图加特）

2000年，汽车行业首次在世界范围内使用钛弹簧。大众汽车公司采用了Timetal-LCB（Ti-4.5Fe-1.5Al-6.8Mo）钛合金制造大众路波FSI车型的后轴螺旋弹簧，这是一种专门给非航天应用开发的β钛合金（图6.113）。与传统的钢弹簧相比，钛弹簧重量减轻了40%左右，也不需要用涂层来进行防腐蚀保护。与传统的β钛合金相比，对于使用了便宜的FeMo中间合金的Timetal LCB（低价版）来说，有着明显的价格优势[212,214,215,225,227]。

（3）连杆

在低排放和低油耗发动机的开发中，减轻重量，尤其是减轻摆动件和旋转件的重量是工作的重点。通常来说，减轻发动机上活动件的重量，可以有效地减轻汽车重量，同时减少燃油消耗。此外，还可以改善车辆单元的响应和转速。因此，在内燃机的活动件上使用钛合金和钛铝化合物等轻量化材料变得越来越有意义。

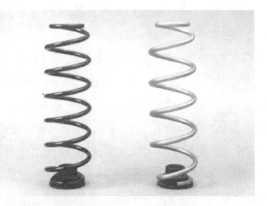

图6.113 用于传统设计的大众路波FSI车型后轴钛弹簧（右）和钢弹簧（左）的比较[212]

要减轻发动机区域活动件的重量，首先想到的就是连杆。很久之前，钛材料就用于跑车（本田NSX；保时捷GT3 RS；法拉利，所有12缸车型）的连杆了。图6.114中显示了锻造的Ti-6Al-4V连杆。由于与钢相比成本较高，钛连杆目前仅用于豪华车和跑车上。例如，从2005年开始，在布加迪威龙16.4中使用了Ti-6Al-4V锻造连杆，将连杆重量减轻了4kg[215]。

（4）气门

气门也是一种可以轻量化的高频摆动件。与连杆相比，气门承受的载荷更大。由于排气温度较高，气门除了要具有高的疲劳强度，还需要有高的抗蠕变性和抗氧化性。使用耐热的钛合金和钛铝化合物可以将气门的重量减轻40%~50%[212,225,228]。

由于具有较低的温度载荷，进气门可由Ti-6Al-4V合金锻造而成。在1990年底的时候，丰田汽车公司已将该进气门使用到雷克萨斯IS200车型中。排气门部分温度较高，需使用耐热的钛合金，例如Timetal1100、Timetal834以及粉末金属或钛铝合金。从2000年起，日产汽车公司在英菲尼迪车型中，丰田汽车公司在雷克萨斯车型中批量使用了由颗粒增强物

图 6.114　锻造 Ti-6Al-4V 合金制造的连杆（capricorn Automotive GmbH，门兴格拉德巴赫）

粉末金属制成的（α+β）或近 α 合金（图 6.110）。

在德国，对钛铝气门寄予了很大的希望。与传统钛合金相比，钛铝气门工作温度提高了约 150~250℃，重量减轻了约 10%，弹性模量提高了约 40%。在过去 30 年里，众多的研究项目对利用不同的工艺方法生产钛铝气门进行了研究。在 1990 年底的时候，利用近净成形技术（NNS，Near-Net-Shape），采用通过热等静压而形成的钛铝粉末，制作成近净成形的气门（图 6.115）[228]。但是该方法最终没能占上风。相反，由锻造或挤压材料制成的钛铝气门已经在赛车中使用了相当长一段时间（图 6.116）。然而，要想大批量使用钛铝气门，必须降低高额的生产成本。在这种情况下，最适合的铸造工艺为精密铸造或离心铸造[210,223,226,230]。

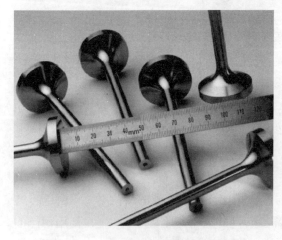

图 6.115　采用 NNS 技术制造的精制和涂层钛铝气门件[220]

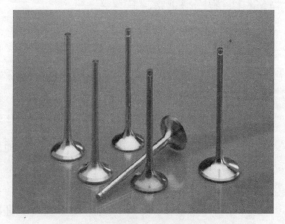

图 6.116　由钛铝合金挤压加工而成的气门（MW Racing GmbH，富森）

（5）废气涡轮增压器轮

通过发动机小型化，使得未来的发动机可持续降低燃料消耗并减少二氧化碳排放，实现这一目标的关键是废气涡轮增压器。为了降低转动惯量，除了低摩擦滚动轴承之外，较轻的涡轮材料也至关重要。对于涡轮材料的研发，全球范围内的工作主要集中在 γTi – Al 合金上[220]。由挤压型材制成的涡轮增压器主要应用在赛车领域[225]。图 6.117 中展示了采用离心铸造的方法制成的钛铝涡轮增压器轮[218]。

在批量使用钛铝涡轮增压轮方面，日本汽车制造商一直处于领先的地位。从 1999 年起，三菱汽车公司在蓝瑟 Evolution VI 车型中，小批量地使用了精密铸造的 γ 钛铝涡轮增压器转子[212,229,230]。保时捷帕纳梅拉 Turbo S 性能的提升也主要归功于钛铝涡轮增压器轮的使用。通过减轻涡轮转子和

图 6.117　用离心铸造方法制造的钛铝涡轮（ACCESS，亚琛）

压缩机转子的重量，可以降低质量惯性矩，从而改进了发动机响应，并使其更灵活。在未来，钛基涡轮增压器大批量生产主要取决于进一步开发具有成本效益的制造工艺。为此，在全世界范围内，都在积极地进行铸造和锻造路线的优化工作。

6.2.3.3　展望

钛合金主要是作为航空航天材料开发的，因此符合该行业极端的质量要求。由此导致的高的制造成本，阻碍了钛合金向汽车领域等新应用领域的转移。然而，出于减少燃料消耗和污染物排放的要求，钛变得越来越重要。在批量生产中，已经实现了"昂贵"的钛解决方案。如果整体考虑到构件减轻的重量、紧凑结构、功能以及更长的使用寿命，则即使是加上额外的成本也通常仅略高于传统材料及结构件的成本。此外，产量更高的情况下，生产成本会更低。

在常规钛合金中，可以观察到开发新的低成本"汽车合金"的趋势：可以列举 Timetal LCB、Timetal Exhaust XT 或者 Ti – 0.1Fe – 0.35Si – 0.25Ce 作为例子。由于这些合金是专门针对道路应用而开发的，对安全的要求没有那么高，因此，可以通过减少在真空电弧炉中的再熔步骤，降低冶炼成本。

对于高性能发动机中所使用的快速运动加速件，γ 钛铝化合物特别重要。γ 钛铝材料的使用可极大地减小惯性力以及内部摩擦，这最终提高了驱动单元的效率和灵活性，从而减少了燃油消耗与污染物排放。

为了取代已经使用了 60 多年的克劳尔法，世界范围内都在开发更具价格优势的钛制造工艺。在试验室里，通过电解法来实现从氧气中分离氧化钛已经取得了成果。但是，到目前为止，所有的方法尚不可用于大规模的工业应用中。

6.3 固体陶瓷与陶瓷基复合材料

早在 20 世纪初,陶瓷构件就已经应用到了汽车工业中。如今所使用的结构件和功能陶瓷件,鉴于其较低的密度,例如工程碳 1.8g/cm³,氧化铝 3.9g/cm³,都被列入轻量化材料的范围。1902 年,由于解决了早期汽车行业中的"问题中的问题",德国罗伯特博世公司开发的点火系统大获成功。火花塞主要是带有内置高压电极的氧化物陶瓷元件,是高速火花点火式内燃机成功的关键因素。迄今为止,罗伯特博世公司已经生产出了超过 100 亿个火花塞。

除了火花塞这个最著名的陶瓷件,如今在汽车制造中使用了各种不同的陶瓷材料和陶瓷构件。由于陶瓷材料所具有的特殊的性质,可以满足传感器和执行器领域中最苛刻的任务要求,如热传导、驾驶安全性、舒适性和环境兼容性。固体陶瓷元件的例子是氧传感器(图 6.118 左图)、压电式直列式喷油器(图 6.118 右图)、水泵和烟尘颗粒过滤器(图 6.119)。对于这些件来说,轻量化是势在必行的,尤其对于汽车中的活动件来说,更是如此。

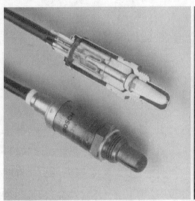 

图 6.118 左图是氧传感器,右图是带压电内联喷油器的共轨系统(图:博世公司)

6.3.1 在汽车制造中的应用

自从将氧传感器引入三元催化转换器以来,氧传感器从传统的指状探头设计进一步发展为平面探头设计,这是实现符合最严格的排放法规欧 VI 标准的一个里程碑。即使在苛刻的操作条件下,这些传感器也保证可靠运行,这也展示了热力学沉积陶瓷层的进一步发展。

图 6.119 陶瓷烟尘颗粒过滤器(图:曼胡默尔)

除了用于减少排放的氧传感器和柴油颗粒过滤器之外,基于压电陶瓷的各种构件还用于监控和控制汽油和柴油发动机的燃烧过程。在批量生产中所使用的最重要的陶瓷件,为由压电致动器控制的喷油器和气缸盖中的爆燃传感器。

鉴于现代结构陶瓷的高耐热性和耐磨性,结合其较轻的重量,可以将其应用在新的和极端的领域中。其中,陶瓷构件在内燃机高温领域内的应用已成为近几十年来各种开发项目的一部分。由于陶瓷件由高性能材料氮化硅(Si_3N_4)结晶而成,可以在最高的机械和热负荷情况下使用。尤其是氮化硅(Si_3N_4)作为高性能材料的代表,使得工业界能够在最高的机械负荷和热负荷下使用陶瓷构件。此外,氮化硅(Si_3N_4)的特点是耐热气体腐蚀性高,特别适用于高增压内燃机的热气领域。因此,工业界已经成功地生产出了氮化硅气门,并且其性能已在测试发动机经过的上百万测试里程中得到了证实。

碳化硅陶瓷(SiC)的高耐化学性和耐磨性决定了这种材料和相应的材料组合,适用于高摩擦负荷下的应用,例如水泵,其使用寿命通常可达到车辆的总使用寿命(图6.120)。

与镍基合金气门相比,由于重量减轻了,陶瓷气门可以降低机械损耗60%,同时可以减小气门弹簧预应力,并降低二氧化碳的排放量(FV工业陶瓷公司)。此外,由于更高的气门加速度以及更高的极限转速,转矩和发动机性能也随之提高。由于制造费用高,陶瓷气门尚未在大批量生产中投入使用。至今,只在赛车运动中使用了陶瓷气门。

图6.120 用于赛车以及特殊应用的氮化硅气门(图:FV工业陶瓷公司)

近几年来,丰田公司和日产公司在大批量生产中把氮化硅(陶瓷)作为特殊材料用在涡轮增压内燃机的高载荷陶瓷压缩机叶轮(图6.121)中。与金属涡轮增压器转子相比,陶瓷涡轮可减轻转子重量约三分之二,从而显著改善涡轮增压器的响应。

图6.121 用于涡轮增压器的氮化硅压缩机叶轮(图:京瓷集团)

除了传统的氧化物陶瓷和非氧化物陶瓷外，工程碳、石墨及其专有的纤维复合材料（CFC）都是密度低于 $1.8g/cm^3$ 的超轻材料，有着特殊的地位。一方面，可烧结的碳材料在常温下是理想的干润滑轴承材料；另一方面，这些材料也是高温范围的高强度结构材料。例如，由石墨碳制成的超轻活塞已经成功地用于摩托车赛车，并且在高增压发动机中也使用了这种活塞。与传统的细粒石墨相比，可烧结的碳材料具有非常高的强度以及高模量。此外，在混合摩擦的状态下，具有干润滑和自润滑的性能，材料的硬度可以通过原材料的选择以及从石墨软到玻璃碳质脆的热处理工艺来调节。

在欧盟 NANOKER（合同号 FP6 515784-2）项目中，德国斯图加特大学陶瓷构件制造技术研究所与西格里碳公司共同开发了近净成形的、可用于摩擦应用的烧结碳材料生产工艺。这些烧结碳材料件有复杂形状的碳滑环、密封件以及用于干摩擦和混合摩擦区域的轴承材料件。由于具有高结构强度和抗边缘断裂强度，可利用金属或陶瓷材料来制作摩擦副。在极高的表面压力下，这种摩擦副不需要润滑，同时在实际应用中没有磨损。

由于具有比重低、耐高温、抗热冲击性、低热膨胀性、优异的滑动性能和耐磨性能，这种烧结碳材料可应用在发动机制造中的多个领域。碳材料开发最引人注目的产品之一当然是内燃机的碳活塞（图 6.122）。采用可烧结碳替代铝作为活塞材料，可使活塞重量减轻高达 30%，同时能提高发动机的性能、减小惯性以及振动，并节省多达 5% 的燃油消耗（来源：雄克公司）。在较高温度下，碳的强度略有增加。而在温度超过 200℃ 的情况下，标准铝合金强度会显著降低。碳材料所拥有的这一性能与自润滑性能提高了活塞运行的可靠性，并简化了活塞的润滑和冷却过程。碳活塞最出色的优点之一是通过减小（活塞环）活塞顶

图 6.122　碳活塞（照片：雄克集团）

岸的间隙，改善了寿命周期评估。通过减小活塞间隙，在冷起动期间，碳氢化合物的排放可降低多达 50%[231]。

可烧结碳的原材料是从石油或煤焦油沥青中提取出来的高聚物，也就是所谓的中间相沥青。通过蒸馏方法去除所有挥发性组分，再通过化学纯化或者对蒸馏残余物进行热处理，在必要情况下进行氧化交联，并研磨成 PEM 半碳化粉末。所使用的沥青原材料有液晶性质，通常称为"中间相沥青"。可烧结碳是单相材料。在烧结过程中，起始粉末的晶粒结合，形成连续的、几乎各向同性的微观结构。与多相经典细晶石墨和陶瓷相比，它没有晶界。

陶瓷生产技术的基础是原材料的特殊制备和质量补偿的生产，这些优化用于所用的成型技术。这些技术包括通过精细研磨技术对颗粒度分布进行调整，以及添加剂的选择和精确计量，如乳化剂、黏合剂、塑化剂等（图 6.123）。

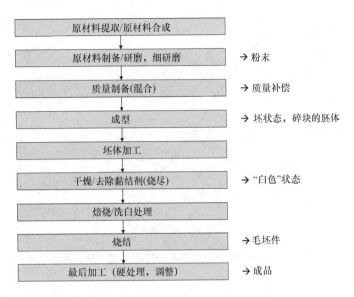

图 6.123 陶瓷制造技术中的工艺链

近年来，已经生产了用于注塑、轴干压和等静压等工艺的可加工原料。对于可烧结碳构件的生产工艺选择，必须考虑到规格和最小化生产成本。形状简单的件如环，可以采用模锻成形方法。形状复杂的件，如带有多个轴肩的环，可使用等静压成形的方法。结构更复杂的构件，可以用注塑工艺进行大批量生产。对于小批量和超大型构件，可采用对冷等静压（CIP）坯材进行加工。在构件原始成形后，进行后热处理，包含去除黏合剂和实际烧结的过程。在陶瓷技术中，通常采用在空气下进行退火的方式来去除黏合剂。对于烧结碳材料而言，这种方式却不适用，因为中间相沥青在氧化处理中会燃烧，或者随着烧结性能的降低，至少会严重改变其构成。出于这种原因，化学分解必须在排除氧气的情况下进行。因此，还应选择合适的黏合剂，使得它们在热解过程中尽可能完全分解，而不会在晶界上留下外来的碳残留物。这些残留物会影响烧结压缩或者在完成燃烧的状态下降低强度。只有在原料粉末的温度控制和预处理完全匹配时，才能实现最佳压缩。

在摩擦应用领域，需要坚硬且耐磨的材料，这些材料还应该是自润滑的。材料在低烧结温度下制成。可得到近各向同性的石墨，强度高，但像玻璃一样脆，力学性能差异较大。因此，必须通过改变热处理来优化构件，以满足更高的要求。对于承受交变应力载荷的机械元件来说，例如内燃机中的活塞，除了绝对强度之外，构件的可靠性也是非常重要的。在选择生产参数时，必须保证强度分布非常窄。要实现材料石墨化，则在热解后还需在高于1800℃的温度下进行热处理。这种"部分石墨化"的材料延展性更好，因此缺口敏感性更低，如图 6.124 所示。

碳材料活塞的例子展示了在轻量化背景下，陶瓷结构材料在汽车领域中应用的潜力。

除了固体陶瓷外，用于结构和功能应用的陶瓷基复合材料制成的构件也越来越成为现代汽车制造研究和开发的焦点。特别是现今的轻量化方案，需要使用这样的材料体系。除了对陶瓷基复合材料有技术性能要求之外，在汽车行业，对陶瓷基复合材料及其构件的可靠且成

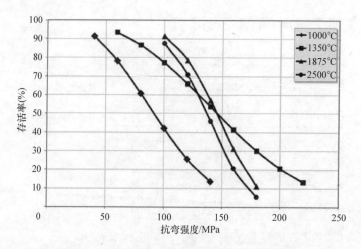

图 6.124 可烧结碳组分的存活概率取决于烧结温度（来自魏布尔分析）[229]

本有效的制造工艺要求也非常高。

陶瓷基复合材料（CMC，Ceramic Matrix Composite）在车身制造中的轻量化应用实例为陶瓷制动盘。与传统的铸铁制动盘相比，陶瓷基复合材料制动盘重量减少到不到三分之一，这可以极大地提高安全性和舒适性。在这种情况下，陶瓷基复合材料必须满足诸如耐高温和良好的力学性能要求，同时在氧化条件下具有非常高的耐化学性和良好的摩擦学性能。以陶瓷制动盘（图 6.125）为例，在接下来的段落中，会对材料性能和相应的制造技术进行说明。

除了引入聚合物基复合材料，例如用于车身的碳纤维复合塑料和玻璃纤维复合塑料，陶瓷基复合材料制动盘的使用也为减轻整个车辆重量提供了进一步的潜力，尤其是对于底盘中的旋转质量和非簧载质量。用碳纤维增强的碳化硅（SiC）陶瓷来代替

图 6.125 保时捷公司的陶瓷制动盘方案（图片：保时捷）

传统的铸铁制动盘，可使每辆车重量减轻高达 30kg[232]。由于使用了重量较轻的陶瓷，底盘件承受的载荷降低了，所以可以对相应的底盘件重新进行设计，从而提高了制动和减速性能，再次推动整车的轻量化。

在较重的汽车中，灰铸铁制动盘的体积庞大，这导致悬架系统的重量较重，进而会影响驾驶的舒适性和行驶动力[233]。作为轻质材料，碳化硅（SiC）陶瓷在摩擦性能、温度和腐蚀稳定性方面具有技术优势，满足了制动性能要求，改善了驾驶舒适性和行驶动力性[234]。此外，由于碳化硅（SiC）陶瓷制动盘具有出色的耐磨性，可作为"终身"免更换件用于车辆上。

图 6.126 对陶瓷制动盘、灰铸铁制动盘、赛车或飞机上使用的碳纤维复合材料制动盘，

以及金属基复合材料制动盘，在力学、热物理和摩擦学性能方面进行了对比。通过比较可以看出，碳化硅（SiC）陶瓷制动盘在所有方面都具有明显的优势。

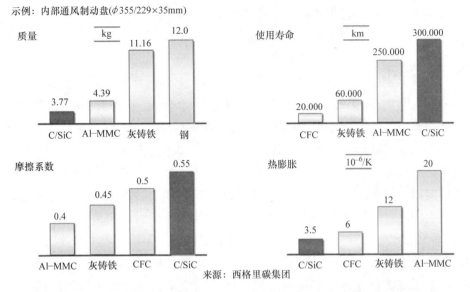

图 6.126　对不同的制动盘在力学性能、热物理性能和摩擦学性能方面的比较

在 2000 年进行的首个对比测试中，显示出了陶瓷制动盘的良好潜力。使用的参考车辆为保时捷 911 turbo 和奔驰 CL 55 AMG，每辆车都分别配备了灰铸铁制动系统和陶瓷制动系统以进行比较。陶瓷制动系统能够实现明显更高的延迟和相应更短的制动距离（图 6.127，见彩插）。随着制动过程的增加，制动减速和制动距离保持不变，在某些情况下甚至有改善，从而最终提升了交通安全性。

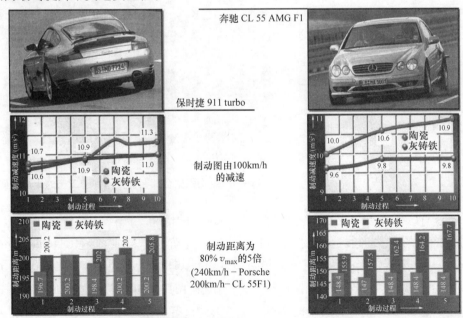

图 6.127　2000 年对首次在批量生产中所使用的陶瓷制动盘和传统的灰铸铁制动盘进行比较

使用陶瓷固体材料有优点也有缺点，如易脆性断裂和较低的损伤容限。在陶瓷材料中加入坚韧的高强度纤维，抵消了在载荷极限下脆性断裂失效的倾向，并确保在失效情形下具有"准延性"。在这种情况下，陶瓷基复合材料与纤维表面的连接必须设计成可以发生所谓的"纤维拉出"，即在内边界表面处的能量耗散。

6.3.2 制造方法

生产这种纤维增强陶瓷的方法多种多样，通过硅（Si）液相渗透的化学反应生产碳化硅陶瓷的方法是其中的一种。通过硅熔液过滤到多孔碳结构中生产反应键合（RB）SiC 陶瓷的方法已经存在了超过 25 年[236]。与其他工艺方法，如化学气相沉积法（CVD）相比，这种制造技术可缩短生产节拍，从而在大批量生产中节省生产工艺周期时间。在这一过程中，硅熔液在润湿期间与来自预制件的碳形成碳化硅。理想的反应发生在液态硅和通过聚合物黏合剂体系在上游热解过程中热降解产生的碳基质材料之间[237]。

生产这种复合材料的最大区别在于半成品和预成型件的简单且成本有效的生产，优点是可以加入纤维或对预成型件进行成形处理[238]。与纯固体陶瓷的生产相比，在陶瓷材料中加入纤维，增加了在大批量制备和随后成形步骤中的成本，导致工艺周期时间长，成本增加[239]。但是采用下文所介绍的工艺技术，可将成本降到最低值。

目前生产的碳纤维增强聚合预制件的成形技术和硬化技术，采用的是聚合物复合材料工业中所使用的低压工艺，例如 RTM（树脂传递模塑）技术或压煮工艺。但是在大批量生产的情况下，不大适合采用这两种工艺，因为这两种工艺的循环时间很长。作为聚合物预制件生产的替代方案，可以选用在模具中对颗粒进行热挤压的方式。这种方法可以实现在非常短的周期时间内制造出聚合物预制件。在图 6.128 中列出了热挤压工艺、RTM（树脂传递模塑）工艺和压煮工艺的循环时间。为了适应汽车工业的批量生产，循环时间应控制在 5~10min 之间。但是，只有热挤压工艺能满足这一要求。其他两种工艺的节拍在 30~60min 之间，也会有超出 200min 的情况。

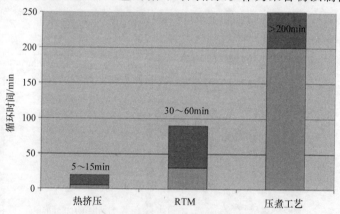

图 6.128 纤维增强聚合预制件不同制造工艺的周期时间

通过热挤压的方法来制造模制品，可使用自由流动的颗粒或者 SMC（Sheet Moulding Compound，片状模塑）半成品，用于向模具供给纤维基半成品。在片状模塑工艺中，纤维材料和树脂系统一起施加在两个载体薄膜之间，在随后的压实中，浸渍在该原料中并进行预压缩。在进一步加工之前，将所得的半成品以卷形式进行熟化处理。片状模塑技术是塑料加工行业中一个成熟的工艺，在批量生产中提供高物料流，并且工艺成本低[240]。采用片状模塑技术，可用相对简单的方法来存储长纤维以及长短纤维组合。根据不同的载荷情况，对纤维结构进行优化，并应用于制动盘中[241,242]。通过在片状模塑半成品制造过程中集成切割工艺，可以实现长短纤维的组合。

通过自由流动颗粒的途径制备聚合物前体遵循常用的配混方法，其通常用于陶瓷工业中以生产固体材料。碳纤维通过在强力混合器中与相应的树脂、填料和黏合剂体系混合，形成所需的自由流动颗粒。在预热模具中进行冲压，可实现黏合剂的交联，然后在制动盘几何形状中获得聚合碳纤维增强前体（碳纤维增强塑料，CFK）。而后，对纤维复合材料预制件进行热解，获得碳纤维增强碳复合材料（CFC）。接下来，通过多孔 CFC 体和液态硅熔液的渗透和反应，形成 Si/SiC 陶瓷的陶瓷制动盘（CMC，陶瓷基复合材料）（图 6.129）。作为最后的制造步骤，通过研磨完成精加工。

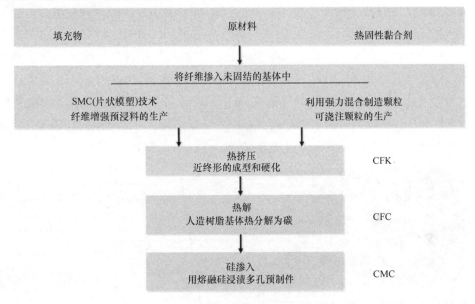

图 6.129　陶瓷制动盘的批量生产工艺[241]

除了上面要求的力学性能外，陶瓷制动盘还要有高摩擦系数，尽可能保持恒定，不受外部影响，例如潮湿或污染。为了实现这一点，制动盘中必须具有高比例的碳化硅，碳纤维含量低，在摩擦表面的参与孔隙率低。

为了尽可能满足所有的要求，可使用多层结构的制动盘（图 6.130）。在这种情况下，盘的芯部由不同取向的单向长纤维层压板组成，在外侧设置有短纤维层。在熔液渗透期间，保证最外侧为碳材质，以便形成碳化硅（SiC）陶瓷。内部纤维保持不变，并在必要情况下保证所需的损伤容限。

6.3.3　典型结果与性能

作为示例，图 6.131 中的应力-应变曲线显示了对不同构造的纤维增强 RB 陶瓷和 SiSiC 陶瓷的力学性能的影响。具有 30% 体积比的短碳纤维陶瓷的最高弯曲强度为 200MPa，断裂

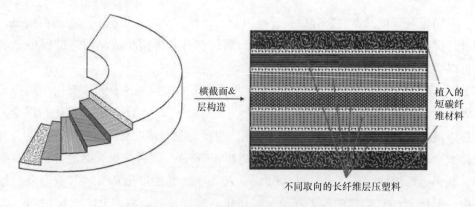

图 6.130　带有多层结构的制动盘横截面[242]

伸长率为0.13%。在这种情况下，纤维基体的连接非常牢固。在能量释放时，不会发生纤维拔出的现象。在这种情况下，纤维复合材料脆裂，如图6.131中左上部分所展示的光滑断裂面所示。另一方面，如果使用具有35%体积比的类似高体积含量纤维的片状模塑多层结构，则断裂行为或者断裂表面显示所需的纤维拉出，见图6.131中左下部分的断裂表面。然而，这同时会导致材料的弯曲强度降低到略高于50MPa，断裂伸长率显著增加超过0.3%。因此，对于材料工程师而言，重要的是通过相应的纤维结构、纤维涂层或其他方法将断裂行为与陶瓷基复合材料构件所需的力学性能相结合。

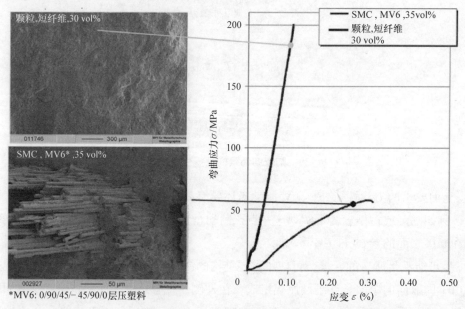

图 6.131　不同构造纤维增强 RB SiSiC - 陶瓷的应力 - 应变曲线

根据所需的外形，可以将用于内部通风的不同形状的冷却通道引入陶瓷制动盘中。在冲压成形步骤中完成这一步骤。在冲压工具中加入相应的形状，通过冲压，形成通风槽的冲压品。

对于图6.125所示的这种形状结构非常复杂的制动盘，可以在成形过程中使用砂芯，砂芯可在随后的工艺中去除，并形成相应的空腔。图 6.132 中展示了不同的陶瓷制动盘，由德国斯图加特大学陶瓷技术研究所开发并获得专利。图中右侧部分的制动盘带有内部通风系统，这种通风系统可以通过合适的冲压工具的形状来实现，具有一定的价格优势。

图 6.132　不同的陶瓷制动盘概念——带有内部通风（右图）和实心制动盘（左图），斯图加特大学陶瓷技术研究所

6.3.4　小结

从经济和环境方面考虑，需降低最大油耗并减少有害物质的排放。因此，轻量化结构的开发成为汽车工业的重要挑战和核心竞争力。除了在车身制造以及发动机技术中的差速器和整体设计之外，材料轻量化变得越来越重要，使得材料技术和相应的生产技术成为汽车创新的关键驱动力。

由于陶瓷材料的力学性能、电学性能和热物理性能的不断发展，这一材料体系在现代汽车制造和发动机制造中的应用正在稳步增长。除了固体陶瓷构件（如碳活塞、压气机轮和氮化硅制成的气门），还可以通过植入增强纤维来实现陶瓷材料更多的功能。这样一来，即使是在安全相关的构件中，也可以使用轻量化材料和摩擦材料，例如陶瓷复合制动盘。

6.4　塑料

6.4.1　外部塑料和内部塑料

塑料是汽车行业的创新驱动力。塑料为设计师提供量身定制的材料。塑料所具有的特殊的可调节性能组合令人对这种材料产生日益浓厚的兴趣。从工艺纺织品到纤维复合材料系统，展示了高性能塑料品种的多样性。结合持续改善的生产技术以及从其他行业（如航空航天业）所得到的经验转移，导致这种材料在汽车工业中的应用增加。

对于外部应用来说，功能性很重要。为了保证碰撞安全性，材料需有高能量吸收性能、高刚性和良好的连接性能。在购买决策中，情绪比以往任何时候都更重要。一方面，是可实现的设计自由度；另一方面，感知价值也有着非常重要的意义。塑料不再是"令人讨厌的塑料"了。通过聚合物工程，可以实现内部外观和感觉方面的新效果，还可以实现诸如防污等功能特性。此外，塑料对于车辆的声学效果和乘客的空间感来说，是必不可少的。

本节旨在简要介绍全球汽车工业中所使用的塑料体系及其加工方法。首先介绍的是塑料及其材料性能的基本概况。其次，结合外部和内部的应用示例，来说明塑料轻量化的优点，以及其多样化的创新潜力，以此来强调聚合物应用在汽车制造中的不可或缺性。

6.4.1.1 塑料技术简介

（1）聚合物

为了衡量聚合物在汽车领域中的使用意义，从而开辟新的应用领域，必须对这种材料有基本的了解。在下文中，对三种基本类型的塑料——热塑性塑料、热固性塑料以及弹性体材料进行了比较，并考虑了这些材料特殊的特性。

热塑性塑料是未交联的一维、线性或支化聚合物。它们可以以纯无定形（无序、缠绕的链）或半结晶（有序结构）的材料存在（图6.133）。如果将无定形热塑性塑料加热到玻化转变温度以上，将半结晶热塑性塑料加热到熔化温度以上，则会发生流动。聚合物为熔体形式（黏性材料）。如果现在冷却材料，则将获得尺寸稳定性。材料熔化、固化或结晶的过程可以重复几次。热塑性塑料也是可焊接的、可溶胀的和可溶的。

图6.133 聚合物的划分[249]

此外，热塑性塑料可以由不同的重复单元（单体）组成。有目的地结合几种单体/聚合物类型的积极特性[243]，可以形成共聚物或聚合物混合物（共混物）[244-246]。

被称为共聚物的塑料，其分子链是由多种不同的单体（通常是2~4个）组成的。根据单体和工艺，排列结构会有所不同（图6.134），形成不同的大分子。统计共聚物结构的特征在于不规则的单体序列。如果考虑交替聚合物，则单体A和B有规律地交替。此外，还存在具有单体嵌段（嵌段共聚物）的类型，要么以线性分子链排列的方式，要么在反应过程中，通过单体依次进料到所谓的接枝共聚物中。

第二组是由塑料混合产生的聚合物共混物，其性能主要取决于混合物的质量。在这一类聚合物中，最常用的分类为兼容的（均质）、部分相容的和不相容（异质）的混合物[247]。在大部分应用中的目标是改善韧性和加工性能，这通常通过橡胶改性来实现。此外，还可提高热变形、应力裂纹稳定性、可涂装性能或改善防火性能。

弹性体广泛地化学交联，在低温（<0℃）范围内具有橡胶弹性，直至分解温度。这意

图 6.134 共聚物的类型[249]

味着,由于链段的广泛啮合,运动是可能的,这就是为什么弹性体显示出很大程度上完全可逆的变形行为的原因。弹性体的有效应变可达 100%,这一点将弹性体与热塑性塑料和热固性塑料明显区别开来。在硫化(交联)完成后,弹性体不会再出现流动过程。弹性体可以在一定程度上膨胀,其变形行为是非线性的,并且在很大程度上是不可压缩的。

热塑性弹性体(TPE)具有与弹性体类似的材料行为。然而,这种材料没有化学交联点,而是具有可以通过加热溶解的交联区域(二次价,结晶),通过加热进行熔解。对于热塑性弹性体,可以按照热塑性材料进行加工,以减少成形工艺步骤,提高成本效率,并允许进行材料回收[250]。

热固性塑料是紧密化学交联的,因此,在热固性塑料中聚合物链彼此滑动是不可能的。基于这个原因,这种材料是不易熔解的,但是在某一温度下会分解。通常,只在高于玻化温度下,无定形的塑料才可移动,这可导致在弹性模量降低的情况下结构的明显软化和有限的蠕变过程。

在表 6.35 中对塑料类型进行了对比。

表 6.35 各种塑料组的方案(基于文献 [249])

热塑性塑料	弹性体	热固性塑料
价键类型		
高分子量的缠结,未交联分子链之间的二级价键	缠结,二级价键,基础价键(化学连接)= 交联	
	• 硫化 (宽松网格)	• 硬化 (紧密网格)
定量性能特征		
在载荷下,尤其是在高温情况下,链条滑动	通过交联可以防止链条滑动	
可任意软化或熔化,可焊接	进行交联后,不再熔化	
• 可溶的	• 不可溶的	• 不可溶的
• 可膨胀	• 可膨胀	• 几乎不可膨胀
• 低至中等抗拉强度	• 低抗拉强度	• 高抗拉强度
• 低至中等刚度	• 低刚度	• 高刚度
• 低至中等断裂伸长率	• 中等到大的断裂伸长率	• 低断裂伸长率
• 蠕变	• 蠕变	• 减少蠕变

(2) 填充物和添加剂

由于热作用和氧化作用会造成损害，上文中介绍过的这些具有代表性的塑料，很少可以在合成后直接进一步加工或用于构件中[250]。为了防止这种情况并影响聚合物的性能，以及改善可加工性，可以将基础聚合物和添加剂进行混合（配混）。具有示例性实例的分类可见表6.36。分类基于这样的区别，即当复合材料的强度和刚度特性高于纯聚合物时，可以称之为增强效应，尽管这也意味着这种材料的其他性能会降低。如果所添加的材料不能对性能进行改善，而是优化加工性能或只追求经济目标，那么就称这种材料为填充物。然而，通常不可能进行明确区分，因为同一种材料，提高了某个特征值，就会相应地降低另外一种特征值。原则上，可按照作用方式（可溶添加剂和不可溶的固体材料）来进行区别，通常来说，添加剂是可溶的，填充物和增强材料是不可溶的。

表6.36 不同塑料组的图解（根据文献[244]）

辅助材料		填料和着色剂		增强材料
加工添加剂	润滑剂 防黏剂	矿物质填料	白垩 石灰石 沉淀碳酸钙滑石粉	颗粒	玻璃球 炭黑 纳米填料
添加剂	稳定剂 抗氧化剂 防光剂 热稳定剂 阻燃剂 抗静电剂	着色剂	颜料 ● 有机颜料 ● 无机颜料 着色剂	纤维	玻璃 碳 芳族聚酰胺 涤纶 钢 铝
其他	增韧剂 增塑剂 发泡剂 增附剂			天然产品	亚麻 黄麻 剑麻

总之，对于很多聚合物来说，如果想达到所需的性能，添加剂是必不可少的，但伴随出现的问题也需要注意。这些问题中也包括密度增加，而这一点是与轻量化的理念背道而驰的。此外，如果嵌入件（这也适用于插件）的热膨胀系数低于聚合物基体的热膨胀系数，那么就会出现嵌入应力。从更高层次上看，应当指出，化学添加剂或物理添加剂的作用方式取决于聚合物的溶解度[250,251]。化学结构、温度或结晶度都是影响溶解度的参数。超过了添加剂的溶解度极限，则会出现风化。这些表面层会对接下来的工艺（如涂层、喷漆或粘接）造成负面的影响[248]。此外，还应该考虑到安全技术、工业卫生和毒理学等方面。通过详细评估所开发构件的后续环境（温度、振动等），在产品开发初期可以避免出现以上问题。

由于添加剂的多样性，这里重点介绍在汽车制造中所使用的增强材料的最重要实例，这些材料会显著地改变塑料的性能。要更深入地了解这方面的内容，可以参考文献[249,

252，253]。

(3) 增强材料

如前所述，对塑料进行增强，可通过在基础聚合物（基体）中添加第二组分。必要的先决条件是，添加的第二组分要有较高的弹性模量、较高的强度、与基体屈服应变大致对应的断裂伸长率，以及所提供的组件的有利几何取向。如果弹性模量较低，则最多自应力会降低，但不会产生增强的效果。增强效果取决于力可以通过增强材料传递的程度。

填料和增强材料由其几何形状和力学性能决定。可以对以下基本类型进行分类（比较表6.37）。

表 6.37 增强材料的基本类型

基本类型	优点	缺点	示例
一维	● 经证实的增强材料 ● 明显的特征值改善 ● 收缩率低	● 各向异性 ● 横向连接变弱 ● 流动熔液中的清晰定向	● 纤维 （玻璃，碳，有机的，天然的与合成的）
二维	● 价格便宜 ● 明显的特征值改善 ● 收缩减少	● 一些各向异性 ● 削弱了板的垂直性 ● 接缝弱点	● 云母 ● 硅酸盐 ● 滑石粉 ● 石墨
三维	● 加工难度小，表面好 ● 各向同性 ● 弹性模量提高 ● 热膨胀减小 ● 白垩非常便宜	● 抗拉强度降低 ● 韧性降低	● 玻璃球 ● 白垩 ● 金属粉末，陶瓷粉末 ● 硅酸盐

增强纤维可根据其长度（短纤维，长纤维，连续纤维）细分。短纤维（0.1~0.5mm）主要用于注塑和挤压工艺，因为通过蜗杆加工会导致纤维长度的减少。长纤维（1~50mm）用于热固性或热塑性基体冲压工艺，例如片状模塑化合物（SMC，Sheet - Moulding - Compounds）或玻璃垫增强热塑性塑料（GMT）。连续纤维采用特殊的加工工艺进料，在6.4.2小节中，会进一步描述。

在下文中，会简要介绍典型的增强材料以及其在复合材料中的作用。

(4) 玻璃纤维

通过拉丝方法，可制成无碱的玻璃纤维。这种非晶形材料有各向同性的特点，有别于其他的纤维类型（碳、芳纶）。根据应用（垫、织物），直径为 $7~24\mu m$。弹性模量约为 $75000N/mm^2$，强度为 $1500N/mm^2$。玻璃纤维可以和铝竞争，有些性能甚至超过铝。尤其是考虑到密度（玻璃 $2.5g/cm^3$，铝 $2.7g/cm^3$，钢 $7.8g/cm^3$）的情况下，玻璃纤维比重量的强度值很高。玻璃纤维其他的性能优点为低热膨胀系数（$5\times 10^{-6}/K$），高热性能，可以持续在250℃的温度下承受持久应力载荷，而不牺牲力学性能。为了达到最佳的纤维-基体黏合性，需要在玻璃纤维上添加增附剂层，即所谓的施胶剂。

(5) 碳纤维

按照最重要的技术工艺，碳纤维通常由聚丙烯腈（PAN）制成。首先，在机械张力和温度（250~300℃）影响下，对材料进行拉伸处理。然后在第二步中，通过热解（温度约1600℃，惰性气体气氛）进行石墨层（碳化，碳质量分数96%~98%）重新排列。为了进一步提高纯度和取向质量，可以进行石墨化步骤（温度>1800℃）。由于这种生产工艺的耗能较高，导致了纤维的价格较贵。在汽车领域中，迄今只在赛车或者跑车中应用。碳纤维最重要的性能配对为1.6~2.0g/cm³的低密度，高达500000N/mm²的弹性模量，高达1750N/mm²（HM纤维）到7000N/mm²（IM纤维）的强度。在加工过程中所引起的各向异性，也是热膨胀行为的体现（纤维方向$\alpha_F = -0.1 \sim -1.5 \times 10^{-6}/K$，垂直于纤维方向$\alpha_{QF} = 15 \times 10^{-6}/K$）。设计人员需要具备非常专业的知识，才能最佳地利用材料的特性，从而实现创新的轻量化方案。

(6) 天然纤维

天然纤维的来源可以是动物、植物或者矿物质。在汽车工业中，可以在同纬度上大面积种植属于韧皮纤维组的亚麻纤维和大麻纤维起着非常重要的作用，但是汽车工业中也使用剑麻纤维和黄麻纤维。天然纤维是不连续的，直径和长度都不同，这也会反映在力学特征值上（比较表6.38）。基于其结构，天然纤维的强度值适中，刚度较高。但由于是天然产品，其性能变化较大（与每年的生长条件有关）。还应当提到的是，与玻璃纤维相比，天然纤维的磨损少，这在加工过程对机械的维护上可以反映出来。天然纤维材料的缺点包括高吸湿性和低热载荷性。但考虑到环保因素，天然纤维的重要性日益增加[254,255]。

表6.38 增强材料的重要特征值的对比

性能	增强材料				
	玻璃纤维[256]	碳纤维[257]	大麻纤维[256]	亚麻纤维[256]	碳酸钙[258]
密度/(g/cm³)	2.55	1.79	1.48	1.4	2.8
抗拉强度/MPa	2400	3100	550~900	800~1500	—
弹性模量/GPa	73	358	70	60~80	35

(7) 碳酸钙

碳酸钙（$CaCO_3$）组包括填料，如高岭土或滑石粉。这些被认为是提高温度稳定性、缺口冲击强度以及优化收缩性和表面质量的廉价介质[253]。

矿物质的纯度和形状通常不同，如高岭土，为六边形、片状矿物（1~10μm）；或者PCC（沉淀碳酸钙），为球形。重要的应用领域为电缆的PVC涂层（改善防火性能），但最重要的是需要改进尺寸稳定性的应用。

在表6.38中，对增强材料选定的性能进行了对比。

(8) 塑料的材料学

在汽车中，会使用到各种具有不同要求的塑料件。为了在复杂的应用中，把塑料作为特定的材料使用，必须了解材料的基本性能。这里必须要记住，只能选取最重要的主题，例如在不同载荷类型下的行为、声学行为、持久性与耐老化性。在这里不涉及加工性能（流变学等）。

(9) 力学性能

材料的力学性能在几乎所有的应用中都起着决定性的作用。首先，应考虑的是拉伸载荷下的行为，即应力-应变行为。在拉伸试验中，确定应力-应变曲线。在拉伸试验中，棒状试样经受恒定速度并伸展直至失效（破裂）。相对于已知的金属，对于塑料来说，除了材料因素，温度、周围介质、试样尺寸以及施压时间长度等因素都会对得出的特征值有更具决定性的影响。在拉伸试验中，热塑性塑料比热固性塑料或增强材料更容易受到外部的影响。

通过短期试验确定的特征值用于构件的设计。在短期试验中，应力速率的设定要能够使得试样在几分钟之内失效。各种聚合物的应力-应变行为的基本形式如图6.135所示。

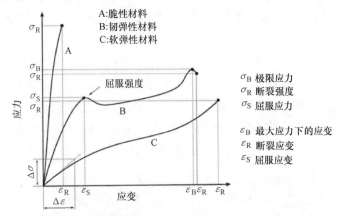

图6.135　各种聚合物的应力-应变行为（基于文献[259]）

热固性材料或高填充材料系统在室温下体现出脆裂的材料性能（A），半结晶的热塑性塑料显示出韧弹性行为（B），弹性体具有软弹性特征（C）。但是这种分类并不是唯一的。无定形的热塑性塑料如聚苯乙烯（PS）具有脆性行为。这种行为的原因是塑料的结构。大分子不仅自发地对不同的载荷类型做出反应，而且还试图通过重排将承受的应力降低到平衡状态[260]。这一重排过程的速度不仅与应力载荷的大小有关，也与主链和侧组的物理键和化学键对于流动性的影响有关[261]。此外，流动性随着温度的升高而增加（图6.136）。

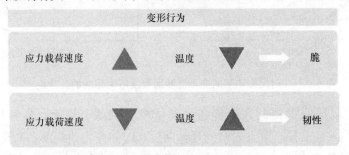

图6.136　影响塑料变形行为的主要参数

总的来说，可以说明塑料变形行为的以下关系：

塑料变形行为的一般基本特性如图 6.136 所示[249]。
- 塑料是黏弹性材料。

在外部应力载荷的情况下，材料行为是时间函数。在恒定载荷下，变形随时间（蠕变）增加。如果规定恒定变形，则应力随时间减小（松弛）。
- 塑料不是线性黏弹性材料。

应力载荷的大小对材料至关重要。双倍的应力，会导致变形增加两倍以上。在相同的时间内，双倍的变形，应力增加却低于两倍。
- 塑料的材料行为与温度相关

温度高时，时间相关性现象会加速。这种时隔效果可通过时间 - 温度变换规则，例如根据阿列纽斯，凭经验进行描述。

变形行为导致塑料由于冲击类型载荷而经历低变形脆性断裂，即突然将能量输入到材料中。然而，对于汽车领域中的构件的生产来说，必须确保构件不发生失效，即通过塑性变形或弹性变形来吸收能量。这种描述为韧性的行为可通过拉伸试验（在不同的加载速度下）或通过更常见的冲击弯曲试验方法来确定。在试验中，冲击应力载荷作用于杆状试样（有缺口或无缺口的）上，并且至少给出定量的关于能量吸收能力的信息。

为了获得设计应用中所用塑料的持久性能陈述，需进行持久强度试验。通过试验，对试样持续加载恒定的应力，记录随时间而变化的变形（蠕变）（时间延伸曲线，比较图 6.137）。

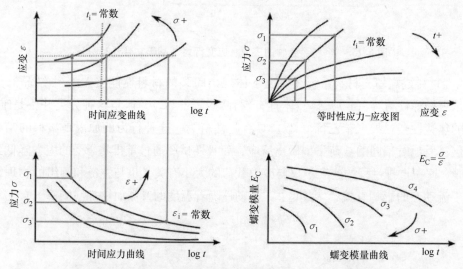

图 6.137 时间影响下的变形性能图表及不同图表的关联性[245]

通过换算，可以把所得到的数值传递到蠕变模量曲线。然而，最常用的表示是等时（$t=$ 常数）性应力 - 应变图，其通过时间延伸曲线和时间应力曲线的参数交换而建立。这种方式的优点是：在低载荷（$\sigma=0 \rightarrow \varepsilon=0$）的情况下，通过定义最小化测量误差，曲线贯穿原点。与此同时，这种表示形式被视为标准，材料生产商在确定特征值时，将其考虑在内，并将其存储在 CAMPUS 材料数据库中。

然而，在汽车领域，会发生周期性变化的应力载荷。即使在较低的应力和变形情况下，也会导致构件失效。在疲劳强度试验中，以正弦曲线的形式施加应力，对这种行为进行检测。这是塑料的一个特殊特征，即由于黏弹性材料行为，部分进入的能量被吸收，从而导致构件变热。因此，材料行为与高测试频率相结合对测量结果有强烈的影响。所得出的应力曲线随着疲劳强度的载荷循环次数增加彼此逐渐接近，如同金属的情形。

(10) 电气性能

这一部分重点介绍在汽车领域中最重要的电气性能。首先，由于没有任何可自由移动的电荷载体（电子传导），所以塑料是绝缘体。尤其是绝缘电缆保护套，塑料占有很高的市场份额。

然而，通过离子传输出现导电性是可能的，因为这基本上代表了离子的扩散。在这里，允许电荷载体迁移的自由体积起着重要作用。随着温度升高，自由体积增大，因此，绝缘效果随着温度的升高而降低。此外，表面电阻由吸湿性决定。疏水性聚合物的特征在于高表面电阻，而亲水性聚合物的表面电阻低。

为了用于某些特定应用中，可使用填料对性能进行改变。为了提高导电性，可以加入炭黑、石墨、碳纳米管（CNT），也可以添加金属粉末（参见表6.39）。

表6.39 以环氧化物为例说明填充材料对电气性能的影响[262]

	单位	炭黑			MWCNT		
填料含量	体积分数	0	0.2	0.4	0	0.2	0.4
特殊的导电性	S/m	约 1×10^{-8}	约 1×10^{-7}	约 5×10^{-5}	约 1×10^{-8}	约 1×10^{-7}	约 1×10^{-5}

注：MWCNT 表示多壁碳纳米管。

塑料静电是另外一个电气性能。这种现象不仅会导致灰尘在表面上的沉积以及减振等不良的副作用，也会造成机动车内部舱室的视觉干扰，而且在某些特殊应用中，会对测量设备造成干扰，也会产生火花。在电荷快速分配以及导电性较差的情况下，几乎没有回流，就会产生静电。只有与导体或相反电荷的物质接触，静电才会消失。为了消除静电，可以在塑料复合材料中加入抗静电剂，如甘油单硬脂酸酯或乙氧基化烷基胺。这些不相容的材料迁移到构件表面上，可以降低表面电阻。

(11) 声学性能

在车辆中所产生的噪声来源很多。除了外部的噪声（如发动机声、风声和轮胎声），车辆内部也会产生声音，如音乐声。声音也分好的声音和不好的声音。声学设计师会优化车辆的所有构件，尽量减少产生的声音，或者将其转化成悦耳的声音。例如跑车的发动机声或关车门时的高品质声音。塑料可以很好地满足这些要求。

声音分为空气声和固体声（比较图6.138）。

就声学传播特性而言，塑料比其他材料更有优势。声波的传播受到内部摩擦引起的阻尼的阻碍。这里起作用的参数是损耗系数（$\tan\delta$），塑料的损耗系数值比其他材料都要高（玻璃态塑料 $\tan\delta = 10^{-2}$，金属 $\tan\delta = 10^{-5} \sim 10^{-3}$），这样就会使振幅迅速衰减。纵波和横波的传播可以通过弹性模量、剪切模量和泊松比（通常情况下为0.5）来描述。为了达到最好的

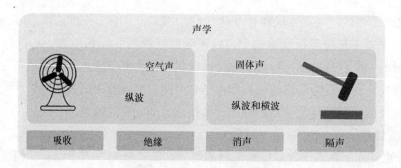

图 6.138 声音传播的种类

隔声效果，反射介质（Z_2）的芯阻抗必须大于声源介质（Z_1）的芯阻抗。由声反射系数（r）的以下公式加以描述[263]：

$$r = \frac{Z_2 - Z_1}{Z_2 + Z_1} \tag{6.5}$$

芯阻抗 Z 定义为介质密度 ρ 与相关纵向声速 C_L 的乘积。

声学影响参数整体内在关系在图 6.139 中进行了总结。

（12）光学性能

根据客户调查，在乘客试驾后，车辆的设计是决定是否购买车辆的第二重要标准[266]。设计上的一个重要里程碑是，用聚碳酸酯代替了玻璃前照灯，这种聚碳酸酯主要与塑料的折光度有关，可以减轻重量（比较表 6.40）。此外，特殊涂层解决了耐刮擦和防雾的挑战。

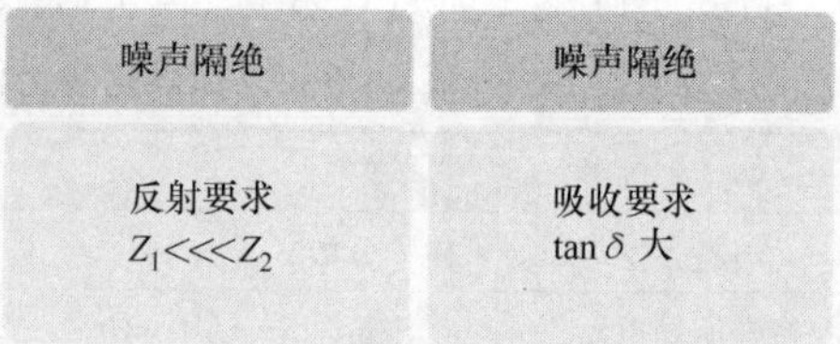

图 6.139 声学的影响参数的总结

根据表 6.40 可以看出，非晶形聚合物（如聚碳酸酯（PC），有机玻璃（PMMA），环烯烃共聚物（COC））的光学性能与玻璃的光学性能没有太大区别。

表 6.40 不同材料的折光率和密度对比

聚合物	折光率	密度/(g/cm³)
聚碳酸酯（PC）	1586[263]	122[247]
有机玻璃（PMMA）	1492[263]	106[247]
聚苯乙烯（PS）	1591[263]	105[247]
玻璃1，二氧化硅，氧化钠	1489[264]	239[242]
玻璃2，二氧化硅，氧化钠，生石灰	1516[266]	249[240]

此外，光学性能如透光性、浊度与清晰度（称为透明度），都有紧密的联系。透光性是指无偏转投射的光与入射光强度的比率[247]。浊度与清晰度不是物理量，而是仅反映了观察者的主观感受。在某些情况下，这可能是由污垢颗粒或表面粗糙度引起的，因此不代表材料特性。此外，如果稳定不充分，则环境也会导致材料混浊。

接下来，深入了解设计部分中的"光泽和颜色"。光泽不是纯粹的物理数量，而是生理和心理条件的数量，因此不能直接测量。原则上，光泽度（表面由于其反射特性而有助于光泽印象的比例）可以用反射计确定。

（13）介质稳定性和抗老化性

介质稳定性和耐老化性是个很宽泛的话题，至今还有一部分没有完全研究清楚，尤其在抗老化性方面还有很大的差距[267]。在汽车制造业中，塑料常年受到外界的影响，例如汽车油箱和制动管路。因此，在选择塑料时必须特别谨慎。

聚合物的化学属性取决于化学结构。以"同性相容"的规则为基础。共价的聚合物，如聚丙烯（PP）或聚乙烯（PE），与汽油或苯接触时，会不稳定。极性聚合物，如聚酰胺（PA）或聚碳酸酯（PC），受到极性相反溶剂（水，酒精）的侵蚀。渗透分子的作用机制称为渗透，分为四个步骤：分子的吸附，吸收，扩散和解析（图6.140，见彩插）。

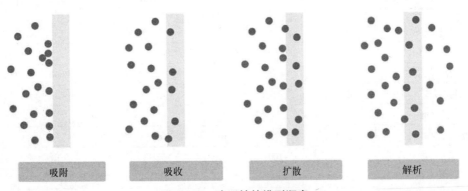

图6.140 渗透性的排列顺序

化学结构不仅包括极性，还包含聚合物的交联。这对塑料的溶解性有很大的影响。热固性塑料由于其细网眼的交联，很少或完全不会进行溶胀，也不会被溶解。相反，弹性体（交联的）由于可以溶胀，并且溶胀能力随着交联度的增加而降低。如果聚合物没有任何交联，如热塑性塑料或热塑性弹性体，则可能发生轻微膨胀或者松散。此外，使用填料（如纳米黏土）可以影响聚合物的渗透性。

塑料的稳定性在文献［268，269］中有总结（稳定，不稳定，部分稳定）。在适当的情况下，可以对所需的材料/介质配对进行持久强度试验测试。

除了介质稳定性，汽车制造中的老化也起着关键作用。通常，根据定义（根据DIN 50035），老化可理解为：在材料中，随着时间发生的所有化学和物理性质不可逆过程的总和。根据艾伦斯坦的说法，老化的原因有内部和外部之分（表6.41）。

表6.41 老化的内部原因和外部原因示例

内部老化原因	外部老化原因
• 自应力的分解	• 辐射和热源引起的能量输入
• 再结晶	• 温度变化
• 增塑剂蠕变	• 化学影响（介质）
• 在多相系统中的相分离	• 机械应力载荷

尤其是外部的热和辐射所造成的能量输入会有很大的影响。一方面，化合是通过吸收辐

射而分解（光致降解），但是光照引起的氧化过程是自动催化的，会加快这这一过程；另一方面，辐射源通常会导致温度升高，这也会加速化学分解的过程。作为指导原则，适用下述规定，即温度每提高10℃，反应速度会加快一倍。在实际应用中，还要考虑到如湿度以及力学性能等影响参数。因此，由于作用机制复杂，很难预言具体的耐久性（表6.42）。

表 6.42 标准聚合物的性能[251]

材料	单位	PE-HD	PE-LD	PP	PP GF30	PS	PVC①
一般性能							
密度	g/cm³	0.95	<0.92	0.91	1.14	1.05	1.39
吸湿性（23℃/24h/50% RF）	%	<0.1	<0.1	<0.1	<0.1	<0.1	0.5
结晶度/结构	—	TK,60~80	TK,40~55	TK,60~70	TK	无定形的	无定形的
力学性能							
抗拉强度	N/mm²	20~30	8~15	33	1000	55	50
断裂伸长率	%	400~800	约600	约800	3.4	3	10~50
弹性模量	MPa	1400	200	1450	7000	3300	2000~3000
缺口冲击强度（23℃）	mJ/mm²	6到无断裂	无断裂	4~12	6	2	2~5
热性能							
熔化温度（T_m）	℃	125~135	110	约160	约160	—	—
玻化临界温度（T_g）	℃	-100	<100	约0	约0	约100	约80
线胀系数	10⁻⁶/K	180	200	100~200	60~70	70	70~80
使用温度 Kz: 短时间 Lz: 长时间	℃	Kz: 约100 Lz: 约90	Kz: 约90 Lz: 约75	Kz: 约140 Lz: 约100	Kz: 约150 Lz: 约100	Kz: 约80 Lz: 约65	Kz: 约75 Lz: 约65
耐热性（HDT）		108	35	62	87	88	>75

① 值很大程度上取决于增塑剂的比例。

老化过程可以部分地利用合适的添加剂来抵消。除了防止氧气影响的一级和二级抗氧化剂外，还可使用光稳定剂，如紫外线吸收剂（把辐射转化为热）、猝灭剂（吸收光子能量并转化为热）（表6.43和表6.44）。

表 6.43 工程塑料的性能[249]

材料	单位	POM	TPU	PA 6	PA6 GF30	PMMA	PC
一般性能							
密度	g/cm³	1.41	1.17	1.13	1.31	1.18	1.22
吸湿性（23℃/24h/50% RF）	%	<0.3	0.1~0.3	2.5~3.5	2.1	0.6	0.15
结晶度/结构	—	TK	弹性体	TK	TK	无定形的	无定形的
力学性能							
屈服强度	N/mm²	65~70	50	45	110	69	70
断裂伸长率	%	30	<300	200	7	3.0~4.5	6.4
弹性模量	MPa	2800	150	1400	5000	3300	2150
缺口冲击强度（23℃）	mJ/mm²	4.5~6.5	未断裂	25	17	2	>30

(续)

材料	单位	POM	TPU	PA 6	PA6 GF30	PMMA	PC
热性能							
熔化温度（T_m）	℃	175	225	220	220	—	—
玻化临界温度（T_g）	℃	-60	-16	55	55	约160	150
线胀系数	10^{-6}/K	90	100	80	70/100	70	65
使用温度 （Kz：短时间 Lz：长时间）	℃	Kz:约130 Lz:约100	Kz:约100 Lz:约90	Kz:约160 Lz:约90	Kz:约200 Lz:约120	Kz:约100 Lz:约90	Kz:约150 Lz:约30
耐热性（HDT；1.80MPa）		108	35	62	87	88	>75

表6.44 高性能塑料的性能[249]

材料	单位	PPS	LCP	PA4.6	PEEK	PES	PSU
一般性能							
密度	g/cm³	1.34	1.4	1.18	1.29	1.37	1.24
吸湿性（23℃/24h/50% RF）	%	0.02	0.02	2.8	0.5	0.7	0.8
结晶度/结构	—	TK, 35	液晶	TK	TK, 35%	无定形的	无定形的
力学性能							
屈服强度	N/mm²	33	165	100	98	90	75
断裂伸长率	%	1	3	>100	30		<50
弹性模量	MPa	4200	104000	3300	3600	2800	2500
缺口冲击强度（23℃）	mJ/mm²	10	39	8	35	7	6.6
热属性							
熔化温度（T_m）	℃	280	280	295	340	—	—
玻化临界温度（T_g）	℃	90	115	75	143	225	360
线胀系数	10^{-6}/K	55	-3~60	80	60	55	56
使用温度 （Kz：短时间 Lz：长时间）	℃	Kz:约300 Lz:约200	Kz:约260 Lz:约235	Kz:约200 Lz:约145	Kz:约300 Lz:约240	Kz:约220 Lz:约190	Kz:约180 Lz:约150
耐热性（HDT；1.8MPa）		270	168	190	155	195	167

6.4.1.2 汽车工业相关塑料的比较

在本小节中，会提到不同聚合物的性能。热塑性聚合物的分类如图6.141所示。此外，还会列出重要填充塑料的性能，这直接在所用基础聚合物的描述中完成。最后，在表6.45中，列出了热固性塑料和混合物的性能。

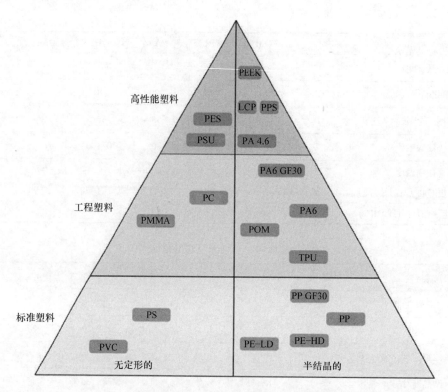

图6.141 塑料的分类

表6.45 热固性塑料和混合物的性能

材料	单位	环氧化物	UP – Harz	PF – Harz	PC/PBT	PC/ABS	PA/ABS
一般性能							
密度	g/cm³	1.1	1.2	1.42	1.21	1.13	1.07
吸湿性（23℃/24h/50% RF）	%	0.39	0.15	1.15	0.2	0.2	1.2
结晶度/结构	—	交联的	交联的	交联的	混合的	混合的	混合的
力学性能							
屈服强度	N/mm²	61	55	50	60	52	52
断裂伸长率	%	4.7	2	0.9	>50	>50	>50
弹性模量	MPa	3050	3500	7500	3600	2200	1400
缺口冲击强度（23℃）	mJ/mm²	3	1.55	1.55	未断裂	48	5
热性能							
熔化温度（T_m）	℃	—	—	—	260	260	260
玻化临界温度（T_g）	℃	140~150	55~160	约160	约150（PC主导）	约150（PC主导）	约150（PC主导）
线胀系数	10⁻⁶/K	60~70	60~80	35	80	80	100
使用温度（Kz：短时间 Lz：长时间）	℃	Kz：约150 Lz：约80	Kz：约180 Lz：约140	Kz：约180 Lz：约150	Kz：约120 Lz：约90	Kz：约120 Lz：约90	Kz：约160 Lz：约90
耐热性（HDT；1.8MPa）		270	168	190	155	195	167

6.4.1.3 汽车制造中的塑料

在了解了塑料的基本性能后，在本小节中，根据选定的内饰和外饰的例子进行详细说明。同时，也会更深入地介绍制造技术。根据具体的要求来选择材料和技术，并简单介绍一下相应构件未来生产的可能前景。首先，了解一下内饰的组件/构件，接下来是外部。有关塑料使用的一些实例可以从图 6.142 中了解。

图 6.142 塑料在汽车中应用领域的示例［大众汽车，克劳斯 – 玛菲］

为了进一步实现汽车技术中轻量化设计的概念，采用了航空航天工业的轻量化方案。这不仅要对材料进行替换，还要采用一体化方案。把构件组合成组件，既提高了轻量化效率，也节省了连接工艺的步骤，从而实现了成本效益的生产。此外，这些努力导致了功能集成的解决方案（跟图 6.143（见彩插）对比）[270,271]。

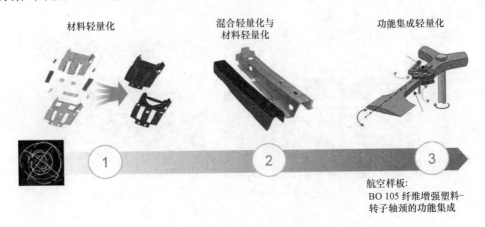

图 6.143 渐进式智能轻量化[265]

（1）内饰中的塑料

随着车型的不断更新换代，塑料在车辆总重量所占的比例在稳步增加。在当前的紧凑型轿车中，塑料约占 250kg[272]。大部分塑料（62%）应用在内饰中，突出体现了塑料对汽车行业的重要性（图 6.142）。在这一领域中，客户是新技术和应用之间的关键要素。

在内饰部分,客户最感兴趣的是光学与触觉特性。A 级表面与令人愉悦的触觉以及令人信服的功能只是要求的一部分。其他必要因素还包含:

- 环境影响的稳定性。
- 清洁能力(直接受表面纹理的影响)。
- 耐磨性。
- 可回收性。
- 在内部舱室中排放低(根据 VDA270)。
- 不易燃。

实现这些目标的一种方法是模内装饰(IMD)和模内贴标(IML)。这两种工艺名称差别不明显,制造原理基本一致[273]。工艺流程如下:首先,制作薄膜,印制上所需的装饰。随后,卷起的印制薄膜借助于载体被引导入注射成型模具中。在注入塑料熔液期间,装饰膜(如果需要,使用黏合剂层)在压力和温度作用下,与模塑件结合,并与载体材料分离。

这种工艺的限值是所能够达到的最大拉深比。这取决于薄膜。金属化薄膜仅可达到 10%,普通薄膜约为 35%,否则会因过度拉伸而产生皱褶、颜色变化和字体变形[276,277]。进一步还取决于模塑件的几何形状,例如,窄半径代表另一个限制[278]。

这种方法的一种变体 FIM(薄膜插入成型)目前用于当前的奔驰 S 级车型中[275](图 6.144,见彩插)。已经涂覆有尚未固化的紫外线固化硬涂层 PC 膜,首先放入成形模具中,在温度和压力的影响下成形。随后,通过紫外线照射固化涂层。由于其三维交联,这种额外的覆盖层提高了构件的抗化学性和耐刮擦性。这一步骤完成后,通过冲压去掉薄膜多余的部分。最后,将模塑件反向注入两个半模组成的模具,从而生产出成品。

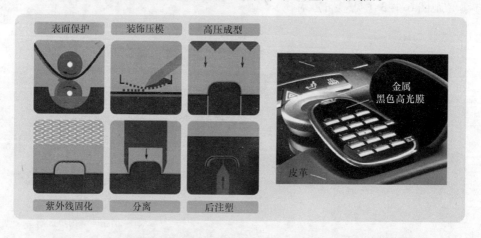

图 6.144 2011 款戴姆勒奔驰 S 级车型的 FIM 构件的制造工艺和示例[273]

该方法的创新潜力可以通过带有环境照明的装饰条的示例来说明,装饰条用于门上的扶手装饰。在这个产品的示例中,生产并冲压出由成形薄膜制成的预制件。该组件的特点是使用透射聚合物,薄膜预制件用该聚合物包覆成形,以便可以通过 PMMA 光导体,对构件进行背照明。因此,根据制造工艺量身定制的材料组合,创造出了具有功能集成和卓越光学特性的组件。当然，基本要求也会得到满足，如足够的冲击强度、侧面碰撞的耐冷冲击性、高耐化学性和耐热性（图6.145，见彩插）。

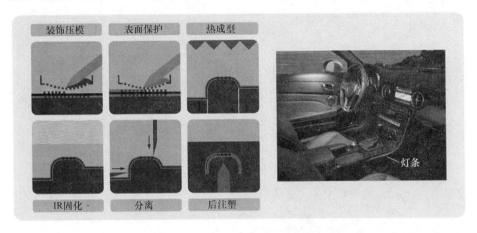

图6.145 梅赛德斯奔驰SLK车型环境照明件的生产工艺和实例[275]

为了在未来的汽车行业中发挥重要作用，必须解决诸如改进多层系统的数字仿真或后注塑等问题。因此，可以更大程度地充分利用不同的工艺以及相关的定制选项。

另一种高级装饰的实例为宝马5系（2010款）的仪表板[277]。仪表板采用了拉深工艺，通过特殊的双色薄膜开发实现。拉深工艺也称为热成形，是一种成形工艺。在该工艺中，对热塑性材料进行加热，通过真空或压缩空气的变形能将薄膜在正模或负模上成形[278]。在实例中所使用的材料是TPO（烯烃基热塑性弹性体）膜。这种膜是PE或PP与一种或多种橡胶组分的混合物（图6.146）。对其进行有目的的组合，以获得所需的性能，如最佳的拉深性能、出色的抗老化性能和排放性能。

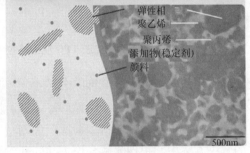

图6.146 双色仪表板（宝马）膜结构形态的示意图[277]

这种材料开发的一个特点是共混物的额外的辐射交联成分，对细皮革粒面的制造会产生影响。生产流程如图6.147所示。

挤压和喷涂的薄膜还在薄膜制造商那里进行层压或者压花工序，在压力和温度的影响下可生产出皮革粒面的精细结构，并与其他薄膜层结合。之后，利用电子射线对聚合物进行交联。需要考虑的参数是功率密度及卷筒速度。交联反应导致材料的黏度增加和材料表面的交联，以获得所需的应用性能[279]。这一步骤，实现了在接下来的热变形工艺中所需的较高的粒面耐热性、较大的加工范围、较低反作用力和小半径均匀的构件表面。此外，以聚烯烃为基材,也可大大减轻重量。

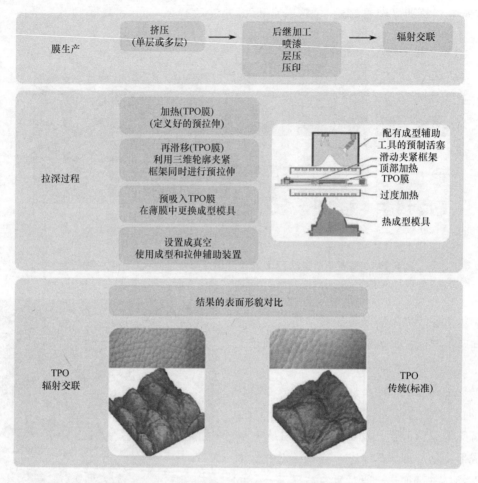

图6.147 在处理辐射交联TPO膜时的拉深工艺的工艺流程以及辐射交联的结果展示[275]

除了中控台和仪表板装饰(仪表板)的设计元素之外,对于最终消费者来说,车辆内部的空间感受最重要的还是座椅的舒适性。座椅必须满足乘客安全、操作、舒适性和安装等方面的特殊要求。为了在这个领域产生创新的解决方案,需要各种不同的材料。例如,巴斯夫的解决方案中心跟瑞凯威合作,共同开发了欧宝Insignia OPC的座椅。通过系统地结合不同材料的优势,减轻了重量,并节约了成本。由于功能的日益集成,目前所使用的金属材料正在达到极限。

如果从外到内考察"座椅"的整体概念,首先要通过座椅外壳实现对表面质量和透气性的要求(比较图6.148,见彩插)。在这一应用领域,鉴于聚氨酯(PUR)多样化的特性,材料的应用范围很广。由于聚氨酯的化学性能,可以加工成热塑性塑料、弹性体和热固性塑料。此外,采用聚氨酯也可以做成各种形式的发泡材料(化学发泡剂、物理发泡剂等)。因此,该材料种类特别适合用于汽车中。其他的发泡聚合物(如聚丙烯)在这些应用的范围内也占有坚实的地位。根据发泡工艺,横截面上密度分布会不同(图6.149)。轮廓A代表聚苯乙烯泡沫（EPS，Styropor®），变体 B 和 C 代表注塑泡沫[253]。根据工艺控制，可以调节紧凑外皮的层厚度（整体泡沫，C）。然而，在泡沫注塑工艺中所生产的构件如果没有额外的后续加工工序，容易出现表面质量不合格的问题[281]。

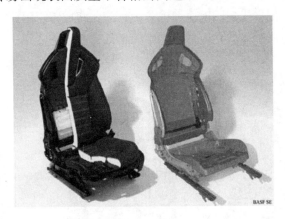

图 6.148　欧宝 Insignia 驾驶员座椅，泡沫塑料和填充塑料的组合，可实现最佳的碰撞性能[280]

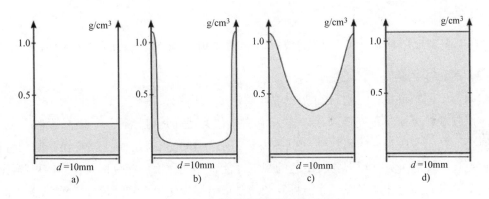

图 6.149　发泡材料横截面的密度分布
a）无外皮发泡材料，堆积密度 $0.1g/cm^3$　b）结构发泡材料，堆积密度 $0.2g/cm^3$
c）整体泡沫，堆积密度 $0.6g/cm^3$　d）致密材料，堆积密度 $1.1g/cm^3$ [253]

在长途或高温的情况下，可以通过座椅当前使用的机械通风装置来增加乘坐的舒适性。然而，借助于具有丙烯酸酯黏合的超吸收性聚合物颗粒的无纺布，可以更经济有效地减轻重量。颗粒吸收身体水分，并随着时间的推移释放，从而通过湿度调节增加舒适度。

为了在欧宝 Insignia OPC 中实现运动型座椅舒适性，重点放在高刚性侧壁的开发上。塑料的高设计自由度允许设计人员可以用一个件生产出整个座椅外壳[280]。

为了满足能量吸收和刚性的要求，选择了高冲击强度的改性玻璃纤维填充聚酰胺类型。带有集成头枕的独立式靠背也采用具有优异力学性能的聚酰胺制成（图 6.150）。此外，表面质量也很重要，因为靠背的后部是可见部分。因此，通过选择材料并结合几何形状的最佳设计，在出现移动载荷的情况下，可以满足对需要高刚度和完美能量吸收的碰撞行为的要求。

该领域的后继开发的兴趣点在带有连续纤维增强的混合技术上,通过该技术可以实现非常高的刚度,例如,在自动铺带工艺中,可以加工出半成品。与 GMT 系统相比,该方法的优点是可纤维定向,实现特定的力学性能。

然后,将预制插入件集成到注射成型工艺中,并注塑成型。因此,可以容易地制造出由高载荷的连续纤维增强件制成的几何形状简单的构件,并且在注塑工艺中可容易地实现复杂的三维结构。

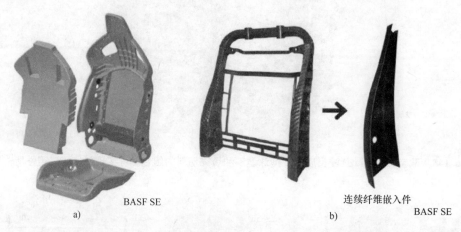

图 6.150 a) 欧宝 Insignia OPC 驾驶员座椅的材料组件和 b) 带有连续纤维增强嵌入件的靠背概念[280]

(2) 外饰中的塑料

与内饰中的塑料相比,塑料在外饰中起着次要的作用,占整车总重量约 18%[264]。在外部应用领域,更加注重安全因素。这一领域主题关键词是碰撞行为、能量吸收和延展行为。此外,对于这些构件的耐热性(例如发动机舱)和介质稳定性(燃料箱,制动管)的要求也更高。外部可见件还需要有出色的视觉性能,如光泽度、配色以及良好的可喷漆性。

因此,只有通过智能工程,才能将复杂的要求与轻量化思想和经济性需求兼容起来。

一个非常有说服力的开发案例是第四代奥迪 A8 的前端,车身的前部连接结构。前端承载件是塑料-铝-有机板混合构件。由于其位置的特殊性,对乘客和行人的安全保护有决定性的作用[284]。在这个方案中,出现力通过三个载荷层面分散到多个载荷路径上,形成的双扭转动环有助于提高前端的刚度(图 6.151,见彩插)。

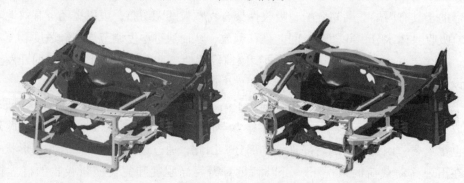

图 6.151 奥迪 A8 混合材料前端[282]

与之前的型号相比，对于这个件的刚度要求增加，但是要求重量保持不变，因此通过材料选择开发出这一混合材料解决方案（图6.152）。与之前A8车型的相同构件相比较，这个混合材料方案可以使构件总重量减少20%。

生产工艺是简单的带有嵌入件的注塑工艺。将三个铝板和一个有机板放入注塑模具中，并用质量分数为30%的玻璃纤维填充的聚酰胺进行封装注塑。除了插入件的连接之外，还需满足足够的温度稳定性和力学性能要求。

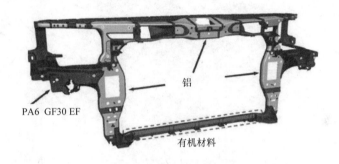

图6.152　在奥迪A8前端件中材料的优化使用[282]

有机板也称为片状"预浸渍"半成品，采用玻璃纤维、碳纤维或芳纶纤维网或者布进行增强。其纤维取向使其具有优异的力学性能。性能略差的是玻璃纤维增强热塑性塑料（GMT），只具有长纤维增强的特性。有机板的加工通过加热和加压的方式进行，并形成三维立体构件。该过程类似板材的拉深工艺，并以此命名。

通过实践证明，有机板完全达到了抗扭刚度和抗弯刚度的要求，可以替代钢板或铝板。与同等功能的钢板相比，有机板的重量减轻了50%。

在车身的前部，除了碰撞元件，还有所谓的"发动机舱盖下"（UTH）应用。针对这一区域的应用，要求材料有高温性能（150℃或更高）以及在零度以下的相应性能曲线。此外，在这一区域的构件机械载荷较大，并直接承受介质接触，例如油、燃料、制动液或冷却液。

从图6.153可见，在发动机舱中，除了高温热塑性塑料之外，主要使用了聚酰胺（PA）和聚丙烯（PP）。用进气管的示例来说明，较少使用聚丙烯（PP）材料的原因。在发动机中使用进气管，可以将助燃空气导入各个气缸中。由于其温度稳定性有限，聚丙烯（PP）仅适用于少数自然吸气发动机（汽油发动机）。对于涡轮增压发动机来说，就不能从聚酰胺（PA）转换成聚丙烯（PP）。但是，在某些情况下，这种转换还是值得的。决定原因是材料的价格低，加工成本较低（不需要进行颗粒烘干，较低的加工温度），以及较低的密度。大众汽车公司进行的试验表明，可以达到足够的力学性能和化学性能，但是不可能实现一对一替代[283]。

在对材料进行替换时，需要对材料的性能进行比照。在针对发动机领域的应用中，PA6 GF30和PP GF35具有特殊的热稳定性（表6.46）。

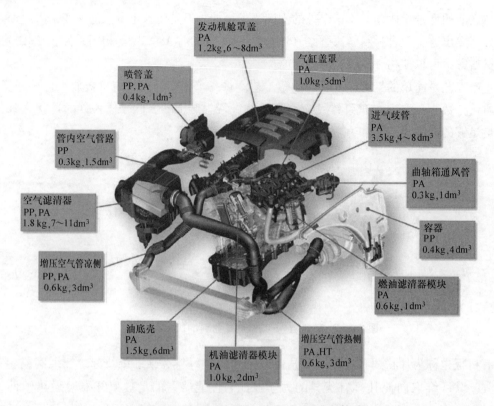

图 6.153　发动机中塑料构件的现状概览[285]

表 6.46　以数据表为基础，对各种性能进行比较[283]

性能	单位	PA 6 GF 30（条件）	PP GF35
密度	g/cm³	1.37	1.18
熔化温度	℃	215	167
纤维含量	质量分数,%	30	35
拉伸强度	MPa	110	115
断裂伸长率	%	7	5.5
缺口冲击强度	kJ/m²	25	12
最高使用温度	℃	150	120
价格	€	~2.25	~1.80

其次，必须要考虑介质的稳定性。为此，进行了随后的机械检测的插存试验，其中聚丙烯没有达到 50% 性能下降的临界标记[283]。

然而，仅在室温下对力学性能进行比较是不够的。还必须要考虑到在一定温度下的力学性能，这是通过 DMA（dynamic thermomechanical analysis，动态热机械分析）完成的。在这一分析中，采用温度、时间和/或频率作为函数，对样件施加大部分正弦载荷，并记录相应信号（图 6.154）。

该试验表明，聚丙烯的储存模块会随着温度的升高不断降低，并且在温度达到 100℃ 时，会下降约 50%。结果，为了保证在最终应用时具有足够的耐久性，必须通过提高壁厚

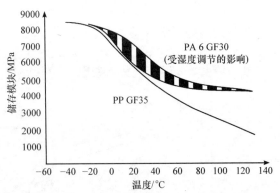

图 6.154　DMA（动力热机械分析）分析（双悬臂）PA 6 GF30，PP GF35（按照文献 [285]）

和加强筋来对构件进一步增强。

材料所具有的较低的冲击强度有着显著的影响，这一材料冲击强度由于受热影响会进一步降低（见表 6.46）。因此，容易造成夹片的断裂。作为应对措施，可把构件锋利的边角磨成圆形，以保证有足够的延展性。

在高频率下，这种材料由于具有较高的阻尼，消声效果非常好，这也是更换材料的一个主要因素。

在汽车中，塑料的另一个应用是燃料箱。材料的选择需要考虑的因素非常多，其中一些是[284]：

- 在撞击和环境影响下的稳定性；
- 渗透密度；
- 耐老化性；
- 良好的加工性；
- 可形成复杂的几何形状；
- 可回收性。

为了实现复杂的几何形状，采用已经非常成熟的挤出吹塑工艺生产空心构件[255]，如图 6.155 所示。在该工艺中，塑料颗粒在挤压机中熔化，通过喷嘴喷出形成管，并由两部分组成的吹塑模具挤压。借助压缩空气气压，把塑料管压在模具壁上并变薄，以形成构件的几何形状。在模具壁上冷却时固化，形成构件轮廓。适用于该工艺方法的材料是 PE、PP、PC、ABS、PVC，在车辆油箱区域仅使用 PE - HD（高密度聚乙烯）。但是，仅靠这些材料并不能满足要求日益增加的排放法规要求。因此，还另外增加了扩散阻挡层。过去采用了氯气处理法，可以降低汽油扩散达 99%[286]。通过 PE - HD 和阻燃树脂 EVOH（乙烯 - 乙烯醇共聚物）的共挤出，实现了材料的生产。该复合材料可以通过在一个加工步骤中具有两个粘合促进剂层的特殊挤出头来实现生产。随后，再对喷嘴和支架焊接，完成了塑料油箱的制作。

然而，由于化石燃料日益减少，目前的开发重点已经转移到可替代能源储存系统。使用氢或电等可再生能源，对材料提出了新的要求。因此，依然处于研发阶段的亚琛工业大学和奥迪公司的电池概念显示了作为能量吸收器形式的可变形结构元件的附加功能集成，这个设计方案减轻了重量并节省了结构空间[285]。

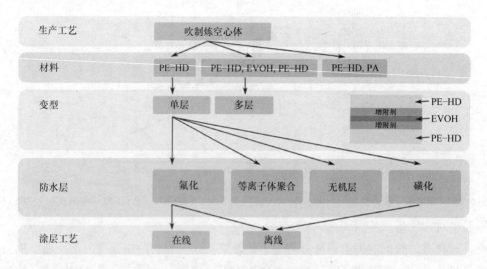

图6.155 燃料箱制作工艺概览，共挤多层燃料箱壁构造（基于文献[284]）

塑料在这方面有一定的市场。电池组的梯形壳体由ABS（丙烯腈-丁二烯-苯乙烯）制成，并且是单个电池的载体。为了确保单个电池的位置，使用环氧树脂泡沫。然后，可以将填充的壳体宏单元与碰撞元件一起安装到电池包中。碰撞元件具有通风或温度控制功能。在发生事故的情况下，力通过宏单元会分布到碰撞元件上，保证设备的完好无损。采用碳纤维增强塑料（CFK）来加工电池外板与支撑结构件（图6.156）。

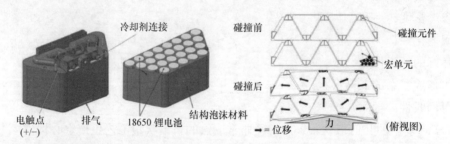

图6.156 电池概念，发生碰撞时的载荷分配功能[文献283，奥迪]

使用可再生电力是有效的，但是由于储存量低以及充电问题，纯电动车很难跑长途。另一种解决方案是使用氢作为化学能源。

为了在汽车市场中实现氢介质的存储，目前正在寻求以下三种不同的策略[286]：

- 在环境温度和高达700bar（1bar＝0.1MPa）的压力下储存在压力罐中（CGH_2，压缩气态氢）；
- 吸附在多孔的固体或混合物中；
- 低于沸点的液态氢形式的低温储存（LH_2，液态氢）。

在汽车制造中，这三种储存形式都有相应的技术限制。制造压力罐的材料要有较高的力学性能和足够的热性能，连续纤维材料可以满足相应的要求。在这一节中，不对解决方案进行详细的描述，可以参考6.4.2小节，该章节讨论适用于压力容器结构的连续纤维增强构件的特性。

汽车制造中也可以使用长纤维增强材料，如 SMC（片状模塑）。通常使用不饱和聚酯作为基体材料，使用白垩或空心玻璃球作为填料。第一步是把材料加工成糊状，然后在膜上覆盖玻璃长纤维。涂有糊状物质的第二张膜用于覆盖。利用压力和温度对纤维进行浸渍处理，形成垫形半成品。在接下来的冲压/流动工艺中，形成最终的构件。根据加工参数，采用这种材料也可达到 A 类表面等级，但是由于片状模塑制作工艺的限制，半成品质量不稳定。与铝相比，片状模塑材料的轻量化潜力相当，但是成本更低。片状模塑主要应用于商用车和轨道车辆。该材料是汽车制造高端市场中的利基产品。迄今为止的外饰件应用有车身底板、发动机罩、车顶部分以及尾门。戴姆勒奔驰通过 S 级车的前代 Coupés 展示了，在批量生产时，片状模塑材料可以达到 A 级的质量标准。与此同时，大众 Eos、奥迪 A4 Cabrio 以及宝马的 Cabrio/Coupé 也都达到了相应的质量标准。与金属材料相比，片状模塑材料的设计自由度显著增加[287]。

汽车制造中的照明工程现在被认为是一个关键的设计特征，是安全中不可或缺的要素。该领域的新发展完全归功于塑料技术的使用。除了已经在汽车制造中成熟应用的 LED 之外，未来的照明技术也成为关注的焦点。借助 MID 技术（模塑互联设备技术），可以生产注塑电路板。这样就不再局限于使用锌铜合金，从而几乎实现任何设计。MID 技术可以在不同的工艺中进行。目前最常用的是热冲压，双组分注塑和激光结构成形。

激光结构成形的一个例子是奥迪照明球灯（图 6.157）。这里使用了一种新型塑料，包含金属有机化合物，通过注塑工艺形成所需的最终轮廓。随后，通过激光蒸发最上面的聚合物层，从而产生电路图。裸露出来的金属是导体电路，形成电镀层（第三个工艺步骤）。电镀层的厚度足够给 LED 供电。照明球灯分两部分制作，由总共 52 个 LED 灯照亮[288]。

最后，简要考虑了混合物的使用，因为该材料在内饰件和外饰件中都不可或缺。最重要的实例为 ABS/PC 混合物，用于外部结构，例如用于坚固的散热器栅格（可电镀），用于门侧饰板、安全气囊盖等。这一材料所具有的高耐热性、低脆裂性和在低温下的良好冲击性，都是选择使用该材料的原因。两种聚合物协同作用的另一个例子是 PA/ABS 混合物。如上所述，聚酰胺显示出优异的力学性能、高耐化学性和非常好的加工性能。与聚酰胺相比，ABS 具有非晶形特点，可以提高尺寸的稳定性。此外，由于含有橡胶成分，韧性增加，降低了聚酰胺的吸湿性。混合物的使用并不总是归因于性能，通常采用这种材料（混

图 6.157 通过 MID 技术实现的奥迪照明球灯的工艺流程和示例[289]

合聚合物），纯粹是出于经济因素。

总的来说，塑料是汽车工业不可或缺的一种材料。然而，对于量身定制的应用，未来如果希望充分利用塑料的创新潜力，则必须对制造方法有深入和全面的了解。不同的应用实例展示表明，创造性的方法以及开拓新领域的意愿会产生令人感兴趣的产品，可以应对当今复杂的挑战，从而有助于节省能源，提高舒适性和乘员保护功能。

6.4.2 汽车结构中的纤维增强塑料

6.4.2.1 引言

在所有的材料中，纤维增强塑料（FVK）尤其是与载荷方向匹配的碳纤维增强塑料（CFK）是最具轻量化潜力的材料，并且能够提供众多的附加功能。与铝相比，重量减轻了25%；与钢相比，重量减轻60%，这已经在许多应用实例中得到了验证。

纤维增强塑料由增强纤维（主要是玻璃或碳）组成，并尽可能嵌入到基体中，设置方向沿着载荷方向。这里使用的基体为是热固性塑料或热塑性塑料。纤维的性能和取向决定了材料的力学性能，基体则决定了耐高温性和介质稳定性。由于材料是在构件生产过程中实际产生，因此内在关系非常复杂，纤维、基体和工艺之间的相互作用最终决定了构件的性能。这些性能与金属材料的性能有本质的区别。通过调整纤维方向，可以调节材料的性能（各向异性），而且材料没有塑料变形，仅具有低的断裂伸长率。

复合材料已经用于飞机制造和利基车辆多年。由于相对较少的数量和相对较低的模具成本，使得复合材料在这些应用领域中赢得了很大的优势。例如，自20世纪70年代以来，空中客车就把碳纤维增强塑料用于飞机的结构件中。在A300尾翼上首次使用了这种材料。未来的机型如A350，将使用碳纤维增强塑料的机身和机翼。在A350机型中，纤维复合材料所占的比例超过了50%。

在汽车制造和赛车中使用纤维复合材料已经有很长的历史了。路特斯汽车就是先驱之一。早在20世纪60年代，通过使用纤维增强塑料（当时使用的还是玻璃纤维），即使与装备了功率更大的发动机的对手相比，路特斯汽车凭借出色的操控性能，在汽车和赛车领域也都取得了巨大的成功。法拉利、兰博基尼、保时捷和迈凯伦都继承了这一传统。当然，如今使用的都是碳纤维增强塑料件。

使用纤维增强塑料的主要原因除了减轻重量之外，还包括良好的疲劳性能、设计的几何自由度以及高集成度和耐蚀性。由于材料和生产成本高，周期时间过长，导致了纤维增强塑料迄今为止不能应用于大批量汽车生产中。因此，开发的一个重要目标是实现纤维增强塑料件从大部分手工生产向自动化生产的转变。大批量使用纤维增强塑料的一个重要前提是，整个开发和工艺链需适应纤维复合材料的特殊要求。这是从最佳的结构方案开始，以质量保证结束。

在这里，可以设想各种不同的入门方案：金属和碳纤维增强塑料在结构层面的混合、在构件层面的混合以及完整的碳纤维增强塑料车身。碳纤维增强塑料车身虽然可以实现最好的轻量化方案，但是也有很高的开发风险。混合方案可以实现以最好的方式利用金属和塑料，相对而言，风险较低。另一方面，也需要为此目的开发混合连接方式。目标则始终是开发与纤维复合相匹配的构造和设计。一味地模仿金属结构（"黑金属设计"），并不能充分利用复合材料的性能，也不能实现经济有效的生产。

在飞机制造行业，过去几年在实现更高程度自动化方面取得了重大进展，因此，在这个领域的成本压力也在不断增加，产量也在增加。

应用实例之一是用于热塑性塑料或热固性塑料半成品的铺带机器人，其铺设放件的效率远高于人工铺设放件，同时工作范围也更大，这对于未来生产机身和机翼结构的大型构件是非常重要的。

另一个重要步骤是将纺织技术与树脂注射成形工艺结合使用。除了高水平的自动化潜力之外，该技术还可以按照载荷方向铺设纤维，并在预成型件中制成近终形构件。

对于平面结构的多轴向织物、型材中的网布材料以及局部增强的刺绣，可以使用"模块化"来设计复杂的构件。单面缝合技术实现了对单个纺织结构的连接，改善了处理方式，并实现了三维纤维增强。最终，达到了高损伤容限，在有冲击应力的情况下，保证了结构的完整性。

在所有的生产工艺中，使用低成本的高纤度（50k 或更高）碳纤维有着很重要的意义。原因在于，这种材料不仅成本低廉，而且能实现很高的生产率。然而，为了达到更好的力学性能，在纺织过程中，必须注意确保纺织过程中的粗纱尽可能自由地展开并分散。

目前，在以下领域的开发令人关注：材料技术（例如快速固化树脂）、浸渍和固化技术（例如通过树脂制备、注射和硬化的集成微波处理）、热塑性注射和复杂型材的连续拉挤成型工艺。

对于有关服务行为（例如故障识别和滥用级别行为）和回收利用的研究和开发工作有着重要的意义。目前，热解是关注的焦点。在该工艺中，基体作为能量源，并可以对纤维进行回收。研究的目标是尽可能减少对纤维性能的降解，并在预成形工艺中实现最佳回收。

通过持续不断地将开发结果应用到工艺生产中，高性能纤维复合材料在大批量汽车制造生产中的应用已经触手可及。这对于即将到来的混合动力和纯电动汽车时代，显得尤为重要，因为混合动力和电驱动导致系统重量增加。碳纤维增强塑料材料非常适合用于电动汽车，这是因为电动汽车能提供一种全新的、适合纤维复合材料的结构方案。

6.4.2.2 材料性能

通常把纤维嵌入到基体的材料称为纤维复合材料。纤维主要决定了复合材料的力学性能，如强度和刚度。只有在织造或铺设的织物中使用连续纤维（纤维长度对应于组件尺寸），才能实现高性能特性。基体材料传输力并把力传递出去。此外，基体支撑纤维，防止其纵向弯曲，并防止纤维受外界的干扰。

在汽车的结构应用中，主要采用玻璃纤维、碳纤维和芳纶纤维。

碳纤维增强复合材料（CFK）具有最佳的性能。弹性模量为 $50 \sim 100$ MPa，拉伸强度大于 500MPa。准各向同性的碳纤维增强塑料层压板类似于铝合金，由于密度低，可节省约 30% 的重量。采用单向纤维增强材料，也就是所有纤维均沿着载荷方向铺设，可以达到钢的刚度或强度。使用纤维复合材料还可以制造出可承受最高应力载荷的复杂几何形状构件。总的来说，碳纤维增强复合材料可以满足考虑到耐久强度、声学和具有目标层结构的碰撞行为等方面的要求。

在图 6.158 中，列出了不同纤维复合材料与钢或铝的性能对比（重量性能比）。从图中可见，使用碳纤维，可以在低重量水平下，在强度和刚度方面实现最高的性能。在刚度相似的情况下，玻璃纤维增强复合材料的强度比金属更高。

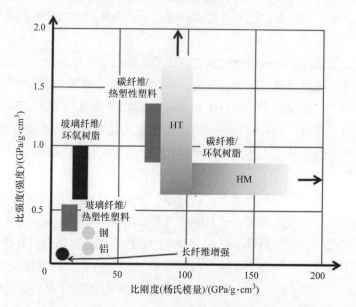

图 6.158 与金属相比，不同纤维复合材料的重量性能对比[290]

在汽车工业中，玻璃纤维是塑料复合材料最常使用的增强纤维。玻璃纤维具有相对良好的力学性能、化学性能和电解性能，并且成本非常低廉。E 玻璃纤维是最常用的，同时也是价格最便宜的玻璃纤维，与 R 或 S 玻璃纤维相比，强度和刚度略低。大多数的纺织半成品（织物、网布和垫布）也仅以 E 玻璃纤维的形式供应市场。

碳纤维市场规模相对较小，但随着新的应用和改进的生产工艺，碳纤维在汽车行业中使用增长率是最快的。2010 年，全球使用了 14 亿 t 的钢，4 千万 t 的铝，但只是用了 35000t 的碳纤维。

碳纤维基本上是由纯的、定向的碳原子组成。在制造过程中的预应力、碳化过程的温度和随后的石墨化对石墨层在纤维方向上的纯度和取向度具有决定性的影响，并依此区分各种类型的碳纤维，这些碳纤维有广泛的刚度和强度。最广泛使用的碳纤维是高强度 HT（高韧度）纤维，因为与在高温下退火的高模量纤维相比，高强度 HT（高韧度）纤维的生产相对便宜。每种碳纤维都有很多种碳元素组成的纤维束或粗纱。对于工业或汽车行业中的应用，目前使用具有超过 24000 个单丝的纤维。在批量生产中，采用纤度数大于 50k 的碳纤维。

为了改善纤维对基体的润湿性和减振性，可以使用合适的表面处理方法。碳纤维湿润并粘合到环氧树脂上效果很好，可以得到高动态强度的碳纤维增强环氧树脂。为了改善纤维和基体之间的粘合性,可以使用粘合促进剂,也称为施胶剂。在应用中,选择合适的纤维施胶剂是重要的,因为施胶剂对于纤维的最佳浸渍和湿润是至关重要的。

纤维基体粘合基本上决定了纤维复合材料的碰撞性能和能量吸收能力。由于在复合材料中形成了许多界面,在加载的情况下,也会形成很多的失效位置或者失效表面。由于层压板内的数量很大,因此可以在最小的空间内转换大量的能量。通过比能量吸收能力的对比可见,钢和铝构件为15~25kJ/kg,而纤维复合材料可达到70~100kJ/kg(图6.159)。

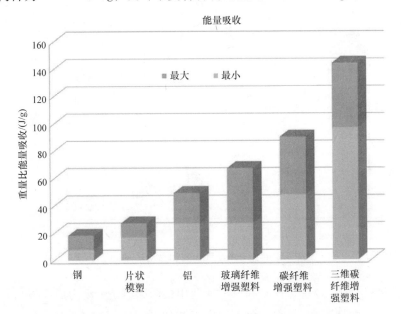

图6.159 金属-纤维复合材料的能量吸收能力比较

目前,在航天航空和汽车行业,批量生产中所使用的纤维增强复合材料多为热固性基体材料(如环氧树脂),通常使用的生产工艺为树脂传递模塑料成形工艺(RTM)、湿压和真空灌注法。然而,目前在市场上可以买到的树脂,尚无法满足生产周期节拍、能量消耗和无限期储存等要求。目前,对于企业来说,使用这种材料依然是投入大,产量低。此外,如今尚不能很好地应对热固性基质材料可持续循环利用的挑战。

相比之下,使用热塑性纤维增强塑料能缩短工艺链中的生产周期时间,包括构件的自动化生产和更有效的连接技术。在大批量生产中使用热塑性纤维增强塑料,可以大大缩短工艺周期时间,其化学结构可以实现采用新的连接技术以及最佳的回收工艺。

如果应用于大批量生产中,需开发合适的材料以及合理稳健的制造工艺,并缩短生产周期。与热固性树脂相比,热塑性塑料的循环工作时间不是由固化时间决定,而是由冷却率决定的,因此,循环工作时间会大大缩短。

目前,热塑性树脂基体半成品与连续纤维增强相结合,主要用于航空航天应用。从价格角度考虑,这些高性能材料(PEEK,PPS,PEI,……)目前对汽车市场没有吸引力。尽管如此,目前还是有一部分汽车零件是用热塑性连续纤维增强塑料制成的。在这种情况下,使用烯烃基体系如PA6和PA6.6。

热塑性材料最大的优点是有高冲击强度、高复合材料损伤容限、可焊接性和回收可能性，通过在注塑工艺压碎和再利用。

6.4.2.3 纤维增强塑料的制造方法

由于工艺简单，且产量较低，至今为止很多构件还是用热固性基体材料制成。尤其在样车制造和年产量小于1000台的小型批量生产中，还在使用手工层压工艺或预浸渍工艺（图6.160）。

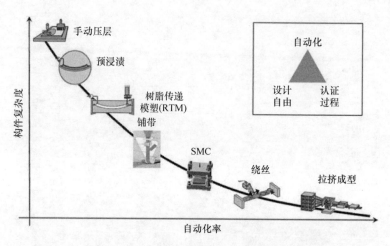

图6.160 构件复杂程度和自动化率[291]

在手工层压工艺中，设备、模具和材料的费用很低，但是劳动力成本很高。使用的半成品通常是织物，但也使用网布材料。手工层压工艺的循环时间在3~24h之间。在工艺过程中，不能忽视劳动卫生和安全防护⊖。

在预浸渍工艺中，通常使用的是热固性塑料基体的预浸渍胶带或者纤维半成品，需要较高的设备、模具和材料费用。最常使用的半成品是单向织物胶带、预浸渍织物或部分网布。与手工层压相比，每个构件的生产周期节拍减少到约5h。在压煮器中对树脂系进行加固，通过压力和温度使基体固化，这对热固性预浸料来说，是成本最高的一部分。压煮器的循环时间很长，根据基体的不同，需要几个小时。

在航空航天工业中，由于件数多，构件大，越来越多地使用到自动放件工艺。图6.161（见彩插）中显示了不同形状构件在不同工艺中可实现的放件率。在最新开发的自动化纤维铺放（AFP）和自动铺放成形（ATP）的工艺中，可以实现更高的放件率（用红色表示）。对于简单的构件（4层带子，宽150mm），ATL可以实现放件率为65kg/h；对于300mm宽的带子，放件率为35kg/h。在新开发的AFP工艺中，实现了对复杂程度较低构件的高放件率（约25kg/h，16丝束，宽1/2in，高等级）。

从材料和工艺角度来说，另外一种高产量低成本的工艺是浸渍和注射工艺。但是，这种工艺需要使用适合的纤维半成品。

⊖ 关于塑料制造任务参见7.4节。

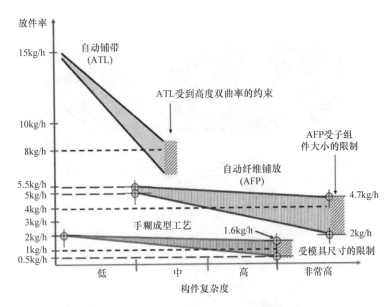

图 6.161　不同自动放件工艺的放件率[292,293]

与手工层压工艺和预浸渍工艺类似，最多使用的是织物和网布材料。但是纺织品的结构和设计有时是不同的。在浸渍和注射工艺中使用的半成品必须有较高的渗透性，可以实现复杂的构件几何形状，同时具有良好的可操作性，可用于手动和自动处理以形成预成型件。

生产纤维材料构件采用的是标准的树脂传递模塑料成形工艺。第一步，在硬化模具中需加入隔离层。这个通常为液体的隔离层可以防止树脂对模具的过度附着力，并允许更容易地分离成品构件。将制备好的预成型件放到分开的模具中，之后闭合模具。须有压力差，以确保树脂可以浸渍到预成型件中。排出模具中的气体，在注射压力的作用下，把树脂注入真空的模具中。所加入的树脂量需大于构件所需要的量。因为，构件的送料管以及之后的清洗阶段会需要这部分余量。通过清洗，干燥的预制件一方面可以保持湿润，另一方面缺陷如气孔或杂质被冲洗到溢流腔中。固化后，基体完成交联，可以取出纤维增强的构件（图 6.162，见彩插）。

除了前面提到的扁平织物之外，还可以直接把纤维制成预成型件，例如利用编织工艺或刺绣工艺（定制纤维铺放，TFP）。

预成型件的制作工艺基本上可以分为两种：顺序预成型和直接预成型（图 6.163 和图 6.164）。

顺序预成型工艺制作预成型件需要有个中间步骤，把纤维先制成纺织品。而直接预成型工艺可以直接把纤维制作成预成型品，不需要中间步骤。

（1）顺序预成型件：使用扁平半成品

在汽车领域中的顺序预成型方法，包括使用扁平纺织物，主要是织物和网布，通过各种连接技术如缝合或胶合，生成单一的子预成型件以及最终复杂的预成型件。

用于汽车大批量生产的连续增强纤维制成的扁平纺织品，由于对力学性能的要求较高，

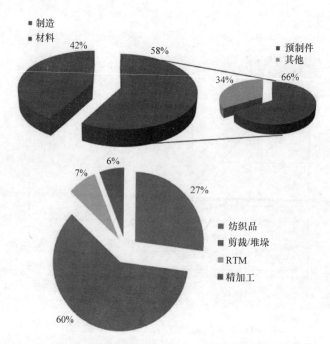

图 6.162 利用扁平织物和注塑技术生产构件的成本动因[293]

优选使用无纺织物（多轴或单向）。在可见的外表中，则倾向使用纺织物。

多轴织物，缩写为 MAG（英文：Non-crimped fabrics（非卷曲织物），NCF），是在特殊的缝编机（也称为引纬机）上生产的，用单轴到多轴的增强丝层来制成。完全拉伸的增强丝分层铺设（图 6.165，见彩插，设备的绿色区域），然后在活动单元（图 6.165，设备的粉色区域）中用锋利的针来刺穿，并通过绑定线（针织线）进行补偿，从而相互连接。针织与经编工艺相同。增强层可以有不同的方向和不同的顺序：20°~80°、0° 和 90°。

为了保证尺寸的稳定性以及在构件中形成绝大部分准各向同性的结构，通常选择

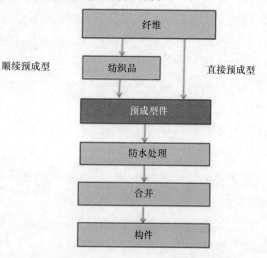

图 6.163 顺序预成型和直接预成型[293]

+45°、-45° 和 90° 的织物。通过各向同性的力分布，会形成均匀的应变行为。利用拉伸开的增强丝，可以充分利用各个应力方向的拉伸强度。此外，在纤维含量较高的情况下，也会减轻构件整体的重量。通过在 Z 方向上对纬纱进行缝合增强，会降低脱层倾向（图 6.166）。

材料的购买价格随着纤度的提高而降低，可以有目的地用面积重量低的 12~50k 粗纱来代替标准粗纱（6~24k），以降低生产成本。使用特殊的引纬系统用于加工张开的粗纱（图 6.166）。

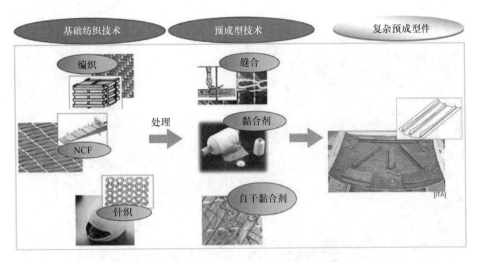

图 6.164　顺序预成型的纺织技术[293]

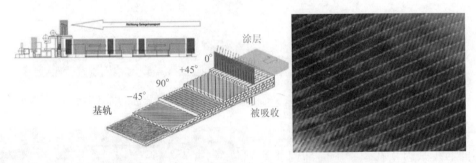

图 6.165　无纺织物的缝纫设备与多轴构造[294]

粗纱（主要是碳纤维粗纱）的铺展可以在线进行，即直接在缝合机上进行，或者离线进行，由此将展开的胶带送入缝编设备中。

目前，每层 12k 碳纤维粗纱的面积重量为 $50\sim75\mathrm{g/m^2}$，24k 的为 $90\sim120\mathrm{g/m^2}$，50k 的可达到 $150\sim200\mathrm{g/m^2}$。使用重型无捻粗纱时，趋势是越来越倾向于每层的低面积重量。

在汽车工业中广泛使用的纺织品为织物。采用织物的原因是视觉要求以及冲击损坏保护。织物典型特点是编织类型，经纱和纬纱上下交织。共有三种编织方式：平纹编织、斜纹编织和缎纹编织。作为可视应用时，优先选择斜纹编织物。斜纹编织物具有所谓的斜纹线，可在织物上形成对角线（图 6.167）。

由于粗纱的交叉，与多轴织物相比，这种纺织物更不易分层，在发生撞击下，具有更高的损伤容限。因此，优先使用织物层作为纺织物的最上层（图 6.168）。

织物的一大缺点是在线交叉点会出现树脂聚集情况。由于树脂的聚集，可能会在这里出现高低谷堆积，即所谓的橘皮。为了避免这种现象，表面无纺布可用玻璃纤维制成，否则需要对构件进行大量返工。

在产生坯料之后，这些扁平半成品必须从二维几何形状覆盖到复杂构件的三维轮廓上。强烈变化的有时是双曲面的几何形状，狭窄半径以及行李舱角落都代表了巨大的挑战。

图 6.166　缝合机的纬纱插入，粗纱的标准（右）和张开的粗纱的特殊夹紧系统[295]

可以通过缝纫线（在宽度和长度方向上的不同的线张力）在织物中局部调节悬垂性，当然也对操作行为有很大影响。

虽然切割会对力学性能造成不良的影响，但是却能通过这种方式形成复杂的构件。为了避免构件中复杂的立体裁剪工艺，大型复杂的构件可以由多个子预成型件组成。通过牵引或者搭接，可以在模具中实现子预成型件的连接。

为了保证子预成型和预成型件的稳定性以及可操作性，通常使用热塑性黏合剂。

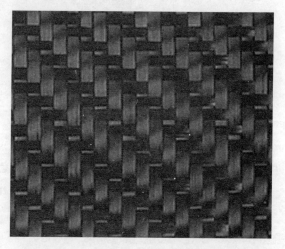

图 6.167　带有斜纹线外观的斜纹编织物[298]

黏合剂可以确保各层之间的结合，并保证了预压实预成型件的尺寸稳定性。纺织物表面上或纺织品中间层中的黏合剂越多，稳定性越高，预成型件的恢复行为（回弹）越低。目标是为了实现净成形，类似于构件几何形状类的预成型件，使得注射模具中的压实压力较低，设定距离较短。

黏合剂种类很多，最常见的是粉末黏合剂、无纺布黏合剂和喷雾黏合剂。可以通过在炉中加热、感应焊接、超声波焊接或微波进入来激活黏合剂。纺织品的构造可以极大地影响和控制渗透性。通过这种方式，可以在多轴情况下，使用特殊缝纫，以在粗纱之间产生连续的流动通道。织物通常具有高渗透性。但是如果面积重量太高，或者纺织层过厚，则必须插入

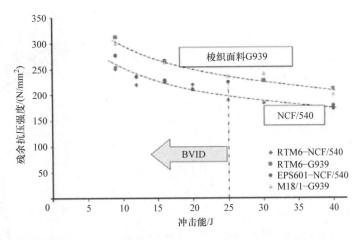

图 6.168　碳纤维复合层压板在冲击应力作用下的残余抗压强度[299]

由热塑性纤维制成的间隔针织物。

(2) 直接预成型件：使用近净成形纺织品

特别令人感兴趣的一种工艺是编织，这种工艺能够自动生产带有根据载荷的纤维取向的复杂纤维胚坯，并且浪费很低。尤其令人感兴趣的是机器人辅助编织（图 6.169）。

未来，通过编织技术实现中空构件。可以通过不同的方式引导穿过编织中心的芯，例如利用滚子系统、传送带或机器人。

芯可以分成两组，一类是留在构件中的芯，如结构芯或非结构芯；另一类是可移动的芯。

图 6.169　带径向筒管布置的通道编织机[300]

使用编织技术的一大优点是可以实现几何形状的灵活性。通过与筒管转速相关的进给速率，可以非常精确地设定纤维角度。对于复杂的构件，需要改变芯周长的，可以保持角度或者面积重量不变，更改编织角度。此外，还可以利用编织技术把嵌入物直接放到预成型件中，以便在不进行后续钻孔的情况下，连接到金属结构上（图 6.170）。

当前编织技术的一大挑战是实现高产量的生产。如今产能较低的原因主要归结于碳纤维粗纱的重绕、编织物的手工放置以及筒管的低吸入量。然而，目前正在实施的许多有希望的研究项目可能在未来几年里会实现大批量生产。

刺绣或纺织纤维铺放技术（TFP）也可以直接预成型。在这个工艺中，根据载荷将增强纤维缝纫到基础纺织物上。因此，在全自动化且无浪费的情况下，可以在力传递区域中实现局部增强。图 6.171 展示了刺绣结构的示例。

利用各种基础纺织物（如织物、多轴织物、编织物和刺绣），可以实现结合不同纺织预成型技术的模块化组件，这种模块化组件可以实现最复杂的结构。缝纫技术可以用于粘合各个预成型件，也可以仅用于连接，即用于改善操作性；或者把玻璃纤维、芳纶纤维或碳纤维作为缝纫线，可改善构件的结构完整性。

（3）热塑性塑料

热塑性增强复合材料是一种很有应用潜质的材料。结合自动铺放技术（例如纤维锻造或先进的纤维铺放）、热塑性的单向胶带、预固结板（准各向同性或定制有机板）和注塑技术，可实现非常短的生产周期时间、高集成度和高轻量化潜力，特别适合于承受冲击应力的构件，这就是热塑性塑料的高冲击强度原因所在。

6.4.2.4 设计与构造

传统车辆通常由几百个成型件和焊接在一起的钢板组成。根据需要，可以使用不同类型的钢。相反，铝结构采用了立体框架，使用了不同合金的型材、关节和板材。金属混合结构则是结合了钢和铝合金制成的板材和型材。

由此可以清楚地看出，必须为每种材料找到正确的结构概念。这更适用于纤维复合材料。如果简单地把金属结构即所谓的黑金属设计用于纤维复合材料，既不会实现成本有效的生产，也不能利用复合材料的轻量化潜力。特别是，必须考虑性能的各向异性和在一个步骤中制造出非常复杂和高度集成的结构的能力。复合材料除了具有固有的好的比重量性能之外，也具有很高的形状轻量化潜力。由于高度集成，还可以减少连接过程，从而减轻重量并节约成本。图6.172中列出了这种高度集成结构的一些例子，特别适用于所谓的单体壳结构。与金属的差分结构相比，复合材料适合采用整体结构。

图 6.170　在编织期间调节纤维角度[300]

图 6.171　刺绣结构（制动助力器）示例[298]

复合材料也可用到壳密集型结构和型材密集型结构。例如，图6.173显示了基于多轴织物的完整侧围件，在RTM（树脂模塑传递）工艺中一次性制造。在图6.174中展示了车顶框架，是一体性编织，然后在RTM（树脂模塑传递）工艺中渗透。编织技术还有助于自动生成用于连接空间框架元件的节点元件，图6.175显示了一个示例。

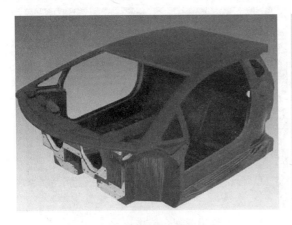

图 6.172 高度集成的结构示例
（兰博基尼 Aventador）[299]

图 6.173 由多轴织物制成的整体侧围[300]

图 6.174 编织车顶框架[293]

图 6.175 编织空间框架节点[301]

编织技术还为金属力传递元件的集成提供了非常令人感兴趣的可能性。在图 6.176 中展示了一个自行车框架的示例。

金属材料和复合材料的组合，即所谓的混合结构，是一种非常有前途的结构。无论是作为展示场景来降低开发风险，还是在适合的位置利用相应材料的最佳性能，这种多材料设计可以在不同的层面上完成。

从材料和组件层面看，韧性金属与复合材料的结合可以产生仅靠材料无法实现的性能。飞机制造中的一个例子是 GLARE，这是构成空中客车 A380 机身外壳的材料。铝板和玻璃纤维增强层压板的组合创造出一种混合材料，完美地结合了金属和复合材料的性能。按照这种方式形成的结构，具有优异的疲劳性能、良好的防火性能和特别高的抗冲击应力性能。

在汽车制造中典型的应用例子是用碳纤维增强塑料进行局部增强的钢 B 柱。在桩冲击期间，B柱吸收的能量显著增加，但重量只增加了一点。不需要钢结构的基础设计和生产工艺，并且成本低，开发风险合理，同时显著地提高了车身的安全性。

另一种混合类型是金属和复合材料在结构层面上的结合。目的是在车身的每个区域使用最适合制造约束和功能特性的材料。从这一点出发，这种材料多考虑用在载体结构和剪切场中。

在所有的金属纤维复合结构中，连接技术尤为重要。需要考虑不同的热膨胀系

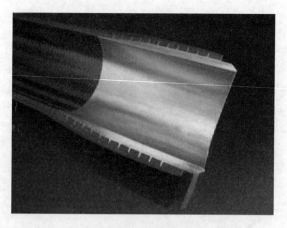

图 6.176　带有集成力传递的编织结构[294]

数、接触腐蚀以及金属和复合材料的不同失效机理。粘接是很适合的一种连接方式，可以与机械紧固件连接方式组合。根据黏合剂间隙的厚度，可以使用环氧树脂或聚氨酯作为黏合剂材料。在机械紧固件领域，应选择准各向同性层结构。这里，0°的层能保证其余横截面的强度，±45°和90°的层可防止螺钉弯曲和间隙破裂，确保边缘距离至少为铆钉直径的3倍，以防止发生失效。

结构类型和设计标准的选择必须考虑到"设计到工艺"稳定生产的约束条件，以及按照损伤容限设计进行的维护（图6.177）。

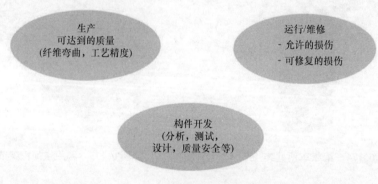

图 6.177　生产、维修和构件开发要求的相互作用[302]

重要的是，即使在基本设计中，也要考虑纤维复合材料技术的特殊性。以下是一些设计规则和设计指南的摘要：

• 应该围绕中间层面对称地选择层压结构，以避免在平面中的应力载荷与平面中的变形之间的耦合。例如，不适合的拉伸载荷将会导致层压板的挠曲和/或扭曲。

• 层压板要尽可能地围绕纵向平面对称地构建，例如平衡角连接头±45°，以最小化耦合，从而最小化利用以中间层为对称的方式，可以把层压板间的应力和各向异性控制在最小的范围内。

• 在层压板中避免出现局部厚度的突然变化，而应逐渐变化，以避免厚度方向上不必

要的应力集中。推荐的层级比为 1/50~1/30（图 6.178）。
- 应避免出现一组同样取向的层。在两个相同取向的层之后，应改变纤维取向。例如层压板中 0°的比例较高，就可以使用 ±45°和 90°的层来打破这一布局。在中间纤维断裂的情况下，变化的层构造阻止了层压板中的裂纹生长，同时增加了构件的损伤容限。
- 在重度弯曲的构件的情况下，应将 0°层施加到层压板的外部区域。通过这种方式可以降低弯曲应力与层间剪切应力。
- 受冲击的构件应设有与主载荷方向成 ±45°的外层。
- 如果可能的话，层压材料中的相邻层应具有小于 60°的层角。除了力流优化向纤维和层之外，还应在其他方向上引入一小部分纤维。

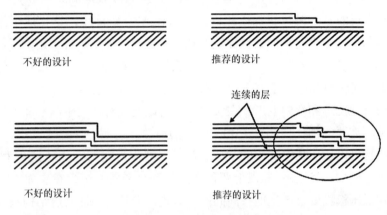

图 6.178　层的滑动[302]

6.4.2.5　计算与仿真

在大多数情况下，汽车行业对于结构件的要求主要是对行驶动力学和乘员安全的要求。根据首层失效（First - Ply - Failure）原则，这导致了对刚度要求和材料性能要求。对于纤维复合材料的结构计算来说，这意味着，必须模拟出复合材料的材料行为，包括降解性能，直至出现灾难性失效（末层失效，Last - Ply - Failure）。这将汽车的结构计算与其他行业区分开来。在航空航天行业中，静态强度占主导地位，而在风能领域，对于使用寿命的要求位于前列。

纤维复合材料在多个长度尺度上具有分层结构（图 6.179）。这种分类反映在用于计算纤维复合材料的多尺度模型中：在微尺度上观察纤维和基体，在中尺度上观察纱线结构（如织物），在宏观尺度上对整个层压板和构件进行观察。

微观力学和细观力学主要用于预测宏观材料性能和研究领域。在工业应用中，宏观材料性能主要由标准化材料试验确定。

在很多应用中，纤维复合材料都采用分层结构。层压板由若干单独的层（ES）组成，这样一来，层压材料的各个层可以在不同的方向上取向。

假设平面应力状态具有正交各向异性材料（Q 矩阵）的刚度矩阵，可以映射单层的组成行为。在厚度方向上忽略应力是基于以下事实：与组件尺寸相比，层压板和单层在大多数

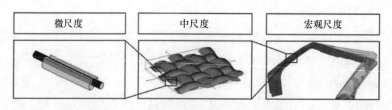

图 6.179　纤维复合材料的长度尺度[302]

情况下都很薄（典型厚度：单向带 0.125mm，织物 0.3mm）。Q 矩阵不限于单向层，也可以应用于其他正交各向异性单层，例如织物或网布。但是，在建模时，要考虑到波纹。

多层层压板的变形行为可以使用经典层压理论（classical Lamiante Theory，CLT）来计算（图 6.180）。对单层的 Q 矩阵进行加权并将其添加到 ABD 矩阵中。这描述了作用在层压板上的线力和线矩与层压板中间平面的整体应变和曲率之间的关系。各个矩阵提供了有关层压板的盘刚度（A 矩阵）、耦合刚度（B 矩阵）和弯曲刚度（D 矩阵）的信息。特别相关的是 B 矩阵，其控制法向应力和弯曲刚度之间的耦合。如果层压板的 B 矩阵不等于零，则在正常应力下，会经历常规变形和弯曲变形。在实践中，可以通过对称的中间平面层压结构来避免这种通常情况下不需要的耦合（图 6.181）。

层压板的结构可以适应特定应用的载荷。常用层结构为交叉组合（仅 0°和 90°层），角度复合（仅 ±θ°，例如 ±45°层）和以上两种类型的混合形式。至少在层面中，有应力载荷的情况下，特殊层压板也可以产生准各向同性。但是，准各向同性的层结构只有在很少的情况下会用到（例如在机械紧固件的区域中），因为不使用纤维复合材料的各向异性，就丧失了轻量化潜力。关于经典层压理论的更多信息可以参见文献［305，306］。

虽然经典层压理论可用于计算具有任意正交各向异性单层（单向，织物或垫布等）的层压板的刚度和变形，但失效计算的标准通常是针对单向复合材料制定的，并且只能在有限的范围内使用，可以通过对模型假设的扩展用于纺织复合材料。这些失效标准的适用性越强，复合材料的纺织品越多。

对于各向同性材料，例如在冯·米塞斯（von Mises）屈服准则中，所有方向上的应力等效处理。与各向同性材料不同，纤维复合材料的非均匀结构会导致不同方向上的不同失效模式（例如纤维断裂，纤维间断裂，见文献［305］）。因此，有许多共同标准用于预测单层层面的失效。从层压板的整体应变中，计算每个层压层的应力和应变，用于预测每层的失效。

纤维复合材料的失效标准可以分成三组：独立标准、完全交互标准和部分交互标准。独立标准，例如最大应力标准，不考虑相邻应力之间的相互作用，并且通常高估多轴应力状态下的承载能力。完全交互标准，如 Tsai-Wu 标准，以交互方程式为基础，用到了所有的应力。这种纯插值公式主要基于各向同性失效标准，因此可能会在某些领域导致结果出现问题。部分交互标准，例如 Puck-标准，主要基于物理学，除了预测失效应力之外，也可以预测失效模式。可以实现非常详细的失效预测。目前，独立标准和完全交互标准是工业应用中的标准，主要是使用这些标准的经验比较成熟。目前而言，部分交互失效标准正越来越成

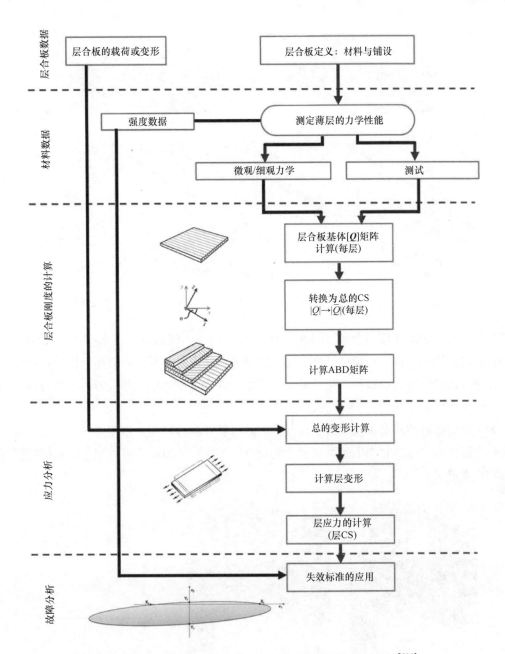

图 6.180 以标准层压理论为基础的刚度和强度计算流程图[304]

为焦点。

(1) 碰撞

对于碰撞载荷情况,碳纤维增强塑料具有高比能量吸收能力。这一点也表明了,为何汽车领域的碰撞结构和结构件,首选碳纤维增强塑料材料。在真正意义上的碰撞结构中,力-位移曲线的特征有利于最佳地利用所使用的材料。虽然金属结构由于凸起和塑料变形而具有振动行为,但是碳纤维增强塑料结构可以产生近似恒定的力-位移曲线(图 6.182)。通过对碳纤维增强塑料的设置,可以将在车辆加速时对乘客的影响最优化。

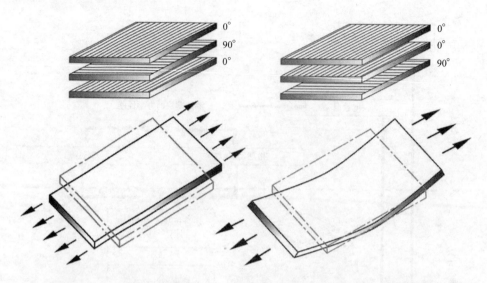

图 6.181　正常应力下中心对称（左）和不对称（右）层压板的变形[304]

纤维断裂、中间纤维断裂和分层都有助于提高碳纤维增强塑料的碰撞性能。对碳纤维增强塑料碰撞结构的计算，在预设计框架下的能量方程式有很大帮助。碰撞结构的能量吸收能力通常通过试验的方式加以特征化。例如，有限元计算可以采用堆叠壳方法或者特殊材料模型作为建模变体方案（图 6.182）。

为了应对材料的能量吸收，第一层失效后的材料降解起着至关重要的作用。因为从首层失效到末层失效，撞击时产生的大部分动能被吸收了。所使用的降解模型可以通过材料损坏和可塑性来定义。

图 6.182　使用 PAMCRASH 碳纤维增强塑料型材的碰撞情况[301]（左，中）与力–位移曲线（右）[305]

（2）工艺仿真

工艺仿真的目标是对高性能复合材料的构件进行纤维导向和生产导向开发。具有所有性能的材料在制造过程中产生，材料参数如纤维体积分数、材料厚度、孔隙率、硬化程度和自应力受制造技术的影响很大。为了尽可能地保证纤维复合材料构件的稳健性设计和最高效重量设计，关于各个构件的制造工艺信息是必不可少的。除了可以生成布置方式，工艺仿真还可以预测渗透方案或者构件变形，支持工艺开发，并在结构分析中更好地整合制造边界条件。

工艺仿真的前提条件是尽可能精确地给出所有相关的工艺性能和材料性能，并在最好的情况下，将所有的工艺步骤（预成形、渗透、硬化等）联系起来（图6.183，见彩插）。例如，基于多轴织物的成形仿真，可以确定渗透率的分布，可以进行渗透仿真以评估和开发填充策略。同样，对于成形的预成形件，其由刚度和强度确定的纤维角是结构仿真的基本输入值。

工艺仿真的另一个优点是其也可用于工艺过程的开发和优化，并进行敏感度分析。

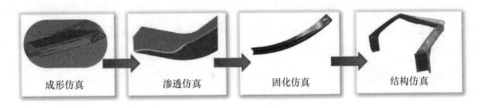

图6.183 工艺仿真链的顺序示例[307]

（3）褶皱仿真

褶皱仿真及成形仿真将扁平半成品变成三维近净形状，既包括了干燥的半成品，也包含预浸渍半成品（预浸料，有机板等）。由于半成品的内部织物结构，这些半成品的剪切力很小，可以在双曲面上实现一定角度的无皱形状。相应地，纺织品的复杂各向异性变形行为使得褶皱结果难以预测。工艺参数如纤维取向、厚度分布、布置几何形状必须由仿真或试验来确定。

运动褶皱仿真主要基于马克和泰勒开发的"销连接"（Pin-Joint）模型[304]。对于简单的构件几何形状，可以用该方法确定覆盖的预成型件的纤维取向和扁平半成品坯料的形状。由于采用纯几何方法，因此不考虑材料性能和工艺性能。因此，从仿真结果看，无法区别织物层和单向层。

利用基于有限元的褶皱仿真，可以对褶皱工艺进行进一步的考察。为此而使用的材料模型，可以相应地映射纺织品的各向异性行为。在研究中，采用不同的方法来对在不同规模水平的褶皱过程进行建模。在这种情况下，由于计算工作量的原因，宏观评估（在层级建模）已经普遍用于构件层面仿真，并且越来越多地应用于工业环境中。除了能够预测纤维取向和布置几何形状之外，有限元方法还可以预测可能出现的褶皱缺陷（褶皱、裂痕、缺口等）以及作用的过程力。

（4）渗透仿真

树脂渗透工艺的仿真，也称为LCM（Liquid Composite Molding，液态模塑成型），主要用来计算工艺参数。其中包括树脂前沿走向、渗透过程中的树脂流速、模腔中的压力状态和模具中的应力状态。了解这些参数可以在构件开发的早期阶段对制造工艺进行陈述。由此可以确定模具的尺寸，并在迭代过程中，可以对可制造性和构件性能相互匹配。通过制造工艺的虚拟映射，可以节省模具调整和原型生产的成本。

树脂渗透仿真的软件工具主要基于达西定律，这是一种简化形式的纳维尔-斯托克斯（Navier-Stokes）方程。在仿真模型中，至少包含已知工艺参数中的网格化空腔，通过边界条件考虑诸如注射压力和模具温度等工艺参数。根据要求，除了空腔，还可以将成型模具离散化，以映射热过程和机械过程。常用液态模塑成型仿真工具中的求解器使用有限元方法求解达西方程。通常，在仿真中可以考虑反应性树脂的固化（在模具充型过程中树脂黏度的变化）。

结构仿真必须知道材料参数如弹性模量和强度。液态模塑成型仿真也是一样，了解关于材料特性的知识是进行液态模塑成型仿真的前提条件。进行仿真，必须知道纤维半成品的渗透性（对注射树脂的渗透性）与注射树脂的黏度。虽然方法和设备的标准（流变仪）可用于确定树脂黏度，但目前还没有确定渗透率的既定方法。目前的研究趋势是通过对纤维半成品建模，并通过仿真确定渗透率。

（5）固化仿真与生产相关变形的确定

从经济角度出发，考虑到产量和最大化利用纤维复合结构的性能，越来越需要高度集成的结构。几何形状复杂性的增加以及始终如一的高公差要求对模具设计者和工艺工程师提出了新的挑战。相对于变形中性的构件，针对目标几何形状，设计出模具几何形状和制造工艺。特别是对于大型构件，例如波音787或者空中客车A350的机身部分，由于一方面载荷储备小，另一方面模具成本高，因此，设计是"第一权利"，因为可再加工性受到限制。

在工业实践中，诸如弹入的过程引起的变形目前常通过模具几何形状的时间和成本密集的迭代调整过程来吸收。可以获得用于变形的先验估计的方法——从分析/经验到基于现象学的有限元分析，到压实和硬化过程的详细模拟。

在这种情况下，不同的方法互相交织：使用通常可访问的材料参数对弹入进行分析评估，可以用作简单型材（例如C形梁）中模具概念化的"经验法则"。即使对于闭模制造过程中更复杂的几何形状，通过将固化期间发生的应变确定现象整合到扩展的热膨胀系数中，也能够在恒定工艺条件下逼近变形的平均值。汽车工业与航空航天工业领域的公司越来越认识到详细方法的潜力。对于所有相关机制的抽象处理，例如在树脂模塑传递模具或压煮器中的热传递、树脂反应、相变、层压板压实、树脂流动、树脂收缩和树脂刚度参数的开发以及将这些与多物理场模拟平台集成，可以实现在真实的工艺边界条件下，根据纤维复合材料构件的虚拟生产，并且可以给出更准确的实际形状描述。此外，利用虚拟试验可以稳健地设计工艺窗口，虚拟试验包括模具，构件如层压板，芯材，流动助剂和装袋材料的设置，以及相关工艺参数的变化和关于目标值的材料，如纤维体积含量以及固化后的放热和力学性能。

在工业领域不同方法的广泛使用，一方面受限于缺乏对简单方法应用范围以及因果关系的高度复杂性的了解；另一方面则受限于缺乏对多物理场仿真平台中相应映射的了解以及相关的初始材料特征化努力。

6.4.2.6 应用示例

（1）飞机制造实例

在航空航天领域中，纤维复合材料已经使用了很多年。民用飞机制造的先驱是空中客车

A300 的垂直尾翼。这期间出现了几乎完全由复合材料制成的现代客机，如波音 787 和空中客车 A350。由于采用了碳纤维增强塑料的机翼和机身，纤维复合材料在飞机材料中所占比例达到了约 50%（图 6.184，见彩插）。

开发下一代短程飞机是一个巨大的挑战，例如空中客车 A320 的下一代机型，其制造数量将远远超过 A350 客机。许多结构件，如机身框架，达到了汽车工业中典型的数量。这需要全新的纤维复合材料构造与自动化制造工艺。对于汽车制造来说，这将会产生许多协同效应。

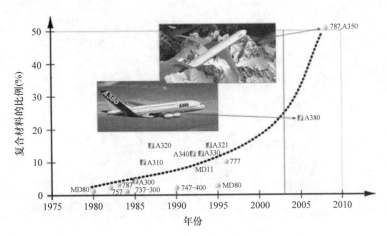

图 6.184　商用飞机制造中纤维复合材料比例的发展[292]

（2）赛车

从 1981 年起，在赛车中就采用了碳纤维增强塑料单体壳。如今，在很多级别中，单体壳被规定为驾驶员的安全舱。单体壳可以理解为前轴和后轴之间的连续承载结构。在实际中，很少制造真正的"单体壳"。大多数情况下，是将两个壳体按照左右或上下的方式进行固化并胶合。这种双壳结构是由生产技术所决定的。每个外壳都是在单个的模具中制造出来的。单体壳生产采用的是预浸渍压煮工艺。这种夹层结构的生产需要进行多次压煮，需要几天的时间才能完成。

除了机械功能之外，单体壳还可以用作驾驶员的安全室。在发生事故时，要保证安全室不受到损害。在单体壳的前部和侧面的外部安装碰撞元件。这些碰撞元件是由碳纤维增强塑料材料制成的，能吸收所有碰撞所产生的能量。图 6.185 显示了一级方程式赛车单体壳结构必须承受的力。如果不使用碳纤维复合材料，要承受这么大的力是不可能的。

（3）汽车制造

在汽车制造领域中使用纤维复合材料有着悠久的历史。在 20 世纪 60 年代，路特斯汽车的爱丽舍车型就已经使用了玻璃纤维增强塑料材料。虽然发动机功率适中，但是通过轻量化实现了出色的行驶性能。

迈凯伦梅赛德斯和保时捷卡雷拉 GT 继承了这一传统，两者都采用了碳纤维增强塑料材料，生产工艺和结构很大程度上基于 F1 方程式赛车与飞机制造的经验，在大批量生产中应

图 6.185　F1 赛车单体壳的设计力[309]

用的潜力较低。

对于这种利基车辆,使用碳纤维增强塑料材料不仅有轻量化的潜力,而且模具成本低,几何尺寸设计能力好。

使用预制/树脂模塑传递工艺可以实现生产周期时间在 5min 以内。这样可以实现批量生产,每天的产量可达 600 辆,甚至更多。宝马汽车公司于 2013 年在 i3 系列中,首次在批量生产中使用了这种工艺,用于生产完整的纤维复合材料车身,并实现在市场上销售。

对于超级跑车,当前开发了一些新的具有巨大潜力的构造与生产工艺。下面以几个例子来说明。

(4)迈凯伦 MP4 – 12c

迈凯伦 MP4 – 12c 的规划产量为每年 4000 台。这相当于每周 6 天每天生产 12 辆车。该车的核心构件是"MonoCell"。这是一个单体壳结构的壳,在树脂模塑传递工艺中一体成形制造出来。为了更好地分配开发和模具成本,公司计划将 Monocell 用于其他车辆(图 6.186)。

Monocell 的制造技术亮点是封闭空腔。为了形成封闭空腔,须使用可去除的芯。这些芯必须允许制备成预成型件,承受注射压力,并在固化结束后,可以无残留地去除。为了保证这种单体壳结构的一体化生产,需要使用多个部分构成的非常复杂的模具。

(5)罗丁

与迈凯伦一样,罗丁汽车公司在跑车中也使用轻巧、坚固与安全的核心元件。这种结构

图 6.186　MP4 – 1 和 MP4 – 12c（迈凯伦汽车）[310]

称为"罗丁碳舱室（Roding Carbon Cell）"，由多个独立的壳体粘接在一起（图 6.187）。与迈凯伦相比，罗丁碳舱室还包含带有车顶框架的 A 柱以及带有翻车保护的后壁。带有底盘与驱动器的后端设计，使用了铝制空间框架结构，并通过几个法兰连接到碳舱室。由于采用三部分的模块化结构（前部碰撞结构、碳舱室、后部），所有元件都可以相互独立地进行优

图 6.187　罗丁碳舱室[312]

化和修改，从而为集成替代驱动类型提供了良好的可能性。

针对车辆的高扭转和弯曲刚度要求，通过在承载位置（门槛和中通道）上采用壳体结构与尽可能大的横截面的空心型材来满足。

碳舱室选择差分构造设计的另一个原因是能够应用不同的制造工艺。单个盘既可以在"单面工艺"（例如单边焊）中生产，也可以在"双边工艺"（例如树脂模塑传递）中生产。这样，可以容易地将小批量生产扩大到大批量生产。单件的设计方式使其没有咬边，使用简单的模具就可以生产。罗丁的碳舱室重量仅为 75kg，专为欧洲 NCAP 标准设计。

（6）宝马 i3

宝马 i3 是首批采用碳纤维增强塑料车身的大批量生产车型。

宝马 i3 的生命模块设计基于常规的板材壳构造。先制作单个的壳体，然后将壳体连接到车身上。所有的壳体都是由扁平半成品制成，并成形为干燥的预成型件。然后，在树脂模

塑传递工艺或其他工艺中对预成型件进行树脂浸渍。在树脂固化后，对构件进行切边并粘接。通过将两个或者更多个壳体粘接在一起，生成中空结构。这种结构的一大优点是模具相对简单，每个构件都可以用两件式模具制造。此外，也可以利用板壳结构的相关经验（图6.188）。

图6.188　宝马i3的碳纤维增强塑料结构[302]

（7）碳纤维复合材料在汽车制造中的前景

在航天航空工业中，减轻1kg重量，允许花费数万欧元。而在民用航空业中，则允许花费几百欧元。在汽车工业中使用轻量化方案，只允许额外多支付几欧元。长期以来，对于传统车辆，每减轻1kg的附加成本上限为4欧元。随着燃油价格的上涨以及对二氧化碳排放的惩罚税，这个数字已经超过了5欧元。对于电动汽车来说，这个上限可以提高到12欧元。因为通过碳纤维增强塑料材料轻量化，可以补偿电池重量最高达400kg，并且同时还增加了续驶里程。纤维复合材料的功能特性也非常重要，例如通过良好的绝缘性能优化热管理。

另一方面，考虑到目前汽车工业中所使用的碳纤维，每1kg的成本约为15欧元，而钢铁只需要几欧元，因此，碳纤维工业应用突破面临巨大的挑战。目前来看，主要的成本来自工艺成本，而不是材料成本。图6.189（见彩插）展出了在大批量生产中，构件制作的典型成本分布。

目前的研究项目旨在降低整个产业链的成本。纤维复合材料目前主要用于电动汽车，这是因为电动汽车没有燃油车的"总布置限制"。"从粗纱到构件"的自动化工艺和节能碳纤维制作仅仅是几个例子。尤其是热塑性基体材料的使用有望取得很大进展，包括"返修"和"回收利用"领域。

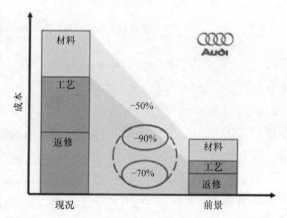

图6.189　碳纤维增强塑料构件制造中的成本分布[313]

因此，可以假设，除了钢、铝和镁之外，碳纤维增强塑料也将成为智能混合制造大批量生产中所使用的材料。

参考文献

1. Kerkhoff, H.J.: Keine Autos ohne Stahl, Bänder, Bleche, Rohre. S. 10–11 (2011)
2. LSS D7 Tool Steel Datasheet, Latrobe Special Steel Co. (2006)
3. Girodin, D., Manes, L., Moraux, J-Y., de Monicault, J-M.: Characterisation of the XD15 N High Nitrogen Martensitic Stainless Steel for Aerospace Bearing, 4th International Conference on Launcher Technology Space Launcher Liquid Propulsion, Liege (Belgium). 3.–6. Dec 2002

4. Gadadhar, S.: Corrosion behaviour and Metallurgy of novel Fe-P alloy, Applications of Fe-P alloys in 21st century, LAP LAMBERT Academic Publishing, 25. Juli 2011
5. Otto, M.: HSD®-Stahl, optimierter TWIPStahl im Legierungssystem Fe-Mn-Al-Si. ATZ-Fachtagung Werkstoffe im Automobilbau, Stuttgart, 18.–19. Mai 2011
6. Richter, F.: Physikalische Eigenschaften von Stählen und ihre Temperaturabhängigkeit, STAHLEISEN-SONDERBERICHTE Heft 10, Verlag Stahleisen m.b.h., Düsseldorf (1983)
7. Mukherjee, D., Muzhumathi, S., Mathiyarasu, J., Palaniswamy, N., Marikkannu, C.: Corrosion and oxidation resistance properties of titanium-containing low-alloy steel. J Solid State Electrochem **4**(7), 402–407 (2000)
8. Hofmann, H., Mattissen, D., Schaumann, T.W.: Advanced cold rolled steels for automotive applications. Steel Res Int **80**(1), 22–28 (2009)
9. Electrical steel sheets for high-frequency application), JFE Steel Cat.No.F1E-002-01, (2001)
10. Chaus, A.S., Rudnickii, F.I., Bohácik, M., Porubský, J., Úradník, P.: Cast metal-cutting tool: their production, materials and applications. Int J Adv Mach Form Oper **2**(1), 35–53 (2010)
11. Berns, H., Theisen, W., Scheibelein, G.: Ferrous Materials: Steels and Cast Iron. Springer, Berlin Heidelberg, S. 15 (2008)
12. Verma, N.: Effect of Phosphorus addition as sintering, activator in Sinter-Hardened alloy steels, Tech. Rep Mme No. 499 B, Dept. of Mat. and Met. Eneg., Ind. Inst. Tech., S. 8. Kanapur (2007)
13. Bhatnagar, N., Srivatsan, T.S.: Processing and fabrication of advanced materials, XVII Bd. 1. I.K. International Publishing House, New Delhi, S. 68 (2009)
14. Pearson, W.B.: A hand book of lattice spacings and structure of metals and alloys Bd. 2. Pergamon Press, London, S. 908 (1967)
15. Dyson, D.J., Holmes, B.: Effect of alloying additions on lattice parameter of austenite. J Iron Steel Inst **208**, 469–474 (1970)
16. Leslie, W.C.: The Physical Metallurgy of Steels. Mc-Graw-Hill, New York, S. 111 (1982)
17. Pickering, F.B., Gladman, T.: Metallurgical development in carbon steels. I.S.I. Special Report, Bd. 81., S. 10–20 (1963)
18. D'Ans, J., Lax, E.: Taschenbuch für Chemiker und Physiker Taschenbuch für Chemiker und Physiker. Springer, Berlin (1968)
19. de Albuquerque, V.H., de Macedo Silva, E., Pereira Leite, J., de Moura, E.P., de Araujo Freitas, V.L., Tavares, J.M.: Spinodal decomposition mechanism study on the duplex stainless steel UNS S31803 using ultrasonic speed measurements. Mater Des Reigate **31**(4), 2147–2150 (2010)
20. Abbaschian, R., Abbaschian, L., Reed-Hill, R.E.: Physical Metallurgy Principles. Cengeage Learning, Stanford, S. 630 (1994)
21. Data sheet, Fastenal Company, Winona (2009)
22. Seidel, W.W.: Werkstofftechnik: Werkstoffe – Eigenschaften – Prüfung – Anwendung. Carl Hanser, München, S. 230 (2007)
23. Philip, T.V.: Heat treating of ultrahigh-strength steels. In: Metals Handbook, 9. Aufl. Bd. 4, S. 119. Americans Society for Metals, Ohio (1981)
24. Bleck, W.: Werkstoffkunde Stahl, 2. Aufl. Wissenschaftsverlag, Aachen (2004)
25. www.stahldat.de
26. www.wikipedia.org
27. http://www.worldautosteel.org/Projects/ULSAB-AVC/Programme-Detail.aspx
28. DIN EN 10079, Begriffsbestimmungen für Stahlerzeugnisse. Beuth Verlag, Berlin (2007)
29. Kruska, J.U.: Tailored Blanks gehört die Zukunft im Automobilbau, STIL 02-Hausgeber Salzgitter AG (2009)
30. Hauger, A., Brecht, J.: Tailor Rolled Blanks, Development Strategy for Future Lightweight Design Concepts. Tagungsband zur Konferenz Strategien im Karosseriebau, Bad Nauheim (2011)
31. DIN EN 10027-1, Bezeichnungssystem für Stähle- Kurznamen, Beuth Verlag, Berlin (2005)
32. DIN EN 10130, Kaltgewalzte Flacherzeugnisse aus weichen Stählen zum Kaltumformen. Beuth Verlag, Berlin (2007)
33. DIN EN 10152, Elektrolytisch verzinkte kaltgewalzte Flacherzeugnisse aus Stahl zum Kaltumformen. Beuth Verlag, Berlin (2009)

34. DIN EN 10268, Kaltgewalzte Flacherzeugnisse aus Stahl mit hoher Streckgrenze zum Kaltumformen. Beuth Verlag, Berlin (2013)
35. DIN EN 10338, Warmgewalzte und kaltgewalzte Flacherzeugnisse ohne Überzug aus Mehrphasenstählen zum Kaltumformen – Technische Lieferbedingungen. Beuth Verlag, Berlin (2015)
36. DIN EN 10346, Kontinuierlich schmelztauchveredelte Flacherzeugnisse aus Stahl zum Kaltumformen. Beuth Verlag, Berlin (2015)
37. DIN EN 10083-2, Vergütungsstähle –Teil 2: unlegierte Stähle. Beuth Verlag, Berlin (2006)
38. DIN EN 10083-3, Vergütungsstähle –Teil 3: legierte Stähle. Beuth Verlag, Berlin (2007)
39. DIN EN 10088-2, Nichtrostende Stähle .Teil 2: für Blech und Band aus korrosionsbeständigen Stählen für allgemeine Verwendung. Beuth Verlag, Berlin (2005)
40. Merkblatt 109: Stahlsorten für oberflächenveredeltes Feinblech, Stahl-Informations-Zentrum, Düsseldorf (2011)
41. DIN EN 10131, Kaltgewalzte Flacherzeugnisse ohne Überzug und mit elektrolytischem Zink- oder Zink-Nickel-Überzug aus weichen Stählen sowie aus Stählen mit höherer Streckgrenze zum Kaltumformen – Grenzabmaße und Formtoleranzen. Beuth Verlag, Berlin (2006)
42. DIN EN 10143, Kontinuierlich schmelztauchveredeltes Blech und Band aus Stahl – Grenzabmaße und Formtoleranzen. Beuth Verlag, Berlin (2006)
43. VDA 239-100: Flacherzeugnisse aus Stahl zur Kaltumformung, Verband der Automobilindustrie, Berlin (2011)
44. SEW022: Kontinuierlich schmelztauchveredelte Flacherzeugnisse aus Stahl Zink-Magnesium-Überzüge, Verlag Stahleisen, Düsseldorf (2010)
45. Charakteristische Merkmal 095: Schmelztauchveredeltes Band und Blech, Stahl-Informations-Zentrum, Düsseldorf (2010)
46. Kurosawa, M., Sato, S., Obara, T., Tsunoyama, K.: Age-hardening behaviour and dent resistance of bake-hardenable and extra deep-drawable high strength steel. Kawasaki Steel Tech. Rep, Bd. 18. S. 61–65 (1988)
47. Bleck, W., Bode, R., Gielsel, D., Schlaphof, W.: Höhere Bauteilstreckgrenzen bei gut (Bake-hardening), Thyssen technische Berichte, Heft 2/89
48. Baker, L.J., Daniel, S.R., Parker, J.D.: Metallurgy and processing of ultralow cabon bake hardening steels. Mater Sci Tech **18**, 355–368 (2002)
49. Gladmen, T., Mitchell, P. S.: Vanadium in Interstitial Free Steels, Vanitec.org (V0497)
50. Norm DIN EN 10325; Stahl – Bestimmung der Streckgrenzenerhöhung durch Wärmebehandlung (Bake-Hardening-Index); Deutsche Fassung EN 10325:2006. Beuth Verlag, Berlin (2006)
51. Norm DIN ISO 10275, Metallische Werkstoffe - Blech und Band - Bestimmung des Verfestigungsexponenten im Zugversuch (ISO 10275:2007); Deutsche Fassung EN ISO 10275:2014. Beuth Verlag, Berlin (2014)
52. Evertz, T., Liebertz, H.: E-Modul von Feinblechen nach Vorverformung sowie anschließender Wärmebehandlung für die Simulation. Tagung Werkstoffprüfung, Bad Neuenahr., S. 35–42 (2006). Tagungsband 2006 Verlag Stahleisen GmbH
53. Meyer, L.: Möglichkeiten zur Verbesserung der Werkstoffeigenschaften von Warmband und Kaltband aus Stahl durch Optimierung der Herstellbedingungen, genehmigte Habilitationsschrift RWTH Aachen (1987)
54. Evertz, T., Beusse, R.: Metallographie III: Werkstoffkundliche Fragestellungen und ihre Lösungen; Seminarreihe IfB Stahl-Zentrum: Institut für Bildung im Stahl-Zentrum, Aachen 2/4. März 2005
55. Mohrbacher, H., Flaxa, F., Schulz, T., Pohl, M.: Low Carbon microalloyed cold rolled, hot dip galvanized Dual Phase Steel for larger cross sectional areas with improved properties, Proceedings CD Galvatech 2011, Genova(Italy), 21.–24. June 2011, 8th International Conference on Zinc and Zinc Alloy Coated Steel Sheet, Session: Automotive Applications, Datei: 19.pdf
56. Heller, T., Evertz, T., Pichler, A.: Trends bei oberflächenveredelten Feinblechen. Stahl Eisen **126**(7), 63–70 (2006)
57. Niemeyer, M., Schulz, T., Evertz, T., Eggers, U., Luther, F.: The new salzgitter mannesmann forschung technology center continuous R&D process chain – systematic product development. Steel Res Int **5**, 396–400 (2008)

58. Norm DIN EN 10052:1994-01; Begriffe der Wärmebehandlung von Eisenwerkstoffen; Deutsche Fassung EN 10052:1993. Beuth Verlag, Berlin (1993)
59. Merkblatt 450 Wärmebehandlung von Stahl – Härten, Anlassen, Vergüten, Bainitisieren. Stahl-Informations-Zentrum im Stahl-Zentrum, www.stahl-info.de
60. N.N.: Internet-Publikation: http://www.worldautosteel.org/SteelBasics/Steel-Types/Post-Forming-Heat-Treatable.aspx
61. Kolleck, R., Veit, R.: Robert Current and Future Trends in the field of Hot Stamping of Car Body Parts, Konferenz-Einzelbericht: SCT2011 – Steel in Cars and Trucks, S. 40–47, Salzburg, 06.–08. June 2011
62. Charakteristische Merkmale 095 Schmelztauchveredeltes Band und Blech. Stahl-Informations-Zentrum im Stahl-Zentrum, www.stahl-info.de
63. Erdmann, C.M., Flaxa, V., Guettler, J., Rieth, M., Schöttler, J.: Reliably processable steel for chassis components with high structural durability. Konferenz-Einzelbericht: SCT 2011 – Steel in Cars and Trucks, S. 698–707, Salzburg, 5.–9. Juni 2011
64. Diekmann, U., Rogall, C.-M., Säuberlich, T., Frehn, A.: High Strength Air-Hardening Steels for Automotive Applications, Konferenz-Einzelbericht: Materials Science & Technology 2007 Conference and Exhibition. S. 111–122, Sep 2007
65. Lund, T., Ölund, P., Sjöstrand, M., Sandqvist, H.: Ovatec 277 ™ – ein neuer Einsatzstahl für Bauteile hoher Qualität mit Lufthärtbarkeit. Ovako Steel, Technischer Bericht, Bd. 1 (2002)
66. N.N.: Stahlentwicklung LH800 für die aktuelle Mercedes E-Klasse. Salzgitter entwickelt den Werkstoff in kürzester Zeit. Stahlmarkt, Heft 12/2009
67. Gottstein, G.: Physikalische Grundlagen der Materialkunde, 3. Aufl. Springer, Berlin Heidelberg (2007)
68. Bhadeshia, H., Honeycombe, R.: Steels – Microstructure and Properties, 3. Aufl. Butterworth Heinemann - Elsevier, Oxford (2006)
69. Song, R., Ponge, D., Raabe, D., Speer, J.G., Matlock, D.K.: Review – overview of processing, microstructure and mechanical properties of ultrafine grained bcc materials. Mater Sci Eng A **441**, 1–17 (2006)
70. Lesch, C.: Grain refinement of cold rolled low carbon steels by rapid transformation annealing (RTA). Dissertation, RWTH Aachen. Shaker Verlag, Aachen (2006)
71. Lesch, C., Bleck, W., Álvarez, P., Gil Sevillano, J., Petitgand, H., Sartini, J.C., Le Corre, C., Schöttler, J.: Grain refinement of cold rolled microalloyed steels by rapid transformation annealing, ECSC final report, EUR 22008 EN, Luxembourg (2006)
72. Lesch, C.: Strengthening of cold rolled HSLA steels by rapid transformation annealing (RTA). In: Proceedings of Super-High Strength Steels Conference, Peschiera del Garda, Verona, Italien 17.–20. Okt 2010
73. Morimoto, T., Chikushi, I., Kurahashi, R., Yanagimoto, J.: Mathematical modelling for microstructure evolution and development of ultra fine grained plain carbon steel in a tandem hot strip mill. Steel Res Int **76**(7), 514–520 (2005)
74. Weng, Y.: Ultra-Fine Grained Steels. In: Weng, Y. (Hrsg.) Metallurgical Industry Press, Beijing (2009). Springer GmbH, Berlin, Heidelberg
75. T. Mochida et al.: Kaltgewalztes Stahlblech mit ultrafeinem Korngefüge und Verfahren zu dessen Herstellung, Patent DE 603 00 835 T2, Anmelder JFE Steel Corporation, Veröffentlichung 27.Okt 2005
76. Tsuji, N., Ito, Y., Ueji, R., Minamino, Y., Koizumi, Y., Saito, Y.: Mechanical properties of ultrafine grained ferritic steels produced by accumulative rollbonding (ARB) process. In: Proceedings of the International Symposium on Ultrafine Grained Steels (ISUGS 2001), The Iron and Steel Institute of Japan, S. 256–259, Fukuoka, 20.–22. November 2001
77. Tsuji, N., Ito, Y., Saito, Y., Minamino, Y.: Strength and ductility of ultrafine grained aluminum and iron produced by ARB and annealing. Scripta Mater **12**(47), 893–899 (2002)
78. Hodgson, P.D., Hickson, M.R., Gibbs, R.K.: Ultrafine ferrite in low carbon steel. Scripta Mater **40**(10), 1179–1184 (1999)
79. Takaki, S., Kawasaki, K., Kimura, Y.: Mechanical properties of ultra fine grained steels. J Mater Process Technol **117**, 359–363 (2001)
80. Dahl, W., Rees, H.: Festigkeitssteigerung durch Kornfeinung. Grundlagen des Festigkeits- und

Bruchverhaltens. In: Dahl, W. (Hrsg.) Stahleisen, Düsseldorf (1974)
81. Kühne, K.: Einfluss des Spannungszustandes und des Gefüges auf die Spaltbruchspannung von Baustählen. Dissertation, RWTH Aachen, Aachen (1982)
82. Weng, Y., Zhao, P., Dong, H.: Recent development of new generation steels in China. In :3rd International Conference On Advanced Structural Steels, Gyeongju, 22.–24. August 2006, 22-PL-3
83. Wendl, F., Hänsch, W., Höfel, P.: Perlitfreier Feinkornstahl – Problemlöser im Automobilbau. Blech Rohre Profile, Bd. 11. S. 16–18 (2008)
84. Seto, K., Funakawa, Y., Kaneko, S.: Hot rolled high strength steels for suspension and chassis parts NANOHITEN and BHT Steel. JFE Technical Report, Bd. 10., S. 19–25 (2007).
85. Funakawa, Y., et al.: High strength hot rolled steels and method for producing thereof, Patent EP 1338665 A1, Anmelder Nippon Kokan KK, Veröffentlichung, 27. August 2003
86. Schäperkötter, M.; Stehlin, M.; Wans, J.; Spitzer, K. H.: Hochleistungsstahl am laufenden Band. Siehe http://dlugosch.org/Leichtbau/tabid/62/Default.aspx unter 3.3 HSD-Stahl. Vortrag beim Fachpressetag Fit statt fett in der Fertigung (EADS, Ottobrunn) zum Thema Leichtbau, 5. Juli 2007
87. Kwon, O., Kim, S., Cho, J., Kwak, W., Kim, G.: Development of TWIP steel for automotive applica-tion, Posco, Korea. In : Proceedings 3rd International Steel Conference on New Developments in Metallurgical Process Technologies (METEC InSteelCon) S. 690–697. Düsseldorf, 11.–15. June 2007
88. Schumann, H.: Metallographie. Dt. Verlag für Grundstoffind, Leipzig (1991)
89. Frommeyer, G.: Die Singularitäten des Eisnes bestimmen die universellen Eigenschaften der Stähle – Teil 3. Stahl Eisen **127**(12), 67–82 (2007)
90. Baruj, A., Cotes, S., Sade, M., Fernandez-Guillermet, A.: Effects of thermal cycling on the fcc/hcp martensitic transformation temperatures in Fe-Mn alloys. Z Met **87**(10), 765–772 (1996)
91. Chang, S., Jahn, M., Pan, Y., Wang, C.: Age strengthening of Fe-Mn-Al stainless steels. Proceedings of the 7th International Conference on the Strength of Metals and Alloys, Montreal. (1985)
92. Schumann, H.: Die martensitischen Umwandlungen in kohlenstoffarmen Manganstähle. Arch Für Das Eisenhüttenwes (8), 647–656 (1967)
93. Grässel, O.: Entwicklung und Charakterisierung neuer TRIP/TWIP Leichtbaustähle auf der Basis Fe-Mn-Al-Si. Dissertation TU Clausthal (2000)
94. Sato, K., Ichinose, M., Hirotsu, Y., Inoue, Y.: Effects of deformation induced phase transformation and twinning on the mechanical properties of Austenitic Fe-Mn-Al alloys. Isij Int **29**(10), 868–877 (1989)
95. Becker, J.U., Thomas, I., Göklu, S., Hofmann, H., Richter, H., X-IP 1000: properties of an austenitic super high strength high manganese steel – status and outlook. Konferenz-Einzelbericht: SCT2008, 2nd International Conference on Steels in Cars and Trucks, Future trends in steel development, processing technologies and applications, (S. 34–42) Wiesbaden, Germany. Verlag Stahleisen, Düsseldorf, 1.–4. June 2008
96. Kim, S.K., Kim, G., Chin, K.G.: Development of high Manganese TWIP steel with 980 MPa tensile strength. In :International Conference on New Developments in Advanced High-Strength Sheet Steels, Orlando, 15.–18. June 2008
97. Chen, L., Voswinckel, H., Han Kim, S., Kim, S.K., Kim, G.S., De Cooman, B.C.: Stretch-flangeability of TWIP Steel,, International Conference on New Developments in Ad-vanced High-Strength Sheet Steels, Orlando, 15.–18. June 2008
98. Roller, R., et al.: Fachkunde für gießereitechnische Berufe – Technologie des Formens und Gießens, 6. Aufl. Europa-Lehrmittel (2009)
99. Bäumer, A., Bork, C.P., Emde, T., Evertz, T., Masendorf, R., May, U., Menne, M., Ratte, E., Steinbeck, G.: Ermittlung des Werkstoffverhaltens und des Beschichtungseinflusses durch rechnerische Methoden zur Verkürzung der Entwicklungszeiten im Fahrzeugbau mit Stahl, Abschlussbericht, P 603. Forschungsvereinigung für Stahlanwendunge (2007). ISBN 3937567488
100. Hecker, S.S., Stout, M.G., Staudhammer, K.P., Smith, J.L.: Effects of strain state and strain rate on deformation induced transformation in 304 stainless steel: part I magnetic measurements and mechanical behaviour. Met Trans A **13A**, 619–626 (1982)

101. Högerl, J., Richter, A., Schlerkmann, H.: Prüfung von hochfesten Stählen für den Automobilbau. Tagungsband, GfKORR-Jahrestagung. Frankfurt, 3. Nov 2009
102. Fischer, H., Georgeou, Z., Otto, M., Schäperkötter, M., Schmidt-Jürgensen, R.: Recent developments and future potentials of near net shape casting belt strip technology. In: Proceedings of Conference Thermec 2009, Berlin, 25.–29. August 2009
103. Stein, F., Palm, M.: Re-determination of transition temperatures in the Fe-Al system by differential thermal analysis. Int J Mat Res **98**(7), 580–588 (2007)
104. Frommeyer, G., Drewes, E.J., Engl, B.: Phyisical and mechanical properties of iron-aluminuim-(Mn, Si) lightweight steels. La Revue De Métallurgie-cit, 1245–1253 (2002)
105. Deevi, S.C., Sikka, V.K., Liu, C.T.: Processing, properties, and applications of nickel and iron aluminides. Prog Mater Sci **42**, 177–192 (1997)
106. Morris, D.G., Gunther, S.: Room and high temperature mechanical behaviour of a Fe_3Al-based alloy with a-a' microstructure. Acta Mater **45**, 811–822 (1997)
107. Palm, M.: Concepts derived from phase diagram studies for strengthening of Fe-Al-based alloys. Intermetallics **13**, 1286–1295 (2005)
108. Bahadur, A.: Enhancement of high temperature strength and room temperature ductility of iron aluminides by alloying. Mater Sci Technol **19**, 1627–1634 (2003)
109. Kim, S.M., Morris, D.G.: Long range order and vacancy properties in Al-Rich Fe_3al And $Fe_3Al(Cr)$ Alloys. Acta Mater **46**, 2587–2602 (1998)
110. Morris, D., Dadras, M., Morris, M.: The influence of chromium additions on order and ductility in Fe_3Al intermetallic. J De Physique IV**3**, 429–434 (1993)
111. McKamey, C.G., Maziasz, P.J., Goodwin, G.M., Zacharia, T.: Effects of alloying additions on the microstructures, mechanical properties and weldability of Fe_3Al-based alloys. Mater Sci Eng A **174**, 59–70 (1994)
112. Morris, D.G.: Possibilities for high-temperature strengthening in iron aluminides. Intermetallics **6**, 753–758 (1998)
113. McKamey, C., Horton, J.: The effect of molybdenum addition on properties of iron aluminides. Met Trans A **20**, 751–757 (1989)
114. Baiyang, L., Maosen, L., Xiaobing, C., Zhiyuan, M.: Influence of Mn addition on the ordering of D03 Fe-28 %Al intermetallics. J Mater Sci **34**, 4039–4042 (1999)
115. Schneider, A., Falat, L., Sauthoff, G., Frommeyer, G.: Microstructures and mechanical properties of Fe3Al-based Fe-Al-C alloys. Intermetallics **13**, 1322–1331 (2005)
116. Kim, W., Ruano, O.A., Wolfensteine, J., Frommeyer, G., Sherby, O.D.: Superplastic behavior of a kappa carbide material (Fe_3AlC_x). J Mater Res **12**, 2317–2324 (1997)
117. Cadel, E., Lemarchand, D., Gay, A., Fraczkiewicz, A., Blavette, D.: Atomic scale investigation of boron nanosegregation in FeAl intermetallics. Scripta Mater **41**, 421–426 (1999)
118. Klein, O., Baker, I.: Effect of heat-treatment on the tensile behavior of iron-rich FeAl and FeAl-B. Scripta Met Mater **30**, 627–632 (1994)
119. Liu, C.T., Wright, J.L., Stoloff, N.S.: Effect of Zr and C additions on environmental embrittlement of Fe-28Al-5Cr aluminide. Scripta Mater **38**, 1601–1606 (1998)
120. McKamey, C.G., Stoloff, N.S., Sikka, V.K. (Hrsg.): Physical Metallurgy and processing of Intermetallic Compunds Iron Aluminides. Chapman and Hall, S. 351–390 (1996)
121. Marcinkowski, M.J., Brown, N.: Direct observation of antiphase boundaries in the Fe_3Al superlattice. J Appl Phys **33**, 537–552 (1962)
122. George, E.P., Baker, I.: Thermal vacancies and the yield anomaly of FeAl. Intermetallics **6**, 759–763 (1998)
123. Frommeyer, G., Brüx, U.: Microstructures and Mechanical Properties of High-Strength Fe-Mn-Al-C Light-Weight TRIPLEX Steels. Steel Res Int **77**(9–10), 627–633 (2006)
124. Brüx, U.: Mikrostrukturen und Eigenschaften ultrahochfester Leichtbaustähle auf der Basis Fe-Mn-Al-C. Dissertation TU Clausthal (2007)
125. EAA: The Aluminium Automotive Manual (http://www.alueurope.eu/?page_id=8284)
126. Ostermann, F.: ANWENDUNGSTECHNOLOGIE ALUMINIUM. Springer, Berlin Heidelberg New York (1998)
127. Altenpohl, D.G.: Aluminum: Technology, Applications and Environment. The Aluminum Association, Washington (1998)
128. Kammer, C.: ALUMINIUM TASCHENBUCH Bd. 1. Aluminium-Verlag, Düsseldorf (2002)
129. Aluminium-Zemtrale e.V.: Düsseldorf ALUMINIUM TASCHENBUCH Bd. 2. Aluminium-

Verlag, Düsseldorf (1999)
130. Aguilar, J., Hecht, U., Schievenbusch, A.: Materials Science Forum Bd. 638. Trans Tech Publications, Zürich, S. 1275–1280 (2010). bis Bd. 642
131. Furrer, P., Bloeck, M.: ALUMINIUM-KAROSSERIEBLECHE. sv corporate media, München (2007)
132. Furrer, P.: ALUMINIUM-WERKSTOFFVERBUNDE ERÖFFNEN NEUE ANWENDUNGSPOTENZIALE Tagungsband T29. EFB Hannover., S. 85–94 (2008)
133. Furrer, P., Harings, R.: FUSION-VERBUNDBLECHE FÜR DEN AUTOMOBILBAU ATZ Special Karosserie und Bleche, S. 18-21, Okt. 2010
134. Aluminium-Zemtrale e.V.: Düsseldorf ALUMINIUM TASCHENBUCH Bd. 3. Aluminium-Verlag, Düsseldorf (2003)
135. Georg Fischer Automotive: Interne Aufstellung, Stand 2011
136. Kiehl, P., et al.: Einführung in die DIN-Normen, 13. Aufl. S. 528 (2001)
137. Karl Konzelmann GmbH: Aluminium Gußlegierungen, Broschüre, vor 2005
138. Aluminium Rheinfelden: Hütten-Aluminium – Druckguss-Legierungen, (2. Aufl.), 2007, http://www.rheinfelden-alloys.eu/c/document_library/get_file?p_l_id=78483&folderId=51634&name=DLFE-425.pdf (zuletzt aufgerufen 27. November 2012)
139. Georg Fischer Automotive: Produktkatalog, Stand 2015
140. Georg Fischer Automotive: 2006
141. Georg Fischer Automotive: Produktkatalog, Stand 2011
142. DGS Druckguss Systeme AG: Produktkatalog, Stand 2012
143. VAW-IMCO Guss und Recycling GmbH: Aluminium-Gusslegierungen, (3. Aufl.), S. 67ff. und 75–79 (2007)
144. VAW-IMCO Guss und Recycling GmbH: Aluminium-Gusslegierungen, (3. Aufl.), S. 71ff. und 75–79 (2007)
145. Song, G.-L.: Corrosion of Magnesium Alloys. Woodhead Publishing (2011). ISBN 9781845697082
146. Bettles, C., Barnett, M.: Advances in wrought magnesium alloys: properties, processing and applications. Woodhead Publishing (2012). ISBN 9781845699680
147. Kainer, K.U.: Metallische Verbundwerkstoffe. Wiley-VCH (2003). ISBN 3527305327
148. Emley, E.F.: Principles of Magnesium Technology. Pergamon Press (1966)
149. www.intlmag.org
150. Hollemann, A.F., Wiberg, E.: Lehrbuch der anorganischen Chemie. Walter de Gruyter (1985). ISBN 3110075113
151. Strelez, C.L., Taiz, A.J., Guljanitzki, B.S.: Metallurgie des Magnesiums. VEB Verlag Technik, Berlin (1953)
152. Friedrich, H.E., Mordike, B.L.: Magnesium Technology. Springer (2006). ISBN 9783540205999
153. Kammer, C.: Magnesium-Taschenbuch. Alumiumverlag, Düsseldorf (2000). ISBN 3870172649
154. ASTM Designation B 275–05
155. Dunlop, G.L., et al.: Microstructure and properties of magnesium alloy high pressure die castings, Mg 97. Proceedings of 1st Israeli International Conference on Magnesium Science and Technology., S. 108–115 (1997)
156. Luo, A.A.: Mat. Sci. Forum **419–422**, 57–66 (2003)
157. Aghion, E., et al.: Magnesium Technology. In: Luo, A.A. (Hrsg.) S. 167–172. TMS (2004)
158. Pekguleryuz, M.O., Kaya, A.A.: Magnesium Technology. In: Luo, A.A. (Hrsg.) Bd. 2004, S. 281–287. TMS (2004)
159. Baril, E., et al.: SAE Technical Paper Series 2004-01-0659
160. Bettles, C.J., Forwood, C.T., StJohn, D.H., Frost, M.T., Jones, D.S., Qian, M., Song, G.-L., Griffiths, J.R., Nie, J.F.: AMC-SC1:An elevated temperature magnesium alloy suitable for precission sand casting of powertrain components. In: Kalpan, H.I. (Hrsg.) Magnesium Technology, Bd. 2003, S. 223–226. TMS (2003)
161. Dieringa, H., Kainer, K.U.: Technologische Eigenschaften und Potential von Magnesiumlegierungen. Giesserei-Rundschau **56**(7/8), 114–119 (2009)
162. Zeumer, N., et al.: New develeopments in casting of magnesium. Proc. Int. Conf. Magnesium

Technology, London., S. 18–24 (1987)
163. Unsworth, W., King, J.F.: Recent casting alloy developments. In. Proc. Int. Conf. Magnesium Technology, London., S. 25–36 (1987)
164. King, J.F.: Development of practical high temperature magnesium casting alloys. In: Kainer, K.U. (Hrsg.) Magnesium Alloys and their Applications, S. 14–22. Wiley (2000)
165. StJohn, D.H., Qian, M., Easton, M.A., Cao, P., Hildebrand, Z.: Met Mater Trans **36A**, 1669–1679 (2005)
166. Gunther, R., Hartig, C., Anopuo, O., Hort, N., Bormann, R.: Magnesium Technology Symposium 2008. In: Pekguleryuz, M.O., Neelameggham, N.R., Beals, R.S., Nyberg, E.A. (Hrsg.) S. 95–99. New Orleans (2008)
167. http://www.intlmag.org/files/yend1985.pdf. http://www.intlmag.org/files/yend2000.pdf
168. Letzig, B.D., Kainer, K.U.: Proceedings of the Beijing International Materials Week. (2006)
169. Bohlen, J., Nürnberg, M.R., Senn, J.W., Letzig, D., Agnew, S.R.: Acta Mater **55**, 2101–2112 (2007)
170. Kainer, K.U., Wendt, J., Kurz, G., Fuskova, L., Bohlen, J., Letzig, D.: Gefuegeentwicklung als Werkzeug zur Optimierung von Magnesium-Knetlegierungen. In: Rettenberger, M., Kneiss, A. (Hrsg.) Materialographie, Metalle-Keramik-Polymere, S. 25–34 (2008)
171. Watari, H., Davey, K., Rasgado, M.T., Haga, T., Izawa, S.: J Mater Process Technol **155–156**, 1662–1667 (2004)
172. Kurz, G., Sillekens, W.H., Swiostek, J., Letzig, D.: Proceedings of the 15. Magnesium Abnehmer- und Automotive Seminar (2007)
173. Schichtel, G.: Magnesium-Taschenbuch. VEB Verlag Technik, Berlin (1954)
174. VDI Werkstoff Magnesium, VDI Verlag GmbH, Berlin (1938)
175. Roberts, C.S.: Magnesium and its Alloys. Wiley, London (1960)
176. Avedesian, M.M., Baker, H.: ASM Specialty Handbook Magnesium. ASM International Materials Park (1999)
177. Scharf, C., Blawert, C., Ditze, A.: Magnesium Alloys and Their Applications. Wiley, Wolfsburg (2003)
178. Franke, G.: Sinomag Die Casting Magnesium Seminar, PRC. Private Publisher, Beijing (2000)
179. Argo, D., Forakis, P., Lefebvre, M.: Symposium on Magnesium Technology 2003 held at the 2003 TMS Annual Meeting. Minerals, Metals & Materials Soc, San Diego (2003)
180. Petrovich, V.W., Waltrip, J.S.: World Magnesium Conference. International Magnesium Association, Washington (1988)
181. Pinfold, P.M.D., Oymo, D.: Sae Tech Pap Ser, 65–70 (1993)
182. The European Parliament and the Council of the European Union, Directive 2000/53/EC of the European Parliament and of the Council of 18: On end-of-life vehicles. Off. J. Eur. Communities **2000**, 34–42 (September 2000)
183. Blawert, C., et al.: 65th Annual World Magnesium Conference. International Magnesium Associatio, Warsaw (2008)
184. Ditze, et al.: Magnesium Alloy. Technische Universität, Clausthal, S. 23 (2006). D, GKSS-Forschungszentrum Geesthacht GmbH
185. Fechner, D., et al.: Science in China. Ser E-technological Sci **52**(1), 148–154 (2009)
186. Dieringa, H.: J Mat Sci **46**(2), 289–306 (2011)
187. ASM Composites, ASM Handbook, Bd. 21, S. 38 (2001)
188. Dieringa, H.: In: Kainer, K.U. (Hrsg.) Metal Matrix Composites, S. 55–76. Wiley-VCH. ISBN 3527313605
189. Sklenicka, V., Pahutova, M., Kucharova, K., Svoboda, M., Langdon, T.G.: Key Engin. Mat **171–174**, 593–600 (2000)
190. Dieringa, H., Hort, N., Kainer, K.U.: Proc. of Processing and Fabrication of Advanced Materials XVI 2007 (PFAM XVI). S. 248–255 (2008). ISBN 9789810596507
191. Kumar, S., Ingole, S., Dieringa, H., Kainer, K.U.: Comp Sci Techn **63**, 1805–1814 (2003)
192. Hermann Starck, C.: Firmenprospekt, Goslar
193. Firmenprospekt Wacker Ceramics, Kempten
194. Firmenprospekt Electro Abrasives, Bufallo

195. Ferkel, H., Mordike, B.L.: Mater Sci Eng **A298**, 193–199 (2001)
196. Ugandhar, S., Gupta, M., Sinha, S.K.: Solid State Phenom **111**, 79–82 (2006)
197. Wong, W.L.E., Gupta, M.: Solid State Phenom **111**, 91–94 (2006)
198. Trojanova, Z., Lukac, P., Ferkel, H., Mordike, B.L., Riehemann, W.: Mater Sci Eng **A234–236**, 798–801 (1997)
199. Hassan, S.F., Gupta, M.: Met Mater Trans **36A**, 2253–2258 (2005)
200. Wong, W.L.E., Karthik, S., Gupta, M.: J Mater Sci **40**, 3395–3402 (2005)
201. Hassan, S.F., Gupta, M.: J Alloys Compd **457**, 244–250 (2008)
202. Hassan, S.F., Gupta, M.: Mater Sci Eng **A425**, 22–27 (2006)
203. Hassan, S.F., Gupta, M.: J Alloys Compd **419**, 84–90 (2006)
204. Srikanth, N., Zhong, X.L., Gupta, M.: Mater Lett **59**, 3851–3855 (2005)
205. Han, B.Q., Dunand, D.C.: Mater Sci Eng **A277**, 297–304 (2000)
206. Han, B.Q., Dunand, D.C.: Mater Sci Eng **A300**, 235–244 (2001)
207. Garces, G., Rodriguez, M., Perez, P., Adeva, P.: Mater Sci Eng **A419**, 357–364 (2006)
208. Lee, C.J., Huang, J.C., Hsieh, P.J.: Scripta Mater **54**, 1415–1420 (2006)
209. Morisada, Y., Fujii, H., Nagaoka, T., Fukusumi, M.: Mater Sci Eng **A419**, 344–348 (2006)
210. Goh, C.S., Wie, J., Lee, L.C., Gupta, M.: Mater Sci Eng **A423**, 153–156 (2006)
211. Goh, C.S., Wie, J., Lee, L.C., Gupta, M.: Solid State Phenom **111**, 179–182 (2006)
212. Schauerte, O.: Titanium and Titanium Alloys. In: Leyens, C., Peters, M. (Hrsg.) S. 467–482. Wiley, Weinheim (2003)
213. Friedrich, H., Kiese, J., Haldenwanger, H.-G., Stich, A.: Ti-2003 – Science and Technology. In: Lütjering, G., Albrecht, J. (Hrsg.) Bd. V, S. 3393–3402. Wiley (2004)
214. Peters, M., Leyens, C.: Titanium and Titanium Alloys. In: Leyens, C., Peters, M. (Hrsg.) S. 393–422. Wiley, Weinheim (2003)
215. Wagner, L., Schauerte, O.: Ti-2007 – Science and Technology. In: Niinomi, M. (Hrsg.) The Japan Inst. Metals, Bd. II, S. 1371–1378 (2007)
216. Peters, M., Leyens, C.: Titan im Automobilbau. Metall **64**(6), 236–239 (2010)
217. Peters, M., Hemptenmacher, J., Kumpfert, J., Leyens, C.: Titanium and Titanium Alloys. In: Leyens, C., Peters, M. (Hrsg.) S. 1–36. Wiley, Weinheim (2003)
218. Peters, M., Clemens, H.: Berg- Hüttenmännische Monatshefte **155**(9), 402–408 (2010)
219. Appel, F., Öhring, M.: Titanium and Titanium Alloys. In: Leyens, C., Peters, M. (Hrsg.) S. 89–152. Wiley, Weinheim (2003)
220. Kestler, H.C.: H.: Titanium and Titanium Alloys. In: Leyens, C., Peters, M. (Hrsg.) S. 351–392. Wiley, Weinheim (2003)
221. Leyens, C.: Titanium and Titanium Alloys. In: Leyens, C., Peters, M. (Hrsg.) S. 187–230. Wiley, Weinheim (2003)
222. Kosaka, Y., Fox, S.P., Faller, K.: JOM **56**, 32–34 (2004)
223. Otsuka, H., et al.: Ti-2007 – Science and Technology. In: Niinomi, M. (Hrsg.) The Japan Inst. Metals, Bd. I, S. 251–254. (2007)
224. Sibum, H., Kiese, J., Müller, G.: Ti-2007 – Science and Technology. In: Niinomi, M. (Hrsg.) The Japan Inst. Metals, Bd. II, S. 1083–1086 (2007)
225. Peters, M.: MB-Revue. Maschinenbau Jahreshaupt 2009, S. 72–79 (2009)
226. Wollmann, M., Wagner, L., Kiese, J.: Properties and applications of Titanium alloys in transport. Proceedings of 12th World Conference on Titanium – Ti-2011, Beijing. (2011)
227. Kocan, M., Yazgan-Kokuoz, B., Rack, H.J., Wagner, L.: JOM. 66–68 (2005)
228. Clemens, H.: Berg- Hüttenmännische Monatshefte **153**, 337–341 (2008)
229. Eberhardt, N., et al.: Z Met **89**, 772–778 (1998)
230. Tetsui, T.: Adv Eng Mater **3**, 307–310 (2001)
231. Gadow, R., Kern, F., Wenzelburger, M., von Niessen, C.: Stofflicher Leichtbau mit Sinterkohlenstoff und Verbundwerkstoffen, Themenheft Forschung der Universität Stuttgart, Thema Leichtbau (2007)
232. Buchmann, M., Gadow, R., Scherer, D., Speicher, M.: Ceramic matrix-and layer-composites in advanced automobile technology. In: Singh, J.P., Bansal, N.P., Singh, M. (Hrsg.) Advances in Ceramic Matrix Composites VIII Ceramic Transactions, Bd. 139, S. 3–18. The American Ceramic Society, Westerville (2002). ISBN 1574981544

233. Kurz, G., Müller, R., Fischer, G.: Bremsanlage und Schlupfregelungssysteme in der neuen Baureihe 5 von BMW. Automobiltech. Z. **98**(4), 188–198 (1996)
234. Gadow, R., Speicher, M.: Manufacturing and CMC component development for brake disks in automotive applications. In: Gadow, R. (Hrsg.) Advanced Ceramics and Composites, S. 301–312. expert (2000). ISBN 3816918301
235. Stappen, H.J.: Packendes Duell. Ams Auto Motor Sport **17**, 50–53 (2000)
236. Hillig, W.B., et al.: General Electric Techn. Inform. Serv. 74 CRD 282 (1974)
237. Fitzer, E., Gadow, R.: Fiber reinforced silicon carbide. Am Ceram Soc Bull **65**(2), 326–335 (1986)
238. Gadow, R., Speicher, M.: Manufacturing of ceramic matrix composites for automotive applications. In: Bansal, P. (Hrsg.) Advances in Ceramic Matrix Composites VII Ceramic Transactions, Bd. 128, S. 25. The American Ceramic Society (2001). ISBN 1574981366
239. Phillips, D.C.: Fiber reinforced ceramics. In: Kelly, A., Mileiko, S.T. (Hrsg.) Handbook of Composites, Bd. 4, S. 373–428. Elsevier (1993). ISBN 0444864474
240. Flemming, M., Roth, S., Ziegmann, G.: Faserverbundbauweisen. Springer (1999). ISBN 3540616594
241. Speicher, M.F.: Kohlenstofffaserverstärkte SiC - Keramiken für Leichtbau – Bremsscheiben, IFKB Forschungsberichte. In: Gadow, R. (Hrsg.) D 93. Dissertation, Fakultät für Maschinenbau, Universität Stuttgart. Shaker, Aachen (2002). ISBN 3832219722. ISSN 1610-4803
242. Berreth, K., Gadow, R., Speicher, M.: Fiber reinforced ceramic and method for producing the same. International Patent EP1154970 WO 00/41982 (2004)
243. Jungnickel, B.J.: Physik und Werkstoffkunde von Polymerlegierungen und -mischungen. Vortrag Deutsches Kunststoff Institut (DKI), Darmstadt. (1992)
244. Paul, D.R., Newmann, S.: Polymer Blends. Academie, New York (1978)
245. Sok, K.: Polymer Compatibility and Incompatibility – Principles and Practices. Harwood, New York (1982)
246. Kaiser, W.: Kunststoffchemie für Ingenieure. Carl Hanser, München Wien (2006)
247. Michaeli, W.: Einfügung in die Kunststoffverarbeitung. Carl Hanser, München Wien (1999)
248. Eyerer, P., Hirth, T.: Polymer Engineering – Technologie und Praxis. Springer, Berlin Heidelberg (2008)
249. Dominighaus, H.: Die Kunststoffe und ihre Eigenschaften. Springer, Berlin Heidelberg (2005)
250. Pfaender, R.: Additive und Recyclat. Carl Hanser, München Wien, S. 76–79 (1999). Kunststoffe
251. Hund, M., Gores, F.: Qualitätssicherung Additive, Ein Buch mit sieben Siegeln? Kunststoffe, 72–74 (2003)
252. Zweifel, H., Maier, R., Schiller, M.: Plastics Additives Handbook. Carl Hanser, München Wien (2009)
253. Papst, F., Oberbach, K.: Sächtling – Kunststoff Taschenbuch. Carl Hanser, München Wien (1995)
254. Neitzel, M.: Handbuch Verbundwerkstoffe: Werkstoffe, Verarbeitung, Additive. Carl Hanser, München Wien (2004)
255. Steuernagel, L.: Naturfasern – Neue Möglichkeiten zur Einstellung definierter Eigenschaften in Kunststoffverbunden, Fachagentur für Nachwachsende Rohstoffe
256. Wambua, P., Ivens, J., Verpoest, I.: Natural fibres: can they replace in fibre reinforced plastics? Compos Sci Technol **62**, 1259–1264 (2003)
257. Flemming, M., Ziegmann, G., Roth, S.: Faserverbundbauweisen Fasern und Matrices. Springer, Berlin Heidelberg (1995)
258. Wypych, G.: Handbook of Fillers. Chem Tec Publishing, Toronto (2010)
259. Din ISO 527
260. Rettig, W.: Mechanik der Kunststoffe. Carl Hanser, München Wien (1992)
261. Ehrenstein, G.: Polymer-Werkstoffe: Struktur – Eigenschaften – Anwendungen. Carl Hanser, München Wien (1999)
262. Schulte, K., Gojny, F.H., Wichmann, W.H.G., Sumfleth, J., Fiedler, B.: Polymere Nanoverbundwerkstoffe: Chancen, Risiken und Potenzial zu Verbesserung der mechanischen und physikalischen Eigenschaften. WILEY, Weinheim. Materialwiss. Werkstoff. **37**(9), 298–703
263. Cvjeticanin, N.: Akustische Eigenschaften von technischen Kunststoffen und deren Produkten

in Kraftfahrzeugen. IKV Berichte aus der Kunststoffverarbeitung, Bd. D82. Mainz (1999). Dissertation RWTH Aachen
264. Spingler, M., Glom, F.: Methodische Erfassung der human wahrgenommenen Qualitätsaspekte Kunststofftechnik - Kunststoffe im Automobilbau. VDI, Düsseldorf (2011)
265. Hellerich, W., Harsch, G., Haenle, S.: Werkstoff-Führer Kunststoffe. Eigenschaften – Prüfungen – Kennwerte. Carl Hanser, München Wien (2004)
266. Scholze, H.: Glas – Natur Struktur und Eigenschaften. Springer, Berlin Heidelberg (1988)
267. Twardon, G., Wagner, Th.: Alterung und Beständigkeit von Kunststoffen. In: Eyerer, P. (Hrsg.) Kunststoffkunde Vorlsungsmanuskript, WS2007/08, 14. Aufl. Fraunhofer ICT, Pfitztal (2007)
268. Frank, A.: Kunststoff-Kompendium: Herstellung, Aufbau, Verarbeitung, Anwendung, Umweltverhalten und Eigenschaften der Thermoplaste, Polymerlegierungen, Elastomere und Duroplaste. Vogel, Würzburg (2000)
269. Dolezel, B.: Die Beständigkeit von Kunststoffen und Gummi. Carl Hanser, München Wien (1978)
270. Eckstein, L., Ickert, L., Goede, M.: Belastungsgerechte Leichtbaustrukturen im Automobil aus Faserverbundstrukturen. Springer, München (2010). Automotive Media, ATZ
271. Sahr, C., Berger, L., Lesemann, M.: Systematische Werkstoffauswahl für die Karosserie des SuperLight –Car. Springer, München (2010). Automotive Media, ATZ
272. Eckstein, L.: Forschungsschwerpunkte für das Automobil der Zukunft. Automotive Media, ATZextra 125 Jahre Automobil. Springer, München (2011)
273. Gayer, U.: Inmould Decoration – Folientechnologie für Interieurbauteile. Kunststofftechnik - Kunststoffe im Automobilbau. VDI, Düsseldorf (2011)
274. N. N.: Dreidimensionale Kunststoffdekoration. Firmenschrift Fa. Leonhard Kurz, Fürth
275. N. N.: Stand der IMD-Technik – fertig dekorierte Formteile in einem Arbeitsgang. Firmenschrift Fa. Leonhard Kurz, Fürth
276. Johannaber, F., Michaeli, W.: Handbuch Spritzgießen. Carl Hanser, München Wien (2001)
277. Hubert-Heßelberger, J., Stump, K.-H.: TPO-Tiefziehfolien für zweifarbige Instrumententafeln. Kunststofftechnik - Kunststoffe im Automobilbau. VDI, Düsseldorf (2010)
278. Schwarzmann, P.: Thermoformen in der Praxis. Carl Hanser, München Wien (2008)
279. Patentschrift (DE 102005 005576 A1) der Firma Benecke-Kaliko (2006)
280. Petry, M., Rau, W.: Sitzen Sie bequem? Kunststoffe. Carl Hanser, München Wien, S. 52–55 (2010)
281. Starke, C., Lee, E.C., Sander, D.: Schaumspritzgießen – Technologie und Anwendungen. Kunststofftechnik - Kunststoffe im Automobilbau. VDI, Düsseldorf (2012)
282. Risch, H., Ries, T., Vöge, F., Broos, L.: Nutzung von Kunststoff-Metall-Hybrid-Anbauteilen in der Karosseriestruktur des neuen Audi A 8. Kunststofftechnik - Kunststoffe im Automobilbau. VDI, Düsseldorf (2010)
283. Jessberger, T., Bühler, A., Engel, A.: Motoren in 10–20 Jahren. Kunststoffe. Carl Hanser, München Wien, S. 72–76 (2010)
284. Braess, H.-H., Seiffert, U.: Vieweg Handbuch der Kraftfahrzeugtechnik. Vieweg & Sohn, Braunschweig, Wiesbaden (2000)
285. Fischer, K.: Elektromobilität und Leichtbau. Kunststoffe. Carl Hanser, München Wien, S. 52–56 (2012)
286. Kircher, O., Derks, M., Garth, I., Brunner, T.: Hochleistungskomposites für kyrogene Wasserstoff Druckspeicher. Kunststofftechnik - Kunststoffe im Automobilbau. VDI, Düsseldorf (2010)
287. Sauren, S.: Neue Wege in der SMC-Technologie. SMC-Hybriddeckel – Eigenfertigung bei Mercedes Benz. Kunststofftechnik - Kunststoffe im Automobilbau. VDI, Düsseldorf (2010)
288. Berlitz, S.: Einfluss von Kunststoffen auf Designtrends und Funktionsinnovationen der Automobilbeleuchtung. Kunststofftechnik – Kunststoffe im Automobilbau. VDI, Düsseldorf (2012)
289. Günnel, T.: Leichtbau und Design mit Kunststoffen. Automobil Industrie. Vogel, Würzburg (2012)
290. Institut für Flugzeugbau (IFB). In: Vorlesung Fertigungstechnik und Bauweisen für Leichtbaukonstruktionen, Universität Stuttgart (2012)
291. Voith Composites GmbH & Co. KG
292. Boeing

293. Lehrstuhl für Carbon Composites (LCC), TU München
294. KARL MAYER Textilmaschinenfabrik GmbH
295. Liba Maschinenfabrik GmbH
296. R&G Faserverbundwerkstoffe GmbH
297. Eurocopter Deutschland GmbH
298. Institut für Flugzeugbau (IFB), Universität Stuttgart
299. Automobili Lamborghini S.p.A
300. BMW AG
301. Teufelberger GmbH
302. Lehrstuhl für Carbon Composites (LCC). In: Vorlesung Auslegung und Bauweisen von Composite Strukturen, TU München (2012)
303. Schürmann, H.: Konstruieren mit Faser-Kunststoff-Verbunden. Springer, Berlin Heidelberg (2007)
304. Jones, R.: Mechanics of Composite Materials. Taylor & Francis (1999)
305. Lehrstuhl für Carbon Composites (LCC). In: Vorlesung Materialmodellierung und Prozesssimulation von Composites, TU München (2012)
306. Trochu, F., Gauvin, R., Gao, D.M., Boudreault, J.-F.: RTMFLOT – an Integrated software environment for the computer simulation of the resin transfer molding process. J Reinf Plast Compos **13**(3), 262–270 (1994)
307. Allianz SE, http://www.sponsoring.allianz.com/en/
308. McLaren Automotive Limited, aufgerufen am: 22. November.2012 http://media.mclarenautomotive.com/images/model/4/
309. Roding Automobile GmbH
310. ESI Group: PAMCRASH: virtual performance solution 2011 sover reference manual (2011)
311. Audi AG
312. Lan, J., Yang, Y., Li, X.: Mater Sci Eng **A386**, 284–290 (2004)
313. Abraham, P.D., Simpson, L.J., DeVries, M.J., Callahan, D.E.: Corrosion Behaviour of Stainless Steel-Zirconium Alloy Waste Forms (CORROSION 99), San Antonio, April 25–30, 1999. (1999). Tx NACE International
314. Mars, G.: Die Spezialstähle. Ihre Geschichte, Eigenschaften, Behandlung und Herstellung, 1. Aufl. F. Enke, Stuttgart (1912)
315. Morris, D.G., Muñoz-Morris, M.A.: The stress anomaly in FeAl-Fe3Al alloys. Intermetallics **13**, 1269–1274 (2005)
316. Slater, J.C.: Atomic radii in crystals. J Chem Phys **41**(10), 3199–3205 (1964)
317. http://www.salzgitter-flachstahl.de/de/Services/Werkstoffkennwerte/
318. Tadaki, T., Shimizu, K., Watanabe, T.: Electron microscopic observation of the Austenite and the Martensite in high Aluminium Steel materials transactions. JIM **33**(3), 208–214 (1992)
319. Wedemeier, A., Schulz, T.: Neue Halbzeuge für das Rollprofilieren – Flexibel gewalzte Dualphasenstähle. Konstruktion (11/12), IW4–IW5 (2009)
320. Xu, L.J., Zhang, G.S., Li, J.W., Dong, Z.W., Wei, S.Z.: Research on microstructure and mechanical properties of high boron cast steel. Adv Mater Res **189**(193), 3968–3971 (2011)
321. Pekguleryuz, M.O., et al.: Magnesium Technology. In: Kaplan, H.I. (Hrsg.) TMS, Bd. 2003, S. 201–206 (2003)
322. Bain, E.C.: Functions of the alloying elements in steel. Am Soc Met **127** (1939)
323. Gunther, R., Hartig, C., Hort, N., Bormann, R.: Magnesium Technology Symposium 2009. In: Nyberg, E.A., Agnew, S.R., Neelameggham, M.R., Pekguleryuz, M.O. (Hrsg.) S. 309–313. San Francisco (2009)
324. Zhang, Q., Chen, D.L.: Scripta Mat **51**, 863–867 (2004)
325. Eckstein, L., Ickert, L.: Zukünftige Fahrzeugkonzepte – Kunststoffe in tragender Rolle. Kunststofftechnik - Kunststoffe im Automobilbau. VDI, Düsseldorf (2011)
326. Puck, A.: Festigkeitsanalyse von Faser-Matrix-Laminaten: Modelle für die Praxis. Hanser, München, Wien (1996)
327. Gadow, R., Speicher, M.: Optimized morphological design for silicon infiltrated microporous carbon preforms. Ceram Eng Sci Proc **21**(3), 485–492 (2000)

328. Cornette, D., Cugy, P., Hildenbrand, A., Bouzekri, M., Lovato, G.: UHS FeMn TWIP steels for automotive safety parts. Soc Automot Eng, 1–13 (2005)
329. DIN EN 10027-2, Bezeichnungssystem für Stähle- Nummernsystem. Beuth Verlag, Berlin (1992)
330. Hofmann, H, Becker, J.-U., Göklü, S., Richter, H., Thomas, I.: X-IP 1000: properties of an austenitic super high strength high manganese steel – status and outlook. 2nd conference on steels in cars and trucks, SCT2008. Wiesbaden, 1.–5. June 2008

第 7 章
轻量化材料生产和加工技术

克劳斯·德金，托马斯·埃希恩泽尔，乌维·埃格尔斯，彼得·弗瑞尔，
莱内尔·盖多，洛塔尔·高尔，安斯加尔·戈菲尔特，奥特温·哈恩，
维达里杰·扬森，盖哈德·柯普，安德烈·葛洛夫，格尔森·梅苏特，
安德里亚斯·穆勒，斯蒂芬·穆特，托马斯·奥尔弗曼，迪特里希·舍尔泽尔，
罗多尔弗·夐纳堡，塞巴斯蒂安·舒伦托普，盖拉德·魏德戈尔

7.1 成型⊖技术与成形⊖技术

7.1.1 方法分类

按照 DIN 8580 对制造方法进行了分类。制造方法可分为 6 大类。每一类别都基于特定的特征。在形状发生变化的情况下，材料组合得以保留、减少或者增加（表7.1）。

下文中所介绍的制造方法都可以在主要类别中找到，例如：

- 1 成型—1.1 由液体状态成型—1.1.2 压铸。
- 1 成型—1.2 由塑性状态成型—1.1.4 挤压（挤出）。

以及

- 2 成形（DIN 8582）—2.2 拉压成形（DIN 8581-1）—2.2.2 拉深（DIN 8584-3）。
- 2 成形（DIN 8582）—2.4 弯曲成形（DIN 8586）—2.4.2 通过旋转模具移动进行弯曲—2.4.2.1—弯辊—2.4.2.1.4 辊压成形。

其他的工艺，如以有效介质为基础的成形工艺，锻造、冷冲击挤压、半固态铸造工艺

⊖ Urformen（成型，molding）：按照 DIN 8580，在成型工艺中，采用没有形状的材料制造出具有几何形状的实体。采用成型工艺，制造出实体的第一个形状，完成材料组合。用于成型的初始材料为液态、气态、颗粒或者粉末状，即具有不同的流变行为。电铸、粉末冶金与铸造技术都属于成型工艺。按照最新出版的中国国家标准，将 Urformen 译为成型。——译者注。

⊖ Umformen（成形，Forming）：按照 DIN 8580，成形工艺包括辊轧、自由锻、模锻、冲击挤压、挤压、拉深、弯曲。成形工艺是将塑性材料（金属和热塑性塑料）的坯材有目的地加工成另外一个形状，同时没有将坯材的材料去除（如分离工艺）或者添加（如连接工艺）。材料保持其质量和组分。按照最新出版的中国国家标准，将 Umformen 译为成形。——译者注。

（触变成型）、触变锻造等可以根据载荷和工艺方法进行分类。

表7.1 根据 DIN 8580[293] 制造方法的特点[319]

创建形式	改变形式				改变材料属性
创建组合	保留组合	降低组合成分	增加组合成分		
组1	组2	组3	组4	组5	组6
成型	成形	分离	连接	涂装	改变材料性能

7.1.2 扁平件的制造方法

7.1.2.1 拉深

生产扁平板材成形件的最常用工艺方法是拉深。然而，真正的成形过程通常不是纯拉深，而是与拉伸和局部弯曲或镦锻工艺相组合的工艺。

在拉深工艺中，将板材加工成空心件（首次拉深），或者将空心件加工成形为另一个具有较小周长的空心体（再次拉深），板材厚度则保持不变[1]。

按照 DIN 8584 标准，根据力传递的类型和方式，拉深可分为模具式拉深、有效介质拉深和有效能量拉深。最简单的一种拉深方式是带有止块的模具式拉深。在一个成形工艺中（也称为拉伸），生产出板材成形件。最简单的拉深模具是由冲头、拉伸环和板材压紧装置组成（图7.1 和 7.2）。

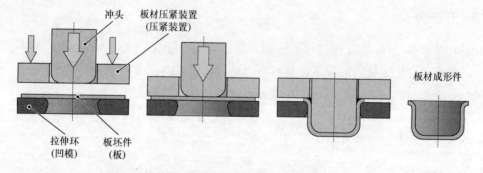

图7.1 带有止块的拉深工艺流程[2]

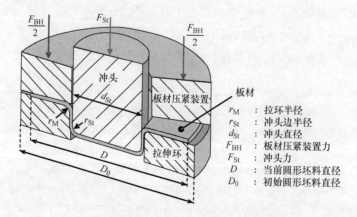

r_M ：拉环半径
r_{St} ：冲头边半径
d_{St} ：冲头直径
F_{BH} ：板材压紧装置力
F_{St} ：冲头力
D ：当前圆形坯料直径
D_0 ：初始圆形坯料直径

图7.2 带有止块的拉深特征尺寸图示[3]

在拉深工艺中生产旋转对称的板材成形件,需在模具的拉伸环和板材压紧装置之间放入初始直径为 D_0 的板材。在成形工艺的第一阶段,板材压紧装置力 F_{BH} 作用于板材上,将其压紧在拉伸环上。在把板变形为板材成形件的过程中,板材压紧装置可以防止在构件法兰区域形成第一类褶皱。借助冲头,变形力先通过底部区域。在接下来的变形过程中,通过框架区域传递到构件的法兰部分。实际成形是在法兰部分完成。根据文献 [4],拉深工艺是一种间接力的方法。

在冲头下探到板材(盆底部形成)中时,板材压紧装置和拉伸环之间的法兰区域不会再有材料流出。因此,首先是材料的拉伸(拉伸-拉伸应力载荷),局部板厚度会降低。在拉伸过程中,材料的最大应力(形状变化)发生在拉伸环半径区域中,在这里容易导致材料失效(底部撕裂)。

通过拉伸应力,在冲头和拉伸环的半径区域内产生的材料硬化,降低了构件底部材料塑化的可能性。成形区域延伸到法兰区域。超出了法兰部分的拉伸力(在法兰区域的变形力和摩擦力)后,在接下来的拉压应力变形工艺中,材料会从法兰区域流向拉深件的框架部分。在法兰上作用的径向拉应力和由此产生的切向压应力(图 7.3),导致在模具外法兰区域材料变厚。

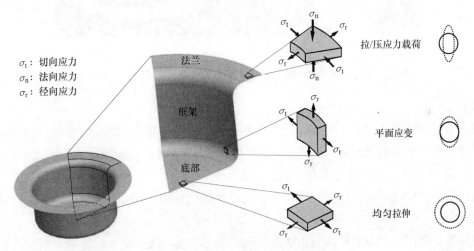

图 7.3 在拉深期间停止时的应力载荷[2]

西贝尔[5]和潘克宁[6]定义了在拉深过程中所需的总功,总功包括理想的成形功 W_{id}、在拉环圆角的入口和出口处的反向弯曲功,以及法兰上的摩擦功 W_{RN} 和拉环圆角角上的摩擦功 W_{RZ},其中,成形功从材料的应变和应力得出。将完成的功回算到所需的总力 F_{ges} 上,从而可将总力近似地描述为理想成形力 F_{id}、反向弯曲力 F_{RB}、法兰上的摩擦力 F_{RN} 和拉环圆角上的摩擦力 F_{RZ} 的总和[7,294]。

$$F_{ges} = F_{id} + F_{RB} + F_{RN} + F_{RZ} \tag{7.1}$$

式中 F_{id}——理想成形力;

F_{RB}——反向弯曲力;

F_{RN}——拉环圆角上的摩擦力；

F_{RZ}——拉环和压紧装置之间的摩擦力。

拉深过程中的失效类型如图7.4所示。

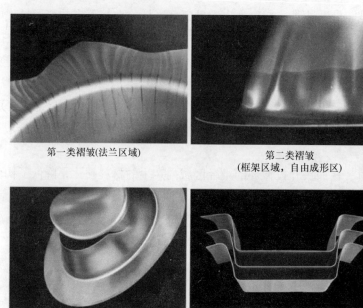

第一类褶皱(法兰区域)　　第二类褶皱(框架区域，自由成形区)

撕裂(底部撕裂)　　回弹

图7.4　拉深过程中常见的失效类型[8]

（1）底部撕裂

在成形过程中，通过冲头传递到构件材料底部的力，不能通过构件框架的材料横截面，继续传递到构件法兰的成形区。

（2）形成褶皱（褶皱类型1和褶皱类型2）

在构件法兰的成形区作用的切向压力，会导致板材在法兰部分出现纵向弯曲，就是第一类褶皱。

在构件框架区域以及构件的自由成形区会产生第二类褶皱，例如，在带有较大直径的开口拉伸环上拉伸形成的圆锥形构件轮廓（冲头形状）。自由成形区是拉伸部分的区域，在成形过程中与模具活性表面没有接触。

（3）回弹

由于塑料变形会伴随出现弹性应变，会出现回弹的情况。值得注意的是，材料的力学性能（例如抗拉强度和屈服强度）与模具的几何形状比例关系都会对回弹产生影响。

可以借助失效类型来定义拉深特有的工艺窗口以及良好件窗口。为此，将拉伸比相对于（恒定的）板材压紧装置压力作图（图7.5，见彩插）。对于旋转对称件来说，极限拉深比β_{max}为坯料最大的初始直径D_{0max}与冲头直径d_{St}之比，这个冲头直径是指在拉深工艺中尚未出现底板撕裂情况下的冲头直径[9]：

$$\beta_{max} = D_{0max}/d_{St} \tag{7.2}$$

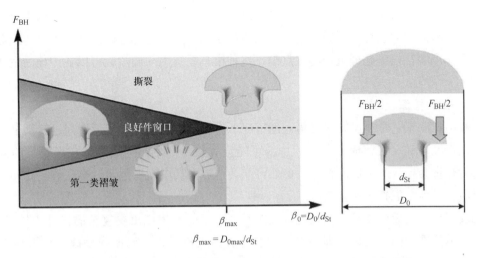

图 7.5 采用拉深工艺的旋转对称板材成形件的良好件窗口图示[10]

除了材料的成形性能和特定的成形条件（模具几何形状、温度、成形速度等）之外，板材表面和模具表面之间的接触区域中的摩擦比对成形结果有决定性的影响（图 7.6）。通过对板材和模具表面的微观形貌进行优化，选择适合的模具材料、表面涂层以及润滑材料，可以对摩擦比产生有利的影响。

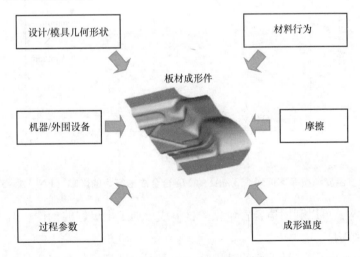

图 7.6 影响拉深结果的因素[7]

其他的优化可能性，可以通过对待成形材料的拉深条件进行调节来实现，如控制成形设备的运动或使用专门开发的模具（分段式以及弹性板材压紧装置、振动式板材压紧装置等）

在这种情况下的一个例子是将拉伸作为单独的成形工艺与拉深相结合。这种工艺组合可以用于面积大的成形件（例如汽车车顶）中。对材料进行拉伸，可以保证材料的均匀表面预强化。在这种情况下，可依据德国海尔布隆市的 GIW 创新模具系统有限公司针对摆动压紧装置所开发的原理。板材压紧装置对板的四边进行夹紧。在拉伸工艺开始时，利用机械控制将板材压紧装置摆动到冲头位置，在与冲头接触之前，将板拉伸到指定的长度。在拉伸过程快结束的时候，板材压紧装置以纯机械方式缩回，并释放材料所需的长度，以避免板材件产生撕裂。将活动的板材压紧装置与传统的板材压紧装置件进行分段组合，可以实现对板材不同拉深深度的补偿。这种组合的优点是，这种模具系统无须调整就可以在传统的生产设备中使用。

7.1.2.2 回火拉深

传统的拉深工艺是在没有热量输入的情况下进行的。但是，在成形期间，特别是在高强度材料的情况下和在快速成形的过程中，可能会有热量产生，这会导致成形模具的温度升高。这种热量会导致产生负面影响，例如可能会造成模具中润滑剂膜过早失效。此外，在设计模具时，必须考虑到热膨胀效应。

相反，在对镁板材或不锈钢板进行成形时，为了能够生产出更复杂的构件[11]，有必要有意地对模具进行回火处理。即使对于铝合金，回火模具也可以明显地改善成形能力（图7.7）。成形能力提高的原因，一方面是由于加热降低了屈服应力，从而使可成形度增加[12,13]；另一方面是因为回火提高了材料的断裂伸长率和均匀伸长率[14]。产生上述效果的原因是：随着温度升高，位错滑移的激活能降低，此外，滑移系可用于成形。

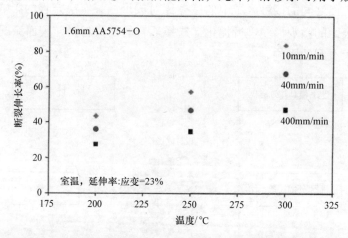

图7.7 温度和拉深速度对含3%Al的Mg合金成形行为的影响（EN AA-5754）

通过回火拉深，可以利用适合轻量化的材料成形加工出更好的构件。图7.8展示了回火拉深模具的基本结构。

在这种模具的设计中，最重要的是模具主动表面与模具的其余部分分离。这样可以避免模具出现不良行为（例如由于热膨胀导致的导向夹紧）。热去耦可以通过绝缘板轻松完成，也可以使用主动冷却的模具模块来完成。同时，可以在模具中采用分段加热的模具组件。这样就可以实现模具与待成形材料的匹配，并且可以在构件的复杂几何形状或材料成形能力的最大利用率方面实现最佳成形结果（图7.9，见彩插）。例如，在德国汉诺威莱布尼兹大学成形技术和成形设备研究所对镁板材成形所使用的回火模具进行了大量的开发、设计和实施工作[3,15-20]。

7.1.2.3 热成形/模压淬火

热成形/模压淬火可以理解为是针对超高强度钢种类的成形工艺，这种工艺近年来已变

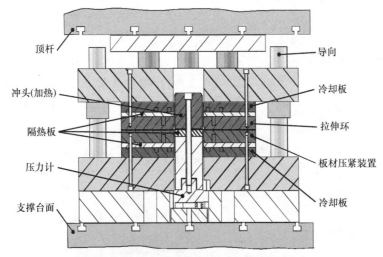

图 7.8 可加热回火拉深模具的基本结构[15]

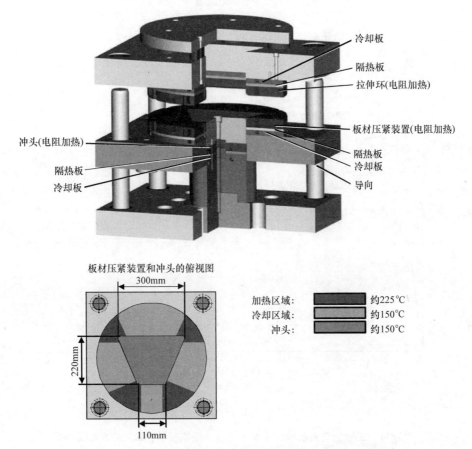

图 7.9 用于镁板成形的可部分加热的拉深模具的基本结构[18]

得越来越重要。利用模压淬火,可以生成具有最高强度和高度复杂几何形状的板材成形件。

热成形/模压淬火工艺的另一个优点是,成形的构件可以满足最高的几何精度。其原因在于奥氏体化的无应力板材在模具中的冷却,以及将板材成形件保持在模具中,直到达到规定的取出温度。

在模压淬火工艺中,首先把板坯加热到奥氏体温度。接下来对板材进行直接单级成形。在成形的过程中,同时发生构件硬化。

使用常规的锰和硼合金调质钢(22MnB5)时,强度 $R_m > 1500\text{MPa}$,屈服强度 $R_{p0.2} > 1100\text{MPa}$ 和断裂伸长率 $A_{80} \approx 5\%$。图 7.10 展示了 22MnB5 钢在初始状态和调质状态下的应力应变图示例。

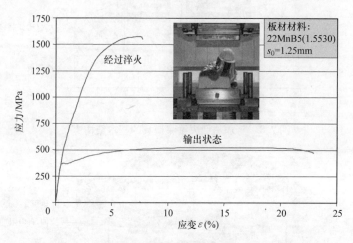

图 7.10　应力应变图:模压淬火/调质处理的影响[2]

图 7.11 所示为批量生产的示意图循环,它是基于铝硅表皮板的处理得出的。

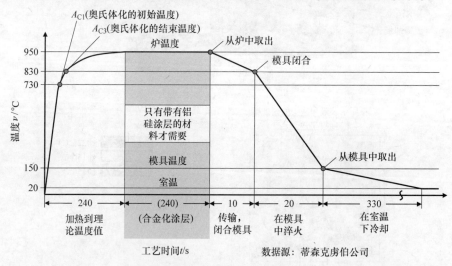

图 7.11　工业上使用的模压淬火工艺生产周期图示,22MnB5 + AS[2]

铝硅表皮主要可以防止生成氧化皮,也有部分防腐蚀的作用。对没有涂层的材料进行加工,在温度超过 570℃时,未保护的材料表面与氧气接触,就会形成氧化皮,这对成形过程和后续过程具有负面影响[21]。铝硅表皮由 90% 的铝和 10% 的硅组成[320]。在与氧气接触后,立即形成氧化层,具有钝化作用。然而,铝硅涂层的缺点是没有阴极腐蚀保护,只有被动腐蚀保护[23,321]。同时，在有表皮的情况下，必须对板的加热速度进行特殊的控制，以确保表皮的稳定性。

当前，直接模压淬火工艺主要应用于带有铝硅涂层的板材。此外，还有一种基于锌的表皮系统，除了有防止生成氧化皮的作用，还可以提供阴极腐蚀保护。基于锌的涂层，在进行加工时，需要进行非常严格的工艺控制。由于其特殊的性能，基于锌的表皮目前几乎只能采用间接模压淬火工艺。模压淬火工艺可分为直接模压淬火和间接模压淬火（图7.12）[321]。

对板坯进行加热可以采用很多种方式。在工业环境中，在辊底式炉内的保护气体气氛下，对生产设备进行持续加热。目前，正在考虑采用替代的加热技术，如感应加热和传导加热，以及几种工艺的组合。

在车身中，模压淬火件主要用在碰撞相关的区域，如保险杠支架、侧围碰撞保护支架或地板区域（图7.13）。以大众汽车公司的途观车型（VW316 - PQ35，2008 - 2014）为例，考虑到附件，在车身中，模压淬火件的重量比占到了17%[24]。此外，大众汽车公司的帕萨特车型通过采用模压淬火板材成形件，大幅减轻了车身重量。对于大众汽车公司的车型VW416 - PQ46（2005—2010）来说，在相同的标准下，与传统的使用冷成形件的钢车身相比，重量减轻了约25kg[25,26]。

在上文所提到的区域中，在引入模压淬火之前，复杂的总成件都是由冷成形板材变形件组成。只有这样，才能实现相应的强度、刚度和所要求的构件性能。模压淬火工艺可以实现以更少的构件生产出复杂的构件或组件，从而实现巨大的轻量化潜力。模压淬火工艺还可以在不影响组件功能的情况下，大幅度减小组件的板厚度，从而大大地减轻构件的重量。

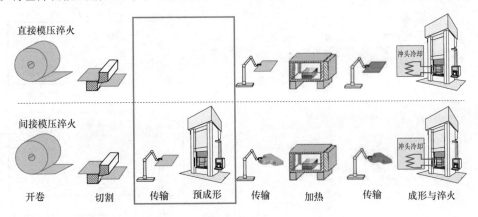

图 7.12　直接模压淬火和间接模压淬火[2]

如上所述，模压淬火板材成形件具有很高的强度和相对低的残余应变。

除了通过调整板材材料实现更高的强度之外，另外一种发展趋势是在构件中实现分级性能（参考7.2节）。性能的分级可以通过要成形的定制坯料（如拼焊板等），或通过所采用的成形技术或温度控制来实现。

为了保证构件尽可能快与可重复地散热，在模压淬火工艺中使用传统的冷却模具。冷却不仅对于实现25~30K/s的最小冷却梯度是重要的，而且这一最小冷却梯度对于金相组织转

图 7.13 在大众汽车公司途观车型中使用模压淬火件的示例[2]（图片来源：大众汽车公司）

变是必需的。此外，冷却还用于稳定成形工艺以及所需构件性能的可重复生产性[23,27-29]。目前，与 7.1.2.2 小节中所描述的回火拉深模具类似的部分冷却模具也可用于在传统的热成形材料中实现分级工件性能。

另一个趋势是利用模压淬火工艺处理 22MnB5 的替代材料，以得到特殊的构件性能，并利用轻量化潜力。空气硬化钢 RobuSal800® 的加工就是一个例子。在 RobuSal800®（LH® - LH® 路线）的常规加工中，在对板材成形件进行冷却成形后，进行热处理（奥氏体化），并置于室温下（图 7.14 和图 7.15）。

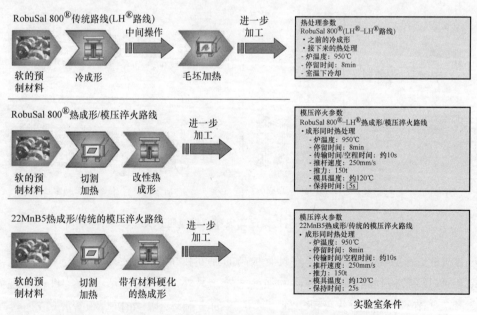

图 7.14 与 22MnB5 相比空气硬化钢 RobuSal800® 的不同加工工艺[30]

但是，如果按照标准的模压淬火程序对 RobuSal800® 钢进行加工，保持时间较短，则与传统的 22MnB5 钢相比，可以使构件实现更高的残余应变值。由于缩短了在模具中的保持时

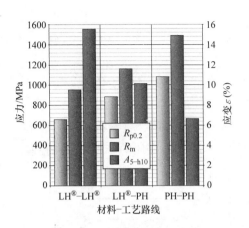

拉伸试验的力学参数			
RobuSal 800® s_0=1.65mm	初始状态	LH®路线	PH路线
$R_{p0.2}$/MPa	280～400	630～670	870～980
R_m/MPa	480～570	930～970	1150～1210
A_{5-h10}(%)	24～30	12.9～16.0	8.9～13.2
22MnB5 s_0=1.65mm	初始状态	模压淬火	
$R_{p0.2}$/MPa	310～400	990～1090	
R_m/MPa	480～580	1500～1550	
A_{5-h10}(%)	24～30	6.0～10.3	
调制材料参数的差别，来自12个拉伸试验，初始材料：标准值，材料数据页SZFG			

图 7.15　与 22MnB5 相比，在不同的加工工艺中 RobuSal800® 的特征值[30]

间，明显地降低了生产周期时间，材料在模具中"冷却"，剩余的淬火在进一步的工艺步骤中进行或在成品件后进行。

7.1.3　基于有效介质的成形工艺

根据 VDI 指南 3146，基于有效介质的成形工艺划分如下（图 7.16）。

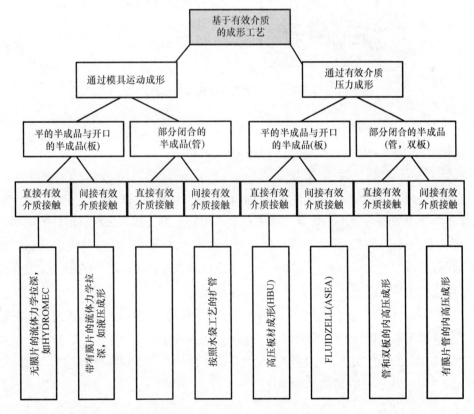

图 7.16　根据 VDI 指南 3146，基于有效介质的成形工艺的划分[31,32]

7.1.3.1 流体力学拉深

基于有效介质的成形工艺最重要的标志是有效介质替代了模具元件。流体力学拉深是基于有效介质的最重要一种工艺（图 7.17）[19]：

1) 将待成形的板直接放在水箱上，水箱的下模具已经装满了有效介质。
2) 板材压紧装置放置在板上，水箱通过板封闭。
3) 冲头行驶到模具和板中，与下模具中的有效介质作用，直接将板加工成形。有效介质压力 p 增加，对于这一压力，可以通过冲头浸入时所排出介质的多少来加以控制。

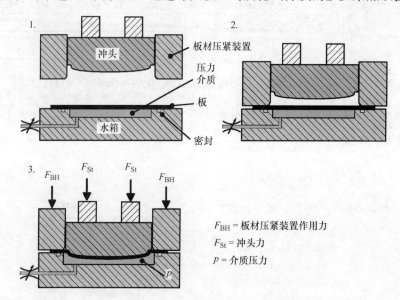

图 7.17 流体力学拉深模具的工作原理[33]

流体力学拉深有以下特点：
- 通过减少了模具组件（模具），降低了模具费用。
- 降低了模具调整时间和模具费用。
- 在一个成形模具中，可以实现对不同材料和厚度的板进行成形。

流体力学拉深的另一个工艺优点是作用在水箱中的压力及其对板材成形件的影响。通过图 7.18 可见，垂直于板材表面的有效介质压力，在构件中形成了良好的应力状态。压力增加了整个接触区域中冲头和板材之间摩擦力。这意味着，与传统拉深工艺相比，通过拉深件框架，可以将拉深件法兰上更大的力传到拉深件底部[19]。

通过这种方法，可以实现深圆锥形构件的制造。例如，可在一个成形工艺中，制造出具有大量自由成形区的减振支柱（图 7.19）。通常，这类构件由几个成形阶段制造，以对材料进行多次加载和拉伸为前提。由于特定工艺的载荷条件，会产生以下优点：

- 在首次拉深中，具有很高的拉深比。
- 均匀的板厚梯度。
- 很高的形状精度和尺寸精度。

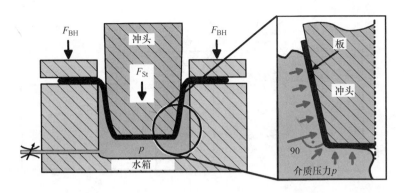

图 7.18 在流体力学拉深模具中,介质压力垂直作用于板材表面[19]

- 高的表面质量。
- 良好的自应力状态[37,38]。
- 减少了成形阶段。

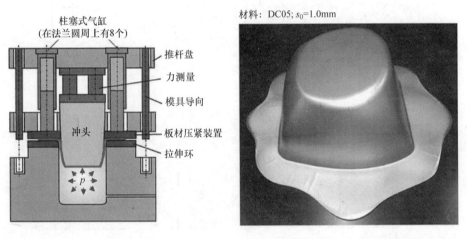

图 7.19 用于单作用压力机的流体力学模具原理,以及流体力学拉深结构的减振塔[34-36]

流体力学拉深(褶皱类型 1 和褶皱类型 2,撕裂与发生在作用方向相反的凸起)的工艺极限与传统的拉深工艺相对应。尤其是在对圆锥形构件进行成形时,由于在拉伸环半径和冲头半径之间的有效介质压力,而形成拉延肋。理想情况是实现板材以水平的方式进入拉深模具(图 7.20)。基于适当的算法,通过控制从水箱挤出的有效介质来控制介质压力,可以实现对板进料的最佳控制[35,36]。此外,还可以通过一些建设性设计方案来避免凸起的形成,例如,根据西格尔特(Siegert)改进流体力学拉深原理(图 7.21),其中,拉延肋受到来自上面的支撑压力 p_{St} 的作用[39]。

这种所谓的主动流体力学拉深工艺是传统流体力学拉深工艺的一种变体[340]。从图 7.22 中所展示的内容可见,主动流体力学拉深工艺的特征在于附加的工艺步骤。在模具闭合后,水箱加压,把已经定位的板压向需变形的方向。通过这种方式对材料进行预拉伸。接下来,板材成形件的变形与水箱中的有效介质压力的作用相反。与摆动压紧装置的机械原理类似,

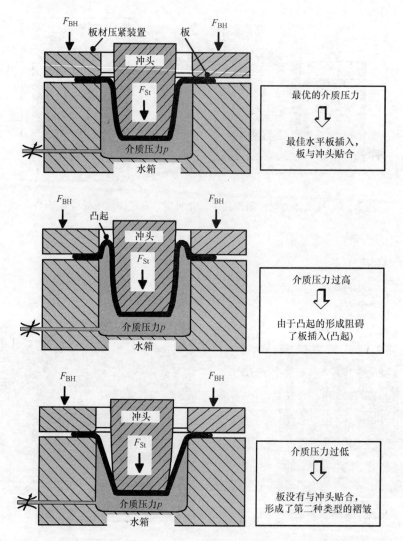

图 7.20 在流体力学拉深中,不同的介质压力对拉延肋形成影响的图解[19,35]

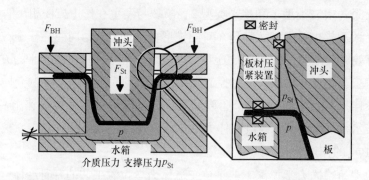

图 7.21 根据西格尔特(Siegert)改进流体力学拉深原理以避免形成拉延肋[19,34,35,39]

有效流体力学拉深工艺适用于薄板制造的大面积构件的生产。在实际成形过程之前的预变形实现了对材料更好的强化,这样一来,允许降低板的厚度,在构件性能不变的情况下,减轻构件的重量[19]。

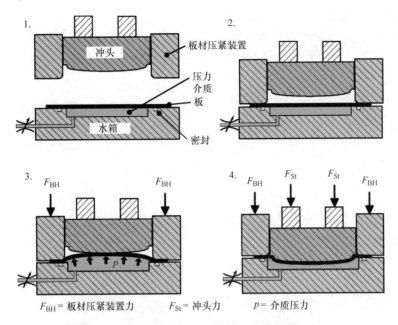

图 7.22 SMG 公司主动 HydroMec 工艺图示[19,340]

流体力学拉深工艺的其他工艺还包括高压板材成形（HBU）工艺和流体单元成形工艺。高压板材成形（HBU）工艺是在成形的凹模中，通过压力介质与构件直接接触，形成板材成形件。与流体力学拉深工艺不同，高压板材成形（HBU）工艺中，有效介质替代的是模具冲头而不是凹模。利用高压板材成形工艺可以在材料上形成良好的应力状态，并对成形有着积极的影响[40]。二级形式元件可以集成在高压板材成形中，而不需要额外的工作步骤，但是需要有局部非常高的冲击介质压力。与流体力学拉深工艺类似，在高压板材成形工艺中，无须更改凹模，就可以对不同厚度和质量的板材进行成形[40-42]。在板材成形件中，由工艺所决定的拉伸比改善了构件的弯曲刚度、形状精度和尺寸精度。

在流体单元工艺中，使用了橡胶膜将有效介质与板材分离。类似高压板材成形工艺，板成形件在成形的凹模中加工成形。流体单元工艺的主要优点是成形件的表面质量非常好。与前面提到的流体力学工艺一样，采用流体单元工艺时，几乎可以不考虑板材厚度和板材质量。与高压板材成形工艺和流体力学拉深工艺相比较，流体单元工艺不会由于工艺的原因，对板材成形件造成污染。但是，橡胶膜的磨损是流体单元工艺的一大缺点[19]。

7.1.3.2 基于有效介质的铝特殊工艺

超塑性成形和电磁成形是两种特定的适合铝的基于有效介质的工艺。

超塑性指的是金属拉伸应力的作用下达到极高断裂伸长率（≥100%）的性能。对于某些铝合金（例如来自镁铝系或铝锌镁铜系），在高温（超过450℃）和低变形速度下，可观察到超塑性行为，材料的晶粒尺寸非常小（≤10μm），并且阻碍晶粒生长的阻力很高。通过成形温度和成形速度的正确组合，可以获得最佳的超塑性流动条件。

在超塑性成形工艺中,仅需要一个半模,分为凹模成形和凸模成形。在整个成形期间,通过上压力室和下压力室将板材夹紧,利用板材膜顶部和底部之间的气体压力差,将板材加工成形。在凹模工艺中,随着板材的加深,与凹模发生接触,形成了不均匀的材料流(图7.23,见彩插)。构件外部形状按照比例复制成形,但是板材成形件会出现局部厚度不同的情况。

凸模工艺采用凸模(图7.24)。模具冲头(凸模)仅在达到足够的深度后才撤回,并通过反转模具的压力方向,对材料进行冲压。与凹模成形相比,凸模成形的构件壁厚度分布更均匀。

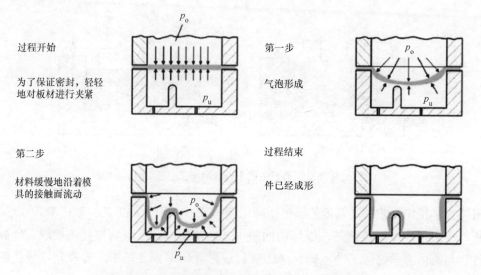

图 7.23　凹模超塑性变形的工艺流程(凹模工艺)

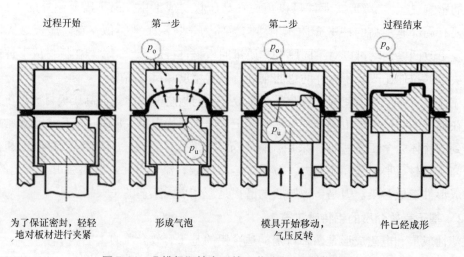

图 7.24　凸模超塑性变形的工艺流程(凸模工艺)

这两种工艺最大的问题是在高成形温度下的模具润滑。生产具有高表面质量的板材成形件成本很高。超塑性成形工艺的另一个缺点是生产周期时间相对较长,根据所生产的构件的情况，最长生产周期时间可达20min。因此，具有明显更短生产周期时间的超塑性成形工艺改进方案，例如快速塑性成形（QPF）技术，现在越来越受到关注。

HEATform公司还开发了一种用于空心体的热成形工艺。这种工艺利用了气体内部压力来对空心件、管或型材进行热成形。

磁成形是一种高能量成形工艺，利用电磁脉冲技术对扁平的（和圆柱形的）、导电良好的半成品进行冷成形。工件位于线圈内，通过非常高强度的脉冲磁场的作用，实现非接触成形。为了产生合适的磁场，首先对储存能量的冲击电容器进行缓慢充电，然后，通过适合于工件几何形状的线圈短时间放电，在几十微秒的时间段内，在工件表面的区域中，形成非常高的磁场。随着时间变化的磁场，在工件表面感应出强电流，磁场又对其施加力。磁力试图使线圈膨胀，并压缩工件。对于传导性能好的材料如铝，作用在工件表面上的磁场压力可达到几千兆帕，并且成形速度极高（$10^4 \sim 10^5/s$）。这种成形速度不仅显著提高了成形能力，例如允许压印锋利的设计线，而且还抑制了铝镁材料中B类型流动形状的形成。在外板区域，有流动形状的材料使用通常受到限制。

7.1.3.3 内高压成形

内高压成形工艺是将诸如双层板坯或者空心体制造成复杂空心结构的方法。在图7.25中展示了内高压成形工艺的流程。

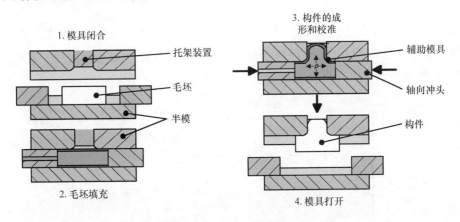

图7.25 内高压成形工艺流程原理[19,43]

在内高压成形工艺中，把要成形的半成品放到模具中。随后模具闭合，从而将半成品密封。接下来用压力介质填充半成品，加压，半成品成形。最后，在模具中对成形件进行校准。在施加压力进行变形期间，可以通过轴向冲头将半成品推入模具中。在校准之后，从模具中取出成品件，执行进一步的工艺步骤（如修整）。通过适当的模具设计，也可以将打孔或修整等附加操作集成到内高压成形工艺中。

内高压成形有如下优点[19]：

- 材料的高度均匀强化。
- 减少组件的元件数量，从而减轻重量。
- 使用封闭模具提高了构件的刚度，降低了板的厚度。

- 可以生产出具有复杂几何形状和可变横截面的构件。
- 减少了制作板材成形件的成形步骤。
- 由于最终校准操作,具有高的几何精度。

用于汽车工业(结构件、排气装置)的内高压成形件的主要应用如图 7.26 所示。图 7.27 展示了内高压成形模具的基本结构。

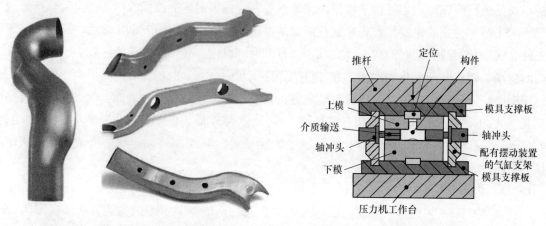

图 7.26 利用内高压成形制造的构件　　　图 7.27 内高压成形的模具构造[19,43]

内高压模具实现了待生产成形件的完整外形,包含适用于活动模具元件的所有控制轴或可调节轴。根据文献 [32],内高压成形模具可以分为横向分割、纵向分割与多重分割模具。在图 7.28 中列出了内高压成形的主要工艺限制。

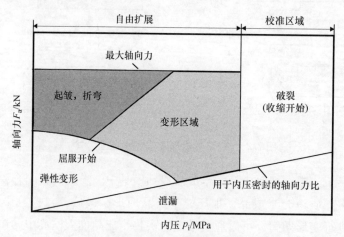

图 7.28 内高压成形工艺极限的示意图[19,44]

如果选择的轴向推力太大,在内压太低的情况下,则会导致轮廓圆周方向上产生褶皱。如果半成品的直径过大,则会出现纵向褶皱。如果超过了临界轴压力载荷,则会出现折弯失效。随着管长度减小和壁厚增加,临界轴压力载荷增加。在变形区域发生破裂,其中,双轴拉伸应力状态占据主导地位,并且大的延伸会导致材料收缩。内高压成形工艺的成功实施需满足以下条件[19]：

- 由轴向力和内压在半成品中引起的应力，必须符合屈服条件。
- 轴向力必须保证空心型材的可靠密封。
- 最大内压不得导致半成品出现收缩。
- 最大轴向力必须低于折弯载荷。

7.1.4 型材与管材的制造方法

型材和管材主要通过弯曲成形工艺生产。因此，根据 DIN 8586，对弯曲成形制造工艺（制造型材的工艺）进行了划分，如图 7.29 所示。

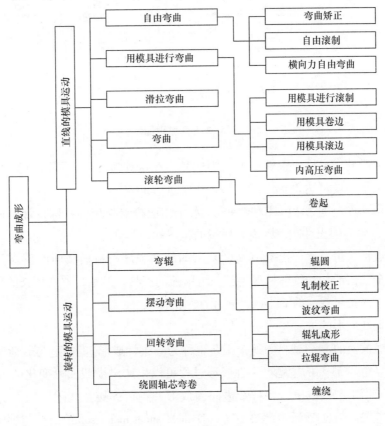

图 7.29 型材制造工艺的划分[45]

7.1.4.1 辊轧成形

辊轧成形是当前钢型材工业生产中最重要的制造工艺，尤其在进行大批量生产时。辊轧成形也用于铝型材的生产。辊轧成形（滚轮形式）通过连续驱动的辊对对金属带材进行成形加工。在这种情况下，辊隙的几何形状在每个成形阶段中发生改变，直到形成所需的端部轮廓的几何形状，而板材厚度不会有意发生改变。这意味着对于复杂的封闭型材几何形状，如果使用合适的焊接工艺，可以生产几乎无限长度的纵向焊接管[46]。图 7.30 显示了辊轧成形的原理。辊对的对齐通常在水平和垂直方向上交替出现。

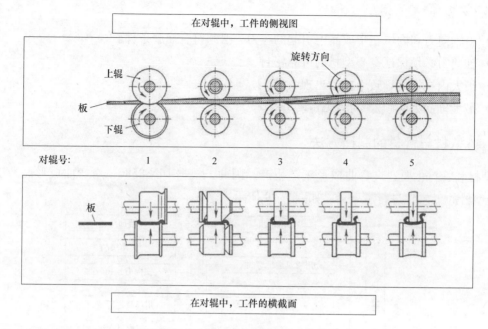

图 7.30 辊轧成形的原理图示[45,47]

热轧带材或冷轧带材用作辊轧成形的半成品。在这种情况下，可以加工 0.3~12mm 的厚度，特殊情况下厚度可达 25mm，带宽为 10~2000mm。

典型的成形速度范围为 40~100m/min。对于相应机器类型的特殊设计，速度最高可达 150m/min。要达到高输出性能，则需要昂贵的机器和模具。

通过辊轧成形，可以生产出具有高度复杂的超高强度材料横截面的型材。应该注意的是，必须为每个几何形状和每种材料生产一组单独的模具，但是，不断增长的形状多样性以及与此相关的产品批量规模的缩小则是相互冲突的。

作为传统辊轧成形的进一步发展，Istrate 等[48,49]实现了一种自动轧辊成形设备，用于生产具有可变横截面的 U 形型材。这个工艺也称为"柔性成形"。制造与载荷匹配的封闭型材是文献［50］和［51］的主题。柔性成形过程可以生产出横截面可变化的 U 形型材。在接下来的传统成形工艺中，U 形型材带边向内成形并进行焊接。文献［52］介绍了柔性辊轧成形的最新进展。数据 M 钣金解决公司（Data M sheet metal solutions）与德国达姆施塔特工业大学的研究人员一起合作，继续对柔性辊轧成形工艺进行开发。最近的工作涉及进一步开发具有可变横截面型材的 3D 截面。这项新技术可以实现用于载荷适应性轻量化型材的一致性制造（图 7.31）。

7.1.4.2 滑拉弯曲

在型材的小批量制造中，可以使用低成本的滑拉弯曲工艺作为替代方案。在滑拉弯曲工艺中，使用固定凹模将轧制带材加工成形（图 7.32）。材料可以按卷提供，也可以在滑拉弯曲设备中使用单板。通过凹模来导入材料，在凹模的输出侧，用夹具托架装置托住材料，并将材料拉过模具。这样一来，可以将把扁平带材加工成形为型材[47]。

图 7.31 柔性辊轧成形的进一步开发[52]

可制造的型材形状是多种多样的。所使用成形步骤的数量取决于待生产的横截面的复杂性和材料的相关成形功。与使用滚轮模具相比，滑拉弯曲工艺由滑动方式替代滚轮摩擦方式，会增加模具的磨损，这可以通过选择合适的模具材料和模具涂层来加以抵消。由于滑拉弯曲工艺在生产中小批量型材方面具有成本低廉、制造灵活的特点，因此，近来对滑拉弯曲工艺进行了进一步研究和开发工作[11,47,53,56-62,399]。开发工作的重点是将滑拉弯曲工艺调整成为连续的工艺，能生产出横截面可变的型材（图7.33），并在一次成形过程中加工出三维的型材。

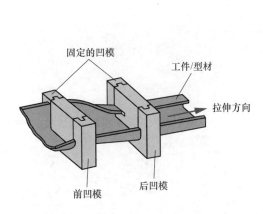

图 7.32 滑拉弯曲工艺的原理[45,322]

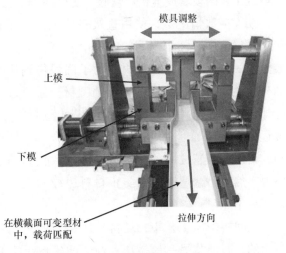

图 7.33 针对宽度可变且载荷适配的型材的滑拉弯曲[63]

在小批量生产中，滑拉弯曲技术是较好的载荷适应型材的低成本制造方法。通过这种方法，使用特别适合预期目的和位置的几何形状，来生产定制的构件。滑拉弯曲工艺适用于生产所有材料的型材。

7.1.4.3 铝和镁的挤压

挤压是生产棒材、管材和不规则的实心或空心型材的成形方法。根据 DIN 8582，挤压工艺属于压力成形中的一种，对此，在 DIN 8583 中有更详细的描述。在这种工艺中，将冲压螺栓加热到成形温度，利用冲头通过适合的模具（凹模）下压。坯材由挤压装置（坯挤压装置）包围。挤压型材的长度可达 60m。从理论上来说，可以生产出较长长度的型材，但是除了小型材之外，一般来说，长型材的生产并不经济。型材的最大尺寸通常是由所采用的挤压机上的坯材挤压装置（所限定的范围）的直径决定的（图 7.34）。

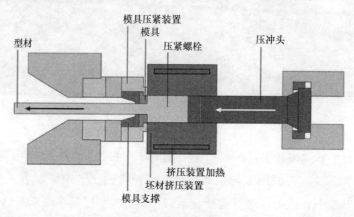

图 7.34 挤压铝型材示例

挤压工艺最适合用于铝材料，也适用于镁合金材料。挤压工艺的特殊优点是可以在一个工艺步骤中实现高成形度，生产出有复杂横截面的型材、管材、空心型材以及多腔型材。由于挤压工艺的模具成本相对较低，使得挤压工艺也非常适用于小批量生产（图 7.35）。

在大多数情况下，使用直接挤压工艺。在直接挤压工艺中，液压驱动的冲头沿着挤压装置内表面向凹模的方向推动坯材。为了确保得到所需的材料性能，对从凹模中挤出的型材，需要进行冷却与淬火。如果有需要，在矫板机上进行校正。过程控制的精确度取决于所使用的铝合金。坯材和坯材挤压装置之间的相对运动会导致较高的摩擦力。然而，摩擦也可以防止材料边缘的杂质进入产品中。

在间接挤压工艺中，坯材挤压装置的一侧是封闭的，凹模从另一侧挤压坯材。凹模位于空心冲头的头部。杆穿过冲孔。间接挤压工艺的优点是消除了坯材和挤压筒之间的摩擦，因此，所需的挤压力较小。由于没有摩擦力，会形成均匀的微观组织，能生产出更高质量的产品。间接挤压工艺主要用于加工高强度（因此难以

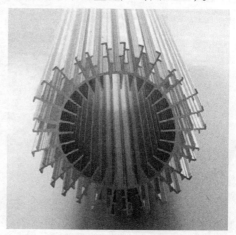

图 7.35 挤压结构图示

冲压）铝合金（图 7.36）。

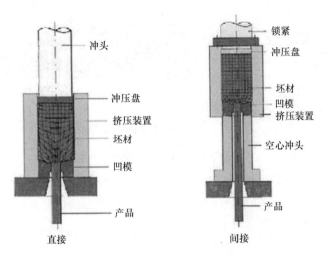

图 7.36　直接挤压工艺与间接挤压工艺

在个别情况下，也会使用到静压挤压工艺。压力不直接来自于冲头，而是通过有效介质（水或油）作用于坯材上。在静压挤压工艺中，所谓的静压应力分量，即所有作用于构件所有侧面上的压应力甚至更高。因此，这种工艺可以实现更高的成形度，同时挤压温度更低，从而得到更好的型材性能。

型材的外部轮廓由凹模确定。因此，为了制造杆和具有不完全封闭横截面的型材形状，仅需要相对简单的模具。然而，生产管材和单腔或多腔的空心型材，挤压模具需要一个或多个芯轴，这些芯轴通过凹模的桥架支撑。在挤压过程中，这种桥架会导致螺钉分成若干个杆，这些杆会在后继的"焊接室"中重新焊接。通过这种形式所得到的挤压缝通常是无缺陷的，但是由于局部的微观组织结构的形成，可能会对挤压缝横向方向的材料性能造成影响。

生产无缝的挤压管，需要在冲头上配有固定的芯轴或随动的芯轴，与凹模一起确定管材的内外轮廓。还可以对管材进行随后的拉伸操作，以减小管壁的厚度或者提高尺寸精度。

7.1.5　板材、型材与管材的弯曲

7.1.5.1　摆动折弯/倒角

图 7.37 显示了摆动折弯机倒角的原理。用可调节的曲柄臂和固定的下臂，对需成形板材的一侧进行夹紧。主轴、液压缸或偏心轮借助上臂夹紧板材。板材的另一侧是自由的，可以利用摆动的弯曲臂进行成形。上臂、下臂和弯曲臂工具通常设有可互换的导轨。利用半径不同的导轨，可以灵活选择弯曲半径。根据不同的摆动角度，在弯曲臂和工件之间形成了可变化的传动比。为了保证加工的精确度，需考虑折弯扣除，并提前展开板材。

摆动臂和板材弯曲侧的接触点在进行折弯时会移动，从而缩短了有效的杠杆臂，提高了折弯力。待生产的型材长度由摆动折弯机的尺寸决定[19]。

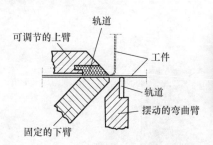

来源：RAS莱因哈德机器制造公司

图7.37 摆动折弯机倒角的原理[45]

滚弯是一种获得专利的摆动折弯工艺的特殊形式。在摆动过程中，弯曲臂按照受控的方式远离板材移动。在这种情况下，由于工具和板材之间没有相对运动，因此可以可靠地避免工具对板材表面造成损坏，这对具有预喷漆或者预涂层表面的折弯来说是重要的。通过对弯曲臂的控制，可以生成可编程弯曲半径。

7.1.5.2 折边

折边实际上是一种连接工艺，将带有加工边角的板材彼此叠置。然后，对角进行折弯并成形。折边主要由三个弯曲步骤组成（图7.38）：

- 卷边（90°弯曲）。
- 预折边（至135°）。
- 折边完成（180°封闭折边）。

在卷边步骤中，通过冲头把板材折成90°角。进一步开发的方法是利用反压力弯曲，借助于反向支架进行弯曲。通过这种方式可以避免出现褶皱，并且可以减少机械回弹和撕裂风险。在预折边过程中，使用带有弯曲表面和入射角的冲头来补偿回弹。在最后一道折边程序中，冲头设计成具有倾斜表面和角度，从而保持与板厚度相关的折边半径。

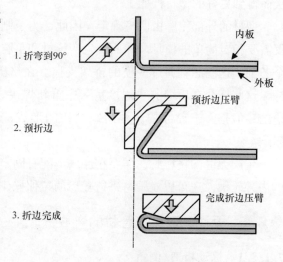

图7.38 折边原理[19]

折边通常用于连接内板和外板的悬挂件。一般来说，扁平折边很容易实现。以前用于铝的滴形折边只在特殊情况下使用，例如在较高强度的铝合金中，或在如果材料由于之前的步骤而仅具有很小的残余延展性的情况下。如果对间隙尺寸有特殊要求，则扁平折边需有更锋利的边角（折边的内弯曲半径几乎为0mm）。

机器折边或者滚边给四门两盖的生产提供了柔性的解决方案。利用滚边头，通过多个工艺步骤，把外板的凸缘折到内板和增强板上。

7.1.5.3 模弯

在模弯工艺中，弯曲发生在弯曲冲头和弯曲模之间。模具可以具有不同的形状。图

7.39 显示了模弯的原理。

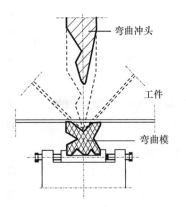

图 7.39　模弯工艺的原理[45]

在实践中，最重要的模弯工艺是使用 V 形弯曲模进行弯曲[64]。模弯的弯曲过程又分为两个分区（图 7.40）。自由弯曲始于冲头下行，当构件到达弯曲模壁时，弯曲完成。在仿形成形时，工件要适应模具的形状。构件的形状由模具几何形状和回弹确定。利用高的压力（例如压花过程）可以在很大程度上控制回弹[9]。与摆动折弯类似，要生产的型材长度受到模弯机的限制。

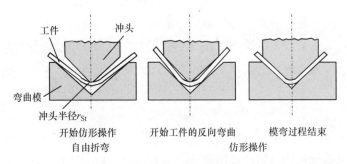

图 7.40　模弯的分区[19]

在摆动折弯工艺和模弯工艺中，可以使用多个工艺步骤生产简单的模型，但是可生产的模型长度受限于设备的大小。弯曲型材的尺寸精度很大程度上由材料条件和加工条件决定。成形应力以及材料的冷作硬化限于弯曲区域。较低的设备和模具费用与简单的模具切换是这种折边工艺的特点。另一方面，摆动折边工艺的产能非常低，模具折边的产能为低到中等的水平。

7.1.5.4　管和型材的弯曲

根据具体的弯曲任务，在工业实践中使用不同的弯曲工艺与弯曲工艺组合。对于大型型材，最有效的是模弯、滚弯和在固定模板中弯曲。对于中小型材，拉伸弯曲工艺更方便。对于管材，最适合使用的是有芯轴和无芯轴的圆形弯曲与摆动折弯。为了保证弯曲的尺寸精度，可使用计算机数控弯曲设备。

通常，可分为以下 4 种工艺：

- 3点式折弯。
- 模具折弯。
- 拉伸弯曲。
- 无横向力弯曲。

在弯曲时，如果弯曲半径非常小，通常使用开卷拉伸折弯。在这种工艺中，弯曲轮廓由弯曲形状决定。内外夹头对型材进行夹紧，弯曲力矩通过旋转折弯模板以及夹头来引发。砧座工具用作支撑以引发弯矩。在要求严格的弯曲任务中，还使用芯轴和褶皱平整工具。芯轴位于弯曲区域（成形区域）的管材的内部，并对型材的横截面进行支撑，以抵消横截面变形。褶皱平整工具位于管道内仍然笔直的一侧，用于防止起皱。在型材弯曲过程中，内拱上形成的褶皱对于薄壁型材而言是一种典型的失效情形。另一种典型的失效情形是在外拱形成裂纹。当外拱上的应变超过了成形所允许的最大值，就会产生裂纹。

对于较大的管材和型材，大多使用自由弯曲工艺。在自由成形弯曲中，弯曲轮廓不受模具约束，但是受模具运动学的影响。最著名的自由成形弯曲工艺是三辊推弯。把型材输送到弯曲辊和支撑辊之间，并固定在运输单元中。通过横向于型材纵轴的方向进给成形辊，并随后或同时推进型材，则型材被弯曲。为了变换弯曲平面并产生三维弯曲轮廓，型材可以围绕其纵轴旋转单元旋转。为了在不同半径之间实现连续过渡的可变弯曲曲线，在同时进给型材的弯曲过程中，成形辊的输送必须根据弯曲线的曲率连续变化。

型材的塑性弯曲总是会导致型材横截面上的永久变形。在圆管中，弯曲区域中的管横截面变为椭圆形。椭圆化的程度取决于弯曲任务的复杂性。弯曲半径与外管直径之比越小，椭圆化越大。椭圆化是不可避免的，只能通过在管内部使用金属或者弹性体材料的弯曲芯轴来减少椭圆化。

7.1.6 铸造工艺

从历史书籍报道看，铸造第一次出现于公元前5000年的中东，与黄金铸造相关。自公元前500年左右以来，在中国出现了铸铁。1808年和1825年分别发现了轻金属镁和铝[65]。在20世纪初，首次把轻金属应用到铸造合金中。

由于各种铸造工艺和所用材料的进一步发展，特别是在过去的20年里，铸造件的应用范围已得到了极大扩展。除此之外，还进一步开发了相应的后续工艺，如热处理和不同连接工艺，这进一步改善了构件的性能，并使得车辆中的材料混合更易于管理。最终，在技术可行性方面，成本效益（每单位节约重量的成本）取决于材料和工艺的选择。所减轻的每千克重量的价值，取决于相应的项目，并且根据使用目的与产量而变化很大。

与其他工艺相比，铸造可以实现最复杂的几何形状，因此为设计人员留下了极大的设计自由。另一个优势是铸造材料可以100%重复利用，从而节约资源。

在6.2节中所展示的不同铸造工艺，根据DIN 8580都属于源自液态的原始成型工艺。根据模型制造的方式，原始成型工艺可继续划分为永久模和消失模。按照充型方式，可分为慢速充型和快速充型，见表7.2。

表 7.2　不同铸造工艺概览

	消失模	永久模	
	7.1.6.1 消失模		7.1.6.2 永久模
慢速充型	消失模铸造 （实型铸造工艺）	砂型铸造 －重力 －低压	硬模铸造 －重力 －低压
	熔模铸造		铸锻 半固态金属成形
快速充型			半固态金属成形（SSMF） －触变铸造 －触变成形 －流变铸造
			压铸 －挤压铸造 －冷室压铸 －热室压铸

对于汽车技术，砂型铸造、硬模铸造和压铸有着重要的意义。不太重要的铸造工艺是用于发动机构件的消失模铸造和用于安全件的挤压铸造，特别是在亚洲和北美[65]。

同样，所谓的半固态工艺，如触变铸造或流变铸造，由于经济原因及其较窄的工艺带，尚未投入正式使用（表 7.2）。

铸铁仅限于砂型铸造工艺，但是铝构件和镁构件可以选择采用多种工艺进行生产。

图 7.41 展示了不同工艺的产量以及可达到的构件复杂度（根据文献[66]）。

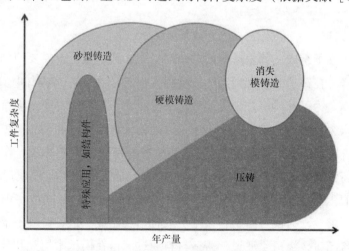

图 7.41　年产量和构件复杂度的关系

不同铸造工艺各自具有不同的优缺点以及工艺特征，这些对铸件的性能也有着不同的影响。表 7.3 中总结了这些差异，以及对于轻量化与铝和镁铸造工艺和铝铸造工艺相关的因素。

表7.3 铝和镁铸件的成型铸造工艺特征（根据文献［67］）

工艺	力学性能	设计自由度	灵活性和模具制作时间	可实现的最薄壁厚	尺寸精度	工艺安全	备注和趋势
砂型铸造	O 薄壁及空心安全组件	++ 可以实现带有砂芯的空心和复杂轮廓	++ 高灵活度和最短的模具制造时间	+ 在低压工艺中，可生产薄壁件	− 最大公差	++ 非常高，因为不需要冷热循环回路	通过3D打印的型芯具有高度的灵活度和短的实现时间
硬模铸造	+ 安全组件的性能良好	+ 可以实现带有砂芯的空心复杂轮廓	− 大批量生产所需的模具（大批量生产），灵活性较低	O 由于冷却速度，壁厚受限制	O 中等公差	O 鉴于模具数量和精加工工艺，不适合生产薄壁件	趋势是低压铸造和反压铸造工艺用于底盘和发动机组件
压铸	+ 对于薄壁的件，可达到最好的成形性能	O 仅通过滑块或者砂芯可实现空心轮廓	− 模具制造时间非常长	++ 可实现最薄的壁厚	+ 最小公差	− 回火和焊接需要更多的费用	在车身件中的应用快速增加
挤压铸造	+ 即使壁厚较厚的情况下性能也良好	O 仅通过滑块可以实现空心轮廓	O 模具制造时间非常长	O 由于冷却速度，壁厚受限制	+ 最小公差（类似于压铸）	+ 高	由于经济和过程安全原因，尚未采用
半固态铸造	++ 可以实现最好的材料性能	O 仅通过滑块可实现空心轮廓	O 模具制造时间非常长	+ 根据不同的工艺，可以实现非常薄的壁厚	+ 最小公差（类似于压铸）	− 只有非常小的工艺窗口可用	经济生产工艺窗口太小

注：++ 极好，+ 好，O 有条件，− 受限制。

7.1.6.1 消失模铸造

消失模主要由砂子组成，并由适合的黏结剂制成。为了成形，需要使用一种铸模，即要生产的铸件的模样。在铸造时，必须制造该模样，以补偿在固态下冷却时具有余量（收缩）的铸造材料的收缩。为了补偿液态和凝固过程中的收缩，需使用一个或多个冒口[68]。

铸模可分为永久模和消失模。进一步还可以划分为自然铸模和型芯铸模。自然铸模的形状与要铸造的构件相对应（收缩更大），型芯铸模中有额外的型芯标识，在铸模中作为插入型芯的支撑。当铸件中的某些轮廓（主要是空腔）不能使用自然铸模成形时，就需要用到型芯。采用3D打印型芯的方法也越来越成熟，可以在非常短的时间内实现小批量和最小批量的生产。根据要求，永久模可由塑料、木头或者金属制成。这种铸模不仅包含要铸造的铸件的形状，还包含浇口，浇口是通道，铸造材料通过浇口在模型中填充和分布，并将砂型中的空气和在铸造时所产生的气体通过浇口排出。永久模被型砂包围，通过振动和挤压来压实，使模型稳定。通常，铸件在两侧成形。所以铸型由上下两个型箱组成，这样可以在铸造之前取下铸模。因此，铸模不允许有咬边，并且必须有"抬起斜度"（起模斜度），这样可以保证在取下铸模时，不会对砂型造成损坏。之后，上箱和下箱又精确地闭合，将液态铸造材料浇注到砂型中。通常在成品铸件上可以看出砂型的"分型线",因为随后会对其进行后续的处理,或者包含残余的"毛刺"。

选择型砂黏结剂需考虑,铸造的高温可以对其产生破坏,从而导致砂型分解。如果不是这样,就必须对砂型采取机械破坏的方式,以便于取出铸件。如今,造型材料及其黏结剂已经有了很大的发展,可以用于熔点更高的金属,也可以重复利用。除了有机黏结剂之外,无机黏结剂也越来越受到欢迎。

相反,消失模在铸造前不会从砂型中移除,因此可以是单件式的。对于消失模,可以对咬边进行处理,也不需要起模斜度。在浇注铸造材料后,铸模以蒸发、熔化或者以其他的方式分解(例如聚苯乙烯),或者在铸造前被熔化(蜡,树脂)。然而,铸模需要一个预铸模或者一个加工步骤,因为消失模也是通过成形工艺生产的[68]。

(1) 消失模铸造

消失模铸造(也称为全模铸造)的特点是,在浇注的过程中,砂型是满的,砂型中没有与待生产工件相对应的空腔(图7.42)。

在准备实际铸造时,制造可膨胀聚丙乙烯泡沫(PS-E)工件的1:1铸模。PS-E铸模也可以由多个部分组成,这样就可以用造型技术简单的无咬边元件制成复杂的工件(例如进气歧管)。PS-E铸模有涂层作为保护层,在铸造时,可以避免熔液与型砂产生直接接触。把预先制备好的PS-E铸模放置于装满型砂的容器中,完成预加工。

在全模铸造中,将熔液(1)浇注到含有对应于所需工件的PS-E(2)铸模的型砂中。熔液完全汽化PS-E;通过型砂(4)将释放的气体(3)从砂型(5)中吸出。在熔液凝固后,工件可以从砂型中取出,类似于通常的砂型铸造[69]。

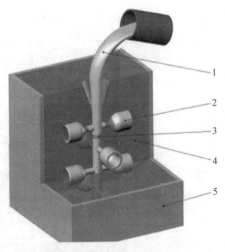

图 7.42 消失模铸造工艺图示[69]

(2) 熔模铸造

熔模铸造可以理解为通过失蜡工艺生产小的或者非常小的铸件。铸件具有极好的细节、精准的尺寸和很高的表面质量。通常还可以省略掉切削加工的步骤。

这种铸模由特殊的蜡、类似的热塑性材料,或者这两者的混合物采用注塑成形工艺制作而成。铸模首先在单个或者多个模具中注塑而成。模具通常由铝或钢制成。根据件的总数、铸件的形状以及铸模材料的类型,制造出相应的注塑模。为了在轮廓中引入咬边,可能会需要预成形的水溶性芯或陶瓷芯,为此,需要额外的模具。在这种情况下,产量超过数千件以上,才适合采用熔模铸造工艺。

在接下来的步骤中,铸模与铸造系统组合成葡萄状的铸模组。铸模组浸到泥浆中。泥浆是陶瓷体,用于由作为造型基体材料的防火细粉型壳的制造,使用硅酸乙酯作为黏结剂。对用泥浆连接起来的铸模组进行喷砂;或者在压缩空气的作用下,铸模组浸渍到硫化的沙床中。重复浸渍和喷砂的过程,直至铸模达到铸造所需的稳定性。在约150℃下熔化蜡模,需要特殊的熔炉(通常使用压煮器),而砂型的烧制是在约750~1200℃温度下进行的。现在可以直接浇注烧制好的砂型。如果熔液的金属静压力和铸造温度高,则砂型可以放到一个箱子中,利用干沙作为填充材料回填。铸造通常以热的形式进行,因此,即使是狭窄的横截面和精细的轮廓也能够得以完美实现。在铸造结束以及熔液完全凝固后,取出铸件,利用切割轮、锯或者采用振动的方式,将铸件跟铸造系统分离。随后,通过喷刷、打磨、喷丸以及热处理和校正,对铸件进行进一步的加工,以及对铸件进行必要的检测。

(3) 重力砂型铸造

在砂型铸造中使用消失砂型和永久铸模。这意味着,每次铸造后,砂型都会被破坏,但是铸模可以重复使用。铸模使用寿命取决于铸模材料和铸模的应力载荷,约在50~500万个铸件之间。对于铸铁材料而言,砂型铸造是最重要的一种工艺,这种工艺也越来越多地用于铝铸件上。

在当今的小批量生产中,铸模通常由塑料制成。在中批量和大批量生产中,塑料和金属的组合是铸模常见的形式。造型材料则分成合成造型材料和天然造型材料。如今,在砂型铸造中,主要使用合成造型材料,材料由石英砂、有机或无机黏结剂以及其他添加剂的混合物组成。砂型铸造工艺变化很大。通过使用型芯,可以实现非常复杂的几何形状,包括构件的内部轮廓和外部轮廓(图7.43,图7.44)。

—— 带有流道(在上部)、浇口和冒口系统的湿砂型(下部),展示了铸件的外部轮廓

—— 对熔液进行过滤的过滤器

—— 型芯展示了铸件的内部轮廓

图7.43 带有置入型芯和铸造滤器的砂型[70]

在重力砂型铸造工艺中,砂型从上方进行填充,金属从砂型顶部流过铸造系统(浇道、流道、浇口)进入到砂型中。由于受到工艺限制,与永久模工艺中的硬模铸造和压铸相比,铝砂型铸造的凝固时间较长,所以力学性能较差。随着对工艺的进一步开发,目前铝砂型铸造件已经达到了轻量化底盘件所要求的性能值。

(4) 低压砂型铸造

低压砂型铸造是一种创新的铸造工艺。利用这种铸造工艺,可以铸造出具有高的

图7.44 重力砂型铸造[70]

力学性能水平的壁非常薄的铸件。铸造炉是闭合的,因此,金属质量始终如一。充型采用低湍流的方式进行。通过提升管,形成针对特定构件的铸造曲线,提升管直接对接到型箱中(图7.45)。

图7.45 低压砂型铸造(Lamicast)[70]

7.1.6.2 使用永久模铸造

(1)硬模铸造

根据充型方法,可将硬模铸造划分为重力硬模铸造、倾斜硬模铸造和低压硬模铸造。通常,硬模铸造工艺具有以下特性(图7.46):

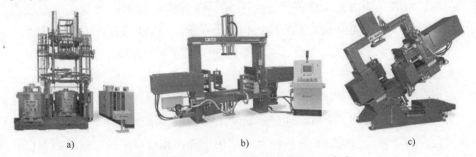

图7.46 硬模铸造工艺中典型装备类型[71]
a)低压硬模铸机 b)重力硬模铸机 c)倾斜硬模铸机

优点:
- 尺寸精准,加工余量低,重量轻。
- 表面质量好。
- 平稳,低湍流充型,尤其在上升式的铸造方式下。
- 由于快速冷却,金相组织精细。
- 良好的力学性能(尤其在壁厚薄和/或冷却效果好的情况下)。
- 可调质处理得到高强度。

- 在适当的凝固控制和熔化技术下，可达到少孔状态。
- 可制造内置铸件。
- 可使用砂芯、盐芯或者玻璃芯。

缺点：
- 壁厚较薄时，会出现冷流问题。
- 砂型不透气，需要对砂型进行排气处理。
- 需要对砂型温度进行控制。
- 需要昂贵的铸型涂料。
- 成本昂贵的砂型维护保养（清洁）。
- 硬模制造成本昂贵且烦琐。
- 在大批量生产中，对于设备和模具的投入较大。
- 性能与壁厚相关。
- 收缩有阻碍。

与砂型铸造工艺的造型材料相比，硬模材料（如热工具钢）的导热性更好。这对凝固有直接影响。特别是在凝固开始时，材料的导热系数明显高于砂型铸造工艺。这直接导致了明显更高的凝固速度，从而可以实现精细的金相组织结构，因此，硬模铸造工艺通常会比砂型铸造工艺实现铸件更好的力学性能。由于砂型明显的冷却效果，会形成外壳。由于铸造轻合金的凝固收缩，外壳从型壁上收缩，从而在外壳和硬模壁之间会产生间隙。通过该间隙的热传递是接下来的凝固过程的决定因素。

在硬模铸造工艺中，充型如在砂型铸造中那样，是通过重力作用从上至下（重力硬模铸造）进行的，或者是通过低压硬模铸造上升式铸造方式进行的。通过在重力硬模铸造中合理设计浇注系统（用于上升式充型的浇口和浇道系统），以及通过压力控制从下部（低压硬模铸造）充型，每个工艺方式都可以实现平稳的、低湍流的充型。

在铸造前，必须对硬模进行涂层。这种硬模的"铸型涂层"是费时的工艺，主要是手工工艺，需要良好的手工和保养。铸型涂层可分为黑色和白色。黑色涂料使用的是石墨添加剂；白色涂料通常由碳酸钙、滑石、硅酸和高岭土与水玻璃添加剂组成。黑色涂料具有良好的导热性并且具有很好的润滑性，白色涂料通常用于浇口和冒口系统，这是因为白色涂料是隔热的。基于醇的涂料不适合用作硬模的涂层，因为涂料通常需直接涂到热的硬模上，并快速干燥。涂料喷涂采用喷枪进行，可以确保涂层薄且均匀（图7.47，见彩插）。

（2）重力硬模铸造

在重力硬模铸造中，硬模充型仅基于金属重量进行。根据硬模的位置，可分为垂直分型或者水平分型。特别是对于上升式充型来说，浇道、浇口和冒口系统的合理设计，是生产出高强度构件的重要前提。为了形成简单的咬边，可以使用金属滑芯。利用砂芯、盐芯和玻璃芯可以实现铸件复杂的几何形状，如气缸盖中的水冷通道。根据所需的产能，对于气缸盖或者底盘件的制造，可以采用不同的自动化和机械化率，从手工铸造到全自动、专业化的铸造单元（图7.48，图7.49）。

图 7.47 右侧是清洁干净的硬模，左侧硬模用红色底漆（黏结剂），顶部有白色绝缘涂层[70]

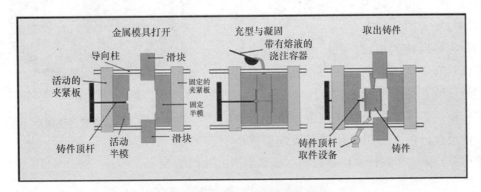

图 7.48 重力硬模铸造图示

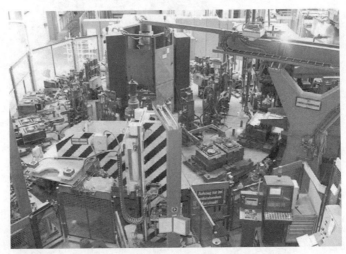

图 7.49 高效硬模铸造单元（乔治费舍尔系统），12 个工位，用于轻合金底盘构件的大批量生产（年产量超过一百万件）[70]

倾斜硬模铸造是重力硬模铸造的一种特殊形式。在这种情况下，充型通过硬模在重力作用下的旋转进行，坩埚和硬模相互连接，并因此一起旋转。

倾斜硬模的优点是在高倾斜期间硬模的缓慢、低湍流填充。在充型过程中，空气可以很好地逸出。

（3）低压硬模铸造

在低压硬模铸造中，腔体是从下方填充的。从加压的保温炉中，利用升液管把液态金属传输到空腔中。通过适当编程的压力梯度可以使充型过程保持平稳，从而为生产高载荷的安全构件（如底盘组件）提供了最佳先决条件。通过压力梯度控制，可实现精准重复充型，充型可以很好地适应构件的几何形状。由于可以对空气冷却和水冷却进行编程，现代低压铸造设备提供了灵活的冷却选项，因此可以减少生产周期时间，并且可控制凝固过程（图7.50）。

与重力硬模铸造相比，低压硬模铸造在模具造型方面具有更大的灵活性。一种机器类型可用于不同的造型方案，因此可以用于不同的产品组。大型单穴模具，例如用于整体铸造后桥副车架或者地板的模具，可以与用于车轮支架或者或小型柴油喷射泵壳体的多穴模具构建在同一机器类型上（图7.51）。

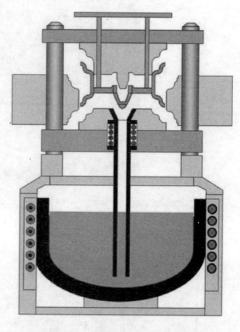

图 7.50　低压硬模铸造图示[72]

图 7.51　四穴低压铸模，用于汽车底盘件的下构件部分[70]

（4）半固态金属成形技术（SSMF）

随着时间的推移，在传统的"成型"和"成形"制造工艺的经典界限之间，还开发出了无法直接归类的成形工艺。术语"半固态金属成形"工艺是指各种成形工艺。在这些工艺中，部分半液态或者半固态金属合金的性能专门用于成形。这些工艺成形在固相线温度和液相线温度之间的两相区域。

除了几个特殊的工艺，如 vexo 铸造工艺或者铸造锻造工艺，半固态技术可以细分为两类："触变成形工艺"和"新流变成形"（表 7.4）。

表 7.4 不同半固态金属成形技术的划分（根据文献 [73]）

	"半固态金属成形（SSMF）"工艺		
	触变成形	新流变成形	特殊工艺
铸造	触变铸造	新流变铸造	铸造
	触变成形（触变挤压铸造）	新流变锻造	铸造 - 锻造
锻造	触变锻造	新流变锻造	
其他	触变横向流动挤压 触变挤压		

触变成形又可分为触变铸造、触变锻造和触变成形。此外，还有不同的变体，例如触变横向流动挤压或者触变挤压。

新流变成形又可分为新流变锻造和新流变铸造。

通常，触变成形适用于所有具有下列特性的金属：具有无枝晶球形金相组织，在液相线温度和固相线温度之间有大温度窗口，具有相应的晶粒尺寸。

（5）触变铸造

与压铸工艺相比，在触变铸造工艺中，充型在相对高的压力（400~800bar）下低速进行。铸机的结构类似于水平冷室压铸机。所用原料的液相比例约为 50%。成形模具的结构类似于压铸模具的结构，只是铸造系统（浇口横截面和填充通道）适合于触变流动行为和金属悬浮液的凝固行为。为了确保压入活塞在整个凝固阶段可以再次挤压并利用高压对微孔进行补缩，填充通道中的凝固必须在构件完全凝固之后完成。

在触变铸造工艺中，只在模具入口开口处对充型进行加压。在触变锻造工艺中则相反，在整个成形表面上通过闭合模具来引入力。通常，触变锻造中工件的工作温度接近固相线温度，而在触变铸造中则更接近液相线温度。

由于可用的过程带非常窄，触变铸造在工业领域中没有得到进一步的应用。触变铸造的另一个变体是触变成形。这两种方法是基于相同的基本原理，但用于与热塑性注塑机类似的机器。触变铸造对比流变铸造的一般过程差异如图 7.52 所示。

（6）触变成形

由于工艺限制，触变成形只用于镁合金。1979 年，首次利用改装的热塑性注塑机对镁合金进行了浇铸。Thixomat（专利持有人）公司成立于 1990 年，旨在将该技术商业化。在短短的十年间，该技术就得到了广泛的应用。到 2000 年底，全球范围已经有 200 台触变成形（Thixomolding®）机器在运行。虽然欧洲在普及和开发触变成形技术方面还有很多事情要做，但是在亚洲，这项工艺已经全面应用于制造业。

触变成形设备的基本结构对应于用于塑料加工的注塑机，但是，用于注射过程（喷射）的液压驱动设计类似于压铸机。合模装置的结构类似于冷室压铸机的合模装置。图 7.53 展示了即将开始注塑前触变铸造机器的铸造单元结构。

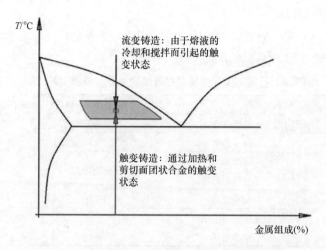

图 7.52 触变铸造对比流变铸造的一般过程差异

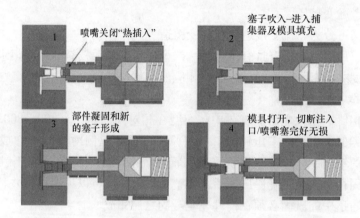

图 7.53 触变铸造图示[74]

料斗中装满了冷的镁颗粒。对于原材料的生产，有不同的工艺方法可以使用，例如切削、熔化、滴落和粉碎。为了保证触变成形的平稳运行，重要的是颗粒是干燥的，粉尘含量低，大致均匀（如果可能的话）的圆形形状和尺寸，并且"在合金规格内"（对喷射件进行检查，而不是对坯料进行检查）。通常，出于经济性的考虑，细粒含量尽可能低。为了防止粉尘爆炸，颗粒的粒径应大于 $500\mu m$。

由于镁合金在较高温度下具有高氧化倾向，在料斗区域中的空气被氩气气氛置换。与在运行操作中相比较，更重要的是在加热、关闭以及中断期间保持氩气气氛。通过陶瓷电阻带或感应加热器、燃气加热器和红外加热器，对气缸从外部进行加热。加热系统把材料从料斗区域从室温加热到计量室中的 $560\sim 620℃$。通过热导入，将镁颗粒从固态带到凝固区域，这样一来，螺杆腔中的材料具有不同的固相比例。在通往螺杆尖端的路径上，颗粒持续运动，从而得以均匀化并被剪切。在剪切作用下，树枝状初始结构在温度下变形为球状固体颗粒（α 初级颗粒，球状），嵌入到熔液中。

在料斗区域和计量室之间，发生了表征触变成形的三个过程。材料通过螺杆输入到计量室中，加热并同时进行触变转化。在计量到所需的注射量后，螺杆停止旋转，机器做好喷射准备。

在注射过程中，螺杆非常快速地前进，同时回流阀门关闭。螺杆尖端的作用类似于活塞。注射持续时间为 10～100ms，比冷室压铸稍慢，但是快速进给控制类似于压铸工艺。为了获得最佳的微观紧密结构，在施压之后，设置减压冲程，以便于打开止回阀。为了防止熔液在热进料管处出现并且发生氧化，故意形成冷塞。在每次注射前，将冷塞注入塞子收集器中。此后，开始新的计量过程。

计量过程与构件凝固和设备打开的等待时间并行进行。在机器人取走构件后，采用类似于冷室压铸工艺的方法来对压铸模进行喷射、冲洗，并用脱模剂涂覆。关闭并锁定机器后，立即进行下一次注射。触变成形工艺可实现的生产周期时间与热室压铸工艺相当。

在触变成形中，通常也使用由热工具钢制成的永久模，它通常适用于压铸工艺。然而，关于模具的构造，必须考虑到与冷室压铸工艺相比较的温度变化。此外，触变成形工艺还可以使用在塑料注塑成形中采用的热流道技术。这意味着，在待铸造的构件上，可以直接设置一个或多个注射点。在这种情况下，通过模具中的加热的共用熔液供应系统（所谓的热流道）供应这些点，为此，模具构造要进行相应的设计。

假设由于触变成形工艺的较低热增量（在模具冷却和施加脱模剂后通过熔液传递至模具后的温差）和脱模期间铸件的较低收缩力，模具寿命显著延长了（图7.54）。

今天，所有常见的 AM/AZ 镁合金都可以采用触变成形工艺铸造加工。AS/AE 合金系的耐热蠕变镁合金在某种程度上更难以铸造加工，因为这两个系列的合金需要在相对高的温度水平下进行特别精确的熔化温度控制。可以通过适当

图7.54 采用触变成形工艺制造的照相机外壳件[75]

的颗粒混合在熔化过程中影响合金的化学组成，在研究项目中已经考虑使用颗粒增强。

由于所需的熔化能量高，在螺杆加热中仍然缺乏功率密度，因此尚不能对铝合金采用触变成形的方法。此外，还缺少适合的材料，可以在高功率密度下也能够抵抗铝的侵蚀性，并且螺杆的工作寿命在可以接受的范围内。

（7）触变锻造

在触变锻造工艺中，工件被加热到固相线和液相线温度之间的合金特定温度区间。在液压机上，在特别匹配的模具中成形。在加热状态下的坯料由固相骨架组成，嵌入熔融基体中。根据合金的不同，液相的比例在10%～60%之间[73]。

如果材料在这种状态下受到剪切载荷的作用，则（静态）屈服应力随载荷持续时间和剪切速率而减小，这称为剪切速率软化，触变行为内的结构分解，其原因是固相框架仍然连

续的部分完全破裂了[73]。

这会导致单个球状固体颗粒的极端流动状态，颗粒均匀地分布在液相中。在由压力引发的成形过程中，出现了材料剪切速率软化（黏度降低）行为。因此，可以用相对低的成形力完全填充甚至是非常复杂的模具型腔。

在触变锻造工艺中的表观黏度（约 0.1Pas）比传统铸造工艺中的黏度高出 1000 倍。这样，即使在高成形速度下，也能防止湍流和射流分解，从而显著降低了空气夹砂的风险。

因此，还可以对采用触变锻造工艺制造的构件进行热处理。液相的固化在高压下进行，以避免在凝固收缩范围内出现形成空隙等现象。

与压铸工艺相比，触变锻造工艺具有更短的生产周期时间，更少的气孔与缩松，更好的力学性能，以及加工锻造合金和复合材料（如碳纤维增强铝合金）的能力（图 7.55）。

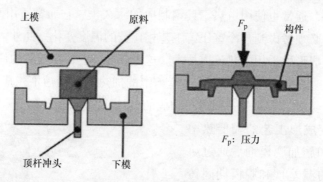

图 7.55　触变锻造图示[73]

（8）流变铸造

在触变铸造工艺中，金属塞被加热以达到触变状态。相比之下，在流变铸造中，触变物质直接由熔融金属在特殊的熔化炉中产生，并具有精确的温度控制。流变铸造工艺方法的优点是降低了初级材料的生产成本，可使用压铸合金和可以实现直接再循环[76]。

在过去十几年间，开发了很多的流变铸造工艺。目前，已知有 18 种不同的技术。这些技术主要在制造触变性毛坯方法上不同[76]。

举例来说，在根据图 7.56 所示的新流变铸造工艺中，从熔炉中取出稍微加热的熔液，并计量加入钢坩埚中。在液相线以下快速淬火，会形成很多小颗粒。接下来通过有针对性的缓慢冷却，使颗粒（环境）生长。最后通过坩埚的感应加热，形成均匀的微观组织结构——具有触变性能的流变螺栓，螺栓在挤压铸造设备中形成最终产品[77]。

（9）铸造锻造

铸造锻造方法是一种半流体成型工艺，介于"成型"和"成形"生产工艺的经典极限之间（根据 DIN 8580）。在铸造锻造方法中，成形在固相线和液相线之间的两相区域中进行。在铸造锻造过程中，先铸造出近净形状的预制件，然后通过单个成形步骤（1级）或附加的二次成形（2级）实现构件的最终几何形状，如图 7.57 所示。

（10）压铸

在压铸工艺中，液态熔液在 10~200MPa 的高压下和高达 120m/s 非常高的速度下，被

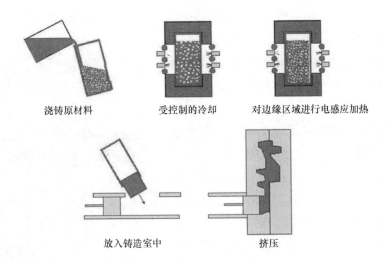

图 7.56 新流变铸造图示[77]

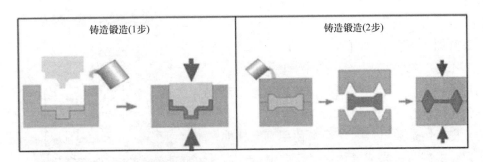

图 7.57 铸造锻造的工艺流程[73]

压入到铸模（腔体）中，然后凝固。由于在压铸中使用了永久模，因此可以缩短生产周期时间，并且即使在大批量生产的整个生产寿命内，也可以使用一个模具，这使得压铸具有极好的成本效益。然而，压铸模具制造的成本相对较高，这就是该方法仅适用于大批量生产的原因。压铸工艺的另一个优点是可自由选择构件的几何形状，设计极限通常仅受限于从腔体中脱模。

压铸工艺通常可分为热室压铸工艺和冷室压铸工艺两种方法。冷室压铸工艺又可分为水平冷室压铸工艺和垂直冷室压铸工艺。

压铸工艺方法具有许多优点，可以实现具有光滑表面和边缘的壁非常薄和复杂的构件。这些构件的特征在于非常高的尺寸稳定性和良好的强度值。造成这些结果的原因有很多，过程可靠的铸造过程是其中之一。压铸的生产周期循环时间为 45～180s（冷室压铸机），与其他铸造工艺相比，非常短。压铸生产周期循环时间取决于许多因素：

- 压铸机规格（例如合模力、顶出路径和金属计量时间）。
- 压铸模具（例如模具中腔体和滑块的数量、模温控制、浇口和溢流）。
- 待铸造的构件（例如注射重量、壁厚、几何形状和加强筋）。

除了较短的循环时间外，压铸模具的使用寿命非常长，这也有利于大批量生产。根据合金和表面要求，使用一个压铸模具，可以轻松实现150000次压铸的寿命。

(11) 冷室压铸

在冷室压铸工艺中，压铸机和用于提供液态金属的炉子总是分开布置的。所需的熔液量是手动或自动（通过泵或者汤勺）从保温炉中计量入填充室中。随后，可移动的注射活塞迫使熔液以低速通过填充室和浇口系统，以防止形成波浪。当液体材料到达浇口时，注射活塞非常强烈地加速，并在几毫秒内将熔液压入型腔中。如果充型结束，活塞会遇到阻力，并在几秒钟之内形成非常高的压力。该压力是重要的，以便于补偿在熔液凝固过程中发生的材料的收缩损失，避免出现空洞和缩松。如果构件在5~15s后完全凝固，压铸模会自动打开，液压脱模系统会自动从模具中取出铸件（图7.58）。

冷室压铸工艺优先适用于基于铝和铜的合金，也适用于镁合金。由于工艺限制，冷室压铸工艺不能达到热室压铸工艺的产量（图7.59）。

为了提高铸造质量，如今经常使用真空辅助工艺来避免或减少疏松或气体夹砂，并使铸件可热处理。在真空压铸工艺中，空腔和填充室在浇注开始时被抽真空，使得存在的空气和在铸造期间产生的气体被吸出，因此，在熔液中可以形成较少的气体夹砂或不形成气体夹砂。

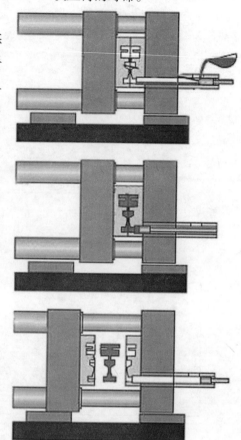

图7.58 冷室压铸工艺原理[BD1]

图7.59 真空压铸设备[78]

在汽车工业的结构轻量化中,如今经常使用 AlSi 合金(参见 6.2 节),经过热处理(T4 至 T7)后,其断裂伸长率(高达 20%)明显优于传统的压力铸造。

(12)热室压铸

热室压铸工艺的特点是保温坩埚与压铸机是一体的。连接坩埚和模具的浇包位于熔液中。这使得不可能利用热室压铸工艺对基于铝或铜的材料进行铸造加工,因为在高于 700℃ 的温度下,不可控制的扩散作用可能会破坏金属裸露的永久模。高环境温度也会导致活塞和浇包的高磨损。

热室压铸的优点是高度自动化,因此生产周期循环时间非常短。向上移动的铸造活塞首先吸入液态金属(锌合金、锡合金和镁合金)。在随后的向下运动期间,关闭入口开口,并迫使液态金属进入铸模。由于非常高的散热率,铸件的微观结构变得非常精细,并且直接非常密集地位于压铸件表皮之下。然而,由于液态金属的高流入速度,来自型腔的空气不能足够快地逸出,这就是为什么在铸件中经常存在疏松的原因(图 7.60)。

(13)挤压铸造

挤压铸造是一种特殊的铸造工艺,用于生产最高质量的厚壁构件。通过挤压铸造工艺生产的构件既是可焊接的,也是可热处理的。挤压铸造用于压铸和低压硬模铸造。

挤压铸造工艺的主要特点是尽可能慢地进行层状充型,以及在高压下进行凝固。通过这种方式,可以在充型过程中避免出

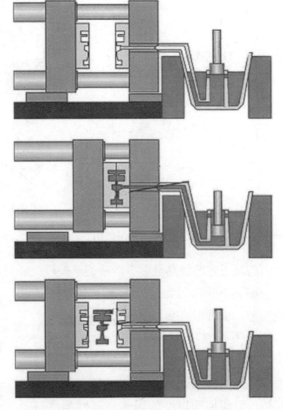

图 7.60 热室压铸工艺的工作原理[BD1]

现涡流和气体夹砂,以及在凝固过程中,防止出现收缩空腔。采用挤压铸造工艺,可以生产出最高质量和最低缺陷的铸造微观组织结构。

实现挤压铸造工艺有几个先决条件:

1)构件中的壁厚曲线必须针对挤压铸造工艺进行优化设计,浇口区域的壁厚较高,并且朝向后部/顶部连续逐渐变细。

2)用于层状充型的大浇口横截面。

3)铸造方向与充型方向最好为从下至上,相应地进行浇口和模具形状设计。

4)填充度约为 70%,非常高,以便于尽可能减少系统中的剩余空气。

5)填充室的特殊几何形状设计,可以捕捉在慢速充型过程中形成的铸件砂皮/外壳。

6) 模具温度高于传统的压铸工艺,即使在低速的情况下,也可以保证到模具最远区域的充型完整性。

7) 优化的模具冷却(尤其是壁厚较厚的区域),以避免在批量生产中,出现模具过热的情况。

8) 在铸造过程中,使用含石墨的脱模剂和润滑剂。

在挤压铸造工艺中,常使用垂直开口的铸机(见图7.61)。在浇注液态金属时,压室向外摆动,以填充熔液。

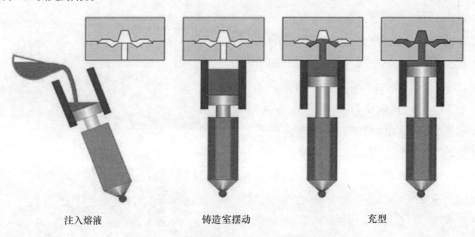

注入熔液　　　　铸造室摆动　　　　充型

图7.61 挤压工艺中,垂直向外摆动的压室

挤压工艺的缺点是由于熔液的落差较大,可能会有气体夹砂进入要铸造的熔液中。

瑞士布勒公司为此开发了一种水平铸造工艺,也可以在传统水平冷室压铸机上实施(图7.62)。

在压铸中的挤压铸造通常还使用挤压丸在凝固期间局部压缩厚壁区域。挤压丸在铸件凝固期间以液压形式在厚壁构件区域中受压,具有与硬模铸造中补缩的类似效果。但是,与硬模铸造相比,压铸挤压铸造的回流材料更少(图7.62)。

与传统铸造工艺如压铸、硬模铸造和触变铸造相比,挤压铸造工艺有以下几个优点:

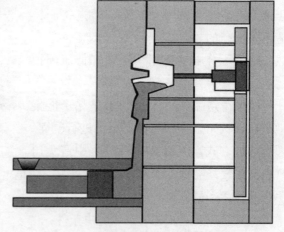

图7.62 在传统冷室压铸机上实现的水平挤压铸造工艺[78]

1) 与传统硬模铸造/低压硬模铸造工艺相比:

- 可以铸造出壁厚较薄以及尺寸精确的构件。
- 基于极其良好的补缩,收缩空洞极少。

2）与传统压铸工艺相比：
- 厚壁区域和构件的最高质量。

3）与触变铸造工艺相比：
- 可以直接重复利用循环过程中所产生的废料。

挤压铸造主要用于生产发动机件（气缸 - 曲轴箱，底座）以及底盘件等。

7.2 金属拼焊产品（MTP）

对汽车轻量化的核心要求是一方面需提高舒适性和安全性，另一方面要改善环境相容性，即减轻重量，从而减少燃料消耗，并增加所用材料的可回收性。最重要的目标是降低制造成本，这增加了智能轻量化的重要性。智能轻量化不仅利用了材料特定的优点，而且还利用了创新制造技术和设计概念的潜力。

近年来，对金属材料进行了更深入的开发。例如，具有更高强度的新的钢品种或铝合金的开发，以期通过采用更薄的板厚来降低车身的重量。与此同时，也生产出可以满足局部要求，并适应各种应用的半成品。因此，产生了量身定制的半成品——拼焊产品。一方面，拼焊产品仅使用必需的材料就可以实现额外的减重；另一方面，拼焊产品可以在整个工艺过程中节省成本（例如省去连接操作，降低材料损耗等）。

7.2.1 概览

本节对现有的产品和工艺进行了简要介绍。一方面通过制造工艺进行分类，另一方面通过"连续生产的金属拼焊产品（MTP）"和"不连续生产的金属拼焊产品"（图7.63）进行分类。

可以确定三种金属拼焊产品制造工艺：成形、连接和热处理。通过拼焊回火制造的构件代表了一种特殊情况，因为半成品本身不是金属拼焊产品，而是在生产过程之前或期间获得量身定制的特性。7.2.4小节分别考虑了镀锌带和板。

7.2.2 连续加工拼焊产品

（1）柔性横轧

柔性横轧工艺由德国亚琛工业大学压力成形研究所与在德国阿滕多尔恩的穆尔与本德公司共同开发，可以实现在带材纵向方向，对定义好的厚度进行设置。这种方法已经在工业中应用好几年了[79]。

1）工艺概览

在横轧过程中，轧辊以限定的方式打开和关闭，因此，在出口侧可以设定整个板宽度上所需的板厚。入口侧和出口侧的激光厚度测量用作辊缝控制的输入信号。通过辊缝的受控变化，板厚度变化可以最佳地适应后续构件的相应负载情况。连续的板厚变化确保了在过渡区域中和谐的应力分布。然而，对于板厚的突然变化，该工艺有一定的局限性（图7.64）。

半成品		生产工艺		
		成形	连接	热处理
连续生产的金属拼焊产品，7.2.2小节		柔性横轧	拼焊线圈	
		柔性纵轧		
		轧制电镀，7.2.4小节		
	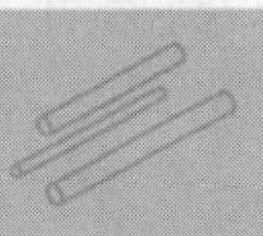	带轮廓轧制		
非连续生产的金属拼焊产品，7.2.3小节		电镀板，7.2.4小节	直线拼焊板	
			非直线拼焊板	
			拼接板	
		拼焊拉制管	拼焊管	
			拼焊轨道	
				拼焊回火

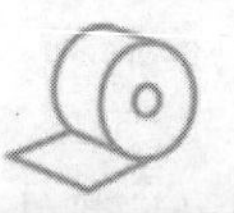

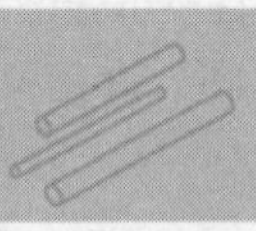

图 7.63 金属拼焊产品（MTP）概览

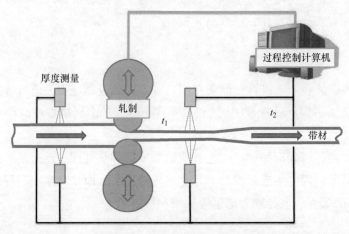

图 7.64 柔性横轧的工艺示意图

2）应用范围，利用，限制

目前的柔性轧制半成品主要用于制造具有矩形输出板几何形状的安全相关的车身结构件。在材料利用率较低的情况下，使用拼焊板（参见 7.2.3 小节）会是更好的选择。

此外，柔性横轧板坯通过进一步加工成纵向焊接的管材，管材的厚度取决于载荷情形。这种半成品的应用潜力在德国萨尔茨蒂特公司的 Scalight 项目中得到了证明。在 Scalight 项目中，通过内高压成形（IHU）加工，成功地将柔性轧制管材加工成一体式 A 柱，并满足了对于越野敞篷车侧翻时较高的碰撞要求（图 7.65，见彩插）[80]。

（2）柔性纵轧

柔性横轧工艺的目的是生产在宽度方向上定义好厚度分布的带材。与传统的扁平轧制相

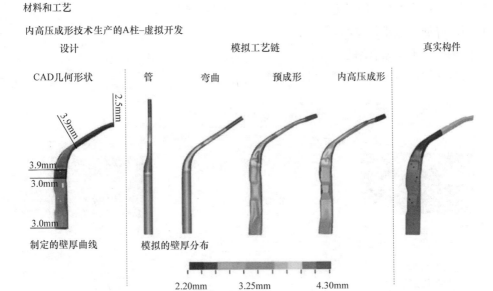

图 7.65 利用柔性轧制管生产一体式 A 柱的不同阶段

反,在柔性纵向轧制工艺中,材料流应仅在宽度方向上进行。横向于轧制方向的材料流的目标控制是通过使用窄顶辊实现的,其顶部接触宽度和辊子形状有利于材料在横向流动并避免纵向流动[79,81](图 7.66)。

(3)带型材轧制

柔性纵轧和型材技术的组合形成了带型材轧制。德国威尔泽型材公司的这项开发给型材轧制的功能集成和设计开辟了新的可能性。

1)工艺概览

这种新工艺的核心是经典的型材轧制和冷实体成形工艺的结合。在带型材轧制工艺中,材料通过在带横向上的几个阶段中的逐步滚动模具接合而移位。压应力促使剪切强度向更高的值移动,这显著增加了金属材料的可塑性(图 7.67)[82]。

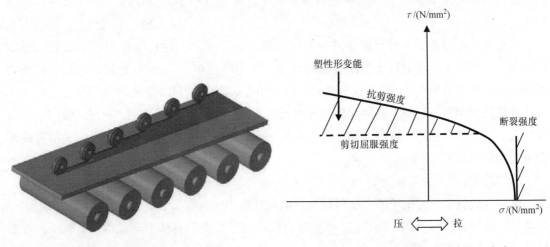

图 7.66 柔性纵轧的工艺示意图　　图 7.67 塑性形变能的莫尔图示[83]

带型材轧制可分为三种类型，可以组合使用（图 7.68）：
- 厚度降低，输出带宽明显增加。
- 凹槽输出带宽略有增加。
- 通过增加或减少输出带宽对材料进行顶锻处理。

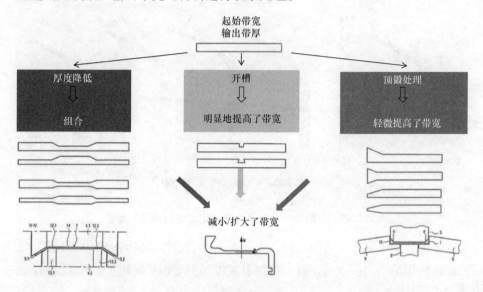

图 7.68 带型材轧制的工艺分类

三维带型材轧制的技术可能性取决于多个参数：
- 材料及材料品质。
- 成形度。
- 横截面几何形状。

厚度减少的位置，宽度和数量可以在很大范围内变化。厚度减小可以布置在中央或带边缘附近。型材也可以具有更多数量的厚度减小区域。根据上文中所提到的技术参数，输出材料的厚度最多可降低 50%。根据剩余的成形能力，可以进一步对厚度减小的区域进行成形加工（图 7.69）。

开槽是减小厚度的一种特殊形式。与带材厚度减小相比，材料厚度的减小是受到限制的。可生产的凹槽形状取决于输出材料的厚度。对于厚度小于 3mm 的板材，槽侧面的最大可能开口角度约为 90°。材料厚度较大时，侧面角度最高可达 110°（图 7.70）。

在镦锻和倒角过程中，功能元件或成型元件被引入型材中（图 7.71）。在顶锻时，材料厚度在局部受到限制的区域中增加，优先在带边缘或带的中心处增加。倒角以定义的方式改变带边缘的形状。

2) 应用范围，利用和限制

带型材轧制工艺可用于所有金属材料，但尤其适用于具有面心立方晶格结构和体心立方晶格结构的金属（钢、铝、铜等）。可实现的客户利益取决于具体的产品要求，但是，带型材轧制工艺还有很多的优点：

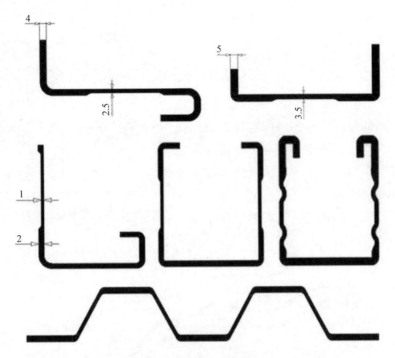

图 7.69 型材厚度降低的实例

$1.5mm<s<3.0mm$	$3mm<s<6mm$
最大的牙侧角: 最大约为89°	最大的牙侧角: 最大约为110°

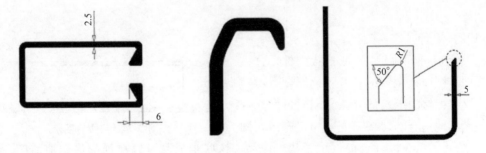

图 7.70 利用带型材轧制可达到的开槽形状

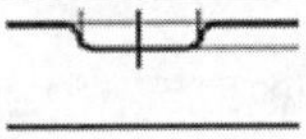

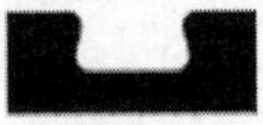

图 7.71 顶锻（左）和倒角（中间，右侧）实例

- 功能集成。
- 载荷优化的局部壁厚变化。
- 减轻重量。

- 改善力学性能。
- 设计多样性。

下面列出了一些应用实例（图7.72）。

（4）拼焊线圈

拼焊线圈是指由两个或多个厚度、质量和/或表面光洁度不同的纵向带材组成的连续纵向焊接带材（图7.73）[84]。这些带材通常通过激光焊接连接，但也可以采用其他焊接方法（例如电子束焊接）。可以按照传统的轧制方法，将拼焊线圈进一步加工成辊轧成形的构件，或者利用顺序连接模具加工成成形件。

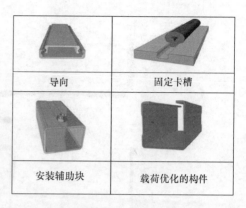

图7.72 利用带型材轧制可实现的构件实例

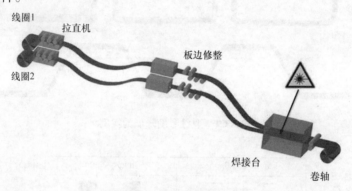

图7.73 拼焊线圈的生产

7.2.3 非连续加工拼焊产品

如今，具有不同壁厚的管材是轻量化方案的基本组成部分，特别是对于内高压成形的轻量化框架结构。以前在这个领域主要使用的是缝向焊接定制轧制管，或者具有恒定壁厚的挤压铝型材。

（1）拼焊管

拼焊管和拼焊轨道[85]是管状构件，这些管状构件是将连续生产的具有不同厚度、材料或者涂层的管材的定长部分在末端通过激光焊接（或者其他适合的焊接工艺）相互连接（图7.74），从而为汽车设计者提供了管状半成品，这些半成品可以在局部最佳地适应不同的载荷。

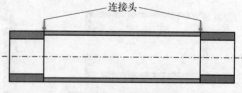

图7.74 拼焊管图示

（2）拼焊拉伸管（TDT）

通过开发柔性拉伸工艺，曼内斯曼精密管公司成功地生产出具有恒定外径和可变内径的拉制钢管。

在生产过程时，拉伸杆通过数字控制机床的控制在凹模的轴向移动，从而改变拉拔缝隙的大小（图7.75）。按照这种方式生产出来的管材具有高的表面质量与严格的制造公差。基于制造原理，壁厚比可达1.6:1[86]。以这种工艺生产的管材，尤其是通过使用拉伸和退火工艺，在焊缝区域的成形能力也很高，可用作内高压成形工艺的起始工件。此外，这种特殊的工件几何形状也可作为传动系中的轴。

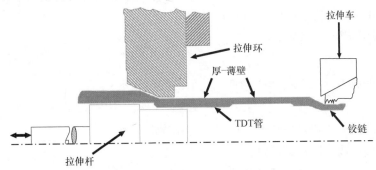

图7.75 拼焊拉制管的生产[86]

成形过程的强化效果也可专门用于调节力学性能。根据构件的几何形状，与具有恒定壁厚的管材相比，这种管材的重量可以减少20%~30%（图7.76）。除了相对较低的模具成本（与传统的拉伸技术相比）之外，仅增加了更复杂的芯轴所产生的额外成本。因此，在批量大小和各种方案方面，拼焊拉伸工艺具有高度灵活性。在许多情况下，可以平衡掉由于较低的拉制速率导致的较高的制造成本。与其他制造工艺相比，拼焊拉伸工艺可以加工处于侧面相对陡峭的轮廓，并且在过渡区域无缺口。采用拼焊拉伸工艺可以降低构件的重量，从而改善了运动构件的动态行为[87,88]。

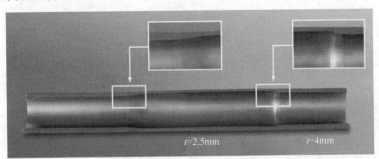

图7.76 拼焊拉制管示例[87]

拼焊拉伸工艺原理也可以直接应用于无缝挤压铝管或镁管的生产，以及轻金属管的再拉紧。

(3) 拼焊板

拼焊板是金属板坯，由不同质量和/或厚度的单层板焊接在一起，然后通过拉深工艺（7.1.2.1小节）成形为所需的构件。根据焊缝的几何形状，可分为线性拼焊板和非线性拼焊板。通常使用对头激光焊作为连接工艺，原则上也可以使用其他的熔焊工艺。对于某些合金组合（如铝拼焊板）来说，需要添加适合的填充金属。在小批量生产中，尤其是对于铝材料，摩擦搅拌焊接技术已经在实践中得到了证明。至关重要的是，所选择的焊接技术确保了焊缝质量,这允许在连接区域中产生一定的但有限的变形。

在20世纪80年代中期就已经开发出了拼焊板。利用当时已有的轧制技术,可以生产出比现有轧制技术更宽的板坯。如今,主要利用由多种材料组合和不同板厚产生的优点。这样可以使工件适应构件中随后出现的局部不同的载荷,从而优化材料的使用,并减少所需的金属板构件的数量(构件集成或消除额外的增强构件)。

拼焊板的潜在优点归纳如下:
- 减轻重量。
- 降低构件成本(更少的单一构件,更低的连接成本)。
- 降低投资成本(更少的模具和连接操作)。
- 通过局部使用优化材料,改善成形行为和撞击行为。
- 取消搭接连接,改善腐蚀行为。
- 取消密封胶,可以更好地进行回收利用。

由于可以减轻重量,并且能够降低生产成本,拼焊板已经广泛应用于车身结构件中(图7.77(见彩插)和图7.78)[89]。

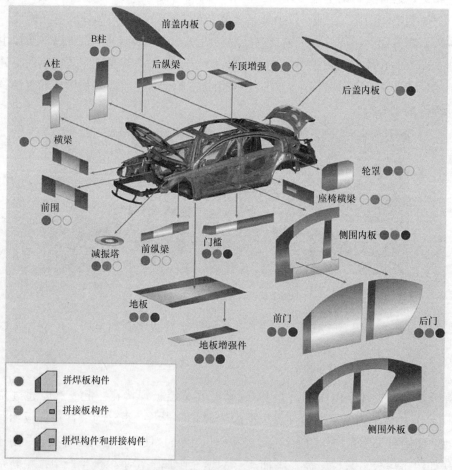

图7.77 在白车身中使用的多种拼焊板和拼接板[90]

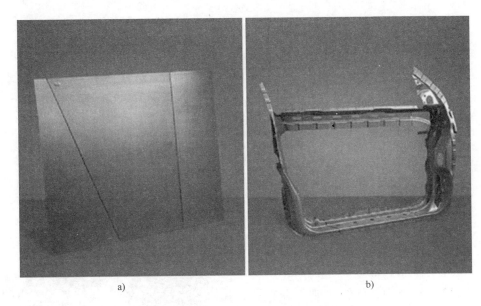

图 7.78 应用实例：拼焊板的门增强件[90]

a) 板坯　b) 构件

拼焊板在车身结构中的典型应用是侧围、门内件、轮罩、地板面板、横梁和纵梁。

无论轧制方向如何，都可以从带材上切下单独的金属板坯料。这就是为什么拼焊板也是降低材料成本或提高材料利用率的理想选择。因此，即使具有相同的厚度、品质和表面光洁度，构件板坯的划分也是有意义的（图 7.79）[89]。

非线性拼焊板与线性拼焊板的区别仅在于非线性焊缝线（图 7.80）。因此，在轻量化潜力方面，可以对载荷匹配的半成品坯料更好地优化。

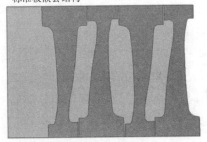

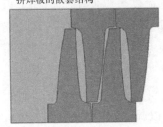
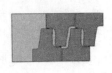

图 7.79 板坯嵌套结构 B 柱增强，标准板与拼焊板对比

（4）拼接板

当使用拼接板时，通过增加额外的金属板对单个板的局部区域进行增强。利用适合的连接工艺（电阻点焊，激光焊等）或采用结构黏结剂的方式来进行"补丁"拼接（图 7.81）。在平整的状态下生产拼接板，然后通过深拉工艺成形。在连接区域，由于板材的相对运功对成形造成较大的载荷，必须再次对构件进行焊接。如果在成形期间，由于坯料的相对运动使连接区域承受过大的应力载荷，则构件必须再次进行焊接。

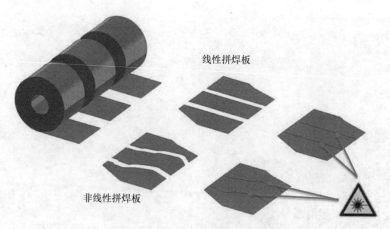

图7.80 生产拼焊板的生产步骤

（5）热处理拼焊产品

在7.1.2.3小节中，已经详细介绍了用于生产有很高强度构件的模压淬火工艺。该工艺也可以和拼焊板组合使用。典型的车身构件是B柱增强件，这个件在上部区域需要非常高的强度，以避免在发生碰撞时穿入乘客舱。在增强件的底部区域，通常将微合金钢板焊接到拼焊板上，这种钢板在模压淬火工艺中表现为中性，但是在模压淬火工艺结束后，在构件中具有足够的残余应变，因此在发生撞击时，允许在门槛区域中充分变形。

近年来，已经开发出了另一种新工艺，可以对构件进行局部淬火。在这个工艺中，金属板材在炉子中加热到不同的温度，以便于在构件上设置特定的材料性能（图7.82，见彩插）。

另一种选择是蒂森克虏伯欧洲钢铁公司获得专利的工艺[91]——拼焊回火（Tailored Tempering），其特点是在成形模具中具有不同温度区域。

图7.81 拼接板的生产[90]

在这两种工艺中，都可以调节板材上的不同冷却率。由于微观结构转变，在构件中可以形成不同的强度。在材料的ZTU图示中，可以看到转换路径。

对于铝材料，也有了相应的工艺。通过在成形前立即进行固溶退火，可以明显地改善淬火铝合金的成形能力。固溶退火可以是局部的（例如通过激光处理），也可以包括整个板。

7.2.4 金属材料复合——包覆带材与复合型材

金属半成品和成品的基本制造技术（轧制、挤压、铸造）也允许用于金属复合材料的生产。使用最广的是包覆轧制产品（带材以及板材）[92]，但也有挤压复合型材[93]和复合铸

图 7.82　在成形前对 B 柱进行局部加热［大众汽车公司］

件（见 7.1.4 小节），并且已经在交通行业得到了应用。以下说明仅限于轧制产品和挤压产品。

包覆带材是不可分离的、复合的材料，由多层（两层、三层、四层……）不同的金属层组成。各个层可以各种组合和彼此不同的厚度比进行包覆。与均质材料相比，当通过材料性能的定制组合可以实现更好的技术和/或成本优势时，则使用包覆带材或板材。

包覆通常在热成形和/或冷成形期间进行。但是，在特殊情况下，可以使用特殊工艺如金属喷涂或爆炸包覆的方法。除了钢和铝合金，还可以对不同的金属进行包覆，包括铜、钛、镁以及其他金属。合适的制造技术的选择取决于特定的材料组合形状和所需最终产品的几何形状与尺寸。尤其是对于铝材料而言，在轧制坯材和挤压坯材的铸造过程中，就已经生产出了相应的复合材料。

在进行机械热包覆和冷包覆时，预制材料的表面通过成形工艺中的摩擦焊、压力焊以及扩散过程彼此接触并连接。通常需要对包覆材料进行适当的表面预处理，以便产生足够好的连接强度和最佳的界面质量（没有异物夹砂或局部材料分离）。通过机械（刷涂或机械加工）方式或酸洗或蚀刻进行清洁。

出于工艺、质量和经济方面的原因，冷包覆工艺是重中之重。在以下大规模制造中应用冷包覆方法：采用轧制方法制造包覆板材和带材（图 7.83）、管材制造、采用拉伸方法制造线材、采用爆炸成形方法制造大面积成形件。

为了保证连接，根据不同的材料组合，轧制期间的厚度成形必须至少达到 50% ~ 70%。由于相对较高的成形度，包覆只能在特殊的设备上进行。轧制设备的设计必

图 7.83　利用冷轧生产包覆带材
（图：魏克德尔西法伦钢）

须紧凑，并配备大功率的驱动系统。在冷包覆工艺结束后，通常还需对复合材料进行热处理。这样做的目的是通过热激活扩散过程增强材料组件之间的连接机制，并有针对性地影响

所得到的材料性能，以部分减少或完全消除模淬硬化。

铝材料和镁材料的包覆优先通过热成形进行。在复合挤压中，将待连接的材料（例如钢带或钛带）分别引入到挤压机中。采用型材材料，通过在挤压模具中的流动过程实现连接；并且，在这种情况下，通过可控的温度比和压力比，最终实现连接强化。对于热轧过程中的包覆，预轧制包覆材料一侧或者两侧固定到芯材料轧制坯材（例如通过熔焊）上，然后在整体轧制过程中实现冶金连接。

传统的滚压包覆过程成本高且耗时长，具有不同的质量风险，而诺贝丽斯复合技术（Novelis Fusion™）（图 7.84）则提供了一种替代方案。在这种工艺中，可以直接铸造出高质量的轧制坯材，坯材由一个铝合金芯和另外一种铝合金的一个或多个层组成[94]。新技术是以传统的挤压铸造工艺为基础，但包含一个二级散热室。不同的冷却液流和液态金属流由一系列流量传感器和液位传感器控制，可确保凝固过程中所需的热和机械边界条件。对不同的合金同时铸造可在层之间形成无缺陷的冶金连接。随后，可以如同传统的铝轧制产品一样，对复合轧制坯材进行热轧和冷轧。

图 7.84　利用诺贝丽斯复合技术（Novelis Fusion™）铸造而成的复合轧制坯材（照片：诺贝丽斯）

利用诺贝丽斯复合技术可以实现复合铝板的经济生产，板芯性能和表面性能可以独立改变。通过这种技术，可以生产出之前难以实现或者不可能实现的性能组合，如强度、可塑性、耐蚀性或表面质量。例如，耐蚀合金的双面涂层可以使用高强度的铝合金，否则，由于耐蚀原因不能使用。另一个应用是诺贝丽斯复合技术 F350 复合板的开发，在 F350 复合板中，实现了成形性能极好但易腐蚀的铝（5.5%）镁芯合金和耐蚀性的铝（1%）镁表面的结合。因此，与传统的铝材料设计相比，可以显著减轻重量（图 7.85）。

通过组合不同金属材料的性能，可以实现复合材料的定制，使得复合材料的性能远远超出单一材料的性能。改进潜力如下：

- 降低材料成本（例如，使用满足要求的高质量表面层和成本低廉芯合金的复合板材替代实心金属板）。
- 节省工艺成本（例如，在铝制热交换器上进行的钎焊工艺中使用合适的焊料涂层）。
- 通过使用封闭的耐蚀合金表层或不太贵的包覆层，可以进一步提高耐蚀性，即使对于未覆盖的边角和局部损伤也能提供阴极保护。

图 7.85　高级轿车宝马 7 系的一体式车门内板采用了诺贝丽斯 F350 复合材料

- 改善功能性能（更高的表面光泽度，改善了反射能力，更好的热量分布）。
- 通过对高强度的芯材料和成形极好的表层结合，或者对软的基体材料与耐磨表面进行组合，以优化力学性能。

通过有针对性地对局部和整体结构性能进行影响，可以实现极富吸引力的轻量化解决方案。混合结构则可以提供更多的优点。在混合结构中，可以通过合适的表面层为不同材料组合的承载结构连接创造有利条件。例如，铝钢复合型材可用作铝和钢之间的焊接接头，这种方案已众所周知。

7.2.5　发展趋势

未来，拼焊金属材料肯定会变得更加重要。拼焊金属材料既适用于同类的复合材料，也适用于混合复合材料。在这种情况下，所采用的连接技术可以相应变化，并且必须与相应的基体材料相适应。在这一领域，依然可以预期会取得重大进展，特别是在质量和经济方面（连接质量，持续质量控制，降低生产成本等）。

最具有现实意义的是对于混合半成品的开发。根据要求，在半成品中就结合了不同金属的性能。一个早期的例子是蒂森克虏伯公司开发的但是现已放弃的 DAVEX® 技术。该技术采用机械的方式对钢组件、铝组件和镁组件进行连接。目前的兴趣主要在于焊接钢铝混合板的生产，在焊接后，可以进行成形加工。德国慕尼黑工业大学成形技术和铸造研究所在 2004 年就利用激光-辊缝连接方法成功地生产出了这种复合板材，并成功地进行了成形加工。在慕尼黑工业大学的研究中，激光器仅将连接配对件加热到一定的温度。在这个温度下，通过随后的辊缝轧辊的接触压力生成混合连接。必须避免出现两种材料的液化，这是因为在凝固过程中，会形成粗糙脆裂的金属间相，从而极大地恶化连接区域的性能[95]。

其他的用于铝钢复合板生成的连接工艺还有搅拌摩擦焊，该工艺方法在德国柏林工业大学进行了试验[96]。另外，还有冷金属转移技术（CMT），该方法是由奥钢联公司和福尼斯公司在批量生产中实现的[97]。在 CMT 工艺中，对铝材料进行焊接，对钢板进行钎焊。在连接镀锌钢板和铝材料时，也可以采用钎焊方法，锌可以直接作为焊料使用。在这种情况下,通过激光辐射进行热输入。

正在进行的开发项目的主要目标是进一步改善连接区域的可成形性。这种新型半成品所面临的主要挑战还在于:对于两种金属的易电化学腐蚀的连接区域的腐蚀保护,以及对由于铝和钢的不同热膨胀系数而引起的自应力状态进行控制。

7.3 复合与夹层解决方案

近年来,在各种技术领域中,复合结构的开发显著增加。除了航天航空领域,复合结构在运输领域(图7.86)、机械和装备制造业、建筑业、包装运输业,以及体育休闲板块中的应用也越来越多。

雪佛兰科尔维特轿车 Z06 2006款,纤维增强铝夹层结构的地板,由碳和西印度轻木芯组成

商用车,夹层结构,用于载货地板,集装箱

航空,空客A380,光滑明亮的机体上壳

造船,船体中的夹层结构

韩国摆式列车2006,轨道车,采用铝蜂窝结构的车厢

图 7.86 复合材料和夹层结构在运输领域中的应用实例[98]

复合方案是至少由两种不同材料组合而产生的结构。通过这种"新"的材料组合,能够对功能和属性进行优化,这是仅使用一种材料无法实现的[99-102]。

7.3.1 分类

复合结构以及复合材料解决方案是将不同材料组合在一个组件中,以充分利用组合材料的特定性能,并实现结构整体性能的改进。另外一种选择是混合结构(拉丁语:"hybrida":交叉,混合,成束)。混合结构可以理解为在半成品或者构件层面组合连接,以改善整体结构的性能。奥迪A6的车顶框架以及宝马汽车公司采用铝镁复合材料制成的6缸发动机的曲轴箱,就是典型的例子。在混合复合材料解决方案中,可以看到这两种可能性的组合,其中混合结构是由复合材料解决方案构成[99,101,103]。

此外,对于复合材料,常有不同的术语。一方面,在制造过程中已经连接的各种材料的复合材料之间存在区别;另一方面,当使用相应的连接技术由不同的构件制造不可分离的结构时，也将其视为复合材料。不过，通过采用连接技术（例如粘接），作为构件制造的整体组成部分，可以使得这两种区分之间不再明显[101,103]。

除了对生产过程的影响之外的其他细分可以基于不同的标准进行。除了基于材料（增强材料或基体材料）的分类之外，区分的可能性还来自于微观和宏观水平的增强材料的分布，复合材料的横截面结构与层结构或单个层的数量。表 7.5 给出了根据增强材料的分布以及复合材料和材料复合之间的细分进行分类的概述[99]。

表7.5 复合结构的分类（根据文献 [99.101，104]）

复合材料的定义	结构/构造	评论	实例（节选）
渗透复合材料		复合材料，微观上非均质，宏观上均质	硅渗透的碳化硅，带有塑料黏合砂轮，有时还有泡沫
颗粒复合材料		复合材料，微观上非均质，宏观上均质	颗粒增强塑料，氧化铝增强的铝材料，复合泡沫水泥
纤维复合材料		复合材料，微观上非均质，宏观上均质	带有玻璃纤维增强，碳纤维增强，或者芳纶纤维增强的不同基体，金属基复合材料（MMC），陶瓷基复合材料（CMC）
层压复合材料		复合材料，宏观上非均质（几何显微是均质的单层，例如纤维复合材料）	夹层结构纸板，硬纸绝缘复合材料，胶合板绝缘复合材料，纤维复合结构/层压板作为层结构

复合材料和材料复合可以特别地根据结构的均质性来区分。如果结构仅在微观层面是非均质的，例如仅具有一层的纤维复合材料，则可以说是复合材料。另外一种情况是，复合材料在宏观层面也是非均质的，例如具有型芯和覆盖层的夹层方案[99-104]。

在下文中，描述了层压复合材料，特别是夹层结构和夹层结构解决方案，夹层结构主要由三层组成：两个刚性与实心的覆盖层和一个低密度的芯结构层。相比之下，纤维增强塑料可以构造为"经典的层复合材料"，在 6.4.2 小节中有详细描述。金属基复合材料作为颗粒复合材料或纤维复合材料的代表，在 6.2.2 小节中给予介绍。陶瓷基复合材料作为渗透复合材料或纤维复合材料的代表,在6.3节中给予介绍。

7.3.2 夹层解决方案的结构和承载性能

通过构造的结构作为载体、型材变体或夹层结构,在不明显增加重量的情况下,可以大幅增加面积惯性矩,并且显著地改善了整个结构的弯曲刚度和抗弯强度。作为这种概念的一个例子,图7.87所示为对具有集成挤压铝型材的乘用车板结构的研究。

图7.87 乘用车板结构车身概念方案 源:戴姆勒汽车公司

在弯曲应力载荷作用下,夹层结构的承载性能基于工字梁以及双T梁的原理。在这种情况下,覆盖层类似皮带,承受拉压应力载荷;而型芯结构则相反,如梁的网状肋,必须吸收剪切载荷。然而,与承载结构和型材结构相比,覆盖层可以更容易地适应局部的载荷情形,并可以实现连续支撑(图7.88)[106-109]。

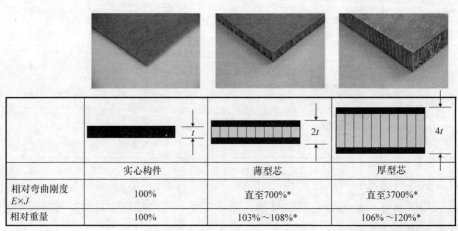

	实心构件	薄型芯	厚型芯
相对弯曲刚度 $E \times J$	100%	直至700%*	直至3700%*
相对重量	100%	103%~108%*	106%~120%*

*取决于型芯和覆盖层的选择

图7.88 通过"夹层效应"提高相对弯曲刚度($E * J$)以及比弯曲刚度[110]

在自然界中,这种解决方案非常普遍。"自然优化"的夹层机构实例有骨骼、藻类结构或者蜂窝结构。但是,直到1820年,杜雷奥(Duleau)和之后的法尔拜尼(Fairbairn)才在技术上描述出了这种概念的优势。在第一次世界大战和第二次世界大战期间,夹层结构的首次商业应用是通过其在飞机结构中的使用实现的。基于这些经验,并随着制造工艺和黏结剂系统的进一步发展,夹层结构应用到了更多的领域中,而且已经成为当今技术发展中不可或缺的一部分[102,105,106,109,111-113]。

7.3.3 型芯材料和覆盖层材料

在技术上相关的夹层解决方案中,采用最多的是具有高强度和高刚度的两个覆盖层与一个具有低密度的芯结构的组合方案。根据 ASTM(最初是美国测试和材料协会)的定义,夹层结构的定义如下:"夹层结构是由不同材料组合的层压复合材料组成的特定形式,以利用每个独立构件的性能,从而获得整个组件的结构优势……"[109]。

(1)覆盖层材料

可以使用各种非常不同的材料作为覆盖层材料。正如艾伦(Allen)在1969年所描述的那样,几乎所有材料都可以加工成薄的"薄片"(图 7.89,见彩插)[112]。

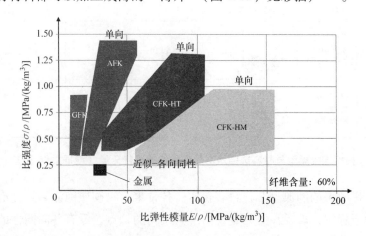

图 7.89 不同可能的覆盖层材料比性能节选(根据文献 [110,114-116])

在选择覆盖层时,除了力学性能之外,成形、腐蚀行为、热膨胀、再循环或制造成本也起到了重要的作用,因此,当前可以使用的材料有金属、塑料、天然材料(如木头或纸张)、复合材料与陶瓷,以满足应用领域的特定要求[105,106]。

(2)型芯材料

基于不同的型芯几何形状以及材料选择的组合可能性,可以用于夹层解决方案的型芯结构极其多样化[106]。

在几何形状设计中,在宏观层面上,可分为均匀型芯和结构型芯。此外,结构在支撑作用方面与外层相比有所区别,从而可以推导出5个型芯几何形状[117,118]:

1)型芯结构均质,支撑效果均质。
2)覆盖层点支撑的型芯。
3)局部支撑的型芯。

4）单向支撑的型芯。

5）覆盖层多向支撑的型芯。

结合相应的材料选择，会得到各种各样的结构，图7.90中列出了部分材料例子。

型芯几何形状/支撑效果			型芯基础材料				
			金属	塑料	天然材料	无机非金属材料	复合材料
均匀支撑效果	实体芯或泡沫芯		铝，不锈钢	PC, PEI, PET, PMI, PIR, PP, PS, PUR, PVC, SAN, XPS,……	西印度轻木，云杉，软木	陶瓷泡沫	带有泡沫型芯的蜂窝或空心球结构……
点支撑	织物芯或丝芯		丝……	纤维……	纤维……		基体纤维……
局部支撑	凹凸型芯或气泡型芯，空心球填充物		铝，不锈钢	PC, PP……	纸……	陶瓷空心球……	纤维增强塑料……
单向支撑	隔板型芯，瓦楞型芯，折叠型芯		铝……	PC, PP……	纸……		纤维增强塑料和纤维增强纸……
多向支撑	蜂窝型芯，金刚石，隔板		铝……	PC, PP……	带孔的空心……		纤维增强塑料和纤维增强纸……

图7.90 根据连接类型与材料选择对不同型芯结构进行分类（根据文献［117, 118］）

具有均匀支撑效果的经典型芯材料有轻木、各种聚合物硬质泡沫、陶瓷泡沫材料或者金属泡沫材料。对于轻木，需要注意的是，由于其结构的特点，没有各向同性的材料性能。轻木的纤维垂直于覆盖层时，指的是横木；纵木则相反，纤维跟覆盖层平行。基于PEI、PET、PMI、PIR、PS、PUR、PVC或者SAN的泡沫材料（比较图7.91和图7.92，均见彩插）缺点为性能重量比低，优点为更好的加工性、更好的热性能和更低的吸湿性。因此，硬质泡沫材料夹层结构可用于商用车领域中具有集成隔热的冷藏拖车。另一方面，金属泡沫（例如铝泡沫）往往应用于有较高隔声要求和防撞要求的构件上。

点支撑型芯结构包括织物芯、线芯和间隔织物。结构由两个织物覆盖层组成，通过肋线相互连接并注入树脂，从而形成了轻质、稳定的夹层织物，应用于（例如）货车或船体结构中。

局部支撑的类别包括了非常不同的型芯结构，从"钻孔"泡沫型芯和轻木型芯，到凹凸不平的板和空心球结构。这类结构的优点是性能重量比非常高，但是有的时候为了避免出现表面不平的情况，可能需要安装筛网或覆盖层，这样有可能会导致性能重量比降低。

单向支撑包括以波纹板、纵向板或者管结构为基础的型芯结构，这些结构可以在连续成形工艺中生产。由于这种单向排列，会出现各向异性的材料性能，在设计构件尺寸时需要注意。

最后一组是蜂窝结构的型芯材料。蜂窝的基础形状是六角的,即六边形。根据应用情形,还有其他形状和几何尺寸。基于铝或酚醛树脂浸渍的芳纶纤维纸和玻璃纤维纸的蜂窝结构已得到了广泛的应用,例如在飞机制造中。但这种结构也有缺点,例如:较高的制造成本,在曲面形成鞍形或者封闭单元,倾向于吸收冷凝水,从而导致重量增加。

在图 7.91 和图 7.92 中,总结了不同型芯材料的比材料特征值。参数以生产商的数据和文献数据为基础,提供了第一手依据。然而,应该注意的是,型芯材料的特征值可以根据不同的标准和试验设备得出,因此并不总是具有可比性。

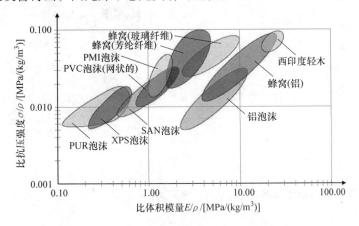

图 7.91　几个典型型芯结构的比抗压性能对比

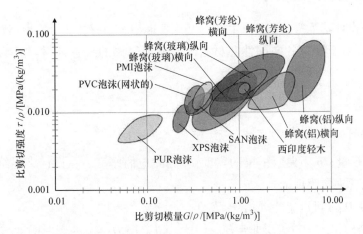

图 7.92　几个典型型芯结构的比剪切性能对比

(3) 连接技术

为了在夹层结构中连接覆盖层和型芯层,可以采用各种各样的方法(见 7.3.6 小节)。除了通过黏结剂粘接、发泡成型或者通过树脂与覆盖层直接粘接的连接之外,还有其他方法,例如焊接、钎焊或热工艺,但是这些方法起到次要作用。特别是蜂窝状的小连接表面的型芯,覆盖层和型芯之间的最佳连接对于夹层结构的承载行为是至关重要的。连接质量通过不同的试验来加以量化。举例来说,图 7.93 显示了针对不同蜂窝芯和黏合剂膜的鼓剥离测试的试验装置与试验结果,试验是根据 DIN 53295 标准进行的。

通过这些试验，可以可靠地得出型芯层和覆盖层之间的剥离力。这一方面取决于黏结剂的选择以及型芯结构的几何形状或蜂窝宽度，特别是几何形状的影响，例如角焊缝的形成，对连接质量有着显著的影响[105]。

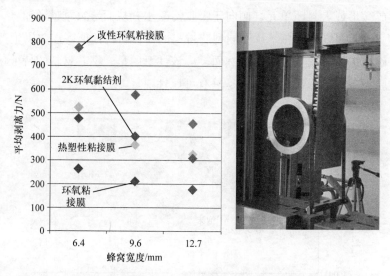

图 7.93 根据 DIN 53295 进行的鼓剥离试验结果（根据文献 [105]）

7.3.4 弯曲理论及夹层理论

夹层结构的设计基于弯曲理论，其中，必须考虑型芯的剪切变形。根据曾柯尔特（Zenkert）理论[109]，对于具有各向同性芯材料的对称夹层梁的线弹性材料行为，弯曲刚度 D 如下：

$$D_{夹层} = 2D_{覆盖层} + 2D_{\text{steiner}覆盖层} + D_{型芯}$$

$$D_{夹层} = 2\frac{E_D b t_D^3}{12} + 2E_D b t_D \left(\frac{d}{2}\right)^2 + \frac{E_K b t_K^3}{12} \tag{7.3}$$

式中，E 为弹性模量；b 为夹层横梁的宽度；t 为相应的厚度。在设计夹层结构时，通常可以假设两种简化（夹层膜理论）：

- 型芯刚度 $D_{型芯}$ 可以忽略（$E_K \ll E_D$）；
- 与型芯结构相比，覆盖层非常薄，因此，覆盖层 $D_{覆盖层}$ 的弯曲刚度与 Steiner 分量相比可以忽略不计（$t_D \ll t_K$）。

如果允许这两种简化，就可以得出图 7.94 中在不同的载荷情形下夹层梁中的应力曲线。

基于这些假设，可以确定在给定载荷下出现的夹层梁应力和挠曲，并且通过部分变形得到的总挠曲 $w(x)$ 为[108,109]：

$$w(x) = w_{弯曲}(x) + w_{剪切}(x) \tag{7.4}$$

夹层梁的剪切刚度 S 和弯曲刚度 D：

$$D = 2E_D b t_D \left(\frac{(t_K + t_D)}{2}\right)^2 \tag{7.5}$$

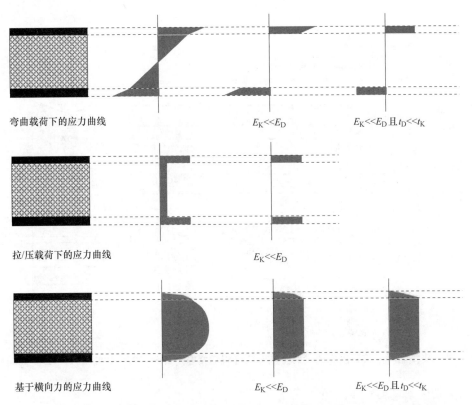

图 7.94 不同载荷作用下夹层结构的应力分布（根据文献 [109, 118]）

$$S = \left(\frac{G_K b(t_K + t_D)^2}{t_K}\right) \tag{7.6}$$

根据弯曲 $w_{弯曲}(x)$ 和剪切 $w_{剪切}(x)$，所需的变形值可以从不同的手册（例如文献 [108, 109]）或平衡关系中的切削载荷中获得，以便计算出型芯结构和覆盖层中的应力。

7.3.5 失效类型和不稳定性

除了覆盖层的刚度和强度低之外，连接技术、型芯材料、力导入点或者局部的载荷都能导致夹层构件以非常不同的方式失效。在对于失效的影响因素中，尤其是不稳定性和失效类型起着重要作用。如图 7.95 所示，在夹层结构的设计中，必须予以考虑。

通过分析推导和简化的计算公式，可以在概念设计的早期，除了对夹层结构的刚度和强度设计之外，还可以对由于不稳定性导致出现的不同失效类型进行估计[107,109,121,122]。

对于整体弯曲，在欧拉屈曲载荷中，必须考虑到型芯的剪切变形，临界载荷 $P_{载荷}$ 的公式如下：

$$\frac{1}{P_{载荷}} = \frac{1}{P_{弯曲}} \cdot \frac{1}{P_{剪切}} \tag{7.7}$$

式中，$P_{弯曲}$ 为梁剪切刚度的临界欧拉屈曲载荷；$P_{剪切}$ 为剪切弯曲的临界载荷。

进一步的不稳定性可如下计算（根据文献 [102, 106, 108, 120, 121]）：

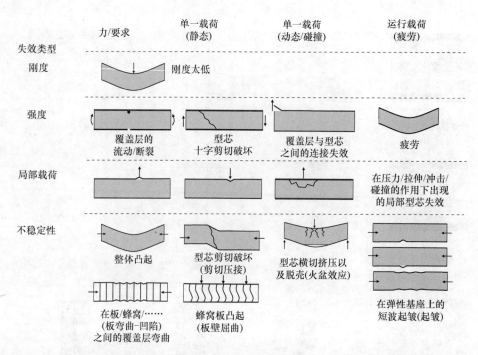

图7.95 夹层结构中可能出现的失效类型图示（根据文献 [105, 107, 109, 111, 119, 120]）

型芯剪切失效（剪切压接）：

$$\sigma_{临界} = \frac{S}{2t_D} \quad (7.8)$$

型芯挫损以及脱皮（焊炉效果）：

$$\sigma_{临界} = \frac{弯矩}{半径} \cdot t_K \quad (7.9)$$

在弹性支座上的短波起皱（起皱）：

$$\sigma_{临界} = 0.5 \sqrt[3]{E_D E_K G_K} \quad (7.10)$$

六边形蜂窝芯之间的覆盖层凹凸（板弯曲 – 凹陷），S 是蜂窝宽度：

$$\sigma_{临界} = \frac{1}{3} E_D \left(\frac{2t_D}{S}\right)^{\frac{3}{2}} \quad (7.11)$$

型芯蜂窝板的弯曲（板壁屈曲；备注：k 值可以从文献 [107] 中找到）：

$$\sigma_{临界} = k E_D \left(\frac{t}{b}\right)^2 \quad (7.12)$$

使用有限元法（FEM）计算

对于日益复杂的构件形状和设计，分析方法已经达到了极限。因此，夹层构件通常使用有限元法（FEM）来进行计算。这里必须考虑不同的方面，例如模型构造、离散化或者材料建模（线弹性行为或者在碰撞应用中的塑性变形）。夹层结构的抽象度取决于计算模型的必要精度和大小。对于非常简单的近似值和大的模型，可以在简单的壳模型中勾勒出夹层结构。在该模型中，汇总了夹层结构的整体性能或者利用有限元计算程序建立"集成壳"，从而将夹层结构的单层放入到较厚壳模型的材料卡中。当型芯结构为三维元素与固体元素,以及覆盖层为二维元素或三维元素时,使用宏观方法。在这种方法中,蜂窝芯的材料性能可以通过实体元件近似为"黑盒子"。最精确或最详细的建模是细观力学方法。在这种方法中,覆盖层和型芯材料在其几何形状中尽可能精确地绘制。然而,由于这种方法非常费力,因此主要用于特别精确地计算小型模型,如力引入点和插入件(图7.96)[106,109,110]。

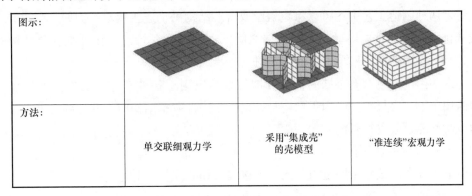

图7.96 可能的计算模型图示(根据文献[110])

7.3.6 制造工艺与连接技术

(1)制造工艺

原则上,夹层结构的制造可以分为四种方法(图7.97)。

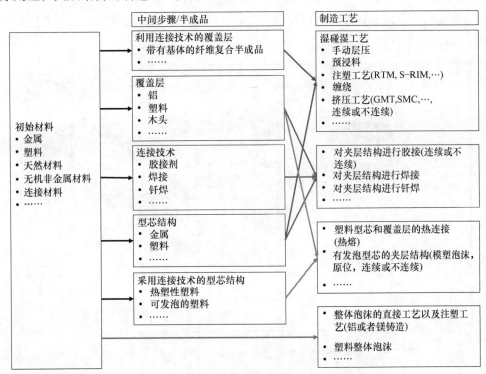

图7.97 夹层构件的制造工艺图示(自行汇总)

一种方法是在注塑工艺中直接对初始材料进行发泡,可以省略掉制造夹层结构的中间步骤。由于模具壁上冷却较快,生成了封闭的覆盖层,并且利用发泡剂或类似材料整体形成型芯。因此,夹层构件由一种材料组成,其中密度分布随着构件厚度而变化。

另一种方法是把型芯材料和覆盖层首先制成半成品,再进行连接。如采用典型的粘接方式,如图 7.93 中列出的蜂窝结构就采用了这种方式。

在另外两种制造工艺中,可以将覆盖层或型芯结构用于连接技术。例如,在两层之间对 PUR 硬质泡沫起泡,就立即形成与覆盖层之间的连接。或者特别是在纤维复合结构的制造工艺中,可以使用树脂系对覆盖层和型芯进行连接或粘接。

所有这些生产工艺都有不同的优点和缺点,会应用于各种各样的构件中[106,123]。在乘用车和商用车中,夹层构件既用于白车身,也用于内部舱室结构中。其他的要求,如隔热或更好的声学性能,起着特殊的作用。

(2)夹层构件的连接技术

夹层解决方案的核心主题是力导入、连接技术和装配。针对这些要求,可以有非常不同的方法,以下列出了 5 种不同的方式(比较文献 [123]):

1)夹层件的对头连接。
2)夹层件的角连接。
3)夹层件的 T 形连接。
4)夹层件的边缘连接。
5)垂直于覆盖层的连接(插件)。

在所有方式中需注意,力要尽可能地平面分布,这样一来,局部的压力就不会太大。在图 7.98 中列出了具体的应用实例。

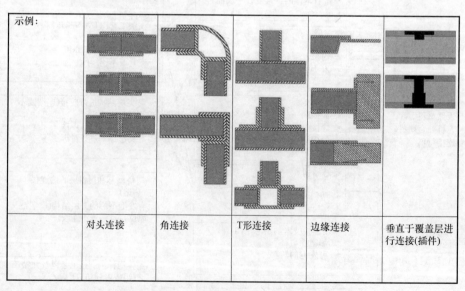

图 7.98　夹层构件的不同连接技术示例(根据文献 [124,125])

7.3.7 选择方法、应用示例与功能集成

夹层结构解决方案的设计和开发取决于材料的选择以及几何尺寸。与相应的不同形式的方案相结合，在大多数情况下，会实现特定的优点组合，例如良好的弯曲刚度重量比和弯曲强度重量比，这些优点组合会系统地用于满足各自的要求[108]。

在各种文献资料中，已经描述了在考虑到目标值（如轻量化、刚度、强度、成本等）的情况下，选择夹层结构的系统方法（参见文献 [109] 或 [120]）。其次，在第一个概念阶段，还可以针对多个标准或要求进行优化，在此需要对各个要求进行加权。图 7.99 中列出了基于材料特征值的分析实例。图中分析了不同地板结构中的不同夹层结构。在图 7.99 中，房屋建筑成本、飞机制造中的轻量化潜质以及商用车上的隔热性都对夹层结构的选择有重大影响[127]。

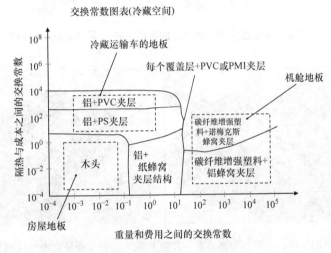

图 7.99　底板结构的应用卡（根据文献 [126]）

在进行了基于关键指标和材料规格第一次方案评估后，接下来必须对所有影响构件的参数进行迭代分析，如图 7.100 所示。

（1）应用示例

在当今大多数采用夹层解决方案的道路车辆的应用中，可以假设，对于夹层解决方案的一个要求是概念定义。

对于大面积的承载构件，例如在车身中，夹层结构可以显著减轻重量或改善力学性能。最好的例子是雪佛兰 Z06 轿车的地板结构（见图 7.86），用于固定奔驰 SLS AMG 车型挡风板的支撑结构，玛莎拉蒂 MC 12 车型的底盘或奔驰 Smart Fortwo 车型的夹层顶板。

在内饰应用中，对制造技术和成本的要求也起着重要的作用。举例来说，后座靠背、衣帽架和行李架地板采用了纸蜂窝芯的夹层构件（比较图 7.101）。

在其他的应用区域，尤其是结构件领域，夹层结构除了要满足力学性能要求之外，还要能够实现功能集成。

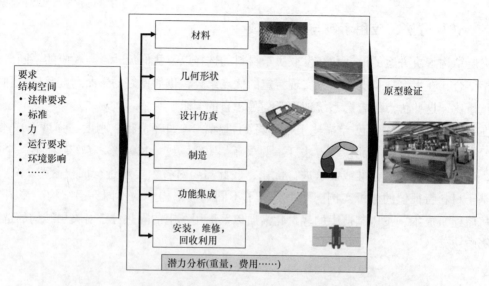

图7.100 夹层结构中构件设计的可能方法（另见文献 [106]）

图7.101 内部和外部应用：左侧的梅赛德斯 – 奔驰 E 级车的行李舱装载地板（根据文献 [127]），右侧的奔驰 Smart Fortwo 车顶（根据文献 [130]）

（2）具有额外热性能的结构

通过使用绝热型芯材料，可以将绝热性能直接集成到构件中。例如，导热率为 0.02 ~ 0.04W/m·K 的闭孔泡沫具有常规和非真空基绝缘材料的最低导热率[120]。

在道路运输车辆（如货车的冷藏半挂车或者房车）中常使用这种材料，可以减少必要的空调措施（图7.102，见彩插）。

（3）具有额外声学性能的结构

如今，针对预期噪声以及振动舒适性（NVH）的要求，需要采取整体方法来分析和考虑从噪声源到乘客感知的整个链条。在这种情况下，隔声（反射）和吸声（吸收）之间存在区别。由于隔声取决于构件刚性和质量（Berger 质量定律），因此夹层板不能达到良好的隔声效果。然而，通过采用合理的型芯材料，可以对隔声产生积极的影响[120,131]。

在图 7.103 中给出了可能的应用示例。图中显示了泡沫铝夹层结构的车辆地板方案，通过高的自弯曲刚度，可显著降低振幅，最高降低幅度可达到 160Hz。与 0.75mm 的车身板相

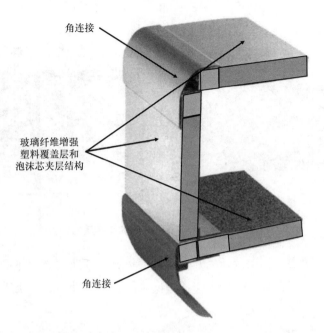

图 7.102　房车段的横截面（根据文献 [128]）

比，重量减轻了 23%，噪声低了 2dB，最高降低幅度可达到 1000Hz[128]。

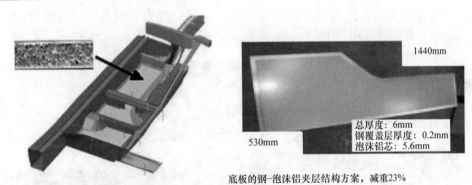

图 7.103　用于车辆地板的金属夹层技术，研究（根据文献 [131]）

（4）带有额外碰撞性能的结构

在额外具有能量吸收机制的夹层解决方案中，原则上必须区分两种机制。在"冲击"垂直于覆盖层的应用中，动能主要由型芯材料吸收。最好的例子是在行人保护领域。在这个领域中，实现了用于保险杠或发动机舱罩的带有泡沫芯的夹层结构。

或者，将夹层结构的性能尽可能地用于构件的稳定性。尤其是在碰撞盒（比较阿波罗 Gumpert 跑车前部的碰撞盒）中，力导入不是垂直于覆盖层而是垂直于端面。在这个应用中，能量首先被覆盖层吸收，通过金属结构的变形以及纤维复合材料的覆盖层的"压碎"而失效。在图 7.104 中展示了一辆小型汽车的金属夹层前端结构的仿真结果。这里模拟了美国 NCAP 正面碰撞的结构行为，速度为 56km/h[132]。

图 7.104　采用夹层结构前舱结构的乘客舱的行为[130]

除了以上这些应用之外，在最新的开发中，还集成了其他功能，并不局限于隔热、隔声以及能量吸收。例如，在未来的结构中，还可以采用基于红外加热的集成加热系统。

7.4　塑料材料技术

塑料已经成为现代汽车中不可或缺的材料。除了提高舒适性和安全性的应用之外，塑料越来越多地应用到工程构件和车身构件上。根据车辆的类型，塑料可占重量比的 15%～25%，并且呈上升趋势（图 7.105，见彩插）。

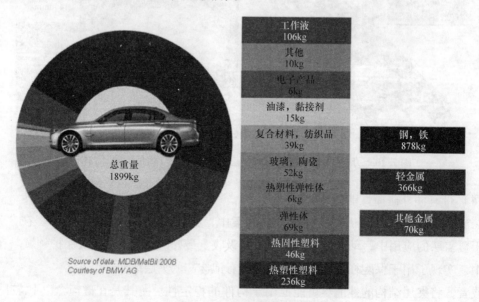

图 7.105　车身中的材料

在机动车辆中使用的大多数塑料都是热塑性塑料。塑料作为弹性体以增加舒适性（轮胎、底盘构件、座椅、面板），作为工程构件用于容器、管道与隔热，以及作为电气和电子构件的壳体。纤维增强塑料在低密度下能达到金属的强度和刚度,从而在车身件中赢得了一席之地。

戴姆勒汽车公司和巴斯夫公司共同开发的"Smart forvision",是塑料在轻量化车型中应用的一个实例。这款车展示了戴姆勒集团下一代小型车技术可行性。通过一致性的轻量化技术和塑料的使用以及新型的热管理,与第三代 Smart 电动车相比,"Smart forvision"的续驶里程提高了 20%。

在"Smart forvision"车身中,通过使用碳纤维增强复合材料(碳纤维增强塑料)替代金属,减轻了约 150kg 的重量。为了进一步减轻重量,轮辋和座椅托架采用玻璃纤维增强聚酰胺 Ultramid® Structure 注塑成型(图 7.106)。

图 7.106　Smart forvision

表 7.6 中列出了未增强塑料和纤维增强塑料的力学值以及最常使用的增强纤维的性能。

表 7.6　材料力学性能比较

	强度	刚度	密度
	MPa	GPa	g/cm^3
聚酰胺(未增强)	50	3	1.1
PA(40% 短玻璃)	150	11	1.4
碳纤维增强塑料(70% 碳纤维)	1500	210	1.6
镁	250	42	1.7
铝	300	70	2.7
钢	500	200	7.9
玻璃纤维	2000	80	2.5
碳纤维	5000	400	1.8

塑料及聚合物可以根据其性能（弹性体、工程塑料、高温塑料、包装塑料、标准塑料等），其填料或添加物（玻璃纤维增强、碳纤维增强、阻燃塑料）或其加工性能（反应性树脂、热塑性塑料）进行分类。在本章中，处理过的塑料根据其加工性能和相应的工艺进行分类。

与金属一样，在每种情况下，原子结构对材料性能有显著影响。其大分子的结构，分子的形状和尺寸以及分子之间的相互结合（连接）决定了塑料的性能和加工。最重要的是，交联度决定性地决定了塑料的性能特征，因此在这里用于实际分类（图 7.107 和图 7.108）。一般来说，交联度主要决定塑料的加工性能。热塑性加工的塑料不是交联的，只能由较弱的次价键固定在一起。通常作为反应性树脂加工的热固性材料则是交联的。在大多数液态反应性树脂组分的加工中，交联由主要价态不可逆地构建。

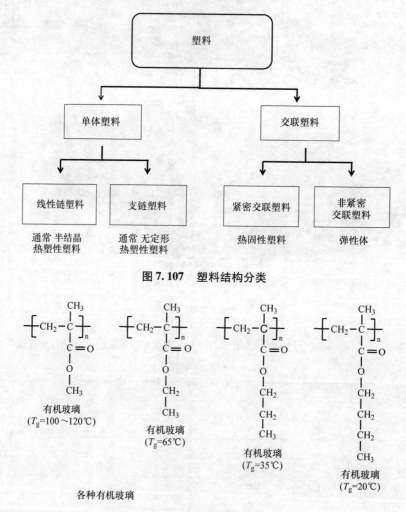

图 7.107 塑料结构分类

图 7.108 侧链对玻璃化温度的影响

在以下的章节中，将根据加工方法对结构和所得性能，对汽车工业中使用的最重要的塑料类型进行处理。由于许多塑料（如聚氨酯）既可以以交联的形式，也可以非交联的形式加工和使用，因此，对于热固性塑料、弹性体和热塑性塑料之间的划分并不是恒定不变的。

7.4.1 热塑性塑料的材料技术

热塑性塑料的加工是通过在挤压机或注塑机中熔化塑料（其作为颗粒、粒料或小球），随后通过凝固成型来进行的。

塑料颗粒通常含有所有所需的添加剂，例如染料、填料和增强剂、阻燃剂、稳定剂或增塑剂。在上游步骤中，塑料制造商或服务提供商（混合器）与塑料颗粒一起提供这些添加剂。用于混合这些添加剂的配混挤出机比常用的注塑机更适合混合添加剂。还有一种注塑混合设备，允许在模塑件生产同时加入所需的添加剂（参见7.4.1.2小节和7.4.1.3小节）。

加工方法可分为直接加工或单阶段加工方法。成品件的方法如注塑、薄膜和纤维生产；半成品的间接加工方法，如吹塑、拉深、挤出和拉挤成型。直接成型、一步成型和两步成型之间的区分并不明确。发泡过程可以在一个阶段中进行，或者通过两个阶段的半成品进行。在特殊情况下，热塑性塑料也可以通过铸造方法（聚酰胺6，环状聚对苯二甲酸丁二酯，PBT）作为反应性体系加工。在表7.7中对加工方法进行了介绍与划分。

表7.7 热塑性塑料的加工工艺

热塑性塑料成型工艺
直接工艺
注塑
制膜
纤维制造
间接的多级工艺
吹气成型
深拉
挤压
挤拉
热塑性塑料铸造
铸造聚酰胺
可循环使用的PBT
起泡
对颗粒进行起泡
挤压起泡
注塑起泡

7.4.1.1 热塑性塑料加工

热塑性塑料是可在一定温度范围内塑性变形的塑料。该过程是可逆的，也就是说，可以通过冷却和再加热到熔融状态来重复这一过程。因此，从材料的角度来说，热塑性塑料是可以重复利用的，这与热固性材料和弹性体加工的可逆性是有区别的。生产过程中产生的废料以及使用过的物品，在某些条件下可以回收利用。分选的废料可以重新制作成颗粒，并作为原料使用（材料回收利用）。不过，再循环利用受到添加剂（例如纤维、颜料）和聚合物降解的限制。在多次热成型的情况下，由于热载荷或剪切导致的大分子降解，经常会导致聚合物的力学性能受到影响。由于缺乏交联，除了少数例外，热塑性塑料在长时间的热作用下，不能承受高的载荷。热塑性塑料加工的另一个独特卖点是其可焊接性。例如，利用热焊接，将两个注塑成型的聚酰胺半成品加工成内燃机的进气歧管。

热塑性塑料是由一维的大分子链组成的。次化合价力（范德华力，氢键结合）在大分子之间形成的化合力非常小，通过加热易于去除。由于没有交联，在高温下，大分子之间可容易地相互移动，因此，通过加热可以实现塑性变形。

如前面部分所示，对于热固性塑料和弹性体，网络中的主化合价及其交联密度对于性能特征起着决定性的作用。链的或多或少明显的交联决定了塑料的各自特征外观。另一方面，热塑性塑料的性质受次化合价力的强烈影响，半结晶热塑性塑料的性能则受其结晶比例的影响。

次化合价力作用于分子链之间并影响链间运动。与主化合价相比，次化合价力明显较弱，次化合价力由静电吸引力产生，其原因在于原子和键合结构。

根据次化合价的强度、频率和对称性，大分子链在凝固时，或多或少会形成晶体结构，可区分为无定形热塑性塑料和半结晶热塑性塑料。

（1）无定形热塑性塑料

无定形热塑性塑料在凝固时，通常不会形成结晶域。大分子是完全无序和纠缠的形式。如果链之间的距离更大，则在未染色时，呈无色透明。对于给定的聚合物，结晶和无定形结构的比例可以根据添加剂或加工条件而变化。极性结构和对称结构有助于结晶部分的形成，分支、对称干扰以及熔液的快速冷却能够促进无定形结构的形成。

重要的无定形热塑性塑料包括 PS、PVC、PC 和 PMMA。表 7.8 中列出了最常见的无定形热塑性塑料和半结晶性热塑性塑料的玻璃化温度及熔化温度。所给出的温度和结晶度是典型数值，但是在产品组内也可能会出现显著变化。因此，对于聚对苯二甲酸乙二醇酯（PET），结晶度可在 0～70% 之间变化。对于 PA6 和 PA66，玻璃化温度在 0～50℃ 之间，具体取决于水含量。

表 7.8 无定形热塑性塑料和半结晶性热塑性塑料

	成分	结构	TG/℃	TM/℃
ABS	ABS 塑料	无定形	105	
PA66	聚酰胺（尼龙）	半结晶 35%～45%	0～50①	260
PA6	聚酰胺（贝纶）	半结晶 35%～45%	0～50①	220
PBT	聚对苯二甲酸二丁酯	半结晶 35%～50%	50	225
PC	聚碳酸酯	无定形	148	
PE - LD	低密度聚乙烯	半结晶 40%～50%	-100	130
PE - HD	高密度聚乙烯	半结晶 60%～80%	-70	140
PEEK	聚醚醚酮	半结晶 30%～50%	140	345
PES	聚醚砜	无定形	225	
PET	聚对苯二甲酸乙二酯	半结晶 0～70%	70	260

(续)

成分		结构	TG/℃	TM/℃
PMMA	聚甲基丙烯酸甲酯	无定形	110	
POM	聚甲醛	半结晶60%	−82	181
PP（等规则）	等规则聚丙烯	半结晶70%~80%	−10	160
PP（无规则）	无规则聚丙烯	半结晶0~10%	−10	160
PS	聚苯乙烯	无定形	100	
PSU	聚砜	无定形	190	
PVC	聚氯乙烯	无定形	80	
SAN	苯乙烯-丙烯腈	无定形	105	

① 取决于水含量。

在玻璃化温度（TG）以下，由于主链的流动性被冻结，无定形热塑性塑料处于硬弹性和脆性状态。随着温度的升高，链移动性增加，直至超过玻璃化温度时，材料变得可塑性变形。在这种情况下，发生了从软弹性到塑性状态的连续过渡。在温度升高时，由于热稳定的次价键不会以可观的数量出现，链分子越来越自由地移动。因此，无定形热塑性塑料经历从脆性、硬弹性到塑性流动状态的缓慢过渡。无定形热塑性塑料在明显低于玻璃化温度（TG）的硬弹性固体玻璃状态下使用。

无定形塑料（材料）的玻璃化温度在60~230℃之间，受很多因素的影响，例如主链的大小和灵活性。如聚醚砜（PES）中的刚性主链，彼此很难相互移动。因此，聚醚砜的玻璃化温度高于200℃。诸如聚二甲基聚硅氧烷中的柔性主链则更容易相互移动。聚二甲基聚硅氧烷在室温下是液态，其玻璃化温度为−100℃。

除了主链之外，侧链对玻璃化温度也有影响。随着刚度增加，玻璃化温度升高（侧链相互缠结），随着柔性和长度的增加，玻璃化温度降低（主链之间的互相作用变小）。因此，在聚烷基丙烯酸酯中，随着侧链长度的增加，玻璃化温度降低。

在热塑性塑料加热时，当加热温度超过玻璃化温度时，塑料的性能会发生或多或少的明显的变化。例如，在这一转化区域，弹性模量和强度都降低了3个数量级左右。

无定形热塑性塑料的加工通常在接近玻璃化温度的软弹性状态下通过成型进行，或者在显著高于玻璃化温度的黏性熔融状态下通过注塑进行。

无定形塑料的注塑在高于玻璃化温度约100K的温度下进行。当处理处于软弹性状态的聚合物时，缠结的链分子通过变形而被拉伸。在冷却时，这种变形状态被冻结。再加热时，分子返回到旧（缠结的）位置。这种效应称为热回弹或者记忆效应。在实践中，这种自应力取决于在高温下的形状稳定性的限制。对于收缩膜或软管，就充分利用了这种效应。

（2）半结晶热塑性塑料

与无定形热塑性塑料不同，在半结晶热塑性塑料中，通常受加工条件或添加剂的支持。在熔液的冷却过程中，会在部分区域出现大分子的微晶取向。由于分子链的晶体结构排列总是在材料的或多或少的大面积中发生，因此称为半结晶。

结晶度表示热塑性塑料中结晶区域的百分比。例如，高结晶度（约为70%）的材料有

PE - HD、等规则 PP、PA 和 POM。中结晶度（40% ~ 60%）的例如 PE - LLD、PE - LD。低结晶度（25% ~ 40%）的实例包括 PET、PBT、PA。半结晶塑料大多是不透明的，因为晶体结构会破坏光线。通常可以通过特殊的过程控制或者添加成核剂（澄清剂）来调节晶体结构的大小，从而增加半结晶性塑料的透明度。结晶度的实例可以在表 7.8 中找到。

取向的附加结构和由此产生的二次键会改变热塑性塑料的加工性能和应用性能（表 7.9）。

表 7.9 结晶度的影响

提高结晶度的影响	
性能提升	性能降低
刚性，模量	冲击强度
密度	应变
屈服强度	热膨胀
耐化学性	渗透性
玻璃化温度和熔化温度	溶胀行为
耐磨性	机械阻尼
尺寸稳定性	蠕变倾向

当热塑性熔液在加工过程中冷却时，晶体结构的形成或多或少地快速发生。快速冷却降低了结晶度，有利于形成较小的微晶体。熔液的冷却速度慢，会促进结晶和形成较大的结晶域（球晶）。通过后退火，也可以提高不完全结晶热塑性塑料的结晶比例。

如果在机械拉伸期间（例如在纺丝中）可以实现平行捆扎，则特别有利于塑料的结晶。规则、刚性和无分支的链结构以及极性结构，可以形成强烈的次级价键，通过规则的排序形成了高堆积密度，从而有利于结晶（图 7.109）。

半结晶结构通常也直接来自熔液中，形成球晶结构。半结晶结构区域径向生长于无定形基质，分子链互相束聚和折叠。然而，分子链的规则排序仅出现在部分区域中。在其他区域中，分子链呈不规则无定形结构。

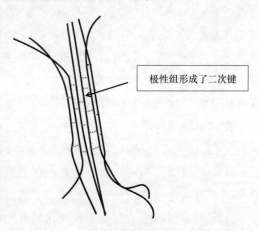

图 7.109 拉伸

通过添加成核剂以及成核、机械成型、拉伸、熔液的冷却速度，以及加工条件（加工温度和模具温度）都可以对结晶度造成影响。

半结晶塑料的注塑加工温度通常在高于其熔融温度约 50K 的温度下进行。

对半结晶热塑性塑料进行加工时，逆序考虑结晶动力学。通常会出现后结晶，也就是说，在加工之后的数小时内，还会出现结晶的情况。因此，在加工后约 24h，大多数半结晶热塑性塑料依然会出现体积收缩，这会导致模塑件出现收缩、翘曲或者下沉的情况。原因是，与无定形区域相比，晶体的体积略低（更高的密度）。

半结晶热塑性塑料的温度行为与无定形热塑性塑料的基本类似。不过，由于晶体的硬化作用，在超过玻璃化温度后，力学特征值降低的程度会减少。根据作用在材料中次价键的强度，材料保持其接近结晶熔点状态的韧黏弹性特征。与无定形热塑性塑料相反，半结晶热塑性塑料使用范围不受玻璃化温度（TG）的限制，而是由结晶熔化范围所决定。

处于韧黏弹状态的半结晶热塑性塑料，通常在高于非晶相的玻璃化温度的范围内使用。在半结晶的状态下，并行排列分子链的原子部分处于完美的顺序，从而形成了各向异性的力学性能。在共价键合占主导地位的链轴方向上的强度比垂直于对齐链的强度值高出 100 倍，而对齐链仅通过次价键弱连接。

二级价力和结晶度影响的典型例子是聚乙烯（PE）。低密度 PE（PE－LD）具有支链聚合物，因此主链的距离非常大，从而导致二次价力不会实现。另一方面，如果 PE 具有线性无支链，则链可以彼此靠近，并且产生高密度 PE（PE－HD）。在无支链之间，越来越多地使用二次价力（表 7.10 和图 7.110）。

表 7.10 聚乙烯的性能

PE－LD：
支链
低堆积密度
低结晶度（约为 40%）
差的力学性能
PE－HD：
线性链
高堆积密度
高结晶度（约为 75%）
更好的力学性能

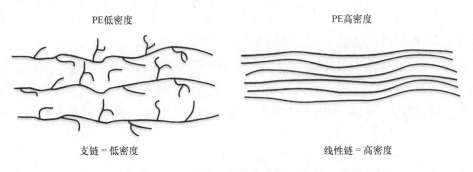

图 7.110 PE 结构

（3）热塑性弹性体

热塑性弹性体（TPE）是多相聚合物及聚合物共混物，在使用温度范围内表现出如弹性体的熵弹性（橡胶弹性）的行为。与传统的通过主价键交联的弹性体如橡胶不同，热塑性弹性体是可熔化的并可热塑性加工的。关于大分子结构，热塑性弹性体的链通过可逆的可熔化二次键彼此交联。

热塑性弹性体可在热塑性加工机器上实现成本适宜和简易的加工，为硫化交联弹性体提供具有类似力学性能的模塑构件。热塑性弹性体类似于热塑性塑料，可反复成型和加工，也进行回收利用。

热塑性弹性体的大分子通常由两个不同的链段组成，即结晶硬相（刚性、硬）和无定形软相（软、弹性）组成。未来在链中既存在软区也有硬区，因此必须相应地选择合适的基础聚合物。重要的是冷熔液中的组分彼此不容易混溶，从而形成独立的结晶相（硬链段）和非晶相（软链段）。

在分子之间，在两相的界面处仅存在非常弱的结合力。热塑性塑料则相反，在结晶相内存在已知的更强的吸引力。链越接近，这些吸引力的强度越大。尤其是硬的相，其分子是直线和线性构造，因此会形成密集堆积，从而形成了结晶区域。晶体结构决定了热塑性弹性体的力学强度和加工温度。

软相内的高移动性，导致链段之间相对大的距离。一方面，这导致强度明显降低；另一方面，这些区域即使在低温下仍然具有柔性和弹性。因此，软相确定了热塑性弹性体的低温行为和弹性特性。很明显，分子链内部和分子链之间的不同键类型的相互作用，以及不同链段决定了热塑性弹性体的特殊性能。通过改变链段支链的长度和/或所用的初始聚合物，可以在很宽的范围内对这些性能加以调整。例如，较大比例的软链段导致了更好的低温行为，但也导致了更低的刚度。

已分解的分子间化学键有在其他位置重建的可能性，这会导致热塑性弹性体的永久变形。此行为描述了压力变形残余（DVR）。由于二次键的分解明显需要更少的能量（热量），这些（暂时的）材料损坏在更低的温度下发生，即热塑性弹性体的耐热变形性明显低于通过主价键交联的（硫化）弹性体。

热塑性弹性体的主要优点在于热塑性加工领域。此外，大多数热塑性弹性体是可以焊接的，并且也易于黏接。与其他的热塑性塑料类似，热塑性弹性体是单轴或双轴可定向的。通过其化学成分和结构可以涵盖广泛的热性能和力学性能。因此，可以用热塑性弹性体代替较硬的热塑性塑料和橡胶弹性体。表7.11展示了一些热塑性弹性体及其应用。

聚合物材料的传统大型用户和加工商以及汽车工业也越来越多地采用了这种新型材料。但是，由于耐热性差，机动车中的轮胎盖、发动机悬置或者悬架还都无法采用这类材料（表7.11）。

表7.11 热塑性弹性体的应用

热塑性弹性体		应用
SBC	苯乙烯嵌段共聚物	EPMD替代
TPO&TPV	热塑性烯烃	汽车行业，PE改性，PP改性
TPU	热塑性氨基甲酸酯	鞋底，软管，汽车内饰板，电缆绝缘，保护膜
COPE	热塑性共聚多酯	弹簧，防尘罩
PEBA	热塑性聚醚酰胺	体育用品，导管，防尘罩，垫圈，表带

尽管价格普遍较高，热塑性弹性体的另一个重要市场是作为聚氯乙烯（PVC）的替代品。聚氯乙烯典型的缺点是在热处理中的稳定性较差，并因此导致侵蚀性的氯乙烯成分（HCl 分裂）。此外，由于聚氯乙烯中含有氯，在生产和处置过程中有可能对健康造成损害，所以也受到了批评关注。

在硬度相同的情况下，热塑性弹性体与无定形的聚氯乙烯相比，具有更高的刚度。相应的减重潜力也使得热塑性弹性体更具有竞争性。

7.4.1.2 填料和添加剂

通常来说，塑料不能以生成反应（聚合、缩聚、加聚）中生产的纯聚合物的形式加工，只有通过引入添加剂和辅料，一方面可改善加工性能，另一方面也可以改善针对特定应用情形的材料性能，从而得到可加工以及可出售的塑料，更详细的描述见文献［131，132］。

生产商在生产聚合物时，通常已经加入了添加剂。因此，在通过聚合生产聚乙烯和聚丙烯之后，总是加入抗氧化剂，以稳定聚合物用于进一步的加工步骤（熔化）。然而，添加剂也可以由合成者在委托合同基础上或由处理者自己加入"坯料"中。有些添加剂能够促进聚合物的可加工性，或者聚合物只有通过某些添加剂的添加才能加工。这些添加剂（包括例如内润滑剂）可以降低在加工设备中熔融热塑性塑料的摩擦和剪切；再如稳定剂，可以保证聚合物在高温下加工过程中的稳定性。

除了加工辅料，还有可以对性能进行改变的添加剂。例如，有可以影响塑料的力学性能、防火性能以及在光和热作用下稳定性的添加剂。

加入添加剂，除了能改善材料的性能之外，也会带来相应的缺点。例如，加入润滑剂，会降低耐热性能。添加剂和辅料应始终具有最高的光稳定性和热稳定性，以及颜色、气味和味道中性。如果成品塑料与食品接触，则所有添加剂必须在生理上是无害的，并经过相关审批机构的批准。

许多添加剂或多或少可以与聚合物很好地形成混合的低分子化合物，这些化合物是从塑料中迁移出来的。这在食品包装（污染）、车内饰件（雾化）和儿童玩具（玩具中 PVC 材质增塑剂）中尤其是一个问题。

由于添加剂和辅料通常是复杂的复合化合物，因此下文将描述最重要的材料及其作用方式。

（1）增塑剂

增塑剂的作用是以小分子在聚合物长链之间滑动作为基础的。聚合物链之间的增塑剂分子降低了刚性微观结构的二次价力，从而增加了其迁移率（增塑效应）（图 7.111，见彩插）。

增塑剂是例如低挥发性的酯，用于极性更高的聚合物（如聚氯乙烯）中；或者是碳氢化合物，如用于非极性聚合物聚苯乙烯中的白油。在无定形塑料或者半结晶塑料的无定形相中，增塑剂降低了玻璃化温度（软化温度）的值。这样一来，塑料可以在较低的温度下进行加工，看起来更坚韧，更有弹性。在这种情况下，减少热塑性塑料挤出过程中摩擦的增塑剂和加工助剂之间通常无区别。针对这两种目的经常使用相同或类似的添加剂。如上所述，

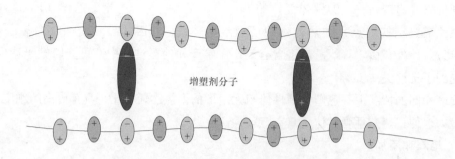

图 7.111 增塑剂的作用

普通的增塑剂不掺入聚合物中,而是仅通过其或多或少的极性组与聚合物链互相作用,并增加其迁移性。

这些添加的增塑剂或外部增塑剂不应与聚合增抗冲击改性剂,或者在反应性树脂中用作"内部增塑剂"的链构建段(软链段)混淆。

增塑剂的已知实例是白油,用于加工聚苯乙烯,邻苯二甲酸酯和柠檬酸酯,这些材料用于例如聚氯乙烯的生产。软聚氯乙烯材料可用于生产薄膜、儿童玩具、橡皮等,增塑剂占重量比可高达40%。邻苯二甲酸酯由于对健康和环境易造成危害,较有争议。欧盟从1999年起已经禁止在儿童玩具中使用邻苯二甲酸酯,而改用基于柠檬酸或环己二羧酸的增塑剂代替。1.2-环己二羧酸二壬酯是一种增塑剂,用于生产敏感领域的塑料产品,如儿童玩具、医疗产品或者是用于食品包装的塑料生产。在化学上,这些增塑剂属于脂族酯类。

在机动车辆中,软化的聚氯乙烯薄膜用作仪表板衬里,用于散发沉积在风窗玻璃内侧的增塑剂分子,这种沉淀物也称为雾化。

(2) 稳定剂

高温、热、高能光辐射(紫外线)、空气中的氧气以及水分都会对聚合物材料造成损害,导致出现链分解的情况,从而极大地恶化塑料的加工性能和使用性能。为了保护塑料免受这些影响,通常必须添加稳定剂。

稳定剂的作用是抵消有害影响,例如基于燃料的防光剂,以抑制分解,或者是捕获并中和分解的自由基或离子。

在高加工温度的稳定化或者持续使用高温状态的载荷下,通常使用抗氧化剂来防止氧化过程。最常使用的抗氧化剂是空间位阻酚类。

紫外线吸收剂可以抵消光的影响,可以吸收高能紫外线,并防止出现由此而产生的链分解。通常可以通过基于炭黑或二氧化钛的无机颜料来提高塑料的耐光性。在技术应用中,大多数聚酯可以防止出现水解降解。常用的水解稳定剂属于碳二亚胺类。

通过配混,将稳定剂少量(<1%)精细地分布到塑料中。如上面已经提到的,在一些应用中,加工稳定剂已经直接添加到了聚合物生产中,用来稳定聚合物以防止在加工过程中降解。在大多数情况下采用组合的方式,例如用于同时防止热和光。在表7.12中列出了最重要的稳定剂。

表 7.12　稳定剂

聚合物的稳定剂
金属氧化物，碱性重金属盐（热，光）
有机基，氮化合物（热，光）
空间受阻胺（热，光）
环氧树脂化合物（热，水解）
有机锡化合物（热，光，微生物）
位阻酚（热，氧化）
碳化二亚胺（水解）

（3）润滑剂

润滑剂用于降低塑料熔液的内外摩擦。在塑料制造商混料之前或混料期间，会添加润滑剂到塑料颗粒中。润滑剂通常是更高级的碳氢化合物或脂肪酸（褐煤蜡、硬脂酸盐）的衍生物。塑料中含有的润滑剂可以和增塑剂一起迁移，这会导致不希望出现的雾化的情况。

（4）着色剂与颜料

着色剂分可溶性或不可溶性物质，用于对塑料进行染色。对于可溶着色剂，术语称之为"染料"；不可溶颜料，术语称之为"颜料"，它与大小为 10nm~1μm 的颗粒相关。颜料还可分为有机和无机的。无机颜料的着色强度通常不好，但是具有很强的覆盖力，很好的耐光性和热稳定性。有机颜料着色强度好，但是无覆盖力。热塑性塑料由于加工温度高，需要使用耐高温的染料。有机染料和颜料通常对光和温度的稳定性都低于无机染料。染黑时通常使用炭黑，白色颜料多使用二氧化钛。这两种颜料也可作为防光的稳定剂使用（见文献[140]）。

（5）填料与增强材料

填料是指固体填料。根据基础聚合物的不同，填料的成分、结构和力学性能差别很大。与热固性塑料相反，热塑性塑料中填料的占比仅达到重量比的 50%。其原因在于由于熔液黏度大幅提升，使加工变得困难或者不可能。

出于各种原因添加填料。除了可以使用能降低成本的非活性填料（石粉、白垩、纸纤维、木粉），还可以使用能提高强度的颗粒或纤维的增强材料（炭黑、滑石粉、白垩、玻璃）。例如，在热塑性塑料中加入白垩或重晶体可以提高密度，从而改善了吸声性能和导热性。机动车地板覆盖物中通常会添加重晶石，用来降低传播的噪声。

在热塑性塑料中，除了有机板之外，不使用"真正的"长纤维或增强织物。

在汽车制造中广泛使用的聚丙烯（PP），特别适合使用木粉、白垩或滑石粉来增强。利用木粉或木纤维高度填充的聚丙烯和聚乙烯（PE），通过挤压工艺可加工成木材填充的复合物（WPC，木塑复合材料），这种材料可作为建筑外墙和园艺中木材的替代材料。这种木粉或天然纤维填充的复合物，加工温度必须低于 200℃，否则填料会热分解。在汽车制造中使用的聚丙烯，通常在热载荷应用下采用滑石粉或短玻璃纤维来增强，可以明显地提高刚度和热变形稳定性。用滑石粉或短玻璃纤维来增强的聚丙烯材料可用于汽车内部或发动机舱内，温度最高可达 120℃。

经过显微增强的工程塑料如聚酰胺 6/6.6 共聚物或聚对苯二甲酸丁二酯（PBT），即使在发动机舱中的较高温度下也可以使用。在注塑应用中，通常用短玻璃纤维来增强，质量分数为 10%～50%。在少数应用中，也使用其他的工程纤维如碳纤维或玄武岩纤维作为增强材料。

在表 7.13 中列出了有短玻璃纤维增强热塑性塑料和无短玻璃纤维增强热塑性塑料的热变形温度（HDT，热变形温度，根据 ASTM D648）和维卡软化温度（根据 DIN EN ISO 306 标准）。

表 7.13 通过填料提高热塑性塑料的耐热性

		PP	PP	PA 6.6	PA 6.6	PBT	PBT
短玻璃（质量分数，%）			30		30		30
HDT B/℃	0.45MPa	100	160	220	250	170	210
HDT A/℃	1.8MPa	70	130	80	250	70	220
维卡/℃	50℃/h, 50N	90	105	250	250	170	220

在汽车中，纤维增强的工程塑料可作为很多金属的替代材料。其优点是，重量较轻，便宜且易于加工，并且能够在注塑件中集成新功能或金属嵌件。通过纤维增强，不仅可以改善抗热变形性，还可以改善力学性能，如刚度和强度（表 7.14）。

表 7.14 短玻璃纤维对聚对苯二甲酸丁二酯（PBT）性能的影响

		Ultradur® B4400	Ultradur® B4400 G2	Ultradur® B4400 G4	Ultradur® B4400 G6	Ultradur® B4400 G10
填料比例	质量分数，%	0	10	20	30	40
拉伸强度	MPa	60	95	115	140	140
弹性模量	MPa	2500	5500	7000	9800	16000
断裂伸长率	%	4.0	3.5	3.5	3.0	1.5
0.45MPa 下的抗热变形性	℃	165	215	220	220	220
热膨胀系数 ×10^{-6}K		100	60	35	25	15
密度	kg/dm^3	1.30	1.37	1.45	1.53	1.73

表中以聚对苯二甲酸丁二酯（Ultradur®，巴斯夫）为例，显示了短玻璃纤维对材料性能的影响。矿物填料（如玻璃纤维）也可改善热膨胀系数。玻璃和金属的热膨胀系数比塑料低 10 倍。用短玻璃纤维或其他矿物质填料填充，可以减少热膨胀。未增强聚酰胺 6 的热膨胀系数 α 为 $70/100 \times 10^{-6}$/K（纵向或横向于流动方向）。填充质量分数 50% 的 PA6 的热膨胀系数为 $13/55 \times 10^{-6}$/K。填充大量的单向玻璃纤维或碳纤维的塑料复合物在纤维方向上具有与金属（钢：12×10^{-6}/K）相当的热膨胀系数。

工程塑料尤其是聚酰胺和聚酯，在应用中采用短玻璃纤维或矿物质来增强。"长纤维"增强的热塑性塑料（LFT）是一种特殊情况。长玻璃纤维（最大至 10mm）通过拉挤成型工艺加入到棒状颗粒中。除了类似的纤维长度短于 1mm 的"短玻璃纤维增强"聚合物，长纤维增强注塑件表现出了更高的刚度、更好的冲击强度以及更好的加热状态下的形状稳定性。

在对这些件进行灰化时,仍然保留了玻璃纤维框架的三维形状。

由巴斯夫公司新开发的并应用在示范车型"Smart forvision"中的长纤维增强聚酰胺(Ultramid Structure)轮辋,是长纤维增强的热塑性塑料的一个应用范例。与金属轮辋相比,纤维增强的塑料轮辋重量减轻高达30%。这也是首次适合批量生产的塑料轮辋。在7.4.3小节中有更多关于玻璃纤维和碳纤维性能的介绍(图7.112)(也请参见文献[326])。

(6) 发泡剂

生产发泡塑料时,要添加发泡剂。发泡剂(起泡剂)可分为物理的和化学的两种。合适的发泡剂在一定温度下蒸发,并使塑料块在塑化或液态状态下膨胀(物理性发泡剂)。在塑料块凝固后,保留了泡沫结构。化学发泡剂是在塑料的加工温度下分解并释放出气体的化学品。物理和化学发泡剂的示例在表7.15中进行了汇总。

图7.112 注塑轮辋

表7.15 发泡剂

发泡剂	沸腾范围
n-戊烷	36℃
n-乙烷	69℃
氯氟烃	23~47℃
碳酸钠/碳酸氢盐	140~200℃(分解)
偶氮二甲酰胺	200~230℃(分解)
柠檬酸衍生物	200~220℃(分解)

由于会破坏臭氧层,之前常用的氯氟烃(CFK)在发达国家已经好多年不用了。氯氟烃可以由部分氟化的氟代烃来代替。现在则常使用二氧化碳、碳氢化合物(丁烷,戊烷)或者经过许可的溴代烷。化学作用的发泡剂在一定温度下分解并形成气体如氮气或二氧化碳,然后引起塑料的起泡。常使用的化学发泡剂是碳酸钠或其衍生物(发酵粉)。MuCell®工艺是一种新的起泡工艺,在改良的注塑机中将超临界气体(通常是二氧化碳或氮)引入熔液中。通过这种方式生产的发泡注塑件的密度降低了约10%左右。更多的信息参见文献[133]。

(7) 防火添加剂与阻燃剂

鉴于其化学结构,塑料或多或少具有可燃性。在很多应用领域中,尤其是在建筑业中,以及在电子与车辆制造业中，使用不可燃的或者阻燃的塑料通常是强制性的。塑料的可燃行为取决于其化学结构。无芳香族结构和包含有大量氢原子的塑料如聚烯烃（PE，PP）的可燃性很好。聚乙烯的燃烧焓为43MJ/kg，与石油类似。由于可燃性差，聚氯乙烯常用作电缆绝缘线材料或建筑材料，其燃烧焓仅为18MJ/kg。塑料的可燃性可用氧指数（LOI，limited oxygen index，有限的氧指数）来度量。氧指数表示了检测环境下的氧含量。在这个数值下，塑料刚好可燃。氧指数>25的材料通常不再在空气（氧含量21%）中燃烧。

通过添加阻燃剂，可以或多或少地影响材料的可燃行为。阻燃剂在加热、分解、点火或者火焰传播期间干扰燃烧过程。其作用通常体现为在塑料的固液相或气相中的化学反应，这导致火焰形成自由基链反应的撕裂，或在塑料表面形成绝缘碳层。阻燃剂也有物理作用，如冷却、形成惰性气体或形成保护层也是可能的。阻燃剂优先用于热塑性塑料中，并与塑料混合。反应性阻燃剂可掺入塑料分子中，主要用于热固性塑料。两种类型的组合通常特别有效。

阻燃剂中通常会添加有机的氯化物或溴化物。其主要作用于气相阶段，并切断在燃烧期间发生的自由基链反应。这一组的主要代表是多溴联苯醚、多溴联聚苯乙烯、四溴双酚A、氯化石蜡以及HBCD（六溴环十二烷）。卤系阻燃剂虽然阻燃效果好，但其分解物会对环境产生破坏。由于在燃烧过程中会形成有毒的卤系二苯三氧或二苯并呋喃（塞维索毒气），在环境中很难分解，因此从很多年前开始，就不使用溴化和氯化联苯了。已知的磷化合物包含TCP（三（氯乙基）磷酸盐），TCPP（三（氯丙基）磷酸盐），TPP（磷酸三苯酯），TCPP（氯丙基），TKP（磷酸三甲苯酯）以及多磷酸铵。含磷阻燃剂起作用的方式是通过促进燃烧表面的碳化，并因此将火源与氧气和热作用隔绝开来。

含氮的阻燃剂基于尿素和三聚氰胺，充当无机金属氢氧化物（氢氧化镁和氢氧化铝），在能量消耗过程中分解成不燃烧气体，从而降低火源中的氧浓度。

许多阻燃剂会影响塑料的物理性能，并对加工性能和应用性能产生很多不良影响，更多内容可以参考文献[134]。

7.4.1.3 注塑

热塑性塑料的注塑是最常使用的塑料加工工艺。由于这个方法成本低，大大促进了塑料在日常生活中的推广应用。

热塑性塑料的大分子在熔融区域内可完全自由移动，因此利用注塑工艺可实现塑料制品的生产。

常用的注塑设备包括一台螺旋输送机，一方面可用于熔化热塑性塑料颗粒（塑化），另一方面在注塑阶段，利用高压将热塑性塑料熔液注入模具的冷却空腔中。

螺旋输送机由用于（通常是自动）填充螺旋输送器的料斗、加热缸和喷嘴组成。旋转的螺旋注塑机从料斗通过特殊形状的进料区吸入颗粒。在挤压中，通过加热缸的加热带尤其是通过内摩擦热实现颗粒塑化、脱气和压缩。由于非连续性的生产方式以及需要构建压力，在注塑中的低损伤加热操作难度要高于在连续拉伸中的操作。在对熔料进行加热和输送期间，螺杆通过液压或电动机驱动收回，熔料在喷嘴后方聚集。当熔融热塑性塑料积攒到所需的量时，就通过单向阀，在高压（最高达2000bar）下，将高黏度熔液利用螺杆挤压通过喷嘴注入注塑模具的成型空腔中。熔料在冷却的注塑模具中凝固。在熔料凝固过程中，机器仍然保持高压状态，以补偿在冷却时产生的体积收缩。半结晶聚合物的体积收缩比无定形聚合物要高，可达体积比的10%。

注塑和挤压的区别仅在于，在注塑中塑化的塑料块不是由开放的模具连续挤压，而是在更高的压力下不连续地压入闭合的模具中。塑化几乎仅通过螺杆进行，螺杆除了做旋转运动之外，还可以轴向移动。下文中展示了配有最重要元件的注塑机的注塑顺序（图7.113）。

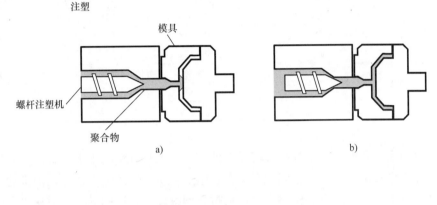

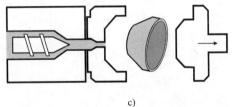

图7.113 注塑

a）开始注塑 b）注塑过程结束 c）脱模/取出

重要的是保持能决定熔料黏度的最佳熔融温度。高温虽然能降低黏度，但是也会带来塑料因热降解和氧化（链分解）而受损的风险。

根据经验，无定形热塑性塑料在高于其玻化温度约100K的温度下加工，而半结晶塑料在高于其熔化温度约50K的温度下加工。由于苯乙烯聚合物的玻化温度为100℃，所以加工温度为200℃。在注塑加工过程中，塑料颗粒必须保持干燥。在颗粒数量更高的情况下，加工过程中的潮湿会导致在注塑过程中发泡，并在聚酯中通过水解导致链分解（表7.16）。

表7.16 加工温度（根据文献[135]）

	成分	结构	T_G/℃	T_M/℃	加工温度/℃
ABS	ABS塑料	无定形	105		200~260
PA 66	聚酰胺66共聚物（尼龙）	半结晶35%~45%	0~50[①]	260	260~300
PA 6	聚酰胺6共聚物（贝纶）	半结晶35%~45%	0~50[①]	220	260~300
PBT	聚对苯二甲酸二丁酯	半结晶35%~50%	50	225	230~280[①]

（续）

	成分	结构	TG/℃	TM/℃	加工温度/℃
PC	聚碳酸酯	无定形	148		270~320
PE-LD	低密度聚乙烯	半结晶 0~50%	-100	130	160~270
PE-HD	高密度聚乙烯	半结晶 60%~80%	-70	140	200~300
PES	聚醚砜	无定形	225		340~390
PET	聚对─酸乙二酯	半结晶 0~70%	70	260	260~300[①]
PMMA	聚甲基丙烯酸甲酯	无定形	110		190~290
POM	聚甲醛	半结晶 60%	-82	181	180~230
PP 等规	等规聚丙烯	半结晶 70%~80%	-10	160	220~300
PP 无规	无规聚丙烯	半结晶 0%	-10	160	220~300
PS	聚苯乙烯	无定形	100		170~280
PSU	聚砜	无定形	190		320~380
PVC	聚氯乙烯	无定形	80		170~210
SAN	苯乙烯-丙烯腈	无定形	105		200~260

① 含水量 <0.02%。

随着材料的吸入和熔化，熔料会聚集在缸的前端。在这种情况下形成背压，向后推动旋转螺杆。这样就形成了一个储存空间，可储存注塑工艺所需的熔料。通过向前推动螺杆，可将熔料注入模具中。在模具空腔中的气体可通过分型线以及合适的通风管道逸出。

注塑过程为典型的压力时间曲线。当达到最大的注射压力时，充型完成。在接下来的冷却阶段，体积会明显收缩，通过后继压力进行补偿，从而防止出现缩孔和缩痕。直到在料口处的熔料凝固，模型密封成型后，后继压力作用才可以停止（图7.114）。

由于塑料的导热系数较低，冷却时间构成注塑机筒循环的主要部分，因此从经济方面考虑，对模具中的模塑件尽可能地进行快速冷却。出于这个原因，通常在模具上连接一个附加的冷却回路。冷却速度对模塑件的质量和性能有决定性的影响，因为冷却速度决定了自应力、收缩、变形、取向和半结晶热塑性塑料的结晶度。

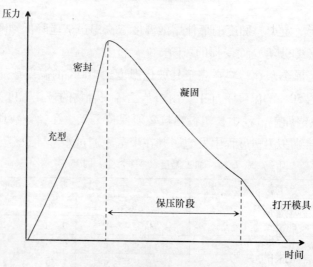

图7.114 注塑模具中的压力曲线

根据待注塑塑料的性能，在生产尺寸精确及低应力的注塑件时，首先需要延迟，并控制冷却。为此，使用温度控制电路，以确保模具中恒定的冷却比例关系。注塑件中常会有金属的插件如轴衬或螺纹轴套。需要注意的是，由于塑料热收缩大以及导热性好的金属件强烈的冷却作用，很容易造成围绕插件周围塑料的断裂。对插件进行充分预热可以抵消这种风险，因为塑料块的凝固速度较慢，可以在容易出现断裂的边缘区域实现足够的应力消除。浇口的位置和类型对模塑件的性能和制造过程的效率都有重要的影响。影响还取决于熔料的流动方向、取向状态、收缩和构件的变形，以及清洁料口所需的后继工作。在料口的形状确保不会形成由熔料的部分流动汇合而形成的流动接缝。

大多数热塑性塑料采用注塑的方法进行加工。与无定形热塑性塑料件相比，半结晶尺寸精准件冷却过程的时间更长。无定形聚苯乙烯材料的模具温度为60℃，半结晶聚酰胺6/66或聚甲醛（POM）的模具温度可达100℃，有时甚至高于100℃。聚合物熔料的温度在高于熔化温度与玻化温度的50~100K之间，通常为150~300℃。

注塑成型的半结晶热塑性塑料的微观组织结构与金属铸件的微观组织结构非常相似。例如，可以看到细晶边缘区域以及较粗糙的球晶核心区域。

热固性塑料和弹性体未交联的半成品也可采用注塑工艺进行加工，但是需要更精确的温度控制，以保证塑化物质不会过早硬化。当加工具有短玻璃纤维增强的模塑材料时，必须避免（例如）由不合适的螺杆导致的出现不正确的螺杆配置，或者窄流动横截面导致的高剪切速率。玻璃纤维的破裂会导致增强效果降低。

在汽车制造中，聚烯烃（主要是矿物增强的聚丙烯）用于车的内部装饰件、结构件以及外部的保险杠中。由于具有相对低的抗热变形性，聚烯烃几乎不在发动机舱中使用。在发动机舱主要采用工程塑料，如聚酰胺、芳香聚酯如聚对苯二甲酸丁二酯（PBT）。典型应用是聚酰胺进气歧管和聚对苯二甲酸丁二酯电气件。油底壳、发动机支架、油泵和水泵也都是工程塑料制成的。在表7.12、表7.13和表7.15中总结了在汽车制造中最常用的热塑性塑料的基本性能。

在汽车外部区域，尾灯和前照灯玻璃板使用有机玻璃（PMMA）和聚碳酸酯（PC）。汽车外部区域的遮光板和其他装饰件由耐候性和抗冲击改性的苯乙烯共聚物（ASA，ASA + PC，SAN）制成。

7.4.1.4 吹塑成型

吹塑成型是生产薄壁空心体（如油箱、瓶子和油罐）的统称。机动车中玻璃清洗液、制动液和液压油的容器以及油箱都是由热塑性塑料采用吹塑成型方法制作而成的。首先，连续性或非连续性地从带凸缘的模具中挤出热的可变形的预成型件或软管，管所需的原材料量以及形状取决于所生产工件的形状和尺寸。随后，切断软管。还可以使用注塑成型非连续性地生产软管。芯轴形喷嘴从上方或下方推入管或预成型件中。同时，还处于打开状态的两件式模具驶入，合模，并与芯轴一起包围软管或预成型件。然后，迫使压缩空气通过芯轴进入软管，并使其膨胀。吹胀的软管或预成型件与冷却的吹塑模具轮廓相适应并凝固成型。

在模具的颈部、底部以及两个半模之间的界面处，会产生塑料夹点，这些夹点有时在模具打开时立即被剪掉，或者之后必须去除。类似于注塑成型中的料口，这些废料可重复利用（材料回收）。

通过改变材料或预成型件的材料厚度，可以控制成品中塑料的厚度。对于桶和瓶等对称结构，可以很容易地计算出来。与注塑成型相比，只能间接地改变吹塑成型产品的壁厚。因此，吹塑成型产品壁厚的公差更大。通过对不同的热塑性塑料进行共挤压，可以实现生产最多由四种共聚物组成的多层空心体。例如，聚乙烯材质油箱包含的附加层可以减少碳氢化合物的扩散。通过吹塑成型，可以制作出具有几立方米含量的非常大的空心体，如油箱或水箱。对于吹塑成型，所有热塑性塑料都具有足够的熔融韧性。聚烯烃（聚乙烯，聚丙烯）是加工最多的塑料。利用这些材料不仅可以生产油箱，还可以制造罐、桶和水箱。就数量而言，生产最多的是聚对苯二酸乙二醇酯（PET）材质的饮料瓶。聚对苯二酸乙二醇酯瓶子在使用后收集起来，作为材料回收，主要以纤维的形式循环利用。

如果对于产品有特定要求（螺旋盖），或者要求生产视觉上吸引人的空心体时，可以用注塑成型工艺来代替吹塑成型挤压管工艺，制备注塑预成型件，加热并充气。图 7.115 中以带螺纹口的空心体的生产为例，这些产品作为汽车中液体的存储器使用。用于发动机舱中的液体或液压流体的容器主要由聚丙烯材质制成。

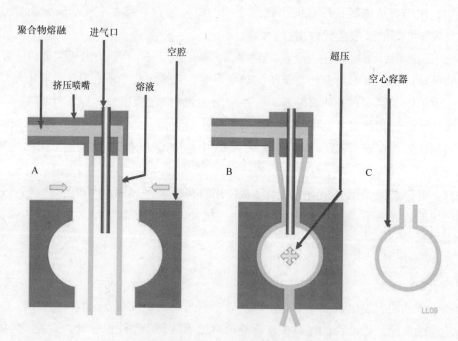

图 7.115　空心容器的吹塑成型

7.4.1.5　反应性热塑性塑料——铸造聚酰胺和环形对苯二甲酸丁二醇酯

聚酰胺 6（PA6）是 ε - 己内酰胺通过阴离子环状聚合制备而成的。聚丁烯 - 对苯二甲酸酯（PBT）则是由环形聚对苯二甲酸丁二醇酯低聚物（CBT）制备而成的。这些热塑性塑料的性能或多或少对应于由注塑工艺加工而成的聚酰胺6（PA6）和聚丁烯-对苯二甲酸酯（PBT）的性能。

与热塑性可加工的聚合物的区别在于，熔融单体或低分子初始化合物黏度极低。熔融 ε-己内酰胺（对于聚酰胺6）或所用的低聚环形化合物（对于聚丁烯-对苯二甲酸酯）的黏度在加工温度下为几 mPa·s。聚合物熔料的黏度根据温度和剪切速度不同在几千 Pa·s 左右。由于黏度低，铸造聚酰胺和 CPBT 可以采用铸造工艺和低压加工工艺进行加工，从而可以生产出非常大的部件和半成品。对于高填充复合材料，也可以进行旋转加工或者拉挤成型加工（图7.116）。

图7.116 低压铸造设备（已得到 Tartler 公司的许可）

聚合进行得非常迅速，可以根据催化剂浓度进行调节。这些材料可以像热固性塑料一样加工，但是可以得到热塑性最终产品，如果需要，可对材料进行回收利用。

（1）铸造聚酰胺

铸造聚酰胺（阴离子聚合的 PA6）是半结晶的热塑性塑料，通过对原材料 ε-己内酰胺的催化活化的阴离子聚合而成。

还有基于聚十二内酰胺原材料的铸造聚酰胺。基于聚十二内酰胺原材料的铸造聚酰胺具有良好的抗冲击性、高韧性、低吸水性、非常好的水解稳定性和良好的耐化学性。

聚酰胺6（也包括6.6）是一种工程塑料，在汽车制造中有很多应用。与金属材料相比，聚酰胺6（PA6）具有更好的耐磨性和耐蚀性、重量轻、功能集成以及加工成本低等优势，因此在很多应用中取代了金属材料。举例来说，采用热塑性注塑工艺生产的汽车件，可耐高温或耐侵蚀性溶液（进气歧管，油底壳，电机轴承）。在塑料工业中，聚酰胺6（PA6）在高温下采用 ε-己内酰胺通过水解聚合的复杂方法生产。聚酰胺6（PA6）通常用短玻璃纤维进行填充。

聚酰胺6（PA6）可直接在模具中几分钟内制备出来。具体的方式是在100～200℃温度下加入活化剂和催化剂，通过熔融ε-己内酰胺的阴离子聚合制备而成。与传统的热塑性塑料加工相比，低黏度的己内酰胺熔料（100℃下加工黏度约为3mPa·s）非常适合用于无压力加工成复杂或高度填充的构件。举例来说，采用旋转铸造工艺生产非常大的半成品和铸件，或者是采用RTM工艺（树脂传递模塑工艺）生产高填充的纤维复合材料件。生产铸造聚酰胺的原材料由几家公司分销。而铸造聚酰胺的市场份额还不到聚酰胺市场的1%（图7.117）。

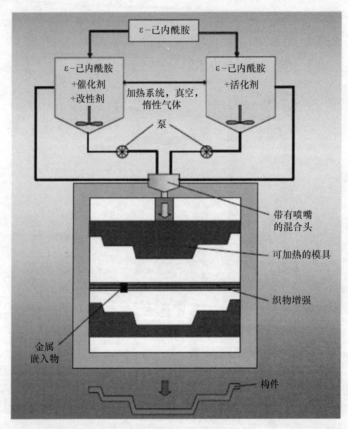

图7.117 用于生产聚酰胺6（PA6）件的RTM工艺

（2）CBT（环形对苯二甲酸丁二醇酯）

聚丁烯-对苯二甲酸酯（PBT）是一种半结晶热塑性芳族聚酯。其化学结构和材料性能与聚对苯二甲酸乙二醇酯（PET）相似。由于其结晶速度更快，聚丁烯-对苯二甲酸酯（PBT）比聚对苯二甲酸乙二醇酯（PET）更适合采用注塑工艺进行加工。聚对苯二甲酸乙二醇酯（PET）结晶性差，因此采用吹塑成型工艺生产透明容器（饮料瓶）以及纤维纺丝（图7.118）。

在很多工业领域中，都采用聚丁烯-对苯二甲酸酯（PBT）作为原材料来生产高价值与高载荷的工程件。在汽车制造业中，电气件、控制设备与燃油管路的外壳以及车前灯罩都是

图 7.118 亚琛工业大学塑料加工研究所（IKV）使用基于 CBT 材料的拖车（已得到 IKV 许可）

由聚丁烯-对苯二甲酸酯（PBT）材料制成的。聚对苯二甲酸乙二醇酯（PET）具有高刚度和高强度，在热环境下具有很好的形状稳定性，低吸水性，对很多化学品有良好的耐受性。此外，聚丁烯-对苯二甲酸酯（PBT）表现出优异的耐候性和极其出色的热老化性能。与聚酰胺 6（PA6）相比，聚丁烯-对苯二甲酸酯（PBT）具有较低的吸湿性。

聚丁烯-对苯二甲酸酯（PBT）构件通常使用聚丁烯-对苯二甲酸酯（PBT）原材料，采用热塑性塑料的注塑工艺制成。也可以通过对环形对苯二甲酸丁二醇酯（CBT）的低聚循环的催化开环聚合来生产。环形对苯二甲酸丁二醇酯（CBT）塑料是聚丁烯-对苯二甲酸酯的环形低聚物，在生产过程中作为副产品出现。在加热时，这种材料熔化以产生类似水的黏度的产物，并且在催化剂的影响下，可以聚合成聚丁烯对苯二甲酸酯（PBT），其在应用性能对上应于通过热塑性注塑工艺生产出的聚丁烯-对苯二甲酸酯（PBT）。

与铸造聚酰胺一样，环形对苯二甲酸丁二醇酯（CBT）由于熔融黏度低，可用低压工艺如反应性树脂方法加工。因此，环形对苯二甲酸丁二醇酯（CBT）和铸造聚酰胺也用于需要低黏度和良好流动性的应用中，例如在铸造工艺、旋转成型和复合材料的生产中。在 170℃ 和 240℃ 的温度下，可采用环形对苯二甲酸丁二醇酯（CBT）加工一个件或者两个件。由于黏度低，约为 20 mPa·s，所以可采用液体浸渍方法，例如 RTM（树脂模塑传递）工艺，用于热塑性材料的生产加工。在这种情况下，类似于阴离子聚合的聚酰胺 6（PA6）和反应性树脂，可以实现高达 70% 的高纤维体积含量，并且可以生产大型构件。德国唯一的生产商是位于施瓦茨海德的 Cyclics Europe 有限责任公司。目前开发的环形对苯二甲酸丁二醇酯（CBT）塑料主要用于风力涡轮机的叶片、旋转成型件、工具块、船用复合材料以及纤维增强汽车构件。

7.4.2 热塑性半成品的生产与加工

7.4.2.1 挤压成型

薄膜、束、板、型材、管、电缆和薄膜的涂层都可以采用挤压工艺制成。将待成型的聚合物加热到液相,在高压下通过成型喷嘴挤压出所需的形状,然后再进行冷却。通过料斗供给聚合物颗粒。螺杆将颗粒输送到喷嘴。由于挤出机壁已加热,聚合物颗粒在输送过程中得以软化。在挤出机的末端是成型喷嘴。为了获得均匀的产品,温度和压力应保持恒定不变。在运输和熔化过程中,可加入添加剂,以及除去挥发性组分(如有需要,可在真空环境下进行)。

挤出机用于热塑性模塑材料的成型,具有相应的模具开口,可以制成板、杆、型材、管、线、薄膜和涂层。用热塑性绝缘材料包裹电线(主要使用PVC和TPU)也是一个重要的任务。如果添加发泡剂,还可以生产发泡板材或型材(图7.119)。

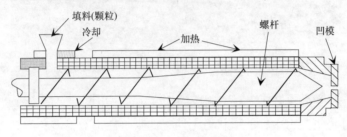

图7.119 塑料挤出机

利用挤出机实现的工艺也称为配混。可理解为在塑料加工中制备混合物,例如添加剂的混合物,如玻璃纤维、颜料、阻燃剂、稳定剂或塑料共混物的生产(见文献[311,312])。

7.4.2.2 拉挤成型

拉挤成型工艺是一种连续生产单向纤维增强塑料型材的方法。通过这种方法,可生产出基于热塑性塑料或热固性塑料(反应性树脂)的塑料型材。

拉挤成型工艺可分为开放式和封闭式两种。对于热塑性塑料如PVC,只能采用允许在压力下浸渍的封闭工艺。在基于树脂方法的情况下,例如使用基于ε-己内酰胺或CBT的热塑性反应树脂,可使用开放和封闭这两种形式的工艺。

在封闭工艺中,成形模具中收集的成束增强纤维在高压下与树脂或者热塑性塑料接触并被浸泡。所使用的树脂或热塑性塑料黏度越低,通过更好的浸渍可以实现的纤维体积含量就越高。对潮湿敏感的树脂,如ε-己内酰胺、环形对苯二甲酸丁二醇酯(CBT)或可释放挥发性单体的树脂在封闭的设备中进行加工(图7.120)。

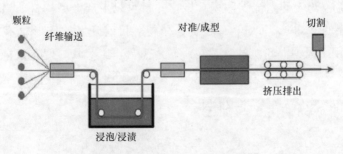

图7.120 拉挤:开放式工艺

在开放式工艺中,增强纤维通过浸渍辊带进入浸槽中,并在槽中用反应性树脂浸泡。随后,浸渍的纤维通过多个成型工位导入模具中。在模具中,型材在100~200℃(取决于反应性树脂)温度区间连续硬化。对于大体积的型材或板材,需要尽可能地确保恒定的热分布,以避免出现裂缝和变形。最后,可以将硬化的型材锯成任意长的件。

整个过程通过拉拔模具进行,例如以履带式起落器或者可逆式液压夹持器的形式,将成品型材包括纤维与树脂以及增强材料从固化模具中一起拉出(所以,拉挤的英文名称Pultrusion来自pull(拉伸)和extrusion(挤出))。

拉挤工艺适合连续且经济地生产纤维增强塑料型材。最重要的是,生产速度与高水平的自动化和相关的低成本相结合,为拉挤成型工艺中生产的纤维增强塑料型材开辟了新的应用领域,例如作为建筑结构、窗户或运动用品中的钢型材的建设性替代品。

通过这种方式生产出的复合材料,其质量由浸渍的质量以及固化温度的均匀性决定。在特殊情况下所使用的高黏度热塑性塑料,通常不可能在高纤维含量下获得良好的浸渍效果。通过选择浸渍树脂和纤维,可以改变型材的性能。热固性型材通过机械成型进一步加工。利用连续浸渍工艺可以生产预浸料(带有部分反应的反应性树脂的浸渍半成品),可用于飞机轻量化,风力发电机的转子以及跑车上。基于热塑性塑料的型材也可以作为半成品通过加热模具成型进行加工。因此,热塑性塑料的拉挤成型工艺为后来生产(可后成型)纤维增强板材或带材提供了一种方法,称为有机板材。在未来的大批量生产的汽车的轻量化中,热塑性可变形有机板将会成为优选的材料。

拉挤成型工艺也用于生产长纤维增强热塑性颗粒(LFT)。

7.4.2.3　薄膜生产

薄膜是一种薄且平的材料,在生产、加工及应用时,通常是成卷处理。薄膜具有一定的柔性。刚性产品一般指板材,非常薄的膜也称为薄膜。膜的厚度为2~500μm。

薄膜可分为单一材质的单体薄膜和由不同材质组成的复合薄膜。通过复合薄膜的构造,可以将各个薄膜的不同性能相结合成为最佳适用于相应的应用领域的成品薄膜性能,例如用于食品包装或医疗包装的复合薄膜。

根据连接的模具,薄膜制造方法可分为吹塑成型工艺和平膜生产工艺。近年来,挤出和共挤工艺对于薄膜生产变得越来越重要。对于不熔化或只在分解状态下才熔化的聚合物(如纤维素或聚酰亚胺),可以采用铸造工艺。薄膜由熔液形成。由于回收溶剂的费用比加工熔融的热塑性塑料要高很多,因此很少使用这些工艺。

薄膜挤出

在挤出工艺中,需对塑料颗粒进行熔化,再通过圆形喷嘴挤出。利用压缩空气对热塑性塑料软管充气,形成膜,继而冷却,再在辊上缠绕成卷。如今,聚乙烯(PE)、聚丙烯(PP)和聚苯乙烯(PS)的标准薄膜都采用这种技术进行生产(图7.121)。

多层膜、厚膜或板材以及具有特别苛刻要求表面的膜,利用可调节的缝隙式喷嘴进行成型。采用共挤工艺,可生产多层膜。薄膜可以在冷却和抛光的辊上进行拉伸,或者通过模具加工成型为板材。如果添加化学或物理发泡剂,也可以在挤出工艺中通过缝隙喷嘴或环形喷嘴生产发泡膜（图 7.122）。

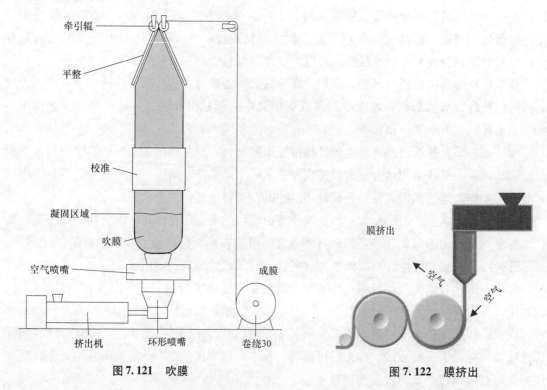

图 7.121 吹膜　　　　　图 7.122 膜挤出

大多数薄膜挤出设备可生产多层膜，其优点是可以在中间层使用回收材料。例如，用于汽车隔声部分的填充膜或非常厚的膜，也可通过压延工艺进行生产。

压延是一种非常类似于轧制的工艺，不同之处在于，待压延的材料尚未作为成型带进入轧机，而是以预混合和预塑化的未加工状态进料。出于这个原因，压延不像轧制一样属于成形工艺，而是属于成型工艺，用来生产连续板材和薄膜，以及用于将涂料涂覆到塑料、织物和纸的连续承载板。

压延工艺的优点是，即使是在高产量的情况下，也能获得良好薄膜和板的表面质量，因为只有低剪切应力作用于表面区域，即使是高填料含量的模塑材料也可无障碍加工，即使是更高黏度的熔体也具有安全成型性。通过辊隙对模塑材料的均匀加热以及在相对低的加工温度下短时间停驻，可以实现更低热分子分解，由此可以省去加工的热敏物质和/或昂贵的稳定添加剂。

如果将两层或多层膜进行组合，可以生产出强度更高的薄膜，这称为倍加。这可直接在最后的压延辊上完成，也可以在专门生产的设备上完成。如果将不同类型的膜连接在一起，该过程称为层压。

压延工艺对聚氯乙烯（PVC）材质具有最重要的意义，因为与大多数其他塑料相比，聚氯乙烯（PVC）具有出色的韧塑性熔融范围。聚氯乙烯（PVC）不能采用任何其他的方法实现经济生产。由于聚氯乙烯（PVC）膜具有良好的性能以及生理安全性，因此对于食品包装非常重要。此外，聚氯乙烯（PVC）膜可调节软硬度，可用于办公室材料、装饰薄膜，也可用于发泡产品的生产（见文献［335］）。

7.4.2.4 拉深

通过挤压成型生产的薄膜或板，在拉深加工中，类似于吹塑成型，通过加热和负压或者超压，形成新的形状。超压将加热的薄膜压入施加了负压的模具中。大多数情况下，使用红外线辐射器对膜和板材进行加热，加热过程分阶段连续进行。与吹塑成型类似，拉深工艺是一种快速且廉价的工艺。浴缸、马克杯、头盔、盖子或扁平型材都可以通过拉深方法简单快速生成出来。在拉深工艺结束后，制成的模制品可从薄膜上脱落（图7.123）。

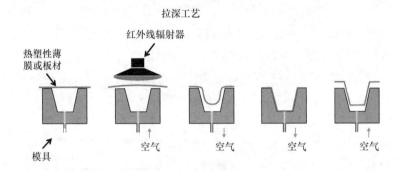

图7.123 拉深

与拉深相似的是压塑成型方法。在这种方法中，加热的热塑性塑料在两部分压塑模具中成型，冷却后取出。压塑成型还可以用未完全反应的热固性塑料进行，例如用预浸料进行。不完全反应的热固性塑料被放到加热的模具中，在成型工序后固化，也可以在热的状态下取出（图7.124）。

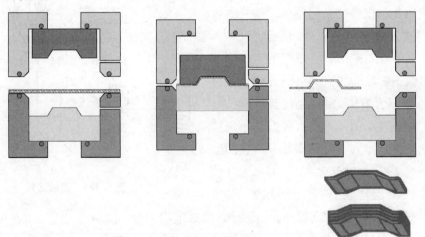

图7.124 压塑成型

与注塑成型相比，拉深工艺的缺点在于该工艺不能直接加工颗粒模塑料，而是对已经通过挤出成型的半成品进行加工，并且会产生相对大量的废料。不过，由于拉深的成型力低，所以模具成本也低，因此该方法在生产大型模塑件与小批量生产中，是非常有利的。在较小件的生产中，采用拉深工艺特别经济，因为采用该方法可以更容易地用于薄壁件的生产。

7.4.2.5 纤维生产

合成的化学纤维可以根据其类型和生产方式进行划分，例如通过聚合作用生产的纤维，如聚乙烯纤维、聚丙烯纤维、聚氯乙烯纤维、聚丙烯腈纤维和聚四氟乙烯纤维；缩聚纤维如聚酰胺纤维（PA）、聚酯纤维（PET），以及基于聚氨酯弹性体的加聚纤维。除了沥青和纤维素，PAN 纤维也是生产碳纤维的原材料。

通常，在聚合物合成后，通过各种方法将其纺成纤维。在纺丝期间或纺丝之后，常会对纤维进行拉伸或后继处理。工程上，主要使用无机纤维，例如用于隔热和用于塑料增强的玻璃纤维及矿物纤维。鉴于碳纤维的重量较轻，优先用于轻量化应用中。玻璃纤维和矿物纤维的生产类似于热塑性纤维的熔融纺丝工艺。碳纤维的生产是一个特例。在碳纤维生产中，由聚丙烯腈（PAN）、沥青或纤维素制成的纤维，在超高温下进行碳化。

化学改性纤维素纤维（人造丝）既可以采用熔融纺丝，也可以采用溶液纺丝的方式进行生产。在汽车制造中，这种纤维用于加强轮胎（轮胎帘布线）。

热塑性塑料最简单的加工方法是熔融纺丝。首先，聚合物在挤压机中熔化，加入添加剂（稳定剂、颜料、加工助剂），并通过喷嘴板冲压；将得到的仍然为热塑性的丝卷起并拉伸；通过拉伸，可调节各个丝的厚度，使聚合物对齐，并提高结晶聚合物的结晶度（图 7.125）。

溶液纺丝、湿法纺织或沉淀纺丝工艺可以和不能分解熔化的聚合物一起使用，如聚丙烯腈或纤维素。在这种情况下，将聚合物以尽可能高的浓度溶解在溶剂中。将浓缩的聚合物熔液利用纺丝泵通过喷嘴压入到沉淀池中，聚合物在沉淀池中不会溶解，并在沉淀池里凝固。通过设定拉伸速度来调节纤维直径，并通过拉伸对聚合物链进行排列。对齐高分子链和晶体结构大大提高了纤维的强度（图 7.126）。

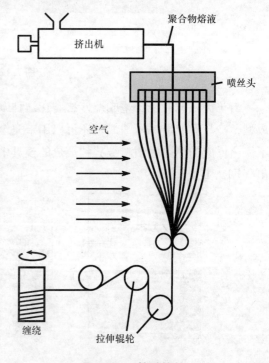

图 7.125 熔融纺丝

碳纤维的情况比较特殊。碳纤维（CF）非常轻，在低密度下，具有高强度和高刚度。碳纤维用于增强塑料，优先用于在飞机或高性能跑车轻量化中应用的复合材料、复合陶瓷（陶瓷制动盘）以及工业纺织品中。由于具有耐高温性，碳纤维还用于高温炉的隔热。

碳纤维的高强度和耐温性可以用其三维石墨结构来解释（图 7.127）。

如前所述，碳纤维是由沉淀的纺丝聚丙烯腈纤维制成的。在特殊情况下，也可以使用沥青或纤维素作为原材料制成碳纤维。在多个步骤中，纤维在惰性气体下通过炉子，并随着温度的升高，分解成纯碳化合物。这个工艺非常耗能，且成本昂贵（图 7.128）[136,138]。

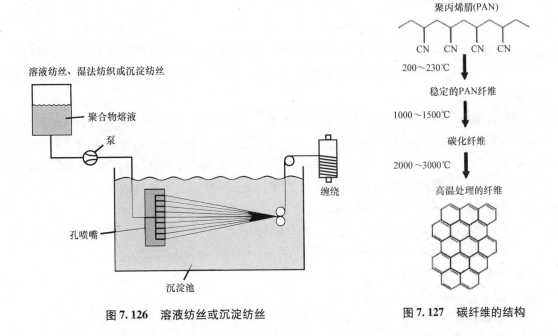

图7.126 溶液纺丝或沉淀纺丝

图7.127 碳纤维的结构

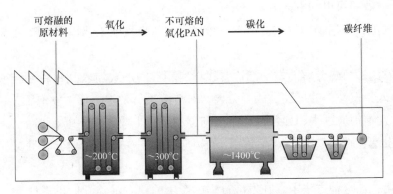

图7.128 碳纤维的生产

7.4.2.6 发泡工艺

可以通过对几乎所有塑料进行发泡来生产泡沫塑料。泡沫塑料的特征在于其多孔结构，具有非常低的密度和导热性，仅具有低的强度。对塑料进行发泡时，随着密度的降低，强度和刚度按照平方比降低（根据吉布森－阿什比）：

$$E_1/E^* = c(\rho_1/\rho^*)^2$$

式中，E 为模数；ρ 为密度。

举例来说，与未发泡材料相比，泡沫材料的体积重量减半，而抗压强度降低约四分之一。泡沫材料的模具成本低，可加工性好。鉴于泡沫材料构件的内部结构，其自应力几乎为零。泡沫材料在建筑行业中主要用于隔热。在汽车制造中，泡沫材料用于增加舒适性（座椅、填料），也可用于隔声、减轻重量（轻量化）以及提高刚性（发泡）。

相当多的塑料产品都可加工成泡沫材料。泡沫塑料主要用于包装用途（PS、PE、PP）、隔声和隔热（PS、酚醛树脂、三聚氰胺-甲醛树脂），也作为填充材料（PU、PP）使用，以整体泡沫设计用于生产轻质耐磨的模塑件（PU），以及作为型芯材料（PVC、PET、PS、PU）用于生产轻量化的夹层构件。空腔发泡是一种特殊的应用。虽然原则上每种塑料都可以进行发泡，但是最常使用的泡沫材料是聚苯乙烯（EPS、XPS）、聚烯烃（EPE、EPP）和聚氨酯。

塑料在液态以及热塑性状态下，通过使用适合的发泡剂，发泡成气体填充单元。发泡剂的压力促进表面工作的完成。通常来说，表面活性剂添加剂有助于通过降低表面张力来稳定泡沫状态。只要推进剂气体的压力足以产生新的表面，发展中的泡沫孔及其越来越黏稠的泡孔壁就会起泡。在发泡过程接近结束时，通过聚合反应（PUR、环氧树脂、酚醛树脂、三聚氰胺-甲醛树脂）或者在热塑性塑料的情况下，通过熔液的凝固来固定泡沫。

泡沫材料的生产和加工可分为四组：
- 颗粒发泡工艺（EPS 工艺，EEP 工艺）。
- 可发泡的热塑性熔液（XPS 工艺）。
- 可发泡的反应性树脂（聚氨酯）。
- 发泡泡沫（三聚氰胺树脂泡沫）。

按照生产方式，可以如下区分：

1）物理发泡：采用物理方式对材料进行发泡。颗粒发泡工艺以及 XPS 工艺都属于物理发泡。

2）化学发泡：可热分解的发泡剂通常以母料颗粒的形式加入到塑料颗粒或反应性组分中。通过热导入，发泡剂的挥发性成分分离，对熔液进行发泡。化学发泡工艺主要用于聚氨酯泡沫塑料。发泡剂通过水和异氰酸酯集团与脲的反应生成二氧化碳。

3）机械发泡：把空气加入到需要发泡的树脂或浆料中，通过树脂交联或浆料胶化，固化泡沫材料。

4）网状化：在这种方法中，在发泡过程中产生的单个泡沫孔间的薄壁膜，会被超压破坏。通过爆炸氢氧气体或点燃其他可燃气体（丙烷、丁烷）可产生超压。通过网状化，可生产开孔的热塑性或热固性塑料泡沫（主要是软质聚氨酯泡沫），这仅只由隔片构成。这种泡沫用于声学应用领域，例如扬声器或传声器克风罩上。

（1）颗粒发泡工艺（EPS 工艺，EPP 工艺）

在 Styropor©或颗粒发泡工艺中，首先在 110℃下，用水蒸气预吹制单个的含有发泡剂的 PS 珠，以形成 PS 泡沫球。在生产颗粒的过程中加入发泡剂。然后，将预膨胀的 PS 球填充到模具中，并在中间储存后再次加热，以便在 120℃下用水蒸气进行调节，使得它们在进一步膨胀时填充模具，并在接触点处焊接在一起。到目前为止，这种发泡工艺仅用于聚苯乙烯（Styropor®）的生产（图 7.129）。

Styropor®是一种可膨胀的颗粒泡沫，在模塑件生产商处进行发泡。还有其他的膨胀颗粒泡沫，例如基于聚丙烯（EPP）和聚乙烯（EPE）的可膨胀颗粒泡沫。这些颗粒泡沫在生产商处发泡，并作为泡沫颗粒出售。模塑件制造商不需要进一步降低泡沫颗粒的密度，只是用

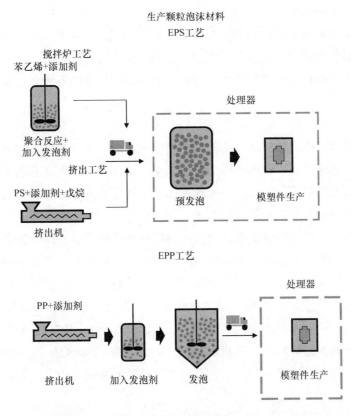

图 7.129 颗粒泡沫的发泡

过热的水蒸气即可将泡沫颗粒焊接到模塑件上。膨胀颗粒泡沫的一个例子是 Neopolen®，一种来自巴斯夫公司的预发泡 PP 颗粒泡沫或 PE 颗粒泡沫。在汽车制造中，EPP 泡沫材料用于保险杠、门、座垫、遮光板中能量吸收插件，也可用作行李舱中的衬里和轴瓦。

最新的一种生产可发泡和发泡颗粒泡沫的方法是：在高压下，在挤压机中，用发泡剂对交联的热塑性熔液进行发泡。可使用戊烷或二氧化碳作为发泡剂。由于会对臭氧层造成破坏，不再使用之前常用的氟氯烃（弗里根、氟利昂）。

在超压的作用下，通过喷嘴而形成的条状聚合物，在冷水池中通过水下造粒机的旋转刀头切割成直径为 2~8mm 的含发泡剂的塑料颗粒（EPS）或泡沫颗粒。颗粒从水中析出，烘干，在储存仓中进行调节，再通过一个或两个工序加工成泡沫模塑件。

由于减少了加工步骤，与预悬浮法或高压釜工艺相比，最新的颗粒泡沫材料的泡沫挤出工艺具有成本优势，也可以更快地更换产品。与通过搅拌罐中的悬浮法制备的材料相比，缺点是更高的能量消耗以及有时更差的力学性能（无球形）。

预发泡的泡沫颗粒在具有过热蒸汽的多孔铝模具中加工（EPS 约 1.2bar，EPP 约 3bar）。在这种情况下，热塑性泡沫颗粒烧结。该生产工艺可生产密度为 12~约 300g/L（300kg/m^3）的热塑性塑料泡沫件，而且会在整个泡沫件上得到非常均匀的密度分布。在使用物理或化学发泡剂的其他直接发泡工艺中，通常在边缘区域获得密度增加的区域（整体泡沫）。

EPS 模塑件（Styropor®）用于建筑物的保温、冲击隔声和抗冲击包装。PEP 模塑件和 EPP 模塑件比 EPS 材料更坚韧，热稳定性更好。应用领域包括隔热容器（冷藏箱）、加热绝缘、企业中的可重复使用的运输包装，以及越来越多的汽车构件，例如保险杠芯、遮阳板、防撞垫、座椅底座构造以及行李舱中用于储存工具或备用轮胎的容器，以及休闲产品如模型飞机。

(2) XPS 工艺

含有发泡剂的热塑性熔液在从挤压喷嘴挤出，或者进入到注塑模具时会发泡。实例包括连续挤出的聚苯乙烯泡沫板，可用于隔热，以及生产用于冲击隔声或者用于包装的 PP 或 PE 发泡薄膜。在大多数情况下，连续挤压工艺采用级联挤出机进行加工，即采用两个前后排列布置。在第一挤出机中对塑料颗粒进行熔化（塑化），而在第二挤出机中加入发泡剂后，发泡剂非常均匀地混合。在这种情况下，聚合物熔液达到均匀发泡所需的温度。通常这是一个冷却过程，因为通过发泡剂降低了聚合物熔液的玻化温度和黏度。把熔液引入宽度与后续所需膜或板材差不多的宽口喷嘴中，在通过喷嘴缝隙时，利用蒸发的发泡剂进行膨胀。再对所需的板厚和泡沫材料轨迹进行校对。后面的设备可将板材剪切成所需的尺寸，并将薄膜卷起。采用这个工艺，所有无定形热塑性塑料都可以加工成泡沫板或泡沫型材（图 7.130）。通过这种方式生产的泡沫材料，如来自巴斯夫公司的聚苯乙烯泡沫 Styrodur®，可以作为板材成品进行销售，并在高层建筑中用作保温层。通过圆形喷嘴生产出的发泡管薄膜可作为包装材料使用。

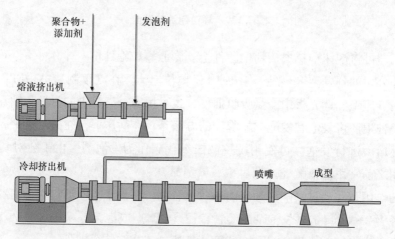

图 7.130 XPS 工艺（挤出聚苯乙烯泡沫材料）

挤出的发泡或者部分发泡的半成品通常通过热成型工艺（如拉深）进一步加工。注塑件通常只能轻度发泡，常设计为整体泡沫件。这里应理解为仅指在芯横截面上行进的泡沫结构，边缘紧凑且坚固。通过有针对性地冷却模具壁，可以实现固体边缘层。冷却的作用是，在边缘区域的泡沫单元在塑料块变硬之前，通过缩合作用重合到一起，并且通过在芯区域作用的发泡剂的压力，再次压缩回紧凑型塑料。与重量相同的紧凑件相比，这种整体泡沫件刚度更高；而与刚度相同的紧凑件相比，重量更轻。另一方面，与具有均匀密度的泡沫件相比，这种整体泡沫件的弯曲强度、抗压强度以及表面硬度都更高。

在汽车制造领域中，交联的 PUR 塑料对于生产泡沫材料和泡沫件有着最重要的意义。这适用于大网眼交联的软质泡沫以及小网眼交联的硬质泡沫。它们是由两种组分（组分 A：多元醇组分 + 交联剂 + 发泡剂 + 稳定剂 + 催化剂；组分 B：异氰酸酯组分）制成的反应混合物，其在混合后立即开始反应。

形成聚氨酯所需的反应热以及由于增加的交联导致的发泡剂溶解度的降低，足以蒸发物理发泡剂（如戊烷）。实际中也经常放弃使用物理发泡方法，而是利用异氰酸酯与水的反应来产生二氧化碳。产生的二氧化碳发泡，形成聚氨酯。在机动车辆中，座垫采用了软质聚氨酯泡沫塑料。密度更高的聚氨酯泡沫塑料可作为仪表板和车门的填料。硬泡沫塑料可用于车身件的加强，并在夹层结构中作为型芯材料使用，例如用于行李舱底板中。

其他的反应性树脂如酚醛树脂或环氧树脂，与聚氨酯一样，可在交联反应过程中，通过物理发泡剂的蒸发实现发泡。

（3）发泡注塑件

在热塑性塑料中加入发泡剂和如玻璃纤维或矿物质的填料，可以生产发泡注塑件。在这种情况下，或者发泡剂可以作为化学发泡剂加入，该化学发泡剂在注射成型过程中随气体释放而分解；或者发泡剂可以在注塑机中作为聚合物熔液中的物理发泡剂，以少量计量加入。通常得到的是整体泡沫结构。为了生产带有型芯且厚壁的注塑件，或者为了避免出现缩痕，通常会采用这种工艺。

发泡剂的作用类似于"临时增塑剂"，可降低熔液黏度。与普通的注塑相比，发泡注塑在模具注塑过程中所需的压力和保持压力更低。由于在模具空腔中，轮廓的形成是通过发泡剂的膨胀来完成的，所以经常会取消保持压力。

MuCell® 工艺是一种新工艺。这种工艺价格便宜，环保，将诸如二氧化碳和氮气的大气气体直接引入熔液中，可代替化学发泡剂或高沸点物理发泡剂。Trexel 公司的 MuCell® 工艺在塑化过程中使用气体。类似的工艺还有苏尔寿公司的 Optifoam® 方法，在注塑过程中利用特殊的喷嘴进行发泡。从原理上看，与化学发泡剂相比，物理发泡剂可以实现更高的发泡度，但是设备和过程控制的费用相当高[141]。

7.4.2.7 有机板材的生产和加工

有机板是热塑性加工的纤维基质半成品。与下文要详细说明的预浸料相反，有机板是完全浸渍的，坚固并可以根据需要储存。有机板材是半成品，由嵌入热塑性基体中的织造或铺设的织物组成，并在加热的压机中加工。织物由玻璃纤维、凯夫拉纤维或碳纤维制成。热塑性基体可使用聚丙烯或耐热性较强的聚酰胺。与短纤维增强的注塑件相反，有机板中的纤维都是单向排列的。根据织物的类型，纤维交叉排列为 50%/50% 或者最高 90%/10%。在无纺有机板中，高达 100% 的纤维液可以在一个空间方向上取向。在纤维增强的注塑工艺中，纤维的重量比控制在最高 50% 左右，因为纤维比例大幅度增加了熔液的黏度。预浸料或有机板由于其生产和加工方式，允许含有更高比例含量的纤维。与通常的复合材料一样，纤维比例不再以重量百分比给出，而是以体积百分比给出，最高可达 70% 的体积比。

这种复合材料在纤维含量达60%（体积分数）以及织物90/10（90%的纤维方向一致）情况下，可以达到与金属相当的力学性能。在具有70%（体积分数）玻璃纤维（密度2.5g/cm³）的和聚丙烯（PP）基体（密度1.1g/cm³）的玻璃纤维增强塑料构件中，玻璃纤维占整个构件重量的90%。这种复合材料的强度和刚度比短纤维增强热塑性塑料高10倍。在表7.17中，对几种材料的性能进行了比较。

表7.17 材料比较

		钢	铝	碳纤维增强塑料 90/10 60%（体积分数）	玻璃纤维增强塑料 90/10 60%（体积分数）	碳纤维	玻璃纤维	PA 66 50%（质量分数）短玻璃纤维
弹性模量∥	GPa	210	70	140	45	400	90	17/12①
弹性模量⊥	GPa			12	13			
抗拉强度∥	MPa	2000	500	2100	1000	4600	4000	230/180
抗拉强度⊥	MPa			60	50			
断裂伸长率	%	20	10	1.5	2	2	4	3
密度	g/cm³	7.9	2.7	1.6	2	1.8	2.6	1.6

①干/湿。

有机板可以直接利用增强纤维和热塑性纤维制成，或者通过纤维混合（混合纱线、混合预浸料）的方式加工成织物、无纺或者毡，或者通过热塑性塑料浸渍增强纤维的成品织物结构而制成。在这种情况下，可以通过用热塑性熔体浸渍织物，通过用热塑性薄膜覆盖织物结构（薄膜堆叠、薄膜浸渍），通过用细热塑性粉末浸渍织物，或通过用含溶剂的热塑性塑料浸渍来引入热塑性组分。在浸渍之后，接下来在加热压机中，通过一个合并工序，完成湿润纤维丝和热塑性塑料的交联。这可以在加热压机中非连续地进行，或者在双带压机中连续或非连续进行。

与由金属板材制成的构件相比，以这种方式生产的混合构件更轻，并且在纤维的优选方向上显示出更高的强度和刚度。对于必须在低重量下具有高表面刚度的构件来说，可以采用这种材料来制造。在汽车中应用的例子有备用轮胎槽、隔板、汽车底板衬里，以及不可视的车身结构件。在复合材料部件中，可以通过注塑增强件、导向装置、夹子或附件进行集成。在加工时，首先对有机板材加热，例如利用红外线辐射器连续进行加热，然后再进行拉深或冲压（图7.131）。

一种特殊的情况是单向纤维增强带材（Tapes），其加工类似于有机板。利用这种带材可以生产更复杂的几何形状。单向纤维增强带材最容易通过拉挤成型工艺进行生产。带材可以自动存放在加热台上，再压成三维形状的构件。在单向纤维增强带材挤出上，也可以通过缠绕工艺自动生产管或型材（图7.132）。

与下文中所介绍的热固性纤维基质半成品相反，热塑性塑料半成品具有的优点是可以根据需要随意加热和成形。此外，热塑性塑料半成品还是可焊接的。

与热固性塑料半成品相比，热塑性塑料半成品的熔点低，因此仅可在相对低的温度下使

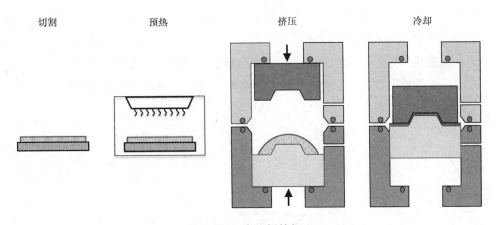

图 7.131 有机板的加工

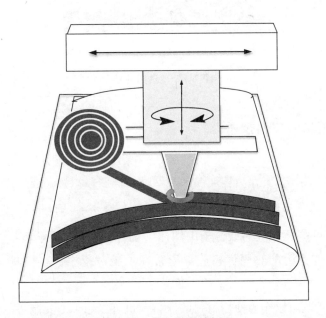

图 7.132 单向带材的加工

用。对于经常使用的基于聚丙烯的有机板,这一使用温度为 100~120℃。用在看不见区域的大型扁平件也可采用玻璃纤维毯增强热塑性塑料（GMT）工艺进行生产。与下文中介绍的基于热固性塑料的片状模塑传递（SMC）加工工艺类似,在玻璃纤维毯增强热塑性塑料（GMT）工艺中,长玻璃纤维和短玻璃纤维以无序的非针刺形式布置在热塑性塑料基体中。通过这种无序排列和较短的纤维,可以实现高变形度,使用的基体主要是聚丙烯。

7.4.2.8 热塑性塑料焊接

热塑性塑料可以通过各种传统的焊接工艺进行连接,例如通过加热元件的热,通过超声波或通过激光焊接等进行连接。在由工程塑料制成的高精度汽车件的生产中,越来越多地使用到激光焊工艺。激光技术允许时间和空间上受限制的能量输入到接触层（连接平面）。激光辐射（通常为 800~1600nm）被吸收在待焊接的配对件的接触平面中。两个件中的一个对于激光所使用的波长是透明的，另一个则可吸收激光能量。聚合物基体本身不吸收激光辐射，而是通过在聚合物基体中的红外吸收剂如炭黑、石墨、特殊染料等吸收。在空间和时间上限定的引入的热量导致接触区的温度升高和熔化。两个构件在焊缝中熔化，形成了安全牢固的连接。该工艺成本低廉，适合用于大批量生产。例如，该方法允许通过焊接两个半壳精确生产空心体，如进气歧管（图7.133），另见文献［144］。

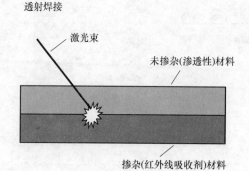

图7.133　透射焊接

7.4.3　热固性塑料的材料技术

7.4.3.1　反应性树脂

热固性树脂是空间交联的大分子。

在由低分子原料（反应性树脂）制备高分子量交联大分子时，这些原料尚未交联，通常是液态单体或可塑性成型的低分子中间体（前体）。通过化学反应，实现大分子的空间交联，并因此形成实际的热固性树脂。通常在加工过程中，在模具里进行交联和成型（见图7.107）。

术语反应性树脂既可以作为使用材料的原料，也可以用于由其制备的聚合物。交联总是在化学试剂、压力或能量的作用下，在第二反应步骤中进行。对于交联，最初线性的起始分子必须仍具有官能团，然后在实际交联过程中发生化学反应。由此而产生了主价键，因此，与热塑性塑料相比，热固性塑料不能再次熔化和重新成型。从材料角度考虑，热固性塑料的废料是不可循环利用的，而是只能磨碎作为其他塑料的填料使用。还有其他的水解工艺或热解工艺，可以把热固性塑料分解成其起始组分或者进行热回收利用。

前体的形成和交联可以根据相同的反应类型，也可以根据不同的反应类型进行。

因此，通过缩聚反应可生产出酚醛树脂（PF）和氨基塑料（UF，MF）的中间体和成品，通过加聚反应，可制成交联聚氨酯（PUR）。相反，在环氧树脂（EP）中，前体通过交替的附加和缩合步骤形成，然后通过加聚交联。不饱和聚酯的中间体则是通过缩聚反应制备，并在加工过程中通过自由基聚合转化成热固性塑料。

在表7.18中，列出了热固性塑料的性能。

表 7.18　热固性塑料的性能

- 良好的力学强度
- 高弹性模量
- 高表面硬度
- 良好的热稳定性
- 漏电强度和电弧强度
- 耐燃料和液压油
- 填料比例高
- 良好的流动性和润湿性

由于分子链的迁移率随着交联度的增加而越来越受到限制，因此，与其他的塑料组相比，细网眼交联的热固性塑料具有最高的强度和刚度。在热塑性塑料的数量级（3000MPa）上，热固性塑料的刚度没有增强，反应性树脂的强度通常明显更高（高达80MPa）。此外，这种网格结构具有良好的耐热性和耐化学性。

由于其初始黏度低，反应性树脂的前体通常在高度填充下进行加工。填充的模塑料的树脂含量对其流动性很重要。最常用类型的树脂含量在40%~60%之间，树脂含量最低，填料比例最高的模塑料通常具有最好的力学性能，但是更难加工。

在生产大型热固性塑料时会有一个问题，就是在交联过程中会释放热量。数量级为200J/g时，对于厚壁材料会造成材料的破坏。通过预缩合树脂或高比例填料，可以减少放热。

填料通常可以降低材料成本，提高刚度、耐高温性和耐化学性以及表面硬度。特殊类型的特殊填料如石墨、炭黑或氮化硼，可以满足特定的使用条件。

大部分的热固性塑料树脂都作为模塑料，用于进一步加工木材、漆、黏结剂和铸造用的黏结剂，以及用于砂轮或制动片及离合器片中。模塑料通常作为浇铸树脂或层压树脂加工。浇铸树脂是相对低分子未交联前体，由一种或者两种组分组成，并且在加工之前，加入反应物，在某些特定情况下，还加入填料。与浇铸树脂相比，层压树脂在加工过程中加入增强材料如碳纤维织物或玻璃纤维织物。这里同样要求添加反应物（催化剂或交联剂）。

与通过注塑加工而成的热塑性塑料相反，热固性树脂可以使用长纤维来增强，其构件也具有特别高的比强度和各向异性的特点。由于这个原因，热固性树脂材料长期以来就已经用作航空航天领域中的轻量化材料，用于生产风力发电机的翼片，以及用于赛车和跑车的制造中。

纤维增强反应性树脂的制造工艺包括冲压工艺、缠绕工艺、纤维喷涂工艺、注射工艺、轮廓拉伸工艺和层压。

对于模塑料，可以通过调整，以便于采用各种工艺进行无障碍加工。最重要的热固性反应性树脂是聚氨酯（PU）、环氧树脂（EP）、不饱和聚酯（UP）、氨基树脂（UF、MF）和酚醛树脂（PF）。聚酰亚胺（PI）可以归类为反应性树脂。这些特别耐高温的高性能塑料优先用于飞机制造、电气元件、气体制备和水制备等行业领域中。

在汽车制造中，汽车内部区域主要使用聚氨酯。在小批量的结构领域和轻量化应用中，多使用环氧树脂。

由于分别描述单个反应性树脂的性能需要大量的篇幅，因此在下文中，只选择列出了一部分树脂的一些一般性能。

基于酚醛树脂，特殊三聚氰胺树脂或聚酯树脂，尤其是聚酰亚胺的模塑料的特征在于耐高温性。特别是利用无机填料进行增强的材料，能达到非常好的耐高温性。

聚酯树脂模塑料和环氧树脂模塑料在高电气要求下使用，如介电强度、热稳定性和高防火要求。利用不同种类和数量的填料，可以对其他性能如介电强度、导电性或导热性进行调节。

为了获得低密度，可以使用轻质有机填料，如天然纤维、木粉末，或者使用可发泡系统。此外，提高无机填料的比例能得到更高的密度。聚氨酯特别适合用于生产泡沫。

与其他的热固性塑料相比，已经更高预缩合的环氧树脂和聚酯树脂的后收缩率更低。高填料含量能降低后收缩。合适的填料，尤其是纤维，可以改善力学强度。

无机填料的三聚氰胺树脂或聚酯树脂具有最佳的耐漏电性（耐泄漏电流（作用）的安全性）。对于高耐光性要求，可以选择三聚氰胺树脂、尿素树脂或聚酯树脂。使用的填料或染料也对此性能有一定的影响。

与其他塑料相比，由于采用细网眼交联，热固性塑料具有最好的温度稳定性。热固性塑料在整个应用区域直至分解，都在硬弹性玻璃状态下。其强度在高温下仅略微降低。因此，玻化温度对于很多热固性塑料而言几乎没有实际意义。

原则上，所有的聚合物都适用于纤维增强。特别是采用短玻璃纤维进行增强是一种有效提高强度的方法，尤其是在热塑性塑料中，同时不会失去熔液易于加工的优点。对于注塑成型的组件，可以简单地将短玻璃纤维添加到颗粒中。

如前文所述，短玻璃纤维主要由无碱 E 玻璃制成。短玻璃纤维的增强作用效果明显，添加 30% 的短玻璃纤维，抗拉强度通常提高一倍，弹性模量增加三倍，而线胀系数和收缩系数减小到三分之一。

在长纤维增强领域中，主要使用热固性树脂体系，因为通过低黏度可以实现明显更好的加工性能。出于篇幅的原因，下一节仅讨论最重要的热固性基体系统。更多关于热固性塑料的内容请见文献 [136 – 139，142，143，145 – 147]。

（1）不饱和聚酯树脂（UP 树脂）

酯是酸和醇的反应生成物，在生产（缩聚）时可分解出较低的碎片（主要是水）。

最出名的聚酯产品包括 PBT（聚丁烯对苯二甲酸盐）和 PET（聚对苯二酸乙二醇酯）。这些塑料是热塑性聚酯。聚丁烯对苯二甲酸盐（PBT）用于汽车中耐高温的注塑成型的电子部件。鉴于其性能特征（低结晶，因此透明），聚对苯二酸乙二醇酯（PET）大量用作饮料瓶和纺织纤维的材料。

相反，不饱和聚酯树脂用作玻璃纤维增强塑料和碳纤维增强塑料产品的基体材料。通过不饱和二元有机酸（例如马来酸）与二元醇的缩聚来制备不饱和聚酯树脂。由于酸组分中的双键，不饱和聚酯树脂更具有反应性。

聚酯树脂由不饱和聚酯在苯乙烯中的溶液组成。通过基于过氧化物的催化剂（固化剂、引发剂）的添加，可在聚酯分子和单体苯乙烯之间引发交联反应。

不饱和聚酯树脂的特点在于快速干燥、高耐候性、高耐蚀性以及高耐化学性，在水泥上的附着性好，良好的透明度和染色度，良好的电绝缘性，低导热性，良好的耐水性和烹饪稳定性。在树脂未受保护长时间暴露于水的应用中，保护性涂层是必需的，因为可能会发生水解或其他的降解过程（通常称为渗透）。除了在喷漆领域的应用和作为电子元件的灌封材料，不饱和聚酯树脂还可以用在船舶制造和容器制造中。

（2）环氧树脂（EP 树脂）

环氧树脂最初是线性化合物，其末端含有非常活跃的环氧基团。通过添加固化剂（胺或羧酸），化合物通过这些官能单元（环氧基团与醇基团、酸基团或者氨基基团反应）在加聚反应中交联。

所用的前体是链状分子，其带有侧面反应性的氢氧化物和在其末端具有反应性的环氧基团。对于这种分子链的构建，几乎仅使用环氧氯丙烷作为环氧化物基团载体和双酚 A 的物质。双酚 A 二缩甘油醚是必须要使用的（如图 7.134 中的实例）。在分解 HCl 的反应过程中，形成线性环氧树脂分子。除了在链条末端有环氧基团之外，在链条中还有羟基，因此反应非常活泼（图 7.135）。

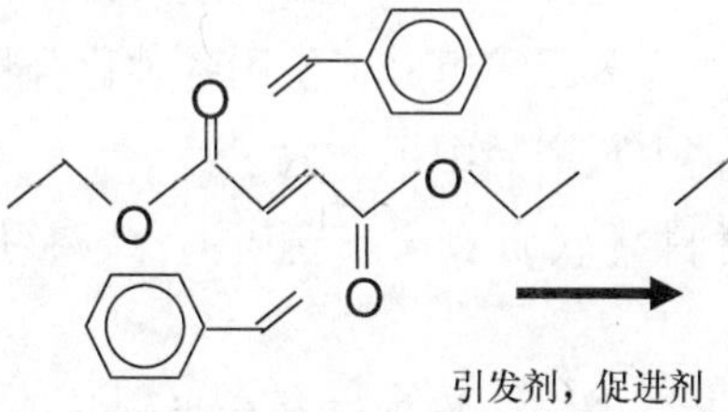

图 7.134 UP 树脂

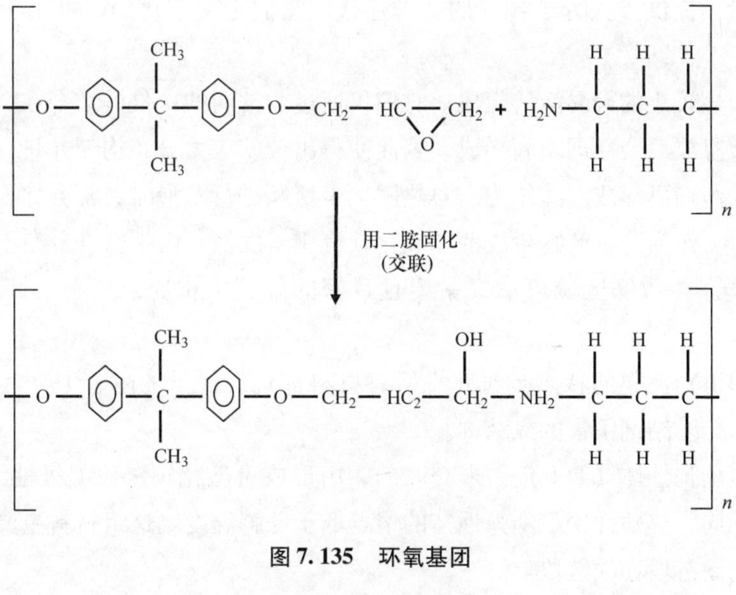

图 7.135 环氧基团

除了用作模塑料,以及用于生产复合材料的浇铸树脂和层压树脂外,环氧树脂还作为原材料用于高性能黏结剂,黏结剂以及冷和热固化涂料。除了交联聚酯树脂外,环氧树脂特别适用于生产纤维增强的机械高应力载荷产品,例如用于飞机、风力发电机和汽车的轻量化中。

热固性树脂的性能特征很大程度上取决于热固性树脂是用作浇铸树脂模塑料,或者还是在填充或者纤维增强状态下使用。因此,与不饱和聚酯树脂类似,很难总结出热固性树脂一般性的性能特征。总体而言,根据增强的不同,环氧树脂通常具有很好的力学性能,对几乎所有材料都有非常好的附着能力、良好的热稳定性和耐化学性,以及非常好的电绝缘性。

(3) 聚氨酯(PU 树脂)

聚氨酯很少用于制造复合材料。在汽车中,聚氨酯通常用作座椅填料和面板的泡沫材料,用作手柄、面板和填料的整体泡沫,以及用于降低噪声的蜂窝状弹性体和作为底盘中的附加弹簧使用。在汽车制造中,聚氨酯硬泡沫也可用于填充空腔,以及作为夹层件的型芯材料。聚氨酯是交联的(热固性塑料)、支链的(弹性体)或线性的(热塑性塑料)加聚产品,由羟基的多元醇和双功能或多功能的异氰酸酯构成,另见文献 [140]。

用于生产聚氨酯的起始材料极其多样化,从而导致广泛的应用范围,外观也极富多样性。大多数聚氨酯体系由两种组分组成。一种组分由异氰酸酯组成,另一种组分由异氰酸酯反应性多元醇、胺和各自的添加剂组成。作为多元醇组分,使用各种化合物,但主要是聚醚醇和聚酯醇。与多元醇相反,异氰酸酯仅在少数产品中标准化了。

聚氨酯在工程应用中主要作为发泡材料(软质泡沫、硬质泡沫、整体泡沫)、浇铸树脂、黏结剂和弹性体使用。

除了原材料的化学组合可能性之外,大分子间的物理键和化学键都能对外形造成影响。聚氨酯(PUR)可分为硬链段和软链段。硬链段位于聚氨酯的强极性区域。在硬链段中,氢键形式的次价键提供了大分子额外的物理连接。它们是可熔化的,可用于热塑性聚氨酯(TPU)。

软链段由极性较小的聚醚醇链组成。它们仅通过非常弱的次价键结合在一起。在机械载荷下,这些键被释放后会立即重新形成,因此使得出现的应力分布均匀并具有弹性行为。

通过加入发泡剂可形成泡沫结构。对热固性聚氨酯进行发泡时,常会加入水。水能与异氰酸酯进行反应。作为分解产物生成的二氧化碳可用于发泡。由于密度分布不均匀,只能在模具中进行生产。在边缘区域可形成紧凑且致密的外壳,相反,核心区域则由胞状泡沫构成。

聚氨酯(PUR)涂料的特点是对几乎所有材料都具有优异的附着力。这同样适用于作为单组分或双组分黏结剂销售的黏结剂。

热塑性聚氨酯弹性体(TPU)是未交联的,由形成可熔化硬链段的极性结构单元组成。与交联聚氨酯不同,热塑性聚氨酯弹性体的熔点低于分解温度。这组材料主要是形成具有特征物理交联点的硬链段和软链段。

此外，可通过硫化作用生产基于聚醚和聚酯的聚氨酯橡胶。聚氨酯（PU）基团的性能特征和热塑性聚氨酯弹性体（TPU）的类似，通过弹性体的常规方法进行加工。

通过添加催化剂（叔胺或金属盐），可以通过聚氨酯的功能性结构单元在加聚反应中形成聚氨酯。在大部分应用中，使用基于聚丙二醇的多元醇和芳香族异氰酸酯，例如二苯基甲烷二异氰酸酯（MDI），甲苯-2,4-二异氰酸酯（TDI）和亚萘基二异氰酸酯（NDI）。在要求耐光性的应用中，例如涂料和薄膜，使用酯族异氰酸酯如六亚甲基二异氰酸酯（HDI），异佛尔酮二异氰酸酯（IPDI）或者其变体衍生物（图7.136和图7.137）。

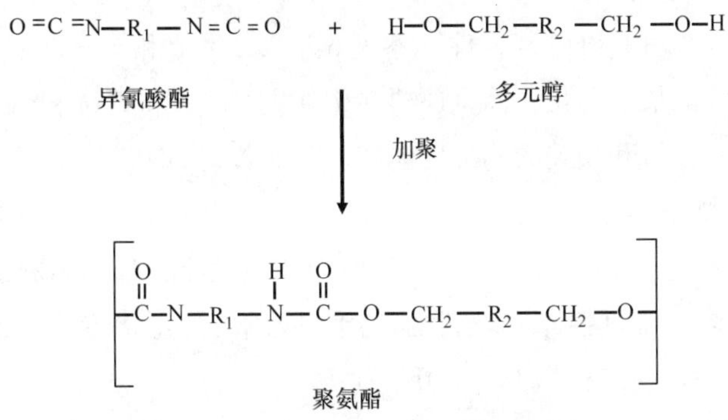

$$O=C=N-R_1-N=C=O \quad + \quad H-O-CH_2-R_2-CH_2-O-H$$

异氰酸酯   多元醇

↓ 加聚

$$\left[\begin{matrix} O & H & H & O \\ \| & | & | & \| \\ -C-N-R_1-N-C-O-CH_2-R_2-CH_2-O- \end{matrix} \right]$$

聚氨酯

图7.136 聚氨酯的形成和结构

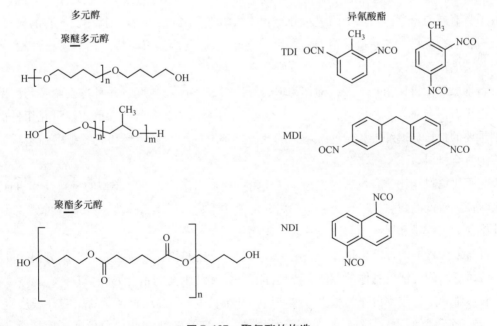

图7.137 聚氨酯的构造

除了用作硬质泡沫、软质泡沫和整体泡沫外，聚氨酯还可用作涂料和高质量的黏结剂。不发泡的或仅轻度发泡的聚氨酯也可作为模塑料、浇铸树脂和层压树脂使用。与交联聚酯树脂类似，聚氨酯材料特别适用于纤维增强高度耐用产品。聚氨酯的性能特征很大程度上取决于热固性树脂是用作浇铸树脂模塑料，或者还是在填充或者纤维增强状态下使用。因此，与其他的反应性树脂类似，很难总结出一般性的性能特征。总体而言，聚氨酯都具有良好的力学性能，这还取决于增强。与环氧树脂一样，聚氨酯在几乎所有材料上都有非常好的附着力，可用于空心体发泡或生产夹层件。在耐热性和耐化学性方面，聚氨酯不如环氧树脂。

聚氨酯的固化速度非常快，因此用于纤维喷涂工艺（LFI 工艺）和反应注塑工艺（RIM，反应 – 注塑 – 模塑）。

7.4.3.2 填料、纤维与添加剂

生产填充型塑料，尤其是纤维复合件（参见 6.4.2.2 小节和 6.4.2.3 小节）时，不仅需要把现有的材料制成所需的最终形状，而且还要在构件生产时，将纤维和树脂形成复合材料。因此，生产工艺对材料特征值和相关的构件性能有非常显著的影响[126,134,135,137,139,141,142,144,145]。

与其他类型的塑料一样，通过增强材料和填料，可以进一步改善可时效硬化的热固性塑料的物理性能和力学性能。除了可以改善力学性能和热性能之外，填料还减少了由于交联与随后的冷却导致的收缩。根据树脂和填料的比例，收缩可降至接近零。这对于需要高尺寸精度的应用尤其重要，例如在牙科填充材料中。

填料与可时效硬化的反应性树脂构成固体复合材料。可使用最多样化的有机材料组和无机材料组。

无机填料有很高的耐热性、良好的耐漏电性、高的力学强度和低的收缩率。为此，无机填料须具有高的密度。在均匀的填料分布和高力学强度之间必须找到折中。填料的典型类型是岩石粉、石英粉、硅酸盐（滑石、黏土、云母）、碳酸盐、硫酸盐（白垩、石膏）、炭黑、石墨、玻璃珠、短玻璃纤维、长玻璃纤维、玄武岩短纤维和碳纤维。

石棉已经不再使用。虽然石棉作为增强纤维具有很高的强度，并且特别耐热与耐溶解，但是由于石棉会对健康造成危害，已经被禁止使用了。对于汽车中承重的轻量化组件而言，特别重要的是长玻璃纤维和碳纤维增强的变体（玻璃纤维增强塑料和碳纤维增强塑料），可统称为复合材料。

与无机填料相比，有机填料更轻，从而密度更低。然而，这种类型的材料具有相对高的吸水倾向和较低的耐热性。作为有机填料，可使用木粉、纤维素作为短纤维，纺织纤维和天然纤维作为长纤维和短纤维，以及片状纺织物。

纤维复合材料的性能由很多因素决定，例如纤维的长度、纤维直径、纤维方向、纤维比例、纤维材料的性能、基体的性能，当然还有基体和纤维间的粘合力。

长纤维和短纤维都可作为增强纤维使用。纤维长度 l 和纤维直径 d 的比例（长度直径比 l/d）是一个重要的质量特征。纤维直径通常在 $10\sim150\mu m$ 之间变化，长度可从几微米延长到具有无限长纤维的织物和无纺布。

对于给定的树脂和纤维材料，复合材料的力学性能随着纤维长度的增加和对应力载荷方向的定向而增加（图 7.138）。

除了纤维和树脂基体本身的属性，这两种组分之间的相互作用也起着重要的作用。

纤维的最大体积分数为75%。如果超过了这个值，基体就不能完整地包围纤维。纤维可以不同的取向植入基体中。随意取向的短纤维具有低的长径比（典型例子：玻璃纤维增强热塑性塑料）。其易于加工，可以生产出具有各向同性的复合材料。

长的、单向的内置纤维具有各向异性特性。在与纤维平行的方向上，具有特别高的强度和刚度。单向增强意味着所有纤维都统一朝着应力方向取向。如图7.139（见彩插）所示，当在垂直于纤维方向上承受载荷时，强度降低。

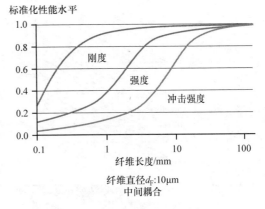

纤维直径 d_F:10μm
中间耦合

图7.138　依赖于纤维长度的复合材料的性能

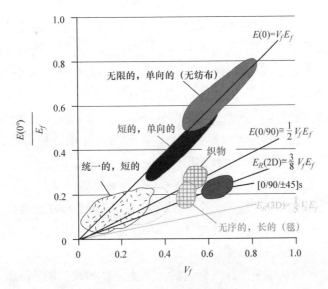

图7.139　增强类型的影响

纤维增强复合材料的一个优点是，可根据所设定的条件来调整载荷能力。这可以通过在基体内有效地选择并组合纤维方向来实现。因此，通过纤维的双向排列，可以在两个（垂直）方向上取得良好的强度值。通过更复杂的多向排列，可在多个方向上进行增强。

纤维也可交织成三维排列。当织物是交叉针织（针织）或绗缝时，能得到更好的三维强度。

机织物或针织物无法达到最大强度，因为即使在其最简单的排列中，所加入的纤维也是倾斜或波浪地延伸到织物平面。更难生产和处理的平行纤维束无纺布反而更有利于达到最大的刚度和强度（图7.140）。

在纤维复合材料中，各种成分之间必须有良好的连接。只有当纤维牢固地黏结到聚合物

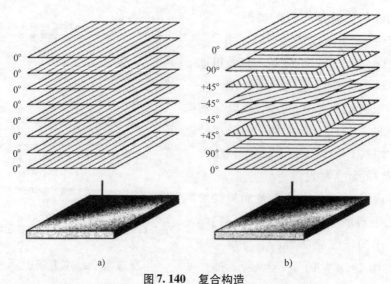

图 7.140 复合构造
a) 以相同的方式分层　b) 交叉涂层，准向同性

基体上时，在构件上施加的力才能通过基体充分地转移到纤维上。另外，当纤维和基体黏结较差时，则可以在载荷的作用下，将纤维从基体中拉出来，这会降低复合材料的强度和断裂稳定性。为了保证纤维更牢固地黏结在聚合物基体上，会在纤维表面增加涂层（附着底漆）。纤维涂层可首先简化加工（润滑剂），其次能够优化纤维-基体间的黏结。基体的成分决定了涂层的材料。玻璃纤维通常使用氨基硅烷涂层。涂层约占纤维总重量比的1%。

在静态或动态载荷下，塑料纤维复合材料的失效行为比均质材料的失效行为要复杂得多。对于金属或非增强塑料，单个裂缝的形成和生长主要决定了构件的损伤，并因此决定了寿命。相反，纤维增强复合塑料（FVK）根据载荷类型和复合材料的结构呈现出不同的损坏机理。除了各个组件的力学性能，上文中已经描述的界面反应在复合材料的失效中起着重要作用。剥离描述了由于黏结不良导致的纤维基体界面的局部失效。而脱层则描述了在黏结不良的情况下，纤维层大面积与基体分离。

纤维复合材料的性能基本上由纤维材料的因素决定，如几何形状（长度，直径，取向）以及比例与性能。

此外，基体的性能、基体与纤维之间的黏结都能对复合材料的整体外观造成影响。因此，在评估整个系统的性能时，必须考虑复合材料相对于力导入方向的精准结构。

在本章节中，详细阐述了纤维复合材料的结构与最重要的部件和材料。在图7.141中列出了纤维增强材料的基本结构。

典型的纤维材料是玻璃纤维、聚合物纤维、碳纤维（C纤维）、陶瓷纤维和天然纤维[144,145]。纤维分为长纤维（>10mm）和短纤维（0.1~0.5mm）。短纤维主要用于热塑性聚合物的注塑成型，而长纤维主要用于热

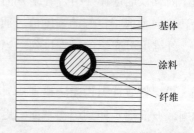

图 7.141　纤维-涂料-基体的构造

固性塑料的层压材料领域。在层压板中，长纤维可随意排列（毡），可作为织物或单向层（UD 层）。

在下文中，介绍了最重要的纤维及其性能。

（1）玻璃纤维

与长分子链构成的合成纤维相比，玻璃纤维具有三维交联结构。因此，与其他纤维材料相比，玻璃纤维的性能是各向同性的。

玻璃纤维主要由石英 SiO_2 和 B_2O_3 作为网格形成剂，氧化钙、氧化镁和氧化钠作为网格转换剂（图 7.142）。

基本上，使用两种类型的玻璃，E 玻璃和 R 玻璃及 S 玻璃。E 代表电子，因为这种纤维最初是为电子用途而开发的。R 和 S 用于高强度纤维（R = 阻力，S = 强度）。

除了 SiO_2（二氧化硅），在生产玻璃纤维时还会使用到如 Na_2O（氧化钠）、K_2O（氧化钾）、MgO（氧化镁）、PbO（一氧化铅）、B_2O_3（三氧化二硼）和 Al_2O_3（氧化铝）这些氧化物。

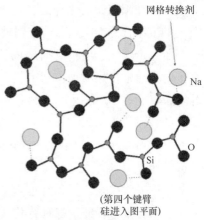

图 7.142　玻璃纤维结构

与石英一样，三氧化二硼（B_2O_3）和氧化铝（Al_2O_3）是玻璃形成组分（网格形成剂）。其他附加物充当网格转换剂，因为它们分离硅－氧－硅连接，使得金属可以嵌入空隙或空腔中。根据金属化合物的类型和比例，玻璃的性能也会随之改变。例如，氧化铝（Al_2O_3）改善了耐化学性，而三氧化二硼（B_2O_3）则改善了耐候性。具有优异力学性能（抗拉强度，弹性模量）的玻璃类型的共同之处在于它们都是无碱生产的。含碱玻璃的强度较低，并且比无碱玻璃对水分更敏感。对塑料进行增强，主要使用不含碱的铝硼硅酸盐玻璃（E 玻璃）。

玻璃通常被认为是脆裂材料，因此原则上不适合作为增强材料使用。然而，薄玻璃纤维显示出与粗玻璃棒（直径 >0.1mm）完全不同的力学性能。玻璃纤维的高强度取决于尺寸的影响。由于纤维形状，表面缺陷的尺寸小于致密材料体积。同时，成千上万玻璃纤维（束线）捆绑成束，增加了纤维相中无缺陷纤维的长度。结果，玻璃纤维的强度大于致密材料的强度，因此细纤维可用作复合材料中的增强材料。单个纤维的断裂伸长度可达 5%。但是当发生弯曲或遇到锋利边角时，细玻璃纤维还是非常容易断裂的。

玻璃纤维的抗拉强度和抗压强度给塑料提供了特殊的加强，同时，由于（与钢相比）高弹性断裂伸长率，从而也保证了一定的柔韧性。

在复合材料中，增强纤维作为纤维束（束线）使用。玻璃纤维的缺点是其高密度，约为 $2.5 kg/dm^3$。这也是为什么玻璃纤维增强塑料很难用于飞机、风力发电机或跑车的轻量化应用中。

如上文所述，与 E 玻璃纤维相比，R/S 玻璃纤维具有更高的强度，但是弹性模量也高了

15%。

与纤维的低弹性模量相比,纤维的抗拉强度非常高,这会导致高弹性应变。在拉伸试验中,玻璃纤维到断裂状态下,都呈现出了线性的应力应变行为。不过,在载荷长时间的作用下,由于玻璃的无定形结构,会出现黏弹性特点。

玻璃通常被认为具有极强的耐化学性,因为玻璃实际上不受有机化学品(如有机溶剂)以及很多无机化学品的影响。硅-氧键和硅-氧-硅键是极性的,因此可形成次价键,如在玻璃表面水和阳离子的化合键。吸收在玻璃中的水不仅可以作为 H_2O 分子吸收,还可以作为游离的或结合的 OH 基团结合到玻璃结构中去。

为了生产玻璃,将精细研磨的原材料混合,并在 1400~1600℃ 下进行熔化。当加工玻璃纤维时,通常使用喷嘴拉伸工艺。该工艺是从玻璃熔液中拉出单丝,然后将其组合,以形成纤维束(粗砂)。利用抽丝喷嘴,在非常高的速度下(约为 3000m/min)从液态玻璃中抽丝。丝的直径约为 1.2mm。在这种情况下,对黏稠的玻璃进行冷却,并同时拉出非常薄的横截面(5~13μm)。利用快速旋转的线圈头拉丝。在缠绕前进行涂层,作为加工助剂使用。

(2)有机纤维

基于聚酰胺、聚乙烯和纤维素的合成纤维材料也用作高性能有机纤维。尽管链结构不同,但是所有聚合物纤维都具有共性,即都是由整流的线性构建的链分子组成。

大分子表现出分子间相互作用,确保纤维的内聚力。这导致形成短序,即平行于纤维轴的晶体结构。

在拉伸时,对纤维进行短暂加热,并拉伸到更长的长度。在这种情况下,在纤维中会出现褶皱段的平行化。大分子并行排列,并因此更好地相互作用,从而使纤维方向的强度显著增加。

取决于分子的取向,强度和弹性模量会增加,但断裂伸长率会下降。用于结构材料的纤维非常强地拉伸,而纺织纤维拉伸则不那么强,因此具有明显更高的成型性能。在 7.4.2.5 小节中已经阐述了聚合物的纺丝。

(3)聚酰胺纤维

通过缩聚作用生产出的聚氨酯是半结晶的热塑性塑料。聚酰胺根据用于构造的反应对象而不同,主要是通过在分子链中外来原子之间的碳原子数来加以标记。

聚酰胺(PA)塑料的特点是定期重复的极性酰胺基团,其强电负性元素产生 O 和 N 偶极子,然后可在分子链间形成 H 键(图 7.143)。

通常的聚酰胺是所谓的酯族聚酰胺,也就是说位于极性基团之间的链环由 CH_2 链段组成。

CH_2 区段的长度决定了两个极性基团之间的距离,也决定了在恒定的链长下,由该链形成的 H 键的数量。因此,为了区分不同的聚酰胺(PA)种类,给出连接两个 NH 基团的 C 原子的数目,同时,也统计了

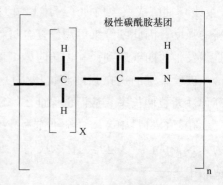

图 7.143 聚酰胺结构

羰基的 C 原子的数量。

最常用的聚酰胺纤维由聚酰胺 6/66 共聚物组成。在纤维材料领域，这种类型的聚酰胺纤维也被称为尼龙纤维。这种热塑性塑料是无支链的，在熔液冷却期间通过链折叠形成结晶区域。通过接下来的机械拉伸生产出尼龙纤维。由于其相对较低的强度，尼龙纤维仅作为纺织纤维使用。

如果在聚酰胺（PA）链条中的柔性 CH_2 中间链节越来越多地被环形元件取代，则会提高链条的刚度。其结果是，一方面由于链条移动导致结晶能力降低，但另一方面温度稳定性增加。通过这种方式，或者可以获得无定形且因此透明的聚酰胺。聚酰胺除了具有可接受的韧性之外，还具有高刚度，或者可以获得强度和刚度都非常高的高度结晶的芳纶纤维（芳族聚酰胺纤维）（图 7.144）。

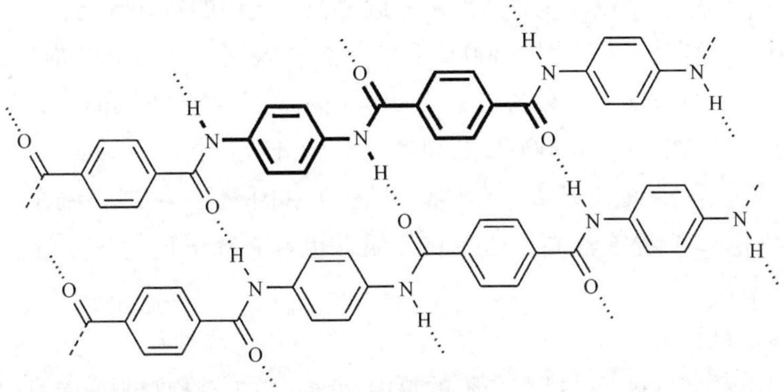

图 7.144　芳纶结构

这些聚酰胺纤维也以商品名 Nomex 和凯芙拉为人所知，由于其强度值和刚度值与钢纤维和玻璃纤维的值相当，因此，特别适合在复合材料中作为增强组分使用。

芳纶纤维可分为低模量纤维和高模量纤维。高模量纤维适合在防冲击和撞击的构件中使用，低模量纤维的能量吸收性能（HE，高能量）更好，因此，可以用作装甲，例如防弹背心。基于其聚合物分子结构，芳纶纤维具有非常好的延展性以及由此而来的韧性。这种行为也证明了其在防弹领域与切割保护领域中应用的优势。与所有的聚酰胺一样，芳纶具有吸湿性，并且对紫外线敏感。

（4）碳纤维

在碳纤维中，碳存在于改性石墨中。石墨以六方层结构结晶。在基础平面内，碳原子主要以共价的方式结合。相反，层之间存在较弱的二次键力。由于其二维键结构，石墨碳纤维从结构角度看是属于层状材料之一（图 7.145）。

碳纤维具有易氧化与高脆性等特点，因此，不能像玻璃纤维和聚合物纤维那样在热塑性拉伸

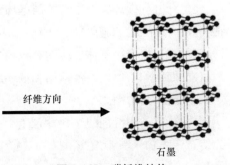

图 7.145　碳纤维结构

工艺中生产碳纤维。一般是通过对有机纤维进行碳化或热解的方法来生产碳纤维。纤维生产的前体是有机线。通过大量排除氧气（即热解）使其碳化，形成碳纤维（图7.127和图7.128）。

前体必须具有高碳含量的大分子结构，并被纺成细丝。其在热解过程中不得分解或挥发，必须保持线结构，而不会出现过度收缩。纤维素（人造丝）、聚丙烯腈（PAN）或沥青（各种芳族化合物）可用作碳纤维前体材料。

在选择初始材料时，可实现的碳产量起着重要的作用。当前，碳纤维主要从聚丙烯腈（PAN）中提取。

在纤维的生产中，前体材料首先在200~300℃下在空气中部分氧化。这一步骤可导致结构稳定。如在7.4.2.5小节中的图7.128所示，发生了各种反应（原材料：PAN）。首先，聚丙烯腈（PAN）的腈基团被环化，然后碳–碳链被大气中的氧气碳化。

接下来在氮气的环境下，在约1300℃下进行热解碳化。这会分解前体，只剩下碳线。在碳化过程中，发生对材料的额外拉伸，由此可设定碳线的期望取向，另见图7.127和图7.128。随着碳化温度在1000~3000℃之间增加，碳纤维的抗拉强度降低，而弹性模量增加。高的加工温度是导致碳纤维生产成本高的原因之一。碳纤维的优点是密度低（1.7kg/dm^3），刚度高，导热性高，即使在高温下也具有高强度与导电性。缺点是价格昂贵，在高温下易氧化。

碳纤维增强塑料简称CFK（注：德语缩写）。工程中主要使用的是热固性碳纤维复合材料和热塑性碳纤维复合材料。碳纤维增强的热固性塑料作为结构材料具有高刚度、高强度的特点，尤其适合作为（飞机技术、火箭、跑车等）轻量化构件。而短碳纤维增强的热塑性塑料主要用于摩擦系数低、高耐磨性以及导电性等领域（运输系统、机械制造等）。

（5）纤维的表面处理

在纤维和基体间必须具有良好的黏结性。基体就是纤维的包围材料和载体材料。基体将纤维保持在预定位置上，把作用在基体上的力传递到纤维中，避免纤维在复合材料的制造和应用过程中受到损坏，并防止纤维裂缝扩散到整个复合材料。为了避免出现黏结错误，对复合结构中的纤维/基体黏结提出了很高的要求。只有纤维和基体牢固地结合在一起，作用在基体上的外力才能充分传递到纤维上。如果黏结不良，则作用在基体上的载荷可以把纤维从基体中拉出，这会导致复合材料的强度和断裂稳定性降低。

玻璃纤维和碳纤维通常与塑料基体的黏结性较差。为了达到完全增强效果，可以使用黏结促进剂，即所谓的施胶剂（英语：sizing，浆纱）。施胶剂通常由可与玻璃表面反应的无机组分以及可与聚合物基体反应的有机组分组成。

表面处理除了可以改善基体和玻璃纤维之间的黏结性之外，还有其他的防护功能，如防腐蚀、防磨损与防潮。

含黏结剂和润滑剂的塑料涂层有利于玻璃纤维和碳纤维的纺织加工，并使纺织品结构（无纺布、织物）具有良好的层压材料生产性能，但是，必须要与所使用的树脂系统相匹配。

7.4.3.3 层合工艺

层压板是通过有机胶黏结起来的层复合材料。一个众所周知的例子是安全玻璃,如用于汽车的风窗玻璃。风窗玻璃是由两块玻璃板,用塑料胶粘接到一起。黏结剂能够防止玻璃在破裂时飞溅,从而避免对周围的环境造成危害。层压板还可用于对电机和变速器进行绝缘,也可用于电路板和装饰中(例如贴面板)。

ARALL(芳纶铝层压)是微层压板的一种,由交替层叠的铝和纤维增强聚合物层组成。实例是作为飞机外壳材料的芳纶铝层压板和玻璃铝层压板。在芳纶铝复合材料中,胶浸渍的芳纶纤维在铝合金层之间编织成带。微层压板结合了强度、刚度、耐腐蚀和重量轻等特点。由于裂缝的扩张受到层结构边界面的阻碍,所以,微层压板的断裂强度也得到了增加。

在轻量化应用中常用的层压板通常是按层级由玻璃纤维织物或碳纤维织物构成。层压是指将两种组分(树脂和纤维)不连续地逐层加工半成品,如板、管、型材,或模塑件如容器、壳体、车辆弹簧或转子叶片等。

手糊成型是最古老与最简单的生产纤维复合件的工艺方法。鉴于其操作简单和对制造设备的要求低,如今在生产大型构件或产量较低时,依然会使用该方法。手糊成型适用于几乎所有的纺织品和树脂材料(图7.146)。

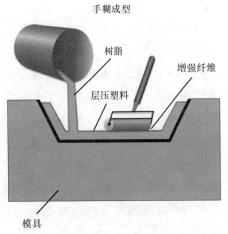

图7.146 手糊成型

半成品线通常以粗纱、毡或织物的形式存放,并用辊子或刷子手工浸泡。几乎只使用热固性塑料作为基体材料。最初是液体形式,由于其黏度低,可非常好地对纤维进行润湿。纤维放入、纤维与基体材料的润湿,都是同时在成型工艺的模具中进行的。在对基体进行固化后,可脱模取出构件,然后进行后继加工。

手糊成型工艺投资成本低,可生产几何形状非常复杂的构件,并且在一个构件中可使用不同的增强材料。在手糊成型工艺中,可以生产几乎任何尺寸的构件。可通过分型模具在构件中实现咬边和不同的壁厚。纤维的体积分数可达到40%,通过后续的冲压工艺,在固化中进一步提高纤维的体积分数。手糊成型工艺缺点是加工周期时间长,手工劳动造成的劳动力成本高。如何确保实现始终如一的构件高质量也是采用手糊成型工艺的主要问题之一。在手糊成型工艺中,构件的质量主要取决于操作者的手艺。层压通过几个工步进行,可以手工操作,或者在机器的帮助下进行。首先,需要用脱模剂对模具进行处理,以方便之后取出更换模塑件。随后在外部再涂一层特殊的树脂保护层,以抵抗风化、化学品和颜料的影响。在树脂保护层(凝胶)固化后,开始进行实际的压层。在单独的步骤中加入纤维材料,同时用树脂进行浸渍。在施加的层固化后,进行下一层的施工。根据相应的力学要求,纤维或织物按照不同的方向排列铺设。层与层之间的织物结构也可以不同,这也带来了优点,例如在表面造型方面的自由度。手糊成型工艺适用于任意尺寸的复杂形状,但是只能小批量生产,否则成本太高。

（1）纤维喷涂

纤维喷涂是半机械化的手糊成型。各个组分分别装在两个或多个储存容器中，例如容器 A 中装着聚氨酯中的多元醇组分，B 容器中装着异氰酸酯组分。通过低压混合机将两者混合在一起，再通过喷嘴传送到模具上。在这个过程中可使用工业机器人。同时，在喷嘴上方的切割工具切碎玻璃纤维束，并通过位于喷嘴前面的压缩空气喷射到树脂中。然后，通过喷嘴将确定的纤维/树脂混合物施加到模具上。接下来的加工如同手糊成型工艺，例如可铺放上织物或覆盖层（图7.147）。

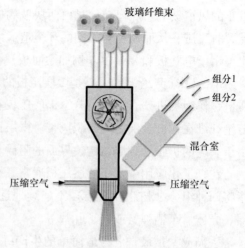

图7.147 纤维喷涂

与手糊成型工艺相比，该工艺实现了经济性的半自动化生产。取消了玻璃纤维织物的切割和放入过程，可以在垂直壁上进行层压。由于在织物结构中不能精确地对纤维进行排列，纤维的长度限制在几毫米，因此，纤维喷涂工艺无法达到"经典"手糊成型工艺中复合材料的力学性能。在汽车制造中，使用这种工艺生产刚度极高且重量轻的行李舱地板。

（2）缠绕工艺

线缠绕是一种半连续的工艺，用于制造管和空心体。这是一种古老的机械成型工艺，具有高精度和可重复性的特点。最简单的一种是螺旋式缠绕工艺。该方法类似于拉挤成型工艺，把成束的玻璃纤维或碳纤维（束线）通过浸渍槽导入，去除多余的树脂后，再进行缠绕。

在缠绕工艺中，纤维缠绕到单个或多个旋转对称的芯上。只能用纤维缠绕出轮廓，与测地线的偏差最大为30°。

在缠绕工艺中，型芯或者按照可脱模取出分型，或者使用可溶解或能清洗的型芯材料。由低堆积密度材料（例如泡沫）制成的型芯也可以保留在构件中。缠绕成型的构件表面普遍比较粗糙（图7.148）。

采用缠绕工艺可生产出高品质和高强度的纤维复合材料构件。其原因在于，可以实现高纤维体积含量，并且可以在均匀的线预应力下进行纤维铺放。此外，缠绕工艺可实现部分自动化。缠绕工作常使用工业机器人来进行。与传统的"车床工艺"相比，缠绕法可生产出更复杂的几何形状，也能实现更高程度的自动化。

（3）橡胶袋成型工艺

为了生产诸如飞机或容器结构的大型模塑件（例如外壳）时，可使用所谓的橡胶袋成型工艺。在这种情况下，将树脂和增强织物放到半模中，再用橡胶薄膜覆盖。然后，在真空（真空橡胶袋成型工艺）或超压气体作用于薄膜的情况下，把浸渍过的纤维材料压入模具轮

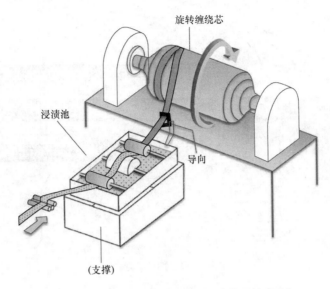

图 7.148　缠绕法（根据米切利/魏格纳的方法）

廓中。在树脂硬化的过程中，薄膜能保证紧密的连接。

在小批量和中批量生产中，利用这种工艺可生产出特别高质量的纤维复合构件。该工艺与手糊成型工艺非常类似，并且也可用于层压板的密封。

与其他方法相比，该工艺的成本相对较低，远低于冲压工艺或压煮器技术的成本。

采用真空工艺方法生产出的构件质量通常明显好于采用手工铺设工艺或者纤维喷涂法生产出的构件的质量（图 7.149）。

（4）离心工艺

采用离心工艺生产的空心体具有光滑的外表面，但内表面粗糙。在该方法中，将喷枪引入离心鼓中。树脂与硬化剂混合的混合头和将连续长丝切成长纤维的切割器通常位于喷枪之上。将纤维和树脂-硬化剂混合物施加到空心体的内表面上。通过离心力控制树脂在空心体内的密封和分布以及树脂与长纤维的混合。在离心工艺之后，聚酰胺 6 也通过己内酰胺的阴离子聚合来加工。离心法也称为旋转成型工艺（英文：Rotamoulding）（图 7.150）。

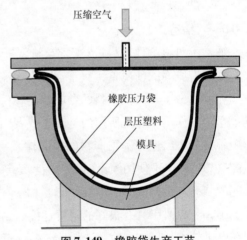

图 7.149　橡胶袋生产工艺

（5）拉挤成型，拉丝工艺

玻璃纤维塑料或碳纤维塑料的拉伸通常是连续进行的。利用拉丝工艺可生产扁平状、波浪状轨道以及所有类型的型材（因此通常称为型材拉伸或拉挤成型）。热塑性塑料的拉挤成型工艺已经在 7.4.2.2 小节中给予了介绍。图 7.120 显示了适用于加工反应性树脂的开放式工艺。由于是在连续加工工艺中进行硬化，因此需要相对长的硬化工段，这反过来又决定了

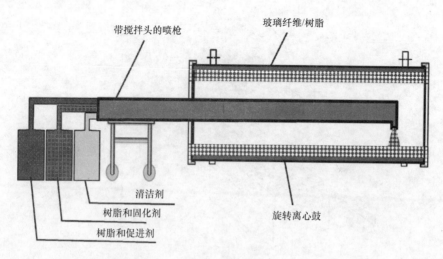

图 7.150 离心工艺

设备的大小和功能。通过拉伸工艺生产出的轨道既可以是平的，也可以是横向的或纵向的波纹状。把树脂物涂铺到支撑轨（通常使用 PP 膜）上，随后玻璃纤维毡与上盖板进入，并在成形链条和辊之间的凝胶化区域或硬化区域中成形。在其他工艺中，纤维是通过浸渍池或通过辊浸渍的。型材的生产可是水平的或者是垂直的。纺纱、玻璃纤维粗纱或碳纤维粗纱可作为纺织增强材料使用。可以使用挤压成型工艺来生产预浸料，部分反应的以及玻璃纤维或碳纤维增强的带材或板材。

7.4.3.4 铸造工艺

通常不对热塑性塑料进行铸造，这是因为基于其分子的大小，热塑性塑料熔液黏度太高。在没有压力的情况下，很难通过自由流动充满铸造模具。

相反，由于热固性塑料的黏度相对较低（与热塑性塑料相差最多 6 倍），铸造工艺则起到了重要的作用。这里所用的是液态或者固态但是可熔的预聚合物。只有使用那些在交联过程中不会分解出低分子副产物的树脂体系，如聚合聚酯（UP）、聚合环氧树脂（EP）和聚氨酯（PU），但不使用缩聚酚醛树脂和氨基树脂。由于其无定形结构，铸造树脂在纯的、未填充的状态下是透明的。聚合聚酯（UP）树脂与聚合环氧树脂（EP）相比，颜色更浅，黏度更小。环氧树脂具有很好的附着性能、耐热性和耐溶剂性，通常用于高价值的应用中。尤其在电子技术领域中，对铸造树脂和嵌入型树脂（绝缘体，变压器，组件的嵌入，线圈和绕组的浸泡和浸渍）的需求很高。

在铸造树脂加工中，树脂物的黏度、在交联过程中释放的热量、可调节的体积收缩都是重要的问题。聚合环氧树脂（EP）铸造树脂具有较高的黏度，这意味着空气气泡或者挥发性气泡无法析出，最终留在硬化的树脂中形成小孔。由于孔会降低绝缘体的电子性能（介电损耗，介电强度），因此，在生产高品质产品时，不仅树脂组分及其添加剂，而且模具和任何待嵌入的构件，都必须烘干，并在真空中脱气。此外，也推荐在真空状态下进行铸造、浸渍或嵌入工艺。通常在铸造后，硬化前取消真空状态。这样一来，使得外部大气压力

（例如在浸泡线圈体时）有助于树脂渗透到内部空腔和裂缝中。

特别是对于大型铸件，反应过程中产生的热量导致树脂的热损坏或甚至自燃。通过降低反应速度，减少填料或使用更薄的树脂涂层来避免这一现象的发生。由反应热量短时间内引起的黏度降低，会在浸渍中导致问题的出现，如低液态树脂从已经填充的接缝和空腔中再次流出。

产生树脂件变形和作用于其中的自应力的主要原因是与固化过程相关的体积收缩。对于给定的树脂类型，可以通过采用预交联度更高的树脂和/或更高比例含量的填料来降低变形度。

7.4.3.5 注射工艺与浸入工艺

在浸入工艺中，把纤维材料（织布、无纺布、束线）置于涂有脱模剂的模具中。树脂可采用两种方式注入模具中。一种方式是在铸造机的超压作用下，把树脂注入纤维填充的闭合模具中；另一种方式是通过真空抽吸。非常大的件，例如风力发电机的转子叶片，可以通过真空浸入工艺来生产。在模具中放置的纤维上，铺设分隔织物和分流介质，能确保树脂的均匀流动。整个件用薄膜覆盖，并用密封带进行密封。利用真空泵对织物抽真空。在抽真空过程中对纤维进行密封，织物可吸收液态树脂。当纤维完全浸渍到树脂内，则停止注入树脂，对纤维复合材料进行硬化。与所有的反应性树脂一样，固化时间取决于材料和温度。真空工艺的优点是可以均匀无气泡地对织物进行浸渍（图7.151）。

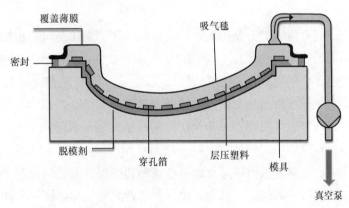

图7.151 真空工艺

7.4.3.6 冲压工艺

带材和织物可以在冲压过程中进行湿压成型。湿压使用两个部分组成的冲压模具，利用液压进行压合。在冲压工艺中，常使用价格便宜的聚合聚酯（UP）树脂（聚酯树脂），因为这种材料在固化时会出现聚合作用，因此不会形成裂解产品，从而所需的压力（2～30bar，0.2～3N/mm^2）也更小。首先，把加强元件（金属嵌件、织物、半成品）放入到模具中。之后，通过喷涂机或铸造机对树脂进行计量，并闭合压机。冲压可以在没有外部供热（冷压的温度为30～60℃）或借助外部供热（热压80～150℃）的情况下进行。为了得到具有足够强度的产品，必须对加强元件进行精确的切割，精准定位，以及完全浸泡在树脂中

（图7.152）。

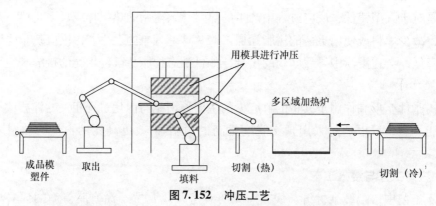

图7.152 冲压工艺

冲压是热固性模塑料的典型加工工艺。除了用液态反应性树脂"湿压"外，树脂还可以粉末、颗粒、片状或块状形式放入到加热的冲压模具中，在压力和热作用下塑化。在这种情况下，树脂的硬化行为决定了温度和冲压时间。冲压力取决于模塑件的大小和几何形状。典型的冲压温度为140~180℃，冲压力为200~600bar，硬化时间为每毫米板厚30~40s。

通常树脂中会加入添加剂，如染料或填料，随后，作为所谓的"冲压料"进行加工。从成本及加工的因素考虑，所使用的树脂通常是用于深色产品的甲醛缩聚酚醛树脂或用于浅色产品的尿素树脂和三聚氰胺树脂（UF或MF），较少使用聚酯树脂（UP）或环氧树脂（EP）。

在冲压过程中，只有树脂组分是可流动的，这样一来，其比例可以根据冲压料的充型要求设定。简单造型件的冲压料约含有40%的树脂，而复杂件的树脂含量比例最高可达60%。在冲压料中，已经包含了硬化所需的所有成分，这也是为什么许多冲压料只有有限的保质期，保质期的长短取决于材料的预交联度。树脂含量比例低可降低成本，缩短硬化时间，减少固化收缩，这些也可以通过使用进一步预交联的树脂组分来实现。

还可使用无机和有机的填料，如木纤维、岩石纤维、玻璃粉、纤维素纤维、纺织纤维、天然纤维、玻璃纤维。填料不仅可以降低价格更贵的树脂组分的比例，对于某些加工性能和使用性能的调节也是不可或缺的。尤其是，填料能降低收缩，提高刚度、强度和韧性。由于在冲压过程中，充型一方面通过塑料物的流动，另一方面更多通过塑料物的压缩来完成，因此与注塑件相比，冲压件中细长填料颗粒的取向不太明显，而是有更高的应力载荷能力。

为了避免在模塑件中出现气孔，通常在一定的固化时间后，冲压头短暂提起，以便释放和挥发冷凝产物。只有对于造型非常简单的构件才能省去这些措施。为了缩短固化时间，模塑料通常已经在模具外预热。

模塑料必须在模具中保压固化，直到冲压件变得足够坚硬，可以从模具中取出为止。当重新进行冲压时，易变形的件可以转移到相应的低成本固定装置中固定，以形状约束的方式冷却。

注塑工艺代表了一种工艺变体，其结合了注塑成型的某些特征和冲压成型的某些特征。在大批量生产小的热固性塑料模塑件（例如汽车中的烟灰缸）时，这种方法具有一定的优势。这里，模塑料已经在活塞驱动的注射压缸中进行了预塑化。在高压下，类似于注射成型，通过浇口注射到模具型腔中。

树脂传递模塑

树脂传递模塑（RTM）是一种生产反应性树脂模塑件的自动化工艺。与冲压工艺相比，在树脂传递模塑工艺中，预混合的反应性树脂在超压的作用下，喷射到已经填充好织物或无纺布的闭合模具中，在压力和热的作用下固化。采用树脂传递模塑（RTM）方法，可快速生产形状复杂构件，并且可以使用不同类型的纺织物结构，例如纺料织物、无纺料织物和编织料织物。该工艺还可以实现功能的高度集成，可以生产带有嵌入物、紧固件或增强件的构件。

作为注射树脂，使用具有非常低黏度的树脂。环氧化物和聚氨酯的黏度通常在 50 ~ 500mPas 的范围内。这样一来，流过模具期间的流动阻力保持较低，并且充型所需的压力较小。树脂传递模塑（RTM）工艺中所使用的反应性树脂是一种特殊的注射型树脂，由两种组分即树脂组分和固化剂组分组成。使用的树脂有例如甲醛树脂、饱和聚酯树脂等，尤其是环氧树脂和聚氨酯。基于阴离子可聚合己内酰胺体系的应用是一种特殊情形，由此生成的材料的基体是聚酰胺 6。

基于环氧树脂或聚氨酯为基础的低反应性树脂，在注入前就可以进行混合。如果使用高反应性树脂，树脂和固化剂可以直接在模具入口处的注入管中进行混合。这样一来，加工循环时间可低于 3min。这些技术进步增加了树脂传递模塑（RTM）工艺在制造汽车和商用车高承载性轻量化结构件的吸引力。例如，宝马电动车的碳纤维增强塑料驾乘舱就采用了树脂传递模塑（RTM）工艺进行生产。宝马汽车公司在这种工艺中，使用了多元件的低压混合机或高压混合机。注入树脂组分在注射前直接进行混合的工艺是反应注射成型（RIM）工艺。另一种变体是真空辅助树脂注入（VARI, Vacuum – Assisted – ResinInfusion）成型工艺。在该工艺中，在负压的作用下，对预成形的干纤维结构进行浸渍。

在加工循环开始时，借助低压机或高压机将反应性树脂的两种组分混合，并在压力（5 ~ 50bar）的作用下，注入封闭的模具中。这种类型的机器如 7.4.1.5 小节中图 7.116 所示。对模具进行加热。模具的温度取决于反应性树脂，通常在 80 ~ 150℃。在图 7.117 中，以热塑性反应性树脂为例对该工艺方法进行了展示。

树脂传递模塑（RTM）和反应注射成型（RIM）工艺有许多变体。通过模具短暂的打开，或者利用真空支持的充型以及对模具进行浸渍都可以称为新的变体方案。通过选择合适的工艺控制和适当的织物嵌入，可以获得光滑的可涂漆的表面。这使得树脂传递模塑（RTM）和反应注射成型（RIM）工艺适用于车身件的制造，包括大批量生产。

树脂传递模塑（RTM）和反应注射成型（RIM）工艺在温度控制上与热塑性注塑成型有本质区别。在热塑性加工中，将较冷模具中的热熔体冷却至凝固，然后，可以打开模具。

在反应注射成型中，把冷的液体树脂混合物注入加热的模具中。当组分的化学反应（加聚，聚合）完成时，打开模具。

为了减少收缩并改善充型，常用保压（树脂计量加入聚合树脂中）或者略微打开模具的方法，只有在树脂组分注入后，才完全闭合模具。为了避免气体夹砂，常采用施加真空来辅助注入工艺。

7.4.3.7 发泡工艺

泡沫是人工制造的材料，具有闭孔或开孔结构与低密度。几乎所有塑料都可以发泡。大量塑料产品被加工成泡沫材料。发泡塑料主要用于包装（聚苯乙烯），隔声隔热（聚苯乙烯，酚醛树脂），作为填充材料（聚氨酯，膨胀聚乙烯和聚丙烯），整体泡沫（聚氨酯）以及用于生产超轻模塑件（聚氨酯，聚苯乙烯）。在7.4.2.6小节（热塑性塑料）中，已经详细介绍过了发泡材料和发泡工艺。

发泡材料可分为闭孔泡沫和开孔泡沫。在闭孔泡沫中，各个泡孔之间的壁是完全闭合的。开孔泡沫主要由泡孔壁构成，可吸收液体和气体。整体泡沫是由一个芯和一个封闭的厚外壳构成。这些泡沫的密度由外向内递减。

泡沫材料在汽车中的特殊应用是空腔的发泡。虽然基本上任何塑料都可以发泡，但在汽车中的重点是膨胀聚丙烯颗粒泡沫（EPP）和聚氨酯（PUR）。

在汽车制造中，最重要的是聚氨酯（PUR）软泡沫和硬泡沫，其中包括粗网眼交联的开孔软泡沫和细网眼交联的硬泡沫、整体泡沫和空腔泡沫。这里涉及两种组分组成的反应性混合物，在混合后立即开始反应。泡沫可以通过加入水进行化学发泡，也可以用发泡剂如戊烷进行物理发泡。反应的热通常足以蒸发发泡剂。开孔泡沫通常用水进行发泡。用于隔热（冰箱）的闭孔硬泡沫通常用戊烷或环戊烷进行发泡。

对于聚氨酯树脂和环氧树脂，采用低黏度液态反应性起始材料。通常将添加剂（如发泡剂）添加到多元醇中，因此通常使用两种组分。通过选择原材料，可以对材料性能进行调节。这样，使用长链多元醇，可制成柔软至弹性的泡沫；或者对于短链高官能多元醇，可制成强交联的硬的泡沫材料。

在机动车辆中，低密度软泡沫多用作座椅坐垫和内饰。低密度软泡沫通过高压或低压加工机床不连续地制备成低密度模塑泡沫，或者也可以连续地在块状泡沫设备上制备。将软泡沫或半硬质泡沫切割成薄板，可用于车顶蒙皮的生产。低密度聚氨酯硬泡沫可用于空腔发泡。发泡用于加强、防腐或者隔声（图7.153）。

图 7.153　聚氨酯泡沫的应用

类似于聚氨酯泡沫，环氧树脂泡沫通过对起始组分与物理发泡剂混合，并在聚合反应期间发泡来进行生产。酚醛泡沫也是一样，在机动车辆中很少用到甚至不用酚醛树脂。一个开孔耐热的三聚氰胺甲醛泡沫实例为巴斯夫公司生产的 Basotect®。Basotect® 通过发泡剂物理结合到交联树脂中。Basotect® 是一种很难燃烧的材料，密度非常低（8～10g/L）。该材料用于生产飞机的阻燃座椅。鉴于其良好的耐热性，也用作燃油车发动机舱的降噪材料（图7.154）。

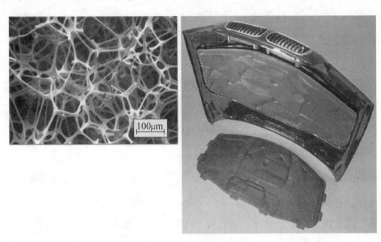

图 7.154　三聚氰胺甲醛泡沫（Basotect®）的结构和应用

7.4.3.8　预浸料的生产与加工

预浸料是纤维基体半成品，通过把增强纤维浸渍到塑料基体中（浸渍材料）制成。预浸料最初的形式是 1960 年波音公司开发的用于制造飞机结构件的单向增强热固性树脂，还有基于热固性和热塑性基体的纤维基体半成品（有机板）。作为增强纤维，主要使用玻璃纤维和碳纤维。纤维基体半成品可具有固态或膏状的稠度。固态预浸料主要以线料、带材或板材的形式使用。

传统的层压工艺很难实现自动化。相比之下，纤维基体半成品则可以采用自动化生产。热塑性的有机板可随意储存，并在高于热塑性基体熔化温度下，可实现可逆成形。与此不同，基于反应性树脂的预浸料必须在冷却的条件下进行保存和运输。

预浸料可分为两种：一种是在浸渍树脂后可立即进行加工的，另一种在织物浸渍后进行储存的。这种单向增强的预浸料的生产通过对平行排列的纤维束（束线）或其他相应的热固性树脂（拉伸）的纺织结构的浸渍来进行。这需要将半成品在使用前进行切割。为了对纤维进行浸渍，可以将树脂在溶剂中进行溶解来降低黏度。然后，将纤维束、织物或无纺布浸渍在浸渍池中。如果使用过溶剂，必须在使用前将其除去。在最新的工艺中，基体树脂作为高黏度熔体，在较高温度下施加在承载膜上。然后，可以通过加热的辊子对织物结构进行浸渍，加热辊将树脂熔液从薄膜压入织物中。

如果预浸料在浸渍后不立即使用，可用薄膜覆盖并冷却保藏数月。在加工前对预浸料进行加热，切割成适当的尺寸，再热冲压成构件。在这个过程中，基体固化。与未浸渍纤维的加工相比，半成品的较高成本通过可自动化加工和低制造成本的大批量生产成本得以平衡。

常使用的预浸料宽为 30~60cm。连续浸渍工艺可实现均匀的浸渍和可重复的面积重量。纤维的体积比例通常设定为 60%。预浸料的厚度为 0.1~0.4mm。较窄的预浸料也可称为胶带。

热固性预浸料和胶带的流动性极其有限，实际中不会发生纤维移动。因此，这些材料仅适用于几何形状简单的扁平构件的生产。但是，在纤维复合材料里，它们具有最高的强度值和刚度值。采用缠绕工艺或拉挤工艺生产的构件，具有相对较好的力学性能。

SMC 工艺和 BMC 工艺

纤维基体半成品或预浸料半成品是由单向连续纤维构成的。在热冲压工艺中，加工的具有未定向纤维增强的半成品也称为 SMC（片状模塑料）和 BMC（团状模塑料）。2009 年在欧洲，由片状模塑料（SMC）以及团状模塑料（BMC）加工的玻璃纤维增强塑料占 27%（216 000t），由玻璃纤维毯增强热塑性塑料（GMT）和长纤维增强热塑性颗粒（LFT）约占 9%（75 000t）（来源：维基百科）。

除了树脂基体和纤维，纤维增强的片状模塑料（SMC）和团状模塑料（BMC）纤维基体半成品，还含有可以抵消收缩的填料。基于反应性树脂的模塑件产生收缩的原因有几个，可分为聚合收缩、结晶收缩（在热塑性塑料的情况下）和热收缩。未增强树脂及热塑性塑料的收缩率约为 10%（体积分数）。随着填料比例的提高，收缩也会降低百分之几的体积分数。片状模塑料（SMC）和团状模塑料（BMC）半成品需采用热冲压工艺，并在高温下固化。

片状模塑料（SMC）中的纤维长度通常在 25~50mm 之间。所使用的纤维越长越密，半成品在冲压工艺中越难成形。

片状模塑料（SMC）可为汽车工业生产可喷漆的装饰件。在冲压过程中，已经可以把紧固件插入模具中。这使得片状模塑料（SMC）特别具有经济性。片状模塑料（SMC）由所有常见的热固性基体系统制成。

团状模塑料（BMC）以不定形的面团状物质存在。与片状模塑料（SMC）一样，采用热冲压工艺对团状模塑料（BMC）进行加工。在某种程度上，团状模塑料（BMC）也用于注塑技术中。团状模塑料（BMC）由所有常见的热固性基体系统生产而成。团状模塑料（BMC）中的纤维很短，在冲压时，可与反应性树脂一同流过模具。因此，在冲压开始时，模具不需要完全被团状模塑料（BMC）覆盖，只需将适量的团状模塑料（BMC）放置在模具中间位置就足够了。短纤维使团状模塑料（BMC）的强度要低于片状模塑料（SMC）的强度。

7.4.4 弹性体

与热固性塑料类似，弹性体在硬化过程中，在大分子间形成化学连接，但是只在少数位置上会出现这种交联。在这之间，大分子只是松散地缠绕在彼此之上，并且彼此相邻。通过拉力，卷曲团被拉伸，但交联可防止出现不可逆的滑动。在移除外力后，它们返回到初始位置。这种性能被称为橡胶弹性。

橡胶弹性体的交联可称为硫化，对此，前文有过介绍。可使用硫、过氧化物或胺作为交联（硫化）剂（图7.155）。

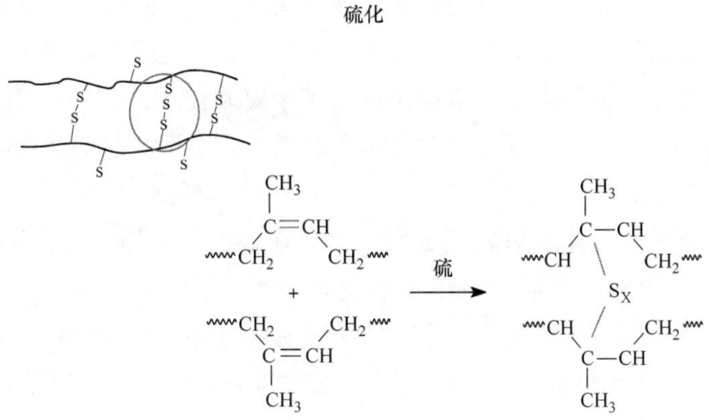

图 7.155 硫化

与热固性塑料一样，弹性体在硫化过程中生成主要的键。这些交联点不能通过溶剂或加热溶解。

与细网眼交联的热固性塑料相比，松散交联的弹性体的（成型）性能明显依赖于温度的变化（见图7.107）。因此，根据温度的不同，可以区分硬弹性状态（$T<Tg$）、软化范围（$T=Tg$）和橡胶弹性（高弹性）状态（$T>Tg$），其中也使用弹性体。

在脆性玻璃状态下，不能使用弹性体。使用弹性体是因为弹性体在橡胶弹性状态下具有显著的可逆变形性。在这种情况下，交联阻止了分子链的滑动。因此，典型弹性体的玻化温度 Tg 非常低（$<<0℃$，丁基橡胶 $-73℃$）。存在橡胶弹性行为的弹性体的使用范围可延伸至分解温度，橡胶约为250℃。在这个范围内，力学性能的变化很小。

除了天然橡胶之外，现在已经开发出了很多的合成橡胶。虽然这些材料的性能特征都无法与天然橡胶相媲美，但是这些合成橡胶各自具有不同的特殊性能，尤其适合某些特定的应用范围。在机动车辆中，天然橡胶和合成橡胶用于轮胎和冷却液管的生产。氯化橡胶用于染料领域以及车轮轴承和发动机轴承中，硅橡胶能作为灌封物使用。

弹性体的物理和化学属性不仅仅取决于化学成分（极性，大分子空间交联分子中双键的残余含量），而且还取决于添加剂，例如增强剂与"活性填料"（炭黑，气相二氧化硅），增塑剂如脂肪酸，油和作为加工助剂的石蜡。因此，每种类型都有一个范围，特别是对于强度性能和硬度。

除了通过主价交联的弹性体之外，还有热塑性弹性体（TPE）。这些弹性体主要通过次价键物理可逆地交联。这些弹性体的交联在升高的温度下溶解，从而形成无定形或半结晶的热塑性塑料，在更高的温度下变成热塑性状态。由此显示了弹性体的使用行为和热塑性塑料的加工行为。热塑性弹性体（TPE）是可熔化的、可膨胀的、可溶解和可焊接的。其延展性低于永久弹性体的延展性，在取消外力的情况下，也不能完全恢复到初始状态（见热塑性塑料章节)。

7.4.5 热塑基塑料、热固性塑料与弹性体的回收工艺

塑料尤其是短寿命的包装塑料已经成为垃圾填埋场的一个问题。在电器、汽车或建筑中使用的塑料，都具有较长的使用寿命，并且不会大量积聚。这些垃圾的处置受相关法规的控制，例如电子废弃物条例或报废车辆法规。在汽车中安装使用的塑料使用寿命大多在12年以上，并且主要使用粉碎轻质馏分方法对汽车中的塑料进行回收。2008年回收了约500 000t这种高热量馏分，其中大部分是热回收的。

塑料由石油和天然气等化石原料制成。例如，在德国，大约7%的石油用于生产塑料。塑料在使用过后变为废料时，需对废旧塑料进行有意义的回收。对于热塑性塑料，通过"再熔炼"生成新产品进行再次利用（材料回收利用）。热固性塑料可分解为化学原料（原材料的回收），或者通过燃烧进行能量回收（热回收利用）再利用。对于基于热固性塑料的复合材料，可研磨成小颗粒，作为填料再利用（图7.156）。

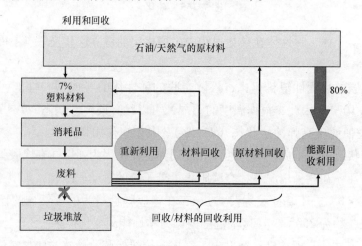

图7.156 回收循环

（1）材料回收

在材料回收中，塑料废料作为一个整体进一步加工。热塑性塑料组的材料回收方式最简单，可以在一定的温度范围内进行热成形。这一过程是可逆的，也就是说，热塑性塑料可以通过冷却和再加热到熔融状态来重复。可对从粉碎轻质馏分机中得到的热塑性塑料或之前拆卸下来的车身件（如保险杠）进行材料回收，并且可区分为热固性塑料的可逆加工类型和弹性体的可逆加工类型。但是，回收利用受到众多添加剂（例如纤维增强材料）的限制。在多次热成形的情况下，由于热载荷或剪切引起的大分子的降解，经常会对聚合物的力学性能造成损害。

（2）原材料的回收

在原材料回收中，塑料聚合物在使用后，通过各种工艺来分解成原材料，再用于制成新的聚合物或碳氢化合物。化学工艺可对交联的以及受污染的聚合物进行热分解，然后分离所

产生的低分子原材料。原材料回收特别适合用于受污染的、交联的或未分选的塑料部分。原材料的回收工艺也是在高炉中进行的还原过程。在该工艺中，使用的塑料在生铁生产中用作还原剂。

（3）塑料的热回收

高热值塑料不适合进行材料或者原材料的回收，或者是由于回收的成本过高，因此，会对这种材料进行热回收。每千克标准塑料所包含的能量大致相当于每千克燃料油的能量，这使得塑料废物成为化石燃料有利可图的替代品。

表7.19 热值

不同的燃料热值	
聚苯乙烯	46MJ/kg
聚乙烯	46MJ/kg
聚丙烯	44MJ/kg
热油	44MJ/kg
油脂	38MJ/kg
天然气	34MJ/kg
煤炭	29MJ/kg
褐煤压块	20MJ/kg
皮革	19MJ/kg
聚氯乙烯	18MJ/kg
纸	17MJ/kg
木头	16MJ/kg
生活垃圾	8MJ/kg

目前在工业规模上可以进行塑料回收的过程是在发电厂、水泥回转炉或生活垃圾焚烧设备厂中焚烧。在一定的前提条件下，不会超过排放限制。目前，垃圾发电厂每年燃烧约20万t塑料（表7.19）。

除了塑料的材料回收、原材料回收和热回收工艺之外，还可以对塑料进行生物降解，分解成腐殖质或沼气的工艺方法。然而，由于对使用寿命、耐水解性和耐热性的要求太高，生物降解的塑料通常不用于汽车中。

（4）轮胎回收

仅在德国，每年就会产生65万t的废旧轮胎。按照其构造，轮胎是复合材料，主要组成成分是硫化橡胶，这是一种交联弹性体。从2003年起，根据欧盟的规定，在德国范围内禁止填埋废旧的充气轮胎。通常，可以对旧轮胎进行热利用，但是只能以粉碎的形式。例如，作为水泥工业用的燃料。轮胎中含有的钢作为铁矿石的替代品。也可以对轮胎进行材料回收。从细磨的轮胎颗粒中，可以去除钢插入件以及纺织纤维。以这种方式生产的橡胶颗粒，可以与聚氨酯弹性体混合作为黏结剂使用，用于生产屋顶、道路、游乐场或运动场地覆盖层，以及作为轨道制造中的型材使用。

7.5 混合轻量化结构连接技术

7.5.1 引言

连接是许多产品制造中必不可少的工艺步骤。只有通过连接过程，单个构件、子组件和零部件才会成为功能性系统和可用的成品。根据DIN8593的定义，连接技术涵盖的内容广泛，从简单的手工装配到最现代化的高度自动化的连接工艺，如焊接或粘接。

并非所有在DIN8593中列出的工艺（见图7.157）对汽车制造都很重要，选择合适的连接工艺需要考虑到各个方面的要求。除了纯粹地从技术上满足连接需求，例如实现所要求的结构连接强度之外，在当今汽车批量生产中，首先还需考虑以下因素，如成本效率、高可用性、高灵活性、工艺稳定性和生产率[146]。

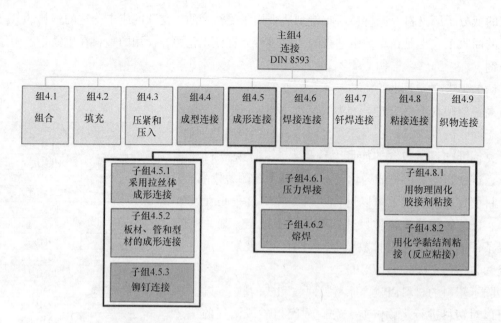

图 7.157 根据 DIN8593 的连接工艺的分类以及对于汽车制造重要的子组选择

自汽车发明以来，汽车车身中使用的连接技术始终随着材料和构造的发展而不断发展。

在汽车工业的早期，主要使用木头和金属材料的混合构造，并且使用螺钉连接和实心铆接的连接工艺。后来则出现了纯金属构造，特别是从 20 世纪 50 年代起使用了纯钢构造，促进了高效热焊接工艺以及其进一步发展的关注。直至今日，尤其是对于大批量生产中采用的纯钢壳构造而言，多使用高效热连接工艺，例如电阻点焊或激光焊（图 7.158）。

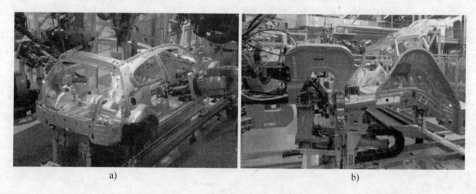

图 7.158 汽车批量生产中高效连接技术

a）在宝马莱比锡工厂中使用的电阻点焊，来源：宝马新闻档案，2009[148]

b）保时捷帕纳梅拉的后部结构中所使用的半空心冲铆（HSN），来源：博尔豪夫新闻档案，2010[149]

对于资源利用率的需求以及由此导致的降低汽车能源消耗的需求，需要采取新的、一致性的轻量化战略。采用混合构造，可以合理的价格实现最高水平的轻量化潜力。根据材料特定的优点，将材料按要求置于轻量化结构中（参见文献 [147]）。随着在车辆结构中新材料组合使用的增加，之前建立的热连接工艺越来越接近其工艺极限。如今所使用的材料种类以及其材料组合的多样化也决定了车身制造中连接工艺的多样性。适用于构造和材料的连接技术是实现未来轻量化汽车结构的必要先决条件,因此也是未来节能移动性的必要前提。

在下文中介绍了新构造和材料组合对连接技术的挑战。在此基础上,介绍了用于车身混合构造的不同连接技术的最新发展。除性能外,还介绍了这些连接技术的针对制造的特点。虽然在最终装配中也存在新的创新技术,但这里不给予介绍。

7.5.2 新轻量化构造对连接技术的挑战

近年来,随着材料的开发以及成形技术和注塑技术的发展,催生出了各种具有轻量化潜力的新型材料以及与材料相匹配的成型工艺。因此,尽管对碰撞安全性和舒适性的要求越来越高,但是,仍然有可能减缓汽车重量的增长,或者甚至是将汽车重量增长趋势加以逆转[150]。这里特别值得注意的是模压淬火钢板的热成形技术、改进的高锰钢(见文献[147,151])、各种高强度铝材料和铝型材技术,以及利用高强度材料来生产型材类结构的工艺(如文献[152])。除了金属材料之外,由于制造技术和成形技术的进步,纤维增强塑料也得到了越来越多的关注。因此,在汽车结构中的材料和技术组合方式正在稳步增加。

这种多材料构造对连接技术提出了新的挑战(图7.159,见彩插),尤其是汽车结构件的连接。对于混合结构以及与批量生产相容的连接工艺的要求是:不同材料的工艺可靠连接,特别是熔融温度、热膨胀系数和导热性有着显著差异的材料之间的连接,这一要求是基本的也是显而易见的。因此,举例来说,如果采用传统的熔焊工艺对薄钢板和薄铝板进行焊接,通常比较困难。此外,在设计中必须考虑材料热膨胀系数的差异(例如在烤漆工艺中),以避免出现变形或由加工造成的损坏($\Delta\alpha$问题)。

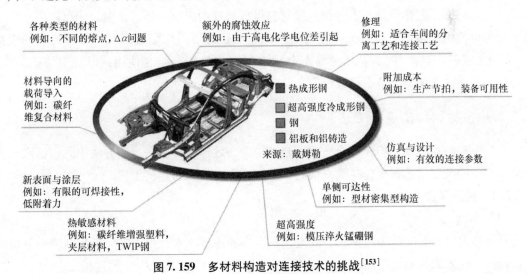

图7.159 多材料构造对连接技术的挑战[153]

不同材料的高电化学电位差也对连接技术提出了相应的新要求,参见文献[154]。为了避免或减少腐蚀效应,需要通过涂层或不同材料接触面平面的电绝缘来实现最佳的腐蚀保护。

使用更昂贵的轻量化材料与相对应的加工技术,成本压力会继续增加。新的连接工艺必与诸如电阻点焊技术等成熟工艺竞争,尤其是在成本、生产节拍和设备可用性等方面。此外,辅助连接件或连接材料通常也会产生额外的费用。

成形密集的连接工艺如压铆或半空心冲铆,通常需要足够的延展性和/或尽可能低的成形力或冲孔力。随着在车身中所使用的高强度钢和铝合金强度的增加,也对连接工艺提出了进一步的挑战(参见文献[155,156])。

出于对一致性轻量化的需求,型材密集型构造(如奥迪空间框架 ASF® 构造)或者采用内高压工艺成形或者辊轧成形的高强度钢型材越来越成为有吸引力的轻量化解决方案,例如用于带有电动动力总成的电池组碰撞保护装置。在没有法兰的情况下,连接工艺只能允许从型材结构的一侧可达。即使是已经在很多铝车身中使用的铝压铸件通常也只允许单侧可达,这就限制了连接工艺的使用。

轻量化的另一个要求是对于所使用材料的最佳利用。例如,纤维增强塑料由于可以根据载荷确定纤维取向,因此具有非常高的轻量化潜质。不过,其前提条件是可以将载荷传递到连接位置,同时不会破坏承载纤维的走向。举例来说,平面力的导入,需通过符合材料特征的连接技术来实现[157]。

由于目前的法规限制了新车的二氧化碳排放,以及由于资源短缺而导致能源价格(例如燃料和电力)的进一步上涨,会导致使用超高强度、新型涂层与表面材料的轻量化措施进一步增加[147]。这将增加上述挑战并推动创新的连接技术的发展,以挖掘出更多的轻量化潜力,从而为明天的节能与大众移动性出行做出重要贡献。

混合连接工艺,例如粘接与选择性连接工艺的组合,能够满足众多的要求。通过使用粘接技术,可以实现平面力的传递与结构的加强,也可以实现连接件之间的绝缘效果和阻尼效果。此外,粘接工艺热量低,不受待连接材料可成形性的影响。还有,对只能单侧可达性的连接也可以使用粘接工艺。为了在黏接剂固化之前获得可操作强度以及可传递特殊的载荷(碰撞应力载荷,剥离等),粘接通常与其他选择性连接工艺结合使用,以产生协同效应,这部分内容在 7.5.3.2 小节中详细讨论。

7.5.3 多材料结构连接工艺

在接下来的章节中,将介绍合适的混合结构的高效连接方法。这些方法中既包括汽车大批量生产中的既定工艺,也包括具有很高批量生产潜力的创新连接工艺。

7.5.3.1 粘接连接方法

(1) 引言

粘接技术已经发展成为一种具有巨大创新潜力的连接技术,用于完成汽车制造中复杂的连接任务。在未来,随着不断增长的需求与新材料方案的推动,传统的连接工艺(如:焊接、螺钉连接或铆接)已经越来越接近其极限,这些传统方法将越来越多地与粘接技术结合使用,或者甚至被粘接技术完全替代[158]。

与汽车制造中其他的连接工艺相比,由于粘接工艺具有众多明显的优势,促使工程师将黏接剂视为用于开发创新与可持续汽车的重要的设计元素。由于粘接受材料表面的影响很小，因此几乎可以对任意不同组合的材料进行连接。基于粘接连接所固有的平面力传递，即使在多轴应力状态下也能实现更均匀的应力分布。因此，即便是在例如振动载荷的作用下，粘接连接件也具有较长的使用寿命，从而更好地利用缺口敏感的高性能材料。粘接层的电绝缘效果可以防止与接触相关的腐蚀过程，同时，黏接剂对连接处的密封可以防止电解质的渗透。即使是热固化的黏接剂，由于进入连接区域的热量输入相对较低，因此也可用来对热敏感材料或薄壁结构进行连接[159]。此外，粘接还可以对汽车结构件与制造相关的公差加以平衡。

在汽车制造中接受和推广粘接技术的前提是其可计算性地使用，可计算性应当通过可重复生产和长期稳定的连接来保证。粘接连接在构件的使用过程中通常经历极其复杂的应力状态，主要由纯机械载荷、热应力载荷和湿应力载荷组成，此外，还与设计公差和制造公差以及缺陷的影响相互叠加。这种组合对粘接连接的安全设计和制造提出了巨大的挑战。

（2）粘接技术的基础知识

根据 DIN 8593 的定义，粘接可理解为将相同的或不同的材料利用黏接剂进行连接。黏接剂可定义为利用表面粘合力和内部强度（附着力和内聚力）把连接件粘接在一起的非金属物质。

随着时间的推移，已经配制出了各种不同的聚合物基黏接剂，采用不同的固化机制。这些固化机制针对粘接技术应用进行了调整和优化，从而得到了范围非常广泛的黏接剂，从具有低断裂伸长率的高强度和高刚度的结构黏接剂（用于车身制造），到具有低强度和低刚度的高韧性黏接剂（用于内衬粘接或安装粘接）。

黏接剂可以按照化学基础（无机或有机）或凝固机制进行分类。按照凝固机制分类的话，黏接剂可以划分成化学反应性黏接剂、物理固化性黏接剂和反应性热熔黏接剂。

对于化学反应性黏接剂，反应通常发生在两种反应配对体之间，优先选择相同的或不同类型的反应性单体或预聚物分子，形成聚合物粘接层。

与化学反应性黏接剂相反，物理固化性黏接剂在粘接层中不会发生化学交联反应以形成粘合力和内部强度，因为初始状态的聚合物化合物已经生成了粘合力和强度。为了加工这种黏接剂，可通过溶剂体系或在高温下进行润湿。

反应性热熔黏接剂是化学反应性黏接剂和物理固化性黏接剂的组合。反应性热熔黏接剂作为预交联的预聚物以基态存在。在激活（例如：通过升高温度）后，黏接剂既处于可湿润状态，又被激发成发生完全不可逆交联的化学反应。用于轻量化结构的黏接剂主要基于化学反应体系，因为这类黏接剂在应用相关的力学性能方面通常优于物理固化性黏接剂。

各种黏接剂的聚合物结构形态基本上决定了粘接连接的力学性能。可以导致黏接剂聚合物结构的形成机理称为聚合反应。基本上，区分了三种聚合物形成反应，但这些反应应当被理解为通用术语，化学家则对分子结构进行了细化：

- 加聚：通常两种不同反应物的官能团的反应，没有裂变产物（例如聚氨酯或环氧树脂黏结剂）。
- 缩聚：通常两种不同反应物的官能团形成低分子裂变产物，例如乙酸（例如有机硅，聚酰胺或酚醛树脂)。

- 聚合：通过建立分子的碳-碳双键并串联在一起形成聚合物的反应（例如氰基丙烯酸酯、甲基丙烯酸甲酯或厌氧黏接剂）。

为了获得所需的结构强度，在车身中主要使用众多改进过的结构聚氨酯和环氧树脂。根据力学性能（例如：在碰撞情形下，冲击应力载荷的应变）与应用性能（例如：用于实现排水或抗冲洗的热熔胶），在实际的应用中，对这些黏接剂进行最佳匹配。

在化学反应性黏结剂的表示法中，黏接剂可分为单组分或双组分体系。在双组分体系中，为了控制组分间的化学反应，（例如）将树脂和固化剂按照一定的化学计量比进行混合。如果与理想的化学计量比例有偏差，或者在对组分进行混合时出现干扰，会导致粘接强度的下降，这就是为什么与单组分相比，双组分体系的定量技术、混合技术与应用技术通常更复杂。

为了在单组分体系中开始交联反应，必须以一定的边界条件为准。因此，单组分体系仅在与另一组分接触后才发生反应，所述另一组分从环境中去除（例如来自湿气中的水分）。其他单组分黏接剂（即所谓的热固化系统）仅通过加热激活并刺激交联反应。因为在阴极电泳涂装-烤漆过程中可以进行固化，并且，正如前面已经提到的，与双组分体系相比，可以实现更简单的定量给料和应用过程，因此，在车身制造中多使用这种黏接剂体系。

在其他黏接剂体系中，用特定波长的光照射形成聚合物。举例来说，在该黏接剂族中，可对光引发的固化丙烯酸酯进行分类。在这种情况下，导致聚合的固化通过辐射诱导的光引发剂转化为自由基，随后，与单体或预聚物产生化学相互作用。这种"可控"的固化过程为许多行业的用户提供了快速且可控的固化过程[160]。

在粘接连接中，力的传递主要通过附着力和内聚力的相互作用产生的。附着力描述了黏接剂和被连接件之间作用的力。有两种基本附着机理。特定附着力基于分子物理（偶极相互作用）或热力学定律（润湿力）或黏接剂与基材之间的扩散过程。而对于机械附着而言，则通过将黏接剂机械地夹紧在待连接表面的微孔小孔和凹陷中，来实现力的传递。在实践中，这两种机理都会出现，特定附着的比例占据主导地位，特别是在对金属用黏接剂连接的情况下。

另一方面，内聚力描述了在各个黏接剂分子之间的粘接层内起作用的力。在这种情况下，可以提及化学相互作用，例如共价键或离子键以及分子物理键。内聚粘合的特征值（如：抗拉强度或剪切强度）可以在许多标准化测试和技术测试中确定。由于两种力（即附着力和内聚力）决定了粘接连接的承载行为，并且附着力通常不能精确确定，因此，黏接剂上的附着力应大于粘接技术中计算使用的内聚力。在粘接连接的设计中，这可以确保达到所设定的特征值，并且充分利用黏接剂的潜力。

即使是在长期使用中，在轻量化构件的表面上形成永久附着，对于粘接连接的长期稳定性也是一个必要的条件，这通常也是巨大的挑战。在轻量化结构中越来越多使用到喷漆件或纤维增强塑料。与传统的金属表面相比，喷漆件或纤维增强塑料的表面能量低，通常在粘接前需要进行表面活化。对于纤维增强塑料，来自表面上在构件制造过程中的脱模剂残留物，更增加了在粘接中附着形成的难度。因此，在涂层或无涂层的结构材料中生产活性的易连接表面是至关重要的。

对阴极电泳涂装涂层连接件进行粘接时需注意，构件上涂层的粘合强度通常也是强度限制参数。通过使用低模量的黏接剂，可以使应力分布均匀化（应力峰值降低）。因此，与高模量黏接剂相比，低模量黏接剂可以实现更高的粘接强度。

为了获得足够的附着性能，已经开发出了许多表面制备方法和预处理方法，特别是在最近的一段时间内。在汽车工业中，对涂油的金属板进行粘接会使用到耐污染黏接剂。虽然在热固化过程中，可以通过扩散吸收有限量的油，并将其存储在聚合物结构中，但是黏接剂仍需使用老化稳定的底漆，例如钢连接件中的锌层，以可靠地防止粘接层边缘的渗透腐蚀。这会剥夺粘接连接的粘合基础，从而剥夺力传递基础。通常需要以清洁和脱脂的形式仔细制备表面，以去除颗粒、油、油脂、冷却剂、防腐剂和脱模剂等。此外，还可以采用机械、化学、物理或电子工艺等进一步预处理措施来设定具有高表面能的确定表面，这反过来会形成附着的基础以及具有可计算性质的可重复生产和长期稳定的粘接连接[161]。

（3）现代车身制造中的粘接

与焊接技术相比，粘接是一种非常新的技术，但在过去20年的汽车制造中得到了迅猛发展，已经成为现代车身不可或缺的一部分。除了混合构造的增加，驱动粘接技术发展的主要因素还有车身结构碰撞性能的改善，被动安全性的提升以及用于优化驾驶特性的静态和动态刚度的增加[162]。通过粘接层的阻尼效果在改善噪声传递（NVH）的同时，也提高了行驶舒适性。

粘接技术在现代汽车工业中应用范围广泛。与轻量化相关的黏接剂用于白车身的结构粘接中，包括滚边粘接、底衬粘接与承载结构件的粘接，以及在安装过程中对诸如嵌入件和支架构件进行粘接（图7.160）。

图7.160 碳纤维增强塑料件粘接在车身制造中的应用实例
a）宝马i3后部车身中的粘接螺钉[163]
b）丁戈尔芬工厂宝马7系（组件G11/G12）碳纤维增强塑料中通道增强的自动粘接[164]

根据力学性能的特性，结构粘接可分为碰撞稳定黏接剂、半碰撞稳定黏接剂以及标准结构黏接剂。对于这些黏接剂，尤其是参数弹性模量、拉伸剪切强度、断裂伸长率与不同温度下的碰撞稳定性起着重要的作用（图7.161，见彩插）。特别是在碰撞稳定性方面，需要高强度和高断裂伸长率的最佳值。通过使用碰撞稳定黏接剂，可以使冲击载荷下的粘接强度高于所使用材料的屈服强度，从而可以通过塑性变形吸收导入的碰撞能量。如果粘接连接折叠凸起期间承受峰值应力载荷，则将对提高整个结构的碰撞性能或被动安全性做出重大贡献（图7.162）[161]。

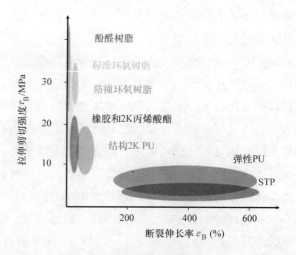

图7.161 按照拉伸剪切强度和断裂伸长率划分现代黏结剂

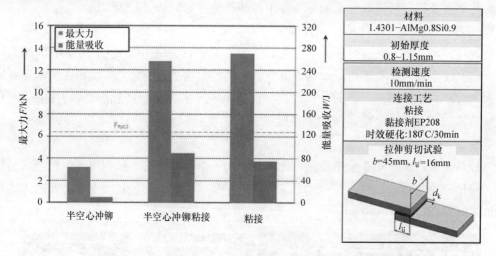

图7.162 在材料极限情况下，对粘接强度和机械连接强度的比较

由于具有众多的性能优点，单组分白车身黏接剂的95%采用了环氧基粘接体系。白车身黏接剂在油漆烘干工艺中，在约180℃以上固化。

在该过程链中，粘接技术面临的一个特殊挑战是混合结构与不同性能材料的连接。在基于混合构造的轻量化中，纤维增强塑料的集成是一个备受争议的主题，也是进行研发的动力。鉴于其与设计和方向相关的特点，纤维增强材料可以完美地适应车身载荷曲线，同时具有最少的材料消耗和最轻的重量。但也正因如此，必须对加工过程和连接技术加以调整。由于机械工艺和热工艺经常达到其技术极限，或者只能在不成比例的高成本和妥协下使用，因此，粘接技术被认为是实现纤维塑料复合材料混合构造的关键技术。但是，对于粘接技术，这种连接方式的要求非常高。作为扁平、近表面的连接工艺，对粘接技术来说，最大的挑战是充分利用纤维-塑料复合材料的协调性和优化结构实现载荷力的引导。连接件表面和黏接剂之间的刚度和强度差与高动态载荷相结合，可以快速导致纤维塑料复合材料的分层。通过可计算的粘接连接以及对高性能材料的最佳利用，可以避免分层。

另一个同样重要的挑战是纤维塑料复合材料的热膨胀系数，与（往往是）金属连接配对件的热膨胀系数有着明显的区别。这种由热引发的连接构件的相对位移，在（例如）阴极电泳涂装工艺熔炉阶段以及后来的使用中，会在粘接层中产生应力。在极端情况下，在阴极电泳涂装炉工艺的实际生产过程中，会导致粘接层损坏或者甚至是失效。黏接剂系统必须在其配方中进行改性，以满足强度和碰撞的要求以及保证移位公差等要求。如果在技术上无法满足这种折中，那么白车身的连接过程将越来越多地推迟到阴极电泳涂装熔炉阶段后才能进行。在（所谓的）冷白车身制造中，主要使用双组分结构黏接剂系统[165,166]。

除了环氧树脂黏接剂之外，特别是根据阴极电泳涂装工艺，还使用聚氨酯。此外，在底衬粘接中使用橡胶基黏接剂，可起到增强作用。由于轻量化的原因，材料的壁厚减小了。与结构粘接相比，装配粘接连接有助于现代车身支撑结构的有效安装。总的来说（见图7.161），装配黏接剂比结构黏接剂具有更高的灵活性和更低的强度。因此，装配黏接剂在特定应用中具有更好的间隙填充能力[168]。装配粘接的一个重要例子是直接安装玻璃。在这个例子中，使用黏接剂将玻璃粘合到喷涂好的车身中。粘接层厚度通常平均约为5mm，以便补偿由于车身变形或不同的热膨胀材料造成的载荷，或者轻柔地将载荷导入到缺口敏感的玻璃片中。直接安装玻璃可以将车身的连接刚度提高最多达到50%。

粘接技术在装配领域的创新应用是使用粘接功能元件，如螺纹功能螺钉（图7.160a）。如果由于材料方案或者连接头要求无法采用焊接工艺，则粘接工艺可作为传统焊接螺钉替代方案。在这种情况下，具有足够粘接面的螺钉被施加到结构表面，而不会对载体的材料造成影响。对于具有可接受的生产过程时间的快速生产工艺，粘接螺钉与光引发固化丙烯酸酯技术相关联。通过透明的螺钉脚，固化所需的光可以到达粘接层。通过这种方式，可以在几秒钟的生产节拍内设置螺钉[160]。

对应于粘接技术所有可验证的优点，迄今为止缺少对附着过程的在线监控能力，这是该技术的一个缺点，因此需要对制造过程，尤其是会对粘接造成影响的特定因素进行整体质量监控，以便实现在汽车制造中特别是与安全相关的粘接连接。目前的研究方法旨在更好地理解老化过程，尤其是在边界层区域的老化过程，以及粘接的安全数值计算和模拟的方法开发。

7.5.3.2 机械连接工艺和混合连接

在汽车工业的早期，主要使用机械连接工艺，如实心铆接或螺钉连接，但是，出于对钢材料的关注而驱动的热连接工艺的发展取代了机械连接工艺在量产车身制造中的应用。随着轻量化需求的增加以及由此带来的不同轻量化材料的使用，机械成形连接技术再次变得重要。同时，由于众多创新与进一步开发，如今在各种汽车车身中，都可以看到机械成形连接工艺的应用。在汽车车身制造中最相关的工艺是铆接工艺，例如盲铆、半空心冲铆和实心冲铆；无铆钉连接工艺，如压铆、流动钻孔成形及攻螺纹成形连接。

所有这些工艺的共同之处在于，连接基本上通过形状匹配和力匹配产生，并且与热工艺相反，不会发生连接部分材料或连接添加剂材料的熔化。此外，由于热输入低，这些工艺特别适合与粘接技术相结合。下文会对上述工艺给予简要介绍。最后，举例说明在混合连接中所面临的挑战。

(1) 盲铆接

盲铆接是一种在1916年首次获得专利的工艺，当前还大量应用在航空工业和通用机械制造业中。图7.163展示了盲铆接的基本原理。

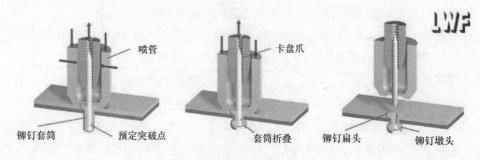

图7.163　盲铆接工艺示意图

辅助连接件，即由套筒和铆钉芯轴组成的盲铆钉，单侧插入孔中，该孔穿过所有待连接的连接件。通过盲铆芯轴的轴向拉伸，同时，对面向套筒端面的盲铆钉扁头施加压力，套筒塑性变形，从而沿轴向夹紧连接件。由于铆钉芯轴头、变形的铆钉套筒和待连接件间的形状匹配，铆钉芯轴在预定的断裂点处收缩，例如由几何缺口或者通过热处理产生收缩，并最终裂开。

这样一来，连接件在孔轴线的方向上被夹紧，而盲铆钉套筒通常形状匹配地抵靠在孔壁上。根据设计构造，这一生成的形状匹配或力匹配可以吸收相对高的静态载荷和动态载荷，尤其是在连接中保留下来的铆钉芯轴在剪切面上方终止，并且因此铆钉套筒在载荷状态下是稳定的。此外，通过相应的钻孔准备和严格的工艺公差，可以实现优异的可计算性。

各种盲铆接工艺方案和盲铆钉形状（图7.164）可以连接各种金属板厚和材料，以及满足特定的要求，例如连接位置的密封性。盲铆接可以用于诸如座椅结构、型材和气囊组件中。此外，作为功能元件，即盲铆螺母和盲铆螺栓也用在汽车的选定位置中。高强度的盲铆接也可用于连接高强度的钢材。

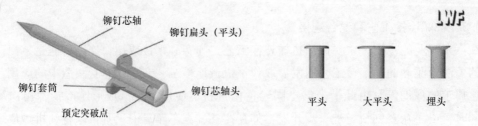

图7.164　盲铆接的名称以及不同铆钉套筒形状的示例

从制造技术的观点来看，在连接件上所需要的预制孔彼此精准，同心定位，而且使用盲铆接工具找到孔，在大批量生产中需要付出巨大的努力。对于纤维增强塑料的连接，采用传统无预制孔冲铆连接工艺容易导致分层,如果接受预制孔制造产生的相应的成本,则盲铆接是目前为数不多的可靠工艺之一(参见图 7.165,见彩插)。

图 7.165　在丁戈尔芬工厂宝马 7 系(G11 型号)生产中,碳纤维增强塑料中通道加固区域的机器人引导盲铆[169]

(2) 自冲铆接

与盲铆接不同,自冲铆接工艺不需要进行预制孔,但是需要连接位置两面可达性。自冲铆接与盲铆接方法的另一个不同之处在于,至少有一个待连接件在过程中发生变形(图 7.166)。

图 7.166　普通自冲铆钉类型的比较
a) 采用半空心自冲铆钉的自冲铆接系统　b) 采用实心自冲铆钉的自冲铆接系统

自冲铆接可分为两种类型。一种是半空心自冲铆接,从冲头侧冲压半空心铆钉到连接件上,在冲压过程中连接件进行塑性变形。另一种是实心自冲铆接,在加工过程中不会发生塑性变形,而是用铆钉挤压出一部分的连接板(图 7.166b)。在下文中,将简要介绍这两种工艺方案。

1) 半空心自冲铆接(HSN)

半空心自冲铆接的工艺流程如图 7.167 所示。在连续的连接过程开始时,待连接的件位于压紧装置和冲头组成的铆钉扁头和凹模之间,并且首先由压紧装置固定。由力控制或者在很少的情况下路径控制的冲头进给,半空心自冲铆钉移动到铆钉扁头侧连接件上。随着压力升高,将两个连接件压入凹模中。当达到穿透冲压力时,铆钉开始切断上层板层。在穿透冲压过程之后或甚至在过程中,铆钉展开,并且在随后的顶锻过程,在凹模侧板材形成咬合,结果是形成了不可分的、力与形状匹配的连接。在自冲铆工艺中,上侧的板材也可以使用非常高强度和低延展性的材料,但是凹模侧的材料须具有足够的可成形性。为了确保铆钉的可成形性,对于铆钉材料以及可冲压的冲头侧连接部分材料设定了一定的强度或板材厚度限制。因此，标准自冲铆钉不适用于可靠地冲压抗拉强度大于 1500MPa 的模压淬火钢。针对这些应用，最近开发的特殊自冲铆钉，例如博尔豪夫的 HDX® 铆钉，具有坚固的轴和更高强度。图 7.168（见彩插）中列出了几个不同材料和强度级别的铆钉类型。

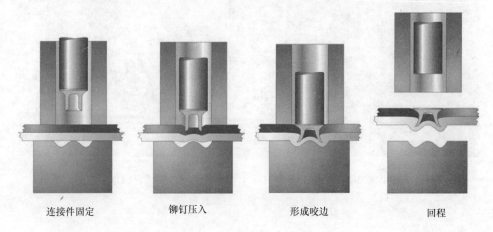

图 7.167　半空心自冲铆接的工艺流程（剖视图）

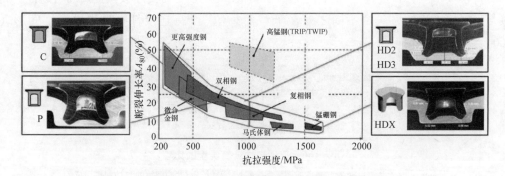

图 7.168　适用于不同材料的铆钉类型（来源：博尔豪夫）

半空心自冲铆钉通常是无屑的，由钢丝冷击、回火和涂层制成。自冲铆钉涂层对连接过程中的摩擦与混合连接的腐蚀性能有显著影响。基于铆钉材料的高强度，需始终检测电镀沉积涂层是否有氢脆的危险，而热涂层会对铆钉材料的力学性能造成不良的影响。因此，机械应用的铝锡锌涂层得到了广泛使用（例如巴赫霍夫工厂的 ALMAC®）。

利用半空心自冲铆接，可以实现由不同材料制成的单节与多节连接。此外，半空心自冲铆接工艺与粘接可以很好地结合。基于图 7.169 的应用实例，可以看出，通过选择适合的铆钉几何形状和凹模，可以实现不同的应用组合，尤其是针对钢铝复合和纯铝连接，可以实现一层或多层结构的连接。

半空心自冲铆接工艺在德国汽车工业于 1994 年首次应用于批量生产的铝密集型奥迪 A8 奥迪空间框架结构®中。与此同时，随着对铆钉几何形状、铆钉材料和加工技术（分割、进给、过程监控与控制）领域的大量深入开发，半空心自冲铆接已成为混合批量生产工艺。举例来说，目前在很多的铝密集汽车中，都使用到了半空心自冲铆接技术。在奥迪 A8

 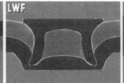  

微合金钢（1.5mm）　　7000系铝合金板（1.5mm）　　6000系铝合金板（1.0mm）　　金属-塑料轻量化板（1.6mm）
6000系铝合金板（1.5mm）　微合金钢（1.5mm）　　　6000系铝合金板（2.0mm）　微合金钢（1.5mm）

图 7.169　不同半空心冲铆连接的显微照片

（D4/4H）中，有 2000 多个半空心自冲铆接点。在福特 F150（车型年份 2014）车身中，有多于 2200 个半空心自冲铆接点。另一个例子是捷豹 XL（X350 系列），在车身中使用了 3000 多个半空心自冲铆接点[170]。在车身制造中，半空心自冲铆接工艺通常与粘接结合使用。在车身制造中，自冲铆接通常配有机器人控制的 C 形连接钳和自动铆接进给（图 7.170，见彩插）。基于更加高效的过程技术、稳健的过程控制、通过监控设定力 - 路径曲线以及对每个连接点 100% 的控制，使得半空心自冲铆接工艺随着混合构造的发展变得越来越重要。

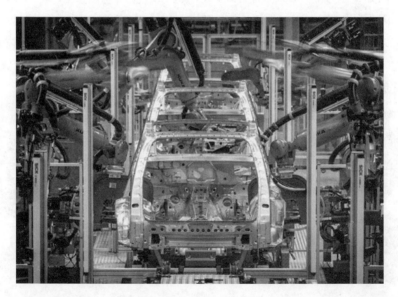

图 7.170　奥迪 Q7（4M）车身生产中机器人引导的半空心冲铆接（来源：奥迪新闻存档）

2）实心自冲铆接（VSN）

原则上，实心自冲铆接工艺流程可分为 4 个步骤（图 7.171）。首先，通过压紧装置对冲头和切割凹模之间的连接件进行夹紧。随后，通过对冲头进行力或路径的控制，辅助紧固件对连接件进行冲孔。由于随后的压紧力的增加，凹模一侧的材料按照铆模的形状发生塑性变形，并且实心铆钉的周向槽被挤压，由此形成形状配合连接。通过连接工艺中铆钉的轴向预应力会产生额外的咬合力。实心自冲铆接的装备技术类似于半空心自冲铆接的装备技术，但必须有定位装置来排出被挤压出的废料。

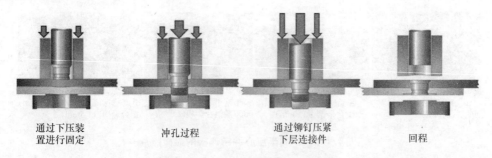

| 通过下压装 | 冲孔过程 | 通过铆钉压紧 | 回程 |
| 置进行固定 | | 下层连接件 | |

图 7.171　实心自冲铆接工艺流程

根据应用，在实践中使用不同材料制成的铆钉，这些铆钉可以通过其几何形状加以区分。例如，可使用带有多个形环槽的多分区铆钉，用于可变板厚的连接。与半空心自冲铆接一样，实心自冲铆接可以实现对不同材料制成的单节或多节连接。在使用实心铆钉进行自冲铆接时，加工力在很大程度上取决于待加工件的强度和厚度[172]。

为了填充环形槽，需要凹模侧的连接件具有最低程度的延展性，而冲头侧材料可以具有极高的强度。例如，型号 22MnB5 的模压淬火钢也可以与铝连接（图 7.172）。这样的连接也是可能的，因为采用这种方法的实心自冲铆接，实心铆钉通常不必在铆接过程中发生塑性变形，因此，铆钉也可以采用具有非常高强度的材料制成，而高强度的铆钉材料能保证冲孔工艺的安全性。由于所使用的铆钉可能具有高的轴向拉伸载荷，因此，在选择铆钉材料和其涂层时，需避免出现传统螺钉连接中已知的危险，例如铆钉材料氢脆问题。

图 7.172　（左）奥迪 TT 中的实心冲铆连接（来源：奥迪新闻存档）和（右）双相钢、模压淬火钢和 6000 系铝合金（从上到下）的三层实心冲铆连接

鉴于每个自冲铆钉的成本较高，实心自冲铆接只在不适合使用半空心自冲铆接的情况下才使用，例如由于对平整度和视觉质量有较高的要求，而无法采用半空心自冲铆接技术的情况下。

（3）压铆

压铆与之前所介绍的工艺不同，不需要额外的辅助连接件。压铆有很多不同的形式，在图 7.173 中进行了介绍。但是对于车身制造来说，通常只采用圆形的压铆点几何形状。

作为示例，下面将更详细地介绍不含切割比例的单步压铆。图 7.174 显示了基本的工艺

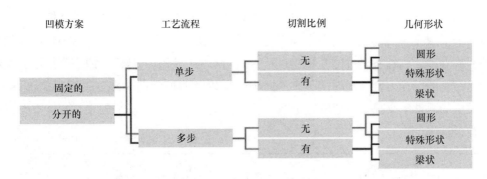

图 7.173　压铆工艺的分类[173]

流程。在第一个工艺步骤中，待连接的构件位于冲头和凹模之间，并通过压紧装置固定。然后，冲头将两个板材压入模具中，直到模具底部和模具侧面的连接部分产生接触为止，冲头行程受行程控制或者受力控制。随着压力的进一步增加，下部金属板的材料在挤压过程中被挤入模具的环槽中，上层金属板的材料继续流入，形成咬边。随着压力的进一步增加，模具侧面的材料开始逆着冲头的方向流动，类似于反向流动挤出的原理。当达到预设控制值（最大力或最大行程）时，开启回程。确定力和形状连接强度的主要是咬边、底部厚度和颈部厚度。采用冷成形，可以达到提高强度的效果（图 7.174）。

图 7.174　压铆工艺流程示意图

使用压铆方法的前提条件是待连接的材料要具有足够的成形性能。根据 DVS/EFB 准则 3420 的规定，适合于压铆工艺的待连接材料抗拉强度应小于或等于 600MPa，断裂伸长率（A_{80}）应大于或等于 12%，从而具有"良好的压铆连接"性能。材料抗拉强度最高达 1000MPa，断裂伸长率最低为 8%，可以在一定条件下采用压铆工艺。通过调整凹模和冲头的几何形状，还可以满足平面度等视觉上的要求[174]。

鉴于传统压铆工艺的简单性和经济性，该方法应用于汽车制造业中，但通常用在对强度要求较低的连接中，如发动机舱罩、行李舱盖或门内板区域。

进一步开发具有切割比例或预孔的压铆工艺，可实现超高强度钢与铝的连接。图 7.175 显示一种新的方法，无须预孔插入，对模压淬火钢和铝进行压铆连接。与传统的压铆类似，待连接的两个构件首先用压紧装置和凹模夹紧。在接下来的步骤中，弹簧安装的内冲头和外冲头开始将连接件压入到凹模中。在工艺步骤中，冲头特殊的形状可保证冲头侧的材料产生均匀的张力。这样，接下来就可进行成形和剪切加工。冲压力通过铝板传递到钢板上，在凹模内边缘上出现裂纹后，冲压出一个确定的块料。在接下来的步骤中，当达到预设定的压力时，外冲头不动，内冲头通过冲孔把铝材料压入超高强度钢中。最后，冲头侧挤压的材料达到所冲出钢料的凹模位置。随着接下来的向下运动以及凹模铁砧的限定，铝板挤出钢废料，并由凹模中的活动板支撑，形成特定形状的咬边。这种创新的压铆工艺及其变体方案目前主要应用在批量生产中。

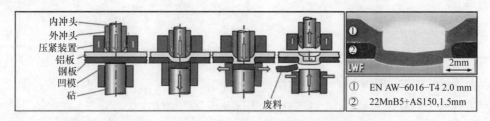

图 7.175　切割压铆（左）的工艺流程与切割压铆连接的显微图片（右）[175]

压铆具有一定的成本优势，可替代需使用额外辅助料的冲铆或螺钉连接工艺。由于设计的多样性，压铆工艺对于混合构造或表面喷漆构件的连接具有很高的应用潜力。

（4）流动钻孔成形与攻螺纹成形连接

流动钻孔成形和攻螺纹成形连接是直接螺钉连接的工艺变体，也是连接薄板结构的一种经济的工艺。直接螺钉连接为单侧可达的，因此，适用于如型材密集构造或具有肋结构的铸件中。使用孔和螺纹成形螺钉的直接螺钉连接可以细分为两种工艺：一种是冷成形螺钉连接，通过冷成形路径上的特殊几何形状螺钉引入贯穿和形成螺母螺纹；另一种是流动钻孔和攻螺纹成形连接，该方法结合了流动成形与螺纹滚压技术。流动钻孔和攻螺纹成形连接工艺中的贯穿力大于冷成形拧紧力，因此具有高强度的优点。

在图 7.176 中展示了流动钻孔和攻螺纹成形螺钉连接的工艺流程，力矩和转速等工艺参数随时间变化而发生变化。首先，在与材料相关的接触力的作用下，把高转速的螺钉放置在夹紧件上。通过产生的摩擦热，待成形的连接件局部塑化。此后，在两个连接件上形成通孔，由螺母螺纹开槽来实现连接。在此阶段，力矩会增加，直至达到开槽力矩，然后，将螺钉拧入生成的螺纹中时，力矩会再次下降。为了在拧入时不破坏螺母的螺纹并达到工艺安全的拧紧力矩，在螺纹成形后，需降低转速。在连接区域冷却时，

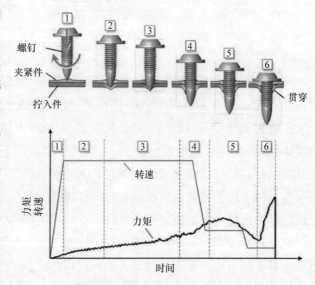

图 7.176　流动钻孔成形和攻螺纹成形螺钉的工艺流程[176]

在螺钉的螺纹上形成贯穿的径向和轴向的收缩,从连接承载能力和拧紧力矩方面看是有利的[177-179]。

直接螺钉连接具有与传统螺钉连接相同的优点,例如高承载能力与良好的可计算性,没有预孔和螺母,并且可以在批量生产应用中容易实现自动化。从技术角度考虑,这些螺纹系统也具有优势,例如,带槽螺纹的质量和强度明显高于切削螺纹的质量和强度。从工艺原理角度考虑,好的螺纹牙型咬合面可实现不间断的力流。与具有空腔和纤维走向中断的切削螺纹相比,直接螺纹可以实现明显更高的承载能力[180,181]。

考虑到在连接位置无预孔的板总厚度以及连接件材料的最大强度,会出现工艺极限的情况,因为较厚的板厚、多层的连接以及超高强度钢材料都会引起高的开槽力矩,使得螺钉在连接工艺结束之前,就会达到断裂力矩并出现失效。此外,在开槽过程中,升高的热载荷会对超高强度钢螺钉的涂层造成严重损坏。为此,可以采用诸如对超高强度夹紧件进行预开孔的补救措施。直接螺钉连接也可以完美地与粘接技术相结合,例如:利用压紧力可对粘接层厚度进行设置。

如今,流动钻孔和攻螺纹成形连接工艺在众多的乘用车和商用车的车身制造中有着广泛的应用,例如:奥迪A8(650个),兰博基尼盖拉多(140个),雪佛兰科尔维特Z06(182个)。鉴于越来越多地使用到型材和铝压铸件,这一工艺对未来的车型也有着越来越重要的意义。

当前开发的重点主要集中于扩大高强度钢直接螺钉连接的工艺极限,要整体考虑到几何形状、材料、热处理工艺和涂层工艺。研究工作还涉及纤维增强塑料与金属旋入构件的工艺可靠、无预孔连接,如图7.177所示。

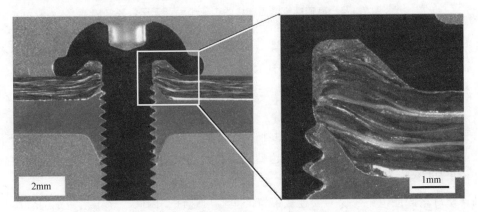

图7.177 碳纤维增强热固性塑料和高强度钢无预孔直接螺钉混合连接工艺显微图片

(5)高速连接

在一定的边界条件下,通过提高机械连接速度,即成形技术连接方法,可以得到良好的效果,并且可以创造出全新的连接可能性。某些材料的应变率相关性、惯性以及由于热转换成形功导致的局部温度升高,都可以支持非常快速的连接工艺。下文介绍的高速螺柱焊工艺是高速连接工艺的典型代表。

该创新方法源自于建筑业中熟悉的压缩空气钉方法。在压缩空气钉方法中，由高强度钢制成的钉状辅助紧固件，即所谓的紧固螺钉，通过压缩空气缸的驱动活塞以非常高的速度（20~40m/s）脉动，被打入要连接的连接件中。利用质量惯性效应，使得压缩空气钉方法也可以用于相对薄壁的构件连接，而不会出现明显的整体变形。此外，高的成形速率与紧固螺钉和连接件之间在连接过程中产生摩擦相结合，会导致局部温度提高，这改善了金属连接件材料的流变性能，因此也可以采用高速连接工艺对高强度材料进行连接[182,183]。图 7.178 中显示了高速螺钉紧固连接方法的工艺流程。

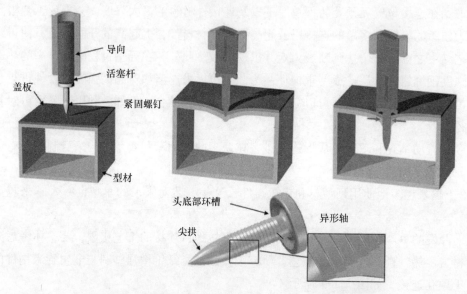

图 7.178 高速螺钉紧固连接的工艺流程（无压紧装置）

不可拆卸的螺钉紧固连接源于紧固螺钉在基板中的锚固，锚固则基于形状匹配和力匹配的原理。通过使用异形紧固螺钉，使得连接件材料形成咬边回流，产生形状匹配连接。此外，在推入过程中产生的弹性变形分量会产生作用于螺柱上的径向保持力，形成力匹配连接。

连接件材料具有足够的延展性是异形轴具有回流特性的前提。此外，韧性材料的紧固螺钉连接的特征在于高的形状匹配比，而超高强度、韧性稍差的材料的连接基本上是由高的封闭力比产生的[182]。

高速螺钉紧固连接工艺仅需要连接位置的单侧可达性，因此，该工艺特别适合用于型材结构的连接。由于无须在连接位置预开孔，螺钉紧固连接在构件准备和定位方面不需要太多工作。由于连接速度高，所以高速连接的工艺时间短，是一个非常经济的工艺方法。与一般的机械连接工艺相比，高速螺钉紧固连接工艺的另一个优点是极高的灵活性。通过一致的紧固螺钉几何形状，该工艺可用于连接大的板厚区域、双板和多板、单侧可达的连接位置、型材或铝铸件以及宽的材料等级范围。此外，由于高的成形速度，高速螺钉紧固连接工艺需要相对较小的力，可以省去作为许多机械连接工艺特征的大型 C 形夹具装置，因此，可以将高速螺钉紧固单元相对简单地集成到工业机器人中。

螺钉紧固连接也非常适合对粘接连接进行固定，因为脉冲式的打钉过程，在连接区域只会造成少量的胶溢出并避免出现气孔，提高了有效粘接面。尤其对于高黏度粘接材料，胶的挤出量很小，能形成均匀的粘接层。由于螺钉紧固连接无须预开孔，粘合层中的胶不会被挤到板材表面，因此也不会对连接模具以及构件表面造成污染。在图 7.179 中，以具体实例进行说明。

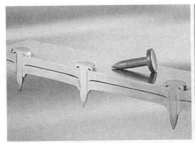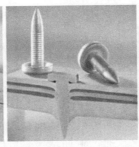

图 7.179　螺钉紧固连接的特点是灵活的应用选项（来源：博尔豪夫）

鉴于高速螺钉紧固连接的诸多优点，戴姆勒汽车公司和博尔豪夫公司合作开发该工艺直至成功地用于量产，并在全球范围内首次在梅赛德斯-奔驰 SL（车型 R231）车型的后部区域中使用。在 SL 车型的铝密集车身中，利用高速螺钉紧固连接将盖板与型材结构连接在一起。在这个案例中，高速螺钉紧固连接也结合了结构粘接方法一起使用[184]（图 7.180，见彩插）。在全球其他的梅赛德斯-奔驰系列车型中也使用到了高速螺钉紧固连接工艺。

图 7.180　（左）在梅赛德斯-奔驰 SL（R231 系列）的铝后端结构制造中使用的高速螺钉紧固连接工艺[184] 和（右）铝板与铝压铸件的螺钉紧固粘接工艺（来源：博尔豪夫）

这项技术对于车身制造来说是一种新技术，目前正在用于超高强度钢连接的认证过程中。由于其特性和广泛的使用可能性，螺钉紧固连接工艺实现了新的、型材密集型、轻量化多材料方案。这里，采用数值模拟的夹紧装置的详细设计是必不可少的。其中，固定过程的仿真模型是在考虑动态局部温度和摩擦系数变化的情况下开发出来的[172]。

（6）混合连接的特点

正如前面章节中已经提到的，混合连接技术可以满足轻量化方案所带来的众多要求。通过平面连接工艺和点状连接工艺的组合会产生协同效应，特别是对于混合结构，粘接技术与机械连接的组合在大量的应用中已经成为稳定的工艺。

在汽车工业的大批量生产中，主要使用热固化的环氧树脂黏接剂，固化仅在同样的环氧树脂基阴极浸涂层的固化期间发生，因此，在这之前，粘接构件还没有足够的处理强度。通过在同时间内采用的点状连接工艺可以固定待连接的构件，从而使得所得到的组件可以在不会出现构件变形的情况下转到下一个制造步骤或者下一个连接工位。通过使用混合连接技术，可以弥补耗时的固化缺点或者只有在工艺过程中稍后才可进行固化的缺点。图 7.181 中展示了上述的工艺流程。

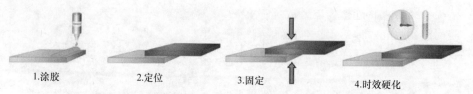

图 7.181　根据固定方法的混合连接的工艺步骤示意图

此外，混合连接在力学性能方面也具有优势。图 7.182（见彩插）中展示了基本连接和混合连接的力 - 位移曲线的对比。通过附加粘接，可以显著提高连接构件的强度和能量吸收能力。此外，在振动应力载荷下，连接的使用寿命也显著增加（表 7.20）。

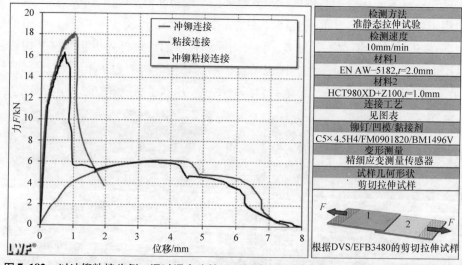

图 7.182　以冲铆粘接为例，通过混合连接可以提高机械连接性能（强度、能量吸收能力）

表 7.20　混合连接的优点

附加粘接的优点	附加点连接的优点
• 提高连接刚度	• 在粘接材料固化前，可对连接件进行固定
• 均匀的应力分布	• 在剥离应力载荷下，减轻粘接连接的载荷
• 提高疲劳强度	• 对老化性能变化的补偿
• 降低振动和噪声	• 扩大使用温度的范围
• 对连接缝进行密封	
• 改善耐蚀性（间隙填充，对连接件进行电化学绝缘）	• 在高静态载荷下抑制时间相关的延迟和松弛过程
• 提高能量吸收	

根据以下几点，将点状连接与粘接技术相结合，并因此使用混合连接的优点的前提条件

是良好的工艺兼容性：
- 粘接层形成以及黏接剂溢出可控。
- 黏接剂或粘接层很少或者没有损坏。
- 点状连接不会造成任何污垢、灰尘、湿气、油或空气进入粘接层，或只有极少进入。
- 用黏接剂防止连接工具造成污染。
- 粘接不会对点状连接工艺造成影响（例如，咬边的形成）。
- 所使用材料和涂层与黏接剂的兼容性。

在热混合连接工艺如电阻点焊粘接中，在焊点周围的黏接剂可能会发生大面积燃烧，这会降低有效粘接面积。在机械混合连接工艺（如实心自冲铆接）中，高的工艺力和在粘接层中的气孔（在连接工具返回行程期间，由于连接部分的回弹导致的）都会造成黏稠尚未固化的黏接剂移动，这些都会进一步降低粘接面积，从而导致强度明显下降，如图7.183所示。

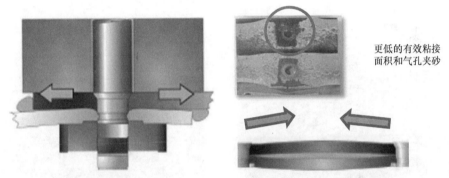

图7.183 混合连接中对粘接层可能产生不良效果的示例

黏接剂的使用也会对点状连接工艺的工艺安全性造成负面影响。在电阻点焊粘接工艺中，作为绝缘体的黏接剂可能使得过程变量控制变得困难，并且，如果连接钳力没有将黏接剂从焊接区域充分挤出去，则会影响到焊接熔核的形成。在（诸如半空心自冲铆接的）机械连接工艺中，在流体静压力作用下，被困在连接区域中的黏接剂会对连接件或铆钉的成形行为造成不良的影响（图7.184）。

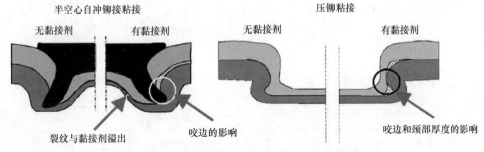

图7.184 黏接剂对点状连接工艺的负面影响

因此，如果要充分利用粘接和点状连接工艺的协同效应，选择正确的工艺参数、辅助连接构件、黏接剂、加工工具，以及具备混合连接中与工艺相关的特性的知识都是必不可少的。

在实心自冲铆接工艺中，通过选择合适的连接工具和工艺参数，可最大程度地避免上述的负面影响，显著提高连接强度和能量吸收性能，如下面的材料和连接技术实验室公共资助研究项目的示例性结果所示。

如上文所提到的，在传统的实心自冲铆接中，模压淬火钢22MnB5和铝材料的混合连接由于高的连接力，会导致在连接点周围未固化的黏接剂溢出。此外，在连接模具的回程过程中，铝连接件的回弹行为会额外导致粘接层中形成气孔。其结果是造成连接点处的有效粘接面积变小，降低了所能承受的最大剪切力。通过优化凹模轮廓以及压紧装置，可以在连接过程中对粘接层的压力分布进行调节，从而实现与传统过程相比，黏接剂的溢出相对较少。这对最大承载力和能量吸收能力有相当大的影响，如图7.185（见彩插）所示。

传统混合连接工艺剪切拉伸试样断面

优化的混合连接工艺剪切拉伸试样断面

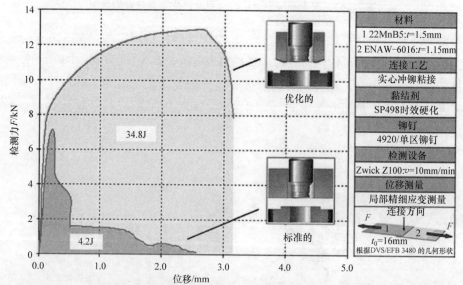

图7.185　对凹模和压紧装置轮廓的优化改善了粘接层的形成，并通过实心冲铆粘接改善了由22MnB5钢和铝制成的混合结构连接件的力学性能[186]

通过这些结果的示例可见,如何通过协调的连接技术,在不牺牲强度的情况下,充分利用混合连接的协同作用。

除了超高强度钢之外,带有纤维增强塑料的混合方案对于连接技术也是一个挑战。目前正在对机械无预制孔连接工艺进行认证,结合粘接技术,生成具有金属结构的高性能复合体。其挑战在于:实现损伤尽可能少的纤维分离,或者是纤维结构的大面积连接,同时将分层及其对连接材料强度的影响降到最小。

混合连接也给接触性腐蚀问题提供了解决方案,因为其对有较大电化学电位差的碳纤维和金属连接件进行了分离,防止电解质进入到连接区域和连接件界面。在图7.186中显示了在进行了腐蚀测试后,碳纤维增强热塑性和经典深拉钢的基本机械连接和混合连接的断面。从图中明显可看出粘接层的保护作用。

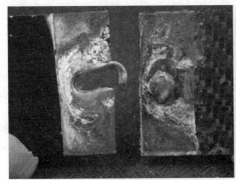 

图7.186 按照德国汽车工业协会气候变化测试10个循环后,由DC04和PA6.6 – CF45制成的基本连接构造和混合连接构造在承受准静态剪拉载荷后的断面[187]

为了满足未来对混合结构中减重后的车身的最高防腐蚀要求,除了标准的防腐措施(例如阴极浸漆或大面积使用涂层材料)之外,还要通过改进连接件涂层或在不同材料的连接表面进行粘接,连接件之间的接触面尽可能采用电绝缘材料。考虑到上文提到的粘接技术与混合连接技术的进一步优点,可以假设,在车身制造中所使用黏接剂的数量将会显著增加。

由于其优点众多,混合连接是生产多材料构造的关键技术,可以为实现经济实惠的轻量化做出重要贡献。

7.5.3.3 热连接工艺与热机械连接工艺

针对新材料组合的机械连接工艺(例如半空心自冲铆接)极限的扩展,对高效和材料兼容的连接技术的发展做出了重要贡献。与此同时,也并行地开发出了基本上新的、部分非常规的连接方法。按照7.5.2小节中所列出的要求,在下文中,会介绍多种会在未来的汽车结构中使用到的创新工艺。

(1)选定的热工艺

在混合构造当前和未来的挑战的推动下,系统供应商正与用户一起开发针对金属混合连接的热连接工艺。在此过程中,通过不同焊接和钎焊工艺的持续进一步开发和组合,特别是用于钢和铝合金的连接，可以利用具体的工艺优势。在低温电弧焊方向上的优化、激光束焊接与金属保护气体焊接工艺的混合，似乎特别具有创新性和前景。

钢-铝结构热连接的主要问题是金属间相（例如 Fe_2Al_5，$FeAl_3$）的形成。由于在室温下，铁和铝之间的互溶性有限，连接的韧性很低，金属间相的硬度可达到 HV1050。金属间相在扩散过程中形成，因此，温度时间曲线的控制和调整对此起着重要作用。通过精准将热输入最小化，可以减小相边缘厚度，从而可以改善连接的力学性能和工艺性能。电弧焊工艺系统供应商之间的竞争以及对取代机械连接和粘接技术连接工艺的替代工艺的需求，加速了现代电子控制焊接电源的开发，这提供了过程控制的新的可能性。

传统的电弧类型会形成不规则的材料过渡，并因此造成高的飞溅喷射和燃耗，但是，通过数字化过程控制以及通过在短的、脉冲和喷射电弧中最佳设计的焊接辅材到焊缝中熔滴过渡来调节，可以实现较低的热输入。各种系统供应商为这种具有不同品牌名称的改性材料过渡提供了技术（例如 Cold Metal Transfer（CMT®），coldArc®，Cold Weld）。这里以冷金属过渡（CMT®）工艺为例说明工艺过程的原理，如图 7.187 所示。在用于过程控制的可识别短路中发生的熔滴过渡期间，焊接电流短暂地减小了，并因此减少了热输入。与其他提到的仅减小短路电流的热减少电弧工艺相比，冷金属过渡工艺还在焊接过程中使用反向焊丝进给，并通过返回运动支持熔滴分离。在短路中断后，焊接电流再次增大，并且焊丝输送的运动方向反转，由此点燃电弧，过程再次开始。

图 7.187 在冷金属过渡焊接工艺中，通过设定填充丝回程，实现精确的熔滴分离与受控材料过渡

在汽车制造业中，热减少电弧工艺用于车身外板区域对视觉和质量有高要求的铝薄板焊接，参见图 7.188（见彩插）上半部。由钢-铝复合材料制成的构件的质量导向生产已经得到供应商的验证。

为了进一步提高焊接结构制造的生产率，激光-MSG（熔化气体保护焊）混合焊接正在逐步增加测试，用于钢铝混合连接。在这种情况下，焊接速度取决于板厚，最高已经达到了 4m/min。这里的目标也是产生小的相边缘厚度，从而通过交互式过程稳定化来改善力学性能。在该连接过程中，激光束聚焦在铝板上，从而造成局部熔化。通过尾随的熔化气体保护焊喷嘴，焊接辅料被大面积填充到板之间的缝隙中，也对钢材起到了湿润的作用（图 7.189）。

在汽车制造业中，虽然激光-熔化气体保护焊混合焊接工艺多年来已成为连接铝材料组合的成熟方法，但钢铝混合材料的初始应用仅限于非汽车领域，如造船和车皮制造中，在这

图 7.188　在梅赛德斯 SLS 车型中，同类铝的冷金属过渡焊缝（上）和用于乘用车构件的钢铝混合板（下）
来源：Fronius，voestahpine，戴姆勒[189,190]

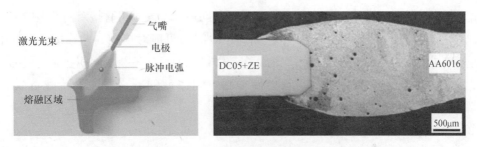

图 7.189　激光-熔化气体保护焊混合焊接示意图（左）和
钢铝复合板的横截面图（右）　来源：Fronius，BIAS[191]

些领域的应用证明了该工艺的巨大潜力。

由于激光束焊接的高生产率，已经在车身制造中得到了广泛的应用。尤其是远程激光束焊接（与接触式工艺相反），由于其生产周期节拍短、精度高，可采用该工艺对由相同材质的铝材料或钢材料制成的四门两盖构件进行连接。在镀锌钢板搭接接头的激光束焊接中，通过适当的措施，排出涂层中的气体。通过在焊接过程上游的过程步骤引入"Noppen（小突起）"，来实现排气间隙。非接触式激光焊应用的另一个缺点是由于职业安全规定（激光焊接舱），易于在连接件产生较大的间隙。在机器人引导的激光焊枪中，可以省去这个焊接舱，例如 IPG Photonics 的激光缝步进器 LSS1（图 7.190），其以类似于电阻点焊钳的方式对连接件进行固定，并在 2.5～3s 内焊接长 30～40mm 的焊缝。此外，与电阻点焊相比，非接触式激光焊能对更窄的法兰进行焊接。该工艺首次应用在大众第七代高尔夫汽车的批量生产中，现在在其他车型中用于同类钢材的激光束焊接[192]。

由于电阻点焊在白车身制造中的广泛应用，该连接工艺的进一步开发对于未来的轻量化方案是很有价值的。当前对电阻点焊的开发主要是针对同类型的铝材料组合进行连接的验

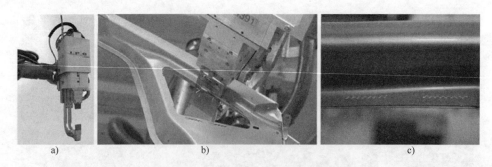

图 7.190　a) IPG Photonics 的机器人引导激光焊枪，b) A柱的激光束焊接，c) "摆动"激光束焊接
图片来源：文献 [192，193]

证，以便通过高效经济的制造工业来增加车身中铝构造的比例。特殊的挑战在于，在边界条件波动的情况下，确保连接质量（例如点直径，无缺陷）的过程稳定性；此外，还有装备技术的进一步开发，重点是过程监视、控制和调节[194]。电阻点焊工艺首次规模化应用在雪佛兰科尔维特 Stingray C7 或梅赛德斯 - 奔驰 C 级（W2015）车型的批量生产中[195]。

由于每个连接点的成本低，电阻点焊的过程时间短，开发了可直接对同类型的多材料焊接的工艺。因此，工艺参数（如焊接电流和焊接时间）可能对不相同的连接配对件铝和钢之间的连接层中的温度分布产生重大影响。在扩散过程中形成的金属间相会对连接的承载能力造成影响，在连接面上的相空间均匀性和相空间厚度的减少是工艺优化的关键目标参数[196]。

（2）热机械连接工艺

热机械连接工艺结合了热和机械连接原理。机械连接通常是对辅助紧固件和/或在连接件中实现力匹配或形状匹配连接成形过程实现的。而在热连接工艺中，通常是对材质相同的材料通过材料的配合实现连接。这两种原理的结合为多材料结构的连接提供了全新的可能性。下文中介绍两种创新的，同时原则上适用于大批量生产并可以与粘接技术结合使用的连接工艺。

1）电阻元件焊接（WES）

与传统的电阻点焊不同，电阻元件焊接需使用附加的铆钉状元件，称为焊接铆钉。焊接铆钉的材料与连接件的材料（例如钢）一致，以便达到焊接冶金兼容性。

在图 7.191 中介绍了该方法的基本工艺流程。

在第一种类型中（具有预装的电阻元件焊接），铆钉元件已经在构件的制造期间或者之后，但至少在与基板连接前引入。如图 7.191 上图所示，这可用于在冲压过程中的铝构件，或是用于在构件制造过程中的由纤维增强塑料制成的构件。为了保证冲铆的安全，铆钉元件需要具有一定的最低强度。点焊电极在先前冲压的铆钉上的定位精度是制造工艺所面临的挑战。

然而，在具有自冲铆设计的电阻元件焊接的变型工艺中，对定位精度的要求较低，因为铆接元件仅在连接过程中，通过点焊设备的电极力已经进行了冲压。基于有限的钳力及相对

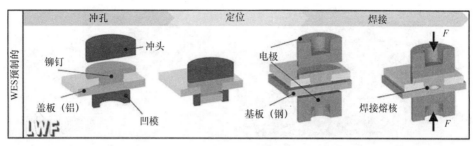

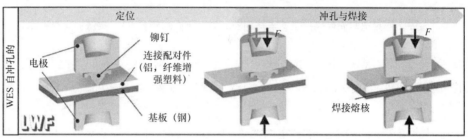

图 7.191 电阻元件焊接工艺的不同方案示意图[153]

柔软的铜电极帽，只能使用相应有限的冲压力。如果要连接的是金属连接件，可以利用预热电流来辅助冲压过程。由于在该过程中不能移除任何材料，因此，由铆钉元件冲压或者挤出的盖板的材料必须容纳在元件的空腔中或者下头环槽中。

与机械连接工艺相比，电阻元件焊接工艺不需要基板具有可成形性。通过选择合适的铆钉元件材料，该方法还可以用于连接超高强度的模压淬火钢，也可以连接复相钢和双相钢。然而，从电阻点焊中已知的热影响区中出现的不良的硬度梯度基本保持完整。图 7.192 通过示例的方式展示了上文中提到的两种电阻元件焊接方案的两个蚀刻显微照片，图中清楚地显示了在钢板的连接区域中，明显的有不同金相组织结构的热影响区域。

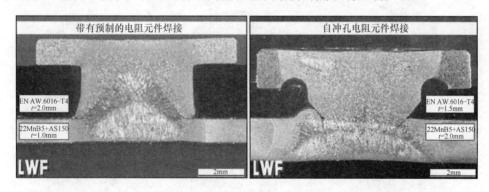

图 7.192 不同电阻元件焊接作用于铝和模压淬火钢混合结构的显微照片[197]

在准静态剪切载荷下，强度低的盖板侧连接配对件通常会失效，同时，在头部拉载荷的作用下，元件头会出现头部断裂或撕裂的情况。

电阻元件预制焊接首次应用的大批量生产车型是大众帕萨特 B8。由铝制成的衣帽架与 51 个铆钉元件连接在一起（图 7.193）。

图 7.193　利用电阻元件焊接工艺连接的衣帽架，大众帕萨特 B8（来源：大众汽车）

通过传统的电阻点焊技术并借助辅助连接件对混合结构进行连接的其他方案，如冲压元件焊接和带有冲压元件的电阻点焊，目标都是通过介质对连接点进行密封，来降低腐蚀风险[198,199]。

由于可以使用传统的点焊技术，电阻元件焊接工艺满足了在 7.5.1 小节中所提到的经济性要求。采用同样的装备技术以及经典的点焊材料组合实现例如钢－钢连接，以及混合连接如铝－钢连接。鉴于汽车工业中，随着车型种类的增加，每种车型的数量减少，这可以显著降低连接技术所需的投入，以及实现设备更好地利用。此外，与经典的双面机械连接工艺相比，电阻元件焊接可以在单侧可达性情况下实现连接，与单侧或者间接电阻点焊工艺类似。

2）摩擦元件焊接

摩擦元件焊接与上文所提到的电阻元件焊接类似，基于机械和热连接的机械原理，将同材质材料所制成的旋转对称的辅助连接件焊接到连接配对件上。与电阻元件焊接不同的是，连接区域没有熔化。摩擦元件焊接基本流程如图 7.194（见彩插）所示，摩擦元件无预制孔、有内部冲击。

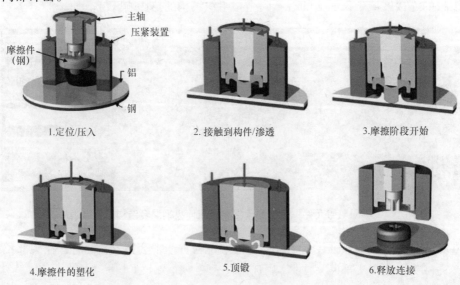

图 7.194　无预制孔摩擦元件焊接工艺流程[153]

在第一步中，首先利用压紧装置对两个连接件进行夹紧。这可以防止在接下来的步骤中材料的溢出，从而在连接配对件之间产生不期望的缝隙。随后，在盖板上以高速和高压冲压旋转对称的铆钉状元件。在此过程中所产生的摩擦热使盖板材料塑化，使得摩擦元件可以穿透盖板（参见图7.194中的图3）。由于摩擦元件尖峰几何形状，塑化材料从连接区域传输出来并挤压周围的材料，所挤出的材料随后会被摩擦元件头部下的槽所接收。

随着铝盖板的完全穿透，摩擦阶段开始，摩擦阶段通常占据了整个总工艺时间的大部分时间。摩擦件和钢板表面所产生的摩擦热在同时高轴向力的作用下，会在摩擦件上形成一个（或多个）焊接凸缘。盖板由此被挤出的材料则继续填充在摩擦元件的下头凹槽中。塑化的摩擦元件材料在连接区域移动，可对基板的表面进行清洁并激活表面。例如：通过位移测量系统明显可检测到在形成凸缘时，摩擦元件明显缩短。除了对路径进行监控，调节和监测在摩擦阶段期间引入的能量以及其他的参数，还可以改善连接的可再生性。

在随后的顶锻阶段中，通过关闭或主动制动驱动轴，以及增加轴向力来进行摩擦压力焊接。由于随后摩擦元件冷却，发生轴向收缩，使得除了摩擦元件和基体材料之间的材料匹配摩擦焊接之外，还会产生力匹配和形状匹配的连接。摩擦元件焊接工艺可以与粘接相结合。从根据毅结特公司EJOWELD®工艺生产的摩擦元件焊接连接的显微照片（图7.195）中，可以清楚地看到下头环槽中填满了挤出的铝材料。这种局部提升的板厚度会对摩擦元件焊接的剪拉强度有影响。通过额外的剪切层，可实现比例相对高的剪切力和相对较高的能量吸收能力[200,201,202]。

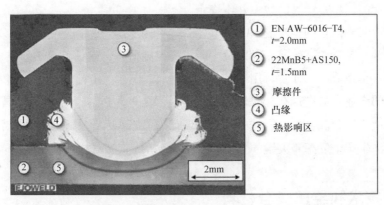

图7.195　摩擦元件焊接混合连接结构显微照片，来源：EJOT[203]

摩擦元件焊接适用于超高强度钢和铝材料的连接。该方法的主要优点是等效于电阻元件焊接。与机械连接方法相比，基材不必穿透或成形，因此，只需要明显更低的连接力。此外，与上文中所提到的预装的电阻元件焊接相比，摩擦元件焊接是一步工艺，具有相对较高的板厚灵活性。

在大众汽车公司布拉迪斯拉发工厂奥迪Q7混合构造车身（4M车型）的批量生产中，首次使用了摩擦元件焊接粘接工艺，用于将铝板、铝压铸件与模压淬火铝硅涂层的钢板进行连接。使用的是奥迪和毅结特联合开发的EJOWELD®工艺，如图7.196（见彩插）[202]所示。

图 7.196　奥迪 Q7 中压铸铝和 22MnB5 + AS150 之间的摩擦元件焊接接头（EJOWELD®）[202,204]

7.5.4　展望

由现代高性能材料制成的当今与未来轻量化结构的挑战是汽车连接技术当前和未来发展的创新驱动力。

在前面的章节中，通过示例的方式显示了众多进一步的技术开发和连接工艺的创新解决方案。采用这些方案，可以根据需求加入新出现的材料组合。这样一来，除了生成混合结构的力学性能之外，牢固的连接工艺以及工艺的成本效益也尤为重要。在车身制造中，各种可能的材料组合与要求，需要大量必要的连接工艺。因此，具有多材料构造车身的汽车大批量生产复杂性将显著增加。这不仅因为许多不同的材料组合及其特定的加工技术，还因为使用的连接方法数量的增加。此外，现代白车身生产线必须是通用的，以便于能够有效地制造越来越多的衍生产品，尽管产品的数量并不稳定。

为了成功地实现汽车的轻量化和节能的目标，需要对连接工艺和连接系统进行持续开发，创造出稳健、灵活、高效的流程以及智能流程控制概念，这一点至关重要。同样重要的是，在典型的汽车载荷下，开发可用于车身结构设计的连接的数值计算方法和模型。此外，对生产和研发的专业人员进行有针对性的培训也是必要的。除了传统的焊接技术培训之外，还应当提供机械连接和混合连接领域的认证培训计划[205]。因此，连接技术在混合轻量化系统的开发和经济生产中发挥着关键的作用。

7.6　表面技术和层压复合材料

现代轻量化不仅是用密度低的材料替代密度高的材料，还包括设计技术、制造技术和加工技术以及操作优化等方面。针对这些方案，表面技术和层压复合材料能提供相应的解决方案。只有材料、制造技术和轻量化设计共同发挥作用，才能最终生产出在市场上占主导地位的、高价值的机械构件或消费品[206-208]。

轻量化对汽车工业做出了重大贡献，尤其是通过减轻汽车重量，从而提高了经济效率、车辆性能或环境兼容性。其他的开发重点旨在提高构件的使用寿命和可靠性的同时，降低生产成本，最重要的是要显著降低燃油消耗和有害物质的排放。为了达到这一目的，除了对燃烧过程进行优化之外，还需减小空气阻力和滚动阻力，特别是减小汽车重量，从而降低车辆的整体行驶阻力[209]。如今，发动机重量约占空车总重量的10%~15%。因此，对发动机采用轻量化措施可以取得显著的效果。此外，由于可以将动力系统设计成使发动机更小更简单（没有相应的配重），因此，可以通过减小静态的尤其是振动质量来进一步挖掘动力总成中的优化潜力。通过显著减小振动质量，还可以降低车辆内部噪声和燃油消耗。

在动力总成中，轻量化措施的成功实施是通过满足低密度要求并具有足够强度和功能的材料来实现的。

首要的是轻金属铝（曲轴箱、气缸盖、活塞、油底壳、控制器壳体）、镁（曲轴箱、变速器壳体）和钛（连杆、阀门、铰接杆、制动系统、传动件）。此外，在汽车工业中也越来越多地采用了新材料方案，如碳材料（活塞、密封件、滑环）、聚合物（控制台、配件、叶轮、密封件）与纤维复合材料（制动盘、联轴器、保险杠、后视镜外壳、结构元件）[210]。

在技术性能和经济性能的整体平衡中，实体材料变得越来越不重要，而结构性能和表面性能的分离的方案，即层压复合结构和表面技术的重要性日益彰显。涂层复合材料有时会与纤维复合材料存在竞争关系，但这两种材料结合后，可以显著扩大应用范围。轻金属具有易氧化的缺点。另外，轻金属在临界摩擦学使用条件下，有明显的咬合倾向，因此，表面处理工艺和层压复合构造是不可代替的，也称为"使能技术"。

镁构件的应用仍受到镁的摩擦学临界表面性能的限制。镁在大气中，会形成薄的，有时是脆的，多孔且减振性差的氧化物层和氢氧化物层。由于这一性能，镁是无法自钝化的。在摩擦载荷下，由于硬度低和摩擦性能差，镁会发生失效。

为了改善表面的抗腐蚀性能并提高其光滑度，主要使用基于聚合物的多层涂层（图7.197左图）。

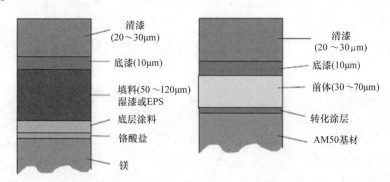

图7.197 镁轮辋上聚合物涂层的典型层结构（左）和用于A级质量的镁压铸件的新型层结构（右）[211]

这些在市场上可以买到的涂层，除了具有一定的技术功能外，还有装饰性功能。由于涂层的硬度低，无法用于摩擦载荷高的系统中。通过使用转化涂层，可显著改善腐蚀强度。转化层可防止底层迁移，并作为防止潮湿和腐蚀物质的屏障。防腐效果一方面是基于通过与金属表面发生化学反应的腐蚀抑制、微晶或微粗转化层的构造，另一方面也基于后继涂层的连接的改善。对镁合金来说，最重要的转化工艺是铬化，但这对环境造成的负面影响很大。出于这一原因，这种工艺将来会被进一步抑制[207]。新近已经开发出具有类似良好防腐性能的新工艺，但尚未商业化，如磷酸锰工艺[212-214]。

阳极氧化工艺可对镁的腐蚀行为和磨损行为有积极的影响。常使用的有 Anomag 工艺[215]或 MAGOXID – COAT®工艺[216,217]。这种涂层是喷涂的良好底漆。也可用 PTFE 密封，这会导致达到非常低的摩擦系数[207]。然而，对市场上各种涂层的研究结果显示，大多数涂层会在摩擦载荷下失效。涂层在一定程度上有耐蚀的作用[207]。

通常，镁压铸件成形后，其表面光洁度无法满足乘用车外表对视觉上的高要求。为了保证喷涂完成后表面的光亮度和平整度，在使用传统的聚合物系统（图 7.197 左图）时，需要使用非常厚的涂层或者非常昂贵的机械精加工工艺。为了降低镁组件的制造成本，已经开发了新的涂层系统，可以满足所需的表面质量，而无须进行昂贵的机械精加工工艺。除了表面平整外，新的聚合物还必须提供与传统系统相当的腐蚀保护功能。图 7.197 右图展示了新涂层的基本层结构。与传统的涂层结构相比，新涂层基于转换层，不过该转换层不含无铬酸盐。第二层是所谓的前体层。前体是硅改性的特殊树脂体系，在交联过程中形成陶瓷结构。基于前体的涂层体系不仅润湿性好，从而具有优异的黏性，而且还有很高的机械和化学耐受性。这些层状材料具有良好的流动性和减振性，一方面保证了良好的平整性，另一方面也可直接应用于转化层上。这样就无须使用减振促进剂层[213]。在前体之后，用一层或两层的面漆进行通常的表面喷涂。

在机械制造应用中，薄涂层技术如 PVD 和 CVD 起着次要的作用，而多使用化学技术和高能的厚涂层工艺如热喷涂，即具有气密性和液密性、减振性能良好的金属、陶瓷及其混合相（即所谓的金属陶瓷层），从而可设计出范围广泛的表面性能。

利用热动力涂覆工艺处理陶瓷、金属和金属陶瓷材料时，出于经济原因的考虑，需尽可能地把所有涉及的材料利用同一种涂层技术在一个工艺步骤中处理。原则上，处理工艺通过能源来区分。能源可选择液态或气态燃料的自生燃烧（火焰喷涂）或者放电的形式（电弧、等离子）。

所有热喷涂工艺的共同之处在于，在能源的热能和温度的作用下，涂层附加材料以熔融或部分熔融状态传到之前已经经过清洗和预处理的构件表面上，并以高动能能源覆在构件表面上，如图 7.198 所示。通常，底层温度不能超过 200℃。通过适当的冷却，与工艺相关的构件温度可保持在 100℃以下。

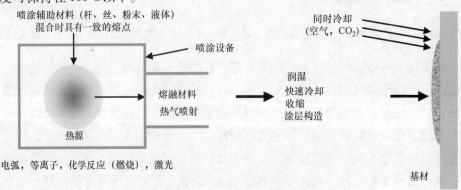

图 7.198　热喷涂的示意图[207]

在工业应用中，鉴于其经济效率和可实现的工艺温度（15000K），大气等离子喷涂（APS，见图7.199）已经成为加工高熔点氧化物陶瓷材料的标准涂层工艺。该工艺的基本原理是在两个电极之间点燃电弧，电弧使围绕电极流动的等离子气体（例如氩、氢、氮或氦）电离，产生膨胀的等离子束。利用喷嘴，把涂层材料径向注入等离子射流中，向着基材方向加速并沉积在表面上。

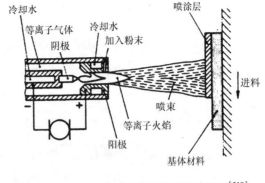

图7.199 用于热喷涂等离子炬的示意图[218]

当然，除了陶瓷喷涂添加剂外，该工艺还可以加工难熔金属和合金（钨、钼、镍、钛、铬、铌、钽、高温合金）。然而，由于大气中的氧在涡流等离子束中的扩散，在加工的温度范围内存在加速氧化的风险。因此，这些材料的加工通常会使用等离子喷涂的一种特殊工艺形式——真空等离子喷涂（英语：低压等离子喷涂，LPPS——Low Pressure Plasma Spraying）。采用低电流的特殊配置的喷嘴，即使是对于低熔点的铝合金，采用这种工艺也可以加工成相对低氧化的致密层。

根据工艺，APS的喷涂涂层通常具有1%~8%的残余疏松。如需要气密层或液密层，则多选用自动涂覆工艺，如高速火焰喷涂。高速火焰喷涂工艺主要根据燃料区分，燃料可以是液体和气体（HVOF，HVOLF）。原则上，这些工艺的特点在于燃料和气态氧在燃烧室中燃烧。在纯气体环境下，主要是粉末状的材料（也可是杆状或丝状材料）轴向注入燃烧室。为了对粉末材料进行传输，对运载气体进行流化。在燃烧室和膨胀喷嘴（径向喷射）中，喷射添加剂被熔化，并通过不断膨胀的气体大大加速。通过膨胀喷嘴，粉末颗粒被进一步加热，并朝向工件加速。

使用气体燃料的高速火焰喷涂（HVOF，见图7.200，见彩插）是一种经过验证的加工粉末材料的工艺。使用不同的燃料气体，可覆盖的燃烧温度范围很宽，因此利用这种工艺可加工更多的材料。

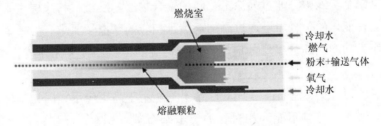

图7.200 用于热喷涂的HVOF喷嘴的结构示意图

带有液态燃料的高速火焰喷涂工艺（HVOLF，见图7.201，见彩插）与气态燃料的高速火焰喷涂的区别是，液态燃料可提供更大的比能量。这样一来，喷嘴可以做得更大，这反过来可以实现更多的物料吞吐量和生产能力。此外，可实现的颗粒速度高达800m/s，这对层组织有积极的影响。然而，液态燃料的设计限制了可实现的工艺温度范围。因此，该工艺不能加工高熔点材料。通过结合高动能和低工艺温度，使得该工艺特别适合加工金属陶瓷。

由于非常细的粉末无法再按照传统的方式进行传输，为了加工亚微米或纳米级的材料，德国斯图加特大学陶瓷构件制造技术研究所开发出了高速悬浮火焰喷涂工艺（HVSFS）[219]。为此，气态燃料与改进的 HVOF–G 喷嘴一起使用。与 HVOF–G 工艺不同的是，现在使用悬浮液来代替粉末状材料。

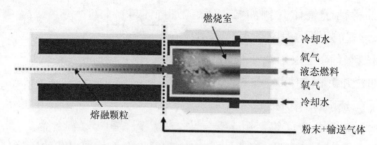

图 7.201　用于热喷涂的 HVOLF–喷嘴的构造示意图

热喷涂涂层通常用于磨损和腐蚀保护。基于铁、钴或镍的各种金属陶瓷材料（硬质合金）通常用于此目的。在金属基体中，嵌入各种硼化物、硅化物和碳化物作为硬质材料相，特别是碳化钨和碳化铬。磨损保护层最著名的代表是基于碳化钨钴（WC–Co）和碳化铬镍/铬（Cr3C2–Ni/Cr）的层。在机械制造中，承受超高载荷的组件通常使用 HVOF 工艺或者 HVOLF 工艺进行加工。此外，如果在载荷允许范围内，可通过 APS 施加各种陶瓷作为磨损保护层，如氧化铝（Al_2O_3）、氧化铝和氧化钛（Al_2O_3/TiO_2）的混合物以及氧化铬（Cr_2O_3）。使用钼、黄铜，青铜和钴–钼–硅合金"Tribaloy"作为滑动层。在干燥摩擦条件下，这些涂层具有良好的耐磨性及低摩擦系数。

对于不能使用液态或糊状润滑剂的特殊应用，已经开发出基于热喷涂涂层的组合涂层。所谓的聚酯–硬质材料组合涂层（PHK 涂层）代表了一种可能性，即可以实现具有高机械和化学耐受性的加上其他特定表面性能的涂层。

利用热喷涂工艺（TS）来生产硬质材料涂层，可以选择使用金属、氧化物陶瓷或金属陶瓷材料。在第二个步骤中，通过喷涂工艺施加聚合物层。硬质材料涂层主要是负责高耐磨性，用于使表面官能化的聚合涂层通过添加剂满足相应的摩擦学要求。另一个有趣的替代方案是采用薄膜作为功能性的覆盖层的应用，使用传统的 PVD 工艺，把覆盖层施加到喷镀层的抛光表面上。

对于轻金属表面，类金刚石碳（DLC）涂层不能用于高压应用，因为基材在压力作用下会很快弯曲乃至塑化，并且不能为相对脆的类金刚石碳（DLC）涂层提供足够的支撑。然而，无论是热喷涂层与聚合层涂层结合或者与薄层结合，这种组合层都可以有助于显著提高轻金属基材的性能。

通过对针盘和滚轮试验台的基础研究，已经证实了 PHK 涂层在钢和轻金属基材上的适用性[207,220]。

硬质 – 聚合组合层的层构造

PHK 层的基本结构如图 7.202 所示。典型的层厚度为 50~100μm。按照应用，对层进行机械加工，以使得表面具有确定承载比的粗糙度轮廓，或者保持在喷涂成形状态。然后，施加聚合物层。在这种情况下，典型的层厚度为 10~20μm。聚合层可使用各种系统。除了基于聚酰胺亚胺或硅树脂的纯有机涂层之外，还使用基于硅氧烷或硅氮烷的有机无机溶胶 - 凝胶涂层。为了进一步官能化，可另外在漆中添加固体材料。对于摩擦应用，例如在涂料中加入亚微细粉末形式的干润滑固体材料，然后，在操作条件下，例如在摩擦配对件中连续释放，以便发挥其作用。在许多工业应用中，会使用具有高填充涂层的 PTFE，以减少不必要的介质附着在构件表面上。

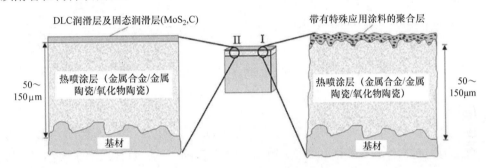

图 7.202　硬质材料 – 聚合组合层（Ⅰ）以及硬质材料 – DLC 组合层（Ⅱ）的模型[207]

在腐蚀保护领域，热喷涂涂层作为热气体防腐蚀层使用。在燃气涡轮机中，在基体材料上施加 MCrAlY 合金层（M = Ni、Co 或者 Fe），最终用热障涂层覆盖，通常采用二氧化锆（ZrO_2）。在使用期间，在 MCrAlY 层上会形成薄而致密的氧化层，可防止基体材料被氧化。在使用温度较低的环境下，诸如镍 - 铝和镍 - 铬的金属合金，用作防腐蚀层以及轻金属上的增附剂。在消费品工业中，如高档的铝压铸炊具，在喷涂防刮耐磨的陶瓷层之前，会使用等离子喷涂的 Ni - Al 层，能防止对铝底基的腐蚀。最后，在聚合基上增加不沾层。

为了保证热喷涂涂层起到耐蚀的作用，在使用区域（使用媒介）内，它必须比在它之下的基材更耐腐蚀，更惰性。这些热喷涂涂层的缺点在于：由于延伸到基材的（诸如气孔和裂缝之类）缺陷，可能会形成电化学单元。这对于非惰性的材料如镁和镁合金尤其不利。在这种情况下，涂层反应成为阴极，基材未受保护的区域充当阳极，这可能会造成大量的局部腐蚀[221]，结果可导致涂层的破坏和脱落。因此，采用了 HVOF 喷涂的金属合金更适合作为防腐层使用，其具有疏松少、裂纹少、氧化物含量低的特点。除此之外，对镁合金上的 HVOF 喷涂镍铬铁硅硼层也证明了这一点，该涂层同时显著提高了表面的耐磨性[222,223]。此外，喷涂层还可以提供目标浸渍或密封的功能。浸渍剂通常是基于溶剂的、有机或无机的低黏度树脂，树脂是风干或者烘烤干燥的。在使用硅树脂的情况下，这些浸渍可以在最高达 550℃ 的温度下使用[224]。

由于具有成本效益、灵活的制造工艺以及高效率等优点，热喷涂涂层系统已成为现代表面技术许多领域中不可或缺的技术。然而，在使用这些复合材料解决方案时，特别是在摩擦学应力载荷系统中，必须始终考虑，层复合材料的功能不仅取决于材料科学和制造技术，还取决于其质量和可靠性。这两种性能主要由构件中现有的自应力决定。图 7.203 展示了自应力对涂层质量的影响程度。

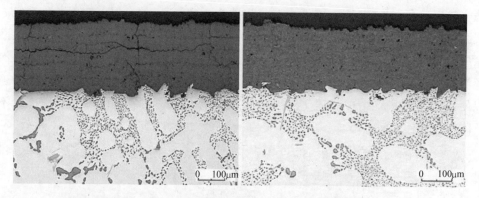

图 7.203　Cr_2O_3 APS 喷涂涂层具有应力诱导裂纹网状图案（左）和应力优化的、无损伤的 Cr_2O_3/TiO_2 APS 喷涂涂层（右）

自应力是存在于无温度梯度的材料中的应力状态，在机械平衡中不受外力和/或力矩的影响。自应力会对构件的承载性和寿命产生正面或负面的影响，具体取决于大小、符号和分布。如果在生产过程中，有意识地将与操作期间出现的载荷应力符号相反的自应力引入材料中，则始终会对操作性能产生正面的影响。

在制作热喷涂涂层时，会在涂层复合材料中产生自应力。在化学表面清理处理之后，开始喷涂工艺前，会对基材表面进行起毛处理。基材表面的起毛处理通过形状配合和力配合改善了层附着性。在喷射过程中，在金属构件的表面会引入自压应力。在层沉积过程中，熔融和熔化的粉末颗粒撞击表面，变形为圆盘状（飞溅，见图 7.204），并在瞬间凝固（$10^{-6} \sim 10^{-5}$s）[225]。

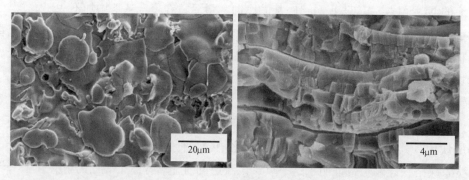

图 7.204　Al_2O_3 APS 喷涂涂层的表面（600×）（左）和断裂边缘（3000×）（右）的扫描电子显微照片[206]

撞击喷射颗粒的动能在材料复合物中引起自压应力。这些应力的大小和有效深度由颗粒速度和（尤其是）熔融度决定[226]。由于粉末颗粒的凝固过程，颗粒体积变小。由于体积减小或者收缩以及凝固过程中黏度的同时降低和由于刚性基体的变形阻碍，在淬火阶段将高拉伸自应力引入到飞溅中[227]。在脆性陶瓷层的情况下，可能在凝固时会出现过应力，导致在飞溅中出现可见的微裂纹[228]。特别是当低延伸层材料沉积在轻金属上时，由于不利的自应力状态，尤其会出现层附着或者微裂纹的问题。通过目标性的过程引导，尤其是优化的热量和质量传递以及合适的材料选择，可以解决自应力的问题。因此，可以有针对性地设置层和界面中的应力状态。

基于铝和镁的轻金属合金的应用得到了稳定的增长，尤其是在汽车制造（发动机制造）中，除了摩擦学要求之外，还需考虑这些合金的腐蚀敏感性问题。鉴于燃油的临界燃烧质量，对废气排出要求的提高以及立法者要求使用可再生原料的压力作用下，尤其是在发动机领域，减少摩擦以及防腐蚀问题都有着重要的意义。

近年来，气缸工作面涂层对于全轻金属发动机，尤其是在降低摩擦及减轻重量方面有着特殊的意义。乘用车和商用车内燃机的总重量主要由排气量决定。气缸曲轴箱的重量占发动机总重量的20%。因此，在曲轴箱区域利用新的铝合金来代替传统的灰口铸铁提供了减轻重量的巨大潜力。现代乘用车发动机的减重潜力在15~80kg之间，具体取决于排量级别和发动机类型。除了高比强度和低密度之外，铝合金还有与灰口铸铁类似的优点，例如在回收过程中材料易于回收，以及大批量低成本的铸造技术。

在目前的四冲程发动机中，只使用铝铸造合金作为曲轴箱的材料。在现代的柴油发动机中，由于更苛刻的热机械操作条件，更多使用灰铸铁作为基础材料，但铝曲轴箱的数量也在显著增加。对于未来的发动机开发，正在采用镁合金作为设计材料进行试验。与之前的镁材料相比，现代高纯镁合金具有更高的强度和硬度，更不易受腐蚀。与全铝发动机缸体相比，由镁制成的曲轴箱可降低约30%的重量[229-257]。

7.6.1 用于内燃机的现代材料复合方案

当前发动机开发的优先目标是通过减少燃料消耗和污染物排放来改善燃料经济性并减少对环境的影响。此外，还对各个构件的技术可靠性和使用寿命以及制造过程的成本效益提出了很高的要求。在现代内燃机中，这些要求导致整体更紧凑的而且更重要的是更轻的发动机设计，并且设计也需要满足几何形状和空间限制要求，例如符合技术安全和流线型的优化车身形状。尤其是，当在内燃机中使用轻金属材料时，气缸曲轴箱的设计是至关重要的。当采用现代铝合金替代传统铸铁材料时，气缸工作面技术是决定性的标准。除了设计、热物理和力学性能以及摩擦学系统性能外，特别需要关注的是制造技术方面。对材料方案的以下技术要求至关重要：

- 轻量化（低密度，小幅宽，短或紧凑的空间）。
- 形状稳定性（长期稳定性，高刚性，低变形气缸）。
- 摩擦学行为（磨损，摩擦，腐蚀，镜面稳定性）。
- 运行性能（低且均匀的燃烧室壁温，有利的油润湿和剥离行为）。
- 运行安全性和可靠性。
- 适合批量生产的制造工艺（环境影响，工艺可靠性，高度自动化，可用性，交货时间短）。

- 制造成本低（高产能，低节拍时间）。
- 回收能力。

轻金属制造的内燃机的现有技术是采用铝压铸制成气缸曲轴箱。由于在高的热机械载荷系统中，未处理的铝表面的摩擦学性能较差，因此，对气缸工作面的保护措施对于减少磨损和腐蚀至关重要。一方面是成本有效的制造过程的复杂性，另一方面是优化的运行性能，这导致了气缸工作镜面设计的不同方法。所开发的材料方案根据定义细分为整体的、准整体的和异质材料解决方案[232]。

最常用的材料解决方案是采用不同材料制成的异质材料气缸曲轴箱。在这种材料方案中，把加工好的单个衬套以形状匹配的连接（插入和机械夹紧，收缩或铸造）方式集成到铝曲轴箱中。衬套材料多使用铸铁或高硅铝合金。灰铸铁衬套依然是迄今为止最便宜的技术解决方案。由于微观结构中的层状石墨分布，灰铸铁衬套在润滑状态下具有非常好的摩擦操作特性。缺点是：高重量，与铝基体的连接不充分，这会导致燃烧室中的散热不良（图7.205左图）。此外，符合材料中不同的力学和热物理材料性能要求可能会导致衬套变形，并由此产生更大的缸间壁宽。通过衬套表面上的热喷涂铝硅功能层，可以实现铝基体和灰铸铁衬套之间明显更好的连接（图7.205右图）。使用这种所谓的HYBRID – Liners®可降低工作过程中气缸变形。最重要的是，可以显著改善散热[233]。高硅铝衬套的生产成本虽然更高，但是工作特性更好。

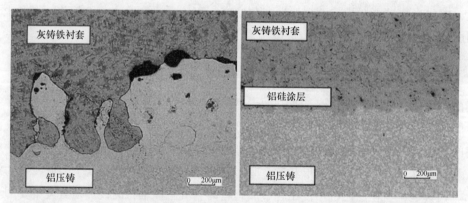

图7.205 （左）铸造灰铸铁衬套（拉毛套），在灰铸铁和铝基体之间有气隙；（右）内置铸造HYBRID – Liners®，在灰铸铁衬套、铝硅层和铝基体之间无间隙金属间连接

在发动机工作条件下，活塞环在机械或化学暴露的硅晶体上振动。在铝基体中的硅晶体分布得越均匀越精细，衬套上的摩擦学行为就越好，系统的使用寿命就越长[234]。图7.206左图是喷涂压实的Silitec®衬套横截面，球状硅晶体的大小约在2~15μm之间。图7.206右图是热喷涂的铝硅衬套表面，GOEDEL – Liners®，硅晶体大小约为1~5μm。在这两种方案中，硅晶体的比例可以在10%~40%之间设置。

铝基体确保与压铸铝的热物理相容性，保证燃烧室的高散热性，易于加工，可相对容易

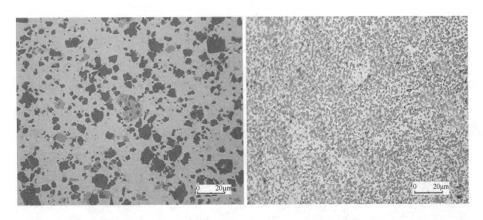

图 7.206 Silitec® 衬套横截面（左）和 GOEDEL – Liners® 的横截面（右）；右图放大 500 倍

地与铝铸造材料一起回收。目前，有各种铝硅衬套可供使用，根据制造工艺（铸造，冷等静压，喷涂冲压，热喷涂）加以区分，从而也按照硅晶体的几何形状与尺寸分布来区分。对于铝硅衬套而言，重要的是与压铸铝的良好连接，因此，优先使用表面粗糙的衬套。

在轻金属发动机中采用过共晶合金 AlSi17Cu4Mg（Alusil®）取得了良好的经验。迄今为止，在各种发动机系列中都使用了这种轻合金。整个曲轴箱是在低压硬模铸造工艺中整体制造而成。通过制造过程，形成大小为 20~70μm 的不均匀排列的硅源晶。该合金从技术上很难铸造，即使是采用了复杂昂贵的铸造技术，也有形成微小孔洞的倾向。图 7.207 中左图展示了过共晶合金铝硅显微组织的横截面显微照片。

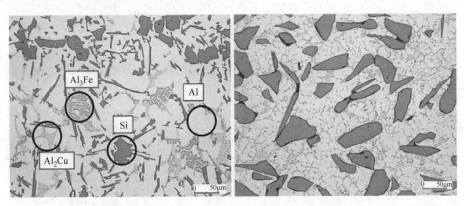

图 7.207 （左）过共晶铝合金（Alusil®）横截面和
（右）颗粒增强复合材料（Lokasil®）的气缸工作面横截面，放大 200 倍

第三个发动机材料组使用了准整体材料方案。通过局部材料工程，承受高应力载荷气缸内表面在摩擦学上得到改善。这种改进可以通过各种工艺来实现，例如用铝基体材料渗透多孔硅预制件，以及各种电镀和高能涂层工艺。Lokasil® 材料方案是在气缸工作面的局部区域提高氧化铝（Al_2O_3）纤维或硅的浓度。在这种情况下，高压多孔成型体，即所谓的预制件，在挤压铸造工艺中以不同的铸造压力渗透到 226 铝合金（$AlSi_9Cu_3$）中。硅晶体的晶粒尺寸在 30~70μm 之间，局部体积分数约为 25%。无差错连接实现了 Lokasil® 材料的准整体

特性，如图 7.207 右图所示，同时，气缸的变形也非常小[235]。

带涂层的气缸工作面代表了第二种准整体材料方案。几十年来，电镀涂层系统已经成功地用于单冲程和二冲程发动机以及各种赛车发动机领域的轻合金气缸。硬铬或镍分散涂层（Nikasil®）通常具有 10~50μm 的层厚度。在粉尘极大或润滑不足的条件下，镍分散涂层也具有非常好的摩擦和磨损性能[236]。图 7.208 左图中展示了嵌入碳化硅颗粒的电镀沉积的镍分散涂层。

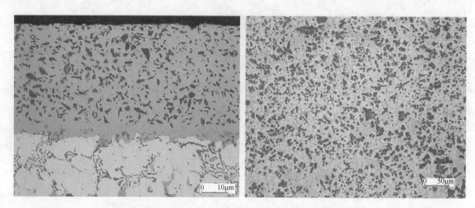

图 7.208　（左）有嵌入碳化硅颗粒镍分散涂层的横截面，Nikasil®，放大 500 倍；
（右）利用激光对过共晶 AlSi 进行涂层，Tribosil®，放大 200 倍

在准单体材料方案中，当前主要是开发内部涂层，通过高能涂层工艺在气缸工作面进行涂层。一种新的制造技术方法涉及通过激光合金化对过共晶铝硅镜面进行涂层（Tribosil®），如图 7.209 所示。

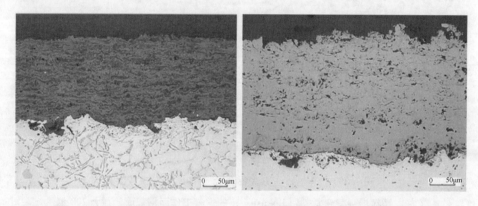

图 7.209　HVOF 喷涂的陶瓷 Al_2O_3/TiO_2 和 APS 喷涂金属钼层横截面，放大 200 倍

在固定的发动机缸体中，通过可旋转的探针，把激光束指向气缸内表面，制造出熔融区。在熔融区域加入合金粉末，旋转并轴向推进激光束，把粉末均匀地送到气缸高度的工作面。可通过引入的热能、旋转速度、粉末进料和散热来控制硅析出物的层厚度、大小和分布[237]。

未来的开发目标，如降低生产时间、减少工艺步骤和降低生产成本，以及改善操作性能

或提高热和机械操作条件，这些都导致了对热喷涂涂层是否适合作为轻金属气缸内表面的功能涂层和保护涂层的研究。采用等离子喷涂金属涂层系统的首次小规模运行突出显示了这些高能涂层工艺的巨大潜力[238]。除了大气等离子喷涂（APS），近来也使用电弧丝喷涂工艺或高速火焰喷涂工艺（HVOF）。鉴于这些工艺生产成熟度、材料的多样性和可实现的层质量，为具有成本效益的制造工艺和优化的发动机工作行为展示了极好的前景。在图7.209中，展示了HVOF喷涂陶瓷Al_2O_3/TiO_2和APS喷涂金属钼涂层系统。

对未来发动机的技术要求包括降低润滑膜厚度，使用可生物降解的机油，在润滑不足的情况下工作或实现终身润滑的可能性等。因此，在混合摩擦或干摩擦下，具有低摩擦和磨损系数的涂层系统是特别令人感兴趣的。当不再使用或者减少使用传统的高性能液体机油时，必须通过具有干运行性能的功能材料表面来保证摩擦学运行安全性。

7.6.2 热喷涂气缸内涂层的生产

近年来，基于各行业原料和能源政策方面考虑的各种热喷涂工艺已发展成为现代制造技术的尖端技术。几乎无限种类的适用材料可以实现材料组合，采用任何其他工艺都无法在厚涂层区域领域实现这种组合的工艺和经济生产。涂层工艺具有极好的运动柔性，例如通过涂层机器人，无论组件的大小和形状如何，都能保证涂层的高质量和均匀性。此外，利用现代冷却技术，可以将关键构件的热量输入降至最低。

在热喷涂期间，将一种或多种粉末状或丝状的喷涂添加剂加热，熔化或塑化，并旋涂到基材表面上，以便利用现有的或施加的动能形成涂层。由于可加工材料的多样性，实际上不可能对所有的材料进行考察。理论上，任何具有确定熔点且在喷涂条件下不分解的材料都可以进行热喷涂。主要喷涂材料包括所有金属及其合金，氧化物陶瓷材料以及金属陶瓷，即结合在金属基体中的碳化物或硼化物。施加的层厚度在 $20\sim200\mu m$ 之间。如果有需要，也可以获得毫米范围内的层厚度。高能涂层工艺是最新开发的一种技术。在高速火焰喷涂（HVOF）下，液态燃料或燃料气体（丙烷、乙炔、乙烯）与纯氧混合，用于高温燃烧。由燃烧和膨胀而产生的射流速度高达 $1000m/s$，温度在 $2500\sim3200℃$ 之间。基于高动能粒子能量，可实现低疏松和极高附着强度的涂层。在大气等离子喷涂（APS）中，可实现高达 $20000℃$ 的工艺温度，这就是等离子工艺主要用于加工高熔点材料的原因。在开始涂层工艺前，需对基材表面进行粗糙化并脱脂。对表面进行粗糙化，可改善涂层的附着力，并在基材表面中引发压应力。在涂层过程后，对涂层进行机械处理（研磨、抛光、珩磨）或热后处理[239]。

气缸内涂层的制造工艺涉及直接与铸造工艺以及气缸孔的机械预加工工艺相结合。在铸造工艺中，必须确保涂层的气缸内表面无缩孔和杂质。在热喷涂后，由于涂层厚度相对较小，约为 $100\sim200\mu m$，因此，必须对例如通过主轴的气缸孔进行机械预加工，以达到规定的制造公差。为了达到所要求的表面质量和尺寸公差，气缸内涂层工艺可细分为三个单独的工艺：缸内表面的活化、气缸工作面的涂层以及镜面的精加工。

在第一个制造步骤中，包括对涂层表面的活化。活化过程可分为化学清洁和对基材表面的机械粗糙化。在化学清洁过程中，使用如丙酮或乙醇的溶剂。对于内表面的机械粗糙化，可使用不同的内喷射（用金刚砂或铸钢，高压水射流）工艺和洗刷工艺。在粗糙化处理之后，铝表面上应存在 $Rz30 \sim Rz40 \mu m$ 的表面粗糙度。尤其是在用金刚砂或铸钢进行粗糙喷砂时，重要的是最后仔细地对曲轴箱中的喷砂材料进行清洁，以避免在随后的制造过程中携带磨料颗粒。在接下来的视觉质量控制过程中，对喷砂表面的质量和均匀性进行检查。必须要特别注意表面粗糙的均匀，需要特别注意是否有开口的缩孔，因为在后继的涂层工艺中，这些孔也不会闭合。

在活化轻金属表面之后，开始对气缸工作面的实际内涂层过程。合适的涂层工艺是大气等离子喷涂（APS）、高速火焰喷涂（HVOF）和电弧丝喷涂。根据运动过程顺序，还可以提供三种不同的制造工艺（A，B，C）。在工艺 A 中，旋转涂层设备（Rotaplasma® APS 喷嘴，电弧丝喷嘴）进入气缸孔中。发动机缸体在 x、y 方向上精确固定，例如在传输带上或由机器人固定。通过附加的垂直运动（z 方向）移动发动机组或旋转喷嘴，均匀地对气缸孔深度的气缸工作面进行涂层。在工艺 B 中，发动机缸体在旋转夹具上旋转。通过操纵机器人把发动机缸体固定在转台上，对齐并旋转。所选择的旋转速度由所采用的涂层工艺决定。在发动机缸体旋转时，每个待涂层的气缸孔精准地定位在旋转轴线上。通过涂层装置（F1 APS 喷头，电弧喷头）的垂直进入（z 方向），可实现对气缸孔深度上的均匀涂层。在工艺 C 中，使发动机缸体旋转，并且待涂层的气缸孔在旋转轴线上旋转定位。利用外部的涂层设备（HVOF 喷头）进行涂层，也意味着，喷嘴不进入到气缸孔中。通过喷嘴椭圆形的进给运动和进给速度对入射角的调整来实现均匀涂层（比较图 7.210（见彩插）和图 7.211）[240-244]。德国斯图加特大学陶瓷构件制造技术研究所开发的 HVOF 内涂层方案的示意图如图 7.212 所示。

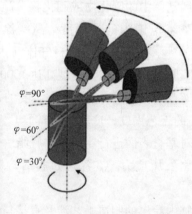

图 7.210　4 缸直列式发动机的 HVOF 气缸内涂层工艺（左）和具有可变入射角的 HVOF 内涂层工艺流程示意图（右）

涂层工艺的选择决定了待加工的喷涂添加剂、涂层质量和涂层可靠性、精加工工作量、运动工艺流程以及制造成本。目前最适合批量生产的内涂层工艺是 APS 喷涂。几乎所有粉

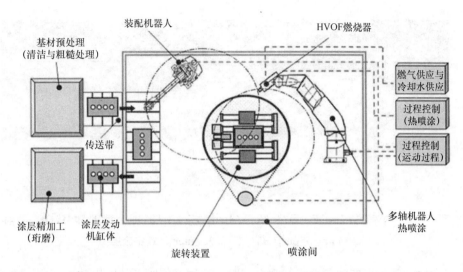

图 7.211　在发动机缸体旋转下，用于生产热喷涂气缸内涂层的整体生产方案示意图

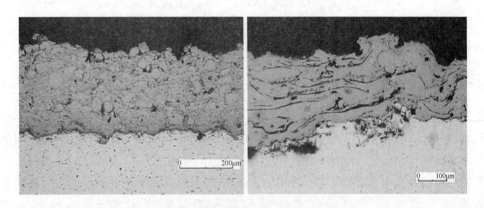

图 7.212　内喷涂的 APS（$Rz=84\mu m$，$HV0.1=210N/mm^2$）和电弧丝
（$Rz=165\mu m$，$HV0.1=225N/mm^2$）铁铬涂层

末形式的金属、金属陶瓷和陶瓷材料都可用于内表面的涂层，并且涂层质量高，制造成本合理。基于加工技术和高材料施加量，电弧丝喷涂是迄今为止最便宜的内涂层工艺。但是，只能加工丝状导电喷涂添加剂。受制于工艺，涂层质量相对较差（高疏松，层不均匀，尤其是表面粗糙），后期必须进行更多的加工。在所介绍的内涂层工艺中，HVOF 喷涂是最新开发的制造工艺。采用该工艺，可对几乎所有的金属、陶瓷金属和陶瓷喷涂粉末材料进行加工。利用 HOVF 加工的涂层在附着强度、层结构和自应力分布等方面显示出明显的优势。不过，由于所使用的工艺和生产技术以及所需的粉末质量，其成本比 APS 喷涂略高。在制造可靠性、安全性与过程监控方面，使用外部涂层设备的布置更具有优势。在图 7.212 和图 7.213 的 APS 显微照片中，展示了电弧丝喷涂、HVOF – 丙烷及 HVOF – 煤油喷涂的铁铬涂层。

在涂层过程结束后，对气缸内表面进行最终的纯机械加工。通过多阶段珩磨工艺进行精加工，可精确地设定结构尺寸公差和所需的表面形貌。金属涂层系统通常采用对于灰铸铁典

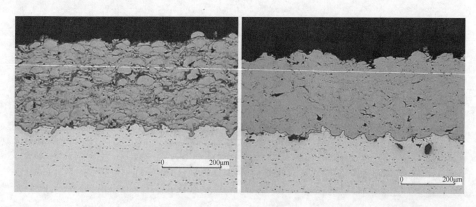

图 7.213　内喷涂的 HVOF – 丙烷（$Rz=64\mu m$，$HV0.1=313N/mm^2$）和 HVOF – 煤油（$Rz=55\mu m$，$HV0.1=380N/mm^2$）铁铬涂层

型的表面结构进行平顶珩磨，而陶瓷和金属陶瓷涂层系统鉴于其脆性和高硬度，多采用精密珩磨。在珩磨工艺结束后，对表面形貌进行测量并检查形状精度（圆度，气缸形状，直线度）。当前重点研究是气缸工作面的激光结构化。通过在大量所谓的激光袋中燃烧，可改善润滑剂保持能力，尤其是镜面中关键的上止点区域中的润滑剂保持能力。

7.6.3　材料选择和材料特征

作为当前研究的一部分，正在研究和开发材料、工艺和制造技术的解决方案，以便于通过热喷涂将合适的、摩擦学上有效的材料系统应用于铝曲轴箱的气缸工作面。材料的筛选首先集中在开发高效和功能性喷涂添加剂和涂层系统上，以用于高应力载荷的摩擦系统中。特别令人感兴趣的是具有低摩擦系数和磨损系数并同时具有高耐蚀性的涂层材料。在润滑条件下，活塞环和气缸套之间的摩擦系数和磨损系数要少于 $\mu=0.2$ 和 $k_v=200\times10^{-8}mm^3/N\cdot m$。摩擦副的摩擦性能受相对速度、比润滑剂性能（例如黏度 $f(T)$）、表面湿润性、表面形貌、工作条件（温度和压力）以及涂层材料的性能比的影响。在材料选择的框架内，首先将不同的陶瓷、金属陶瓷和金属材料系统定义为涂层材料。

在内燃机的工作环境中，温度和压力会持续变化，涂层复合材料的材料性能主要受各材料的热物理性能以及复合材料间相互作用的影响。因此，目前的研究工作是利用膨胀计来测量粉末样品 α_p 和棒状试样 α_c，来研究在 50~450℃ 之间的热膨胀系数 α 和比热容 c_p，在表 7.21 中列出了所研究的涂层材料的热膨胀系数 $\alpha_{p/c}$ 和比热容 c_p 的测量结果。此外，具有不同基材材料的热膨胀系数和热容量的知识很重要，因此也是确定的。

表 7.21　在 50~450℃ 温度范围内测量出的平均热膨胀系数 α 和比热容 c_p

材料系统	$\alpha_p/(10^{-6}/K)$ (50~450℃)	$\alpha_c/(10^{-6}/K)$ (50~450℃)	$c_p/[J/(g\cdot K)]$ (50~450℃)
AM50	—	26	1.02
AlMg3	—	24	1.01
AlSi9	—	24	0.91

(续)

材料系统	$\alpha_p/(10^{-6}/K)$ (50~450℃)	$\alpha_c/(10^{-6}/K)$ (50~450℃)	$c_p/[J/(g \cdot K)]$ (50~450℃)
Ti4	—	9.5	0.58
St42	—	11.5	0.47
AlSi17Cu4Mg3(Alusil®)	—	19	0.85
AlSi25(Silitec®)	—	16	0.82
GG(片状石墨)	—	13	0.46
G-Cr	—	7.5	0.45
G-Ni/SiC(Nikasil®)	—	13	0.42
TiO_2	8.4	9.4	0.73
Al_2O_3/TiO_2-60/40	5.97	5.4	0.92
Cr_2O_3	7.21	7.4	0.71
Cr_2O_3/TiO_2-60/40	7.84	7.5	0.73
$Cr_3C_2/NiCr$-80/20	9.1	10.7	0.55
(Ti,Mo)(C,N)/NiCr-80/20	8.0	9.4	0.42
CrB/NiCr-75/25	10.7	10.5	0.44
Mo	4.7	5.0	0.24
FeCr17	13.5	13.3	0.48
Mo/FeCr-70/30	9.7	9.75	0.30

该研究工作的一个重点是具有干润滑性能的材料系统的生产及其特点。某些金属氧化物，例如钛的氧化物（TiO_x），钼的氧化物（MoO_x），铁的氧化物（FeO_x），钒的氧化物（VO_x）等，在摩擦应力载荷下，具有非常好的摩擦性能和磨损性能。在这方面特别重要的是系统Ti-O的亚化学计量相，其原子比O/Ti位于1.6<2.0的范围内。这里所说的是以A. Magnéli（马格内利）命名的Magnéli相。马格内利（注：1914-1996，瑞典化学家）是20世纪第一个系统地处理这些氧化相的人。所谓的"润滑氧化物"的摩擦和磨损减少效应基于氧空位，氧空位会规律地出现在晶格中的某些位置上。由此而产生低剪切强度，在载荷作用下，导致单个晶体和层结构以摩擦剪切的形式滑动。在干润滑及稀薄润滑的条件下，可以预期，这些材料系统的摩擦系数和磨损率会非常低[245-247]。

7.6.4 涂层特征

通过使用APS（F1喷嘴）和HVOF（TopGun喷嘴），并采用不同的参数（工艺气体、气体流量、进给速度、旋转速度、工艺冷却），将涂层材料喷涂到铝衬套的内表面。结果是，在材料筛选中使用的所有涂层系统，以定义好的层厚度（$S_{最小}=200\mu m$）和质量，通过涂层工艺，可再现地且均匀地喷涂在气缸高度范围的镜面上。在图7.214中，在气缸高度范围上以两个构件中的涂层系统为例（TiO_2和$Cr_3C_2/NiCr$）展示了其金相截面。

由于在喷涂颗粒凝固时出现的不平衡相和特殊的层结构以及由此而生成的微观结构和金

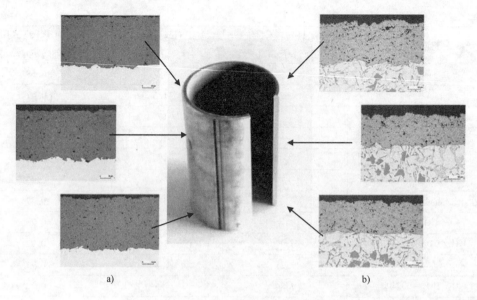

图 7.214　圆柱形试样内涂层[206]

a) HVOF 喷涂 TiO_2 涂层系统　b) APS – F1 喷涂 Cr_3C_2/NiCr 涂层系统

相组织结构，热喷涂层的材料性能与烧结固体材料的材料性能有着本质的区别。此外，根据所使用的涂层工艺和工艺参数的不同，即使使用相同的涂层，材料性能的差别也会很大（图 7.215）。

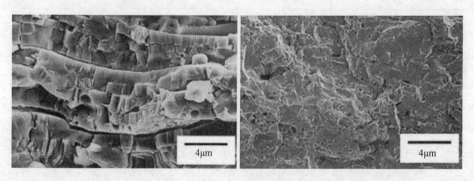

图 7.215　（左）Al_2O_3 APS 和（右）HVOF 断口边缘（3000×）电子扫描显微照片；喷涂涂层

热喷涂气缸内涂层的功能性和可靠性取决于涂层材料和基体材料的材料性能，尤其是材料之间的相互作用与所得出的复合材料性能，如图 7.216 所示。由于大量不同的工艺参数，可以针对每个选定的材料副，单独优化层复合材料性能。

为了生产高性能和技术可靠的涂层复合材料，精确的和可重复的测量技术对于表征所使用的基体材料和喷涂添加剂以及确定材料和层的性能都是必不可少的。特别是，必须精确测量涂层的性能，因为涂层性能定义了涂层复合材料的质量以及所用涂层参数的标准。

7.6.4.1　机械涂层特征

热喷涂涂层系统的机械特征值，如表面粗糙度、硬度和弹性模量都是重要的参考值，用

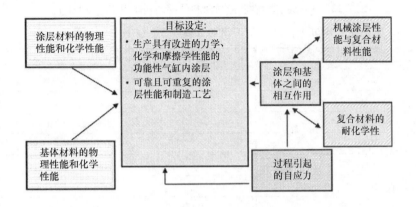

图 7.216 优化热喷涂涂层复合材料的功能性和可靠性

于评估不同的涂层材料、涂层工艺及其参数。机械涂层参数的测定昂贵且费时，已建立的标准评估方法少之又少。此外，即使在相同的涂层系统中，由于涂层的不均匀性（疏松，不同的相分布），测量结果的偏差很大。因此，在测量所得出的详细数据下，测量结果取平均值，以特征数据段的形式表现。对摩擦学系统进行评估时，涂层硬度是重要的参数。因为通常来说，摩擦学载荷构件表面的磨损随着材料硬度的增加而降低。为了能够单独评估不同层

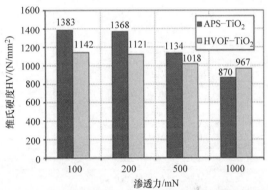

图 7.217 在不同的压力下，APS 和 HOVF 喷涂的二氧化钛（TiO_2）涂层系统的维氏硬度 HV

的显微压痕法硬度测试结果的信息价值，在横截面上采用不同压头载荷，对 APS 和 HVOF 喷涂的二氧化钛（TiO_2）涂层系统的涂层硬度进行了研究。图 7.217 展示了对于不同压头载荷，APS 和 HVOF 喷涂二氧化钛（TiO_2）涂层测量出的涂层硬度。

原则上，所有的热喷涂涂层都随着压力的增加，维氏硬度随之降低。因此，与均质材料相反，只能在相同的测量条件下进行比较研究。此外，应该注意的是，在所有 APS 喷涂的涂层系统中，鉴于其层状的组织结构和随着压力的增加而产生较多的微疏松，因此，与 HVOF 喷涂涂层相比，显示出测得的层硬度要降低很多[248]。

为了对涂层质量，尤其是涂层工艺的可重复性进行评估，对喷涂涂层系统进行金相研究。表 7.22 列出了各种基体和涂层材料的疏松值、硬度值、弹性模量的测量结果与涂层工艺（APS，HVOF）之间的关系。通过对横截面的图像分析方法，可确定涂层的疏松，表示为平均孔体积 V_{PM}（$V\%$）。层硬度 HV0.1（N/mm^2）和弹性模量 E_M（GPa）（卸载曲线）的值，用显微硬度测量仪 Fischerscope TM HCU 测量，取横截面中 10 次测量的平均值。

表 7.22 不同基体材料和涂层材料的平均孔体积 V_{PM}（$V\%$），维氏硬度 $HV0.1_M$（N/mm^2）和弹性模量 E_M（GPa）的测量平均值

材料系统	V_{PM}（$V\%$）	$HV0.1_M$（N/mm^2）	E_M（GPa）
AM50	—	64	45
AlMg3	—	62	70
AlSi9	—	80	85
Ti4	—	200	115
St42	—	180	190
AlSi17Cu4Mg3（Alusil®）	—	130	80
AlSi25（Silitec®）	—	110	85
GG（片状石墨）	—	320	130
G – Cr	—	790	175
G – Ni/SiC（Nikasil®）	—	530	185
TiO_2（APS）	3	950	198
TiO_2（HVOF）	2	1075	190
Al_2O_3/TiO_2 – 60/40（APS）	4	1580	215
Al_2O_3/TiO_2 – 60/40（HVOF）	3	1160	178
Cr_2O_3（APS）	7	2650	252
CrO_2O_3（HVOF）	3	2130	215
Cr_2O_3/TiO_2 – 60/40（APS）	4	1750	220
Cr_2O_3/TiO_2 – 60/40（HVOF）	3	1350	205
$Cr_3C_2/NiCr$ – 80/20（APS）	11	1300	210
$Cr_3O_2/NiCr$ – 80/20（HVOF）	8	1560	223
(Ti,Mo)(C,N)/NiCr – 80/20（APS）	9	1050	175
(Ti,Mo)(C,N)/NiCr – 80/20（HVOF）	4	1130	180
CrB/NiCr – 75/25（APS）	12	1100	230
CrB/NiCr – 75/25（HVOF）	10	1170	240
Mo（APS）	9	650	200
Mo（HVOF）	3	920	210
FeCr17（APS）	8	220	160
FeCr17（HVOF）	5	350	180
Mo/FeCr – 70/30（APS）	8	470	165
Mo/FeCr – 70/30（HVOF）	4	870	210

7.6.4.2 自应力和层附着强度

自应力对层复合材料的质量、工作性能以及尤其是可靠性有显著的影响。热喷涂多层系统中产生自应力的原因是由于复合材料系统内不均匀的应变状态，而不均匀的应变状态则是由生产和使用中明显的温差相关的温度梯度、材料热物理性能的差异以及在金属基体材料和

涂层材料中出现的塑性变形引起的。生产工艺可对层复合材料中自应力的大小和符号产生有目的的影响，从而可以优化临界工作状态。在临界工作状态中，自应力和载荷应力重叠并互相影响。为了提高例如层复合材料在使用期间的静态强度、振动强度和耐磨性，需要对构件表面上即层材料中的自压应力给予关注。此外，涂层和基体表面间界面的自应力是影响复合材料副之间附着强度的重要因素。

利用微钻孔方法，可以通过试验确定构件深度上的自应力。在复合表面上，通过多个加工步骤（在每个钻孔步骤中，孔深约 $5\sim20\mu m$）将钻孔（D 约为 $1.5\sim2.0mm$）引入复合材料表面。由于材料去除，构件中的自应力逐步释放，并使得构件表面产生变形。使用精度应变仪可以测出松弛的自应力，表达形式为表面应变 ε。利用数值计算的校准曲线，将构件表面上测量的应变 ε 转换为孔底部的相应名义应变 ε_z。利用胡克定律，可以从计算出的名义应变[249-252]得出自应力深度剖面（σ_x, σ_y）。

以二氧化钛/铝硅（$TiO_2/AlSi$）涂层复合材料系统为例，分析了不同涂层工艺和工艺冷却速度对热喷涂涂层材料自应力状态的影响。图 7.218（见彩插）显示了所测量的自应力深度剖面，测量深度为 $400\mu m$。APS 喷涂的二氧化钛/铝硅（$TiO_2/AlSi$）涂层复合系统的自压应力会随着冷却强度的降低而增加。在没有工艺冷却的情况下，二氧化钛/铝硅（$TiO_2/AlSi$）涂层上测量到的自压应力可达 $-150MPa$。通过降低冷却强度，可以提高在涂层过程中构件的温度。在冷却阶段，涂层复合材料从较高的温度冷却到室温，涂层中热诱导自压应力上升。在高动能碰撞能量作用下，在 HVOF 喷涂二氧化钛（TiO_2）涂层中测量到的最大的自压应力为 $-200MPa$。在界面或底基表面中所测得的自压应力是由打磨工艺所引起的。

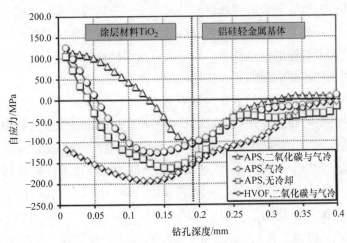

图 7.218 使用不同涂层工艺和工艺冷却时二氧化钛（TiO_2）涂层复合材料中的自应力深度分布

对附着抗拉强度进行检测时，需把钢印模附着在待检测的涂层表面上。随后，把试样固定在无弯矩检测装置中，钢印膜上的拉力持续增加。根据在涂层接近脱层时测得的拉伸力，可确定附着强度。图 7.219 显示了在不同冷却强度下生产的 APS 和 HVOF 喷涂的二氧化钛/铝硅（$TiO_2/AlSi$）涂层复合材料的附着抗拉强度。显示的特征值来自 5 次单独测量结果的平均值。原则上，鉴于更高的运动碰撞能量、更强的夹紧和更致密的层结构，HVOF 喷涂的涂层附着强度明显高于 APS 喷涂二氧化钛（TiO_2）涂层的附着强度。随着界面自压应力的增加，APS 喷涂涂层的附着抗拉强度降低。在 HVOF（丙烷/氧气）喷涂的二氧化钛（TiO_2）涂层上，无法对附着抗拉强度进行测量，因为这些涂层具有比所用黏接剂更高的附着强度。不过，可以假设，HVOF（丙烷/氧气）喷涂的二氧化钛（TiO_2）层的附着强度比 APS 喷涂的二氧化钛（TiO_2）层的附着强度高至少 2 倍。

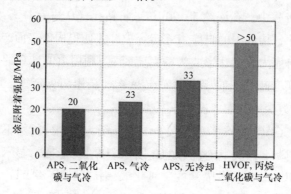

图 7.219　APS 和 HVOF 喷涂二氧化钛/铝硅（TiO_2/AlSi）涂层复合材料中附着抗拉强度的测量结果

7.6.4.3　摩擦学研究

在实际运行条件下的摩擦系统行为是在活塞环/气缸工作面使用新材料方案的主要依据。由于不同物理过程（气体压力分布、活塞环动力学、构件温度、摩擦状态、材料接触）极其复杂的相互作用，只有在复杂的现场试验的基础上才能进行真实的摩擦学材料评估。通过理想化的模型研究，可相对容易地预先选择合适的摩擦材料和加工参数。因此，摩擦学行为的目标分析和优化需要合适的测试技术，用于确定涂层材料的摩擦行为和磨损行为，以及润滑剂的特征与润滑剂和涂层表面的相互作用。

涂层系统的摩擦和磨损行为的表征可以在振荡球盘试验台上进行（见表 7.23）。这里，试验体和配对体彼此平行排列，并以规定的法向力相互挤压。在测量过程中，涂层的试样体以设定的速度振动，同时，球状配对体则固定不动。测试设备放在空调室中，可以精确地设定环境条件（温度、湿度、环境介质）。所定义的法向力、环境条件以及利用动力传感器测量出的摩擦力 F_R，都由测量软件记录并评估。通过法向力 F_N 和摩擦力 F_R 的比，可得出摩擦系数 μ [253]。球状配对体使用了 Al_2O_3（2800 $HV_{0.05}$）和 100Cr6（1150 $HV_{0.05}$）材料的球。由于 Al_2O_3 球的硬度高，因此，只在涂层的试样体上出现磨损。相反，如果使用 100Cr6 材料，就需要始终对球体和试样体上的磨损量进行分析。为了评估磨损行为，磨损系数 k_V 由磨损体积 V、指定的法向力 F_N 和总测量长度 s_G 确定。通过对试样体进行接触式形状测量来测量其磨损量。在预选材料时，特别是在干摩擦条件下的研究是非常重要的，因为通过这一研究，可在极端工作性能下，评估摩擦学材料的潜力。

表 7.23 测量得出的试样体和配对体材料的平均摩擦系数 μ 和绝对磨损系数 k_V ($10^{-8}\,\text{mm}^3/\text{N}\cdot\text{m}$)

材料系统	μ (Al_2O_3)	k_{VS} (Al_2O_3)	μ (100Cr6)	k_{VK} (100Cr6)	k_{VS} (100Cr6)
AM50	0.45	150 000	0.48	—	160 000
AlMg3	0.75	165 000	0.80	—	180 000
AlSi9Cu	0.78	160 000	0.80	—	170 000
Ti4	0.90	130 000	0.85	—	100 000
St42	0.90	51 000	0.70	—	40 000
AlSi17Cu4Mg3 (Alusil®)	0.54	35 000	0.63	—	32 000
AlSi25 (Silitec®)	0.70	36 000	0.60	—	23 000
Lokasil®	0.65	34 000	0.67	—	28 000
GG	0.67	7 500	0.9	10 000	10 000
G-Cr	0.65	10 000	0.85	5 000	—
G-Ni/SiC (Nikasil®)	0.57	5.000	0.60	—	6 000
TiO_2 (APS)	0.2~0.8	800~30 000	0.4~0.9	100~5 000	100~5 000
TiO_2 (HVOF)	0.75	20 000	0.85	3 000	5 000
Al_2O_3/TiO_2 - 60/40 (APS)	0.90	50 000	0.83	3 000	—
Al_2O_3/TiO_2 - 60/40 (HVOF)	0.90	50 000	0.88	6 000	—
Cr_2O_3 (APS)	0.50	50	0.50	1 000	—
Cr_2O_3 (HVOF)	0.50	100	0.60	3 000	—
Cr_2O_3/TiO_2 - 60/40 (APS)	0.75	25 000	0.80	2 500	4 000
Cr_2O_3/TiO_2 - 60/40 (HVOF)	0.75	30 000	0.80	3 500	4 000
$Cr_3C_2/NiCr$ - 80/20 (APS)	0.60	2 000	0.75	3 500	—
$Cr_3C_2/NiCr$ - 80/20 (HVOF)	0.45	600	0.70	1 500	—
(Ti,Mo)(C,N)/NiCr - 80/20 (APS)	0.65	20 000	0.75	5 000	3 000
(Ti,Mo)(C,N)/NiCr - 80/20 (HVOF)	0.70	8 000	0.70	4 000	3 000
CrB/NiCr - 75/25 (APS)	0.75	10 000	0.80	4 000	3 000
CrB/NiCr - 75/25 (HVOF)	0.60	6 000	0.85	5 000	1 000
Mo (APS)	0.65	15 000	0.75	4 000	2 000
Mo (HVOF)	0.50	8 000	0.80	4 000	3 000
FeCr17 (APS)	0.80	90 000	0.95	—	70 000
FeCr17 (HVOF)	0.70	60 000	0.90	—	50 000
Mo/FeCr17 - 70/30 (APS)	0.65	10 000	0.85	2 000	10 000
Mo/FeCr17 - 70/30 (HVOF)	0.60	8 000	0.80	2 500	5 000

选择以下应力载荷条件进行摩擦学研究：
- 法向力：$F_N = 10\,\text{N}$
- 振荡速度：$v = 70\,\text{mm/s}$

- 振动范围：$s = 5mm$
- 环境温度：$T = 25℃$
- 湿度：$f = 40\%$
- 测量行程数：$n = 50000$
- 配对体：Al_2O_3 与 100Cr6 球（$d = 5mm$）

图 7.220（见彩插）示意性地示出了球盘试验原理的振荡测量原理和涂层试样上的通过触头确定的磨损量。

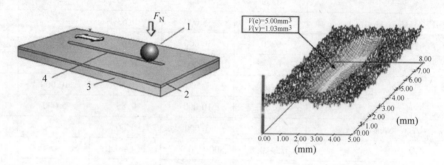

图 7.220 在 Fe/MoAPS 层上的振荡试验装置以及接触测量的磨损形貌的示意图
1—摩擦球 2—涂层材料 3—底基材料 4—摩擦轨道

在上述条件和测试系统下，在所述测量条件下，用两个配合体测量 $\mu \leq 0.9$ 的干摩擦系数。Nikasil®（G – Ni/SiC）、Cr_2O_3 和 Cr_3C_2/NiCr – 80/20 具有非常好的摩擦系数和磨损系数。

另一个非常重要的测量结果是，对于某些 APS 喷涂的 TiO_2 涂层系统，可以实现非常低的磨损系数，并且最重要的是实现在 $\mu = 0.2 \sim 0.4$ 之间的极低干摩擦系数。这些特殊的 TiO_2 层在强还原工艺条件下沉积，即在等离子火焰中具有高的氢含量，同时进行非常密集的工艺冷却。这些大幅降低的工艺参数在层微观结构中产生不同的亚化学计量的 Ti_nO_{2n-1} 相（比较图 7.221），借助这些相可以实现非常低的摩擦值和磨损值。

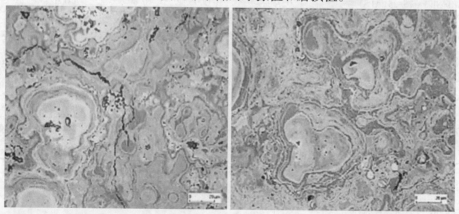

图 7.221 APS – F1 喷涂的 TiO_2 涂层，低或高（左）；等离子火焰中的氢速率（右）

7.6.5 轻型动力总成的目标领域和应用

现代轻量化方案，例如优化构件的设计方案或利用现代轻金属代替传统钢铁材料，正在汽车工业中取得巨大成功。其主要原因是降低能量消耗以及污染物排放，以及通过新的、全自动的、更快的，尤其是具有价格优势的生产工艺降低生产成本。除了车身件和舒适构件之外，动力总成的高的热机械应力载荷件也越来越多地使用轻金属材料来生产，例如气缸盖、发动机缸体或气门和曲柄驱动器中的构件。如今，压铸铝制造的轻金属发动机缸体用于所有现代乘用车发动机系列中。鉴于铝合金的表面摩擦学性能不足，必须在缸套表面上采取必要的保护和增强措施。

以上所展示的材料和涂层特征及其研究证明了，表面技术和涂层复合技术对于现代轻量化起着关键的作用。

7.7 改进轻量化解决方案的自适应技术

在很多工程领域中，最终产品的声学性能变得越来越重要。特别是在汽车行业中，对各个构件和整个结构中的振动声学行为提出了很高的要求。在这一区域，结构振动的主要来源是发动机、车轮、底盘和环流。

激励从源头以波的形式穿过整个汽车车体传播（图 7.222），并与反射波重叠形成振动行为。由于汽车结构主要由低阻尼金属材料组成，因此，声音可以非常有效地传播。车顶、车门、车窗以及底板板材的振动都会引起汽车内部空间的声辐射。可以采取被动措施来降低

图 7.222　汽车车体结构振动的原因

声辐射，例如，在结构表面覆盖泡沫板，或者利用振动控制的主动方案。虽然被动措施在中频和高频区域非常有效，但在低频区域内，在降噪的同时会导致重量显著增加。

汽车制造中轻量化结构的发展趋势有两个结果。一方面，结构中的谐振频率降低；而另一方面，重涂层将减少。但从机械的角度看，这些要求相互矛盾。不过，主动方案与所谓的智能结构可以解决这个问题。

7.7.1 智能结构

降噪和减振或者实现最佳结构性能的被动措施已经达到了一定的限度。因此，主动技术的重要性在增加。由于已经可以获得支持这项技术研究的资源，引入了术语来对这一领域进行界定。术语智能结构、灵巧结构、自适应结构、主动结构、自适应电子学和结构电子学都属于同一研究范畴。所有这些术语都指的是智能材料执行器和传感器的集成和最佳放置，以便于在环境影响相互作用下使用控制单元或信号处理实现最佳结构行为（图7.223）。有关智能结构许多领域的详细概述可以在胡勒保和高尔的文献[254]中找到。

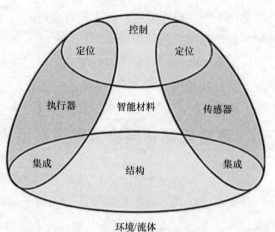

图7.223 集成智能结构

集成的目标是实现这种优化的结构行为，而不会显著增加重量或增加能量需求。智能结构是一项跨学科的研究，因为这一研究涉及许多学科（例如材料研究、应用力学、控制工程等）。在智能结构中所使用的材料具有令人感兴趣的、不同寻常的性能。例如，电致伸缩材料、磁致伸缩材料、形状记忆合金、磁电或电流变流体、聚合物凝胶和压电材料都可用于设计和开发具有智能术语的结构。就材料本身而言，并不智能。"智能"指的是，与传统结构设计相比，更能满足设计要求的材料性能。

在接下来的章节中，将介绍一些自适应技术领域的内容。在这些领域中，展示了智能结构在汽车工程生产和应用中的应用。

7.7.2 隔振（接收体干扰抑制）

在许多应用中，敏感设备与基座振动的隔振具有非常实际的意义。例如，严格的制造公差和高分辨率对工业和研究中的环境有着严格的要求。通常，基座是具有柔性的，并且在具有宽频谱的不可预测的波形中振动。

被动隔振件通常用于储存设备，可在基座强振动下对设备进行保护。然而，传统的被动隔振件如橡胶和金属弹簧，在隔离高频振动的同时，却会增强固有频率的振幅。基本上，通过主动系统与被动隔振件相结合使用，可以实现最好的隔振效果。因为在调节固有频率的同时，不会对高频的隔振效果产生负面影响。

在过去的十年中，已经讨论了很多主动隔振的策略，其中包括用于周期性激励或随机振动结构的调节和控制的方案。具体而言，已经使用了分散式速度反馈。在这一方案中，每个电动执行器独立地以执行器放置时装置的再循环速度运行。在理论和试验中，对于多通道可调节的系统，这些反馈可达到高调节质量和鲁棒的稳定性。为了观察隔振的质量，考察了图7.224中的试验装置，装置是6个弹簧支撑的重型基板。为了将弹簧质量基板和防振系统之间的相互作用减到最小，选择重量为2t的基板，而防振系统的重量只有30kg。可以根据传输频率响应确定隔振质量，其中传递函数表示隔离系统的响应加速度相对于激励器加速度的幅度比。基板的激励是用传统的扬声器进行的，传统的扬声器通过托管架连接到底板上。在对扬声器进行激励之前，函数发生器的输出信号首先由传统的高保真放大器放大。弹簧基板的刚体固有频率为1.44~2.88Hz。图7.225（见彩插）显示了被动和主动隔振系统测得的传输振幅响应。主动系统中使用了分散式模拟控制器。在几乎整个频率范围内，主动系统中传递函数的降幅明显好于被动系统传递函数的降幅。当频率超过40Hz时，两种传递函数都会产生噪声。这是动态执行器行为的结果。

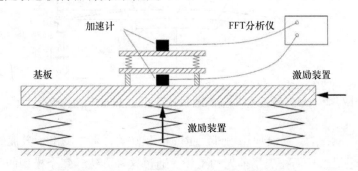

图7.224 用于测试主动隔振的试验装置

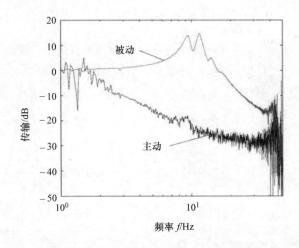

图7.225 被动隔振系统和主动隔振系统中传输振幅响应的测量结果

7.7.3 半被动阻尼

压电材料能够有效地将机械能转换为电能，反之亦然。正是这两个转变方向使压电材料可作为结构阻尼器使用。哈古特和冯弗洛托[255]发布了用于结构件的被动阻尼器。在该阻尼器中，将压电材料粘接到合适的结构件上。他们的成果是以弗华德[256]、爱德华斯和米亚卡瓦[257]的工作为基础的，后三者首先发布了这种类型的被动压电阻尼器用于振动结构中。根据所谓的"分流"压电概念，对带有电阻抗的压电电极进行短路。一旦支撑结构变形，流入到压电体中的电流，在短路电网的电阻部分中作为热量耗散。

在图7.226中展示了"分流"压电原理。利用电阻器R_s对压电陶瓷（PZT）进行短路。哈古特和冯弗洛托[255]给出了压电分流的一般系统的分析描述。他们在文章中定义了结构和耦合的压电网之间的机电相互作用，并利用试验验证了可能性（图7.227）。

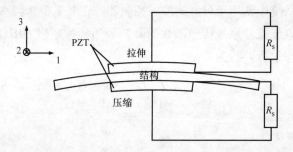

图7.226 压电陶瓷（PZT）元件的短路引起的半被动结构阻尼[259,261]

戴维斯和莱斯欧特[258]通过使用内部能量的模态方案，来预测由于分流到压电陶瓷件的网络导致的结构阻尼，从而拓展了前人的工作。通过这种方法，每个模型的阻尼分量可由单个压电陶瓷元件确定。同样地，通过适当放置压电陶瓷元件可提高各个模型的阻尼。图7.228显示了三种不同电阻的分流方案的效率。在具有最佳电阻的压电陶瓷元件并联连接的情况下，加速度减小5.9dB[254]。

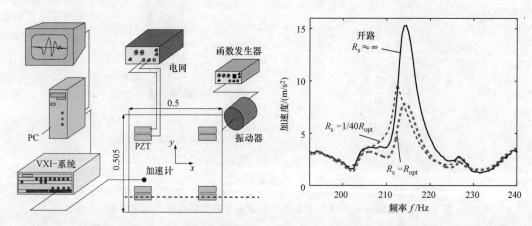

图7.227 用于研究板上压电分流方法的试验装置[254]　　图7.228 短路分流电阻的不同值的加速度测量结果

范恩和高尔[259,260]通过为给电阻器配备数字电位计并在结构中增加了传感器,进一步发展了压电分流概念。通过使用有关激励频率的信息,使用控制器来调节数字电位计的电阻。该技术比以前的技术更灵活,因为可以针对不同模式,进行最佳阻尼的设置。图7.227显示了该压电分流方法的试验装置。

王等人[262]研究了一种可控制的结构振动概念,即在实时自适应电网上对压电换流器进行短路。作者不使用可变电阻,而是使用外部 RL 网络中的可变电阻和电感作为可控输入。这样一来,他们创建了一种基于能量的参数控制概念,通过最大限度地减少主结构中的能量流来减少总能量。此外,王等人也证实了封闭系统的稳定性,并研究了梁系统的控制质量。试验结果证明,加速度振幅有效地减少了总能量(图7.228)。

压电分流方案已经用于提高体育器材的效率,例如网球拍、雪橇和滑雪板。在网球拍的框架上使用压电纤维,可提高整体结构的阻尼效果。该措施提高了发球的精确性,同时可降低受伤(如肌腱炎)的风险。

7.7.4 半主动阻尼方案

半主动阻尼的方案最初由卡诺普等人提出[263]。该方案结合了主动控制,以实时改善被动元件的阻尼性能。该方案有时也被称为主动-被动阻尼。与被动元件相比,该技术可以实现明显的质量改善,而系统成本和复杂性只有很小的增加。另一方面,半主动阻尼无法提供主动系统的控制质量。然而,半主动阻尼所需的能量明显少于主动控制方案(因为只更改了被动阻尼水平),并且实施方案需要更轻的重量和更低的成本。由于能量只是消散,因此避免了溢出效应。实现半主动阻尼有很多可能性,参见卡诺普[264]。最常见的是带有可变(调节)阀的黏滞阻尼器。在半主动车辆悬架领域,已经对该技术进行了深入研究[265,266]。卡诺普、艾伦[267]首先讨论了在柔性结构中使用半主动阻尼,后来戴维斯等人[268]也对此进行了研究。此外,使用电流变流体也可实现半主动减振,其黏度可通过电场调节。该技术可应用于半主动悬架以及柔性结构中[269,270]。半主动阻尼技术也应用在脉冲阻尼中[271]。

对用于调节柔性结构及半主动车辆悬架的半主动摩擦阻尼技术也进行了研究。该方案使用的控制技术是根据所反馈的传感器信号来调整法向力,并因此调整接触区域中的摩擦力。安德森和费里[272]率先研究了半主动阻尼技术。卡诺普[264]也提到了这个方案是产生半主动阻尼的众多可能性之一。卡诺普的想法是以防抱死制动系统(ABS)为基础的。使用 ABS 制动时,重要的是避免在制动衬块和制动盘之间的接触区域中出现减振。在半主动阻尼中,目标是尽可能快地将振动能量作为热量消散。尽管两个概念都具有相似性,特别是因为减振接触表面不能消散能量,所以用于使两个目标最大化的控制技术是不同的。

7.7.4.1 半主动黏弹性阻尼器的控制

有几个概念可以推导出控制定律,以通过阻尼器最大限度地消耗能量。其中一个方案基于李雅普诺夫指数,对系统能量进行了描述。通过对它们的时间推导的分析,可以推导出一种能够最大化控制系统中的能量耗散的砰-砰控制定律(Bang-Bang Control)。迈克拉姆洛等人[269]把该方法应用到了电流变流体阻尼器中。虽然在文献中不曾提及,但流体摩擦模型相当于包含黏性摩擦的库仑模型。

一些科学家已经对电流变流体阻尼器的"滑膜模式"方案进行了研究。在这种情况下,流体被描述为具有线性的黏性分量,其取决于施加的电场以及库仑分量,其平方取决于电场。对每个阻尼器定义了一阶滑动表面,并且一个砰-砰控制定律使每个阻尼器达到其滑动表面的速度最大化。由于具有消失速度的滑动表面上的唯一点是原点,因此阻尼器不太可能减振。开发的控制器超越了具有临界阻尼模式的系统和电场设置为最大值的系统。

瓦库林等人[274]提出了磁流变阻尼器的模型,适用于模拟汽车动力学。该模型由三个子结构构成,即机械模型本身、驱动电路的动态模型以及磁流变流体的动态模型。通过液压试验台上的测试确定模型参数。此外,在用于测试车辆的空间动态模型中实施半主动阻尼模型。所测试得出的系统值与预测对应关系很好。斯卡和瓦拉斯克[275]研究了通过可控磁流变阻尼器实现对驾驶座椅的隔振。他们首先模拟了轨道和阻尼器,然后列出了隔振的质量函数。其控制总成由多标准参数优化器(MOPO)接管,通过优化质量标准来确定未知的控制参数。结果表明,与在不同激励下的最佳被动隔振相比,半主动隔振的质量得到了改善。皮鲁蒙特[276]研究了一种带有磁流变流体的半主动天钩阻尼器,用于窄带和宽带干扰。其研究结果显示,半主动调节系统在高频窄带干扰中的性能要好于在宽带干扰中的性能。此外,已经发现,与经受恒定电压的磁流变系统相比,半主动控制系统的表现并不具有明显的优势。以此结果为基础,德曼等人[277]开发了叉车半主动悬架的调节定律。对于窄带干扰,作者使用半主动控制器。对于宽带干扰,使用经受恒定电压的磁流变的阻尼器,因此是完全被动的元件。

7.7.4.2 半主动连接头的控制

当没有采取附加的阻尼措施(如阻尼涂层)时,与连接结构中的材料阻尼相比,机械连接头(如螺钉、铆钉或压紧连接)是能量消散的主要来源。高尔和鲍伦[278]通过研究螺钉绝缘的夹板连接以及组装的杆和框架结构显示了,在均质铝杆上,在单一的材料阻尼中,等效模型阻尼会增加。在一个连接头连接两个杆或梁的情况下,增加了10倍。在两个连接头连接三个子结构的情况下,增加了20倍。高尔由此得出,在连接结构的连接头上应采用主动措施。这通过控制连接法向力,并因此控制滑动来实现,即控制连接头在接触区域的相对移动来实现。

欧纳达等人[279]提出通过改变结构件的刚度以影响整体行为。利用这种方法,在轨道桁架网格桅杆结构中实现了更高的阻尼。欧纳达和明苏吉[280]通过将具有自适应摩擦力的库仑元件与弹簧元件平行放置,进一步发展了可变刚度的概念。在这项工作中,摩擦力只能在离散的时间间隔中进行调整,其时间间隔大于最低结构固有频率的周期。作者得出的结论是,连续控制摩擦力可以获得更好的结果。

霍尼克基-舒尔克等人[281]则专注于能量吸收结构的主动适应。作者为结构中配备了检测脉冲激励的传感器以及可控的能量吸收元件,并提出了四个不同的应用领域,即:①受高冲击风险的结构;②高安全性的轻型薄壁油箱;③具有高碰撞能力的汽车[282];④保护屏障。这种类型的结构通常由铝或钢蜂窝结构构成,其特征在于高度的比能量吸收能力。

高尔[283]于2000年获得了半主动连接头的专利（图7.229）。向压电式堆叠执行器施加电压，摩擦接触表面上会产生可控的法向力[284]。通过所谓的LuGre模型[285]，提供了对连接头的非线性行为进行建模的一种可能性，在文献[286]中也与其他模型进行了比较分析。该模型描述了相关的摩擦现象[287]，例如滑移前的相对运动，减振滑移过渡和斯特里贝克曲线。该模型也描述了在摩擦面中刷头之间接触的行为（图7.230）。内部状态变量φ描述了刷头之间的平均位移，并且满足作为演化方程的一阶微分方程。该模型考虑了在大的工作范围内对所有观察到的摩擦现象的描述。具体公式如下：

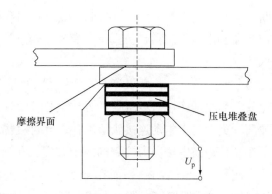

图7.229 半主动连接头[283,288]

$$F_f = (\sigma_0 \varphi + \sigma_1 \dot{\varphi} + \sigma_2 v) F_N = \mu(\varphi, \dot{\varphi}, v) F_N \tag{7.13}$$

$$\dot{\varphi} = v - \sigma_0 \frac{|v|}{F_c + F_\Delta + \exp\left(-\left(\frac{v}{v_s}\right)^2\right)} \varphi, \varphi(0) = 0 \tag{7.14}$$

式中，F_f是摩擦力；v是接触区域的相对滑移速度；F_N是法向力。内部状态变量φ模拟了在粗糙度峰值的粗糙表面的接触（图7.230）。F_c是库伦滑动力，$F_c + F_\Delta$的和描述了附着力。斯特里贝克速度v_s描述了附着和滑动之间的稳定过渡[287]。σ_0代表刷头刚度，参数σ_1、σ_2描述了速度v和摩擦之间的关系。函数μ来自公式（7.11），可以解释为依赖于状态的摩擦系数。

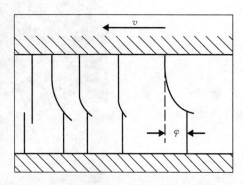

图7.230 摩擦接触的LuGre模型[285]

尼舍[288]、高尔和尼舍[289,290]开发了一种基于李雅普诺夫技术的非线性反馈技术，用于具有非线性半主动连接头的线性机械系统中。反馈可以实现实时和本地意义上的最大化能量消散。由于规则定律需要LuGre摩擦模型的内部变量的信息，因此作者对适用观察器的设计进行了研究，并特别使用了运行观察器和卡尔曼滤波器。此外，为了改善估计的精确度，对较强的干扰信号进行了有效的干扰评估。推荐使用的反馈和观察器设计适用于数字计算机，并且已经用于半主动枢轴的柔性双梁系统的仿真和试验测试中。

另外一种控制半主动摩擦接头的方法采用的是LQR的理论[291]。成本函数是系统能量和控制时长的加权和的无限时间积分。费里及其同事[291]比较了在优化期间和优化之后有和没有输入限制的调节器。在后一种情况下，可能会发生控制器需要负法向力的情况。对$F_n \geq 0$的调节器的"临时"修改称为限幅LQR控制，因为仅允许能量耗散，并且能量输入被

切断。与具有正常数 $k>0$ 的法向力 $F_N=k|v|$ 和阻尼器的相对速度 v 的控制定律相比,最佳的控制器和限幅控制器在仿真中更有利。速度比例调节器至少可以防止阻尼器的黏着,从而确保能量消散。

奥尔布莱特[292],高尔等人[293,294]以及维尔尼特[295]提出了一种在大型轻量化结构中优化放置半主动连接头以减振的方法(图 7.231)。在最佳位置,大型桁架结构上的传统接头被两种类型的半主动连接头所取代,允许其出现相对位移和相对转动角度。如今,已经实现了在摩擦表面中法向力控制的两个方案。在第一个方案中,每个半主动连接头都有自己的本地控制器(SISO 控制),而在第二个方案中则使用了全局的限幅最佳控制器(cLQG 控制)。10 个单元桁架桅杆的仿真结果证明了所提出的半主动方案的潜力。在图 7.232 中展示了桁架桅杆结构的模型。在图 7.233 中比较了系统对三种控制方法的脉冲响应,其中 LQG 表示主动控制。与半主动 cLQG 控制器相比,这种主动控制仅显示了略微更好的性能,但半主动控制方案仅需要主动控制方案中的一小部分功率。

图 7.231　航天飞机雷达地形探测任务(SRTM)[http://www.dasa.de]

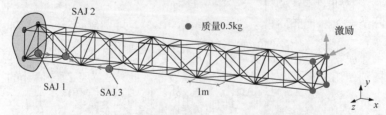

图 7.232　桁架桅杆结构的模型(SAJ = 半主动连接头)[294,295]

7.7.5　主动振动控制

施威格尔和弗华德[296]最先展开了针对主动振动控制的研究。他们的理论和试验研究涉及电子阻尼。在试验中采用了锆钛酸铅机电变换器(PZT)系统,以对在末端夹紧的桅杆的机械振动进行控制。拜雷和胡巴德[297]利用聚偏二氟乙烯（PVDF）（一种柔性压电聚合物）开发出了第一个智能结构。PVDF 用作悬臂梁主动振动控制的执行器。此后，富勒等人[298]对主动振动控制进行了系统地描述。通过结合信号处理和调节理论在力学和振动理论中的发现，作者总结了主动振动控制所依据的原理及其实际应用。如今主要存在两种振动控制方案，

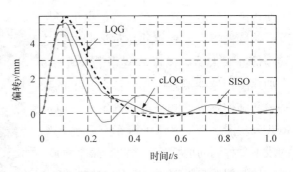

图 7.233 桅杆尖端在 y 方向上的偏转[294,295]

从反馈角度看是调节和控制的区别。调节方案采用自适应过滤技术如 x 滤波 LMS 算法。调节方案的主要优点是不需要结构模型，并且可以用于高频。特别是调节方案对高频的相移和传感器位置不敏感。用于调节的参考传感器位于进入轴的上游。因此，与控制方案相比，最优的调节可立即对干扰进行反应。调节方案的主要缺点是需要参考信号，该信号通常与干扰信号相关。反馈方法又可分为两组：主动阻尼控制和基于模型的控制。在主动阻尼控制中，传感器和执行器放置在同一个位置。这也称为并置结构。由于系统的极从不离开复杂的根部平面的左半平面，并置的传感器/执行器对实现了稳定的控制。对于非并置的传感器/执行器对，所谓的极零跳跃可能导致不稳定。为了避免出现极零跳跃，需预测在控制范围内或附近的所有虚拟零位。当选择了最佳的传感器和执行器时，就保证了控制的稳定性。主动阻尼控制的优点是不需要路径（结构）模型。其主要缺点是在结构共振的附近，功能性受到限制。

有许多基于模型的控制技术，如 LQR，H 无线的和模态反馈技术。特殊模态反馈已经成功地减少了板振动。对于简单的几何形状，板的模态参数可以通过求解板方程来分析确定。对于复杂的几何形状，则可使用有限元法（FEM）对板的模态参数进行数值计算。然而，对于具有复杂几何形状的结构，例如汽车车身，采用有限元法进行计算也是复杂且耗时的。同样，不能预测阻尼行为。作为替代方法，可使用试验模态分析（EMA）来识别模态参数，如固有频率、波形和来自测量结果中的模态衰减。波形为传感器和执行器的放置提供了必要的信息。在放置固定后，可以计算状态空间模型的模态输入和输出矩阵。在模态状态控制器中需要这些矩阵。由于结构行为的小的非线性或由于模态分析的拟合过程引起的误差，可以反映为非平滑的本征模。因此，不可能直接计算输入矩阵和输出矩阵。在这些情况下，可以使用多项式或三次样条来内插测量的模式。为了获得实时模态滤波器，需使用输入矩阵和输出矩阵，因此，控制定律以模态坐标表示。

施托伯内和高尔[300]把所描述的方案[299]应用到跑车乘客舱的传动通道中，如图 7.234 所示。在图 7.235 中展示了试验装置，试验装置由两个独立的回路组成。一个是用于车身振动控制，另一个用于记录振动信号。在图 7.236 中展示了在底板和传动轴通道内侧的传感器和执行器的位置。由于底板背面的执行器几乎覆盖了整个板面，因此传感器放置在执行器的表面上。然而，这不会导致并置的传感器/执行器对。传感器和执行器的配置不是必需的，因为传感器信号不会直接反馈到执行器，而是首先进行过滤以获得模态位移和模态速度。为

了使传感器信号相对于执行器的电磁场屏蔽，传感器用铝箔覆盖并通过屏蔽电缆连接到信号放大器。在评估电路中，通过4个加速度传感器测量振动。传动罩上的激励力和结构响应的测量可以确定频率响应（FRF）。图7.237显示了汽车车身受控制的或不受控制的地板的4个测量频率响应。模态控制器明显地降低了所调节模态的谐振峰（196Hz，281Hz，457Hz 和 500Hz）。此外，还降低了不属于调节方案内的其他模式的振幅。这个结果可以通过受控制的

图 7.234　用于主动振动控制的汽车车身（AVC）

和不受控制的振动模式之间的相似性来解释。对于特殊形式的执行器设计，并非所有振幅都均匀地大幅度减小。只有传感器/执行器的设计相匹配，才能有效地对模态进行控制。在车窗中透明集成的传感器和执行器是以高尔和胡尔勒堡的专利号102005044448 "透明薄壁件的主动和/或被动振动影响"为基础的。

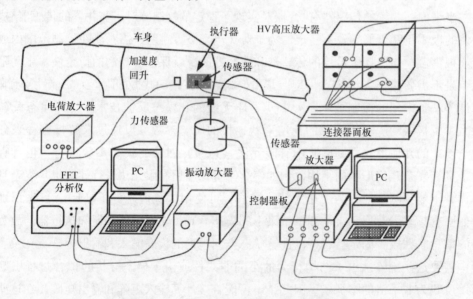

图 7.235　用于汽车车身主动控制的测量装置

7.7.6　主动噪声控制和主动结构声学控制

主动噪声控制（ANC）并不是一种新的方案。鲁格[301]获得了一个系统的专利。在这个系统中，主动噪声控制应用于一个通道中。首先，用传声器来测量噪声。然后，传声器信号用于产生由下游扬声器发射的熄灭波。两个波的叠加导致参考位置处的破坏性干扰。欧尔森和梅[302]于1953年开发了另一种主动噪声控制系统。在该系统中，采用传声器检测声音，

信号通过调节器传送到传声器附近的扬声器中。已经证明，传声器在 20～300Hz 频率范围内具有良好的局部降噪效果。

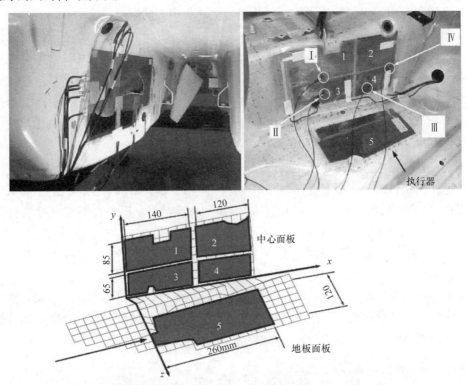

图 7.236　在汽车乘客舱中带有 PVDF 执行器和并置传感器的中板和地板

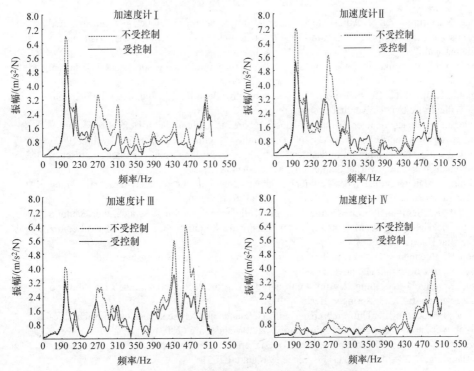

图 7.237　在汽车车身传动通道测量的频率响应

鲁格和欧尔森的经典研究说明了在主动噪声控制中使用的两种不同的控制概念。鲁格使用的是一种调节，因为它是从上游放置的传感器干扰信号的先验知识开始的。欧尔森和梅使用的是反馈控制，因为它们的检测传感器放置于主动噪声源的附近。

主动噪声控制的概念首先由康诺威[303]正式引入，他研究了大型电力变压器辐射的主动噪声控制。该噪声由线路频率的整数倍的音调支配，并且与电网络信号相关。康诺威建议从网络信号中整形参考信号，并将其用作控制输入而不是检测传感器信号。然后，通过电子控制器将参考信号馈送到控制扬声器中。康诺威还引入了故障传感器的概念，该传感器持续监测变压器的辐射声场。故障传感器信号用于调节控制器，以实现辐射噪声的最小化。

尽管这些早期研究可以证明主动噪声控制的潜力，但是只有到了1980年左右的时候，随着数字信号处理器的进步，才能实现多通道系统的实际应用。然而，噪声控制系统仍然依赖于扬声器作为执行器。声控概念已在许多应用中成功实施。举例来说，有用于降低飞机中的机舱噪声[304-306]和用于控制汽车中的轮胎噪声的方案[307]。后来表明，直接耦合到结构的执行器在耦合声学中具有更好的降噪效果[308,309]。该方法称为主动结构声学控制（ASAC）。近年来，以主动噪声控制和主动结构声学控制为基础，建立了各种控制方案：自适应过滤技术[310-313]、鲁棒控制技术[314,315]和模态控制方案[316,317]。

哈格多恩和冯瓦格纳[318]已经开发出了PZT元件的示例，可以用作轿车盘式制动器中的执行器和传感器。该项研究的目标是将超声波引入制动器中，以影响与相对速度相关的摩擦系数，从而降低自激振动，并因此减少吱吱声。

参 考 文 献

1. Lange, K.: Grundlagen, 2. Aufl. Lehrbuch der Umformtechnik: Handbuch für Industrie und Wissenschaft, Bd. 1. Springer, Berlin (1984). Nachdruck 2002 in veränderter Ausstattung – Studienausgabe
2. Schäffner, C.: Konduktive Erwärmung für die Warmblechumformung. Dr.-Ing. Dissertation, Gottfried Wilhelm Leibniz Universität Hannover (2009)
3. Vogt, O.: Temperiertes Tiefziehen von Magnesiumblechwerkstoffen. Dr.-Ing. Dissertation, Gottfried Wilhelm Leibniz Universität Hannover (2006)
4. Doege, E.: Untersuchung über die maximal übertragbare Stempelkraft beim Tiefziehen rotationssymmetrischer zylindrischer Teile. Dr.-Ing. Dissertation, Technische Universität Berlin (1963)
5. Siebel, E.: Die Formgebung im bildsamen Zustande theoretische Grundlagen der technischen Formgebungsverfahren. Verlag Stahleisen, Düsseldorf (1932)
6. Panknin, W.: Die Grundlagen des Tiefziehens im Anschlag unter besonderer Berücksichtigung der Tiefziehprüfung. Bänder Bleche Rohre, Bd. 6. (1961)
7. Springub, B.: Semi-analytische Betrachtung des Tiefziehens rotationssymmetrischer Bauteile unter Berücksichtigung der Martensitevolution. Dr.-Ing. Dissertation, Gottfried Wilhelm Leibniz Universität Hannover (2006)
8. Simon, H.: Rechnergestützte Ziehteilauslegung mit elementaren Berechnungsmethoden. Dr.-Ing. Dissertation, Universität Hannover (1989)
9. Lange, K.: Blechbearbeitung, 2. Aufl. Lehrbuch der Umformtechnik: Handbuch für Industrie und Wissenschaft, Bd. 3. Springer, Berlin (1990)
10. Otto, M.: Erweiterung der Umformgrenzen beim Tiefziehen und Kragenziehen durch Nachschieben von Werkstoff. Dr.-Ing. Dissertation, Universität Magdeburg (2003)
11. Wagener, H.-W., Hosse-Hartmann, J.: Zum Tiefziehen von Magnesiumblech. Meisenbach Verlag, Bamberg, S. 28–34 (2001). UTF science IV. Quartal 2001

12. Merklein, M.: Neuere Entwicklungen zur Umformung höchstfester Stahlwerkstoffe. EFB-Kolloquium, Multifunktionale Bauteile und Verfahren zur Erhöhung der Wertschöpfung in der Blechbearbeitung, Fellbach. (2005)
13. Naderi, M., Durenberger, L., Molinari, A., Bleck, W.: Constitutive relationships for 22MnB5 boron steel deformed isothermally at high temperatures. J Mater Sci Eng A (2007)
14. Carlsson, B., Olsson, L.: Improved formability of ultra high strength steels through local heat treatment. International Conference on Steels in Cars and Trucks: Steel Future for the Automotive Industry, Wiesbaden. (2005)
15. Dröder, K.: Untersuchungen zum Umformen von Feinblechen aus Magnesiumknetlegierungen. Dr.-Ing. Dissertation, Universität Hannover (1999)
16. Behrens, B.-A., Vogt, O.: Umformung von Magnesium. Konstr Eng (12), 44 (2005)
17. Doege, E., Droeder, K.: Sheet metal forming of magnesium wrought alloys – formability and process technology. J Mater Process Technol 115, 14–19 (2001)
18. Doege, E., Walter, G., Kurz, G., Meyer, T.: Umformen von Magnesiumfeinblechen mit temperierten Werkzeugen. EFB-Forschungsbericht, Bd. 195. (2002)
19. Doege, E., Behrens, B.-A.: Handbuch Umformtechnik, Grundlagen, Technologien, Maschinen. Springer, Berlin (2007)
20. Kurz, G.: Temperiertes hydromechanisches Tiefziehen von Magnesiumblechen. Dr.-Ing. Dissertation, Universität Hannover (2004)
21. Ulbricht, A.: Warmumformung mit Beschichtung bringt Technologievorsprung im Automobilbau. Informationsdienst Wissenschaft, UNIK, Kassel (2004)
22. Wilsius, J., Hein, P., Kefferstein, R.: Status and future trends of hot stamping of usibor 1500p. Erlanger Workshop für Warmblechumformung. Meisenbach Verlag, Bamberg (2006)
23. Faderi, J., Radlmayr, K.M.: Ultraform und Ultraform phs – innovation made by voestalpine. 1. Erlanger Workshop für Warmblechumformung. Meisenbach Verlag, Bamberg (2006)
24. Thiele, S., Steinrücken, M.: Onroad-offroad, Herausforderungen an die Karosserieentwicklung des VW Tiguan. Karosseriebautage, Hamburg. (2008)
25. Bräunlich, H.: Innenhochdruck-Umformen von Al- und Mg- legierungen. Workshop Leichtbau, Bautzen. (2005). TGZ
26. Ferkel, H., Schumann, S., Kiese, J., Glatzer, M.: Altes Eisen? Innovationspotenzial von Stahl aus Sicht der Volkswagen Konzernforschung. Industriekolloquium SFB 362 Fertigen in Feinblech, Clausthal-Zellerfeld. (2005)
27. Lechler, J., Merklein, M., Geiger, M.: Beschreibung des mechanischen Werkstoffverhaltens beim Warmumformen höchstfester Vergütungsstähle. 1. Erlanger Workshop für Warmblechumformung. Meisenbach Verlag, Bamberg (2006)
28. Schwartz, R.: Leichter und steifer dank presshärten. Blech (6), (2005)
29. Suehiro, M., Kusumi, K., Miyakoshi, T., Maki, J., Ohgami, M.: Properties of aluminium-coated steels for hot-forming. Nippon Steel Technical Report No. 88, UDC 669.718, Tokyo (2003)
30. Schäffner, C., Braun, M., Eggers, U.: Warmblechumformung – Große Variantenvielfalt durch Kombinationsmöglichkeiten von Stahlwerkstoff und Prozessführung. Vortrag, 30. EFB-Kolloquium Blechverarbeitung: Bauteile der Zukunft, Bad Boll 02. März 2010
31. Deutsche Forschungs-Gemeinschaft. DFG Abschlussbericht des DFG Schwerpunktprogramms 1098, Wirkmedienbasierte Fertigungstechniken zur Blechumformung (2000–2006)
32. Innenhochdruckumformen, Berlin (1999)
33. Oehler, G., Kaiser, F.: Schnitt-, Stanz und Ziehwerkzeuge. Springer, Berlin (2001)
34. Behrens, B.-A., Mütze, S., Springub, B., Poelmeyer, J.: Adaptive Steuerung zum hydromechanischen Tiefziehen mit elastischem Niederhalter, Einsparen von Umformstufen beim Tiefziehen konischer Bauteile mit Hilfe einer adaptiven Steuerung. Werkstatttechnik Online 95(11/12), 839–844 (2005)

35. Behrens, B.-A., Springub, B., Mütze, S., Poelmeyer, J.: Entwicklung einer adaptiven Steuerung für das hydromechanische Tiefziehen. Abschlussbericht DFG-Az. Do190/162-3 im Rahmen des DFG Schwerpunktprogramms 1098 Wirkmedienbasierte Fertigungstechniken zur Blechumformung (2000–2006)
36. Doege, E., Springub, B., Mütze, S.: Entwicklung einer adaptiven Steuerung für das hydromechanische Tiefziehen. 2. Kolloquium zum DFG-Schwerpunktprogramm SPP-1098, Wirkmedienbasierte Fertigungstechniken zur Blechumformung, Dortmund. (2002)
37. Bay, N., Jensen, S.S., Malberg, M.P., Grauslund, S.: Forming limits in hydromechanical deep drawing. Ann CIRP **43**, 253–256 (1994)
38. Herold, U.: Verbesserung der Form- und Maßgenauigkeit kreiszylindrischer Werkstücke aus unterschiedlich verfestigten Werkstoffen durch hydromechanisches Tiefziehen. Dr.-Ing. Dissertation, Universität Dortmund, Dortmund (1984)
39. Siegert, K., Aust, M.: Tiefziehen von Blechformteilen bei extremen hydraulischen Gegendrücken. Kolloquium Wirkmedien Blechumformung, Dortmund. (2001)
40. Homberg, W.: Untersuchungen zur Prozessführung und zum Fertigungssystem bei der Hochdruckblechumformung. Dr.-Ing. Dissertation, Universität Dortmund (2000)
41. v. Finkenstein, E., Gartzke, A., Homberg, W., Kleiner, M., Kollek, R., Szücs, É., Weidner, T.: Entwicklung von Verfahren und Werkzeugsystemen zur Hydroumformung höherfester Stahlbleche. Forschungsbericht zum Projekt 274. Studiengesellschaft Stahlanwendung e.V., Düsseldorf (1999)
42. Szücs, É.: Einsatz der Prozesssimulation bei der Entwicklung eines neuen Umformverfahrens – der Hochdruckblechumformung. Dr.-Ing. Dissertation, Universität Dortmund (1997)
43. N.N. Schuler GmbH: Handbuch der Umformtechnik. Springer, Berlin (1998)
44. Schmoekel, D., Prier, M.: Tribologie des Innenhochdruck-Umformens. In: Internationale Konferenz Hydroumformung, Fellbach, S. 497–512, 12.–13. Okt 1999
45. Fertigungsverfahren Biegeumformen DIN 8586
46. Bolbrinker, A.-K., Borucki, M.: Profile. Bundesverband Deutscher Stahlhandel Fachbuchreihe, Bd. 7., Düsseldorf (1985)
47. Mütze, S.: Gleitziehbiegen von Profilen aus Feinblech. Dr.-Ing. Dissertation, Gottfried Wilhelm Leibniz Universität Hannover (2006)
48. Istrate, A.: Verfahrensentwicklung zum Walzprofilieren von Strukturbauteilen mit über der Längsachse veränderlichen Querschnitten. Dr.-Ing. Dissertation. Berichte aus Produktion und Umformtechnik, Bd. 55. Shaker, Aachen (2003)
49. Ulbricht, V., Müller, R., Groche, P., Istrate, A.: Walzprofilieren von Bauteilen mit über der Längsachse veränderlichem Querschnitt. Forschungsbericht, Bd. 167. EFB/AiF, Nr (2001)
50. Ganter, W.: Geschlossene Profile mit veränderlichem Querschnitt. Tagungsband 4. Fachtagung Walzprofilieren, TU Darmstadt. (2004)
51. Zettler, A.: Geschlossene Profile mit veränderlichem Querschnitt – Flexibel profiliert. Tagungsband 4. Fachtagung Walzprofilieren, TU Darmstadt. (2004)
52. Sedlmaier, A., Hennig, R., Abee, A.: Fabrication of load optimized truck members with variable cross sections by flexible roll forming. In: 3rd International Conference on Steel in Cars and Trucks, Salzburg, 05.–09. Juni 2011
53. Behrens, B.-A., Mütze, S., Ulbricht, V., Süße, D.: Simulation und Verifikation von Werkzeugkonzepten für das Gleitziehbiegen. Vortrag zur Werkstoffwoche München, Vortrag Nr. 364, Symposium C2, 21.–23. Sept 2004
54. Behrens, B.-A., Rosenberger, J., Ulbricht, V., Süße, D.: Gleitziehbiegen – flexible Herstellung variabler Profile. VDI Ingenieur Forum Westfalen –Ruhr, April 2007, S. 33–38
55. Behrens, B.-A., Rosenberger, J., Ulbricht, V., Süße, D.: Cost-efficient fabrication of load-adapted profiles by draw bending. In: The 12th International ESAFORM Conference on Material Forming, University of Twente, The Netherlands, 27.–29. April 2009 (springer.com)

56. Behrens, B.-A., Mütze, S.: Gleitend zur Form – Das Gleitziehbiegen als Alternative zur Herstellung belastungsangepasster Profile. Industriemagazin/MaschinenMarkt (50), (2004)
57. Behrens, B.-A., Mütze, S.: Leichter geht's nicht – Flexibles profilieren von belastungsangepassten trägerbauteilen. Produktionstechnik Hann Inf (phi) **6**(2), (2005)
58. Doege, E., Mütze, S., Ulbricht, V., Süße, D.: Gleitziehbiegen von belastungsangepassten Kaltprofilen aus Bandblech mit verstellbaren Matrizen. Abschlussbericht zum Forschungsvorhaben EFB/AiF 11836 B. EFB/AiF Nummer 161 (2001)
59. Doege, E., Mütze, S., Ulbricht, V., Süße, D.: Gleitziehbiegen – eine Alternative zur Herstellung belastungsangepasster Trägerstrukturen. Vortrag 3. Fachtagung Walzprofilieren PTU Darmstadt, Beitrag im Tagungsband, Sept 2002
60. Doege, E., Mütze, S., Ulbricht, V., Süße, D.: Untersuchungen zur Herstellung von Leichtbauträgerstrukturen aus tailored blanks mittels Gleitziehbiegen. Abschlussbericht zum Forschungsvorhaben EFB/AiF 12996 B. EFB/AiF Nummer 210 (2003)
61. Doege, E., Behrens, B.-A., Mütze, S., Ulbricht, V., Süße, D.: Draw bending, an alternative for the production of load adapted profiles. In: IDDRG-Conference Forming the Future, Sindelfingen, Germany, 24.–26. Mai 2004
62. Rosenberger, J., Behrens, B.-A., Hübner, S., Ulbricht, V., Süße, D.: Flexible draw bending of profiles. Paper SheMet 2009, Birmingham (2009)
63. Rosenberger, J., Behrens, B.-A., Hübner, S., Ulbricht, V., Süße, D.: Draw bending of load-adapted sheet metal profiles. Vortrag: 9th Asia-Pacific Conference on Material Processing, Sydney, Australia, 7.–10. Juni 2010. Key Engineering Materials, Bd. 443. Trans Tech Publications, Switzerland, S. 152–157 (2010)
64. Finckenstein, E., Kleiner, M., Sulaiman, H.: Flexible Biegeumformung an der Gesenkbiegepresse. Blech Rohre Profile (9), 656–659 (1993)
65. Kniewallner, L.: Gießtechnik. In: Lüftl, S. (Hrsg.) Leichtbau – Prinzipien, Werkstoffauswahl und Fertigungsvarianten von Degischer, H.P. Wiley-VCH (2009)
66. Röhrig, K.: Giesstechnik im Motorenbau – Anforderungen der Automobilindustrie, Giesserei-Praxis, Mai 2003
67. Kniewallner, L., Scholz, K., Hornung, K.: Neue Aluminiumgießverfahren – Ergänzung oder Revolution. DVM-Tag Bauteil. Tagungsband. (1999)
68. Wikipedia: Gießen (Verfahren). http://de.wikipedia.org/wiki/Gie%C3%9Fen_(Verfahren). zuletzt abgerufen 26. Okt 2012
69. Wikipedia: Vollformgießen. http://de.wikipedia.org/wiki/Vollformgie%C3%9Fen. (zuletzt abgerufen 26. Okt 2012)
70. Georg Fischer Automotive AG (2012)
71. Kurtz GmbH (2012)
72. Bundesverband der Deutschen Gießerei-Industrie (BDG), (2012)
73. Institut für Umformtechnik und Umformmaschinen, Leibniz Universität Hannover: Literaturrecherche Gießschmieden hybrider Stahl-Aluminium-Bauteile, http://www.sbmb.uni-hannover.de/uploads/tx_rrznvisbm/Literaturrecherche_Giessschmieden_Aushang_2Ko_01.pdf. zuletzt aufgerufen 07. Dez 2012
73a. Grafik 7.51a: Georg Fischer Automotive – schematische Darstellung – Eigengrafik
74. Husky Injection Molding, Interne Präsentation (2008)
75. The Japan Steelworks Ltd. (2012)
76. Wikipedia: Semi-solid metal casting. http://en.wikipedia.org/wiki/Semi-solid_metal_casting#Rheocasting. zuletzt abgerufen 07. Dez 2012
77. Center of Competence for Casting and Thixoforging: New-Rheocasting, http://www.cct-bw.de/fe-verfahren-rheocasting.htm. zuletzt aufgerufen 07. Dez 2012
78. Bühler AG, Geschäftsbereich Druckguss (2012)

79. http://www.ibf.rwth-aachen.de. Zugegriffen: 17. Nov 2011
80. Kröff, A., Büscher, M.: ScaLight – Neue Wege im Karrosseriebau – Technisch innovative und ökonomisch sinnvoll. VDI Konstr **9**, 5–8 (2007)
81. Europäisches Patentamt DE000019831882A1 Verfahren und Walzanlage zum Herstellen eines beliebigen Dickenprofils über die Breite eines bandförmigen Walzgutes
82. Istrate, A.: Verfahrensentwicklung zum Walzprofilieren von Strukturbauteilen mit über der Längsachse veränderlichen Querschnitten. Shaker, Darmstadt (2002)
83. Jöckel, M.: Grundlagen des Spaltprofilierens von Blechronden. Shaker, Darmstadt (2005)
84. Produktdatenblatt Tailored Strip der ThyssenKrupp AG 2011
85. Produktdatenblatt Tailored Products der ThyssenKrupp AG 2011
86. Freytag, P.: Technische Fortschritte vergrößern IHU-Potenzial. Blech InForm **5**, 100–103 (2006)
87. Hagedorn, M.: Rohre, so leicht und stark wie möglich. Technica **57**(1), 54–57 (2008)
88. Hagedorn, M., Schulze-Brockhausen, R.: Tailor Drawn Tubes. VDI-Z **149**(4), 86–88 (2007)
89. Mertens, A.: Tailored Blanks Stahlprodukte für den Fahrzeug-Leichtbau. moderne Industrie (2003)
90. http://www.salzgitter-europlatinen.de. Zugegriffen: 17. Dez 2011
91. Europäisches Patentamt Verfahren zum Umformen von Platinen aus höher- und höchstfesten Stählen EP 2012948B1 Veröffentlichung 09. Sept 2009
92. Aluminium-Taschenbuch, 15. Aufl. Bd. 2, S. 187, Aluminium-Zentrale
93. Merkblatt 383 Plattiertes Stahlblech, Ausgabe 2006, Stahl-Informations-Zentrum (2006)
94. Furrer, P.: Tagungsband T29. EFB, Hannover., S. 85 (2008)
95. Träger, M., Hoogen, M.: Neue Halbzeuge bringen den Karrosseriebau in Fahrt. Blech InForm **2** (2004)
96. Alu mit Stahlwerkstoffen. Konstruktionspraxis **9**, 6 (2011)
97. Stahl-Alu-Hybridplatine ist serienreif. Blech Rohre Profile 1–2, S. 8 (2011)
98. Kuppinger, J., Wafzig, F., Henning, F., Dietrich, S., Weidenmann, K., Elsner, P., Kopp, Ge., Grezeschnik, M.: Polyurethane composites based sandwich structures for light weight applications. In: 1st International Conference on Materials for Energy, Karlsruhe, 04.–08. Juli 2010
99. Altenbach, H., Altenbach, J., Rikards, R.: Einführung in die Mechanik der Laminat- und Sandwichtragwerke, 1. Aufl. Deutscher Verlag für Grundstoffindustrie, Stuttgart (1996)
100. Wanner, A., Fleck, C., Ashby, M. (Hrsg.): Materials Selection in Mechanical Design: Das Original mit Übersetzungshilfen – Easy-Reading-Ausgabe, 1. Aufl. Spektrum Akademischer Verlag, München (2007)
101. Weißbach, W.: Werkstoffkunde – Strukturen Eigenschaften Prüfung, 17. Aufl. Vieweg + Teubner, Wiesbaden (2010)
102. Wiedemann, J.: Elemente, 3. Aufl. Leichtbau, Bd. 1. Springer, Berlin (2007)
103. Henning, F., Möller, E. (Hrsg.): Handbuch Leichtbau – Methoden, Werkstoffe, Fertigungsverfahren. Carl Hanser, München, S. 413–428 (2011)
104. Diel, S., Dallmeier, J., Huber, O.: Leichtbau mit hybriden Strukturen, 3. Forum Multi Material Design für Leichtbauanwendungen. Hochschule Landshut, 25. Okt 2011, CCeV und Leichtbau Cluster (2011). http://www.leichtbau-cluster.de
105. Kopp, G., Kuppinger, J., Friedrich, H., Henning, F.: Innovative Sandwichstrukturen für den funktionsintegrierten Leichtbau. Automobiltech. Z. **111**(4), 298–305 (2009)
106. Kopp, Ge.: Auslegung und Dimensionierung von großflächigen polyurethanbasierten Sandwichbauteilen unter Berücksichtigung von konzeptionellen und fertigungstechnischen Einflüssen, Dissertation Universität Stuttgart, DLR-Forschungsbericht, ISRN DLR-FB--2015-27, Deutsches Zentrum für Luft- und Raumfahrt e.V., Bibiotheks- und Informationswesen, Köln (2015)
107. Hertel, H.: Leichtbau – Bauelemente, Bemessung und Konstruktion von Flugzeugen und anderen Leichtbauwerken Bd. 1980. Springer, Berlin (1980). 1960

108. Zenkert, D. (Hrsg.): An Introduction to Sandwich Construction, Reprinted 1997. Emas Publishing, Engineering Materials Advisory Services LTD (1995)
109. Zenkert, D. (Hrsg.): The Handbook of Sandwich Construction. North European Engineering and Science Conference Series. Emas Publishing (1997)
110. Kopp, Ge.; Kuppinger, J.; Dietrich, S.; Friedrich, H.; Henning, F.: Auslegung von innovativen Sandwichstrukturen mit faserverstärkten Deckschichten. Internationale AVK-Tagung 2010, Essen, 13–14. Sept 2010
111. Stamm, K., Witte, H.: Sandwichkonstruktionen – Berechnung, Fertigung, Ausführung. In: Sattler, K., Stein, P. (Hrsg.) 1. Aufl. Springer, Wien (1974). Reprinted
112. Allen, H.G.: Analysis and design of structural sandwich panels, 1. Aufl. Pergamon Press, Oxford (1969)
113. Nachtigall, W., Blüchel, K.: Das große Buch der Bionik – Neue Technologien nach dem Vorbild der Natur. Deutsche Verlags-Anstalt, Stuttgart (2000)
114. Flemming, M.: Entwicklung und Anwendungsmöglichkeiten von Bauweisen aus faserverstärkten Werkstoffen. DGLR Jahrbuch, Bd. 1974. Deutsche Gesellschaft für Luft- und Raumfahrt, S. 228–278 (1974)
115. Lang, R.W., Stutz, H., Heym, M., Dissen, D.: Polymere Hochleistungs-Faserverbundwerkstoffe, BASF AG, Ludwigshafen. Angew Makromol Chem (145/146), 267–321 (1986)
116. Grote, K.-H., Feldhusen, J.: Dubbel, Taschenbuch für Maschinenbau, 21. Aufl. Springer, Berlin (2005)
117. Lutz, D.: Anwendungen und Innovationen bei Kernwerkstoffen für den Leicht- und Sandwichbau. Internationale AVK-Tagung 2011, Stuttgart, 26.–27. Sept 2011
118. Roth, M.: Strukturelles Nähen: Ein Verfahren zur Armierung von Krafteinleitungen für Sandwich-Strukturen aus Faser-Kunststoff-Verbund. Dissertation, TU Kaiserslautern (2005)
119. N.N.: Hexcel Composite Materials, HexWeb Honeycomb Attributes and Properties (2007). http://www.hexcel.com/NR/rdonlyres/599A3453-316D-46D6-9AEE-C337D8B547CA/0/HexwebAttributesandProperties.pdf
120. Gibson, L., Ashby, M.: Cellular Solids – Structure and properties, 2. Aufl. Cambridge University Press, Cambridge (1997)
121. Starlinger, A.: Bemessen von Sandwichbauteilen. Vorlesung ETH Zürich 2007 und 2010, Leichtbau Sandwichbauweisen (2012). http://www.structures.ethz.ch/education/master/mechanics/Handouts/Vorlesung_ETH_Sandwich_2010_hs.pdf
122. Hoff, N., Plantema, F. (Hrsg.): Sandwich construction – the bending and buckling of sandwich beams, plates and shells, 1. Aufl. Wiley, New York (1966)
123. Karlsson, K., Aström, B.: Manufactoring and applications of structural sandwich components. Compos Part A **28A**, 97–111 (1996)
124. Schön, M., Renkl, J., Rothe, B., Brodhun, C., Kuppinger, J., Kopp, Ge., Grzeschik, M., Ochs, A.: Abschlussbericht des Forschungsvorhabens Leichtbau durch funktionsintegrierende Strukturen in Multi Material Design – Hybride Sandwichbauweisen für Schienenfahrzeuge – PURtrain. Projektabschlussbericht zum vom BMBF geförderten Projekt (2011)
125. Mihm, M.: Untersuchung zur Krafteinleitung von Sandwichbauteilen. Studienarbeit, Universität Stuttgart (2009)
126. Markov, A.V.: Rheologisches Verhalten hochgefüllter Kunststoffe. Einfluss der Füllstoffe – Materialwissenschaften und Werkstofftechnik, Bd. 39. Wiley-VCH (2008)
127. Sirisalee, P.: Multi-Criteria Material Selection in Engineering Design. Disseration, University of Cambridge (2005)
128. N.N.: Leichtbau leicht genacht, K-News (2003). http://www.kunststoffforum.de/information/news_leichtbau-leicht-gemacht_2219

129. N.N.: Sandwichelemente für den Fahrzeugbau – Aufbau, Fertigung, Montage, Anwendung, 1. Aufl. Die Bibliothek der Technik, Bd. 279. moderne industrie, sv corporate media, München (2006)
130. N.N.: Bienenwabe auf dem Autodach, BASF Fachpresse 12.08.2015, https://www.basf.com/de/company/news-and-media/news-releases/2015/08/p-15-313.html, Internetabfrage am 14. Dez. 2015
131. Mehn, R.: Chancen und Herausforderungen an Sandwichbauweisen für flächige Fahrzeugstrukturen, BMW Group. Tagungsband Aachener Karosserietage., S. 305–324 (2008)
132. Kriescher, M., Brückmann, S.: Funktionsintegrierter Extremleichtbau in Sandwichbauweise. DLR Institut für Fahrzeugkonzepte, 12. Hamburger Karosseriebautage 2012, Hamburg, 10.–11. Mai 2012
133. Schumann, A., Kopp, G., Krause, K., Senftleben, M.: Sandwich panels with integrated IR-heating layers for passenger transportation. DGM Euro Hybrid, EuroHybrid, Stade, 10.–11. April 2014. (2015)
134. Erich, K.: Kunststoff Additive. Hanser (2009)
135. Müller, A.: Einfärben von Kunststoffen. Hanser, Verlag (2002)
136. Klempner, D., Sendijarevic, V.: Polymeric Foams and Foam Technology. Hanser (2004)
137. Troitzsch, J.: Plastics Flammability Handbook. Hanser (2004)
138. Johannaber, F., Michaeli, W.: Handbuch Spritzgießen. Hanser (2004)
139. Flemming, M., Ziegmann, G., Roth, S.: Faserverbundbauweisen. Fertigungsverfahren: Fertigungsverfahren mit duroplastischer Matrix. Springer (1999)
140. Konrad, U.: Polyurethan-Taschenbuch. Hanser (2005)
141. Schürmann, H.: Konstruieren mit Faser-Kunststoff-Verbunden. Springer (2007)
142. Ehrenstein, G.W.: Faserverbund-Kunststoffe. Hanser (2006)
143. Bergmann, W.: Werkstofftechnik, Teil 2. Hanser (2002)
144. Fourné, F.: Synthetische Fasern. Hanser (1995)
145. Koslowski, H.J.: Chemiefaser-Lexikon. Deutscher Fachverlag (2008)
146. Amedick, J., Borowetz, H., Heyn, H.: Anforderungen der Automobilindustrie. In: Tagungsband Gemeinsame Forschung in der mechanischen Fügetechnik, Garbsen, EFB e.V. 2011, 06/07. Dez 2011
147. Haverkamp, C.: Multi-Material-Design im automobilen Leichtbau. DVM-Bericht 679: Multimaterialsysteme, DVM-Tag 2012, Berlin. (2012)
148. BMWArchiv.de: BMW Werk Leipzig Punktschweißen. http://www.bmwarchiv.de/images/1691-19-bmw-werk-leipzig-bmw-1er-3-tuerer-karosseriebau-punktschweissen-res-728.jpg. Zugegriffen: 15. Apr 2012
149. Boellhoff.com: 4. Generation verbindet in der 4. Dimension. http://www.boellhoff.de/de/de/unternehmen/news-presse/pressemitteilungen/2010/porsche-panamera.php. Zugegriffen: 15. Apr 2012
150. Friedrich, H., Treffinger, P., Kopp, G., Knäbel, H.: Werkstoffe und Bau-weisen ermöglichen neue Fahrzeugkonzepte. In: Schindler, V., Sievers, I. (Hrsg.) Forschung für das Auto von Morgen. Springer, Berlin (2008)
151. Otto, M.: Dichtereduziert, duktil und höchstfest – HSD®-Stahl, umform- und fügetechnische Eigenschaften. Tagungsband zum 32, EFB-Kolloquium Blechverarbeitung, Bad Boll. (2012)
152. Kneiphoff, U., et al.: Längsträger in Profil- und Schalenbauweise, Artikel in ATZ Extra: Das InCar-Projekt von ThyssenKrupp. Wiesbaden (2009)
153. Meschut, G., Hahn, O., Olfermann, T.: Joining technologies for multi-material design – a key to efficient future mobility. In: Tagungsband Materialien des Karosseriebaus 2012. Automotve Circle International/Vincentz Network Hannover, Bad Nauheim, 11. Mai 2012

154. Ruther, M., Jost, R., Freitag, V., Brüdgam, S., Meschut, G., Hahn, O.: Fügesystemoptimierung zur Herstellung von Mischbauweisen aus Kombinationen der Werkstoffe Stahl, Aluminium und Kunststoff. Abschlussbericht zum BMBF – Forschungsvorhaben, Förderkennzeichen: 03N3077D1 (2003)
155. Maas, J., Staudinger, W.: Tailored Blanks in der Warmumformung. Thyssenkrupp Techforum (1), 29–31 (2008)
156. Overrath, J., Lenze, F.-J., Sikora, S.: Aktuelle Entwicklung der Warmumformung im automobilen Fahrzeugbau. In: Bauteile der Zukunft – Methoden und Prozesse. Tagungsband zum 30. EFB-Kolloquium Blechverarbeitung. (2010)
157. Hahn, O., Meschut, G., Olfermann, T., Flüggen, F., Janzen, V.: Mechanisches/thermisches Fügen und Kleben von elektromobilen Leichtbaustrukturen. Tagungsband 32. EFBKolloquium Blechverarbeitung, Bad Boll (2012)
158. Kelz, M., Rudlaff, T., Schretzlmeier, W., Müller, M., Bitzer, R.: Leichtbaukarosserie. Automob Z **114**, 62–67 (2012)
159. Meschut, G., Süllentrop, S., Drüke, F.: Adhesive studs based on radiation-cured adhesives, Joining in Car Body Engeneering 2012 – Adhesive bonding and hybrid bonding. Automotive Circle International, Bad Nauheim, 17. April 2012
160. Süllentrop, S.: Qualifizierung von geklebten Funktionselementen auf Basis photoinitiiert härtender Acrylate, Dissertation Universität Paderborn, 2014
161. Symietz, D., Lutz, A.: Strukturkleben im Fahrzeugbau – Eigenschaften Anwendungen und Leistungsfähigkeit eines neuen Fügeverfahrens. Moderne Industrie, München (2006)
162. Symietz, D.: Hochfest, crashstabil und serientauglich. Adhäsion Kleb Dicht **8**(7), (2002). Sonderdruck
163. N.N.: DELO und Böllhoff bringen Leichtbau-Fügeverfahren auf den Markt. DELO, Pressemitteilung (2014). http://www.delo.de/presse/pressemeldungen/
164. BMW Group PressClub Deutschland: Produktionsstart der neuen BMW 7er Reihe im Werk Dingolfing. Foto-ID P90186316, abgerufen am 10. Juni 2015 unter https://www.press.bmwgroup.com/deutschland/
165. Schmatloch, S., Lutz, A.: Kleben von Composites mit 2 K-PU-Klebstoffen – Sicher und wirtschaftlich verbunden. Ahäsion – Kleb Dicht **56**(11), 32–35 (2012)
166. Urban, G.: 2-K-Klebstoffe im Automobilbau auf dem Vormarsch. Adhäsion – Kleb Dicht **49**(10), 22–24 (2005)
167. Müller, M.: Prozesssicheres Montagekleben einer Aluminium-Stahl-Verbindung im Hinblick auf Einsatz unter Temperaturwechselbeanspruchung. Dissertation Laboratorium für Werkstoff- und Fügetechnik, Universität Paderborn. Shaker, Aachen (2009)
168. http://www.7-forum.com/news/Die-Produktion-der-BMW-7er-Reihe-Konzent-6660.html, Quelle: BMW Presse Mappe vom 10. Juni 2015
169. Mortimer, J.: Self-piercing rivets – The key to future joining technology. Auto- Technol (1), (2003)
170. Hahn, O., Meschut, G., Bednorz, S., Schübeler, C.: Stanznieten hochfester Stähle mit Nichteisen- Hochleistungswerkstoffen. Tagungsband zum 32. EFB-Kolloquium Blechverarbeitung, Bad Boll. (2012)
171. Hahn, O., Somasundaram, S.: Mechanisches Fügen. In: Handbuch Leichtbau – Methoden, Werkstoffe, Fertigung. Carl Hanser, München (2011)
172. Beyer, U., Schafstall, H.: Das Besondere Potenzial des Flachclinchens zum Fügen von Multi-Materialien. Tagungsband zum 32. EFB-Kolloquium Blechverarbeitung, Bad Boll. (2012)
173. Meschut, G., Olfermann, T., Hörhold, R.: Entwicklung mechanischer und hybrider Fügetechnologien für warmumgeformte höchstfeste Stähle in Mischbaustrukturen. In: Merklein, M. (Hrsg.) Tagungsband zum 9. Erlanger Workshop Warmblechumformung Erlangen, 18.11.2014. S. 128–142. Meisenbach-Verlag, Bamberg (2014). ISBN 978875253788

174. Küting, J.: Entwicklung des Fließformschraubens ohne Vorlochen für Leichtbauwerkstoffe im Fahrzeugbau. Dissertation, Universität Paderborn. Shaker, Aachen (2004)
175. Birkelbach, R.: Neue Verbindungstechnik für Dünnbleche. VDI-Berichte: Fügen im Vergleich, Nr. 1072 (1993)
176. Bye, C.: Erweiterung des Einsatzfeldes von loch- und gewindeformenden Dünnblechschrauben zum Verbinden von Aluminiumhalbzeugen. Dissertation, Universität Paderborn. Shaker, Aachen (2006)
177. Hahn, O., Thommes, H.: Eignung von lochformenden und/oder gewindefurchenden Dünnblechschrauben zum Verbinden von hochfesten Stahlwerkstoffen. Abschlussbericht zum gleichnamigen Forschungsprojekt Nr. P657 der Forschungsvereinigung Stahlanwendung e.V. (2006)
178. Birkelbach, R., Wildi, H.: Aus drei Operationen wird eine. Neue Verbindungstechnik für Dünnbleche. SMM (27), (1988)
179. Kretschmer, G.: Fließlochformen und Gewindefurchen – mit einem Werkzeug, dem Verbindungselement Werkstofftechnik. Springer (1991)
180. Hußmann, D.: Weiterentwicklung des Bolzensetzens für innovative Fahrzeugkonzepte des automobilen Leichtbaus. Dissertation, Universität Paderborn. Shaker, Aachen (2008)
181. Draht, T.: Entwicklung des Bolzensetzens für Blech-Profil-Verbindungen im Fahrzeugbau. Dissertation, Universität Paderborn. Shaker, Aachen (2006)
182. Schubert, H., Möhring, J.: Flexible material joining technology for tomorrow's innovative lightweight design. In: Tagungsband Fügen im Karosseriebau 2012, Automotve Circle International/Vincentz Network Hannover, Bad Nauheim, 18. April 2012
183. Hahn, O., Flüggen, F.: Einsetzbarkeit des Bolzensetzens bei höher- und höchstfesten Stahlwerkstoffen. Forschungsprojekt Nr. P797 der Forschungsvereinigung Stahlanwendung e.V., Düsseldorf, gefördert von der Stiftung Stahlanwendung, 2008–2010
184. Hahn, O., Schuebeler, C.: Mechanisches Fügen pressharter Vergütungsstähle. Forschungsbericht zu Forschungsprojekt Nr. P762. Forschungsvereinigung Stahlanwendung e.V., Düsseldorf (2013)
185. Hahn, O., Bye, C., Draht, T., Lübbers, R., Ruther, M., Zilg, C., König, G., Kuba, V., Küting, J.: Fügen von faserverstärkten Kunststoffen im strukturellen Leichtbau. Abschlussbericht zum gleichnamigen BMBF-Projekt. (2006)
186. N.N.: CMT – Die Verbindungstechnologie. http://www.fronius.com/cps/rde/xcbr/SIDBAC0B60F-C6A5AC2B/fronius_deutschland/M_06_0001_DE_leaflet_CMT_112_www_44763_snapshot.pdf. Zugegriffen: 10. Juni 2012
187. Zusammenstellung aus Bildquellen http://www.fronius.com/cps/rde/xchg/SID-26483240-31314191/fronius_international/hs.xls/79_20055_ENG_HTML.htm?inc=85039.htm. Zugegriffen: 16. Juni 2012, http://mercedes-amg.com/slsc.php?lang=deu. Zugegriffen: 18. Juni 2012 und http://www.voestaöpine.com/group/de/presse/presseaussendungen/autorevueaward- fuer-hybridplatine-von-voestalpine-und-fronius.html. Zugegriffen: 16. Juni 2012
188. Trommer, G.: Das Beste aus zwei Werkstoffen. Praktiker (7), 58–59 (2012)
189. Thomy, C., Vollertsen, F.: Aktuelle Entwicklungen beim thermischen Fügen von Aluminium-Stahl-Mischverbindungen. Tagungsband zur Großen Schweißtechnischen Tagung 2011, Hamburg, 27.–29. Sept. 2011. DVS-Media GmbH, Düsseldorf (2011)
190. Miller, A.; Garland, J.: Step it up – with the IPG Photonics' laser seam stepper, the benefits of resistance spot welding and laser welding come together. In: Welding Productivity Magazine, Iss. July/August 2015, pp. 28–31; www.weldingproductivity.com abgerufen am 15. Juni 2015
191. Wiener, M.: Laser seam stepper takes on conventional welding. Ind Laser Solutions **30**(4), (2015)
192. Meschut, G., Janzen, V.: Imperfections and their Influence in Resistance Spot Welding of Aluminium in Car Body Structures. Tagungsband zum European Aluminium Congress 2015, Düsseldorf, 23./24. November 2015. (2015)

193. Knöller, M.: Resistance spot welding of aluminium in the body shop of the new Mercedes-Benz C-Class. Tagungsband zur Automotive Circle International Conference – Joining in Body-in-White 2014, Bad Nauheim, 1.–3. April 2014 (2014)
194. Goldmann, F., Hahn, O., Tetzlaff, U., Kunze, S.: Gefügemorhologien beim Widerstandspunktschweißen von Aluminium-Stahl-Verbindungen. Schweißen Schneid **67**(5), 238–244 (2015)
195. Meschut, G., Hahn, O., Janzen, V.: Weiterentwicklung des Schweißnietens für die Anbindung von Leichtmetallen und faser-verstärkten Kunststoffen an Stahlstrukturen / Technologiebenchmark zum vorlochfreien WES auf konventionellen Punktschweißanlagen. In: FOSTA, EFB, DVS (Hrsg.) Tagungsband zum 3. Fügetechnischen Gemeinschaftskolloquium 2013 – Gemeinsame Forschung in der Mechanischen Fügetechnik Rostock, 10./11. Dezember 2013 (2013)
196. Meschut, G., Pietsch, T.: Mit Prägeelement geschweißt – Fügen von Dreiblech-Mischbaustrukturen im Karosseriebau. lightweightdesign (4), 50–55 (2015)
197. Kotschote, C., Korte, M., Neudel, C., Bergmann, J.P., Rudolf, H.: Bewertung der Verbindungscharakteristik beim Widerstandspunktschweißen mit Stanzelement. Großen Schweißtechnischen Tagung – Tagungsband. DVS Berichte, Bd. 315. (2015)
198. Baron, T.: Entwicklung des Reibelementschweißens für den Karosseriebau. Dissertation, Universität Paderborn. Shaker, Aachen (2010)
199. Maiwald, M., Thiem, J.: Fügen ohne Vorloch mittels Reibschweißen. Automobiltech. Z. (2), (2012)
200. Alber, U.: Innovative joining technologies in the new AUDI Q7. Fügen im Karosseriebau 2015, Automotive Circle International / Vincentz Network Hannover, Bad Nauheim, 25. März 2015
201. Meschut, G., Olfermann, T., Reis, C.: Schwingfestigkeit thermisch-mechanisch gefügter Verbindungen für Mischbauanwendungen mit ultrahöchstfesten Stählen. In: Europäische Forschungsgesellschaft für Blechverarbeitung e.V. (Hrsg.) Tagungsband zum Kolloquium Gemeinsame Forschung in der mechanischen Fügetechnik Hannover/Paderborn (2015)
202. Audi Media Center: Bild Nr. Q7150103, abgerufen am 15. Jan. 2015 (www.audi-mediacenter.com)
203. Meschut, G., Meyer, S.: Mechanische Fügetechnik – Schlüsseltechnologie für ressourceneffiziente Hochleistungsverbundsysteme. In: FOSTA, EFB, DVS (Hrsg.) Tagungsband zum 5. Fügetechnischen Gemeinschaftskolloquium 2015 - Gemeinsame Forschung in der Mechanischen Fügetechnik Paderborn, 8./9. Dezember 2015 (2015)
204. Buchmann, M.: Herstellung und Optimierung von thermisch gespritzten, tribologisch wirksamen Schichtsystemen auf Leichtmetall Zylinderlaufflächen. Universität Stuttgart, Institut für Fertigungstechnologie keramischer Bauteile – IFKB. Dissertation, Fakultät Konstruktions- und Fertigungstechnik, Stuttgart (2002)
205. Scherer, D.: Herstellung und Charakterisierung von trockenschmierfähigen und verschleißfesten Kombinationsschichten auf Leichtmetallen. Dissertation, Stuttgart. Shaker, Aachen (2002)
206. Buchmann, M., Gadow, R., Lopez, D., Scherer, D.: Ceramic light metal composites – product development and industrial application. The 26th Annual International ACERS Conference on Advanced Ceramics & Composites, Cocoa Beach. (2002)
207. Hinz, R., Hermsen, F.-G., Schwaderlapp, M.: Leichtbau im System Zylinderkopf – Verringerung von Gewicht und Reibung. In: Oetting, H. (Hrsg.) Leichtbau im Antriebsstrang, S. 62–72. Expert, Renningen (1996). ISBN 3816913369
208. Ermisch, N., Dorenkamp, R., Neyer, D., Hilbig, J., Scheliga, W.: Das Antriebsaggregat des 3-L-Lupo – The Powertrain of the 3-L-Lupo. In: Bargende, M. (Hrsg.) Dieselmotorentechnik, S. 1–17. Expert (2000). ISBN 3816918298
209. Gadow, R., Gammel, F.-J., Lehnert, F., Reusmann, G., Scherer, D.: Lackierverfahren und damit hergestelltes Metallbauteil. Deutsches Patent Nr. DE 100 06 270, Anmeldetag: 12. Feb 2000, Veröffentlichungstag der Patenterteilung: 20. Juli 2006

210. Hawke, D., Albright, D.L.: A phosphate-permanganate conversion coating for magnesium. Met Finish **95**, 34–38 (1995)
211. Gadow, R., Gammel, F.J., Lehnert, F., Scherer, D., Skar, J.I.: Coating systems for magnesium diecastings in Class A surface quality. In: Kainer, K.U. (Hrsg.) Magnesium Alloys and their Applications, S. 492–498. Wiley-VCH, Weinheim (2000). ISBN 3527302824
212. Skar, J.I.: Walter, M., Albright, D.: Non-chromate conversion coatings for magnesium die castings. SAE Technical Paper Series 970324, Society of Automotive Engineers (1997). ISSN 0148-7191
213. Gregg, P.: ANOMAG-Verfahren. Aluminium-Verlag, Düsseldorf, S. 298–304 (2000). ISBN 3870172649. Magnesium Taschenbuch
214. Kurze, P.: Herstellung keramischer Schichten auf Leichtmetallen mittels plasmachemischer Verfahren in Elektrolyten. Materwiss Werksttech **29**, 85–89 (1998)
215. Kurze, P.: Korrosion und Korrosionsschutz von Magnesiumwerkstoffen. In: Kainer, K.U. (Hrsg.) Magnesium – Eigenschaften, Anwendungen, Potentiale, S. 236–243. Wiley-VCH (2000). ISBN 3527299793
216. Tietz, H.-D.: Technische Keramik. VDI, Düsseldorf (1994). ISBN 318401204
217. Gadow, R., Killinger, A., Kuhn, M., López, D.: Verfahren und Vorrichtung zum thermischen Spritzen von Suspensionen. Deutsche Patentanmeldung, Nr. DE 10 2005 038 453 A1, Anmeldetag: 03. Aug 2005, Offenlegungstag: 08. Feb 2007, Erteilungsbeschluss: 10. Jan 2011
218. Rempp, A.: New approach to ceramic/metal-polymer multilayered coatings for high performance dry sliding applications. J Therm Spray Technol **21**, 659–667 (2012)
219. Surgeon, A.J., Buxton, D.C.: The electrochemical corrosion behavior of HVOF sprayed coatings. In: Berndt, C.C. (Hrsg.) Thermal Spray, Surface Engineering via Applied Research, S. 1011–1015. ASM International, Materials Park (2000). ISBN 0871706806
220. Weisheit, A., Lenz, U., Mordike, B.L.: Thermisch gespritzte Schichten auf Magnesiumlegierungen zur Verbesserung der Korrosions- und Verschleißbeständigkeit. Metall **51**(9), 470–474 (1997)
221. Lenz, U., Weisheit, A., Mordike, B.L.: Thermal spraying on the magnesium alloy AZ 91. In: Mordike, B.L., Kainer, K.U. (Hrsg.) Magnesium alloys and their applications, S. 445–450. ISBN 3-88355-255-0
222. Grainger, S.: Funktionelle Beschichtungen in Konstruktion und Anwendung. Leuze, Saulgau (1994). ISBN 3874800954
223. Pasandideh-Fard, M., Mostaghimi, J., Chandra, S.: Numerical simulation of thermal spray coating formation. In: Coddet, C. (Hrsg.) Thermal Spray – Surface Engineering via Applied Research Proceedings of the 1st International Thermal Spray Conference, Montreal. S. 125–134. (2000). ISBN 0871706806
224. Kuroda, S.: Properties and characterization of thermal sprayed coatings – a review of recent research progress. In: Coddet, C. (Hrsg.) Proceedings of the 15th International Thermal Spray Conference Nice. S. 539–550. (1998). ISBN 0871706598
225. Verbeek, A.T.J: Plasma sprayed thermal barrier coatings: production, characterization and testing. Dissertation, Universität Eind-hoven, Eindhoven (1992). ISBN 90-3860082-8
226. Kuroda, S., Dendo, T., Kitahara, S.: Quenching stress in plasma sprayed coatings and its correlation with the deposition microstructure. J Therm Spray Technol **4**(1), 76–84 (1995)
227. Gadow, R., Speicher, M.: Manufacturing and CMC-Component development for brake disks in automotive applications; Advances in Ceramic-Matrix Composites V. Ceram Trans **103**, 277–288 (1999). ISBN 1-57498-089-0
228. Köhler, E., Ludescher, F., Niehues, J., Peppinghaus, D.: Lokasil® Zylinderlaufflächen – integrierte lokale verbundwerkstofflösung für aluminium-zylinderkurbelgehäuse. In: ATZ/MTZ Sonderausgabe Werkstoffe im Automobilbau, S. 38–42 (1996)

229. Hinz, R., Schwaderlapp, M.: Potential zur massenreduktion am beispiel eines 4-zylinder-reihenmotors. In: Oetting, H. (Hrsg.) Leichtbau im Antriebsstrang, S. 162–173. Expert, Renningen (1996). ISBN 3816913369
230. Köhler, E., Lenke, I., Niehues, J.: LOKASIL® – eine bewährte Technologie für Hochleistungsmotoren – im Vergleich zu anderen Konzepten; Zylinderlauffläche, Hochleistungskolben, Pleuel – Innovative Systeme im Vergleich. VDI-Berichte, Bd. 1612. VDI, S. 35–54 (2001). ISBN 3180916125
231. Müller, M.: Thermisch gespritzte Multi-Layer-Zylinderlaufbuchsen – ein neuer Ansatz für moderne Zylinderlaufbuchsen; Zylinderlauffläche, Hochleistungskolben, Pleuel – Innovative Systeme im Vergleich. VDI-Berichte, Bd. 1612. VDI, Düsseldorf, S. 55–62 (2001). ISBN 3180916125
232. Stocker, P., Rückert, F., Hummert, K.: Die neue Aluminium-Silizium-Zylinderlaufbahn-Technologie für Kurbelgehäuse aus Aluminiumdruckguß. Motortech. Z. **58**(9), (1997). Sonderdruck MTZ
233. Everwin, P., Köhler, E., Ludescher, F., Münker, B., Peppinghaus, D.: LOKASIL®-Zylinderlaufflächen – Eine neue Verbundwerkstofflösung geht mit dem Porsche Boxster in Serie, ATZ/MTZ Sonderausgabe Porsche Boxster (1996)
234. MAHLE – NIKASIL®, 6804 (1984)
235. Feikus, F.J., Fischer, A.: Laserlegieren von Al-Zylinderkurbelgehäusen; Zylinderlauffläche, Hochleistungskolben, Pleuel – Innovative Systeme im Vergleich. VDI-Berichte, Bd. 1612. VDI, Düsseldorf, S. 83–96 (2001). ISBN 3180916125
236. Barbezat, G., Keller, S., Wuest, G.: Internal plasma spray process for cylinder bores in automotive industry. In: Coddet, C. (Hrsg.) Proceedings of the 15th International Thermal Spray Conference Nice. S. 963–967 (1998). ISBN 0871706598
237. Killinger, A., Buchmann, M.: Oberflächen wie aus der Pistole geschossen. Industrieanzeiger (8), 46–47 (2000)
238. Buchmann, M., Gadow, R., Killinger, A., Lopez, D.: Beschichtung von Leichtmetall-Kurbelgehäusen durch Überschallflammspritzen, Deutsche Patentanmeldung Nr. 102 30 847.0, AT: 04. Juli 2002
239. Buchmann, M., Gadow, R.: Tribologically optimized ceramic coatings for cylinder liners in advanced combustion engines, SAE Technical Papers, 2001-01-3548. Society of Automotive Engineers, Maryland (2001). ISSN 0148-7191
240. Buchmann, M., Gadow, R., Killinger, A.: Ceramic coatings with solid lubricant ability for engine applications. In: Heinrich, J.G., Aldinger, F. (Hrsg.) 7th International Symposium on Ceramic Materials and Components for Engines, S. 199–203. Wiley-VCH, Weinheim (2000) ISBN 3527304169
241. Buchmann, M., Gadow, R.: Ceramic coatings for cylinder liners in advanced combustion engines: manufacturing process and characterization. The 25th Annual International ACERS Conference on Advanced Ceramics & Composites, Cocoa Beach. (2001)
242. Buchmann, M., Gadow, R., Scherer, D., Speicher, M.: Ceramic matrix and layer composites in advanced automobile technology. Annual International ACERS Conference on Advanced Ceramics & Composites, St. Louis. (2002)
243. Andersson, S., Collén, B., Kuylenstierna, U., Magnéli, A.: Phase analysis studies on the titanium-oxygen system. Acta Chem Scand **11**(10), 1641–1657 (1957)
244. Woydt, M.: Tribologische Werkstoffkonzepte für den Trockenlauf, Tribologie keramischer Werkstoffe. Expert, S. 27–43 (2000). ISBN 3816917445
245. Buchmann, M., Gadow, R., Scherer, D.: Mechanical and tribological characterization of TiO^2 based multilayer coatings on light metals. The 25th Annual International ACERS Conference on Advanced Ceramics & Composites, Cocoa Beach (2001)

246. Esribano, M.J.P.: Determination of the Young's moduli and residual stresses of thermally sprayed coatings. Diplomarbeit, Universität Stuttgart, Institut für Fertigungstechnologie keramischer Bauteile – IFKB, Stuttgart (2001)
247. Buchmann, M., Gadow, R.: High speed circular microhole milling method for the determination of residual stresses in coatings and composites. In: Jessen, T., Ustundag, E. (Hrsg) Ceramic Engineering and Science Proceedings, Bd. 21, H. 4, S. 663–670, The American Ceramic Society (2000). ISSN 0196-6219
248. Buchmann, M., Gadow, R.: Estimation of residual stresses from the simulation of the deposition process of ceramic coatings on light metal cylinder liners. The 25th Annual International ACERS Conference on Advanced Ceramics & Composites, Cocoa Beach (2001)
249. Schwarz, T.: Beitrag zur Eigenspannungsermittlung an isotropen, anisotropen sowie inhomogenen, schichtweise aufgebauten Werkstoffen mittels Bohrlochmethode und Ringkernverfahren; Universität Stuttgart, Materialprüfanstalt MPA. Dissertation, Stuttgart (1996)
250. Tabellion, J.: Numerische und experimentelle Eigenspannungsanalyse atmosphärisch plasmagespritzter Al_2O_3-Schichten auf Metall- und Glassubstraten. Diplomarbeit, Universität Stuttgart, Institut für Fertigungstechnologie keramischer Bauteile – IFKB, Stuttgart (1998)
251. Gadow, R., Scherer, D.F., Killinger, A.: Environmentally benign ceramic composite coatings with advanced tribological properties. In: Jessen, T., Ustundag, E. (Hrsg.) Ceramic Engineering and Science Proceedings, Bd. 21, H. 4, S. 177–184 (2000). ISSN 0196-6219
252. Hurlebaus, S., Gaul, L.: Smart Structure Dynamics. Mech Syst Signal Process **20**, 255–281 (2006)
253. Hagood, N., v. Flotow, A.: Damping of structural vibrations with piezoelectric materials and passive electrical networks. J Sound Vib **146**(2), 243–268 (1991)
254. Forward, R.: Electronic damping of vibrations in optical structures. J Appl Opt **18**, 690–697 (1979)
255. Edwards, R., Miyakawa, R.: Large structure damping task report. Technical Report 132.22/1408, Huges Aircraft Co. (1980)
256. Davis, C., Lesieutre, G.: A modal strain energy approach to the prediction of resistively shunted piezoceramic damping. J Sound Vib **184**(1), 129–139 (1995)
257. Fein, O., Gaul, L.: On the application of shunted piezoelectric material to enhance structural damping of a plate. J Intell Mater Syst Struct **15**, 737–743 (2004)
258. Fein, O., Gaul, L.: An adaptive shunted piezo approach to reduce structural vibrations. Proceedings Smart Structures, Bd. 5386. SPIE, S. 393–404 (2004)
259. Fein, O., Gaul, L.: Reduction of structural vibrations using piezoelectric materials and a passive electrical network. 13th International Conference on Adaptive Structures and Technologies., S. 598–606 (2004)
260. Wang, K., Lai, Y., Yu, W.: Structural vibration control via piezoelectric materials with real-time semi-active electrical networks. In: Garcia, E., Cudney, H., Dasgupta, A. (Hrsg) Adaptive Structures and Composite Materials, Bd. AD-45, S. 219–226 (1994)
261. Karnopp, D., Crosby, M., Harwood, R.: Vibration control using semi-active force generators. J Eng Ind **96**(2), 619–626 (1974)
262. Karnopp, D.: Force generation in semi-active suspensions using modulated dissipative elements. Veh Syst Dyn **16**, 333–343 (1987)
263. Hrovat, D., Margilis, D., Hubbart, M.: An approach toward the optimal semi-active suspension. J Dyn Syst Meas Control **110**, 288–296 (1988)
264. Karnopp, D.: Active and semi-active vibration isolation. Trans Asme **117**, 177–185 (1995)
265. Karnopp, D., Allen, R.: Semiactive control of multimode vibratory systems using the ilsm concept. J Eng Ind **98**(3), 914–918 (1976)

266. Davis, P., Cunningham, D., Bicos, A., Enright, M.: Adaptable passive viscous damper (an adatable D-struttm). Proceedings of SPIE International Society of Optical Engineering, Bd. 2193. Orlando, Florida, S. 47–58 (1994)
267. McClamroch, H., Gavin, H., Oritz, D., Hanson, R.: Electrorheological dampers and semi-active structural control. Proceedings of the 33rd Conference on Decision and Control, Lake Buena Vista, Florida., S. 97–102 (1994)
268. Wang, K., Kim, Y., Shea, D.: Structural vibration control via electrorheological-fluid-based actuators with adaptive viscous and frictional damping. J Sound Vib **177**(2), 227–237 (1994)
269. Cao, S., Semercigil, S.: A semi-active controller for excessive transient vibrations of light structures. J Sound Vib **178**(2), 145–161 (1994)
270. Anderson, J.R., Ferri, A.: Behavior of a single-degree-of-freedom system with a generalized friction law. J Sound Vib **140**(2), 287–304 (1990)
271. Kim, Y., Wang, K.: On the sliding mode control of structural vibrations via variable damping. Mech Syst Signal Process **7**(3), 335–347 (1993)
272. Vaculin, O., Tapavicza, M., Bose, L., Altmann, F.: Modelling and simulation of an experimental vehicle with magnetorheological dampers. Proceedings of Euromech Colloquium of Semi-active Vibration Suppression., S. 1–14 (2004)
273. Sika, Z., Valasek, M.: Nonlinear versus linear control of semiactive vibration isolation. Proceedings of Euromech Colloquium of Semi-active Vibration Suppression., S. 1–12 (2004)
274. Preumont, A.: Semi-active sky-hook, does it work? Proceedings of Euromech Colloquium of Semi-active Vibration Suppression., S. 1–10 (2004)
275. De Man, P., Lemerle, P., Mistrot, P., Verschueren, J.-P., Preumont, A.: An investigation of a semi-active suspension for a fork lift truck. Proceedings of Euromech Colloquium of Semi-active Vibration Suppression., S. 1–15 (2004)
276. Gaul, L., Bohlen, S.: Identification of nonlinear structural joint models and implementation in discretized structure models. The Role of Damping in Vibration and Noise Control, Bd. DE 5: ASME, Bd, S. 213–219 (1987)
277. Onoda, J., Endo, T., Tamaoki, H., Watanabe, N.: Vibration suppression by variable stiffness members. AIAA J **29**(6), 977–983 (1991)
278. Onoda, J., Minesugi, K.: Semiactive vibration suppression of truss structures by Coulomb friction. J Spacecr Rockets **31**(1), 67–74 (1994)
279. Holnicki-Szulc, J., Pawlowski, P., Wiklo, M.: High performance impact absorbing materials—the concept design tools and applications. Smart Mater Struct **12**, 461–467 (2003)
280. Holnicki-Szulc, J., Knap, L.: Adaptive crashworthiness concept. Int J Impact Eng **30**(6), 639–663 (2004)
281. Gaul, L.: Active control of joints in mechanical members and structures. German Patent and Trademark Office Patent, Nr. DE 197 02518.8
282. Gaul, L., Lenz, J., Sachau, D.: Active damping of space structures by contact pressure control in joints. Mech. Struct. Mach. **26**(1)
283. de Canudas Wit, C., Olsson, H., Ström, K.A., Lischinsky, P.: A new model for control of systems with friction. IEEE Trans Autom Control **40**(3), 419–425 (1995)
284. Gaul, L., Nitsche, R.: Role of friction in mechanical joints. Appl Mech Rev **54**(2), 93–105 (2001)
285. Armstrong-He'louvry, B., Dupont, P., de Canudas Wit, C.: A survey of models, analysis tools and compensation methods for the control of machines with friction. Automatica **30**(7), 1083–1138 (1994)
286. Nitsche, R.: Semi-active control of friction damped systems. Ph.D. Thesis, Institut A für Mechanik, Universität Stuttgart, Stuttgart (2001)
287. Gaul, L., Nitsche, R.: Friction control for vibration suppression. Mech Syst Signal Process **14**(2), 139–150 (2000)

288. Gaul, L., Nitsche, R.: Lyapunov design of damping controllers. Arch Appl Mech **72**, 865–874 (2003)
289. Lane, J., Ferri, A., Heck, B.: Vibration control using semi-active friction damping. In: Ibrahim, R., Soom, A. (Hrsg.) DE, Bd. 49, S. 165–171. ASME (1992)
290. Albrecht, H.: Adaptive verbindungselemente im leichtbau. Ph.D. Thesis, Institut A für Mechanik, Universität Stuttgart, Stuttgart (2005)
291. Gaul, L., Albrecht, H., Hurlebaus, S.: Semi-active friction damping of flexible lightweight structures. Proceedings of Euromech Colloquium of Semi-active Vibration Suppression., S. 1–10 (2004)
292. Gaul, L., Albrecht, H., Wirnitzer, J.: Semi-active friction damping of large space truss structures. J Shock Vib **11**(3–4), 173–186 (2004)
293. Wirnitzer, J.: Schwingungsreduktion flexibler Raumfahrtstrukturen durch semi-aktive Reibverbindungen. Ph.D. Thesis, Institut A für Mechanik, Universität Stuttgart, Stuttgart (2004)
294. Swigert, C., Forward, R.: Electronic damping of orthogonal bending modes in a cylindrical mast-theory. J Spacecr Rockets **18**(1), 5–10 (1981)
295. Bailey, T., Hubbard, J.: Distributed piezoelectric-polymer active vibration control of a cantilever beam. J Guid Control **8**(5), 605–611 (1985)
296. Fuller, C., Elliot, S., Nelson, P.: Active Control of Vibration. Academic Press, London (1996)
297. Stöbener, U., Gaul, L.: Aktive Schwingungsregelung dünnwandiger Strukturen, Konstruktion. Zeitschrift Für Produktentwicklung (1/2), 44–46 (2001)
298. Stöbener, U., Gaul, L.: Active Vibration Control of a Car Body Based on Experimentally Evaluated Modal Parameters. Mech Syst Signal Process **15**(1), 173–188 (2001)
299. Lueg, P.: Process of silencing sound oscillations. US Patent and Trademark Office, Patent No. 2,043,416 (1936)
300. Olson, H., May, E.: Electronic sound absorber. J Acoust Soc Am **25**(6), 1130–1136 (1953)
301. Conover, W.D.: Fighting noise with noise. Noise Control **2**(2), 78–82 (1956)
302. Lester, H., Fuller, C.: Active control of propeller-induced noise fields inside a flexible cylinder. Aiaa J **28**(8), 1374–1380 (1990)
303. Elliott, S., Nelson, P., Stothers, I., Boucher, C.: In flight experiments on the active control of propeller-induced cabin noise. J Sound Vib **140**(2), 219–238 (1990)
304. Gerner, C., Sachau, D., Breitbach, H.: Active noise control in a semi-enclosure within an aircraft cabin. Proceedings of the Tenth International Congress on Sound and Vibration., S. 3721–3726 (2003)
305. Sutton, T., Elliott, S., McDonald, A., Saunders, T.: Active control of road noise inside vehicles. Noise Control Eng J **42**(4), 137–147 (1994)
306. Fuller, C.: Active control of sound transmission/radiation from elastic plates by vibration inputs. I Analysis J Sound Vib **136**(1), 1–15 (1990)
307. Fuller, C., Hansen, C., Snyder, S.: Active control of sound radiation from a vibrating rectangular panel by sound sources and vibration inputs an experimental comparison. J Sound Vib **145**(2), 195–215 (1991)
308. Snyder, S., Hansen, C.: The effect of transfer function estimation errors on the filtered-x lms algorithm. IEEE Trans Signal Process **42**(4), 950–953 (1994)
309 Tanaka, N., Kikushima, Y., Kuroda, M., Snyder, S.: Active control of acoustic power radiated from a vibrating planar structure using smart sensors (acoustic power suppression using adaptive feedforward control). JSME Int J **39**(1), 49–57 (1996)
310. Carneal, J., Fuller, C.: An analytical and experimental investigation of active structural acoustic control of noise transmission through double panel systems. J Sound Vib **272**(3), 749–771 (2004)
311. Fraanje, R., Verhaegen, M., Doelman, N.: Increasing the robustness of a preconditioned filtered-x lms algorithm. IEEE Signal Process Lett **11**(2), 285–288 (2004)

312. Deuble, F., Hofmann, C., Kröplin, B., Well, K.H.: Active structural acoustic control: Numerical modelling, robust controller design and experimental validation. Proceedings of SPIE—The International Society for Optical Engineering, Bd. 4693., S. 45–56 (2002)
313. Deuble, F.: Modellbasiertere Entwurfsmethoden für die Struktur-Akustik-Regelung. Dissertation, Institut für Statik und Dynamik der Luft- und Raumfahrtkonstruktion, Universität Stuttgart, Stuttgart (2003)
314. Stöbener, U., Gaul, L.: Active vibration and noise control by hybrid active acoustic panels. Z Angew Math Mech **81**(1), 45–48 (2001)
315. Hsu, C., Lin, C., Gaul, L.: Vibration and sound radiation controls of beams using layered modal sensors and actuators. Smart Mater Struct **7**(4), 446–455 (1998)
316. Hagedorn, P., von Wagner, U.: Smart pads: a new tool for the suppression of brake squeal? Proceedings of XXIV μ-Colloquium, Bd. 575. VDI S. 153–172 (2004)
317. DIN 8580 Fertigungsverfahren – Begriffe, Einteilung (2003)
318. Sunderkötter, C.: Vergleichende umformtechnische Charakterisierung von Blechwerkstoffen unter mehrachsiger Beanspruchung. Dr.-Ing. Dissertation, Gottfried Wilhelm Leibniz Universität Hannover (2007)
319. Vehof, R., Faderl, J.: Presshärtender Stahl (PHS) von voestalpine: Innovation bei Beschichtung und prozess. Tagungsband 5. Industriekolloquium SFB362, Clausthal-Zellerfeld. (2005)
320. Bogojawlenskij, K.N., Neubauer, A., Ris, V.W.: Technologie der Fertigung von Leichtbauprofilen. VEB Deutscher Verlag für Grundstoffindustrie, Leipzig (1979)
321. Verband der Aluminiumrecycling-Industrie, Übersicht Aluminium Legierungen, http://www.schoett-druckguss.de/assets/Uploads/pdf/legierungen.pdf?PHPSESSID=7v08i0l0iuaap9htpq6c2qe0o4. zuletzt aufgerufen 27. Nov 2012
322. VAW-IMCO Guss und Recycling GmbH: Aluminium-Gusslegierungen, 3. Aufl. S. 67ff., 75–79 (2007)
323. Dworog, A.J.W.: Grundlagen des Magnesiumspritzgieß, (Thixomolding®). Shaker (2002)
324. Kainer, K.U. (Hrsg.): Magnesium – Eigenschaften, Anwendungen, Potenziale. Wiley-VCH (2000)
325. VAW-IMCO Sandgusslegierungen
326. Georg Fischer Automotive AG, Interne Aufstellung (2011)
327. Georg Fischer Automotive AG, Produktkatalog (2011)
328. VAW-IMCO Guss und Recycling GmbH: Aluminium-Gusslegierungen, 3. Aufl. S. 71ff., 75–79 (2007)
329. Brunhuber, E.: Leichtmetall- und Schwermetall-Kokillenguss, 3. Aufl. Schiele & Schön (1966)
330. http://www.ibf.rwth-aachen.de. Zugegriffen: 17. Nov 2011
331. Leichtbau mit Profilen, Blech Rohre Profile, Ausgabe 03/2011
332. http://www.tailored-blanks.com/produkte/tailored-products/thyssenkrupp-hotform-blanks (2011). Zugegriffen: 17. Dez 2011
333. Nentwig, J.: Kunststoff-Folien, Herstellung – Eigenschaften – Anwendung. Hanser (2006)
334. Baur, B., Osswald, S.: Saechtling, Kunststoff Taschenbuch. Hanser (2007)
335. Fattmann, G., Greif, H., Limper, A., Seibel, S.: Technologie der Extrusion: Lern- und Arbeitsbuch für die Aus- und Weiterbildung. Hanser (2004)
336. Erhard, G.: Konstruieren mit Kunststoffen. Hanser, München (1993)
337. Behrens, B.-A., Rosenberger, J., Ulbricht, V., Süße, D.: Gleitziehbiegen von Profilen mit definierter variabler Längskrümmung. Abschlussbericht zum Forschungsvorhaben EFB/AiF 14292 BG, Hannover, Dresden (2007)
338. Aktives hydromechanisches Tiefziehen für großflächige Blechteile. VDI-Zeitschrift, Bd. 138 (1996)
339. Legierungsfolder Aluminium Rheinfelden
340. VAW-IMCO

341. [Schema LKR]
342. [Quelle Georg Fischer]
343. Büchen, W.: Niederdruck-Gießverfahren. In: Stöferle, T. (Hrsg.) Urformen von Spur Handbuch der Fertigungstechnik, Bd. 1, Hanser Fachbuchverlag (1981)
344. Altenpohl, D.: Aluminium von innen, 5. Aufl. Aluminium-Verlag (2005)
345. Kiehl, P., et al.: Einführung in die DIN-Normen, 13. Aufl. S. 269 (2001)
346. Institut für Umformtechnik und Umformmaschinen, Leibniz Universität Hannover: Thixo Schmieden, Praktikumsarbeit
347. Aluminium Rheinfelden: Hütten-Aluminium – Druckguss-Legierungen, 2. Aufl (2007). http://www.rheinfelden-alloys.eu/c/document_library/get_file?p_l_id=78483&folderId=51634&name=DLFE-425.pdf
348. Roller, R., et al.: Fachkunde für gießereitechnische Berufe – Technologie des Formens und Gießens, 6. Aufl. Europa-Lehrmittel (2009)
349. Michaeli, W.: Einführung in die Kunststoffverarbeitung. Hanser (2006)
350. AVK-TV Arbeitsgemeinschaft Verstärkte Kunststoffe – Technische Vereinigung e. V.: Das AVK-TV Handbuch: Faserverstärkte Kunststoffe und duroplastische Formmassen, Bd. II: Werkstoffe und ihre Herstellung. Eigenverlag
351. Echte: Handbuch der Technischen Polymerchemie. VCH (1993)
352. http://heatform.com/products/heatforming/process/de
353. Dworog, A.: Grundlagen des magnesiumspritzgießen. Shaker, Aachen (2002)
354. Kainer, K.U.: Magnesium – Eigenschaften, Anwendungen, Potentiale. Wiley-VCH, Weinheim (2000)
355. von Firma Thixomat: 620 Technology Drive Ann Arbor, Michigan 48108 USA, www.thixomat.com, 11. Mai 2007
356. Brunhuber, E.: Leichtmetall- und Schwermetall-Kokillenguß. Fachverlag Schiele & Sohn, Berlin (1966)
357. Büchen, W.: Niederdruck-Gießverfahren. In: Spur, G., Stöferle, T. (Hrsg.) Handbuch der Fertigungstechnik, S. 649–665. München (1981)
358. Roller, R., Baschin, E., Buck, V., Ludwig, J., Mellert, B., Pröm, M., Rödter, H.: Fachkunde für gießereitechnische berufe. Technologie des Formens und Gießens, 6. Aufl., S. 297–309 (2009). Quelle teilweise: Aluminium von innen/Dietrich Altenpohl/Aluminium-Verlag
359. Kniewallner, L., Scholz, K., Hornung, K.: Neue Aluminiumgiessverfahren – Ergänzung oder Revolution. In: DVM-Tag Bauteil 1999: Werkstoffe und Verfahren im Wettbewerb, Tagungsband 85–95, Berlin, 05.–07. Mai 99
360. Kniewallner, L.: GIESSTECHNIK. In: Degischer, H.P., Lüftl, S. (Hrsg.) LEICHTBAU, 1. Aufl., S. 173–190. Wiley (2009). ISBN 9783527323722
361. Wikipedia Eintrag Gießen, Stand Feb 2012
362. Wikipedia Eintrag Vollformgießen, Stand Feb 2012
363. Interne Aufstellung der Fa. Georg Fischer Automotive (2011)
364. Produktkatalog Fa. Georg Fischer Automotive (2011)
365. VAR, Verband der Aluminiumrecycling-Industrie Düsseldorf, Übersicht aluminium legierungen
366. EN 1706 -GERI
367. BMWArchiv.de: BMW Werk Leipzig Punktschweißen. http://www.bmwarchiv.de/images/1691-19-bmw-werk-leipzig-bmw-1er-3-tuerer-karosseriebau-punktschweissen-res-728.jpg. Zugegriffen: 15. Apr 2012
368. Boellhoff.com: 4. Generation verbindet in der 4. Dimension. http://www.boellhoff.de/de/de/unternehmen/news-presse/pressemitteilungen/2010/porsche-panamera.php. Zugegriffen: 15. Apr 2012
369. Meschut, G.: Mechanisches Fügen und Kleben – Innovative Fügeverfahren für die Mischbauweise. 2. Internationale Fronius Konferenz, 09.02.2011, Wels, Österreich

370. N.N.: Böllhoff Produktkatalog RIVSET. http://www2.boelhoff.com/web/centres.nsf/Files/RIVSET_D_6701/SFILE/RIVSET_D_6701.pdf. Zugegriffen: 15. Apr 2011
371. Donhauser, G.: System zum Verbinden von pressharten Stählen mit Aluminium bzw. Stahl. Automotive Circle International, Bad Nauheim, 18. Apr 2012. (2012)
372. Roll, K., Busse, S., Merklein, M.: Innovatives Verfahren zum Clinchen von höchstfesten Stahlgüten. Tagungsband 32. EFB-Kolloquium Blechverarbeitung, Bad Boll. (2012)
373. N.N.: CMT – Die Verbindungstechnologie. http://www.fronius.com/cps/rde/xcbr/SID-BAC0B60F-C6A5AC2B/fronius_deutschland/M_06_0001_DE_leaflet_CMT_112_www_44763_snapshot.pdf. Zugegriffen: 10. Juni 2012
374. Zusammenstellung aus Bildquellen http://www.fronius.com/cps/rde/xchg/SID-26483240-31314191/fronius_international/hs.xls/79_20055_ENG_HTML.htm?inc=85039.htm. Zugegriffen: 16. Juni 2012, http://mercedes-amg.com/slsc.php?lang=deu. Zugegriffen: 18. Juni 2012 und http://www.voestaöpine.com/group/de/presse/presseaussendungen/autorevue-award-fuer-hybridplatine-von-voestalpine-und-fronius.html. Zugegriffen: 16. Juni 2012
375. Trommer, G.: Das Beste aus zwei Werkstoffen. Praktiker **07**, 58–59 (2012)
376. Thomy, C., Vollertsen, F.: Aktuelle Entwicklungen beim thermischen Fügen von Aluminium-Stahl-Mischverbindungen. In: Tagungsband zur Großen Schweißtechnischen Tagung 2011 Hamburg, 27.–29. Sept. 2011. DVS-Media GmbH, Düsseldorf (2011)
377. Aluminumteile punkten mit Delta Spot, http://www.automobil-industrie.vogel.de/produktion/articles/361721. Zugegriffen: 12. Juni 2012
378. Schmid, D., Neudel, C., Zäh, M.F., Merklein, M.: Pressschweißen von Aluminium-Stahl-Mischverbindungen. Light Die Fachz Für Den Leichtbau Bewegter Massen **01**, 14–19 (2012)

第 8 章
回收、生命周期评估和原材料可用性

西蒙尼·艾伦伯格，斯文·克诺弗尔，斯蒂芬·施密特，艾克哈德·舒勒-汉斯

8.1 生命周期评估作为轻量化的决策辅助

轻量化材料在汽车制造业中的应用已经有相当长的历史了。在开发轻量化以及由此可能会更经济性的汽车的努力过程中，对单个轻量化材料的优缺点进行了越来越多的讨论。汽车的重量是实现燃油节约的重要杠杆。降低燃油消耗不仅可以节约石化资源，还可以减少燃烧过程中的废气排放。从生态学角度来看，汽车轻量化中所使用的材料在生产和回收利用方面与传统材料有很大不同。通常来说，与传统材料如钢材相比，轻量化材料的生产成本更高，这导致排放从使用阶段转移到了构件的生产阶段。为了能对轻量化构件的生态优势做出陈述，仅考虑汽车使用阶段的燃料经济性是不够的。相反，必须对汽车的整个生命周期以及生产和操作所需的预处理过程进行整体观察。

生命周期评估的方法（Life Cycle Assessment，LCA）是对产品进行生态评估的一种方法。以下章节介绍了该方法的基础知识及其在轻量化材料和轻量化构件评估中的应用。

8.1.1 生命周期评估的方法论基础

生命周期评估的目的是从资源消耗和产品不同生命阶段的排放中得出可能出现的环境影响。在标准 DIN EN ISO 14040 和 14044 中，描述了生命周期评估的基本方法[1,2]。图 8.1（左）展示了具体的流程。第一步骤是确定研究范围和研究目标。在比较汽车构件的情况下，这是对产品生命周期的分析和具有整个生命周期相关的较低环境影响的材料的识别。调研范围的确定基于地理和时间因素，但也包括产品的生命阶段。针对轻量化构件的评估，对于构件生命周期的整体考虑是有意义的。轻量化构件生产的考虑包括预处理、使用阶段、处置与回收（即所谓的从摇篮到坟墓的考量，见图 8.1 右）。例如根据研究目的，可以单独考虑产品的生产（从摇篮到门或从门到门）或另一个生命阶段。在比较不同的驱动技术或燃料时，例如在文献中，或者只考虑使用阶段（油箱到车轮），或者将燃料生产与汽车使用相结合（油井到车轮）考虑。由于系统边界不同，有时很难对同一产品的不同生命周期进行比较。

在产品的比较研究中，选择与生态平衡相关的相同功能单元是很重要的。功能单元描述

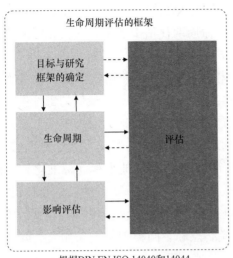 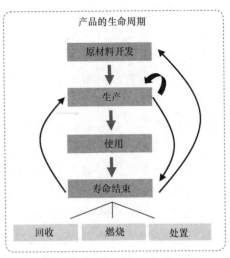

图 8.1 生命周期评估的阶段和产品的生命周期展示

了基于可量化特征的产品的实用性。例如，对于所有要进行比较的变体，相同汽车构件的使用在车辆中相关的安全性、功能性等方面必须是相同的。

一旦定义了框架条件，就会在下一步中创建生命周期清单。这包括数据收集和用于研究系统输入流和输出流的计算方法[1]。关于数据的收集，重要的是要注意可追溯性和同质性。原则上，各个过程被视为黑盒子，相关的输入和输出流通过数学关系确定。在这种情况下，各个子过程的数据在整个生命周期中相关联，从而可以实现进入或离开系统边界的材料流和能量流的平衡[3]。在过去的几十年中，已经开发了各种软件工具用于这种生命周期评估的建模，因此，可以实现过程数据库的使用。基于此，可以实现根据原始数据创建生命周期清单，并从现有数据库中补充缺失的数据或特定背景过程（例如能源供应）。

在创建生命周期清单之后，对所获得的数据进行了环境相关性评估。这种影响评估有不同的概念和方法。对于每种类型的影响评估，来自生命周期清单的材料流和能量流被归类到不同类别的环境影响（分类），然后根据科学模型（特征描述）确定的因子换算为影响指标值。例如，在评估气候变化影响时，总结了产品系统的所有温室气体排放。每种排放的温室气体都具有特有的吸热能力，因此可以与参考气体二氧化碳（CO_2）进行比较。例如，甲烷（CH_4）在 100 年的时间内，具有比二氧化碳高 25 倍的温室效应。排放的 1kg 甲烷相当于 25kg 的二氧化碳。通过这种方式，所有温室气体都可转化为二氧化碳当量（CO_{2eq}），因此可归纳为影响指标"全球变暖潜势"（GWP_{100}）。以类似的方式，可确定其他的影响指标，如酸化潜力、富营养化潜力、人体毒性和生态毒性。除了这些面向输出的类别之外，还有所谓的面向输入的影响指标。这些影响指标包括土地使用、水消耗、化石或矿物资源的使用等。消耗的资源也被转换为参考值（例如化石资源的石油当量）。以往，开发出了不同重点的影响评估方法。例如，在文献［4］中可以找到现有方法的概述。总之，生命周期评估的目标是考虑由活动或产品产生的各种环境影响。但是，研究有时只考虑一种影响类别对产品进行评估，这可能是由于单方面的兴趣或者是数据库不完整导致的。因此，如果一项研究仅关注温室气体排放，那么它将从原始意义上的生命周期评估中摘录，并应标记为"温室气体平衡""碳足迹"或类似情况。

  这一目标设置意味着，例如在降低温室气体的排放方面，使用材料 A 的构件方案优于其他方案，材料 B 在资源节省方面是最佳的方案，材料 C 则是具有最低的毒性潜力。从客观的角度来看，不可能决定优先采用哪种解决方案，因为从生态学的角度来看，必须减少对气候变化的影响，以及通过减少环境中的有毒物质来保护人类的健康。针对该问题，在生命周期评估行业中有各种解决方案。可以将影响指标与可选的其他步骤（标准化）中的比较值进行比较，并根据不同的值进行加权，形成效应终点（例如人类健康）的指标值。因此，可以对基于一维系数的各种可选产品解决方案进行比较。虽然气候变化或酸化潜力等影响指标的计算是以科学模型为基础的，但在考察效应终点和不同类别权重（如人类健康或生态系统）时，更多地采用了主观评判标准（如道德价值体系）。

  根据调查的目标和范围，可能或必须对生命周期评估的各个步骤进行评估。这包括了识别主要影响系数和进行敏感度分析，特别是可以评估生命周期清单的数据不确定性对其对总体结果的影响。

  即使根据上文所提出的方法确定了生态上最好的材料变体，在实际应用中还必须考虑其他各种决定因素。最后但同样重要的是，经济因素在评估不同的材料替代方案时起着决定性的作用。同样，有一些方法可以将所谓的生态效率分析中的生态和经济评估结合起来。由于需要大量的数据和复杂结果诠释，与"简单"的生命周期分析相比，在实际应用中使用这种方法的意义不大。

  除了生命周期评估的 ISO 标准之外，还有其他的标准指南有助于创建生命周期评估和协调各种研究。其中包括许多欧洲背景指南，详细介绍了解决方法问题的各种方法[4-7]。此外，还为北美地区开发了乘用车构件的产品类别规则（PCR），其中，特别对轻量化材料与传统材料进行了比较。

8.1.2 轻量化材料的生态评估

  汽车轻量化技术的一个目标是在汽车的使用过程中减轻重量和节省燃料。在动力总成电气化日益增加的背景下，采用轻量化材料是抵消能量存储器额外重量的一种很好的方式。

  对乘用车中使用的轻量化材料进行生态评估，必须考虑所涉及构件的整个生命周期。这包括原材料和材料的生产、构件的制造、车辆的使用和处置。主要的影响因素包括材料的来源，轻量化构件减轻的重量、车辆所用过程中节约的燃料，以及报废车辆中材料的可回收利用性。

8.1.2.1 轻量化构件生产的评估

  材料生产的成本取决于各种因素。首先，提取原料所需的过程在能量和材料消耗方面差别很大。对于某些原材料，可使用不同的制造工艺。例如镁，可使用电解方法或热处理工艺获得镁，但是这两种工艺所需要的能量是不同的。现有技术和工艺效率有时取决于个别生产生产构件的工艺也是同样的道理。例如纤维增强塑料，其生产构件的工艺尚未应用在批量生产中，因此进一步改善批量生产的制造工艺具有很大的提升空间，这具体反映在能量和材料的消耗中。

图 8.2（见彩插）中以镁的生产为例，说明了不同的工艺和工艺参数对温室气体排放的影响。图表中列出了在生产时使用加热工艺和电解工艺的各种信息。在过去几年中，很多作者发表了关于皮浆法、另一种加热工艺和各种电解设备在中国对环境影响的文章。由于能耗高并使用煤炭作为唯一能源，第一次针对皮浆法的研究得出了该工艺温室气体排放量很高的结论。以煤为唯一能源的皮浆法，生产每千克镁所产生的温室气体 CO_{2eq}（二氧化碳当量）的排放量为 37~47kg。随着气态燃料的使用和生产工艺效率的提升，改进的皮浆法减小了对环境的影响。根据所使用的能源和镁冶炼设备的技术状态，已经可以实现生产每千克镁所产生的温室气体 CO_{2eq}（二氧化碳当量）的排放量为 23~33kg。对于电解设备，发电类型是评估的决定性因素。对于电解法所需的电力完全由水力发电获得的设备（现已关闭）的调查表明，生产每千克镁的 CO_{2eq}（二氧化碳当量）的排放量为 6kg。相反，利用化石燃料生产电力所产生的排放量为水力发电的排放量的 3 倍。此外，镁冶炼使用的六氟化硫（SF_6）保护气体已经被认为是一个重要的环境影响因素。由于六氟化硫是已知最强的温室气体，其 CO_{2eq}（二氧化碳当量）因子为 22200，因此即使六氟化硫的绝对排放量很低，其使用对 CO_{2eq}（二氧化碳当量）平衡具有决定性影响。由于市场上有这种惰性气体的替代品，这些替代品不具有或仅具有低得多的全球变暖潜力，因此可以以相对低的成本避免大量的 CO_{2eq}（二氧化碳当量）排放。

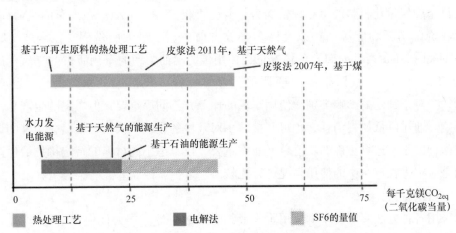

图 8.2　各种镁生产途径的温室气体排放比较[8]

不同的轻量化材料之间也存在显著的环境影响差异。图 8.3 中显示了不同轻量化材料和钢材的平均温室气体排放。图中数据指的是每千克原生材料，没有包括继续加工成汽车构件的相关数据。图中列出了不同来源、不同生产方法和准确的材料规格所产生的排放。总的来说，可以看出，与所示的轻量化材料相比，传统材料钢的生产成本较低。

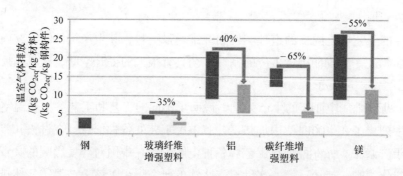

图 8.3　每千克原生材料（深色柱状）和每千克钢参考组件（浅色柱状）的
温室气体排放量（数据来源：自行计算，文献 [9]）

对于轻量化构件，比较每千克材料的排放量并不是主要目的。功能相同的轻量化构件比传统钢构件的重量要轻，因此，在汽车中获得相同功能性的同时，轻量化构件可使用相应较少的材料。在图 8.3 中，列出了可代替 1kg 钢构件所需的材料数量与温室气体排放的关系。典型的代替钢的轻量化材料包括：玻璃纤维增强塑料可减重 35%，铝可减重 40%，碳纤维增强塑料可减重 65%，镁可减重 55%。因此，材料生产中的排放差值显著减少。

各种指标可用于构件生产成本的生态评估。采取轻量化的动机旨在节省能源并降低二氧化碳的排放量。在实际应用中，特别着眼于能量的消耗与 x。在许多情况下，两个类别都有很强的相关性，因为来自化石燃料的电力和热量的产生导致了大量的温室气体排放。此外，不应完全忽视其他的环境指标。在很多研究中，对汽车构件的研究是很重要的：如酸化潜力，富营养化潜力，全球变暖潜力，光氧化物的形成，呼吸作用和臭氧消耗。

对于汽车中轻量化材料的生态评估而言，其生产仅是一个方面。在汽车的生命周期中，使用阶段在资源消耗和能源消耗以及许多排放方面占据了最大的份额。在全球变暖趋势（GWP，Global warming potential）的情况下，使用传统燃油驱动的车辆所占的二氧化碳排放份额约为 75%～80%，按照生命周期评估的基本思路，包括燃料生产的话，甚至可达 85%～90%。对于其他的影响类别，使用车辆的比例并不同等重要，但燃料的生产总是会产生很大影响。通过降低燃料消耗，也可间接减少对环境的影响。为了在轻量化构件的评估中映射这些影响因素，选择正确的功能单元非常重要。仅考虑不同材料的特定构件的生产是不够的，而是应根据在汽车中的使用情况进行比较。

8.1.2.2　节省燃料的意义

可以采用各种方法实现在车辆使用阶段节约燃料的目标。作为评估轻量化选项的参考，以里程（km）表示车辆的使用寿命。对车辆进行评估时，基于车辆的总排放量来确定总节约量。原则上，质量所导致的燃料节约需考虑到二次效应或者仅限于纯粹的重量调节。二次措施包括，例如通过减轻重量实现发动机性能的匹配，可以通过相同的驾驶特性减少燃料消耗。

如果对各个构件进行相互比较，则有不同的方法来确定与构件相关的燃料经济性。为了评估单个零件的节约潜力，可以与传统构件进行比较，以确定燃料消耗。由于对单个构件的燃料消耗按比例分配并无意义，因此可以通过系数来考虑所节约的燃料量，而不是所消耗的燃料量。

在使用阶段，燃料的节约可使用节约系数来计算，系数与所行驶距离和所节约的重量相关。该系数的大小取决于各种因素，例如车辆行驶或车辆的技术特性。文献中的数据是每100kg和每100km的燃油量在0.15L和0.6L之间变化[10]。近年来，普通车辆平均系数值为汽油车0.35L/100kg·100km，柴油车0.28L/100kg·100km[11]。在这种情况下，已经包括了二级措施，如对驱动的适配。如果不考虑这些影响，例如对于高尔夫级别的车型，其值为0.15L/100kg·100km 或 0.12L/100kg·100km[11]。燃料节约值 $C_{\text{comp},i}$（L/100km）由参考件质量 $m_{\text{comp},i}$ 与可替代驱动质量 $m_{\text{comp,ref}}$ 与燃料节约系数 V（L/100kg·100km）的权重 m 的差值给出[11,12]，另见燃料减少值（章节2.1）和图2.9：

$$C_{\text{comp},i} = 0.01(m_{\text{comp},i} - m_{\text{comp,ref}})V$$

燃料节约系数对构件评估的结果有着决定性影响。通常，假定在欧洲使用的车辆的里程为15万~20万km。例如，在重量减轻10kg的情况下，汽油车在整个运行阶段可节省53~70L燃料。燃料的节省会直接减少车辆运行期间的排放。另一方面，较低的消耗量也节约了不必要的燃料的生产。二氧化碳、其他温室气体以及二氧化硫的排放量与消耗量的降低成比例减少，而对于车辆运行的其他排放，如颗粒物或氮氧化物，与燃料消耗和减重不成线性关系。

在使用阶段节约燃料可以减少轻量化构件的能耗和排放，从而弥补生产阶段（通常来说）更高的成本。在对这些构件的研究中，通常基于参考构件确定盈亏平衡点。在图8.4中，以铝构件和相应的参考钢构件作为示例进行了比较。在图表中，$CO_{2\text{eq}}$（二氧化碳排放当量）排放的差值是参考案例，x 轴显示了钢构件的情况。如果轻量化变体的值为正，则生

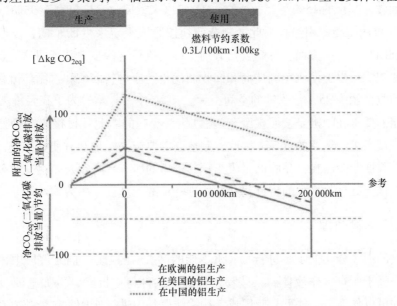

图8.4 钢A柱（参考）和来自不同原产地的铝A柱的盈亏平衡点示意图

命周期相关时间点的排放量高于参考件。当为负值时，轻量化变体的排放量低于参考件。由于在使用阶段持续降低排放，因此在该阶段存在直线的负斜率。原生金属的来源不同，则所示的情况也有所区别。轻量化构件的重量可减轻40%。采用中国产铝制成的构件在使用阶段的排放无法赶上生产中的额外排放。欧洲铝的盈亏平衡点约为10.5万km，而来自美国的铝则略高。

8.2 在报废概念中的轻量化

8.2.1 法律框架

德国通过各种法律和准则对报废车辆的处理以及构件和材料的回收法律框架进行了规范。

作为一项上级法律，"循环经济法和废物法"[13]确立了废品处理的等级。因此，原则上应避免出现废料，如果无法避免，则优先回收利用或者用于能源目的。如果是用于回收或者能源目的，则可以用废料替代原材料和燃料。最不理想的方案是在没有改变废料的性质下对废料进行掩埋处理。此外，在产品责任的框架内，制造商有责任设计出一款最好使用二级原料的、耐用的、可重复使用并可无害回收的车辆产品。

"城市废料技术指南"中规定了不同类型废料的基本定义和许可的处理方式。不再允许焚烧损失超过5%的废料存放。对于具有高比例塑料报废车辆利用的粉碎轻馏分，不可对其进行存放或仅在热处理之后存放。

在欧盟报废车辆规定中[14]，2006年初规定了80%（质量分数）的材料回收率，5%允许用于能量回收，其余的15%可存放。自2015年以来，回收率已提高至95%（质量分数），其中最多10%可用于能源用途。因此，制造商须按照该规定来生产车辆，以保证对其进行合理的拆卸和回收。另一方面，拆解公司必须正确地执行这些步骤并证明这一点。实施这些回收利用率法规，可以迫使汽车制造商和回收商优化其原材料回收和再循环流程。尤其是粉碎轻馏分的回收率约为25%，改进的空间很大。

欧盟规定的要求在德国是按照报废车辆法规[15]实施的。此外，报废车辆处理过程受到管制，并且也规定了制造商的责任。因此，制造商需要统一标记和方便拆卸设计构件以供使用和回收，并收回制造商自己品牌的报废车辆。最后的所有者必须将车辆交给公认的回收点或拆卸点，在该点处移除规定的构件，并开始进一步的处理。

8.2.2 报废车辆处理

报废车辆的回收分几个步骤进行（图8.5）。首先，在报废车辆处理厂中，对车辆进行烘干，也就是吸干所有工作液体。某些易于拆卸的构件将被拆除，例如电池、轮胎和催化器。这些构件可以作为二手件重复使用或者在特殊设备中进行处理。整个动力系统也可从汽车中取出，因为这种废料可以更高的价格出售[16]。除法定要求拆除的构件外，还要拆除哪些组件，则取决于其销售价值，这由备件的状况和需求所决定。

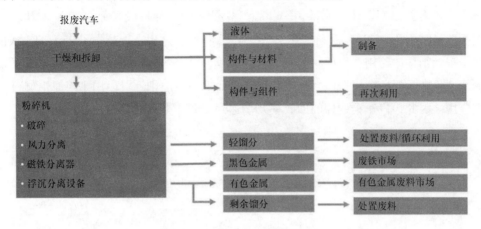

图 8.5　报废汽车的回收过程

接下来将动力总成和车身的其余部分进行轻度粉碎。在后续的分离阶段中，对不同的材料进行分类。利用磁力分离器分离黑色金属，这些黑色金属占据了重量的最大份额。对于其他的馏分，可以使用不同的工艺。粉碎轻馏分中包含织物、泡沫和塑料，可利用风力进行分离。这种馏分几乎完全用于能源利用。由于法律中所规定的高回收率，近年来开发了各种用于处理轻质馏分的方案。

有色金属的分离可以通过涡流分离器进行，借此可将导电的有色金属与非导电的物质（橡胶，木材，塑料，树脂，玻璃）分离。有色金属部分由铝、镁和贵重金属（主要是铜）的混合物组成。由于车辆中含有的铝比其他有色金属多，因此分馏出的大部分都是铝，占比设定在 70%～80%。基于密度差异，可以在浮沉分离设备中对有色金属进行分离。有色金属馏分的很大一部分转销到亚洲。

在德国，从报废车辆中回收轻量化材料需要注意的是：为了达到回收率，要求报废车辆实际到达回收站。从 MaRess 研究[17]的结果可见，2006 年 320 万辆永久注销的乘用车中，仅有 50 万辆最终到达了回收公司，相当于不到 16%。2009 年是个例外，由于可以得到报废费用，55% 的报废车辆在德国进行了回收利用。在这之前的一年，即 2008 年，报废车辆中的 50% 作为二手车出口到欧盟国家，8% 出口到苏联和西非各地，还有 28% 的报废车辆下落不明[18]。大多数出口的车辆品质较高，可能包含更多的轻量化材料。

对于部分出口汽车的目的地国家，可以假定，其回收标准低于德国或没有专业的回收利用机构。这意味着，一方面，车辆中含有的污染物可能会进入环境中；另一方面，可回收物质不再会进入循环系统中。这只能通过在目的地国家的进一步利用而延长使用寿命，从而在有限程度上得到补偿，特别是因为在那里驾驶的二手车辆的消耗和排放高于可比较的新车[19]。

8.2.3　轻量化构件的报废

报废车辆的报废管理正在发挥越来越重要的作用，这不仅仅是出于法律的要求。轻量化材料的生产成本相对较高，而原生材料的再加工则需要低得多的能量消耗。在欧洲生产原生铝，每千克铝需要约172MJ的能量，GWP_{100}（GWP——全球变暖趋势）约为9.7kg。相反，再生铝的能量需求为7.7MJ/kg和约0.5kg CO_{2eq}/kg[20]。这相当于节省了95%的一次能源。

对于车辆结构中使用最多的材料钢的废料回收，已经建立了几乎封闭的材料循环。在废弃车辆的回收中，黑色金属按照标准进行分离，而次级钢原则上可以用于与原生材料相同或等同的应用。因此，汽车钢构件的回收率几乎达到100%（表8.1）。

表8.1 铝废料，镁废料和钢废料的平均回收率（数据来源：文献[20]，[23]）

材料	回收率		
	构件生产中的初级废料	从拆卸中获得的消费后废料	粉碎后获得的消费后废料
铝	0.98	0.98	0.90~0.95
镁	0.94	0.88	0.60
钢	0.95	0.95~0.97	0.95~0.97

铝的情况也类似，二次铝材料不能总是重复用于等价的构件。可以假设，大约90%的铝可以从车辆中回收。在2007年的欧洲，从报废汽车回收中产生的二次铝的绝对量为67.3万t[20]。二次材料则用于各种铝产品中。

原则上，两种金属铝和镁都可以从报废车辆中回收。如果是易于拆卸的组装件，可以在回收过程中就将其拆除，并直接在相应的二级市场进行处理。但到目前为止，情况并非如此。在目前的条件下，铝主要是被回收并作为二次合金投放到市场中。从技术上讲，也可以将镁和铝分开，例如在浮沉分离设备中或通过X射线进行分离，但缺乏对这种投资的经济支持。文献[22]认为，全球范围内，每年可以从报废汽车中回收约8万t的镁。其中，只有一部分采用了手工分选分离，并用于钢的脱硫。大部分的镁和铝一起加工成相应的合金。2007年，全球范围内从产品废料中生产了约25万t的二级镁。主要使用在铝合金、钢铁生产和新的镁产品中[22]。这些应用中也可使用加工的消费后废料。由于可能被重金属污染，应用在车辆的结构件中会受到一定的限制。

为了做到真正的材料循环，必须具备应用二次原材料的可能性和针对二次原材料的市场。耗散性应用，例如使用消费后废料的镁作为钢铁生产的还原剂，也是一个市场。然而，按照这种方式，则直接把原材料从材料循环中排除出去。因此，立法者认为，经过多个产品循环的材料回收利用比能源利用更具有价值。

轻量化构件的回收和随后的再利用或进一步使用，一方面取决于构件本身，另一方面取决于材料。易于拆卸的件或那些不承受高载荷的构件可以比较容易进行拆分，并且可以再次用于相同的目的。当材料按照种类进行分类时，某些材料则相对容易回收。大多数金属和塑料都是这种情况。对于复合材料而言，回收单个的组件会有技术和经济上的障碍。

近年来，在从碳纤维增强塑料中回收碳纤维方面取得了显著进展。原则上，在碳纤维增强塑料的回收中可以实现几个目标，如可以对碳纤维和基体进行回收。回收可在混合物状态或分离复合物之后进行。不过，目前还没有考虑对碳纤维增强塑料的基体塑料进行回收。由于塑料回收的品质损失较大，以及与碳纤维相比塑料价格较低，对基体进行回收是不经济的。分离纤维基体复合材料的方法可分为溶剂分解和热解。目前，作为商业方法，只对热解进行了测试，并作为热处理工艺应用。此外，热解设备已经在德国施塔德市投入运行，可从工业规模中的碳纤维增强塑料件中回收碳纤维。热解工艺可使用不同的工艺介质，如氩气、氮气、烟气甚至液态锡[24-26]。除了纤维回收物之外，热解还可以分解出油和气，可用于随后的能量生产中。这些过程在碳纤维增强塑料材料领域尤其重要，因为生产技术和构件的复杂几何形状通常会产生大量的边角废料。因此，即使采用优化的机械切割技术，也会产生30%的纤维半成品废料[27]。对于复杂的几何形状，半成品和固化成型构件的废料率可达40%~50%[28,29]。尽管通过生产技术的进一步改进，可以减少边角废料量，但是废料却无法完全避免。碳纤维的回收只是回收过程的第一步。目前，正在测试二级纤维应用的各种可能性，但是尚未形成真正意义上的市场。基于可用的回收工艺，来自碳纤维增强塑料废料的纤维通常只能得到毯状物，并且由于力学性能有限而导致纤维质量较差，因此，无法等同于初级纤维再次使用到车辆构件中。再生纤维的可能应用领域有，例如在导电涂料中使用磨碎的纤维，为了改善抗剪切性在成型件中添加的短纤维，或用于纺织品中的回收长纤维。

原则上，对于碳纤维增强塑料构件，可使用储存在材料中的能量。由于初级碳纤维的价格较高，因此，对纤维进行回收具有经济效益。由于玻璃纤维增强塑料的价格较便宜，不值得对玻璃纤维进行回收。然而，对于玻璃纤维增强塑料也越来越多地寻求材料回收。由于废弃风力发电机玻璃纤维增强塑料废料的增加，因此正在寻求各种方法来回收材料。一方面，可以对玻璃纤维增强塑料废料进行研磨，用于各种应用的填料；另一方面，可作为微颗粒加入到混凝土或水泥中[30]。此外，玻璃纤维增强塑料废料还可以用作水泥厂的燃料。之后，可以将燃烧所得的灰分添加到水泥中，以使得材料完全再循环。

热利用是目前主要使用的玻璃纤维增强塑料材料的处理方法。从生态学的角度来看，虽然燃烧过程可造成空气污染物的排放，但现代垃圾焚烧厂可生产的电能和热能，也会再次被利用。在玻璃纤维增强塑料的热利用中，热值取决于聚合物的比例，因为玻璃是不燃烧的。

为了实现轻量化材料再循环的改进，可以采用各种方法。技术层面可对纤维增强塑料和镁进行回收，但是缺少二级材料的可获利市场。只有在成熟的二级原材料市场中，才会出现针对这些材料的标准回收的经济动机。此外，由于所使用材料的多样性和多材料设计的重要性日益增加，可以预期报废管理会变得更加复杂。

这使得在汽车设计阶段就考虑到材料的回收利用变得更加重要。在"回收设计"的口号下，各公司都有关于如何在规划阶段考虑汽车构件的可重复使用性的指导方针。以下是汽车和构件设计中应考虑的各种标准。一方面，材料的选择或材料的合适组合是重要的；另一方面，除了所用材料的再利用可能性之外，将材料彼此分离的能力起着重要作用。此外，在设计构件时，应考虑其扩展性和易拆卸性。这包括了一个连接的概念，可以轻松地实现汽车构件的分离。越早在汽车准备中实现材料的分离，报废车辆回收的整个过程效率越高。

8.2.4 评估回收流的方法程序

在图8.1（右）显示了产品寿命阶段的示意图。整体平衡的基本思想是考虑产品从摇篮到坟墓的过程。在这种情况下，可能会实现材料的循环，或者在产品生命周期结束后，材料转移到另一个产品系统中。在 ISO14040 和文献（例如文献 [31, 32]）中，对这种回收途径的处理方法进行了描述。

原则上，可以定义两种极端方法。在第一种方法中，即所谓的截止（cut-off）方法，在废物处理之后，设定由初级材料制成的第一产品的系统边界。这意味着二级材料的生产，包括由此产生的环境负担，都归属于原生材料的后继产品。在另外一种情况下，产品的再循环，包括二级材料的提供，都属于第一个产品。所谓的避免损失方法[32]是给第一种产品提供了信用，对应于在第二个产品中的原生材料。关于环境载荷信用是否只能用于可以使用闭环回收的情况，还是也可适用于原生材料在后续产品系统中在材料性能方面相同的情况，还存在争议。

除了这两个限制性案例之外，还有各种方法可以将回收过程的环境负担分配给在材料生命周期中的不同产品[31,33]。因此，原生材料替代品的信用分配也有不同的形式。与多产品系统的各种分配规则一样，这些方法基于经济或技术标准，或基于生命周期评估专家商定的公约。一个共同的惯例是在两个产品系统之间平等分担环境负担和信用[31]。

在实践中，除了透明地介绍所选择的回收路径评估方法外，对所做决定的影响进行研究至关重要。例如，这可以通过量化整体结果中的信用份额，或通过比较不同方法的结果来实现。

图 8.6 中以一个构件为例，显示了回收对温室气体排放结果的影响。图 8.4 中对铝制成的 A 柱和参考的钢 A 柱进行了对比。计算基于铝的回收率为 90%。由此节约的二次产品的原生铝可以认为是属于 A 柱 100% 的生命周期。然而，就参考文献而言，100% 钢材的再利用

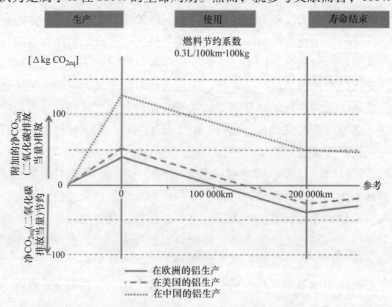

图 8.6 铝 A 柱和参考钢 A 柱在整个生命周期内 CO_{2eq} 排放的差别

回收率：铝 90%，钢 100%；节约的原生金属信用：每个 100%

以及"欧洲铝"和"美国铝"中所节约的原生钢的量，无法达到 CO_{2eq}（二氧化碳排放当量）排放的净节约量。相比之下，中国生产的能源密集型铝的节约量如此之高，以至于再利用产生了相应的高额信用。初级生产的排放越多，损失的信用就越多。这表明，在轻量化构件的比较分析中，不同情景的计算对于构件的处理和再循环阶段也是必不可少的。此外，由于对环境载荷和信用分配的不同观点和方法，加大了对不同研究进行比较的难度。

8.3 汽车轻量化原材料的可用性

8.3.1 导言

在变得光明（轻盈）之前，

一切都很艰难（沉重）。

（波斯谚语）

至今，这句古老的波斯谚语仍有着实际的意义，几乎可以应用于任何一个生命领域中，不管是在实际意义中，还是在转义中。但是看一下第一辆汽车，例如对1886年传奇经典的奔驰专利汽车（仅有265kg）和一辆重量更重的现代汽车进行比较，那么就会对此产生矛盾。然而，现代汽车虽然重了很多倍，但也提供了多样性：更安全可靠、更舒适与更好的性能。以较轻的重量去实现所有这些功能，的确是困难的（图8.7，见彩插）。

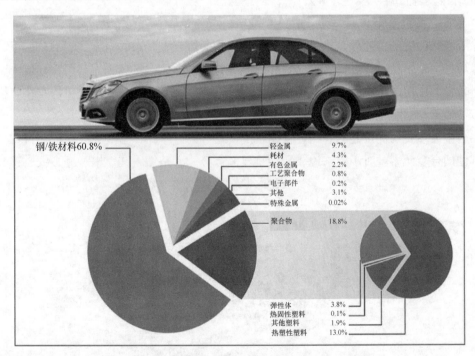

图 8.7 奔驰 E 级车的材料构成（图：戴姆勒股份公司）

当然，这种更大的重量与对材料的更多需求密切相关，因此，对于形成这些材料基础的原材料也是如此。第一辆车是由多种原材料制成的：来自不同的金属，也来自木材或皮革等天然材料。相比之下，现代汽车不仅对原材料的要求明显更高，而且也更加多样化：除了具有多种合金元素的钢铁材料之外，还有轻金属、有色金属、特殊金属和塑料。

因此，汽车变重了，现在需要对汽车减重。

针对此目的的轻量化方案以及各种轻量化材料的潜力在本书的各个章节中进行了详细介绍和解释。但这些材料是否可以在汽车行业和其他行业要求的范围内使用？是否能够保证，至少在未来 20~40 年内的可用性？

这一问题的答案可以在本章中找到。

8.3.2 用于汽车轻量化的原材料

本节重点介绍对于轻量化材料来说必不可少的原材料。在保证功能相同的情况下，与传统材料相比，重量显著降低。这些材料在本书的其他章节中做了描述，主要是：

- 高强度钢和超高强度钢，通过特殊的制造工艺和特定的合金元素减少材料需求，从而减轻重量。
- 铝合金。
- 镁合金。
- 塑料。
- 纤维复合材料（玻璃纤维及碳纤维）。

（1）高强度钢

除了特殊的生产工艺外，这些钢的特殊性能是通过合金元素的组合实现的。这里，除了基础金属铁之外，钛、铌、镍、硅、钼和钒都有意义。因此，虽然仍需使用铁，但由于材料需求量较低，使用的量也较少。其他合金元素具有重要意义，但至少部分可以互相替换。

（2）铝合金

铝合金最重要的优点是具有明显低的密度（图 8.8）。然而，为了获得所需的材料性能，需要其他的合金元素。对于铝来说，特别重要的合金元素是锰、镁、铜、硅、镍、锌、铍。

图 8.8 梅赛德斯 - 奔驰 SLS - AMG 铝轻量化底盘（图：戴姆勒股份公司）

(3) 镁合金

与铝一样,镁也具有显著低的密度优势(图8.9)。镁材料也需要添加额外的合金元素,特别重要的是铝和锌。

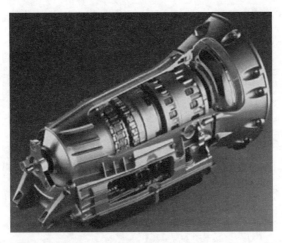

图 8.9　梅赛德斯-奔驰 7G TRONIC 镁变速器壳体(图:戴姆勒股份公司)

(4) 塑料

塑料属于另外一种原材料组。塑料最重要的原材料是原油,原油主要作为能源材料,具有非常重要的意义。在每年的石油产量中,只有一小部分用于塑料的生产。

(5) 纤维复合材料

纤维复合材料由玻璃纤维或碳纤维与塑料基体的材料混合物组成。塑料的主要原材料基础也是石油,纤维主要是硅(玻璃纤维)或原油(碳纤维)构成(图 8.10,见彩插)。

图 8.10　梅赛德斯-奔驰 F125 结合不同的轻量化材料(图:戴姆勒股份公司)

在所有轻量化材料的概要中，针对以下原材料清单，根据其未来的可用性进行了分析：

基础金属：铁，铝，镁。

合金元素：钛，铌，镍，硅，锌，钼，铍，铜和钒。

其他原材料：石油。

8.3.3 可用性的相关标准

原材料和材料的可用性取决于许多不同的影响因素。此外，所用的是原材料还是材料会对影响可用性的影响因素产生影响。除此之外，还必须考虑影响因素之间的相互影响。

（1）静态储备范围（SSRW）

为了从地质学的角度来评估原材料的可用性，需从地质科学角度对全球原材料的可用资源和原材料储备与全球开采量加以关联。这种关系称为资源及储备范围。资源是已经发现的原材料的数量，但对于该原材料的提取/获取目前在经济上或技术上不一定可行或者可能。从经济的角度看，更值得考虑的是原材料的储备量。储备量即理论上可获得的原材料数量，通过目前可推广的经济上和技术上可行的手段获得[34]。

原材料的需求量和开采量有很大的不同。有些原材料的开采率很高（每年几百万吨），例如铝（铝土矿）和铜。相反，也有开采量很低的原材料（每年仅几百吨），例如铍。为了区分不同的开采强度，可以将原材料的资源和储量与当前的年产量进行比较。该值称为原材料的范围，可用于估算原材料可用的年数，以及相当的年产量和储备或资源[34]。由于缺乏对可能的未来变化的考虑，例如原材料开采的技术进步或价格变化（这些都会对开采的经济性造成影响），因此储备范围通常称为静态储备范围。美国地质勘探局是评估原材料储备及其范围的数据来源[35]。

（2）回收利用率（Recyc）

开采，即原材料的初级生产，不一定是原材料的唯一来源。在市场上，回收对原材料可用性也有深远的影响。例如，每年加工的铝的35%来自回收材料。因此，回收率也是原材料可用性中的决定性因素。本章节中所引用的原材料回收率来源于欧盟研究[36]中发布的数据。

（3）需求增长（NFW）

迄今为止所讨论的影响因素只考虑了当前的需求，尚没有考虑到未来可能出现的需求变化，例如新的应用领域。过去的经验显示，这些需求的发展变化可能会完全不同。因此，对相关原材料未来开发需求的预测是很重要的。RWI、Fhg ISI 和 BGR[37]的联合研究提供了关于预期需求增长的良好信息来源。对于在 RWI 研究中未提供需求增长预测的原材料，可使用美国地质勘探局以过去10年的生产发展推断得出的数据[35]。

（4）产量增加的限制（ProSteig）

随着需求的增加，也须满足相应的要求。除了一般的可用性（见静态储备范围），必须确保不会对增产进行任何限制。原材料不是作为主要金属而作为添加金属提取时，可能会发生这种情况。同时也直接取决于开采量的增加和需求。作为添加金属提取的轻量化原材料的一个很好的例子是钴。其他可能妨碍增加开采量的是开采区域的地质和生态影响，例如原料的开采会造成水污染。主要的生产国或储备国也可能反对开采的增加，例如，如果社会中仅有小部分接受开采，或者完全不接受原材料的开采。这里还是可以用钴作为例子，其主要供应国目前是刚果民主共和国，在该国家的原材料获取和收入的使用造成了重大的社会冲突[38]。

(5) 贸易壁垒 (HaHemm)

原材料供应的另一个重要影响因素是任何的贸易壁垒，例如，原材料开采国的出口关税。受出口关税影响的年产量比例越高，这一因素的影响就越大越重要。在原材料贸易中，25%为影响较小的上限。如果出口关税占年开采总额的25%~50%，可定义为"轻度风险"。如果出口关税超过50%，可定义为"高度风险"。美国地质勘探局和BDI的相应出版物是评估贸易壁垒的来源。

(6) 生产国稳定指数和储备国稳定指数 (ProLSI 和 ReLSI)

原材料开采国的政治稳定性也会影响到原材料的可用性。对稳定性进行评估采用单独的指数。计算则以美国地质勘探局[35]和世界银行的数据为基础。该值可称为生产国稳定性指数，表示原材料生产国的"平均"稳定性信息，按其在原材料总产量中的比例加权 (2009)。对每个生产国的政治和经济稳定性进行评估，采用了世界银行的全球治理指标 (WGI)[39]。这包括评估6个风险因素。每个国家的这6个风险因素的算术平均值构成了"全球治理指标" (WGI)。全球治理指标值在 $-2.5 \leqslant WGI \leqslant 2.5$ 之间，2.5是最好的等级。全球治理指标也用于原材料领域的研究。例如，对于欧盟范围内的研究文献［EU2010］，全球治理指标也可以作为评估一个国家的基础，可分为0-10级。为了确保原材料的可比性，在计算指数时，需使用欧盟研究[36]的新级别全球治理指标进行计算。

同样，也可以对储备国的政治稳定性进行计算和评估。储备国稳定指数以美国地质勘探局原材料的最新储备数据为基础[35]。生产和储备稳定性指数之间的比较可以说明，生产国的稳定情况是否会在未来变得更糟或更好，因为储备国可能是潜在的未来生产国。

(7) 生产国集中度指数和储备国集中度指数 (ProKonz 和 ReKonz)

在评估原材料的可用性方面，除了政治稳定性之外，全球生产的国家分布和集中度也起到了重要的作用。例如，对少数生产国的重点关注，可能导致这些国家利用这种情况来维护其政治或经济利益。使用市场集中度指标 (HHI) 来计算生产国集中度[40]。市场集中度指标 (HHI) 是计算和测量集中度常用的指数。可利用市场集中度指标对每个原材料生产国 (美国地质勘探局2011) 的集中度指标进行计算，涵盖所有生产国：

$$生产国集中度指标 = \sum_{n=1}^{N} \left(\frac{产量(每个国家)}{总产量(全球)} \right)^2$$

同样，在评估政治稳定性时，储备国集中度指标可预测生产国集中度的未来发展走势。计算方法类似，但不是生产数据，而是使用每种原材料的总储量及其国家分布的当前数据[2]：

$$储备国集中度指标 = \sum_{n=1}^{N} \left(\frac{储备量(每个国家)}{总储备量(全球)} \right)^2$$

市场集中度指标的值在0 (精细分布的理论值) ~1 (绝对集中的实际值：只有一个供应商的垄断情况) 之间。低于0.1的值是没有风险的，高于0.2的值被认为是明显有风险的。

8.3.4 评估：有风险或无风险

在本小节中，基于上一小节列举的评估标准，对各个原材料（按字母顺序排列）进行评估。然后将结果与关键原材料的当前研究进行比较。

（1）铝（铝土矿）——轻度风险（见彩插）

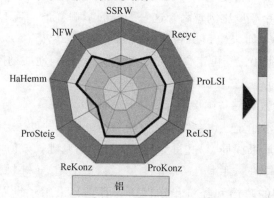

铝

铝显示出了相当一致的画面。铝的可用性既不是高度风险，但也不是没有风险。这也适用于大多数单一因素；这些影响因素对铝的影响都不大。

从今天的角度来看，铝不是稀缺商品。在开采保持不变的情况下，未来的130年有足够的铝可供使用。虽然铝的需求年增长率估计为4.2%或者更高，从而导致风险增加，但是可通过适当提高铝的开采量，特别是露天开采，有助于弥补增加的需求。此外，铝的全球回收率当前为35%或者更低，与其他轻量化原材料及合金相比，回收增加的潜力很大，甚至高于铜。

从生产和储备国这一领域来看，则有些风险。当前铝的生产国稳定指数约为4.5。这相当于克罗地亚或者保加利亚的稳定指数。需注意，这是一个平均值。铝在全球范围内进行开采。2009年，世界上产量最高的国家是澳大利亚（欧盟全球治理指数级别为1.8），占了总产量了65%。除此之外，开采国还包括巴西（欧盟全球治理指标级别为5.1），中国（欧盟全球治理指标级别为6.2）和几内亚（欧盟全球治理指标级别为7.9）。以铝的储备国稳定性指数作为未来开采稳定性指数发展的指标来看，未来的发展趋势不容乐观。虽然澳大利亚的储存量相当于世界储量的23%，但最大的铝储量在几内亚，约为27%。然而，绝对不能忘记的是，虽然澳大利亚的范围很大，但是静态范围仅为31年。

（2）铍——轻度风险（见彩插）

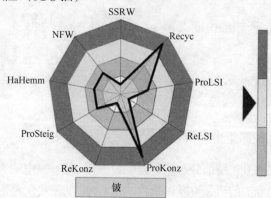

铍

铍主要作为铝的合金元素使用，在其可用性的方面可以认为仅轻度风险。假设有足够的全球储备量（可以假设，尽管并没有可靠的数据），因此，只有两个明显的关键因素。

虽然铍的生产集中度很高，但是主产国跟美国一样，是政治稳定的国家之一。这同样也适用于推测的储备量。铍的回收率依然相对较低，而生产容易扩大。虽然铍的产量很低，但却是主要产品。由于铍具有毒性，加工和使用时会有限制，这一点是有风险的[36]。

（3）铁——轻度风险（见彩插）

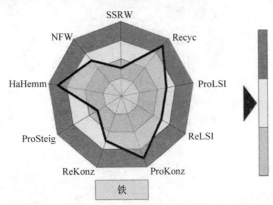

铁显示出与镁类似的不均匀图像。非关键影响因素和关键影响因素几乎相同。然而，铁的极端情况比较少。总体而言，铁的供应风险中等。

影响铁可使用性的关键因素包括较低的回收率、国家生产集中度高、受贸易壁垒影响的年度开采比例非常高。值得注意的是，铁的回收率为22%，在所提到的原材料中属于回收率较高的。由于储备国集中度指数为0.12，未来生产国集中度指数也可能会明显好转。

"静态范围"的情况则比较乐观。通过铁的静态范围和（容易估计的）开采量增加可见，需求量的平稳增加对铁未来的可用性并不会造成什么负面影响。

（4）钴——高度风险（见彩插）

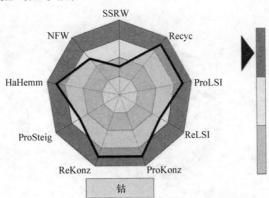

钴主要作为高强度钢中的合金元素，在可用性方面有高度风险，大多数因素都处在风险区域。

钴的开采和储备的集中度很高。刚果民主共和国占了这两个指标（生产国集中度和储备国集中度）的50%，根据世界银行的分类，刚果民主共和国是世界上除阿富汗以外风险最高的国家。刚果民主共和国所占指数的高比例也对相应的国家稳定指数造成了很大的负面影响。钴的回收潜力几乎还没有得到使用，但钴的地质可用性没有问题（全世界有足够的储量）。

（5）铜——轻度风险（见彩插）

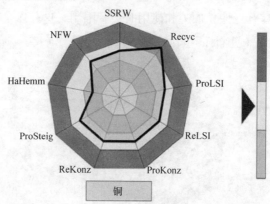

对于铜，几乎所有影响因素都处于中间（黄色）区域，因此铜的供应风险为也可以估计为中级。

作为与轻量化相关的少数原材料之一，铜的"静态范围"值不到40年，因此无法再评估为轻度风险。但是，应该指出的是，这个值早已不评估为高风险。特别是因为在过去的50年里，铜一直在大约35到40年之间波动。

铜的回收率非常低，约为20%。但铜是非常容易进行回收的，这一点在德国就有非常好的体现，回收率高于50%。因此，在德国以外的地区，仍有很大的潜力改善回收状况。

开采国集中度指数目前处于中间区域，但由于储备国集中度指数显著提高，其可能会出现积极的发展趋势。在生产国稳定的区域，几乎相同的储备集中指数在未来不太可能发生变化。

（6）镁——轻度风险（见彩插）

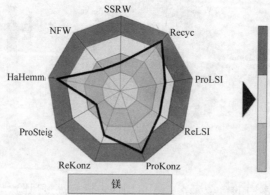

在镁中，影响因素显示出非常复杂的情况。一些影响因素可以归类为高度风险，另一些则可以归类为没有风险。总的来说，镁的供应风险等级为中级。

镁可使用性的关键因素是回收率、贸易壁垒和生产国集中度。全球回收率目前仅为

14%。年开采量主要受贸易壁垒的影响，生产国的集中度很高。然而，该指标将在未来可能会有所降低，因为与目前的生产情况相比，储备并不集中在个别国家。

镁的"静态范围"和"预期需求增长"要好得多。在开采量不变的情况下，当前的储备量可使用430年。由于需求量的增长缓慢，这个范围在未来几年不会发生重大变化。积极的方面是对镁的生产能力增加没有限制。

（7）锰——轻度风险（见彩插）

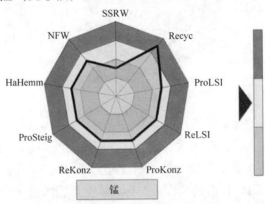

从锰的使用性角度考虑，其影响因素显示出均匀的图像。只有回收因素位于风险区。在"静态范围"的48年内，所有其他因素的风险都不大，处于临界的中间范围，因此锰预计在未来几年内的供应风险为中等。

锰的回收率为19%，在风险区内，与其他的轻量化材料相比，这个值较高。

生产国稳定性和集中度指数处于中间范围。储备国显示出类似的情形，因此，在这一领域预计未来不会发生任何变化。值得一提的是"需求增长"。目前预计需求增长率为每年4.8%，这个因素已经非常接近锰的临界范围。

（8）钼——轻度风险（见彩插）

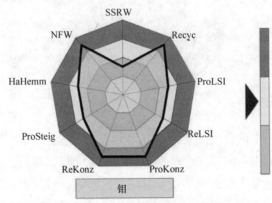

钼主要作为合金元素应用在高强度钢中，在可用性方面可认为风险不大。钼的风险因素跟铌类似，但不那么明显。

尽管开采和储备方面的国家集中度处于风险区，但是主要国家是中国、美国和智利，属于稳定国家集团。钼的储备量充足，主要以铜矿石中的混合物形式获得。提高开采能力的风险不大。

（9）镍——轻度风险（见彩插）

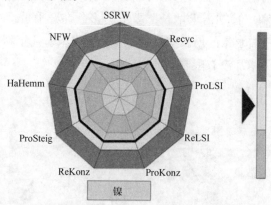

镍用作高强度钢和铝的合金元素，在评估各种可用因素方面具有同质性。除了"静态范围"之外，所有的因素都是风险不大，因此，镍的供应风险等级为中级。

2009年，开采镍最多的国家分别为俄罗斯（略低于19%）、印度尼西亚（略低于15%）和澳大利亚（略低于12%）。目前的生产分布导致镍生产国的稳定性成了镍的可使用性的风险因素之一。然而，由于储备国稳定指数较高，降低了未来一段时间内的风险性。全球最大的镍储备国为澳大利亚，约为32%。在集中度的区域显示了不可逆的图像。镍的生产国集中度指数为0.1，定义为无风险，但储备国的集中度却高很多。然而，0.14的值仍处于中等风险区域，并且还受到澳大利亚在已知世界储量中的高比例份额的推动。

（10）铌——高度风险（见彩插）

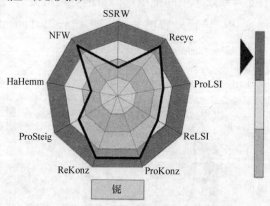

铌主要用作高强度钢中的合金元素，从其可用性角度考虑，认为高度风险。分析原因，如高国家集中度、未来需求量的增加和低循环利用率等。与钼相比，风险因素更高。

虽然铌在地壳中的储量丰富，也不受贸易限制的影响，但几乎是国家垄断的。90%的全球产量和98%的世界储备量都集中在巴西。巴西不是稳定性风险高的国家，但是为了满足不断增长需求而进行的生产潜在扩张，在垄断的背景下，容易被评估为高风险。

（11）硅——轻度风险（见彩插）

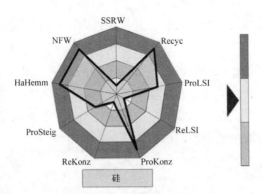

硅用作铝合金中的合金元素，从其可用性角度考虑，仅为轻度风险。假设全球储备充足（推测得出，没有可靠的数据），影响因素包括了风险因素也包含非风险因素。

非风险因素主要是现有的储备量和生产的可扩展性。风险因素主要有：生产国指数受到中国高比例（约65%）以及与其相关的贸易壁垒、较低的回收利用率和快速增长的需求。

由于缺乏数据，无法对玻璃和玻璃纤维生产用硅进行可比较的原材料评估，但是这里假设是无风险的。

（12）钛——轻度风险（见彩插）

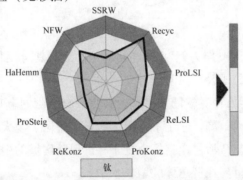

影响钛供应风险的因素显示出相当统一的图景。虽然钛的回收率极低，仅为6%，但整体考虑其他因素，则供应风险很低。突出的是无风险的"静态范围"和不存在的贸易壁垒。

其他影响因素都是轻度风险。由于很少"限制产能增加"，预计为3%的需求略微增加的预期增长不会导致风险增加。值得注意的是，"储备国集中度指数"和"储备国稳定性指数"都略低于相应的生产国指数。虽然这两个指数仍处于中间风险区域，但这些数据表明，生产国集中度和稳定性方面的未来发展不太可能会得到改善。

（13）钒——轻度风险（见彩插）

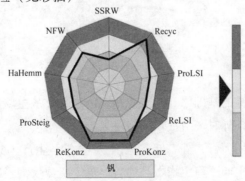

钒是在高强度钢中使用的合金元素,从其可用性角度考虑,仅为轻度风险。大多数因素也都位于轻度风险的区域。

然而就国家集中度而言,钒的两项指标都处于风险范围。根据美国地质调查局的数据,中国、南非和俄罗斯三国在开采和储备方面的覆盖率接近100%。但是,由于这三个国家在稳定性方面只是轻度风险,因此只出现相应的稳定性指标。负面的是目前几乎无法对钒进行回收,正面的是可超过200年的长静态储备范围。

（14）锌——轻度风险（见彩插）

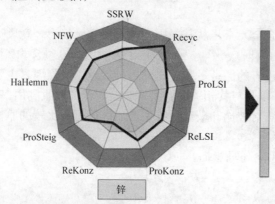

锌

用于轻量化材料的锌主要作为铝和镁的合金元素,从其可用性角度考虑,仅为轻度风险。几乎所有的指标也都位于轻度风险区域。

静态储备范围为21年,相对较低,但这个数据预计将通过新的勘探发现一次又一次地更新。集中度指数处于中间范围,除了最重要的产锌国中国、澳大利亚和秘鲁,不同大陆的其他国家也存在大量的锌。政治稳定指标也处于轻度风险区域的中间区域。锌作为主要的开采金属,预期增长率可达世界经济总体的增长水平。

（15）石油——轻度风险（见彩插）

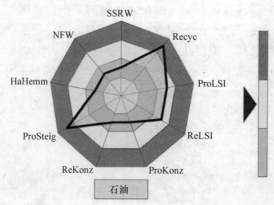

石油

石油作为塑料和碳纤维的基础原料,有着重要的意义,从主要能源的原材料清单中脱颖而出。在使用相同的评估指标时,石油仅为轻度风险。

对于目前的轻量化应用而言,静态储备范围为42年,生产国集中度和储备国集中度也很低,可评估为无风险。生产国稳定指数和储备国稳定指数仅为轻度风险。风险是生产能力的增加有限,以及不可循环利用(除了少量在塑料中使用的部分)。

然而,石油供应的长期下降趋势,将首先影响其作为能源的使用,其次影响作为材料的应用。

8.3.5 对风险原材料的最新研究结果进行比较

近年来,各种机构开展了研究,以评估原材料风险性。这些研究各自采用不同的评估重点,包括地域相关性和所考虑的原材料。此外,这些研究基于不同的评估方法,因此也产生了不同的结果。

这些研究中作者最重要的观点在表8.2中进行了汇总。

表8.2 最新的原材料风险性评估研究

编号	研究	作者	甲方	焦点	出版时间
(1)	欧盟主要原材料	欧盟特定工作组	欧盟企业和工业委员会	德国经济地点的风险性	2010.07
(2)	德国的风险原材料	IZT,柏林 Adelphi,柏林	德国复兴信贷银行集团	德国经济地点的风险性	2011.09
(3)	巴伐利亚州的原材料情况 - 没有原材料就没有未来[42]	IW,科隆;奥格斯堡大学	巴伐利亚经济协会	巴伐利亚经济的风险性	2009.11

将这些研究的结果与本章的评估结果进行比较,以下几个方面尤其引人注目(图8.11,见彩插)。

a) 针对钴和铌作为风险原材料的评估研究中,所有评估都是一致的,但有一个例外。在KfW研究中,钴被认为有轻度风险(作者在研究中认为,钴在短期内无风险,而长期看则有风险)。

b) 对镁的评估,分歧较大。在欧盟研究中,被认定有风险,而在KfW研究中,则认为无风险。在vbw研究中,被认定为有轻度风险。在欧盟研究中,高集中度和国家风险(中国)具有很强的权重,而在KfW研究中考虑了很多的非风险因素,如原产国进口到德国或在世界消费中的德国份额的轻微变化都包括在评估中。

c) 对钼的评估,分歧也很大。KfW研究中评估为有轻度风险,但欧盟的研究认为钼没有风险,而IW研究则认定钼的风险性很高。在欧盟的研究中,认为美国和智利是非常稳定的供应国,占比很高(尽管主要供应国是中国),而vbw研究则认为是有高度风险,主要是因为:钼具有难以替代的属性,对巴伐利亚的重要性很高以及静态范围低(按照本章节作者的评估值为40年,无风险)。

d) 铍在欧盟的研究中被列为具有高度风险,而KfW研究的评估为有轻度风险(与本章节作者观点一致)。vbw研究没有对铍进行评估。决定性的影响因素是生产国的高度集中(美国占85%),即使是根据欧盟研究的计算方法也无法通过国家的高稳定性进行补偿。

e) 在所考察的任何研究中,均未发现对其他的风险原材料进行了评估。

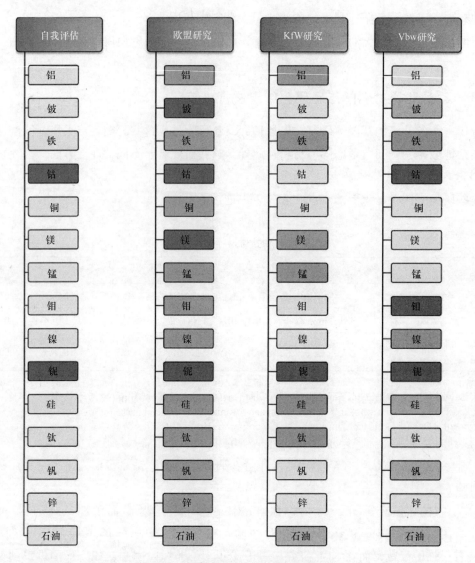

图 8.11　与参考研究相比的风险性评估

8.3.6 结论

让我们回到最初的问题：在未来 20~40 年，是否可以保证轻量化原材料的可用性？

答案：总体来说是的，但是有一些例外情况，存在高度风险。

风险主要集中在钴和铌上，它们是高强度钢重要的合金元素。

铌的风险在于生产和储备（巴西的快速垄断）中极高的国家集中度，全球的可用性都取决于这一个国家的开发。可以采取的主要行动方案是大力加强勘探，以确定其他国家是否有新的矿藏，同时提高仍然较低的回收率，并利用现有和新的资源效率潜力作为补充。

钴的风险也是生产和储备的高国家集中度。更糟糕的是，在世界银行的国家评估中，最重要的国家刚果民主共和国在治理和稳定方面与阿富汗一起位列榜单的最底层。与铌不同，钴在其他国家也有矿藏。因此，行动的第一个选择是尽可能地实现原材料供应的多样性，并尽可能独立于刚果民主共和国。强化回收利用和资源使用效率的潜力在这里也很重要。

对于所有其他的原材料，这里包括材料的应用以及应用在不同塑料（也包括纤维增强）中的石油，从当前角度看，可以谨慎地解除警报。这意味着这其中不包含有风险的原材料，但是也需要注意，因为框架条件和影响因素也在不断地变化。从这一角度考虑，必须定期更新原材料可用性分析。

参 考 文 献

1. ISO 14040: Environmental management – Life cycle assessment – Principles and framework, ed. I.T.S.L.C. Assessment2006
2. ISO 14044: Environmental management – Life cycle assessment – Requirements and guidelines, Hrsg. I.T.S.L.C. Assessment2006
3. Bauman, H., Tillman, A.-M.: The Hitch Hiker's guide to LCA – An Orientation in Life Cycle Assessment Methodology and Application. (2004). Studentliteratur AB
4. Joint Research Centre – Institute for Environment and Sustainability Analysis of existing environmental impact assessment methodologies for use in life cycle assessment. In: European Commission (Hrsg.) ILCD handbook – International Reference Life Cycle Data System. Luxembourg (2010)
5. Joint Research Centre – Institute for Environment and Sustainability Framework and requirements for life cycle impact assessment models and indicators. In: European Commission (Hrsg.) ILCD handbook – International Reference Life Cycle Data System. Luxembourg (2010)
6. Joint Research Centre – Institute for Environment and Sustainability General guide for life cycle assessment – Detailed guidance. In: European Commission (Hrsg.) ILCD handbook – International Reference Life Cycle Data System. Luxembourg (2010)
7. Joint Research Centre – Institute for Environment and Sustainability General guide for life cycle assessment – Provisions and action steps. In: European Commission (Hrsg.) ILCD handbook – International Reference Life Cycle Data System. Luxembourg (2010)
8. Ehrenberger, S.I., Friedrich, H.E.: Greenhouse gas balance of magnesium parts for automotive applications. 9th International Conference on Magnesium Alloys and their Applications, Vacouver, Canada. (2012)
9. Classen, M., Althaus, H.-J., Blaser, S., Tuchschmid, M., Jungbluth, N., Doka, G., Faist Emmenegger, M., Scharnhorst, W.: Life cycle inventories of metals. Final report ecoinvent data v2.0 Bd. 10. EMPA – Swiss Centre for Life Cycle Inventories, Dübendorf, S. 1945 (2007)
10. Espig, M., Johannaber, M., Wohlecker, R.: Simulation der verbrauchsverbesserung durch gewichtsreduzierung in Pkw. Automobiltech. Z. **108**(12), (2006)
11. Koffler, C., Rohde-Brandenburger, K.: On the calculation of fuel savings through lightweight design in automotive life cycle assessments. Int J Life Cycle Ass **15**(1), 128–135 (2010)
12. World carbon black demand up 3%, while prices jump 30% to contain higher costs for oil and gas. Focus on Pigments. **2004**(1), S. 2–3 (2004)
13. Bundesministerium der Justiz: Gesetz zur Förderung der Kreislaufwirtschaft und Sicherung der Umwertverträglichen Bewirtschaftung von Abfällen (KrWG) (2012)
14. EU: Richtlinie 2000/53/EG des Europäischen Parlaments und des Rates vom 18. September 2000 über Altfahrzeuge (2000)
15. Bundesministerium der Justiz: Verordnung über die Überlassung. Rücknahme und Umweltverträgliche Entsorgung von Alfahrzeugen (AltfahrzeugV) (zuletzt geändert 2012) (2002)

16. Wolf, S.: Untersuchungen zur Bereitstellung von Rohstoffen für die Erzeugung von Sekundäraluminium in Deutschland. Fakultät für Bergbau, Hüttenwesen und Geowissenschaften. RWTH Aachen, Aachen (2000)
17. Wilts, H., Bleischwitz, R., Sanden, J.: Ein Covenant zur Schließung Internationaler Stoffkreisläufe im Bereich Altautorecycling – Abschlussbericht des Arbeitspakets 3.2 des Projekts Materialeffizienz und Ressourcenschonung (MaRess). Wuppertal Institut, Wuppertal (2010)
18. Umweltbundesamt and Bundesministerium für Umwelt Naturschutz und Reaktorsicherheit: Altfahrzeugverwertungsquoten in Deutschland im Jahr 2009 gemäß Art. 7 Abs. 2 der Altfahrzeug-Richtlinie 200/53/EG, Dessau (2011)
19. Höpfner, U., Hanusch, J., Lambrecht, U.: Abwrackprämie und umwelt – eine erste Bilanz. Heidelberg (2009)
20. European Aluminium Association: Environmental profile report for the European aluminium industry – Reference year 2005, S. 72 (2008)
21. GDA and G.d.d. Aluminiumindustrie: Recyclingraten in Deutschland und in der EU (2011). http://www.aluinfo.de/index.php/kreislaufwirtschaft-und-aluminium.html
22. Gesing, A.J., Dubreuil, A.: Recycling of post-consumer Mg scrap. 65th Annual World Magnesium Conference, International Magnesium Association, Warsaw. (2008)
23. International Iron and Steel Institute: Application of the IISI LCI data to recycling scenarios – Draft IISI recyling methodology. Brussels, Belgium (2005)
24. Tötzke, M.: Untersuchung zum Recycling von Kohlefaserverstärkten Kunststoffen durch Depolymerisation im Metallbad. Mathematisch-Naturwissenschaftlich-Technische Fakultät. Martin-Luther Universität, Halle-Wittenberg (2005)
25. Achternbosch, M., Bräutigam, K.-R., Kupsch, C., Reßler, B., Sardemann, G.: Analyse der Umweltauswirkungen bei der Herstellung, dem Einsatz und der Entsorgung von CFK- bzw. Aluminiumrumpfkomponenten. Forschungszentrum Karlsruhe GmbH, Karlsruhe (2003)
26. Hadeg Recycling GmbH: www.hadeg-recycling.de. (2007)
27. Verrey, J., Wakeman, M.D., Michaud, V., Manson, J.A.E.: Manufacturing cost comparison of thermoplastic and thermoset RTM for an automotive floor pan. Compos Part A Appl Sci Manuf **37**(1), 9–22 (2006)
28. Wolters, L., Marwick, J.V., Regel, K., Lackner, V., Schäfer, B.: Kunststoff-recycling. Carl Hansa, München, Wien (1997)
29. Dressler, G.: Persönliche mitteilungen. ACE GmbH (2007)
30. Asokan, P., Osmani, M., Price, A.D.F.: Assessing the recycling potential of glass fibre reinforced plastic waste in concrete and cement composites. J Clean Prod **17**(9), 821–829 (2009)
31. Klöpffer, W., Grahl, B.: Ökobilanz (LCA) – Ein Leitfaden für Ausbildung und Beruf. Wiley-VHC, Weinheim (2009)
32. Frischknecht, R.: LCI modelling approaches applied on recycling of materials in view of environmental sustainability, risk perception and eco-efficiency. Int J Life Cycle Assess **15**(7), 666–671 (2010)
33. Wötzel, K.: Ökobilanzierung der Altfahrzeugverwertung am Fallbeispiel eines Mittelklassefahrzeuges und Entwicklung einer Allokationsmethodik. In. Fakultät für Architektur, Bauingenieurwesen und Umweltwissenschaften. Technische Universität Carolo-Wilhelmina, Braunschweig, S. 237 (2007)
34. Bundesministerium für Wirtschaft und Technik: Trends der Angebots- und Nachfragesituation bei mineralischen Rohstoffen (2007)
35. U.S. Geological Survey: USGS mineral commodity summaries 2011 (2011)
36. EU-Kommission: Critical raw materials for the EU (2010)
37. RWI, Fraunhofer ISI, BGR-Bundesanstalt für Geowissenschaften und Rohstoffe: Trends der Angebots- und Nachfragesituation bei mineralischen Rohstoffen (2007)
38. Frankfurter Allgemeine Zeitung: Kobalt aus Afrika für deutsche Elektroautos, http://www.faz.net/aktuell/wirtschaft/unternehmen/rohstoffe-kobalt-aus-afrika-fuer-deutsche-elektroautos-1572460.html. Zugegriffen: 30 Nov 2011
39. Worldwide Governance Indicators (WGI) Project. Homepage. http://info.worldbank.org/governance/wgi/index.asp. Zugegriffen: 07 Sept 2011
40. Wikipedia, Herfinidahl-Index (HHI): http://de.wikipedia.org/wiki/Herfindahl-Index. Zugegriffen: 30 Nov 2011
41. KfW Bankengruppe: Kritische Rohstoffe für Deutschland (2011)
42. Vereinigung der bayerischen Wirtschaft e.V. (vbw): Rohstoffsituation Bayern – keine Zukunft ohne Rohstoffe. (2009)

第 9 章
现今和未来的轻量化方案

昆特·艾伦里德，霍斯特·弗里德里希，斯蒂芬·金斯勒

9.1 概述

为了应对乌托邦的危险，有必要就未来车辆发展的最重要的边界条件达成共识。
这里可以提出以下的假设：
- 全球范围内，个人移动性需求将持续增长。
- 用户流动性预算将停滞不前，但能源成本将上升。
- 全球范围内，降低消耗和排放的法律规定会越来越严格。
- 汽车制造商越来越多地在全球范围内组织起来，竞争压力不断增加。
- 在未来的几年中，内燃机仍然是个人移动性的主流。动力系统的电气化将受市场驱动，受监管措施和补贴计划的影响。

基于这些前提，主机厂面临以下挑战：
- 只有当所有的产品市场都按照各自的具体需求提供服务（三合一，中国，巴西，印度……），并且开发和生产复杂性日益增加时，才有可能实现盈利性增长。
- 随着结构形式和驱动系统的更多变化，成本压力也随之增加。
- 低消耗和低排放是必不可少的基本要求，也是竞争力的决定因素。

未来，对于量产汽车来说，只能通过模块化系统成功地解决这种需求的复杂性。
这意味着，降低消耗和排放的措施（如可替代驱动系统和轻量化方案），必须采用模块化逻辑实现，从而从汽车架构的角度转到"转换设计"上。

大众公司在 2012 年推出的横向模块化系统 MQB 是大众集团未来所有 C 级车的基础。为了满足经济性标准，可以假设 MQB 的预期寿命至少包括两代车。只有这样，才能弥补由于引入模块化所产生的巨额成本。这意味着按照欧盟的标准，大众全车系在 2020 必须达到 95g CO_2/km 的排放要求。因此，设计中不仅需要考虑安装所有必要的驱动系统（图 9.1），也需要在结构区域为未来的轻量化措施进行预留（图 9.2，见彩插）。这也表明，针对后续轻量化所多支出的费用，更能平衡 MQB 第一个生命周期内所产生的费用。

奔驰在 2011 年所推出的 B 级车中采用了全新的前驱架构。除了传统的驱动外，还能容纳针对所有级别架构的替代驱动系统，从纯电动驱动到串行混合驱动（带有增程器的电

图 9.1　MQB 架构作为大众集团未来所有基于前驱动力系统的基础[1]

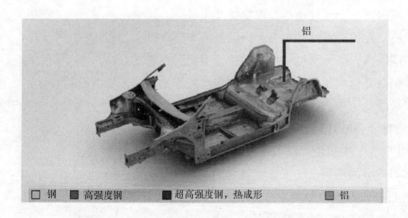

图 9.2　MQB 中带有用于未来材料轻量化的接口[1]

动驱动）直至燃料电池驱动。通过模块化地板结构，实现了容纳大容量存储系统以及将增加的重量控制在 300kg 以内的任务目标。这样一来，车辆单元无须改变，可以用于所有驱动系统，而没有大的使用空间限制。与针对不同驱动系统的"目的设计"相比，这无疑是更经济的解决方案（图 9.3）。

这两个例子表明，从经济方面着眼，在 D 级车和 E 级车中，未来汽车的概念将基于模块化设计的原则。对于豪华轿车的轻量化而言，需采用与主流车体不同的较贵的特殊方式，只针对市场上高价的小批量生产。如果成功地将轻量化结构定位为其独特的卖点，则可以赚回覆盖了成本的额外价格。当缺少竞争并且成本压力不是主要因素时，可采用"目的设计"的解决方案。

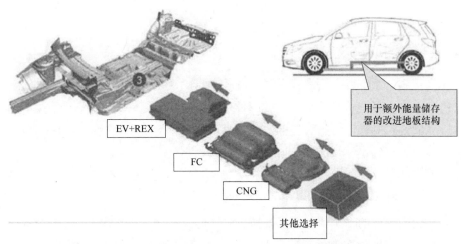

图9.3 奔驰汽车目前的前驱架构：针对所有可选驱动系统的方案[2]

9.2 在整车层面通过系统轻量化提升潜力

在谈论汽车的轻量化概念时，是指车辆所有基于质量的系统和子系统。一般情况下，汽车结构（车身）是主要组成部分，其约占总重量的35%～40%，与其他结构相比，节约潜力巨大。此外，车身通常是一种投资需求高的"内部"产品，因此除了驱动之外，白车身是汽车制造商最优先考虑的战略重点（图9.4，见彩插）。

如果没有把一辆汽车所有的子系统都包含在总重量分析中，则将是一个至关重要的错误。因此，在开发实践中，对所有子系统都设置一个张力度，以便能够评估并最终提升其重量潜力。

在所有结构为最佳设计的情况下，迭代过程可在整个车辆级别上产生额外的轻量化潜力。然而，这些所谓的二次效应的全面开发需要对期望的油耗值进行严格的目标定向，使得所实现的重量优势不会被转换为行驶性能，以至于减重效果完全或部分地再次被消耗。这意味着，在明确优先级的前提下，只有在整车层面上才能实现扭转重量螺旋方向的目标（图9.5）。

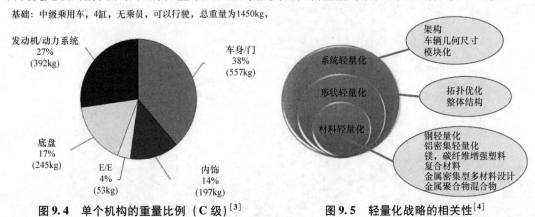

图9.4 单个机构的重量比例（C级）[3]　　图9.5 轻量化战略的相关性[4]

一般来说，所有轻量化战略都是密切相关的，因此必须一起考虑。在这一思路下，系统轻量化就是考虑到所有关系及其相互作用的汽车的整体优化，同时考虑到技术、功能和经济边界条件[5]。

9.2.1 整车中的二次效应

在汽车环境中,系统的方法意味着通过减轻车身的重量可产生二次效应,即会产生以下效应:较轻的车身会降低整车的重量,整车重量降低意味着更轻的底盘件,例如制动、弹簧和轴承。在相同的行驶性能下,较轻的车辆重量所需的发动机功率较低,而这又可以由较轻的发动机和动力系统提供,从而导致所需的油箱也更小。

在所有组件的设计都为最优的情况下,二次效应可达20%[6]。这意味着,当车身重量减少100kg时,通过优化系统,整车重量可减轻120kg。

然而,要达到这样的一个值,则需要所有结构同时按照理想情况开发。在实践中,这通常是很困难的。因此,汽车制造商试图通过对新车辆的重要组件(如发动机和动力系统)的市场导入进行时间配合来降低启动风险。模块化策略、平台固定和成套设备模块是减少二次效应的障碍,因为它们通常会妨碍成套设备的准确设计。因此,应该注意的是,二次效应的最大值为20%,但仅适用于具有相应驱动和底盘组件的全新模块(参见大众公司MQB)或完全独立汽车概念的全新套件(参见宝马公司的"i3")。

9.2.2 车辆结构与车辆尺寸

概念轻量化的最大作用当然在于完全重新定义汽车结构。

过去,汽车制造商反复尝试,在考虑重量方面的潜力下,特别是在新型驱动系统方面,试图达到汽车结构的目的设计。

毫无疑问,在这方面努力的突出主角无疑是通用汽车公司在2002年提出的"滑板"架构,该架构基于尚未准备好进行大规模生产的若干技术。在铝底盘中集成了带有3个碳纤维增强塑料高压箱的氢燃料电池。使用"线控"技术,通过单个连接器实现与汽车单元的电气连接。车身主要由玻璃纤维增强塑料制成,部分位置通过钢来加强。整车的净重为1900kg,这款奢华的5座氢燃料电池车具有高质量的轻量化结构(图9.6)。

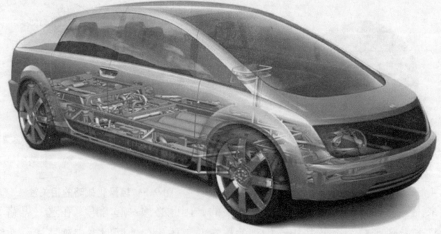

图9.6 通用汽车公司2002年"Hi–Wire"样车[7]

承载式底盘的基本思想包括了所有驱动设备,底盘上"帽子"中包含并包围了内饰,其基本上不适合作为轻量化解决方案,这是因为有时需要双倍的结构件来创建用于连接两个"大模块"的接口,并允许在组装期间进行处理。该理论的一个证明是承载式结构,在当今的汽车大规模生产中,承载式结构已经100%取代了以前常见的框架结构。在以轻量化为目标的前提下,当两个单元由不同的轻量化材料制成时,才可开发这种"大模块"的概念,否则这些材料难以在同一制造过程中进行连接。

BMW i3 和 i8 的双模块结构展示了由不同材料制成的大模块(见1.2.1小节)。

由铝制成的"行驶模块"仅在组装期间与由碳纤维增强塑料制成的"生命模块"连接,因为这种大面积材料混合物在共同的阴极电泳过程中会造成损坏(图9.7)。

图 9.7　宝马公司批量生产的 i3 和 i8 铝行驶模块和碳纤维增强塑料生命模块[8]

此外,该项目系列提供了一种全新的独立概念方法(此处作为双模块概念的目的设计)。在该方法中,可以使用新概念的所有自由空间。在系统轻量化方面,则提供了使用新型和最佳匹配的驱动概念、车身概念、内饰概念和电子/电气概念的先决条件。

当对有相同行驶里程的电动车和传统的"转换设计"进行比较时,4 座 i3 仅重 1250kg,轻量化成果显著(日产聆风:1521kg;奔驰 A 级氢燃料电池车:1591kg),重量优势约为 300kg,主要是因为使用了转换设计和上文中所提到的轻量化结构(铝/碳纤维增强塑料)。

2011 年戴姆勒公司 F 125 样车提供了 S 级车辆理想目的设计的展望(图 9.8,见彩插)。

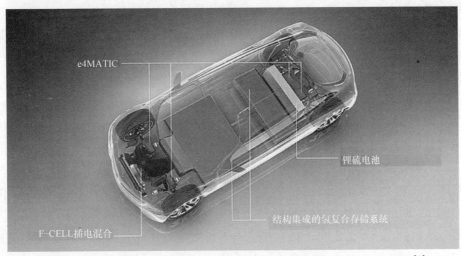

图 9.8　具有结构集成的氢复合材料存储的燃料电池驱动系统的目的架构[9]

在轻量化方面，除了碳纤维增强塑料结构（部分以夹层结构实现）外，还包括结构集成的储氢系统。如果在该区域中不考虑模块的变体，则该构件的多功能使用解决方案是最理想的。与2002年通用汽车公司样车的燃料电池驱动相比，F125在行驶里程更多的情况下，整车重量为1700千克，减少了200千克。这里应该注意，该方案中所使用的一些由概念决定的技术，如氢复合存储和锂硫电池仍处于研究阶段。

在汽车细分等级的另一端，2011年对于入门级车型"静音"[10]的研究显示了一种完全不同的减重方法。在这里，主要不是使用创新技术来实现轻量化，而是对特定需求进行一致性的限制。例如，通过限制车辆在城市内使用，可以制定一种规格，允许电池驱动的电动车辆具有500kg的极低目标重量。有效载荷的目标限制（两个人，两件行李），行驶性能（最高速度为120kg/h，6.8s内0-60km/h加速），续驶里程约为100km，能使用相对较小的动力（15kW）和电池（100kg）。这项研究采用了缩小尺寸原则，从而实现了具有优势的小型汽车结构（图9.9）。

图9.9 德国慕尼黑工业大学电池驱动的电动车——"静音"研究概念车[10]

然而，在这种情况下不应该忽略，在传统的架构概念中也还存在优化的潜力。

通过改变结构来减重的典型例子是前置发动机，也就是把后置发动机变成前置发动机。大部分厂商很久之前就已经使用这种方式，实现了在C级车型中节约30kg左右的重量。在E级车型中，由于需要更高的驱动功率，无法采用这种方案，因为前驱会出现牵引力和操作方面的缺陷，而前驱又必须通过重量增加的全轮驱动来进行补偿。

为了实现减重，在内部空间不变的前提下，减小车辆尺寸的方法仅是表面上有效的。由于增加了大量的可选附加功能，如今汽车封装密度增加了很多，因此预计该区域的效果最小。

通过减少气缸数量或结构形式，可改变汽车车型中由长度确定的驱动单元，从而使其变得更短。例如，可通过使用更短的V形发动机来代替直列式发动机，从而缩短了汽车的长度。然而，该示例还清楚地表明，必须在整车的层面进行优化，因为直列式发动机比V形发动机更轻,会产生相反的重量效果(以6缸为例的重量约相差20kg)。

9.2.3 载荷级概念

客户和市场所需的大量产品变体已经产生了行业范围内的有效平台逻辑和模块逻辑,借助于这种变换,可以在组织和经济上掌握各种变体和由此产生的复杂性。但是在重量方面会产生不良的影响。由于车身变体和驱动间的巨大差别,目前在单个系列/平台内已经出现超过500kg的重量差异(图9.10)。

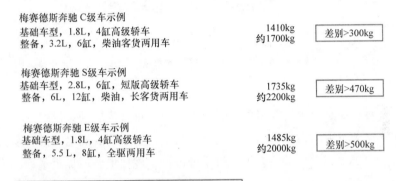

图9.10 一个车型系列中的重量差异[3]

从设备的角度看,不同的载荷采用相应的模块应对。例如,在制动系统和底盘、发动机冷却系统中,不同载荷对应着相应的尺寸(图9.11)。如今,在承载结构车身中只有极少数采用了载荷级概念,因为这种方案通常导致不同变体的出现,会对物流和生产的复杂性产生极大的影响,并导致在生产过程中的投资过高。补救措施是在制造过程到了装配区域,才采用强化措施。通过这种方法,可以设计一款重量优化(车身)的基础车型,其设计应尽可能

图9.11 通过载荷调节的设备所引起的二次效应[11]

561

准确地反映出随后的量产车型。因此，可以通过去除方式实现经济性的较弱发动机变体，或者可以通过在白车身侧添加加强件来实现经济性的较强发动机变体（图 9.12，见彩插）。

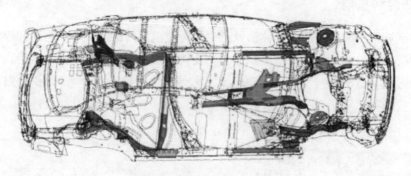

图 9.12　调整后的白车身[3]

注：当不必考虑一个平台的"最差的情况"时，可删除或可重量优化，优化的白车身加强件的示例
（例如，4 缸变体无加强件，8 缸变体有加强件）

在未来，这些载荷级概念将变得更具吸引力，因为将替代驱动系统引入平台，将进一步提高重量的上下浮动范围。在当今的混合动力系统中，如所谓的插电式混合动力车中，增加的重量最多可达 250kg（BMW X6），即使对系统进行了优化也会增加重量，因为这种混合驱动概念只能通过大容量电池才能够实现降低油耗并满足客户需求。如果将燃料电池系统作为驱动方案，根据目前的知识，在结构设计中还必须考虑再增加 300kg 的重量。

如果超过了相应汽车模块所允许的总重量的技术限制，则通常通过限制有效载荷和重的特殊设备来补偿。

9.2.4　跨子系统优化与模块化

功能单元或结构单元的模块化通常并不能导致减轻重量，反而常会增加重量。模块化的优势通常体现在外部供货、物流领域和安装区域内。在这些区域可以形成预集成，从而节约主组装线的空间。这种解决方案不具有重量优势，因为在安装时，接口部分会增加额外的重量。

当使用具有额外功能的轻量化集成材料时，则模块可实现重量优势，例如对于重要的材料可在成形工艺中加工成构件。这些材料不仅可以是铸造材料和聚合物，也包括了越来越多的材料混合物，即所谓的复合材料，其可与泡沫、金属嵌体或长纤维结合，也可以解决承重结构问题。

这些新型复合材料为模块化开辟了新的可能性。之前需组合多个离散构件展示的功能，现在可在一个组件中实现。

一个经典的应用是宝马 6 系双门轿跑车的行李舱盖，设计为双壳片状模塑组件，包括天线功能，因为对组件进行了相应的成形，又省去了单独的扰流板[12]。尾门和车顶模块也可以使用类似的功能集成。

图 9.13 中显示了针对小型车架构的研究。在金属空间框架中，设计为剪切场的底板件

承担结构任务,并且还提供了与座椅连接的接口。该结构件表面的视觉质量上乘,因此在这一车型中,可以省去单独的表面处理或装饰件。这种集成解决方案除了可减重5%,还可以降低约10%的成本[13]。

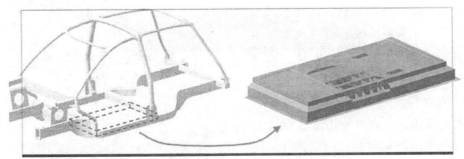

图9.13 由复合材料制成的底板模块(韦博纤维技术公司方案)[13]

9.3 车身子系统的潜力

9.3.1 拓扑优化和整体结构

9.3.1.1 拓扑优化

由于根据载荷路径和力曲线进行优化的数值方法已经在工业中使用了相当一段时间,并在边界条件允许的情况下,已进行了大量的开发,因此,待开发的潜力是有限的。在这种情况下,如果可以对成套设备重新进行设计,以便能够实现直线承载路径,或通过改变底部区域的总布置,实现载荷路径和力曲线的协调结合,那么还是可以实现一定的开发潜力的(图9.14)。

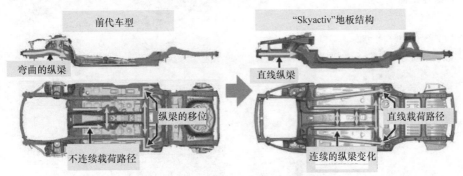

图9.14 以马自达为例的拓扑优化[14]

与之前的车型相比,马自达的车身重量减少了约8%。其中,4%通过拓扑优化实现,2%是通过材料轻量化实现,剩下的2%由改进的连接工艺实现[14]。

通过改变构造,可以在拓扑区域中确认进一步的改进可能性,例如在金属外壳允许的情况下,在车身关节处采用铸造结构可以实现比板壳结构更好的组织形式。可以采用合理的形状、加厚和加强筋等措施来避免出现应力峰值。

前端结构中的减振塔（宝马5系，保时捷帕纳梅拉和奥迪A6车型）从钢壳体结构转换为铝铸造结构具有轻量化的效果，也在部分程度上增加了拓扑优化的效果。

当使用具有各向异性特性的材料时，必须按照拓扑优化标准来设计构件。以车后盖内件为例，载荷路径分析的效果可体现在构件的几何形状中（图9.15，见彩插）。

9.3.1.2 整体构造

与壳构造相比，通过使用形状设计上具有高自由度的结构材料，如铝铸件、镁铸件及纤维增强塑料，可将多个构件组合成一个构件。利用这些潜力的动机是可以将这些高度集成的零件集成到主结构中，这通常必须通过冷连接工艺来完成。这种整体结构的轻量化效果通常由3个因素构成：材料轻量化、拓扑优化和集成效果，这有助于节约材料。此外，通过节约工艺流程和复杂性成本，使得这些方案从经济角度考虑也非常具有吸引力（图9.16）。

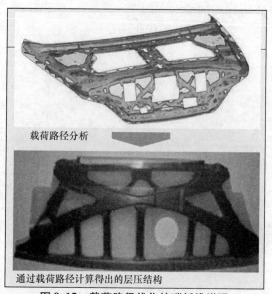

图9.15 载荷路径优化的碳纤维增强塑料车后盖内件[15]

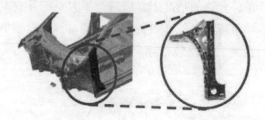

图9.16 由镁铸件制成的高度集成的前端车身[16]

9.3.2 材料轻量化和制造轻量化

9.3.2.1 钢密集轻量化（重点A，B，C级别）

这种久经考验的车身概念将继续成为未来几十年大批量生产车型级别的"支柱"。在这个级别里,经济性占据了绝对主导地位,也由此决定了轻金属的边际可使用性。2011年发布的梅赛德斯-奔驰重新设计的前轮驱动平台的材料概念以及2012年推出的大众集团模块化横向模块化系统(MQB)的地板结构提供了这方面的参考指标。马自达公司展示的Sky-active车身概念是基于优化钢材概念的轻量化战略。在这里,钢车身的轻量化潜力得到了进一步的挖掘。通过继续开发具有良好加工性的高强度钢,使得高强度钢在车身中的比例可以增加到约60%。与上一代车型中高强度钢所占的40%份额相比,这一新的比例可导致车身减重约2%(-10kg)[14](图9.17,见彩插)。

与前一代车型相比,通过优化的连接技术(较小的法兰宽度/粘接)和上文中提到的拓扑优化,减重潜力约为8%左右。根据车辆的尺寸,对于整个车身来说,这个比例对应的重量为30~45kg。

大众集团于2012年发布的MQB平台显示了相当的水平,仅在车身前部和地板区域就可节约18kg重量(图9.18,见彩插)。

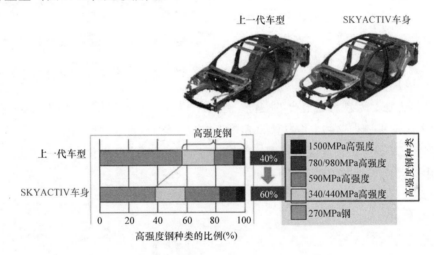

图9.17 增加高强度和超高强度钢的使用[14]

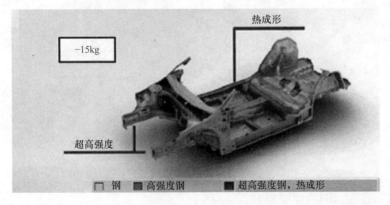

图9.18 大众汽车公司MQB的地板组在碰撞承载区域使用了高强度和超高强度钢[1]

9.3.2.2 钢密集型多材料轻量化（D、E 和 S 级别）

与 C 级别相比，对于张力度更高的 D、E 和 S 级汽车，仅靠钢结构是无法满足减重要求的。因此，这些价格级别较高的车型越来越多地使用到多材料轻量化。在第一个升级阶段，这种多材料轻量化使用了钢密集轻量化结构，带有铝制装配件（发动机舱罩、挡泥板、保险杠系统和门）。在钢中引入了对应于 C 级别车的单元。随着对轻量化要求的增加，在钢结构中越来越多地集成了铝制构件。在这种情况下，在节点区域优先使用铸造结构，相比壳式结构形式上更具有优势。一个突出的例子是前端的减振塔，它特别适用于力流导向设计，以最小的附加成本取代普通的三层钢结构（图 9.19）。

图 9.19　保时捷 帕纳梅拉车型中铸铝减振塔[17]

开发连接方法是实现材料混合的关键，这样可以实现铝和钢板的经济有效的连接。

在 E 级别车中，现代金属密集型多材料轻量化的代表是奥迪 A6 2011 年车型的车身（图 9.20，见彩插）。通过在顶盖区域使用铝覆层可以开辟更多的轻量化潜力。在宝马 7 系列的批量生产中已采用了这样的铝覆层。

图 9.20　一辆 D 级车 2011 年车型的多材料方案[18]

现今和未来的轻量化方案　第 9 章

早在 1999 年，梅赛德斯－奔驰在 S 级系列中推出了高度复杂的材料混合动力车。由于该车辆是钢制轿车的变体，基于成本的原因，继续使用一些原有的车身件，如前端模块和地板。侧围、挡泥板和顶盖由铝制成，铝的比例可达车身的 20%。

与纯钢结构相比，这种混合材料可减少超过 50kg 的重量，同时还要认识到，20:80 的比例接近了极限值，考虑到热变形，在电泳涂漆中可能会出现问题，如图 9.21（见彩插）所示。

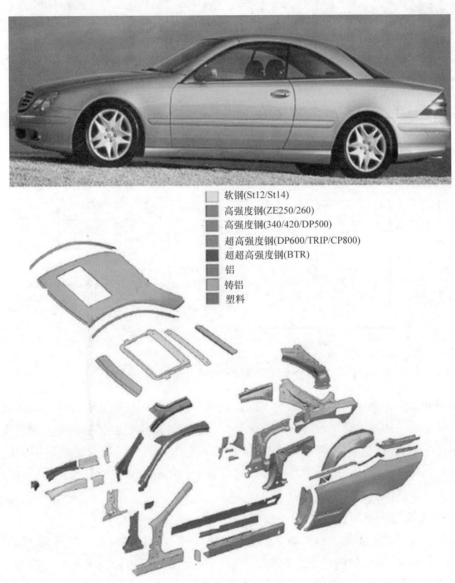

软钢(St12/St14)
高强度钢(ZE250/260)
高强度钢(340/420/DP500)
超高强度钢(DP600/TRIP/CP800)
超超高强度钢(BTR)
铝
铸铝
塑料

图 9.21　以 1999 年奔驰 S 级经典 Coupe 为例的钢密集型多材料轻量化[19]

保时捷 2011 款 911 车型所使用的材料方案也接近了这一极限值。整个前端模块都是用铝制成的，连接线可以直线进行，因此可以控制由高热应力而导致的永久变形的风险（图 9.22，见彩插）。

567

值得注意的是，在承载式白车身中不可随意选择钢铝混合材料的重量比例（图9.23，见彩插）。

图9.22 保时捷2011款911的混合车身（蓝色=铝，绿色=钢）[20]

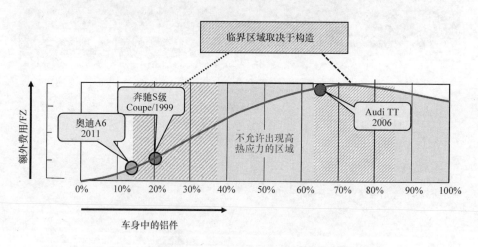

图9.23 在汽车单元中热应力限制了混合材料的极限[21]

由于钢和铝两种金属的热膨胀系数不同，在某个阶段，阴极电泳中的热应力很高，会导致铝的永久变形。通过设计可改善这种情况，此外，构件的构造也起着至关重要的作用。因此不会得出绝对的限值。对于铝含量在30%～70%之间的临界区域，必须利用阴极电泳涂装工艺对混合材料方案的可行性进行仿真。实施这个材料混合方案的其他先决条件包括安全的连接工艺及防腐蚀保护。

9.3.2.3 铝密集型多材料轻量化（S级，跑车）

这种材料概念的主要代表是奥迪A8的"空间框架"结构，目前已经开发到了第3代，而捷豹XJ则是铝壳体结构的代表。然而，与空间框架结构相比，板密集型构造对于产量7万件以下的构件不具有成本优势，因为所使用的模具和连接的成本会更高（图9.24，见彩插）。

奥迪A8的白车身概念采用了温和的混合结构，针对侧面碰撞的情况，承载级别很高的B柱使用了超高强度钢来制造。这个钢制件占车身总重量（约为230kg）的8%。

奥迪TT 2006款的车身概念中使用了一种特殊形式的铝密集型混合结构。在全铝结构

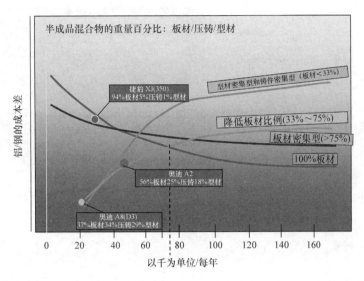

图 9.24　与钢（定性）相比，不同铝结构的额外成本作为年产量的函数[19]

中，使用了钢板制造的车后部模块。通过从其他车型系列中接收钢构件，可补偿混合方案中的额外费用，从而节省成本。因此，利用这种轻量化结构的解决方案，可以在这个价位中创造出一个独特的卖点（图 9.25）。

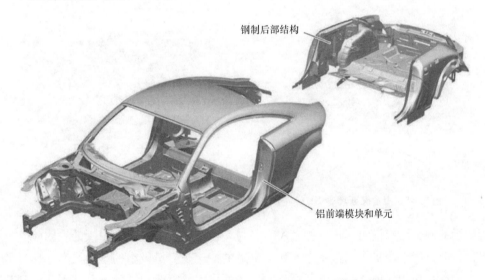

图 9.25　以奥迪 TT 2006 年款为例的铝密集型材料混合结构[22]

2012 年上市的梅赛德斯奔驰 SL 敞篷跑车的车身也具有铝密集材料的特点。在侧翻的情况下，由超高强度钢制成的 A 柱/风窗玻璃框架组合可对乘客进行保护，车身结构由 92% 的铝制成，其重量比为 44% 的铸件、28% 的板材和 17% 的型材构件（图 9.26）。

关于所使用的构造，可以从经济标准中得出以数量为基础的规律性。当小批量生产时（>5000 台/每年），建议增加挤压型材的使用，并限制铸件的使用。以这些数量为基础，与价格便宜的、可以通过简单的弯曲工艺加工的挤压型材相比，拉深板材和铸件的模具费用则相对较高（图9.27，见彩插）。

对梅赛德斯奔驰 SL 和梅赛德斯奔驰 AMG SLS 的构造进行比较，则非常清楚地说明了这一点。两个车型的车身都接近全铝结构。差异主要在于年产量，SL 车型的年产量比 AMG SLS 高出 10 倍，因此允许模具成本所占的比例更高，也实现了 100% 的机械化。

奥迪轿跑 R8 的白车身也以非常生动的方式展示了这些情况（图9.28，见彩插）。

图9.26 以梅赛德斯奔驰 SL 2012 年款为例的铝密集型多材料轻量化[15]

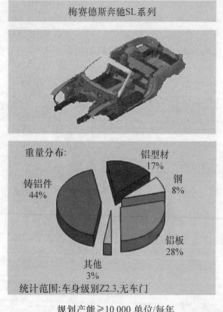

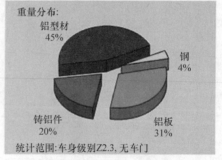

图9.27 梅赛德斯奔驰 SL（左）和梅赛德斯奔驰 AMG SLS 的构造比较[19]

所展示的例子可以说明，这种铝密集型多材料轻量化成本是非常昂贵的。因此，由于成本原因，目前只用于豪华车和跑车中。作为例外的情况是产量极小的 S 级汽车，通过型材密集型铝结构概念和塑料外壳，来降低模具和设备的成本。因此，这种设计特别适合利基供应商或有"绿色领域"的利基项目。特别是在可替代驱动的汽车概念中，可以控制产量的风险，并同时经济地实现轻量化要求。

9.3.2.4 碳纤维增强塑料密集型多材料轻量化

对于上文中所提到的轻量化方案，假设采用手动线来生产纤维复合材料的大型结构件，则该设计仅适用于样车和非常小批量的生产中，其限制因素是长的周期时间和高的材料成本。

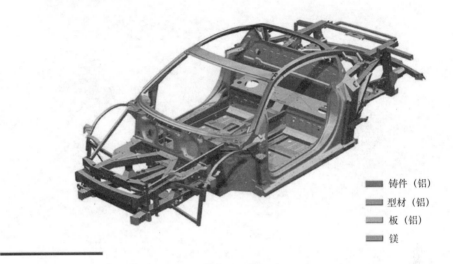

图9.28 针对小批量的铝密集型白车身[22]

大众公司在1L轿车的研究中展示了一种车身多材料轻量化的极端方法。自2002年以来,已经有了3个阶段的演变,最后一个阶段是2013年一个小的批量投入到市场上。在这个系列中,约80%车身的重量为镁和纤维复合材料,二者比例大致相同。铝仅占车身重量的8%。钢几乎没有。所有的易碰撞区域均为铝材质,地板为铝镁混合材料。出于碰撞性能的原因,在这些位置排除了镁材料的使用[23](图9.29,见彩插)。

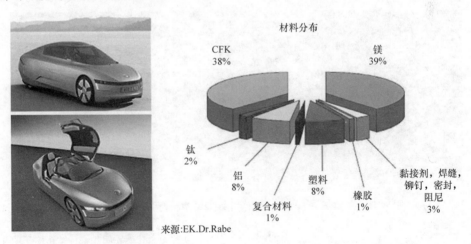

图9.29 以大众1L车为例的极端多材料方案[23]

奥迪凭借R8 GT的概念,提升了车身领域中碳纤维增强塑料应用的演变方式。在奥迪R8 GT车中,扁平碳纤维增强塑料件集成到现有的型材结构中,进一步减轻了白车身10%的重量(图9.30,见彩插)。

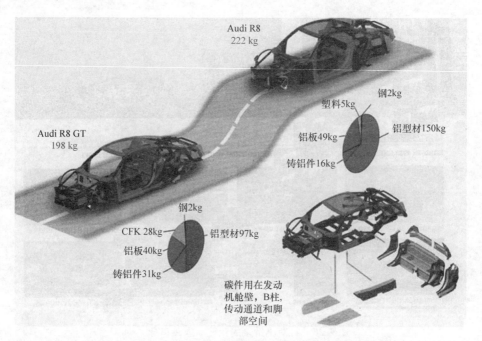

图 9.30　奥迪 R8 GT[24]

兰博基尼在 2011 年推出的 Aventador 车型中使用了整体碳纤维增强塑料方案。与梅赛德斯奔驰迈凯伦 SLR 车型一样,兰博基尼 Aventador 车型也采用了碳纤维增强塑料单体壳式车身。然而,车辆前部的碰撞区域和后发动机支架框架依然由金属结构组成,原因是这些金属结构在碰撞过程中的变形行为更好控制(图 9.31)。

图 9.31　兰博基尼 Aventador 碳纤维增强塑料材质单体壳车身[25]

使用树脂模塑传递工艺,可在车身结构中使用大型碳纤维增强塑料构件,甚至还可以用于整个车辆单元。树脂模塑传递工艺可实现更短的周期时间,实现约为 2 万辆车的产能。

宝马公司首次将这项技术用于整车舱室的支撑结构中。然而,宝马公司为"i3"和"i8"生产的碳纤维增强塑料车身并不是纯粹的碳纤维增强塑料结构。所谓的"生命模块"包括一个承载的碳纤维增强塑料主结构以及相连的非承载的塑料外壳。这一概念可以避免碳纤维增强塑料中难以控制的表面质量的问题,并且可以省去昂贵的涂装设备,因为外皮件可以单独进行喷涂。该车身安放在铝制底盘上，即所谓的驱动模块。这种新颖的整体概念明显地减轻了车身重量，整车约重 350kg。在这个方案中，考虑到了所有的减重措施，包括由二次效应引起的较小牵引电池的重量优势。

关键点仍然是经济性和使用碳纤维增强塑料的总体能量平衡问题（见 9.2 节）。前面提到的碳纤维增强材料件损伤诊断及其修复问题也是一个巨大的挑战（图 9.32）。

图 9.32 以宝马 i3 为例的碳纤维增强塑料密集型轻量化[26]

宝马公司在"i3"和"i8"车型中大批量使用舱室模块所取得的经验将展示这项技术在多大程度上可以引领潮流。

碳纤维增强塑料组件替换最高载荷车身组件的方法代表了一种有针对性的替代方案。

9.3.3 新方案和构造

9.3.3.1 可替代驱动车辆的新前端结构

基于"相关拥有成本"方法（VECTOR21，见文献 [27]），可以对可替代驱动车辆的市场发展情景使用传统驱动概念和可替代驱动概念之间的竞争情况进行分析。根据政治、经济和技术方面的边界条件，德国宇航中心车辆概念研究所使用 VECTOR21 模型计算了直到 2030 年的数据，结果显示会出现最初带有网络连接的车辆。这一部分将增加到 2050 年，根据具体情况可达 20% 左右[28]。燃料电池的突破在很大程度上取决于可降低的成本。对于"氢友好"情景模拟结果显示，到 2050 年，整个乘用车约 23% 的份额会采用氢燃料电池。

基于总布置和模块的变化，预计未来可替代驱动车辆尤其是电动车所占的市场份额提高了在碰撞情形下对汽车前端构造的要求。在这种情况下，根据现有技术的用于车辆安全的解决方案将驱动单元更多地集成到结构行为中。未来的车辆将提供更多不同的驱动器型号，因此对于前端安全结构的设计要求变得更加苛刻。在传统构造中，动力系统的变化将导致复杂的适应性发展和许多成本密集型结构变型。鉴于驱动系统的变化越来越大，驱动器的结构整合变得越来越复杂，因此前轮驱动内燃机车辆和配备有轮毂电机的电动车辆之间的结构边界条件将会是非常不同的。车辆中的质量分布对于车辆前端的碰撞管理是重要的。由于需要重的电池模块，车辆中的质量分布发生了显著改变。因此，安全的车辆前端结构的任务是接管驱动器的结构功能，从而减少驱动器架构变化带来的影响。

基于对车辆前端结构要求的系统分析，位于德国斯图加特的德国宇航中心车辆概念研究所开发了新型轻量化车辆前端结构。在此过程中，德国宇航中心车辆概念研究所对能量吸收机理进行了研究，并在一个多阶段过程中，从试样测试开始，再到通用的纵向承载结构，直至整个前端的新构造概念的开发，所考虑的系统的复杂性一直在稳步增加。在对整个系统进行仿真后，可以优化性能，并在实际试验中验证仿真结果。

在物理上，理想的能量吸收总是意味着在压力-位移曲线下的面积最大化。前端结构的高安全性和良好的适配性要求结构具有高的比重量能量吸收性能以及良好的纵梁承载能力可调节性。为此目的，德国宇航中心车辆概念研究所研究了特殊的机制并开发了剥离管原理，其特点在于非常精确可调的力水平和50~70kJ/kg的高比例能吸收。针对这一机制，在样车中开发了一种多级伸缩的纵梁方案，并在试验中进行了测试。

纵梁的构造在发生碰撞时对非轴向力可敏感地做出反应。为了满足这样的要求，在前端结构中，有三个叠置的纵向结构通过空间彼此互相连接并达到稳定状态。侧向纵梁结构通过前端支撑件在横向方向上以承载方式彼此连接，这样一来，非轴向作用力被总计6个纵梁结构所吸收（图9.33）。在这种情况下，保留了上述不同驱动构件的基本安装空间。

图9.33 德国宇航中心动态测试系统中横向连接车辆前端的剥离管原理[30]

与功能相似的格栅管框架结构相反，在德国宇航中心车辆概念所的方案中，支撑连接结构集成到金属板、铸铁或挤压构件中。主纵梁由双伸缩管组成，在发生碰撞时，冲击能量通过在两个载荷阶段中纵梁的撕裂被吸收。第一阶段中用于满足AZT的安全要求。这种布置的优点是进入的前管逐渐加固下面的管结构。在整个碰撞过程中应保持6个载荷路径的连接。在开发的车辆结构中，采用剥离管设计，使得管可以容易地适应能量吸收所需的前端纵向力。如果质量分布由于选择另一种驱动系统而改变，则可以通过选择不同的截面深度（改变的切开件）来调节纵向力。

对可以覆盖半个车身的30°倾斜墙壁进行正面碰撞的仿真试验证明了新结构的潜力，结果令人印象深刻（图9.34，见彩插）。从轻量化的角度来看，与传统的钢制车辆前端构造相比，新开发的构造还可以减轻约20%的重量[29]。在这个方案中，除了载荷路径导向的设计之外，使用轻金属铝也是目标导向的，在后继的概念开发中还部分使用了镁合金[31]。

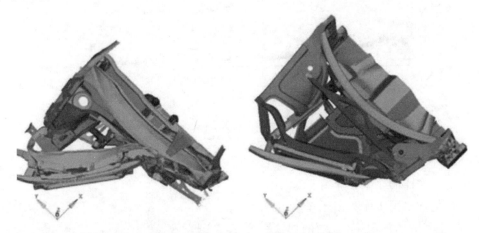

图9.34　在30°倾斜的刚性障碍物上模拟正面碰撞，新开发的前端结构（右）与中低档车辆的参考结构进行比较（左）

9.3.3.2　碰撞载荷下金属混合构造开发

根据技术现状，乘用车车身根据件数通常设计成空间框架或壳式构造。在这两种情况下，支撑结构通常是空心梁，梁的每个重量单位都具有高刚度，但是会在集中碰撞载荷侧发生弯曲反应，这极大降低了入侵阻力。例如，在翻滚碰撞中，柱碰撞或者A柱的弯曲都是相对较高的侵入。

为了改善这种性能，德国宇航中心车辆概念研究所研究并开发了由轻量化芯和钢壳组成的金属混合梁。在概念上，这种结构适用于微型汽车和轻型车辆。

根据已知的功能原理，可以通过承载体壳的目标拉伸来吸收能量[36]。其先决条件是载体的芯部不会塌陷，在弯曲过程中载体的横截面不变，从而在整个侵入期间保持载体的阻力矩不变。由于型材背面的高伸长率，外壳特别适合使用具有高伸长率和高抗拉强度的材料。

生产这种芯的简单方法是使用发泡型材。此类发泡型材是与陶氏汽车公司合作生产的，并在德国宇航中心车辆概念研究所进行了准静态和动态的检验。发泡型材的比重量能量吸收能力可达到空心型材的3倍，但构件的重量只提高了1.7倍[36]。进一步的试验结果表明，使用抗拉强度更高的材料，例如采用不锈钢14301代替DC04，预计会实现更好的能量吸收（图9.35）。

这种金属混合载体的典型应用是车门横梁。通过使用泡沫填充的、形状优化的车门横梁变体，与根据现有技术标准的参考车门相比，抗侵入性可以增加16.5%，同时防撞梁的重量减少49%（图9.36）。

为了将金属混合梁与上述变形原理集成在车身结构中，德国宇航中心车辆概念研究所开

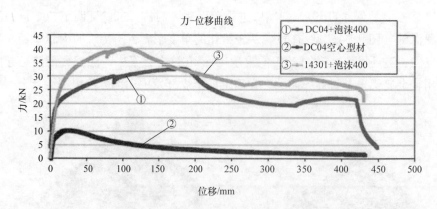

图9.35 不同配置的力-位移曲线[32]

发出了环状圆形框架的方案,用作乘客舱的中心构件。这样的车架在车身概念中进行了集成和仿真,用于作为演示车辆(图9.37)。在柱碰撞的情况下,仅有80kg的车身结构表现出良好的碰撞性能,入侵仅为206.5mm。应变不仅局部发生在柱的接触点,而且遍布于整个结构。根据上述原理,该概念通过这样的环状圆形实现在车身结构中,该环状圆形为有芯框架,可根据上述原理实现应变分布。此外,底壳和前壁或后壁设计成夹层结构,并连接到框架以形成单元。其结果是,来自侧面碰撞和柱碰撞的载荷,以及从前端和后部传递的力都可以尽可能地大面积地分布。即使撞到车辆前部的柱,就算其中缺少座椅的支撑结构,也不会对车身结构造成严重损坏。入侵甚至仅高出10%,但是框架结构的局部变形更强烈。

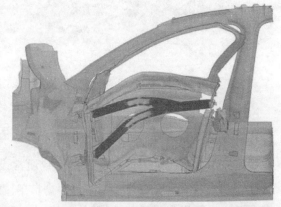

图9.36 对泡沫填充的门横梁进行模拟的变形图[32]

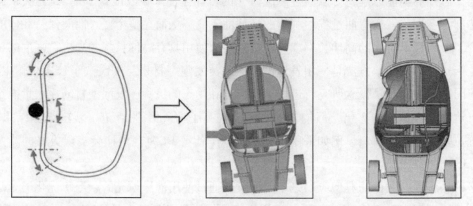

图9.37 在欧洲NCAP规定的29km/h速度下,环形框架的功能原理和柱碰撞中的变形[32]

用于轻型车辆的夹层构造车身结构

现今和未来的轻量化方案 第9章

整个车身结构采用了铝夹层构造,以实现以下目标:在大幅度减轻重量的同时,具有非常好的碰撞性能与合理的材料成本。另一方面,使用更少、更简单的成形件,以实现低投资成本的生产。采用夹层结构,可以使用更少、面积更大、更简单的构件,但仍具有高刚度和高强度。在车辆中采用夹层结构的经典案例是赛车[33]。在上述概念中,针对乘客舱使用这类构件情况进行了研究,并特别对典型碰撞载荷情况进行了考察。

概念车辆为一种轻型双座电动城市车,总重量约为450kg。最高时速为80km/h,行驶里程约为100km。

车身的基本概念主要由三个部分组成,前端、乘客舱和后部结构。该设计用于带电动驱动的双座燃料电池车,但也可以适应不同的驱动概念。

采用LS-Dyna计算程序进行仿真的结果显示了环和侧围的变形,没有造成局部坍塌或挠曲(图9.37)。由柱侵入所产生的应变大面积地分布于框架和地板。在相同设计的尺寸更大的4座参考车辆中,在结构重量约为180kg的情况下,柱撞击的侵入是380mm。

新型乘客舱的另一个优点是对结构的过载不敏感。由于夹层结构芯的支撑功能,即使乘客舱过载,也不会发生灾难性的坍塌,而仅仅导致乘客舱在允许的范围内变形。

当载荷产生的位置和方向发生变化时,也不会对结构造成太多的影响,如在碰撞标准中未提供位置的柱碰撞中的结果所示。总的来说,失效行为良好,减少了坍塌的安全因素,从而实现了减重。

此概念的前端还采用了夹层构造的简单箱形结构,壳除了吸收所有的底盘载荷,还作为驱动构件的装配支架,并在正面碰撞时,作为变形元件。这种将各种功能集成在一个仅重约15kg组件中的设计,显著地有助于降低车身的总重量。在正面碰撞中,形成明显的变形区域(图9.38),这样可以充分地对碰撞能量进行转换。

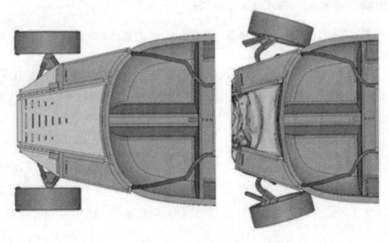

图9.38 正面碰撞前后的夹层前端结构[52]

9.4 发动机/动力系统子系统的潜力

9.4.1 概念轻量化

如果专注于内燃机驱动,不能忽视"缩小尺寸"(Downsizing)的趋势。该术语中表明了轻量化考量,因此应该给予更详细地考虑。

基本上,应区分不同的方案:
1) 在气缸数量相同的情况下,通过降低排量,以缩小尺寸。
2) 通过减少气缸数量来缩小尺寸。
3) 采用混合驱动来缩小尺寸。

对于1):在这种情况下,通常不能期望降低短发动机的重量。由于通常情况下需保持更大的孔间距,以保证能够在同一传输生产线上产生功率更高的产品,因此在较小的排量中,气缸体会变得更重,如图9.39(见彩插)中的示例所示。

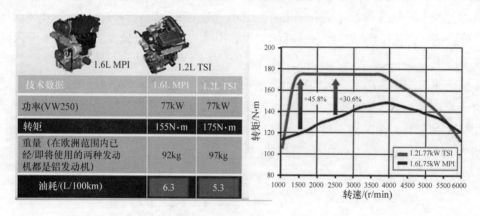

图9.39 质量增加,排量更小,气缸间距恒定[1]

对于2):采用相对较少气缸实现有效驱动的方案,通常能实现的轻量化效果没有或者非常小。这可以通过以下事实来解释:在功率不变的情况下,通过充电和复杂的气门控制来提高效率,这会使得重量明显增加,并且因此在第一次近似中再次补偿较小发动机的较低重量。

对于3):由于在这些驱动概念中必须考虑电动机的性能,因此存在使用低功率且更轻的内燃机的潜力。串联混合动力驱动是典型代表,其中作为"车载充电器"或"增程器"的内燃机(通常)以恒定转速运行。对于内燃机的这种应用,还可以设计简化的排气系统,其可以在适当的空间条件下容纳在车身前部,并且可以大幅度减轻重量。菲斯克制造的高性能卡曼轿车就是一个例子。

在并联混合动力系统中,系统功率代表了与客户相关的尺寸,对于要设计的较小的内燃机还是有减重的潜力。然而,在所有的混合动力车型中,由于增加了电驱动的燃烧驱动装置、电子装置、电池组以及根据不同的混合动力概念增加的复杂的变速器,所以动力总成的重量预计会大幅增加。

9.4.2 材料轻量化与通过模块化实现轻量化

目前来说,使用铝作为短发动机(曲轴箱,气缸盖)的基体材料是最先进的,即使对于高载荷的柴油发动机来说也是如此。用于替代的轻量化塑料材料,可用于热载荷和机械载荷较小的外围构件,如进气模块和油底壳。通过材料轻量化,马自达公司在新型发动机中节约了约10%的重量。

当代的1.4L 90kW发动机,通过材料轻量化和模块化所形成的轻量化效果,与参考发动机相比,总计可减轻约22kg的重量(分解见图9.40)[1]。图9.41显示了发动机的一致模块化,不仅形成了成本优势,而且通过减少单个元件简化或减少了接口,从而开辟了轻量化的潜力。

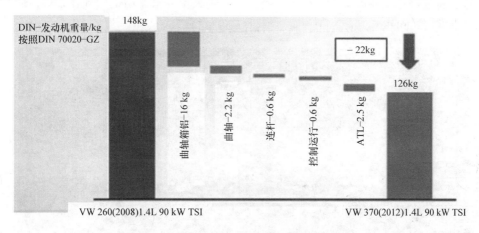

图9.40 以大众1.4L TSI为例的构件的减重[1]

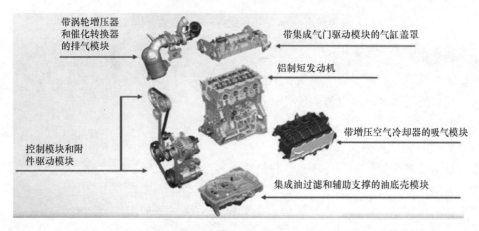

图9.41 通过模块化减少了接口[1]

通过增加适当的成本,在变速器和差速器壳体中使用镁铸件,与铝相比重量可减轻

20%~25%。

当在高应力构件（如连杆和气门）中使用稀有轻量化材料时，将产生大量的额外成本。因此，钛和钛铝合金仅限于赛车的特殊应用场合（图9.42）。

图9.42 以10倍的成本，采用钛或者钛铝材料降低50%的重量[34]

以排气系统为例展现动力总成中重要组件的轻量化。由于材料和声音方面减排的要求，排气装置已经进一步发展成高度复杂的设备。使用高铬钢并采用精细的计算方法，使用材料厚度不同的管段，可以实现超过10%的减重（图9.43）。

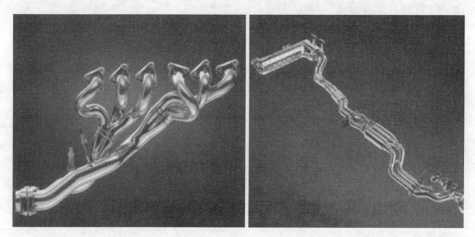

图9.43 壁厚为1mm的不锈钢排气系统，内高压成形[34]

电驱动的轻量化

电机的材料轻量化基于以下事实：电机已建造了大约150年。在这150年的前一半时间里，由于材料的不断改进，电机的设计日益紧凑。

对于电动或混合动力的驱动总成，有多种减轻重量的方法。

（1）通过软磁性材料实现轻量化

在电机中，磁通量通常通过软磁性材料进行传输。其特征在于更好的好几个数量级的磁导率和渗透率。

磁导体的材料是三种铁磁金属：铁、镍和钴。出于成本原因，铁通常以硅合金板（变压器板）的形式使用。

钴合金薄板的饱和感应比常规变压器板高出80%，可以减小导通磁通量所需的横截面积（铁横截面）。该措施增加了材料中的磁通密度。由于铁损随着磁通密度的平方而增加，因此乍看之下这种措施似乎并不合理。然而，由于铁损是体积特定的损耗，钴合金叠片铁心的绝对损耗不一定高于普通叠片铁心的绝对损耗。

对于极高速的电机或极对数很多的电机，建议使用铁粉材料（SMC）代替变压器板。由于涡流损耗在频率上以近似平方增加，但滞后损耗是线性的，因此高频下的铁粉材料比变压器板具有更低的铁损。因此，在铁损相同的情况下，使用铁粉材料的电机可以比使用变压器板的电机尺寸要小。

（2）通过软磁性组件设计实现轻量化

由叠片铁心组成的电机通常具有矩形形状的绕组。其原因是叠片铁心中的磁通量必须始终平行于各个板条的表面。由于绕组的线圈通常将通量封闭在最短路径上，因此线圈的两侧总是平行于叠片铁心的表面。由于成本原因，叠片铁心中的板采用相同的冲压模具生产，因此具有相同的尺寸。这些边界条件形成了线圈的矩形横截面，但这不是最佳值。线圈的最佳横截面是圆形，因为它包围了具有最小周长（这里指绕组长度）的最大区域（这里指磁通量）。

因此，可以通过线圈的圆形横截面来优化电机中的铜量。然而，这意味着承载线圈的轮齿也必须具有相应的横截面。不过，对具有圆形横截面的带齿轮的叠片铁心进行冲压，从经济角度上看是不可行的。因此，铁粉材料的自由成形性能就具有优势。通过节省铜材料，可以减少电机的成本以及电机的重量。

（3）通过可替代导体材料实现轻量化

铜通常用作电导体。其导电率仅比有最高导电率的银的导电率低约4%。除了非常好的导电性之外，铜的高导热性也是很重要的，因为如电机的绕组头基本上是通过铜的导热性来冷却的。

从密度与导电率的比值来看，铝的性能优于铜。铝的密度是铜密度的30%，但导电率是铜的60%。铝的缺点是其氧化性。在空气中短时间暴露后，会形成相对稳定的氧化层，这与氧化铜相反，氧化铜的氧化物层不导电。

可以使用镀铜铝线作为电导体，铝线可以通过钎焊与铜制连接电缆连接起来。

铝与其他金属进行连接时，需格外小心。尤其是由于化学电压系列的巨大差异，铜和铝之间的连接形成局部元件，在潮气较大的环境中，会造成大面积的腐蚀。

铝的强度较低，当使用圆形导线时，导线不应经常弯曲。大横截面更适合使用铝带。在电机中不可垂直地插入到凹槽中，否则在较高频率下，气隙方向上的单侧电流位移会减少有效的导体横截面。

在过去，特别是在企业还无法进入全球市场的时候，制造出了多种铝绕组的电机[49]。在部分电力机车的牵引电机和变压器中，使用了铝制绕组。

鉴于上述特性，在电机轻量化中使用铝作为导电材料是有利可图的。具有与铜导体相同电阻的铝导体的重量仅有铜导体重量的一半，但铝导体的横截面积大67%。在传统的电机中，叠片铁心中的大部分绕组都在所谓的缠绕窗口中。当使用铝作为导体材料时，必须相应地增加绕组窗口的横截面。然而，由于磁通引导部分中的铁横截面不能减小，所以只能增加叠片铁心的外径，这导致叠片铁心的重量增加，部分补偿了绕组中减轻的重量。

（4）电磁主动器件的重量优化

如果减轻电机的重量或增加其功率密度，那么显而易见的方法是提高电机的额定转速。电机的转矩由励磁磁通和电枢电流的矢量积决定。磁通密度不能任意增加，因为必须在变压器板中引导磁通量，并且由于经济原因，并不能驱动至饱和状态。电枢电流也不能任意增加。在这里，绕组中热允许电流密度是限制因素。因此，电机的转矩取决于电流密度和磁通密度，因此与电机的体积成比例。

然而，与转矩相反，电机的转速基本上仅由力学性能决定，例如转子的机械强度（离心力）和轴承的使用寿命要求。因此，高速电机通常具有比低速电机更高的功率密度，但其铁损也相对较高，因为其随着频率而不成比例地增加，并随转速增加。

考虑到由电机和变速器组成的驱动器，可以通过提高电机的转速来提高驱动器的功率密度。

（5）机械组件轻量化

电机的机械组件如轴或壳体，必须主要承受机械载荷，不需要特殊的电气或力学性能。相反地，电气非导体和非磁性材料是具有一定的优势的，因为这样一来就不用担心出现轴承电流或轴向磁通量问题。

然而，在使用塑料时，必须考虑其低导热性。封闭电机转子的冷却很大程度上通过轴的热传导进行。同样，定子中产生的大部分热量通过壳体散发出去。这里需要特别注意的是，叠片铁心的热量只能在板的纵向上很好地传递。在横向方向上，即垂直于板材表面，导热率相对较低。

因此，制造由（纤维增强的）塑料制成的电机壳体和轴看起来是可行的。对于最佳电机，应提高纤维增强复合材料中的导热性，例如通过使用在纵向上具有良好导热性的纤维，或者通过使用结构集成的导热元件（如热管、金属线或冷却液通道）。

9.4.3 驱动与车辆总布置的合成

电驱动需要并实现创新的车身概念和适合的构造。需要考虑的问题是，在车辆的哪些位置以及用哪种方式可以放置这种重型蓄电池单元，从而既不会对车辆的安全性也不会对车辆的驾驶性能产生负面影响（图9.44）。

与转换概念（转换设计）相比，如果可以在相应的汽车级别中以合理的成本展示，则对于未来，系统概念（目的设计）更具前景，当然这取决于车辆架构。为了有目的地设计用于电驱动的车辆并且至少补偿单个构件的重量缺点，多材料设计的轻量化方法是有帮助的（参见第5章）。

在德国宇航中心车辆概念研究所的肋空间框架设计中，与同一部分当代车辆的钢结构相比，采用合适的车辆结构可以节约高达45%的重量（图9.45，见彩插）。此外，这是一种可扩展的车辆概念，具有进一步形成衍生车型的优势。在碰撞过程中，驱动和存储单元壳通过所谓的碰撞锥进行保护。鉴于高能量吸收和低重量的特点，承重框架和防撞锥可以采用纤维

现今和未来的轻量化方案 第9章

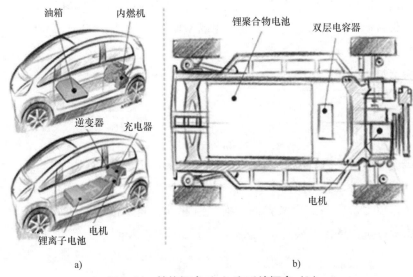

图 9.44 转换概念（a）和系统概念（b）

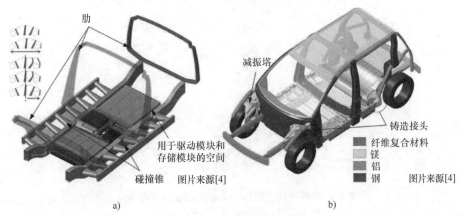

图 9.45 肋空间框架构造[35]

复合材料。通过使用铝挤压型材确保了车辆的可扩展性和低重量。由于具有轻量化潜力和出色的可铸性，减振塔由镁材料制成。使用镁制成的铸造接头有额外的优点，即构件可以最佳地适应力流。在敏感的力导入位置，使用钢材增加局部强度。

德国宇航中心车辆概念研究所 5/500 研究模型显示了可替代驱动概念和新车辆架构的组合：5 人（2+3）的车辆概念，总目标重量（无储能单元）为 500kg。这一概念的特点是大环肋形碳纤维增强塑料构件和能量转换器（这里是一个轻型自由活塞线性发电机）的定位和在地板上的能量储存器。驱动系统配备了轮毂电机（图 9.46）。

图 9.46 "城市车辆 5/500" 的概念车辆 1:5 模型[35]

583

此外，德国宇航中心联盟正在研发面向用户的车辆概念，目的是利用新技术和相应的研究示范品来提供科学的推动力（即下一代汽车的元项目（NGC），见弗里德里希等[54]）。

9.5 底盘组件的潜力

9.5.1 概念轻量化

在符合载荷等级逻辑的前提下，放宽刚性等分战略是系统改进的关键，因此也可以在底盘区域中开辟轻量化潜力。例如，在大众汽车的高尔夫Ⅶ中使用了功率较低的发动机变体和复合导杆后桥，与之前配备了双叉臂的所有型号相比，重量减轻了15kg。在这种情况下，从成本的角度来看，轻量化也极具吸引力，因为轻型轴成本降低了200欧元[37]。

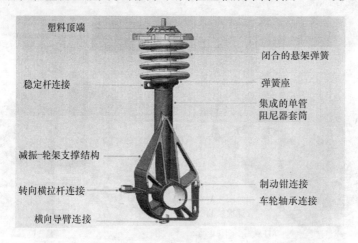

图 9.47　纤维增强塑料减振支柱模块，采埃孚公司[42]

通过在一个构件中集成各种支撑和连接功能，即使在经过验证的底盘构件中，也可以大大提高减重潜力。然而，前提条件是能够大规模生产纤维复合材料构件。

以小型车车轮的减振支柱为例，采埃孚公司证明了，与铝制构件相比，使用纤维复合结构并在一个构件中集成减振支柱和车轮支撑功能，可以节约50%的重量[42]（图9.47）。

一种更为彻底的减重概念是完全省去了传统轴系统。无论是在米其林设计的系统还是在西门子的概念中，都在传统的底盘中增加了驱动和制动功能。因此，车轮模块中除了车轮导向装置之外，还包括悬架、阻尼、电动轮驱动装置和制动器。由于在轮辋槽的相对小的空间中，必须容纳许多机械和热应力高的构件，因此，这些概念仅适用于小的车轮载荷和相对低的驱动功率。

使用这些系统虽然基本上可以实现轻量化效果，但只是在整车层面上。通过巧妙地选择车辆参数，可以为小型电动车辆实现积极的重量平衡。采用当今可用技术的车轮模块对高性能车辆无效（图9.48）。

通常来说，底盘系统占乘用车总质量的第二大份额，因此也是减重的重点研发方向。当今的底盘系统使用了基于金属材料（如高性能钢、铝，有时甚至是镁）的最先进的轻量化技术。为了在轻量化方面取得进一步进展，使用新型轻量化材料（例如纤维复合材料）系统地测试新方法是很有意义的。

 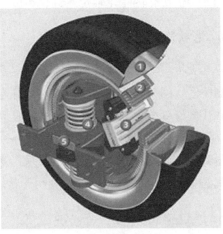

图9.48 米其林公司（左）和西门子公司（右）的车轮模块[43]

这方面的一个例子是底盘概念。该项目是在采埃孚公司的领导下，在德国宇航中心车辆概念研究所和其他合作伙伴的参与下，作为德国联邦科技教育部"主动轻量化底盘"（ALF）项目的一部分而开发和展示的。项目选择了紧凑型乘用车的非驱动四拉杆后桥，因为与简单的底盘概念相比，纤维复合材料的优势是可以在更大程度上用于结构复杂的底盘概念。

项目所应用的轻量化战略是除了材料轻量化和概念轻量化之外，还包括零件和功能的集成。按照使用目的，选择具有最佳刚度和强度的玻璃纤维 – Turane 树脂复合塑料（Turane 树脂是环氧树脂和聚氨酯树脂（来源DSM复合树脂）的组合）。使用纤维复合塑料可实现功能的集成，例如车轮导向系统（方向转向和门楣控制）和车轮的悬架升程（横向板簧）。图9.49（见彩插）显示了后桥的设计理念：在不改变或者改进性能数据（例如车轮高度曲线）情况下，与标准参考底盘相比，可以将底盘的可比重量减少约25%。

图9.49 紧凑型轿车无动力四连杆后桥的设计理念（采埃孚公司）[44]

此外，所选的设计概念还提供了通过表面阻尼器形式的电流变流体集成（诸如可变行程阻尼的主动功能）的可能性。将来可以设想通过使用纤维复合塑料集成附加功能的概念。

德国宇航中心车辆概念研究所展示了一种新型系统方法"LEICHT方案"，该系统方法将动力组件和底盘组件集成到未来的轻型和紧凑型城市车辆中[53]。在研究展示车中使用了非传统的、力流优化的车轮轴承，近轮毂电机和由钛制成的车轮集成上部结构。

9.5.2 形状轻量化

如今在大批量生产领域，半轴通常利用副车架整合到预组装单元中，预组装单元包括转向和轴侧驱动。副车架通过弹性轴承与车身连接，由于副车架具有多个连接点，其变形非常复杂。现代的计算方法使得这些构件不仅可以用作装配辅助装置，而且还有助于提高车辆刚性，并在碰撞管理中起到重要的作用。此外，可以通过形状优化程序来设计构件，以实现最佳的材料利用率。总而言之，取决于重量参考的着眼点，这些优化可以降低最多达15%的重量（马自达在Skyactive项目中，利用形状轻量化节约了大约14%的重量）。

9.5.3 通过材料和构造实现轻量化

在底盘区域中，铝结构是标准应用。以往，底盘开发的驱动力一直是追求减小非簧载质量以改善驾驶性能。在旋转构件的情况下，较低的惯性也会产生影响，这对加速和制动过程有着积极影响。因此，铝制轮辋是D级车型标准配置的一部分。对于车轮载荷较低的轻型车辆，正在开发纤维增强塑料轮辋[40]。其目标是，与钢轮辋相比，以尽可能较低的材料和制造成本实现减重3kg的目标，但这也需要合理的附加成本。

通过对材料变化的组件进行系统的潜能分析，在适度增加成本的前提下，可实现大幅减重。因此，在给出的示例中（图9.50），采用镁铸件代替铝铸件，转向柱壳体的重量减轻了2kg，纤维增强塑料踏板单元减轻了1.5kg的重量。

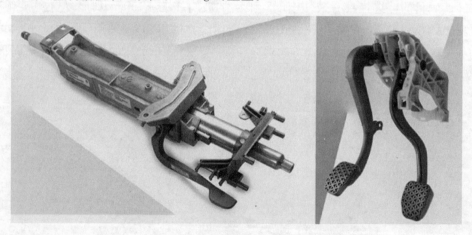

图9.50 宝马公司镁铸造转向柱和纤维增强材料踏板[41]

如果可以用碳复合材料制动盘代替金属制动盘，则可以减轻重量约60%以上。这些材料长期以来一直用于高性能车辆和赛车中。然而，由于复杂的生产过程所导致的额外成本非常高，以至于在可预见的时间内，这些材料尚无法用于大批量生产车辆中。

金属桁架制动盘可以提供更具成本效益的解决方案，如果这个方案能够成功实施，则每辆车可以减轻 8kg 的重量[41]（图 9.51）。

4 个由弹簧钢制成的经典螺旋弹簧在中型车中重约 10kg。用纤维增强塑料代替钢材可减重约 4kg（图 9.52）。

 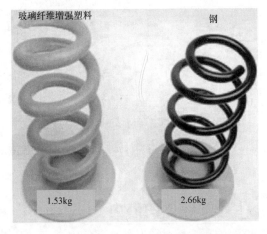

图 9.51　"桁架制动盘"可减轻 2kg 的重量[41]　　图 9.52　对比玻璃纤维增强塑料螺旋弹簧和钢螺旋弹簧[18]

以一个美国汽车项目为例，展示了附加功能的集成：在这个项目中，采用铸造工艺将空气罐（体积 12.5L）集成到底盘件中。这没有增加额外的重量，在本案例中，集成了油箱的底盘件重量为 26.7kg（没有油箱的底盘件重量为 25.7kg），如图 9.53 所示。

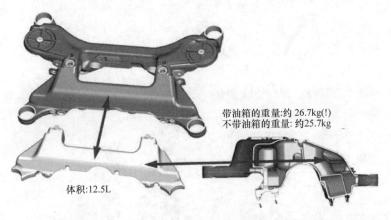

图 9.53　在铸造工艺中集成附加功能：铸造空气罐[50]

对于发动机载体/车辆载体的例子，从钢材（28kg）到铝（18.5kg）的过渡代表了材料替代和制造轻量化的综合。能量吸收的附加功能集成，通过延性铝合金的 4 个铸造挤压型材来实现。几何形状复杂的区域建议使用铸件（局部材料工程设计原理），如图 9.54 所示。

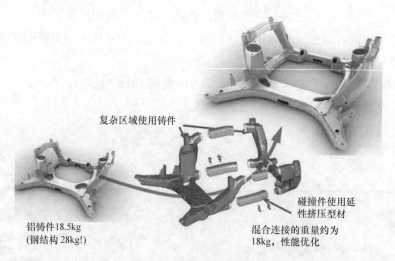

图 9.54 局部性能优化[50]

9.6 内饰组件的潜力

车辆中重量约为14%的第四大"蛋糕块"是内饰。然而，由于舒适性要求的提高，内饰重量也在稳步增长。因此，该领域对轻量化解决方案的需求也大大地增加。

9.6.1 系统轻量化/模块化

内饰中的组件和模块环境包含了众多不同的功能。通过把散件组合成完整的系统，可以设计整体单元，减少接口和利用组件的多功能性，实现减重并降低成本。

生成的子系统或整个系统通常组合起来，分配给竞争激烈的供应商。由于制造商概念定义边界条件的标准化，可以创建模块化结构，这些模块化结构可以在所有系列中实现规模经济，在未来甚至可能跨越所有制造商。相应的成本降低为轻量化方案的融资创造了潜力（图9.55）。

9.6.2 材料轻量化和制造轻量化

对于高载荷的构件（如座椅靠背和支撑结构），从中期来看，将越来越多地使用轻金属，从长远来看，将会使用纤维增强复合材料（图9.56）。

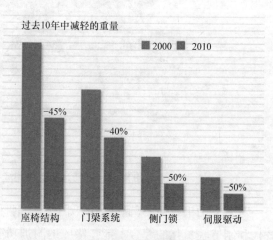

图 9.55 内饰组件的减重[45]

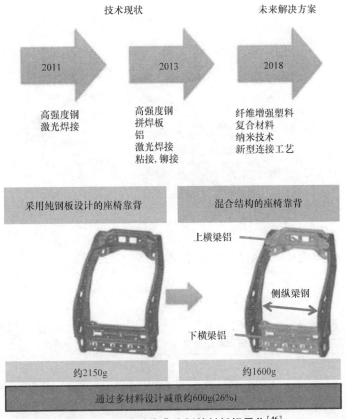

图9.56 以座椅靠背为例的材料轻量化[46]

9.7 电气/电子子系统的潜力

电气和电子产品的系统和组件具有最大的减重潜力。

9.7.1 系统轻量化

当今的车辆电气网络是众多分布在车辆中的车用电器、控制装置以及相应的控制和供电管线。通过优化电缆布线和控制器布局，可以缩短或完全取消电缆。降低车用电器的功耗，可以减少电缆横截面积。由于采取了这些优化措施，大众汽车高尔夫Ⅶ与之前的版本相比节约了3kg的重量。

车用电器方面还可以通过系统变更和新技术提供新的潜力。例如，空调器中的无刷电动机可以节约300g的重量[16]。由于较低的功率需求和较轻的构件重量，在车辆内外部照明中使用LED技术也将会实现减重效果（图9.57）。

9.7.2 材料轻量化

通过从铜电池电缆切换到铝导线，即使采用传统驱动系统也可以显著减轻重量。随着驱动系统的逐渐电气化，通常需要与电池系统之间使用长而重的电缆进行连接。在这方面，铝

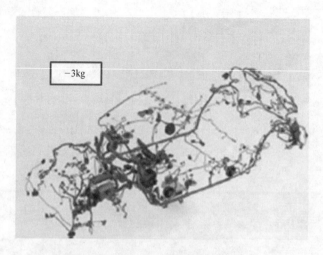

图9.57 通过拓扑和控制装置优化实现的重量效应[1]

也可以在未来发挥其重量优势。

9.8 趋势——材料和构造混合

未来,汽车轻量化的动力主要来自消费论证和可持续性论证。此外,公众的支持,如环保组织(绿色和平组织),也会产生深远的影响。

客户对成本效益的考虑也将成为未来的限制因素。TCO(总体拥有成本)观察的方法非常适合描述客户的观点。在私人、政府和商业单位的流动性预算不会增加的前提下,必须在量产车型中实现轻量化。在原材料价格和能源成本稳步上升的背景下,车辆的生产成本也在增加,因此,费用摊销变得更加困难。高端车型和试点项目则是个例外,其配备高级的驱动功能,能够根据其核心价值来为品牌收费。

由于在行业范围内迫使汽车企业的生产基地国际化,模块化结构的标准化和平台的减少,这些都抵消了轻量化的努力。

所以,没有合理的理由来"无限制"地吹捧轻量化所带来的成果,在未来的一段时间内,会按照车辆级别来实现车身制造的轻量化概念(图9.58,见彩插)。

对于小型车、A级车和B级车的预测是,考虑到所有成本中性的轻量化措施,基于基准,车辆重量将减轻30~40kg[48]。

由于C级车具有一定的价格弹性,可以减轻80~100kg的重量。在这个级别的车型中,钢密集型轻量化将继续占据白车身的主导地位(图9.59)。

对于D/E级车,预计可减轻150~300kg的重量。由于铝、镁以及少量纤维复合材料在车身中的用量增加,通过在驱动系统和底盘上的二次效应会存在显著的减重潜力。

最高级的S级和豪华车型可能成为极端轻量化方案的试验场。正如奥迪敢于在S级车的A8使用全铝车身一样,在这些价格敏感度较低的领域,有机会推出碳纤维增强塑料密集型车身概念,如今只有在小批量超级跑车中才会实现。

现今和未来的轻量化方案   第9章

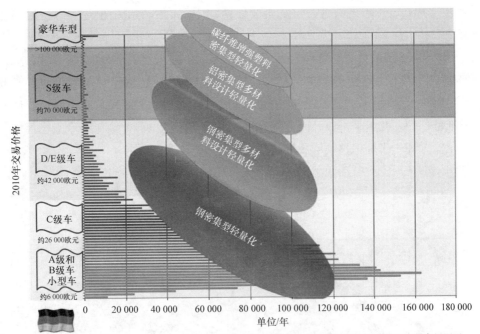

图9.58 对202X年车身轻量化概念的预测[47]

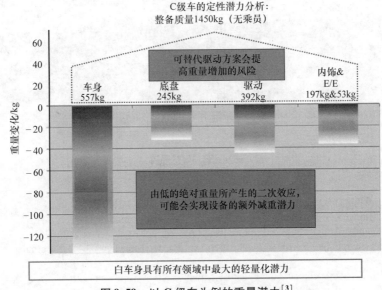

图9.59 以C级车为例的重量潜力[3]

然而，从长远来看，轻量化技术将从上向下扩散。供应商必须遵守95g CO_2/km 的目标可加速这一过程，在未来，甚至会出现更严格的排放限制。

目前欧盟内部所定的目标是到2025年排放限制达到75g CO_2/km。"运输白皮书"（2011年）中确定了欧盟的目标：减少运输部门 CO_2 的排放，并增加化石资源范围。与1990年的水平相比，到2050年，运输中 CO_2 的排放量将减少至少60%。

除了传统的量产细分市场，电动驱动的特殊条件创造了新的试验领域。在这一领域，宝马正在通过 i3 项目开辟新的天地,这是否会促使在中端价格车型中出现碳纤维增强塑料汽车,还有待观察。

戴姆勒公司从 2011 年开始进行的 F125 研究,采用更广泛的视角面对零排放未来。这款概念车使用了超轻纤维复合材料的车身,具有结构集成的储氢装置。与新型的 E – Cell 插电式混合动力驱动配合使用,可实现超过 1000km 的续驶里程。这种未来车辆尚没有做好大规模生产的准备,因此在未来一段时间内仍是乌托邦,但是这一研究成果在今天已经展示了未来的轻量化概念和未来环保移动解决方案(图 9.60)。

图 9.60　梅赛德斯 – 奔驰 F 125 "展望未来"[9]

参 考 文 献

1. VW AG, Pressemappe MQB Int. Presseworkshop, Wolfsburg 01./02.2012
2. Schnitzer, A. Daimler AG: Präsentation EuroCarBody 2011, Bad Nauheim
3. Schöpf, H.J.: Daimler AG Vorlesungsskript Kriterien zukünftiger Kraftfahrzeuge (2005)
4. Albers, A., et al.: Systemleichtbau, Handbuch Leichtbau. Hanser, München (2011). Modifizierte Darstellung
5. Albers, A., et al.: Systemleichtbau, Handbuch Leichtbau. Hanser, München (2011)
6. Dick, M.: Lightweight Design Bd. 2. Vieweg + Teubner, München (2011)
7. http://en.wikipedia.: Hi-wire GM, Bilder Seite aufgerufen am 20. Mai 2012
8. http://www.goingelectric.de/2012/06/14/news/bmw-i3-concept-und-i8-concept-video
9. Daimler AG: Pressemappe Forschungsfahrzeug F 125
10. Pressemitteilung zum Hochschulprojekt mute der Universität München
11. Mattheus, H.-W., Daimler AG: Präsentation Würzburger Automobilgipfel 2010
12. Stauber, R., BMW AG: Insight Automobilindustrie 2010 Leichtbau in der Automobilindustrie. Vogel Verlag

13. Stötzner N.: Fa. Weber, Präsentation Fachkongress Innenraum, Automobil Produktion 11.2011
14. Mazda Motors GmbH Presseclub 11.2011 zu SKYACTIVE-Body
15. Kienzle, S.: Daimler AG (2011)
16. Kopp G., et al.: DLR, Sonderdruck ATZ-Produktion 4/2008
17. Koehr, R., Porsche AG: Präsentation Aachener Karosseietage 09.2009
18. Audi AG Pressemappe Tech Day Leichtbau 01.2011
19. Weber, H.: Daimler AG (2007)
20. Porschemuseum Stuttgart 2012 und http://en.wikipedia Porsche 911
21. Ellenrieder, G.: Darstellung; Basis Weber H. Daimler AG (2007)
22. Timm H. Audi AG: Insight Automobilindustrie 2010 Leichtbau in der Automobilindustrie. Vogel Verlag
23. Dröder K., et al. VW AG: Insight Automobilindustrie 2010 Leichtbau in der Automobilindustrie. Vogel Verlag
24. Auto Motor und Sport 20/2011
25. Lamborghini Presseworkshop Vorstellung Aventador 2011
26. http://www.bmw-i.de/de_de/concept. Seite aufgerufen am 03. Jan 2012
27. Mock, P.: Entwicklung eines Szenariomodells zur Simulation der zukünftigen Marktanteile und CO2-Emissionen von Kraftfahrzeugen (VECTOR21). Dissertation, Stuttgart (2010)
28. Perspektiven von Elektro-/Hybridfahrzeugen in einem Versorgungssystem mit hohem Anteil dezentraler und erneuerbarer Energiequellen, Schlussbericht BMWi (2012)
29. Beeh, E., Friedrich, H.: Neuartige crashmodulare Vorderwagenstrukturen für zukünftige alternativ angetriebene Fahrzeugkonzepte. ATZ-Fachtagung Werkstoffe im Automobil, Stuttgart. (2011)
30. Beeh, E., Friedrich, H., Kriescher, M., Brückmann, S.: Absicherung neuer Konzeptideen durch Simulation und Versuch am Beispiel einer Vorderwagenstruktur (2012)
31. Beeh, E.: Entwicklung einer neuartigen crashadaptiven Vorderwagenstruktur Dissertationsschrift Stuttgart, Veröffentlichung Dezember 2014
32. Kriescher, M.: Vortrag Einsatzmöglichkeiten von Stahl-Hybrid-Strukturen im Crashfall. Stahlkonferenz, Essen. (2012)
33. Davies, H.C., Bryant, M., Hope, M., Meiller, C.: Design, development, and manufacture of an aluminium honeycomb sandwich panel monocoque chassis for Formula Student competition. J Auto Eng (2011)
34. Friedrich H.E.: Alternative Antriebssysteme und Fahrzeugkonzepte. Teil 1: Werkstoffe und Bauweisen. Vorlesungsskript, Universität Stuttgart, 2012
35. Friedrich, H.E., Kriescher, M., Steinle, Ph.: Innovative Vehicle Concept for the Integration of Alternative Power Trains. Stuttgarter Symposium. German Aeropace Center / Institute of Vehicle Concepts, Stuttgart (2010)
36. Kriescher, M., Salameh, W.: Metal-hybrid structures for an improved crash behavior of car body structures (2010)
37. Frankfurter Allgemeine Zeitung, Technik und Motor 6. Nov. 2012
38. http://blog.mercedes-benz-passion.com/2012/04/der-neue-mercedes-benz-sl-karosserie-und-rohbau-aluminium-ist-trumpf/
39. Steinle, P., Friedrich, H.E., Schöll, R., Hühne, C.: Challenges for Electromobility and Requirements for material architectures. JEC Asia (2010)
40. Bericht Smart Showcar, BASF Auto Motor u. Sport Sonderheft ECO 2/2011
41. BMW Pressemappe Innovation Day (2011)
42. Stretz K. ZF Sachs AG: Beitrag Lightweightdesign 2/2011
43. http://en.wikipediaRadmodule, aufgerufen am 02. Mai 2012
44. Hölderlin, A., Deißer, O.: Abschlussbericht BMBF Projekt ALF – Aktives Leichtbaufahrwerk (Förderkennzeichen 03X3032) Stuttgart (2012)
45. Gresch, P: Brose Gruppe Insight Automobilindustrie 2010 Leichtbau in der Automobilindustrie. Vogel Verlag.
46. Jendritza, D.; Fa. JCA; Referat Fachkongress Innenraum AutomobilIndustrie 2011

47. Ellenrieder, G.: Darstellung, Quelle Preis-Mengen: interne Marktforschung Mercedes Benz PKW
48. Menne, R.: Referat Future Vehicle and Powertrain Development Trends. 10. Stuttgarter Symposium. (2010)
49. Richter, R.: Elektrische Maschinen mit Wicklungen aus Aluminium, Zink und Eisen. Vieweg, Braunschweig (1916)
50. Fuchs, H.: Leichtbau im Automobil mit komplexen Aluminium (Guss-) Bauteilen. Martinrea Honsel, Meschede (2012)
51. Kriescher,M; Beeh,E; Friedrich,H.E; Adaptive Strukturkonzepte für die Verbesserung der passiven Sicherheit, VDI Tagung Fahrzeug Sicherheit, Nov. 2015
52. Kriescher, M., Brückmann, S.:
53. Höfer, A., Zeitvogel, D., Friedrich, H.E., Wiedemann, J.: Ganzheitliche Betrachtung von Fahrwerk, Antrieb und Fahrdynamikregelun. Automobiltech. Z. 4(117)/2015, 68–73
54. Friedrich, H.E., et al.: Trends for future cars: energy efficient, safe and secure, autonomous and connected. World Mobility Summit, 18.–20. Okt. 2016, München